U0529491

改革开放与
中国当代史

朱佳木 著

中国社会科学出版社

图书在版编目(CIP)数据

改革开放与中国当代史 / 朱佳木著. —北京：中国社会科学出版社，2019.11
ISBN 978 - 7 - 5203 - 4763 - 1

Ⅰ.①改… Ⅱ.①朱… Ⅲ.①改革开放—历史—中国—文集
Ⅳ.①D61 - 53

中国版本图书馆 CIP 数据核字（2019）第 157457 号

出 版 人	赵剑英
责任编辑	杨晓芳
责任校对	王　采
责任印制	王　超

出　　版	中国社会科学出版社
社　　址	北京鼓楼西大街甲 158 号
邮　　编	100720
网　　址	http://www.csspw.cn
发 行 部	010 - 84083685
门 市 部	010 - 84029450
经　　销	新华书店及其他书店

印　　刷	北京君升印刷有限公司
装　　订	廊坊市广阳区广增装订厂
版　　次	2019 年 11 月第 1 版
印　　次	2019 年 11 月第 1 次印刷

开　　本	710×1000　1/16
印　　张	37
字　　数	618 千字
定　　价	168.00 元

凡购买中国社会科学出版社图书，如有质量问题请与本社营销中心联系调换
电话：010 - 84083683
版权所有　侵权必究

前　言

2018年是中国改革开放40周年，承蒙中国社会科学出版社垂青，将我近些年在报刊陆续发表的有关改革开放的文章集纳出版。由于这些文章都与我从事的中国当代史研究有关，故将书名称作《改革开放与中国当代史》。

收入本书的文章，发表时间最早的是1994年，最晚的在2018年，跨度有20多年。这期间虽有很多变化，但为了保持文章原貌，除按照出版要求进行必要的编辑加工和个别提法的修改之外，其余一律不动。

文章在编排上，根据内容分为了四组。每组文章排列也以内容为序。每篇文章最初发表的报刊，以及本书对原标题的改动，均在题解中加以说明。

书稿在初编过程中得到中国社会科学院办公厅侯波同志的帮助，在此谨表谢忱！

朱佳木
2019年7月15日

目　　录

改革开放的起步

中共十一届三中全会与中国当代史上的伟大转折 …………………（3）
邓小平与全党工作重点的转移 ………………………………………（25）
陈云在中共十一届三中全会前后 ……………………………………（34）
陈云对计划与市场关系的思考 ………………………………………（59）
陈云对改革开放的重大贡献 …………………………………………（80）
改革开放初期的陈云与邓小平 ………………………………………（100）
陈云与邓小平和第三代中央领导集体的关系
　　——答中共电视台记者问 ………………………………………（121）
胡乔木与中共十一届三中全会 ………………………………………（126）

改革开放的本质和方向

深入理解和全面贯彻党在社会主义初级阶段的基本纲领 …………（141）
坚定中国特色社会主义信念的两大依据 ……………………………（155）
在中国特色社会主义道路上实现中华民族的伟大复兴 ……………（170）
中国共产党与中华民族的伟大复兴 …………………………………（201）
"不问姓社姓资"是一种曲解
　　——答《人民论坛》问 …………………………………………（211）
政治体制改革与坚持共产党的领导 …………………………………（216）
依法治国与坚持共产党的领导 ………………………………………（225）

观察当代中国的方法 …………………………………………… (229)
中国特色社会主义社会的长期性及其前进方向 ………………… (238)
中国特色社会主义道路的时代性 ………………………………… (260)
共产党执政后还要不要革命以及当今时代的性质 ……………… (276)
中国道路是顺应时代发展潮流的选择 …………………………… (284)
中国特色社会主义进入新时代的依据和意义 …………………… (287)

改革开放前后两个历史时期的关系

争取独立统一民主富强的伟大胜利
　——为共和国光辉的 50 年而作 ………………………………… (299)
新中国 60 年的历史是一个光辉的整体 ………………………… (308)
从改革开放前后两个历史时期的相互关系上认识中国特色
　社会主义道路的内涵 …………………………………………… (317)
新中国两个 30 年与中国特色社会主义道路 …………………… (340)
正确认识新中国两个 30 年的关系 ……………………………… (355)
新中国的 65 年与中华民族伟大复兴的历史进程 ……………… (364)
深化对中国特色社会主义认识的三个视角 ……………………… (374)
中国特色社会主义是科学社会主义理论逻辑和中国社会发展
　历史逻辑的统一 ………………………………………………… (390)
用党的十九大精神重新认识新中国历史时期的划分 …………… (409)

改革开放的基本经验

中国改革开放基本经验的核心 …………………………………… (417)
坚持党的基本路线一百年不动摇
　——重温邓小平南方谈话 ……………………………………… (428)
坚持中国特色社会主义道路需要把握好的三对重要关系 ……… (443)
坚持和加强中国共产党领导是中国特色社会主义事业胜利的
　根本保证 ………………………………………………………… (458)
陈云与改革开放的三个关键性问题 ……………………………… (468)
陈云的思想与"四个全面"战略布局 …………………………… (479)

研究陈云对外开放思想的方法 …………………………………（486）
略论陈云执政党党风建设的思想 ………………………………（497）
研究新中国历史经验应当注意的几个方法问题 ………………（520）
贯通总结改革开放前后两个时期的历史经验与中国特色
　社会主义进入新阶段 ……………………………………………（538）
习近平新时代中国特色社会主义思想的鲜明特色 ……………（551）
新时代与改革开放航向的校准 …………………………………（559）

改革开放的起步

中共十一届三中全会与
中国当代史上的伟大转折[*]

党的十一届三中全会（以下简称三中全会或全会）揭开了改革开放的序幕，开辟了中国特色社会主义道路，实现了中华人民共和国成立以来党的历史也是当代中国历史上具有深远意义的伟大转折。对此，人们早已了解，并形成广泛共识。但是，这一转折是怎么实现的，是偶然的还是必然的，性质是什么？在这些问题上，人们的认识就不那么统一了。因此，分析三中全会及此前中央工作会议的主要成果、基本特点、历史背景和伟大意义，对这一转折的由来、必然性和性质等问题，是十分必要的。

一 三中全会及此前中央工作会议的成果和特点与转折的由来

要搞清楚三中全会为什么能成为中国当代史上的伟大转折，首先应当搞清楚三中全会及此前中央工作会议的主要成果和基本特点。

（一）关于两个会议的主要成果

三中全会及此前中央工作会议的成果，从当时的全会公报上看，可以大体归纳为六点：第一，决定把全党工作的着重点从1979年起转移到社会主义现代化建设上来；第二，讨论了国际形势和外交工作，同意党和政

---

[*] 本文曾发表于《当代中国史研究》2008年第5期。

府的对外政策；第三，讨论并原则通过了关于加快农业发展问题和1979、1980两年国民经济计划的安排；第四，审查和解决了历史上遗留的一大批重大问题，重新评价了一些重要领导人的功过是非；第五，决定在党的生活和国家生活中加强民主，明确了党的唯物主义的思想路线；第六，加强和充实了党中央领导机构，成立了中央纪律检查委员会。

根据十一届三中全会之后一年半里党和国家政治生活出现的新进展，十一届六中全会在《关于建国以来党的若干历史问题的决议》（以下简称《历史决议》）中，又从新的认识高度，将三中全会及此前中央工作会议的主要成果概括成了八条：第一，结束了1976年10月以来党的工作在徘徊中前进的局面，开始全面地认真地纠正"文化大革命"中间及之前的"左"倾错误；第二，坚决批判了"两个凡是"的错误方针，充分肯定了必须完整地、准确地掌握毛泽东思想的科学体系；第三，高度评价了关于真理标准问题的讨论，确定了解放思想、开动脑筋、实事求是、团结一致向前看的指导方针；第四，停止了使用"以阶级斗争为纲"的口号，作出了把工作重点转移到社会主义现代化建设上来的战略决策；第五，提出了注意解决好国民经济重大比例严重失调的要求，制定了关于加快农业发展的决定；第六，着重提出了健全社会主义民主和加强社会主义法制的任务；第七，审查和解决了党的历史上一批重大冤假错案和一些重要领导人的功过是非问题；第八，增选了中央领导机构的成员。在列举这八大成果后，《历史决议》指出："这些在领导工作中具有重大意义的转变，标志着党重新确立了马克思主义的思想路线、政治路线和组织路线。"[①]

在十一届三中全会召开30年后的今天，如果要对它的成果再作进一步归纳的话，可以说其中最重要的成果有两个：一是重新确立了党的马克思主义的路线，二是形成了以邓小平同志为核心的党的第二代中央领导集体。因为，揭开改革开放序幕、开辟建设中国特色社会主义新道路的关键因素，正是这两大成果。所以说，三中全会实现了当代中国史上的伟大转折，主要根据即在于此。

先说党的第二代中央领导集体。邓小平在1989年6月十三届四中全

[①]《三中全会以来重要文献选编》下，人民出版社1982年版，第821页。

会前夕说过:"党的十一届三中全会建立了一个新的领导集体,这就是第二代的领导集体。在这个集体中,实际上可以说我处在一个关键地位。"①三中全会闭幕时,中央政治局常委一共有六个人,主席是华国锋,副主席是叶剑英、邓小平、李先念、陈云、汪东兴。由于会议否定了"两个凡是"的方针,中央工作的主导权实际已从华国锋转移到了邓小平手中。另外,汪东兴在会议期间作了书面检查,提出了辞职的请求,并在不久后召开的十一届五中全会上被批准辞职。到了十一届六中全会,华国锋又提出请求辞去中央主席和中央军委主席的职务,并得到会议批准。所以,邓小平所讲的三中全会建立的新的中央领导集体,是指也只能是指邓小平、陈云、叶剑英、李先念。对此,邓小平在十三届四中全会之后有更加明确的说明。他指出:"从我们党的十一届三中全会以后,开始产生了第二代领导集体,包括我在内,还有陈云、李先念,还有叶帅。"② 历史证明,三中全会以来,我们党和国家之所以能不断深化改革、扩大开放,之所以能逐步开辟出一条中国特色社会主义道路,关键就在于有这个中央领导集体在政治上和组织上提供坚强的保证。

再说十一届三中全会的路线。对于三中全会的路线,曾经有过各种各样的表述。③ 但无论作哪种表述,意思都差不多,都是指我们党在十一届三中全会和会后所制定并不断丰富的马克思主义的思想路线、政治路线、组织路线。从三中全会公报上看,这条路线的主要内容是:在思想上,完整准确地掌握毛泽东思想的科学体系,在马列主义、毛泽东思想的指导下,解放思想,研究新事物、新问题,坚持实事求是,一切从实际出发;在政治上,把全党工作重点和全国人民的注意力转移到社会主义现代化建设上来,根据新的历史条件和实践经验,对经济体制和经营管理方法着手改革,在自力更生的基础上积极发展同世界各国的经济合作,努力采用世界先进技术和先进设备,同时不放松同极少数反革命分子和刑事犯罪分子

---

① 《邓小平文选》第三卷,人民出版社1993年版,第309页。
② 《邓小平年谱(1975—1997)》下,中央文献出版社2004年版,第1295页。
③ 可参阅《三中全会以来重要文献选编》上,人民出版社1982年版,第11、236页;《邓小平文选》第二卷,人民出版社1994年版,第183、193、242、275页;《三中全会以来重要文献选编》下,第821、848页;《十三大以来重要文献选编》上,人民出版社1991年版,第15页。

的阶级斗争，不削弱无产阶级专政，不允许损害安定团结的政治局面；在组织上，健全党的民主集中制，健全党规党法，严肃党纪，强调党中央和各级党委的集体领导，保障党员在党内对上级领导直至中央常委提出批评意见的权利，党的各级领导干部必须带头严守党纪。对于三中全会的政治路线，当时虽然没有概括为"一个中心、两个基本点"，但从上述内容不难看出，这个基本含义已经有了。特别是三中全会之后，党中央为了正确贯彻解放思想的方针，及时重申坚持四项基本原则，并明确提出实行改革开放的总方针，"一个中心、两个基本点"的含义更加凸显出来。对于三中全会的组织路线，会后也有进一步发展。其中最重要的是，在政治合格的前提下，使干部队伍做到年轻化、知识化、专业化，并使选拔中青年干部的工作制度化。

由此可见，十一届三中全会确定的马克思主义路线，是指在坚持四项基本原则、加强精神文明建设的前提下，通过解放思想、改革开放，促进生产力不断发展，实现社会的全面进步，最大限度地满足人民的物质需要和精神需要，巩固和发展社会主义制度；而不是相反，要搞指导思想的多元化、经济制度的私有化、政治体制的西方化，使中国走资本主义的发展道路，融入世界资本主义体系。正如邓小平反复强调的那样，我们说的解放思想，绝不能够偏离四项基本原则的轨道，"离开四项基本原则去'解放思想'，实际上是把自己放到党和人民的对立面去了"。"离开坚持四项基本原则，就没有根，没有方向，也就谈不上贯彻党的思想路线。"[①] "如果不坚持这四项基本原则，纠正极左就会变成'纠正'马列主义，'纠正'社会主义。"[②] "某些人所谓的改革，应该换个名字，叫作自由化，即资本主义化。他们'改革'的中心是资本主义化。我们讲的改革与他们不同，这个问题还要继续争论的。"[③] 我们决定实行开放政策，"同时也要求刹住自由化的风，这是相互关联的问题"[④]。历史证明，三中全会以来，我们党和国家之所以能战胜国内国际一个又一个风险的挑战，之所以能在不

[①] 《邓小平文选》第二卷，人民出版社1994年版，第278、279页。
[②] 《邓小平文选》第三卷，人民出版社1993年版，第137页。
[③] 同上书，第297页。
[④] 同上书，第124页。

断深化和扩大改革开放、经济持续飞速发展的情况下始终保持社会的总体稳定,关键就在于有这条马克思主义路线的正确指引。

(二) 关于两个会议的基本特点

三中全会及此前的中央工作会议取得了如此重要的成果,是否是事先就计划好了的,是否是有步骤地自然而然地取得的呢?要回答这个问题,只要看看这两个会议在中共党史和中国当代史上不同寻常的显著特点就清楚了。

首先,议题中途发生了违反主持人意愿的改变。

中央工作会议开始前发出的通知和开始时由党中央主席华国锋宣布的议题,都是讨论《关于加快农业发展速度的决定》和《农村人民公社工作条例(试行草案)》,商定1979、1980年国民经济计划安排,学习李先念在国务院务虚会上的讲话;只在进入正式议题前,用两三天时间讨论从1979年1月起把全党工作着重点转移到社会主义现代化建设上来的问题。但是,会议刚进入第三天,党的八大时便是中央副主席而"文化大革命"以来一直是中央委员会一般委员的陈云,率先在小组会上发言,指出实现四个现代化是全党和全国人民的迫切愿望,安定团结也是全党和全国人民关心的事,现在干部、群众对党内是否能安定团结有顾虑。接着,他提出了六个影响大或涉及面广、需要由中央考虑决定的冤假错案和问题,如薄一波等61人所谓叛徒集团案,陶铸、王鹤寿的历史遗留问题,彭德怀的骨灰安放问题,1976年"天安门事件"的平反问题,康生的严重错误问题等。这些问题都是当时最为敏感,也是大家最为关心但又不便于说的问题,因此,他的发言在简报全文刊出后,立即引起强烈反响,起到了扭转会议方向的作用。代表们纷纷表示赞成他的意见,同时加以发挥和补充。华国锋在紧接着召开的第二次全体会议上虽然要求会议由讨论工作重点转移问题转入讨论农业文件,但代表们并没有照他的要求办,而是依旧热烈讨论重大历史遗留问题,并且延伸到了关于真理标准大讨论中出现的不正常情况、对"两个凡是"的提法和中央个别领导同志的意见、对中央和中央宣传领导部门人事调整的建议等重大现实问题。

鉴于会议形势发生了巨大变化,在会议开始不久后出访回国的邓小平，与叶剑英、李先念等中央政治局常委一起，力促华国锋代表中央政治局，在第三次全体会议上对与会代表所提问题一一作了答复。宣布对 1976 年"天安门事件"、"二月逆流"、薄一波等 61 人所谓叛徒集团案、彭德怀问题、陶铸问题、杨尚昆问题予以平反，决定撤销有关"反击右倾翻案风"的全部文件，将康生、谢富治的问题交由中央组织部审理，对地方性重大事件问题交由地方自行解决。这次会后，胡乔木在小组发言中又提出，真理标准问题已在一定意义上成了政治问题，建议华国锋能对这一问题的讨论也作一个结论，以便统一全党思想，澄清国内外各种猜测。于是，华国锋在第四次全体会议（即中央工作会议闭幕会）上，就"两个凡是"的提出作了自我批评，对没有能及时解决在真理标准讨论中的分歧作了解释。

会议对原有议题的突破和取得的进展，使邓小平会前所准备的讲话稿也显得不再适用。会议临近结束时，他针对会议内外出现的新情况，亲自草拟了讲话提纲，提出解放思想是当前一大政治问题，民主是解放思想的重要条件，处理历史遗留问题为的是团结一致向前看，要研究经济建设上的新情况，解决经济管理方法、管理制度改革上的新问题等。这篇题为《解放思想，实事求是，团结一致向前看》的重要讲话，从思想路线的高度对会议作出了深刻总结，为全党指明了改革开放的大方向，受到与会代表的一致拥护，因此，在事实上成为三中全会的主题报告。

三中全会原定议题是审议通过中央工作会议讨论后提交的关于农业问题的两个文件和 1979—1980 年的计划安排，选举产生中央纪律检查委员会。但事实上，它除了上述内容外，主要是学习讨论邓小平在中央工作会议上的重要讲话，确认中央工作会议所取得的一系列重要成果，以及增选和增补中央领导机构的成员。

其次，会议持续的时间长，解决的问题数量多、分量重。

中央工作会议于 1978 年 11 月 10 日开始，原定开 20 多天。三中全会原定与中央工作会议间隔十来天，在 12 月 10 日召开，会期三天。但由于工作会议讨论十分热烈，不断有新问题提出，使会议结束时间一延再延，实际开了 36 天。三中全会则紧接着在中央工作会议结束两天后召开，会期也比原计划延长了两天。两个会加在一起共有 41 天，如果把它们合起来看，大体可以分为三个阶段。

第一阶段从11月12日陈云在小组会上发言算起，到11月25日华国锋在第三次全体会议上宣布对一系列重大历史遗留问题的平反决定，共14天，可以看作是发动阶段。其间主要讨论历史遗留问题，也涉及对个别中央领导同志的批评。

第二阶段从11月26日到12月13日的小组讨论，共18天。可以看作是深入阶段，其间主要议论真理标准大讨论中出现的种种不正常情况，对中央个别领导提意见，对中央领导机构和中央宣传领导部门的人事安排提建议。

第三阶段从12月13日下午邓小平在中央工作会议闭幕会上发表重要讲话，到12月15日下午工作会议结束；再从12月17日三中全会召开小组召集人会议到12月22日三中全会闭幕会增选陈云、邓颖超、胡耀邦、王震为中央政治局委员，陈云为政治局常委、中央委员会副主席，增补黄克诚等9人为中央委员，以及通过全会公报，共七天，可以看作是总结阶段。其间主要讨论邓小平在中央工作会议上的重要讲话，酝酿增选、增补中央领导机构成员的名单，同时继续发表前两个阶段没有提完的意见。

再次，会议气氛生动、活泼、热烈，真正做到了面对面地开展批评与自我批评。

会议开始时，还有扣压简报的事情发生，但当代表提出意见后，情况很快变了，基本做到了代表们畅所欲言，直言不讳；简报有闻必录，印发及时。正因为如此，邓小平的重要讲话在评价中央工作会议时指出："这次会议讨论和解决了许多有关党和国家命运的重大问题。大家敞开思想，畅所欲言，敢于讲心里话，讲实在话。大家能够积极地开展批评，包括对中央工作的批评，把意见摆在桌面上。一些同志也程度不同地进行了自我批评。这些都是党内生活的伟大进步，对于党和人民的事业将起巨大的促进作用。"[①] 陈云在三中全会闭幕会上的即席讲话中也说："三中全会和此前的中央工作会议开得很成功。大家在马列主义、毛泽东思想的基础上，解放思想，畅所欲言，充分恢复和发扬了党内民主和党的实事求是、群众

[①] 《邓小平文选》第二卷，人民出版社1994年版，第140—141页。

路线、批评和自我批评的优良作风，认真讨论了党内存在的一些重大问题，增强了团结，真正实现了毛泽东所提倡的又有集中又有民主，又有纪律又有自由，又有统一意志，又有个人心情舒畅、生动活泼的那样一种政治局面……一九五七年以后，由于种种干扰，毛泽东提出的这种心情舒畅、生动活泼的政治局面很多年没有实现。这一次党中央带了个好头，只要大家坚持下去，就有可能在全国实现。"① 他们这些话，高度概括了会议的真实情况。

在中共党史和中国当代史上，同时具有以上三个特点的会议，即便不是绝无仅有，也是极其少有的。正是这些特点，构成了三中全会成为中国当代史上伟大转折的直接原因。它说明，三中全会的胜利并非自然而然取得的，而是与会的大多数高级干部在老一辈无产阶级革命家带动、支持下，充分发扬党内民主和党的实事求是、群众路线、批评与自我批评作风，通过积极的思想斗争争取到的，是来之不易、弥足珍贵的。

二　三中全会及此前中央工作会议的 历史背景与转折的必然性

三中全会前的中央工作会议议题，主要不是全会公报所讲的那些内容；会议之前，中央起码是中央主要负责人，并没有打算开成那样一个会；出席会议的代表起码是绝大多数代表，事先也没有想到会议会开出那样一个结果。那么，这是否意味着三中全会实现的伟大转折是偶然的、突发的，是可能发生也可能不发生的呢？虽然，转折发生在1978年11月，发生在三中全会及此前的中央工作会议，带有一定的偶然性。但是，正如恩格斯所说："在表面上是偶然性在起作用的地方，这种偶然性始终是受内部的隐蔽着的规律支配的"②。三中全会及此前中央工作会议也是这样。如果把它和"文化大革命"中的一系列事件联系起来，把它放在粉碎"四人帮"后国内国际、党内党外、主观客观的大背景下来分析，就可以

---

① 《陈云年谱（1905—1995）》下，中央文献出版社2000年版，第231页。
② 《马克思恩格斯选集》第三卷，人民出版社1995年版，第247页。

看出，这个转折绝不是偶然的、突然的，而是必然的、不以人的意志为转移的，是人心之所向、大势之所趋，是迟早要发生的。

（一）转折的客观条件

自从1976年以华国锋为首的党中央一举粉碎"四人帮"到十一届三中全会召开之前的两年里，我们党和国家在政治上、经济上都取得了一定进展和成绩。但同时也产生了一些新问题，严重阻碍了党和国家继续前进的步伐，迫切需要得到解决。

首先，在政治上。那两年揭发、批判、清查江青反革命集团及其帮派体系的运动取得了很大成绩，党和国家组织的整顿冤假错案及平反工作也在部分地进行，但是，由于受"左"的错误思想束缚，作为党中央主要负责人的华国锋不仅未能顺应党心民心，纠正"文化大革命"的错误理论、政策和口号，系统清理在党内已持续很长时间的"左"的指导思想，带领全党全国人民乘胜前进。反而提出并推行"两个凡是"的错误方针，压制1978年开展的对拨乱反正具有重大意义的关于真理标准问题的讨论，一再拖延和阻挠恢复包括邓小平在内的一大批老干部的工作和平反，包括1976年"天安门事件"在内的一大批历史上的冤假错案，并在继续维护旧的个人崇拜的同时制造新的个人崇拜，严重挫伤了广大干部群众在粉碎"四人帮"后焕发出的社会主义积极性，引起党内外同志的广泛不满。因此，要求尽快解决1976年"天安门事件"平反和"文化大革命"及此前一系列重大历史遗留问题，重新评价党和国家许多领导人的功过是非，肯定实践是检验真理的唯一标准，改正"两个凡是"的错误方针，以及调整各方面社会关系、调动一切积极因素投身四化建设的呼声，变得日益强烈。

其次，在经济上。那两年制止了许多地区工矿企业生产和交通运输的混乱状况，使国民经济开始从瘫痪、半瘫痪的状态中走了出来。但是，华国锋在严重失调的国民经济重大比例关系尚未理顺的情况下，又提出许多不切实际的高指标和根本不可能实现的大口号，使积累与消费的关系进一步失衡，违背了人民要求尽快改善生活的强烈意愿，犯了急于求成、片面追求高速度的急躁冒进错误。他虽然看到了国外技术的进步和中美、中日关系解冻后西方在对华贸易、投资方面出现的新形势，提出要引进国外先进技术设备和举借外债,但是不考虑国内对引进技术设备的配套和消化能力,也不考虑还债的能力,片面突出钢铁、石油、化工等重工业部门,追求高速度、高积累、高投资,同样是"左"的急躁冒进思想的表现。这一切都迫切要求在经济工作中认真清理"左"的指导思想,对国民经济进行一次重大比例关系的调整。另外,在农村,人民公社"政社合一"的经营管理体制违反农业生产的客观规律,分配上存在严重的平均主义倾向,极大制约了农民生产积极性的发挥和农业生产力的提高,致使粮食供应长期处于紧张状态,一亿多农民有待解决温饱问题。在城市,一方面,"文化大革命"期间对中学毕业生实行上山下乡的政策,累积约一千多万返城的知识青年有待安排就业,再加上其他新生劳动力的出现,使国家无法单靠国有企事业单位满足就业需求;另一方面,原有的高度集中的计划经济体制和政企不分、所有权经营权不分、统收统支的国有企业经营方式的弊端,与经济的发展越来越不适应,到了非改变不可的程度。这一切,都在客观上呼唤对经济体制、经营方式、所有制结构进行必要的改革。

(二) 转折的主观条件

粉碎"四人帮"后的头两年,在老一辈无产阶级革命家和党内正确力量的努力下,通过部分平反冤假错案,使许多"文化大革命"中被打倒或靠边站的老干部回到了领导岗位;通过真理标准讨论和"两个凡是"的争论,通过按劳分配问题和经济管理体制问题的讨论,使实事求是、理论联系实际、一切从实际出发的原则,以及党内民主和民主集中制的原则得到很大宣传,逐渐形成了有利于克服"两个凡是"的错误、将党的工作重点转移到经济建设上、对国民经济进行调整,以及实行改革开放方针的舆论氛围。这一切,为三中全会的胜利召开做了充分的组织准备和思想准备。

首先,在组织上。1977年3月中央工作会议前夕,陈云为呼应党中央副主席叶剑英的意见,与王震等几位中央委员相约,在会上提出为1976年"天安门事件"平反和恢复邓小平工作的问题。他提交书面发言后,会议简报组要求"按照华主席讲话精神"删去所谓"敏感"内容,华国锋也登门做他的工作，均被拒绝。这篇发言虽然最终未能在简报上刊出，但却产生了很大影响，对中央内部的错误领导形成了巨大压力，加快了邓小平复出的进程。四个月后，邓小平在十届三中全会上恢复了在"反击右倾翻案风"中被撤销的一切职务。与此同时，经过叶剑英、邓小平、李先念和陈云等中央领导人及老一辈革命家的积极争取，一些老同志也陆续恢复了工作。所有这些，都使党中央决策层、领导层内正确与错误两种力量的对比发生了很大变化。正因为如此，陈云那篇改变了中央工作会议议程的发言，才可能取得一呼百应的效果；邓小平在会议期间的运筹帷幄、因势利导，尤其是他在中央工作会议闭幕会上的重要讲话，才可能发挥出巨大作用，从而为三中全会重新确立马克思主义的路线奠定重要基础，使那次会议最终成为开辟中国特色社会主义的起点。

其次，在思想上。邓小平自重新回到中央领导岗位后，便针对"两个凡是"的方针，利用各种场合，提出并大力宣传毛泽东思想的精髓是实事求是，要准确完整地理解毛泽东思想的观点，引发了关于真理标准问题的大讨论。同时，他还积极支持关于按劳分配问题的讨论，相继提出揭批"四人帮"运动要适时结束、要加大地方和企业自主权、要按照经济规律管理经济等主张。1978年夏季召开的国务院务虚会，提出了要加强综合平衡，在国家统一计划下发挥部门、地方、企业的积极性，搞好技术引进，努力扩大出口等一系列具有改革开放思想的观点。正因为有这个铺垫，参加中央工作会议的代表们才会一致拥护党的工作重点转移的决定，批评"两个凡是"的错误方针，肯定真理标准的大讨论，要求平反各种冤假错案，赞成认真解决国民经济中重大比例失调的问题，同意克服经济管理体制中党政企不分、以党代政、以政代企的现象。另外，由于陈云等老一辈革命家为恢复党的民主集中制所开展的斗争，使以往中央会议简报工作那种压制民主的错误做法越来越不得人心，难以再实行下去。这也是在中央工作会议上，各组讨论情况得以迅速交流、会议获得巨大胜利的一个重要条件。

邓小平在1980年初中央召开的干部会议上曾指出："粉碎'四人帮'以后三年的前两年，做了很多工作，没有那两年的准备，三中全会明确地确立我们党的思想路线、政治路线，是不可能的。所以，前两年是为三中全会做了准备。"① 只要了解了三中全会及此前中央工作会议的历史背景，对于邓小平的这一论述就会有更加深切的理解，就会明白那次会议之所以成为当代中国史上的伟大转折，完全是老一辈革命家和党内正确力量的努力与国内外形势变化共同作用的必然结果，是顺理成章、水到渠成、瓜熟蒂落；即使那次会议未能实现这一转折，此后的会议也一定会实现这一转折。

三　三中全会的历史意义与转折的性质

我们说党的十一届三中全会是当代中国史上的伟大转折，是从三中全会开始了党在思想、政治、组织等领域的全面拨乱反正，实现了党的工作重点的转移，揭开了改革开放的序幕，开辟了中国特色的社会主义道路，标志着中国从此进入社会主义事业发展新时期等意义上讲的。看不到转折的这些意义，或者对转折做超出这些意义的解释，都是不符合历史客观实际的。

（一）转折不是党的领导工作一般意义上的转变

自从中华人民共和国成立后，我们党曾有过多次工作重点的转移、指导思想的转变、发展战略的转折。其中有的正确反映了当时客观实际情况的变化，有的则被实践证明是脱离实际的。有的转得比较顺利，有的则因为种种原因转得不够顺利，甚至中途出现反复。就拿党的工作重心、中心、重点来说，早在七届二中全会时，毛泽东就非常明确地指出，全国解放后，党的工作重心要由乡村转向城市；要求全党"必须用极大的努力去学会管理城市和建设城市"，眼睛要"向着这个城市的生产事业的恢复和发展"，城市中的其他工作"都要围绕着生产建设这一个中心工作并为这个中心工作服务的"②。中华人民共和国成立后，我们接连进行了肃清反革命、土地改革、抗美援朝、"三反""五反"等运动，但这些都是为实现

---

① 《邓小平文选》第二卷，人民出版社1994年版，第242页。
② 《毛泽东选集》第四卷，人民出版社1991年版，第1427—1428页。

工作重心的转移，是工作重心转移必不可少的前提。在第一个五年计划开始实施、全党工作重心转到经济建设以后，虽然又接连进行了三大改造运动、"大跃进"和人民公社化运动，但这些运动从总体上说，也都是围绕经济建设这个中心而展开的。只是在1962年八届十中全会上重提阶级斗争后，经济建设的中心地位才开始动摇。到了"文化大革命"，这个中心更被"以阶级斗争为纲"所取代。与以往相比，十一届三中全会作出的关于全党工作重点转移的决定无疑带有更根本的性质，实现的党的指导思想的转变和发展战略的转折也无疑比以前深刻得多。究其原因，除了国内国际形势的变化外，主要在于这次转移、转变、转折，是建立在对社会主义社会以下两个新的认识基础之上。

首先，建立在对社会主义社会主要矛盾的新认识上。

在三中全会前的中央工作会议上，大家对中央政治局关于党的工作重点转移的决定一致拥护，没有提出任何疑问。但是，在对工作重点转移的解释上则是有分歧的。华国锋在开幕时的讲话中说，重点转移是"国内国际形势的需要"，并提出要"在新时期总路线和总任务的指引下"实现重点转移。所谓"新时期的总路线和总任务"，其重要内容之一就是坚持"以阶级斗争为纲"的社会主义历史阶段的基本路线和坚持无产阶级专政下的继续革命。这种解释，受到了与会代表的质疑。例如，胡乔木在会议进入小组讨论后的第二天发言说：把工作重点的转移讲成是形势的需要，这个理由不妥。应该说，无产阶级在夺取政权以后，就要把工作重点转到经济建设上。中华人民共和国成立后，我们已开始了这种转移，但是没有坚持住，这次转移是根本性的转移，而不是通常意义上的转移。不能给人一种印象，似乎今天形势需要，就把工作重点转过来，明天不需要了，还可以再转回去。他还指出，并不是任何阶级斗争都是进步的，其是否进步的客观标准，就是看它是否为解放和发展生产力创造条件；经济脱离政治一定会走到邪路上去，政治脱离经济也一定会走到邪路上去。除了发生战争，今后一定要把生产斗争和技术革命作为中心，不能有其他的中心。只要我们正确处理人民内部矛盾和敌我矛盾，国内的阶级斗争也不会威胁社会主义建设的中心地位。这篇发言被简报全文刊出后，得到了大多数与会者的赞同。

邓小平在中央工作会议闭幕会上的重要讲话，对工作重点转移问题作了更为精辟的阐述。他说：政治路线的问题解决了，今后看一个部门领导得好不好，应该主要看劳动生产率提高了多少，利润增加了多少，劳动者的个人收入和集体福利增加了多少。"这就是今后主要的政治。离开这个主要的内容，政治就变成空头政治，就离开了党和人民的最大利益。"① 三中全会公报吸收了邓小平讲话的精神，指出："毛泽东同志早在建国初期，特别在社会主义改造基本完成以后，就再三指示全党，要把工作中心转到经济方面和技术革命方面来。""正如毛泽东同志所说，大规模的急风暴雨式的群众阶级斗争已经基本结束，对于社会主义社会的阶级斗争，应该按照严格区别和正确处理两类不同性质的矛盾的方针去解决，按照宪法和法律规定的程序去解决。"② 这里虽然没有明确要停止使用"以阶级斗争为纲"的提法，但这个意思显然已经有了。正因为如此，后来的《历史决议》才指出：三中全会"果断地停止使用'以阶级斗争为纲'这个不适用于社会主义社会的口号"③。正是这一认识，赋予工作重点转移的命题以更大的科学性、稳定性，使它具有了更强的生命力。

三中全会闭幕后不久，邓小平在理论工作务虚会上的讲话中对社会主义基本矛盾、主要矛盾的理论做了进一步阐发。他指出，毛泽东在《关于正确处理人民内部矛盾的问题》一文中提出生产关系和生产力、上层建筑和经济基础矛盾问题，"从二十多年的实践看来，这个提法比其他的一些提法妥当。至于什么是目前时期的主要矛盾，也就是目前时期全党和全国人民所必须解决的主要问题或中心任务，由于三中全会决定把工作重点转移到社会主义现代化建设方面来，实际上已经解决了"④。他还指出："社会主义社会中的阶级斗争是一个客观存在，不应该缩小，也不应该夸大……社会主义社会目前和今后的阶级斗争，显然不同于过去历史上阶级社会的阶级斗争，这也是客观的事实，我们不能否认，否认了也要犯严重的错误。"⑤ 他的这些论述，更加深入地分析了在社会主义时期沿用"以阶级斗争为纲"口号的错误性，

---

① 《邓小平文选》第二卷，人民出版社1994年版，第150页。
② 《三中全会以来重要文献选编》上，人民出版社1982年版，第3、5页。
③ 《三中全会以来重要文献选编》下，人民出版社1982年版，第821页。
④ 《邓小平文选》第二卷，人民出版社1994年版，第182页。
⑤ 同上。

为全党工作重点的转移提供了科学的理论依据。

其次，建立在对社会主义社会管理体制的新认识上。

这里说的管理体制，既包括经济体制，也包括政治体制；既包括国内的经济体制，也包括国内与国外经济联系的体制。中华人民共和国成立后实行高度集中的计划经济体制，有在"一穷二白"基础上加快工业化建设的客观需要，也有对苏联经验的全盘学习和对马克思主义创始人关于未来社会可以自觉按比例发展国民经济思想的不准确理解；有在较短时间里为建立独立完整工业体系和国民经济体系奠定初步基础的丰功伟绩，也有因把经济统得过死而造成效益不高、对市场反应不灵活、人民生活不够丰富多样等种种弊端。在对外经济联系上，由于西方的全面禁运和经济封锁，中华人民共和国成立初期只能与苏联和其他社会主义国家进行贸易和经济技术合作；以后与苏联关系破裂，对资本主义国家的贸易开始增加，但总体规模也不大。在政治体制上，中华人民共和国成立后长期延续战争年代的做法，实行党的一元化领导，一切权力集中在党委，党委权力又往往集中于几个书记，特别是第一书记，造成党政不分、政企不分；对民主与法制建设不重视，基本处于无法可依的状况。尤其在"文化大革命"期间，"左"的指导思想盛行，经济上越统越死，对外经济联系的门越关越小，民主集中制的原则被严重破坏，连宪法规定的公民权利也得不到保障。粉碎"四人帮"后，开始从经济与政治管理体制的层面上思考过去的问题，提出了一系列新观点、新思想、新理论，逐步澄清了对社会主义的许多不准确的认识。

关于经济体制，邓小平和中央其他领导同志早在三中全会之前就已提出了一些改革和开放的思想。例如，邓小平曾指出："要实现四个现代化，就要善于学习，大量取得国际上的帮助。要引进国际上的先进技术、先进装备，作为我们发展的起点。"①"引进先进技术设备后，一定要按照国际先进的管理方法、先进的经营方法、先进的定额来管理，也就是按照经济规律管理经济。一句话，就是要革命，不要改良，不要修修补补。"② 再例

---

① 《邓小平文选》第二卷，人民出版社 1994 年版，第 133 页。
② 同上书，第 129—130 页。

如，陈云在长期思考计划与市场关系这个经济体制改革核心问题的基础上，于1978年7月三中全会之前国务院务虚会期间，就通过李先念提出了"计划经济与市场经济相结合"的命题。三中全会后，陈云又于1979年3月将自己的思考写成了名为《计划与市场问题》的提纲，其中说："六十年来，无论苏联或中国的计划工作制度中出现的主要缺点：只有'有计划按比例'这一条，没有在社会主义制度下还必须有市场调节这一条。""在今后经济的调整和体制的改革中，实际上计划与市场这两种经济的比例的调整将占很大的比重。不一定计划经济部分愈增加，市场经济部分所占绝对数额就愈缩小，可能是都相应地增加。"① 后来，他又提出"计划经济为主，市场调节为辅"的命题，并被党的十二大确定为经济体制改革的方针。这虽然不同于党的十四大所确定的社会主义市场经济体制的改革目标，但却对全党摆脱在计划与市场关系上的传统观念、形成新的认识，"对推动改革和发展起了重要作用"②；"对推动全党解放思想、实事求是，进行突破高度集中的计划经济体制的改革，产生过广泛而深刻的影响"③。

关于政治体制，邓小平和中央其他领导同志在三中全会前也提出了一些改革的思想。例如，邓小平在1978年10月3日指出："现在关于民主问题的讨论不够，这个问题很重要，要展开讨论。民主和法制实际上是一件事情。法制确实需要建立和健全，民法、刑法要搞，但都没有搞成。没有法，他就乱搞，确实不行。现在是领导人说的话就叫法，不赞成领导人说的话就叫违法，这种状况不能继续下去了。除了搞刑法、民法、诉讼法以外，还要搞经济立法，如工厂法。要搞立法，总得有个立法机构才行。"④ 正因为有这样的认识，三中全会才可能对民主和法制问题进行认真的讨论，全会公报才可能写上："在过去一个时期内，民主集中制没有真正实行，离开民主讲集中，民主太少，当前这个时期特别需要强调民主，强调民主和集中的辩证统一关系，使党的统一领导和各个生产组织的有效

---

① 《陈云文选》第三卷，人民出版社1995年版，第244—245页，第247页。
② 《十四大以来重要文献选编》上，人民出版社1996年版，第18页。
③ 《人民日报》1995年6月14日。
④ 《邓小平年谱（1975—1997）》上，中央文献出版社2004年版，第394页。

指挥建立在群众路线的基础上……宪法规定的公民权利，必须坚决保障，任何人不得侵犯。为了保障人民民主，必须加强社会主义法制，使民主制度化、法律化，使这种制度和法律具有稳定性、连续性和极大的权威，做到有法可依，有法必依，执法必严，违法必究。从现在起，应当把立法工作摆到全国人民代表大会及其常务委员会的重要议程上来。检察机关和司法机关要保持应有的独立性；要忠实于法律和制度，忠实于人民利益，忠实于事实真相；要保证人民在自己的法律面前人人平等，不允许任何人有超于法律之上的特权。"①

以上对社会主义社会主要矛盾和管理体制问题的新认识，不仅与"文化大革命"时期的认识相对立，而且与"文化大革命"之前的认识也有很大不同。这种认识上的不同之处，使三中全会所实现的转折与以往的转折有许多区别。看不到这种变化，混淆它们之间的区别，就难以理解三中全会所开辟的中国特色社会主义的"特"在哪里，难以说清楚为什么三中全会是当代中国史上的伟大转折。

（二）转折不是社会主义基本制度与社会性质的转变

现在有一种观点，把三中全会与1911年的辛亥革命相提并论，说它们是中国近代以来两个最伟大的事件；或者把新中国的历史以三中全会为时间节点，说1840年至1949年的中国历史与三中全会前后的两个历史时期并列构成了中国的近代史、现代史和当代史。这种观点从表面上看，似乎在抬高三中全会的历史地位，但由于它无视和抹杀中华人民共和国成立在中国历史上的划时代意义，割裂三中全会前后两个历史时期在社会形态上的内在一致性，因此必然是违背历史实际的主观臆造和对三中全会事实上的贬低。对此，只要分析三中全会及三中全会以来我们党在对待以下两个问题上的态度便清楚了。

首先，在对待社会主义制度不完善的问题上。

我们党早在三中全会上就明确，改革是为了挽救社会主义，使社会主义事业得以继续发展，而不是为了取消社会主义。邓小平在中央工作会议

---

① 《三中全会以来重要文献选编》上，人民出版社1982年版，第10—11页。

闭幕会上的重要讲话中指出:"如果现在再不实行改革,我们的现代化事业和社会主义事业就会被葬送。"① 全会公报也号召全党、全军、全国各族人民,"为在本世纪内把我国建设成为社会主义的现代化强国而进行新的长征"②。会后,邓小平又在理论工作务虚会的讲话中指出:"我们过去对民主宣传得不够,实行得不够,制度上有许多不完善,因此,继续努力发扬民主,是我们全党今后一个长时期的坚定不移的目标。但是我们在宣传民主的时候,一定要把社会主义民主同资产阶级民主、个人主义民主严格地区别开来,一定要把对人民的民主和对敌人的专政结合起来……如果离开四项基本原则,抽象地空谈民主,那就必然会造成极端民主化和无政府主义的严重泛滥,造成安定团结政治局面的彻底破坏,造成四个现代化的彻底失败。"③ 他在 1980 年初所作《目前的形势和任务》的报告中又说:"现在,特别是在青年当中,有人怀疑社会主义制度,说什么社会主义不如资本主义,这种思想一定要大力纠正。社会主义制度并不等于建设社会主义的具体做法。苏联搞社会主义,从一九一七年十月革命算起,已经六十三年了,但是怎么搞社会主义,它也吹不起牛皮。我们确实还缺乏经验,也许现在我们才认真地探索一条比较好的道路。但不管怎么样,社会主义制度的优越性已经得到了证明,不过还要证明得更多更好更有力。我们一定要、也一定能拿今后的大量事实来证明,社会主义制度优于资本主义制度。"④ 可见,无论是三中全会还是三中全会以后,我们党提出和进行的改革,都不是要把中国由社会主义社会改变成另外一种社会,更不是要否定和抛弃社会主义革命的成果,而是要解决社会主义制度中一些不完善的问题,寻找和走出一条更加适合中国国情的社会主义发展道路。

其次,在对待毛泽东晚年错误的问题上。

邓小平在中央工作会议闭幕会的重要讲话中说:"最近国际国内都很关心我们对毛泽东同志和对文化大革命的评价问题。毛泽东同志在长期革命斗争中立下的伟大功勋是永远不可磨灭的。回想在一九二七年革命失败

---

① 《邓小平文选》第二卷,人民出版社 1994 年版,第 150 页。
② 《三中全会以来重要文献选编》上,人民出版社 1982 年版,第 5 页。
③ 《邓小平文选》第二卷,人民出版社 1994 年版,第 176 页。
④ 同上书,第 250—251 页。

以后，如果没有毛泽东同志的卓越领导，中国革命有极大的可能到现在还没有胜利，那样，中国各族人民就还处在帝国主义、封建主义、官僚资本主义的反动统治之下，我们党就还在黑暗中苦斗。所以说没有毛主席就没有新中国，这丝毫不是什么夸张。毛泽东思想培育了我们整整一代人。我们在座的同志，可以说都是毛泽东思想教导出来的。没有毛泽东思想，就没有今天的中国共产党，这也丝毫不是什么夸张。毛泽东思想永远是我们全党、全军、全国各族人民的最宝贵的精神财富。我们要完整地准确地理解和掌握毛泽东思想的科学原理，并在新的历史条件下加以发展。当然，毛泽东同志不是没有缺点、错误的，要求一个革命领袖没有缺点、错误，那不是马克思主义。我们要领导和教育全体党员、全军指战员、全国各族人民科学地历史地认识毛泽东同志的伟大功绩。"[1] 三中全会公报也说："毛泽东同志在长期革命斗争中立下的伟大功勋是不可磨灭的……党中央在理论战线上的崇高任务，就是领导、教育全党和全国人民历史地、科学地认识毛泽东同志的伟大功绩，完整地、准确地掌握毛泽东思想的科学体系，把马列主义、毛泽东思想的普遍原理同社会主义现代化建设的具体实践结合起来，并在新的历史条件下加以发展。"[2]《历史决议》进一步指出："因为毛泽东同志晚年犯了错误，就企图否认毛泽东思想的科学价值，否认毛泽东思想对我国革命和建设的指导作用，这种态度是完全错误的。对毛泽东同志的言论采取教条主义态度，以为凡是毛泽东同志说过的话都是不可移易的真理，只能照抄照搬，甚至不愿实事求是地承认毛泽东同志晚年犯了错误，并且还企图在新的实践中坚持这些错误，这种态度也是完全错误的。这两种态度都是没有把经过长期历史考验后形成为科学理论的毛泽东思想，同毛泽东同志晚年所犯的错误区别开来。"[3] 这些都说明，三中全会否定"两个凡是"的方针、解决历史上的重大遗留问题，并不是要否定毛泽东和毛泽东思想，而是为了纠正毛泽东晚年的错误，恢复毛泽东思想的本来面貌，确立毛泽东的历史地位，更好地坚持和发展毛泽东

---

[1]《邓小平文选》第二卷，人民出版社1994年版，第148—149页。
[2]《三中全会以来重要文献选编》上，人民出版社1982年版，第12—13页。
[3]《三中全会以来重要文献选编》下，人民出版社1982年版，第836—837页。

思想。

对于社会主义制度不完善的问题和毛泽东晚年错误的问题,邓小平在世时的观点是始终一贯的,我们党从十一届三中全会起到十七大的观点也是始终一贯的。十七大报告指出:改革开放是党在新的时代条件下带领人民进行的新的伟大革命,目的"就是要推动我国社会主义制度自我完善和发展,赋予社会主义新的生机活力,建设和发展中国特色社会主义";又指出:"改革开放伟大事业,是在以毛泽东同志为核心的党的第一代中央领导集体创立毛泽东思想,带领全党全国各族人民建立新中国、取得社会主义革命和建设伟大成就以及艰辛探索社会主义建设规律取得宝贵经验的基础上进行的。"这再清楚不过地说明,三中全会前后的两个历史时期尽管在一系列方针、政策和制度上有很大区别,但它们的基本社会制度、根本指导思想和远大奋斗目标都是完全一致的。十一届三中全会实现的转折,是在中华人民共和国成立以及新中国头30年建设成就的基础上完成的,是从对什么是社会主义、怎样建设社会主义的问题由不完全清楚到比较清楚的转变,从探索中国自己的建设社会主义的道路到开辟中国特色社会主义道路的转变,是社会主义制度的自我完善和发展,而不是要与三中全会之前已经建立起来的社会主义社会一刀两断,更不是要倒退到1911年开始的资产阶级革命。因此,不能跨过中华人民共和国成立这个使中国由半殖民地半封建社会变为社会主义社会的伟大事件,而把三中全会与辛亥革命扯到一起;也不能把新中国的历史以三中全会为界,划分为中国的现代史和当代史。

以胡锦涛同志为总书记的党中央近来强调,中国共产党的领导,人民当家做主,依法治国基本方略,决定了我国社会主义国家政权的性质,也确立了我国作为社会主义大国长治久安的政治保证。各种敌对势力也明白,想西化、分化中国,首先要取消中国共产党的领导,取消人民当家做主的社会主义国家政权。西方敌对势力虽然不能不承认我国发展取得的巨大成就,但出于他们的政治立场和意识形态偏见,他们从来没有也不会认可我国社会主义政治制度,在他们看来,中国成功发展不仅威胁到他们的战略利益,而且威胁到他们奉为圭臬的资本主义制度模式。只要我们坚持共产党领导、坚持社会主义制度,我国越是发展壮大,他们越是要把西化、分化的矛头对准我们。我们同各种敌对势力之间渗透和反渗透、分裂和反分裂、颠覆和反颠覆的斗争将是长期的、复杂的、尖锐的，我们对此一定要有清醒的认识。我们从我国国情出发，发展中国式民主，推进社会主义政治制度的自我完善和发展，绝不照搬西方政治制度的模式，绝不放弃我国社会主义政治制度的根本。没有中国共产党的坚强领导，没有社会主义制度的有力保障，我们就难以把13亿人民的智慧和力量凝聚起来，就难以应对前进道路上的各种困难和风险，就难以保持国家的安定团结、社会的和谐稳定。我们要擦亮眼睛，坚定不移地沿着中国特色社会主义道路前进，绝不被国内外敌对势力各种威胁所吓倒，各种干扰所迷惑。

以胡锦涛同志为总书记的党中央近来还强调，意识形态领域并不平静，各种敌对势力正加紧在意识形态领域对我国进行渗透破坏活动，而且组织越来越严密，方式越来越多样。他们把媒体特别是互联网等现代媒体作为进行意识形态渗透的重要渠道，散布大量有害信息，极力抹黑中国、丑化中国、妖魔化中国。各级党委和政府，特别是主要领导干部，一定要增强政治意识、政权意识、责任意识，增强政治敏锐性和政治鉴别力，把意识形态工作摆上重要议事日程，自觉从政治上观察和处理问题，经常分析意识形态领域的形势，及时发现倾向性、苗头性问题，看好自己的阵地，管好自己的队伍，抓好宣传文化单位领导班子的建设，重视选拔培养意识形态领域的领导干部，确保领导权牢牢掌握在忠诚于党和人民的人手里，确保意识形态安全。我们同各种敌对势力在意识形态领域的斗争，本质上是社会主义价值体系和资本主义价值体系的较量。要把13亿人民团结起来，万众一心推进中国特色社会主义事业，就必须大力推进社会主义核心价值体系建设，在全社会形成共同理想信念、强大精神力量、良好道德风尚，更好地凝魂聚气、强基固本。我们要紧紧抓住树立理想信念这个根本，坚持不懈地用中国特色社会主义理论体系武装全党、教育人民，不断巩固马克思主义在意识形态领域的指导地位，不断巩固全党全国各族人民团结奋斗的共同思想基础，不断提高中华民族的凝聚力、向心力，使全体人民始终保持昂扬向上的精神状态。

2009年是中华人民共和国成立60周年，党的十一届三中全会刚巧处在这60年的中间。它是一次拨乱反正的会议，也是一次承上启下、继往开来的会议。它上承的是新中国头 30 年所建立的社会主义基本制度，所取得的社会主义建设成就，所探索的社会主义建设经验，所形成的自力更生、艰苦奋斗精神；下启的是后 30 年的中国特色社会主义建设事业及其未来的发展。三中全会和 30 年来的实践告诉我们，世界形势在变化，国内经济在发展，科学技术在进步，人民需要在增长，不改革不开放，中国是死路一条；同时也告诉我们，中国处于社会主义初级阶段的基本国情将长期存在，西方敌对势力西化、分化中国的战略图谋将长期存在，中国受到发达国家经济科技优势压力的国际环境也将长期存在，改革开放不坚持社会主义方向，中国同样是死路一条。改革开放与四项基本原则的结合是三中全会路线或社会主义初级阶段基本路线中最核心的内容，也是改革开放经验中最核心的部分。我们纪念三中全会召开 30 周年，就要客观全面地认识它的历史意义和它所实现的历史性转折的性质，实事求是地总结和充分运用改革开放的历史经验，一如既往地把以经济建设为中心、坚持改革开放和坚持四项基本原则统一于中国社会主义现代化建设的全过程，坚定不移地沿着三中全会开辟的道路继续前进。

党的十一届三中全会是一个里程碑，标志着共和国新的历史时期的开始；是一尊巨鼎，铭刻着我们党的第二代中央领导集体带领全党全国人民进行新长征的业绩；是一把号角，鼓舞着中华民族为实现伟大复兴而奋力地拼搏；是一座灯塔，照耀着中国特色社会主义的巨轮驶向胜利的远方。它和我们党的遵义会议一样，必将永载史册。

邓小平与全党工作重点的转移[*]

一

党的十一届三中全会取得了许多重要成果，其中最重要的有两个：一个是实际形成了以邓小平同志为核心的党的第二代中央领导集体，另一个便是重新确立了马克思主义的政治路线、思想路线和组织路线。所谓马克思主义的政治路线，在当时最主要的内容就是把全党工作的着重点转移到社会主义现代化上来，也就是以经济建设为中心。同时，也包括了坚持无产阶级专政，着手改革经济体制，实行对外开放的含义。会后，这条路线经过不断丰富发展，最终被完整地表述为"一个中心、两个基本点"。全党工作重点的转移虽然是在三中全会上确定的，但并非是这次会议突然提出的，而是在事先有一个酝酿准备的过程。

早在中华人民共和国成立前夕的党的七届二中全会上，党中央就明确指出，在夺取全国胜利的新形势下，党的工作重心要由乡村转到城市，而城市工作必须以生产建设为中心。中华人民共和国成立以后，特别是抗美援朝结束后，党的工作中心在很长一段时间里也确实是经济建设。在1962年八届十中全会之前，尽管中间发生过反右扩大化和"大跃进"那样的错误，在中央领导包括毛泽东的头脑中，经济建设是党的工作中心的认识并

---

[*] 本文曾发表于《党史博览》1998年第12期，原题为《十一届三中全会确定全党工作重点转移的前前后后》，收入本书时略有修改。

没有出现过动摇。但1962年以后，工作中心逐渐转移到阶级斗争上面。对此，党内是存在不同看法的。1975年，邓小平主持中央工作，提出"以三项指示为纲"，这实质上就是要把经济建设重新作为党的工作中心。当时，国务院政策研究室根据邓小平的讲话精神，写了一篇《论全党全国各项工作的总纲》（以下简称《论总纲》）。文章写道："列宁说过：'政治教育的成果，只有用经济状况的改善来衡量。'毛主席也说过'中国一切政党的政策及其实践在中国人民中所表现的作用的好坏、大小，归根到底，看它对于中国人民的生产力的发展是否有帮助及其帮助大小，看它是束缚生产力的，还是解放生产力的。'区别真马克思主义和假马克思主义，区别正确路线和错误路线，区别真干革命和假干革命，区别真干社会主义和假干社会主义，区别干部所做工作的成绩是好是坏，是大是小，归根结底，只能，也只应按照列宁和毛泽东所提出的这个标准来衡量。"这篇文章还没有来得及发表，"批邓、反击右倾翻案风"的运动就开始了。它被揭发出来后，连同胡乔木主持起草的《科学院工作汇报提纲》、国家计委起草的《关于加快工业发展的若干问题》一起，被"四人帮"攻击为邓小平搞所谓"翻案"的"三株大毒草"。那时，"四人帮"在《红旗》杂志上发表过一篇剖析《论总纲》的大批判文章，题为《一个复辟资本主义的总纲》，其中写到"以三项指示为纲"完全是为了对抗以阶级斗争为纲，《论总纲》"从所谓实现'四个现代化'开头，又以'实现四个现代化'为结束，这绝不是偶然的"。据说，姚文元看到《论总纲》后，还在上面批批画画，说这是"歪曲马列，回到唯生产力论"。其实，把邓小平提出的"以三项指示为纲"和《论总纲》说成是唯生产力，这才是歪曲马列。但"以三项指示为纲"的核心是"要把国民经济搞上去"，实质是要以经济建设为中心，这倒是确实的。

对于全党工作重点的内容，邓小平是这个思想，许多其他老一代革命家也是这个思想。粉碎"四人帮"后的第10天，即1976年10月16日，李先念打电话给陈云，征求他对今后工作的意见。陈云经过同王震、姚依林商议，提出了几条建议。其中主要是，"要大力抓生产，使国民经济能够较快恢复和发展"；"要尽快使一些老干部站出来，领导本部门的工作"。可见，在拨乱反正以后，党的工作重点应当是经济建设，这个思想对于邓小平、陈云等老一代革命家来说，是一贯的，没有疑问的。

粉碎"四人帮"后的一段时间里，华国锋在主持工作中也是重视抓生产的，这一点与"四人帮"不同。但由于"左"的思想的禁锢和历史的惯性，他当时仍然沿用"以阶级斗争为纲"的提法，提出要"抓纲治国"；在安排工作时，还是把重点放在政治运动上，即使讲生产，也一定要在前面加上"抓革命"。例如，党的十一大报告提出了八项任务，第一项是"要把揭批'四人帮'进行到底"，第四项才是"要抓革命，促生产，把国民经济搞上去"。这在实际工作中，当然会导致种种矛盾。于是，在十一届三中全会之前，邓小平不失时机地从正面提出了工作重点转移的问题。

二

1978年春夏，在邓小平的领导下，全国掀起了真理标准问题的大讨论，为十一届三中全会恢复马克思主义的思想路线、政治路线奠定了思想基础。9月，邓小平出访朝鲜后，在东北视察，走一路，讲一路，进一步为恢复党的马克思主义的思想路线、政治路线造舆论。他主要讲的是两个问题：第一，什么叫高举毛泽东思想旗帜？第二，什么是社会主义制度的优越性？在讲到社会主义制度的优越性时，他说：这种"优越性的根本表现，就是能够允许社会生产力以旧社会所没有的速度迅速发展，使人民不断增长的物质文化生活需要能够逐步得到满足。按照历史唯物主义的观点来讲，正确的政治领导的成果，归根结底要表现在社会生产力的发展上，人民物质文化生活的改善上。如果在一个很长的历史时期内，社会主义国家生产力发展的速度比资本主义国家慢，还谈什么优越性"[①]？正是从这一点出发，他在沈阳军区听取关于揭批"四人帮"运动和战备情况的汇报时，提出了一个在当时许多人连想都没有想过的问题，这就是：揭批"四人帮"运动总要有个底，不能总这样搞下去，总不能再搞三年五年。如果搞得好，再有半年就可以了。有些单位搞得差不多了就可以结束，凡是结

[①] 《邓小平文选》第二卷，人民出版社1994年版，第128页。

束了的单位，就要转入正常工作。在多年来由于受"以阶级斗争为纲"思想的束缚，人们已习惯于搞政治运动，而且党的十一大明确把揭批"四人帮"运动放在一切工作首位的情况下，邓小平提出揭批"四人帮"运动再有半年就可以结束，是需要有相当胆略和勇气的。在当时那种历史条件下，提出结束揭批"四人帮"运动，实际就是提出全党工作重点的转移。从目前了解到的材料看，这是他提出工作重点转移问题最早的一次。

邓小平从东北回到北京后，为了起草他代表中央在工会九大上的致辞稿一事，于10月3日请胡乔木、邓力群、于光远去他家里谈话。在谈话中，他两次提出结束揭批"四人帮"运动的问题。他说：现在到了这个时候，"四人帮"当然要批，但不能老是说什么都是"四人帮"搞的。现在有些事将要考核我们自己的干部，批了"四人帮"还搞不好，总得整一下自己吧，总得问一问领导人、领导班子是不是可以吧。外国人有个议论说，你们什么都归罪于"四人帮"。归罪于"四人帮"还是可以的，但是不能以后一直都归罪于"四人帮"的干扰破坏。我想从这个讲话开始，讲一下这个道理。"这次我在沈阳军区讲，揭批'四人帮'运动总有个底，总不能还搞三年五年吧！区别一下哪些单位可以结束，有百分之十就算百分之十，这个百分之十结束了，就转入正常工作，否则你搞到什么时候。我们要把揭批'四人帮'的斗争进行到底。但是，总不能说什么都是'四人帮'搞的，有些事情还要自己负责。"① 我们要问问"进行到底"的"底"在哪里？现在可以暂时不说。

后来，胡乔木等人把邓小平的这个意思写进了工会九大的致辞稿。这篇文稿已收入《邓小平文选》，其中有一句："我们一定要把揭批'四人帮'的斗争进行到底。但是同样很明显，这个斗争在全国广大范围内已经取得决定性的胜利，我们已经能够在这一胜利的基础上开始新的战斗任务。"② 这里虽然没有用工作重点转移这个词，但看得出，所谓"开始新的战斗任务"，就是工作重点转移的意思。

工会九大是在10月11日召开的，过了1个月，中央召开了十一届三

---

① 《邓小平年谱（1975—1997）》上，中央文献出版社2004年版，第394页。
② 《邓小平文选》第二卷，人民出版社1994年版，第135页。

中全会前的工作会议。华国锋在中央工作会议第一次全体会上说：中央政治局决定，在讨论会议的三个议题之前，先讨论一个问题，就是"要在新时期总路线和总任务的指引下，从明年一月起，把全党工作的着重点转移到社会主义现代化上来"。他还说："现在的问题是，揭批'四人帮'运动已经达到什么火候了？恰当地估量运动的发展状况，是我们提出转移全党工作着重点的重要依据。"我们现在知道，中央政治局的这个决定是中央常委的建议。从以上材料可以清楚地看出，所谓中央常委的建议，实际上就是邓小平的建议。不同的只是，邓小平在同胡乔木等人谈话时讲的"可以暂时不说"的"底"，到了中央工作会议之前，已经明确为1978年底。就是说，1978年底结束揭批"四人帮"运动，全党工作重点转到经济建设上来。关于这一点，胡耀邦在1980年11月政治局会议的讲话中也讲得很清楚。他说："1978年9月份，小平同志在东北提出了全党工作着重点的转移，为三中全会的方针，为今后党的工作方针，作出了决策。"

三

今天回过头看，应当说邓小平建议党的工作重点转移，在党内并没有遇到太大的阻力，很顺利地就通过了。但是由于指导思想不一样，因此在对工作重点转移的解释上还是有分歧的。分歧的实质就在于，这个转移仅仅是由于"四人帮"运动结束了，还是由于无产阶级夺取政权之后就应当如此。如果是前者，这个转移就是不牢固的，不稳定的。而华国锋在工作会议上的讲话中，恰恰用的是前一种解释。照他的解释，工作重点转移的原因是国内国际形势的需要。之所以会有这种解释，深层次的原因就是，指导思想仍然没有从"以阶级斗争为纲"的框框里走出来，总想把它和以经济建设为中心调和起来，为"以阶级斗争为纲"留有余地。为什么这么说呢？一个明显的证据就是，华国锋在讲话中为全党工作重点的转移加了一个前提，即"在新时期总路线和总任务的指引下"。而所谓"新时期的总路线和总任务"，重要内容之一就是坚持"以阶级斗争为纲"的社会主义历史阶段的基本路线和坚持无产阶级专政下的继续革命。这种解释，显然与邓小平的原意相违背，理所当然地受到大多数与会代表的抵制。

早在1978年的10月下旬，邓小平就提出要胡乔木主持为他准备在中央工作会议上的讲话，并找他谈了讲话的大意，主要是工作重点转移问题。以后，邓小平又去东南亚访问，直到中央工作会议开始后的第5天才回国。邓小平看过胡乔木为他准备的讲话稿后，又找他谈了一次。胡乔木根据邓小平的意见，将讲话稿作了进一步修改，于11月19日再次交给他。但过了几天，在会议代表的强烈要求下，中央政治局对1976年"天安门事件"、"二月逆流"、薄一波等61人案、彭德怀问题、陶铸问题、杨尚昆问题等一系列重大历史遗留问题作出了平反决定，并于25日在大会上公开宣布，使会议形势发生了根本性的变化。在这种情况下，工作重点转移问题已经不那么突出了，因此，邓小平决定要胡乔木主持，为他重新起草讲话稿，主要讲解放思想问题、民主问题、处理遗留问题为的是向前看、研究新情况和解决新问题。在新的讲话稿中，邓小平对工作重点转移的问题没有展开讲，但在原先那份稿子中，则有很长的篇幅，专门论述工作重点转移的意义。其中写道："毛主席在七届二中全会上说，对一切新解放的城市，党的一切工作都必须以生产建设为中心，务须避免盲目地乱抓乱碰，把中心任务忘记了，我们后来的经济建设所以在一个时期出现停滞倒退，除了经济工作本身发生比例失调的原因以外，主要就是没有坚持毛主席的这个教导。现在我们一定要牢记这个教训，才不会三心二意，半途而废。"另外，在邓小平新的讲话稿中有这样的话，即政治路线的问题解决了，今后看一个部门领导得好不好，应该主要看劳动生产率提高了多少，利润增加了多少，劳动者的个人收入和集体福利增加了多少。"这就是今后主要的政治。离开这个主要的内容，政治就变成空头政治，就离开了党和人民的最大利益。"① 很显然，原讲话稿的精神与这句话是完全一致的。

对于邓小平原讲话稿中的这个意思，胡乔木在小组发言中作了发挥。中央工作会议进入小组讨论后的第二天，即11月12日下午，胡乔木在小组会发言中针对华国锋的解释说：把工作重点的转移说成是形势的需要，这个理由不妥。应该说，无产阶级在夺取政权以后，就要把工作重点转到

---

① 《邓小平文选》第二卷，人民出版社1994年版，第150页。

经济建设上。中华人民共和国成立后，我们已开始了这种转移，但是没有坚持住，这次转移是根本性的转移，而不是通常意义上的转移。不能给人一种印象，似乎今天形势需要，就把工作重点转过来，明天不需要了，还可以再转回去。他在发言中引用了马克思、列宁和毛泽东的话，说明"我们的一切革命斗争，终极目的是要解放和发展生产力，这是我们党的一贯立场，是马列主义的基本观点"；"并不是任何阶级斗争都是进步的，其是否进步的客观标准，就是看它是否为解放和发展生产力创造条件"；"经济脱离政治一定会走到邪路上去！政治脱离经济也一定会走到邪路上去"。他说："除了发生战争，今后一定要把生产斗争和技术革命作为中心，不能有其他的中心。只要我们正确处理人民内部矛盾和敌我矛盾，国内的阶级斗争也不会威胁社会主义建设的中心地位。"

胡乔木的发言被简报全文刊出，得到了大多数与会者的赞同。在他后来负责起草的全会公报上，这个意思也反映了出来。公报说："毛泽东同志早在新中国成立初期，特别在社会主义改造基本完成以后，就再三指示全党，要把工作中心转到经济方面和技术革命方面来。""正如毛泽东同志所说，大规模的急风暴雨式的群众阶级斗争已经基本结束，对于社会主义社会的阶级斗争，应该按照严格区别和正确处理两类不同性质的矛盾的方针去解决，按照宪法和法律规定的程序去解决。"[①] 正是从这个意义上，十一届六中全会通过的历史问题决议上指出：三中全会"果断地停止使用'以阶级斗争为纲'这个不适用于社会主义社会的口号，作出了把工作重点转移到社会主义现代化建设上来的战略决策"[②]。这就赋予了工作重点转移这一命题以更大的科学性、稳定性，使它有了更强的生命力。

四

十一届三中全会虽然停止使用了"以阶级斗争为纲"的提法，但对这个提法以及与此相关的一些提法的是非，在会上并没有触及。会后，当时

[①] 《三中全会以来重要文献选编》上，人民出版社1982年版，第3—5页。
[②] 《三中全会以来重要文献选编》下，人民出版社1982年版，第821页。

担任中宣部部长的胡耀邦请胡乔木就关于社会主义时期阶级斗争的一些提法问题,于1979年1月份专门去讲了一次话。当时胡乔木讲到了"无产阶级专政下继续革命"的问题、"阶级斗争为纲"的问题、"党的历史是路线斗争史"的问题等。对"以阶级斗争为纲",胡乔木是这样说的:"这个提法,要看在什么意义上、在什么范围内讲才有意义。不讲清楚就会引起思想上和实际工作中的混乱。人们会认为,只要还有残余形态的阶级斗争,这种斗争就还是社会前进的动力。这样势必造成阶级斗争的人为的扩大化。而且,照这样推论,社会一旦消灭了阶级,失掉了以阶级斗争为纲的根据,社会发展就似乎没有纲、没有动力,或者忽然有别的矛盾起而代之,成为纲和动力了。这是牵涉到历史唯物主义的根本问题,一定要给予科学的解释。"他还说:无产阶级和资产阶级的矛盾,在社会主义改造基本完成以后,是否仍然是主要矛盾,《关于正确处理人民内部矛盾的问题》并没有这样讲,而是以生产力和生产关系的矛盾为社会主义社会的基本矛盾。"1966年以后,林彪、'四人帮'借口抓主要矛盾、抓纲,来反对社会主义建设,反对把党的工作重点转移到实现四个现代化上面来。在这个问题上的混乱,现在不能再继续下去了。"①

胡乔木的这个讲话,后来被印成中宣部的内部文件下发,在宣传理论战线产生了很大影响。但是,要在这个问题上统一全党的思想,还需要有中央主要领导人出来讲话才行。正因为如此,邓小平在1979年3月理论工作务虚会上所作题为《坚持四项基本原则》的重要讲话中,就社会主义的基本矛盾,主要矛盾等理论问题发表了看法。关于社会主义的基本矛盾,他认为还是按照毛泽东在《关于正确处理人民内部矛盾的问题》一文中提出的生产关系和生产力、上层建筑和经济基础的提法比较好。他说:"从二十多年的实践看来,这个提法比其他的一些提法妥当。至于什么是目前时期的主要矛盾,也就是目前时期全党和全国人民所必须解决的主要问题或中心任务,由于三中全会决定把工作重点转移到社会主义现代化建设方面来,实际上已经解决了。"关于社会主义社会的阶级斗争,他指出:"社会主义社会中的阶级斗争是一个客观存在,不应该缩小,也不应该夸

---

① 《胡乔木文集》第二卷,人民出版社1993年版,第435—436页。

大。……社会主义社会目前和今后的阶级斗争，显然不同于过去历史上阶级社会的阶级斗争，这也是客观的事实，我们不能否认，否认了也要犯严重的错误。"① 他的这些论述，虽然没有点出"以阶级斗争为纲"的提法，但实际上分析了这一提法的错误性，为全党工作重点的转移进一步提供了科学的理论根据。

十一届三中全会作出工作重点转移的决策，至今已有40年了。经过中华人民共和国成立后近70年，包括三中全会后40年实践的反复检验，证明这一决策是完全正确的，是符合马克思主义的，也是符合社会主义社会客观实际和广大人民意愿的。对此，我们应当一如既往，坚定不移。同时也要看到，以经济建设为全党工作的重点，不等于其他工作，比如思想政治工作、精神文明建设工作、反腐倡廉工作等等就不重要；改变"以阶级斗争为纲"的提法，不等于社会主义社会就没有一定范围内的阶级斗争，阶级和阶级分析的观点就过时了，更不等于在无产阶级夺取政权的过程中，阶级斗争也不是社会主要矛盾了。对这些问题，我们要全面理解，否则也会从一个极端走到另一个极端，出现另一种片面性。那同样是不符合实际的，同样会给我们的事业带来损失。

---

① 《邓小平文选》第二卷，人民出版社1994年版，第182页。

陈云在中共十一届三中全会前后[*]

党的十一届三中全会及此前的中央工作会议，结束了粉碎"四人帮"后党和国家工作的徘徊局面，实现了中华人民共和国成立以来党的历史上具有深远意义的伟大转折。这次会议标志着党重新确立了马克思主义的思想路线、政治路线和组织路线，也即确立了三中全会路线；实际形成了以邓小平同志为核心的党中央第二代中央领导集体。在这个领导集体中，陈云与邓小平曾是以毛泽东为核心的党中央第一代领导集体的成员。正是由于陈云所处的这一特殊地位，以及他的丰富经验与巨大威望，他对党对人民的高度使命感、责任感，以及他求真务实、多谋善断、公道正派的崇高品格，使他在这次会议的会前、会中、会后，为准备确立和确立三中全会路线，以及巩固三中全会路线的确立，都发挥了积极而独特的作用，做出了不可磨灭的贡献。

一

邓小平说过："粉碎'四人帮'以后三年的前两年，做了很多工作，没有那两年的准备，三中全会明确地确立我们党的思想路线、政治路线，是不可能的。所以，前两年是为三中全会做了准备。"[①] 这一准备是广大党

---

[*] 这是为1998年12月全国纪念党的十一届三中全会召开20周年学术研讨会撰写的论文，曾发表于《求是》1998年第23期，题为《陈云在十一届三中全会路线确立过程中的历史贡献》，收入本书时略作修改补充。

[①] 《邓小平文选》第二卷，人民出版社1994年版，第242页。

员尤其是老一辈革命家们共同进行的，也是邓小平复出后在他领导下进行的。陈云在其中主要做了以下四方面的工作。

（一）对抗"两个凡是"的方针，率先公开提出邓小平复出问题

早在1976年9月毛泽东逝世后，陈云就以他无产阶级政治家的敏锐性，预感到了"四人帮"夺权的危险。那时他虽然只保留了中央委员的名义和全国人大常委会副委员长的身份，但他密切关注着"四人帮"的动向，并以自己在党内的威望，嘱咐一些老同志提高警惕，保持联络。叶剑英曾派人秘密接他去自己寓所，就解决"四人帮"问题，当面向他征求意见。他明确回答："这场斗争不可避免。"① 在叶剑英、李先念的积极参与下，以华国锋为首的党中央一举粉碎了"四人帮"，使共和国从此进入新的历史发展时期，为党重新确立马克思主义的路线提供了现实可能性。

然而，令全党失望的是，"四人帮"粉碎后，华国锋虽然主持开展了全国范围内揭发、批判"四人帮"和清查"四人帮"帮派体系的运动，但在指导思想上仍然延续毛泽东晚年"左"的错误，进而在1977年2月7日《人民日报》社论上公开亮出"两个凡是"的错误方针。当时，要使党和国家从"文化大革命"造成的困境中彻底摆脱出来，打开全党全国工作的新局面，关键在于要解决两件大事：一是为1976年的"天安门事件"平反；二是恢复邓小平在"批邓、反击右倾翻案风"中被撤销的职务，使他重新回到党和国家、军队的领导岗位上来。而提出"两个凡是"的方针，恰恰阻挠了这两件大事的解决。

一个月后，党中央召开粉碎"四人帮"后的第一次工作会议，总结半年来的工作，部署当年的工作。会前，陈云与王震等一些老同志相约，要在会上提出解决这两件大事。会议一开始，华国锋重申"两个凡是"的方针，坚持认为1976年"天安门事件"是"反革命事件"，认为"继续批邓、反击右倾翻案风"是正确的。陈云、王震等不顾高压，按照会前的约定，分别发了言。陈云的发言是事先写好的，只讲了这两件大事，加上标

---

① 《陈云文选》第三卷，人民出版社1995年版，第379页。

点符号总共不过三百零几个字。但发言后，会议简报组却搞了一个所谓"摘要"，删去了其中要求为1976年"天安门事件"平反和恢复邓小平工作的话，送给陈云过目，要他点头。陈云看后问，为什么搞"摘要"？对方解释说，其中有些话与华国锋讲话口径不一致。陈云表示：要登简报就全文登，搞"摘要"不成。结果，这篇发言在华国锋的干预下，最终未能在简报上刊出。王震和其他几位同志的发言，凡是有关这两件大事的内容也被简报统统删去。尽管如此，陈云等人的意见还是不胫而走，产生了强大影响。在舆论的压力和叶剑英、李先念的促进下，会议临近结束时，华国锋不得不表态，说"要在适当时机让邓小平出来工作"。听到这句话，陈云马上在小组会上跟了一句："适当时机，我赞成。"

1977年7月，党的十届三中全会终于恢复了邓小平的中央委员、中央政治局委员和常委、中央副主席、中央军委副主席、国务院副总理、解放军总参谋长的职务。尽管华国锋还在继续坚持"两个凡是"的方针，但全党拨乱反正的事业毕竟从此有了自己的主帅。毫无疑问，这是十一届三中全会得以重新确立马克思主义路线的最为重要的前提条件。

（二）积极争取平反冤假错案和解放老干部

如同任何一种政治力量一样，以华国锋为代表的坚持"两个凡是"的力量也不会自动退出历史舞台。因此，要重新确立马克思主义的路线，党的正确力量还需要同错误力量进行艰苦的较量。较量的焦点，仍然在于如何对待"文化大革命"中被打倒的老干部和历史上的冤假错案。

"四人帮"粉碎后的第10天，即1976年10月16日，李先念给陈云打电话，征求他对今后工作的意见。陈云同一些老同志商议，提出了几条建议，其中一条便是"要尽快使一些老干部站出来，领导本部门工作"。以后，他又通过替老干部及其家属转信给中央领导人等办法，由易而难，逐件进行冤假错案平反的争取工作，使一些老干部陆续走上了领导岗位，也为后来在十一届三中全会上一系列重大历史遗留问题的最终解决开了头。例如，"四人帮"粉碎后，黄克诚仍在山西"下放"，生活条件很差。他的一只眼睛已瞎，另一只如得不到及时治疗也很危险。陈云致信中央，转交了黄克诚夫人的信，请求同意黄克诚回京医疗。这一请求很快得到了批准，为黄克诚恢复工作创造了条件，也为所谓"彭黄张周反党集团"这一冤案的平反迈出了第一步。陈云还致信中央，转交有关陶铸、王鹤寿问题的信，建议先将王鹤寿从外地接回北京治病（此时陶铸已去世），并重新审查他们的案卷。信中指出：他们是国共合作后由我党从国民党监狱中要出来的，他们的案子涉及一大批省部级干部，弄清他们的问题很有必要。他在审查革命博物馆陈列时又提出：不要再讲刘少奇的"和平民主新阶段"了，这句话是见之于当时中央文件的，是1946年1月17日停战令上的话。1978年9月，他就徐懋庸的问题致信当时任中组部部长的胡耀邦，证明毛泽东讲过徐给鲁迅的信虽然是错误的，但徐还可以教书，而且确实安排徐当了抗大教员；从未听毛泽东讲过30年代上海文艺界两个口号的论争是革命与反革命的论争，也没有听毛泽东说过国防文学是反革命口号。信中建议中组部、中宣部对这类问题作出实事求是经得起历史检验的评价，说做评价时必须把他们的是非功过放到当时的历史环境中考察，而且要马上着手做这项工作。他还布置有关同志搜集潘汉年一案的材料，为平反潘案做准备。十一届三中全会召开后，医院要为他做结肠癌手术，进手术室前，他给当时任中央秘书长的胡耀邦写了一封短信，交代的唯一一件事情就是潘案需要复查。手术成功后，他又就此事向中央正式写信。1982年8月，中央经过认真复查，发出了为潘汉年平反昭雪恢复名誉的通知，使这一中华人民共和国成立初期的冤案也得到了解决。

在邓小平、陈云和其他第一代革命家的艰苦努力下，不少老干部重新走上了领导岗位，增强了十一届三中全会前的中央工作会议参加者中反对"两个凡是"的力量；同时，不少重大历史遗留问题也被摆了出来，为它们在三中全会及其后的彻底解决做了铺垫。

（三）呼应邓小平，从理论上批驳"两个凡是"

平反冤假错案的阻力之所以这么大，主要原因在于反对平反的人以"两个凡是"为挡箭牌。因此，要想从根本上解决问题，必须驳倒"两个凡是"，恢复党的实事求是的思想路线。这个意见首先是邓小平提出的。1977年3月中央工作会议后，中央办公厅两位负责人去看邓小平，邓小平就尖锐批评了"两个凡是"的提法,说:"这是个重要的理论问题,是个是否坚持历史唯物主义的问题。"① 以后,他又在 4 月 10 日给中央的信中,在 5 月 24 日同中央两位同志的谈话中,在 7 月 21 日十届三中全会闭幕会上的讲话中,一再强调毛泽东思想是一个体系,不能够只从个别词句来理解毛泽东思想。为了驳斥"两个凡是",也为了呼应邓小平,陈云以纪念毛泽东逝世一周年为契机,在《人民日报》上发表了《坚持实事求是的革命作风》一文。文章指出:"实事求是,这不是一个普通的作风问题,这是马克思主义唯物主义的根本思想路线问题。""是否坚持实事求是的革命作风,实际上是区别真假马克思列宁主义、真假毛泽东思想的根本标志之一。"文章还在引用《联共(布)党史简明教程》结束语中"要掌握马克思列宁主义理论,首先必须学会把它的字句和实质区别开来"这段话后说:"毛泽东同志告诉我们,只有首先做到这一点,才叫入了马克思列宁主义的门。"② 正是在邓小平、陈云等老一代革命家这些意见的推动和鼓舞下,理论界在全国范围掀起了一场真理标准问题大讨论,为十一届三中全会上重新确立马克思主义的思想路线,奠定了坚实的理论基础。

(四)为在经济领域中冲破"左"的束缚献计献策

除了要在思想理论和组织工作领域拨乱反正、正本清源以外,经济工作领域也有一个要扭转长期以来形成的"左"的指导思想的问题。这种"左"的思想当时主要表现在两方面:一是经济体制上权力过分集中,二是经济建设上求成过急。对这两方面,陈云都通过当时主持经济工作的领导同志,提出了十分重要的意见。

1978 年 7 月至 9 月,国务院召开务虚会,研究加快四个现代化速度的问题,其中也涉及经济管理体制改革的问题。陈云早在 20 世纪 50 年代主持全国经济工作时,就提出过"三个为主,三个为辅"的经济体制改革设想。经过"文化大革命"中的读书与思考,他对经济体制改革问题有了更加成熟的想法。他同李先念谈话时说:"要在计划经济的前提下,搞点市

---

① 《邓小平文选》第二卷,人民出版社 1994 年版,第 38 页。
② 《陈云论党的建设》,中央文献出版社 1995 年版,第 226、231 页。

场经济作补充；计划经济和市场经济相结合，以计划经济为主；市场经济是补充，不是小补充，而是大补充。"根据陈云的意见，李先念在务虚会总结发言中，讲到今后要适应四个现代化的需要，改革计划、财政、物资、企业管理和内外贸易等体制时，提出了"计划经济与市场经济相结合"。

这里需要说明的是，在陈云当时的用语中，市场经济与市场调节是混用的，二者是一个意思，都是指计划经济下的市场调节。这在他于1979年3月写的《计划与市场问题》一文中，可以看得很清楚。他写道："60年来，无论苏联或中国计划工作制度中出现的主要缺点，只有'有计划按比例'这一条，没有在社会主义制度下还必须有市场调节这一条。"他又写道："在今后经济的调整和体制的改革中，实际上计划与市场这两种经济的比例的调整将占很大的比重。不一定计划经济部分愈增加，市场经济部分所占绝对数额就愈缩小，可能是都相应地增加。"[1] 虽然这里讲的市场经济与党的十四大上所说的社会主义市场经济不是一个概念，但这一思想的提出，毕竟为摆脱传统的计划经济观念迈出了一大步，对推动改革和发展都起了重要的历史性作用。

同是在国务院务虚会期间，陈云还提出了一个重要意见，即利用外资搞建设也要注意按比例，考虑国内的配套能力，包括资金、技术力量、动力、原材料等。早在"文化大革命"后期，陈云协助周恩来抓外贸工作时，就针对中美关系解冻、资本主义世界的资金由于经济危机正寻找出路的实际情况，提出了大胆利用外资，"不要把实行自力更生方针同利用资本主义信贷对立起来"[2] 的观点。不过，那时"四人帮"正批判"右倾回潮"，这个主张不可能得到实施。"四人帮"粉碎后，有了利用外资的好条件，但华国锋不顾第一个五年计划而长期急于求成，以及"文化大革命"十年破坏造成的国民经济比例严重失调的情况，把"大干快上"的宝简单地压在利用外资上，将脱离实际的高指标作为全国人民的奋斗目标，贸然宣布要从1978年到1985年，新建和续建120个大型项目，钢、原油和粮食产量分别达到6000万吨、2.5亿吨和8000亿斤。显然，这已

---

[1] 《陈云文选》第三卷，人民出版社1995年版，第244、247页。
[2] 同上书，第219页。

经不是要不要利用外资的问题,而是要不要按照客观经济规律办事的问题了。在高指标的推动下,务虚会上有人提出要放手利用外资,大量引进国外先进技术设备,组织国民经济的新的大跃进。陈云看了会议简报,于7月31日向李先念等同志提出,务虚会能否多开几天,听听反对的意见。他说:"出国考察的人回来吹风,上面也往下吹风,要引进多少亿,要加快速度。无非一个是借款要多,一个是提出别的国家八年、十年能上去,我们可不可以再快一点。有些同志不大好讲话,务虚会上很少有人提出反对意见。"他还指出:"可以向外国借款,中央下这个决心很对,但是一下子借那么多,办不到。有些同志只看到外国的情况,没有看到本国实际。我们的工业基础不如它们,技术力量不如它们。……只看到可以借款,只看到别的国家发展快,没有看到本国的情况,这是缺点。不按比例,靠多借外债,靠不住。"[1] 这些意见在华国锋主持中央工作的条件下虽然难以被接受,但它毕竟是发出了另一种声音,对正在兴起的"洋跃进"起到了一定的抑制作用,也为十一届三中全会上提出解决重大比例失调问题和十一届三中全会后实行经济调整,埋下了伏笔。

二

十一届三中全会前的中央工作会议于1978年11月10日开幕,原先的议题是讨论几个有关加快工农业发展速度的问题并通过相应的文件,只在进入正式议题前,用两三天时间讨论由中央政治局常委(主要是邓小平)提出的从1979年起全党工作着重点转移到现代化建设的问题。至于召开三中全会,原先的打算也仅仅是通过中央纪律检查委员会的成立。但在邓小平的领导下,这两个会不仅在彻底否定"两个凡是"的基础上作出了全党工作重点转移的决策,而且确定了解放思想、实事求是的思想路线,提出了多方面改变同生产力发展不相适应的生产关系和上层建筑、改变国民经济重大比例失调状况、健全社会主义民主和加强社会主义法制的任务,审查和解决了党的历史上一批重大冤假错案和一些重要领导人的功过是非

---

[1] 《陈云文选》第三卷,人民出版社1995年版,第252页。

问题，并把一些思想路线端正的同志选进了中央领导机构。在这个会上，陈云的作用主要表现在三个方面。

（一）提出解决重大历史遗留问题，扭转了会议方向

如上所述，三中全会前的中央工作会议的议题中，本来并没有诸如重大历史遗留问题、真理标准讨论问题、对中央人事调整问题等触及"两个凡是"方针的此类问题。但代表们讨论最多最热烈的却恰恰是这些问题，并且都取得了突破性的进展。之所以发生这个变化，基本原因是以邓小平为代表的党的正确力量在会前两年时间的准备，而直接原因则是陈云在工作会议开始后第三天，即11月12日在东北组的发言。

陈云发言一开始就说：中央决定从明年起把工作重点转移到建设上来，这是人民的迫切愿望，我完全同意。但是，安定团结也是人民关心的事，干部和群众对此有顾虑。华主席说，揭批"四人帮"的遗留问题应由有关机关解决，但对有些影响大或者涉及面很广的遗留问题，需要由中央考虑和作出决定。然后，他举了六个例子，即：薄一波等61人所谓叛徒集团的问题；在抗战和解放战争时期从反省院履行过出狱手续，根据中央当时决定经审查恢复了党籍，以及受党派遣在敌伪政权中任过职的同志，在"文化大革命"中大多被定为叛徒的问题；陶铸、王鹤寿等在抗战开始后由我党从国民党监狱中要出来的同志，或被定为叛徒，或在结论中留有"严重政治错误"的尾巴的问题；彭德怀没有被开除党籍，骨灰应放进八宝山革命公墓的问题；1976年"天安门事件"是北京几百万人悼念周总理、反对"四人帮"、不同意批邓小平的一次伟大群众运动，许多城市也有同样的运动，中央应予以肯定的问题；康生在"文化大革命"中随便点名，对中央各部和各地党政机关瘫痪负有重大责任，错误严重，应给以批评的问题。发言中还针对"文化大革命"期间成立的中央专案组问题提出，中央专案组应将党内部分的材料移交中央组织部，即有中央组织部又有中央专案组的不正常情况应该结束。

陈云发完言后，当即得到东北组代表的赞成，有人还当场揭发了康生的问题。第二天，这篇发言在简报上全文刊出，引起会议的强烈反响。华东组的代表表示，陈云发言讲的问题有关安定团结，有必要加快解决。华北组的代表说，陈云提出的几个问题也是落实政策的问题，不解决人民心里不舒畅。中南组的代表指出，陈云提出的这些问题是当前干部群众讨论较多、关系全局的问题，在宣布工作重点转移的时候，中央最好能给予解决。西南组的代表也表示，陈云提出的几个问题影响较大，希望中央明确一下，这有利于实现四个现代化。西北组的代表则认为，陈云提出的这些重大政治问题，中央不正式表态，干部群众有抵触情绪。这样，六个组都就陈云的发言表了态，会议的气氛一下子活跃起来。人们不仅就陈云所提的六个问题纷纷发表意见，而且还提出了其他一些重大历史遗留问题，如"一月风暴""二月逆流"、武汉"七二〇"事件等，以及谢富治的严重问题。华国锋为会议预先设置的框框眼看被一点点冲破，憋在代表们心中的对"两个凡是"的义愤，有如决了堤的洪水，倾泻而出，任何力量也阻挡不住了。

在会上这股巨大潮流的推动下，北京市委经中央政治局常委批准，于11月14日作出决定，认为1976年广大群众到天安门广场悼念周总理、声讨"四人帮"，完全是革命行动。这一决定公布后，在会内形成了新一轮冲击波，使"两个凡是"的防线进一步崩溃。在这种情况下，中央政治局作出了为1976年"天安门事件"、"二月逆流"、薄一波等61人案、彭德怀问题、陶铸问题、杨尚昆问题平反和对康生、谢富治问题进行审理，以及武汉"七二〇"等地方性重大事件由地方报经中央后自行处理的决定，并在11月25日大会上予以宣布。至此，党的实事求是的思想路线取得了重大的决定性的胜利。

（二）把恢复实事求是的思想路线扩大到经济工作指导思想上

以经济建设为全党工作重点的政治路线确立后，经济建设本身的指导思想问题便突出出来。华国锋在中央工作会议开始时的讲话中，仍然坚持国民经济"持续跃进"的提法。相当多的干部，那时对国民经济比例失调的严重状况也缺少清醒的认识，还沉浸在"洋跃进"所形成的热潮之中。所以，实事求是的原则适不适用于经济工作领域，成为又一个尖锐问题。

临近中央工作会议结束时，陈云在小组会上作了第二次发言，提出实现四个现代化建设必须"既积极又稳妥"的主张。他先从大家都已赞成的实事求是的原则谈起,说:"我们要坚持实事求是,就要根据现状,找出解决问题的办法。首先弄清事实,这是关键。"①然后,他讲了五个问题。第一,中华人民共和国成立三十年了,还有讨饭的。因此,今后三五年内,每年应进口两千万吨粮食,先把农民这一头稳定下来。七亿多人口稳定了,天下就太平了。第二,我们的工业基础和技术力量比解放初期有很大进步,但同日、德、英、法比,还是落后的。我们是要建设现代化的工业体系,而他们主要是搞加工工业,而且有美国扶持。因此,工业引进项目要循序渐进,不要一拥而上,否则欲速不达。第三,要给各省市一定数量的真正的机动财力。第四,对生产和基本建设都不能留材料上的缺口,否则表面上好看,实际挤了农业、轻工业和城市建设。第五,旅游收入实际是"风景出口",比外贸出口来得快,来得多。因此,对旅游项目要同引进重要项目一样对待,优先安排。不要怕外国人看到我们的落后情况,也不要怕意志薄弱的人被收买。

陈云的发言再一次引起代表们的广泛注意,对会议产生了很大影响,其基本思想也被会议所接受,形成了结论性的意见。全会公报指出:"必须看到,由于林彪、'四人帮'的长期破坏,国民经济中还存在不少问题。一些重大的比例失调状况没有完全改变过来,生产、建设、流通、分配中的一些混乱现象没有完全消除,城乡人民生活中多年来积累下来的一系列问题必须妥善解决。我们必须在这几年认真地解决这些问题,切实做到综合平衡,以便为迅速发展奠定稳固的基础。基本建设必须积极地而又量力地循序进行,要集中力量打歼灭战,不可一拥而上,造成窝工和浪费。"②这段话等于否定了"洋跃进",表明党的实事求是的思想路线在经济建设的指导思想方面也开始得到恢复。

(三) 从党风的角度总结了会议成果,并提出了今后的任务

在中央工作会议闭幕会上,邓小平作了这次会议最为重要的讲话。这篇讲话既是中央工作会议的总结,实际上又是三中全会的主题报告。叶剑

---

① 《陈云文选》第三卷,人民出版社1995年版,第235页。
② 《三中全会以来重要文献选编》上,人民出版社1982年版,第6页。

英也在会上讲了话，充分肯定了会议取得的各项重大成果。华国锋在讲话中根据代表们的要求，就"两个凡是"问题做了自我批评，就真理标准讨论问题表了态。他在讲话中还代表中央政治局正式提出了增补中央领导人的名单，提请三中全会通过。这个名单是会议期间在邓小平等老一代革命家的推动下，由代表广泛酝酿后提出的。其中，陈云被提名为中央政治局委员、常委，中央副主席。关于陈云重新参加中央核心领导问题，邓小平早在党的十一大前后就多次提出过，但一直被华国锋拖着不办。三中全会前，邓小平又一次提出这个问题，华国锋再也无法阻挡了。在全会最后一次全体会议上，陈云终于被增选为中央政治局委员、常委，中央副主席，还被选为新成立的中央纪律检查委员会的第一书记。这时，由于中央工作会议和三中全会否定了"两个凡是"的方针，中央工作的主导权已经从华国锋手中很自然地转移到了邓小平手中。又由于一位犯有严重错误的中央副主席在会上提出了辞职请求，并在不久后召开的十一届五中全会上被批准辞职，因此，在中央政治局常委职位上实际发挥作用的是邓小平、陈云、叶剑英和李先念。正是从这个意义上，邓小平后来指出："党的十一届三中全会建立了一个新的领导集体，这就是党中央第二代领导集体。在这个集体中，实际上可以说我处在一个关键地位。"①

陈云在重新当选为中央副主席后作了简短讲话，这是他在中央工作会议和全会期间讲的第三次话。如果说第一次重点是讲要在处理重大历史遗留问题上坚持实事求是的路线，第二次重点是讲要把实事求是的路线贯彻到经济工作指导思想上去的话，那么，这一次重点讲的是恢复和发扬党的优良作风，以保证实事求是的路线在各方面得到落实。他说：这两个会，"大家在马列主义、毛泽东思想的基础上，解放思想，畅所欲言，充分恢复和发扬了党内民主和党的实事求是、群众路线、批评和自我批评的优良作风，认真讨论党内存在的一些问题，增强了团结。会议真正实现了毛泽东同志所提倡的'又有集中又有民主，又有纪律又有自由，又有统一意志、又有个人心情舒畅、生动活泼那样一种政治局面'"②。在讲话中，他

---

① 《邓小平文选》第三卷，人民出版社1993年版，第309页。
② 《陈云文集》第三卷，中央文献出版社2005年版，第453页。

还回顾了党的历史，说我们党通过延安整风中的批评和自我批评，经过党的七大，达到了团结一致，取得了抗日战争和解放战争的胜利；1957年，毛泽东又提出全党达到心情舒畅、生动活泼政治局面的要求，但由于种种干扰，很多年没有实现。他希望这一次大家要坚持下去，在全国实现这种政治局面，从而保证安定团结和四个现代化的实现。

这些话反映了会议的真实情况，也反映了代表们的共同心愿。因此，讲话中的精神甚至连一些语言都被写进了全会公报，作为会议的重要成果之一确定下来。

三

十一届三中全会虽然确立了马克思主义的路线，但要使它巩固，还有大量工作要做。叶剑英代表党中央在中华人民共和国成立30周年庆祝大会上的讲话中说："为了保证我们实现四个现代化的政治路线和各项方针任务的贯彻执行，必须继续在思想上、组织上做一系列工作，认真解决好思想路线和组织路线方面的问题。"[①] 自三中全会结束后，经过四中、五中、六中全会，直至党的十二大召开，以邓小平为核心的第二代党中央领导集体带领全党和全国人民，排除种种干扰，克服重重困难，在政治、经济、组织等各个方面，全面贯彻和进一步发展了三中全会所确立的马克思主义路线，使这条路线的确立得到了巩固。在这个过程中，陈云主要抓了四个方面的工作。

（一）提出并推动国民经济的调整

三中全会结束不久，陈云针对1979年、1980年的计划安排在物资、财政、外汇上都留有很大缺口的情况，指出：有物资缺口的计划不是真正的计划，宁可降低指标，减建某些项目。这个意见立即得到邓小平的赞同，促使有关部门对计划安排重新作了调整。但与实际可能相比，计划中的基建规模仍然过大，一些生产指标也仍然过高。为了把失调的比例切实

[①]《三中全会以来重要文献选编》上，人民出版社1982年版，第236页。

调整过来，在邓小平的努力下，中央于1979年3月14日决定在国务院设立财政经济委员会，由陈云、李先念出任正副主任。当天，陈云、李先念即联名致信中央，指出当前比例失调的情况相当严重，建议用两三年进行经济调整。接着，中央政治局开会，就用两三年时间调整的问题作出了决定。到了4月，中央工作会议正式确定，用三年时间，对国民经济实行"调整、改革、整顿、提高"的八字方针。落实这一方针，不仅关系到经济的健康发展，也关系到三中全会路线的贯彻和发展。正如邓小平所说："这次调整是三中全会以来各项方针、政策的继续和发展，是三中全会实事求是、纠正'左'倾错误的指导思想的进一步贯彻。"[①] 改变财政、信贷、物资、外汇收支不平衡的局面，"是同三中全会纠正'左'倾错误、一切从实际出发的总方针完全一致的"[②]。

实行八字方针之初，虽然工农业、轻重工业、消费积累等重大关系之间的比例开始向协调合理的方面发展，但由于各级领导认识不统一，在实际工作过程中仍然存在执行不力、行动迟缓问题。1979年底，不仅基本建设的总规模没有降下来，相反财政收支逆差170.7亿元，出现中华人民共和国成立以来最大的赤字；外贸出口虽然比上年有所增加，但进口增加更多，逆差20亿美元。到了1980年底，基建总规模仍然没有压下来，财政、外贸继续呈现巨额赤字，而且两年里增发货币130亿元，造成物价大幅上涨。面对这种情况，陈云一方面通过调查研究，具体指导宝钢等关系全局的特大项目的取舍进退；另一方面，反复阐述国情与建设规模、利用外资与国内配套、引进项目与引进技术、速度与效益、新建与挖潜等辩证关系，以求从根本上克服各种有碍调整的错误认识。

陈云指出：我国社会经济的主要特点是农村人口占百分之八十，而且人口多，耕地少。香港、新加坡、南朝鲜等地区，欧美日本各国都没有八亿农民这个大问题，真正清醒认识这个基本国情的人还不很多。搞建设必须把农民考虑进去，所谓按比例，最主要的就是按这个比例。人口多，提高生活不容易；现代化建设用人少，就业难。我们只能在这种矛盾中搞现

[①] 《邓小平文选》第二卷，人民出版社1994年版，第358页。
[②] 同上书，第355页。

代化,这是制定建设蓝图的出发点。对钢铁不仅要看产量,更要看质量,看品种。要注意粮食问题,钢铁硬,粮食更硬。基建投资必须是没有赤字的,要根据30年的经验,找出基本建设投资在财政支出中应占的比重,这样才是实事求是。年年用发票子搞基建,到了一定的时候,就会爆发通货膨胀。资金不够可以借外债,这是打破闭关自守以后的新形势。但是,利用外资一定要考虑国内的配套投资能力。对外债也要分析,其中买方贷款占绝大多数,自由外汇很少,而且利息很高。带援助性质的低利贷款对我们有利,但使用时也是有条件的,数量也不会很大。就引进工作来说,即要买工厂,又要更多地买技术,买专利。四个现代化建设,除了要上若干大项目,着重点应该放在国内现有企业的挖潜、革新、改造上。要先生产,后基建;先挖潜、革新、改造,后新建。凡是建新厂,都要把处理污染放在设计首位。调整意味着某些方面的后退,而且要退够。这不是耽误时间,不调整才会造成大的耽误。过去说,指标上去是马克思主义,指标下来是修正主义,这个说法不对,踏步也可能是马克思主义。搞建设,真正脚踏实地、按部就班地搞下去就快,急于求成反而慢,这是多年来的经验教训。在进行上述分析之后,他作出了两个关系到我国经济发展战略根本问题的著名论断:第一,"开国以来经济建设方面的主要错误是'左'的错误","这是主体方面的错误","错误的主要来源是'左'的指导思想"①。第二,"目前人民向往四个现代化,要求经济有较快的发展,但他们又要求不要再折腾,在不再折腾的条件下有较快的发展速度。我们应该探索在这种条件下的发展速度"②。

在改革问题上,陈云鼓励广大农村实行多种形式的联产承包责任制;赞成城乡人民"生活水平多数达到中等,少数可以先富起来"③;称颂工商业、财政、计划等"改革的意义,不下于50年代对资本主义工商业的改造"④。同时,他又指出:"我们要改革,但是步子要稳。因为我们的改革,问题复杂,不能要求过急。改革固然要靠一定的理论研究、经济统计

---

① 《陈云文选》第三卷,人民出版社1995年版,第281、282页。
② 同上书,第268页。
③ 同上书,第254页。
④ 同上书,第336—337页。

和经济预测,更重要的还是要从试点着手,随时总结经验,也就是要'摸着石头过河'。开始时步子要小,缓缓而行。这绝对不是不要改革,而是要使改革有利于调整,也有利于改革本身的成功。"① 他还指出:改革产生了前所未有的好作用,大大有利于经济形势的改善,但也要防止和纠正"各地区盲目的重复建设,以小挤大,以落后挤先进,以新厂挤老厂"②。

对于陈云的这些意见,邓小平从一开始就给予了坚决支持。在1980年12月中央工作会议上,邓小平高度评价陈云所做的关于调整问题的讲话,说它"在一系列问题上正确地总结了我国31年来经济工作的经验教训,是我们长期的指导方针"。他说:"1978年12月党的十一届三中全会以后,陈云同志负责财经工作,提出了调整方针,去年4月中央工作会议对此作出了决定。但因全党认识很不一致,也很不深刻,所以执行得很不得力。""我们这次调整,正如陈云同志说的,是健康的、清醒的调整。"③ 关于利用外资,邓小平说:"我赞成陈云同志那个分析,外资有两种,一种叫自由外汇,一种叫设备贷款。不管哪一种,我们都要利用。""问题是怎样善于使用,怎样使每个项目都能够比较快地见效,包括解决好偿付能力问题。""陈云同志的意见是一个项目一个项目地研究,我赞成这个意见。"④ 关于调整与改革的关系,邓小平说:"我完全同意陈云同志的意见,今后一段时间内,重点是要抓调整,改革要服从于调整,有利于调整,不能妨碍调整。"⑤ 在第二代中央领导集体的推动下,八字方针最终得到了切实贯彻。到了1981年底,农轻重的比例基本趋于合理,积累与消费的关系有了很大改善,财政收支大体做到了平衡,物价也恢复了稳定。事实证明,这次调整为后来的全面改革和经济腾飞创造了十分稳定而宽松的环境。

(二)支持确立毛泽东的历史地位,倡导学习毛泽东哲学思想

还在十一届三中全会期间,社会上的极少数人就乘1976年"天安门

---

① 《陈云文选》第三卷,人民出版社1995年版,第279页。
② 同上书,第278页。
③ 《邓小平文选》第二卷,人民出版社1994年版,第354页。
④ 同上书,第198、199页。
⑤ 同上书,第362页。

事件"及一系列重大冤假错案的平反之机,提出全盘否定毛泽东,散布怀疑或反对毛泽东思想、社会主义道路、共产党的领导和人民民主专政的思潮,党内也有个别同志不但不承认这种思潮的危险,甚至直接或间接地加以支持。如果任其发展,三中全会所确立的马克思主义的路线有可能从右的方面毁于一旦。面对这种形势,邓小平立即作出反应,旗帜鲜明地指出:一定要高举毛泽东的伟大旗帜,毛泽东不是没有缺点错误,但与他的功勋相比微不足道。在三中全会之后召开的理论工作务虚会上,邓小平又作了《坚持四项基本原则》的重要讲话,系统阐述了把毛泽东晚年错误和毛泽东思想加以区别的道理。之后,他进一步提议起草《关于建国以来党的若干历史问题的决议》(以下简称《决议》),以此确立毛泽东的历史地位,坚持和发展毛泽东思想。对于邓小平的这些主张,陈云不仅完全赞成,而且出谋划策,提出了许多建设性的意见。

在十一届三中全会结束后召开的中纪委第一次全会上,陈云就指出:邓小平同志说"没有毛主席,就没有新中国;没有毛主席,我们党很可能还在黑暗中苦斗"。这句话对毛泽东同志的功绩概括得很清楚。陈云还对起草《决议》的同志说:决议要体现小平同志的意图,就需要写上党成立以来 60 年中毛泽东同志的贡献,毛泽东思想的贡献。他指出:毛泽东同志的一个无可比拟的功绩,是培养了一代人。毛泽东同志在党内的威望是通过长期革命斗争实践建立起来的。即使毛泽东同志犯了错误,许多老干部被整得很厉害,大家仍然相信他,忘不了他的功绩,原因就在这里。在他的建议下,《决议》增加了回顾中华人民共和国成立以前 28 年历史的内容,对确立毛泽东的历史地位起了重要作用。

在《决议》起草期间,陈云还多次建议中央提倡学习毛泽东的哲学著作。他在十一届三中全会上的第二个发言中就说道:"1942 年我养病的时候,仔细研究了毛主席的著作和文电,感到贯穿在里面的一个基本思想,就是实事求是。弄清'实事'并不容易。为了弄清'实事',我把它概括为六个字,就是:交换、比较、反复。所谓交换,就是通过交换意见,使认识比较全面。交换意见,不仅要听正面意见,更要听反面意见。所谓比较,一是左右的比较,……二是前后的比较……所谓反复,就是事情初步肯定了以后还要摆一摆,想一想,听一听不同意见。即使没有不同意见,还要自己设想出可能有的反对意见。"① 在《决议》起草期间，他又说："新中国成立以后，我们一些工作发生失误，原因就是离开了实事求是的原则。在党内，在干部中，在青年中，提倡学哲学，有根本的意义。"② 1981年3月26日，邓小平对起草小组的同志说：他前天去看了陈云同志，"陈云同志说，他学习毛泽东同志的哲学著作，受益很大。毛泽东同志亲自给他讲过三次要学哲学。他在延安的时候，把毛泽东同志的著作认真读了一遍，这对他后来的工作关系极大。现在我们的干部中很多人不懂哲学，很需要从思想方法、工作方法上提高一步"③。

由于邓小平、陈云的密切配合，第二代中央领导集体解决了正确对待领袖犯错误这个国际共产主义运动历史上没有解决好的大问题。在十一届六中全会上，这个《决议》终于获得了通过。它以决议的形式，排除了各种错误思潮的干扰，使三中全会确立的马克思主义路线不仅得以继续坚持，而且被进一步丰富和发展，为后来把这条路线的政治内容完整地概括为"一个中心、两个基本点"奠定了基础。

为了更好地坚持四项基本原则，陈云还针对一些报刊宣传中存在的问题，结合当时发生的波兰事件，提醒大家注意，如果经济工作、宣传工作处理得不好，也可能发生波兰事件。对此，邓小平指出："陈云同志说，经济工作搞得好不好，宣传工作搞得好不好，对经济形势和政治形势能否稳定发展，关系极大。他所以同时提出宣传工作的问题，一方面是要我们对宣传工作的成绩和缺点做出清醒的估计，另一方面是要我们今后的宣传工作能够适应经济形势和政治形势的要求。"④ 根据他们的意见，中共中央于1981年初先后发出了《关于当前报刊新闻广播宣传方针的决定》和《关于处理非法刊物非法组织和有关问题的指示》，对可能危及政治稳定的问题做了有效的防范。

---

① 《陈云文选》第三卷，人民出版社1995年版，第235—236页。
② 同上书，第285页。
③ 《邓小平文选》第二卷，人民出版社1994年版，第303页。
④ 同上书，第363页。

（三）提出并促进干部队伍的革命化、年轻化、知识化、专业化

三中全会结束后，陈云考虑的另一个大问题是干部队伍年轻化，或者说是接班人问题。1979年3月，他在国务院财经委员会第一次会议上讲了五个问题，第四便是这个问题。他说：全国解放时的领导干部都快要"告老还乡"了，因此要找一至五个四五十岁的干部到财经委员会工作。不是当秘书，而是当"后排议员"。"要有一些'后排议员'，这些人参与讨论问题，参与决定大政方针的事。培养这样的人，我看很有必要。"① 到了同年10月各省、市、自治区党委第一书记座谈会上，他除了讲经济调整问题外，就是建议由年纪相对轻一些的同志组成中央书记处，说这是国家的大计，涉及党的利益。如果组织上不采取这样的步骤，我们的工作推不动。过了四个月，五中全会上终于成立了中央书记处，他又在会上指出："现在从中央到县委，大部分人头发都已经白了。所以，有它的紧迫性，有它的必要性。现在我们主动地来选择人才，还有时间，再等下去，将来就没有时间了。党的交班和接班的问题，在国际共产主义运动中间，在我们中国党内，有过痛苦的教训，这一点，我不说大家也知道。"② 会上，邓小平也讲到了这个问题，并论述了这个问题与三中全会路线之间的关系。他指出："我们从党的十一大以来，特别是经过三中全会、四中全会，逐步解决了现阶段党的政治路线。三中全会确立了或者说重申了党的思想路线。三中全会以后，党中央考虑，不进一步解决党的组织路线问题，政治路线、思想路线就得不到可靠的保证。"③

为了推动中央各部和省委地委解决领导班子年龄老化的问题，陈云于1981年5月利用在杭州休息的时间，写了题为《提拔培养中青年干部是当务之急》的意见书，指出：从三中全会到现在，对提拔中青年干部的事，虽然做了若干工作，但总的来说因为认识不一致而收效不大。目前有两种办法由我们选择：一种是继续不警惕党内干部青黄不接的情况，不采

---

① 《陈云文选》第三卷，人民出版社1995年版，第258页。
② 同上书，第269页。
③ 《邓小平文选》第二卷，人民出版社1994年版，第275页。

取果断措施,任其拖下去。另一种是从现在起就成千上万地提拔培养中青年干部,让德才兼备的中青年干部在各级领导岗位上锻炼。第一种选择对党很不利,只有第二种选择才是对党的事业最有利的办法。在意见书中,他还分析了一些老干部对选拔中青年干部缺乏紧迫感的原因,提出了选拔中青年干部和安置退居二三线的老干部的具体措施。比如在组织部门成立选拔中青年干部的机构,在各级组织设立培养、考察中青年干部的辅助工作机构和辅助岗位等等。他把意见书送给邓小平、胡耀邦,邓小平看后说:老干部方面的问题还没有处理好。于是他又召集中组部和总政治部的同志开座谈会,形成了《关于老干部离休、退休问题座谈会纪要》。

十一届六中全会后,中央把各省、市、自治区的党委书记留下来开了三天会,专门讨论陈云写的意见书和座谈会纪要。会上,陈云就这两个文件的有关问题做了说明,并进一步强调了成千上万提拔中青年干部的必要性和紧迫性。邓小平在讲话中说:"去年12月中央工作会议以后,陈云同志更尖锐地提出这个问题。他提得非常好,我赞成。原来我们还是手脚小了一点,陈云同志提出,选拔中青年干部不是几十、几百,是成千上万。成千是形容词,上万是实质,实际上是一万、两万、几万。"[1] 邓小平还说:"我和陈云同志交过心的,老实说,就我们自己来说,现在叫我们退,我们实在是心里非常愉快的。当然,现在还不行。我们最大的事情是什么?国家的政策,党的方针,我们当然要过问一下,但是最大的事情是选拔中青年干部。我们两个人的主要任务是要解决这个问题。"[2]

与选拔中青年干部问题相关联的,当时还有一个如何正确对待知识分子的问题。1980年2月的五中全会上,陈云在讲到选择合格的年轻干部时就曾提出,还要培养一批技术干部到各级领导机关里。在同年12月中央工作会议上,他讲到实现四化问题时又指出:"我们有大专学校毕业生和自学的技术人员共几百万人,他们经过了一二十年的实际工作的锻炼。必须肯定,70年代、80年代的技术水平,应该来之于这些50年代、60年代

---

[1] 《邓小平文选》第二卷,人民出版社1994年版,第385页。
[2] 同上书,第388页。

水平的技术骨干。"① 在关于中青年干部问题的那份意见书中他写道:"提拔培养中青年干部,必然涉及对知识分子的态度。十年内乱时期把知识分子说成是'臭老九',这种观点虽然已经受到批判,但是,党在知识分子中发展党员、提拔干部的政策远远没有实现。我们应该看到,没有老干部不能实现四化,没有大批知识分子参加到我们党的干部队伍中来,也决不能建成现代化的新中国。"② 在他的建议下,中央组织部向中央作出了加强在中年知识分子中发展党员的报告,并成立了技术干部局。1982年夏,他看到两份反映中年知识分子生活、工作负担重,但工资收入低,很多人健康水平下降的材料,又立即给中央常委各同志写信,提议每年拿出十二三亿元提高他们的工资。信中写道:这是国家的一个大问题,需要下大的决心。他们是解放后我们自己培养起来的,是今天以及今后一个时期各条战线的中坚力量。改善他们的工作和生活条件,应看成是基本建设中的基本建设。他的这些意见,都得到了邓小平和第二代中央领导集体的赞同和采纳。

在大力推动干部年轻化的同时,陈云反复强调,一定要坚持德才兼备的标准,而且要把德放在第一位,把好政治标准这一关,"文化大革命"期间的三种人一个也不能提拔,已经提拔的必须从领导班子中清除出去。他说:不能只看他们一时表现好,他要爬上来,现在只能表现好。但到了气候适宜的时候,党内有什么风浪的时候,这些人就会变成能量很大的兴风作浪的分子。他还特别提醒大家:"培养执笔的、写文章的中青年,选择的时候要特别注意,要特别谨慎。"③ 对于陈云的这个意见,邓小平十分赞成,他在1980年8月中央政治局扩大会议上说:"陈云同志提出,我们选干部,要注意德才兼备。所谓德最主要的,就是坚持社会主义道路和党的领导。在这个前提下,干部队伍要年轻化、知识化、专业化,并且要把对于这种干部的提拔使用制度化。这些意见讲得好。"④ 他在1982年1月13日中央政治局讨论机构精简的会议上又说:"人一定要选好。还是老

---

① 《陈云文选》第三卷,人民出版社1995年版,第281页。
② 同上书,第295—296页。
③ 同上书,第302页。
④ 《邓小平文选》第二卷,人民出版社1994年版,第326页。

话，要坚决贯彻陈云同志讲的几条，几种人不能放进去啊！"①

1980年11月12日，中央政治局连续九次开会，讨论华国锋辞去中央主席、军委主席职务的请求。会议认为华国锋在三中全会后思想虽有改变，但在一些原则问题上没有根本改变，决定同意他辞职。在六中全会上，他的辞职得到了批准。为了给优秀中青年走上领导岗位创造条件，1980年、1982年，中央先后作出了《关于设置顾问的决定》和《关于建立老干部退休制度的决定》。此后，一批又一批的中青年干部被充实到了各级领导班子，干部四化成了不可逆转的历史趋势。所有这些，都从组织上进一步巩固了对三中全会路线的确立。据统计，1980年时，抗战前参加革命的干部尚有7万人左右，而现在，那个时期入党的党员仅剩9千人。如果当时不是主动地、成千上万地选拔中青年干部，今天的被动局面可想而知。

（四）指导对党规党法的健全和党风的整顿

历史经验说明，党的作风和纪律即为党的路线所决定，又为党的路线提供重要保证。如果党的作风不正，纪律涣散，不仅党的正确路线无法执行，而且还会危及党的性质。正是从这一点出发，十一届三中全会在恢复党的马克思主义路线的同时，鲜明地提出了健全党规党法、严肃党纪、恢复和发扬党的优良作风的要求。全会之后，陈云在领导中央纪委工作中，除了继续抓一些重大历史遗留问题的平反和审理外，主要抓的便是健全党规党法和整顿党风。

在中央纪委成立之初，陈云提出了一个具有重要指导意义的意见，这就是："执政党的党风问题是有关党的生死存亡的问题。因此，党风问题必须抓紧搞，永远搞。"② 在他的领导下，中央纪委起草了《关于党内政治生活的若干准则》（以下简称《准则》）。《准则》在十一届五中全会上获得通过，它深刻总结了建党以来，特别是"文化大革命"以来党内关系的经验教训，是对《党章》的具体补充。对于陈云的指导性意见和由他主

---

① 《邓小平文选》第二卷，人民出版社1994年版，第400页。
② 《陈云文选》第三卷，人民出版社1995年版，第273页。

持制定的《准则》，邓小平都给予了极大支持。他说："我赞成陈云同志讲的，执政党的党风问题是有关党的生死存亡的问题。要严格执行《关于党内政治生活的若干准则》，坚持不懈地纠正各种不正之风，特别要坚决反对对党中央的路线、方针、政策采取阳奉阴违、两面三刀的错误态度。"①

陈云在最初强调整顿党风时，主要针对的是"文化大革命"中党内民主集中制和集体领导被严重破坏、"四人帮"粉碎后华国锋又热心于制造和接受新的个人迷信问题。因此，那时他讲的党风，主要是指发扬党内民主。例如，他在中央纪委一次全会上提出其基本任务是维护党规党法、整顿党风时，紧接着说：实现生动活泼的政治局面，是我们这样一个在9亿人口国家中的执政党的重大责任。他还说：苏联在列宁领导时，民主气氛是很浓的；斯大林有很大功绩，但后来党内生活不正常。"文化大革命"中林彪、"四人帮"对民主集中制破坏很大，党内出现了很不正常的情况。三中全会开始恢复了党的优良传统，对此一定要坚持下去，只有这样，安定团结、四个现代化才能实现。"如果鸦雀无声，一点意见也没有，事情就不妙"②。

后来，随着民主集中制的逐步恢复和以权谋私、权钱交易问题的日益突出，陈云强调党风的侧重点也逐渐转移。三中全会后，实行了对外开放，对内搞活的政策，使国家重新走上了兴旺发达的道路。但由于思想政治工作和一些必要的管理制度、措施没有及时跟上，经济领域中出现了走私贩私、投机诈骗、贪污受贿、把大量国家和集体财产窃为己有等严重违法犯罪活动，情况比1952年"三反""五反"时严重得多。1982年1月5日，陈云看到一份反映广东省一些地区走私活动猖獗，涉及一些党员干部的信访简报，立即引起他高度重视。他将这份简报批转给中央常委各同志，提出："对严重的经济犯罪分子，我主张要严办几个，判刑几个，以至杀几个罪大恶极的，并且登报，否则党风无法整顿。"邓小平表示完全

---

① 《邓小平文选》第二卷，人民出版社1994年版，第358—359页。
② 《陈云文选》第三卷，人民出版社1995年版，第240页。

同意，并在陈云批示旁加了八个字："雷厉风行，抓住不放"①。六天后，中央书记处开会讨论了这个问题，并向各省、市、自治区和各大军区发出紧急通知，要求各地坚决贯彻中央常委的批示。随后，中央又召开了广东、福建两省座谈会，研究如何更坚决有效地贯彻执行中央紧急通知、进一步开展打击经济领域中违法犯罪活动的斗争。全国人大常委会还根据中央建议，作出了《关于严惩严重破坏经济的罪犯》的决定，对《刑法》的一些条款作出补充和修改。在第二代中央领导集体的强有力领导下，仅开展"严打"斗争头一年，在纪检委系统立案的经济犯罪案件就有16万多件。其中结案并开除党籍的有5500多人，移交司法部门判刑的有3万多人，情节特别严重的，如中共汕头地委政法委原副主任王仲被判处了死刑。这场斗争震慑了党内少数以权谋私分子，对端正党风、保证改革开放健康进行，起到了重要作用。

要整顿党风，狠煞以权谋私等各种不正之风，各级领导干部、纪检干部、广大党员必须树立鲜明的是非观念，敢于和不正之风做斗争。但当时有相当一部分人错误地汲取了"文化大革命"的教训，在是非面前不敢坚持原则，遇到问题或绕着走，或"和稀泥"，做老好人，而坚持原则的人受孤立。这本身也是一个党风问题。针对这个问题，陈云指出："目前在我们的党风中，以至在整个社会风气中，有一个很大的问题，就是是非不分。""过去受'左'的指导思想影响，过分强调斗争哲学，不该斗的也斗，动不动就上纲到路线是非。现在又出现了另一种倾向，即怕矛盾、怕斗争、怕得罪人。对于这个问题，如果只从维护党纪提出来，我认为还不够，应该把它提到全党思想建设和组织建设的高度。要提倡坚持原则，提倡是就是是、非就是非的精神。只有我们党内首先形成是非分明的风气，党的团结才有基础，党才有战斗力，整个社会风气才会跟着好转，才会使正气上升，邪气下降。"②

陈云在强调狠煞以权谋私等不正之风的同时，并没有忽略发扬党内民主的问题。在十一届五中全会上，他讲到中央书记处的工作方法时指出：

---

① 《陈云文选》第三卷，人民出版社1995年版，第273—274页。
② 同上书，第274页。

"要认真实行集体领导制度。民主集中制,是既要有民主,又要有集中。党的任何一级组织,允许不同意见存在,我看这不是坏事。有不同意见,大家可以谨慎一些,把事情办得更合理一些。允许有不同意见的辩论,这样可以少犯错误。一个人讲了算,一言堂,一边倒,我认为不好。"① 在1980年12月中央工作会议上,他针对在引进问题上的教训指出:引进项目必须有专家参加,而且要注意和考虑各方面专家的意见。"任何一个项目,必须集体商量,不能由一个人说了算。这必须是一项规定。从公社起直到中央常委,一律照此办理。"②

要发扬党内民主,必然涉及正确对待犯错误同志的问题。在这方面,他也为我们作出了示范。例如,他在五中全会上表示同意四位犯错误的政治局委员辞职,同时又说:对犯错误的同志要全面考察,不仅要看到他犯了什么错误,还要看到他做过什么好事,看到他犯错误的历史背景,不要揪住不放,"这种检讨没有完没有了的情况,我认为不是党的好作风"③。1981年底,他又就两案审理工作指出:"除了对于若干阴谋野心家必须另行处理以外,对于其他有牵连的人,必须以政治斗争的办法来处理。""这种处理办法,既必须看到这场斗争的特定历史条件,更必须看到处理这场斗争应该使我们党今后若干代的所有共产党人,在党内斗争中取得教训,从而对于党内斗争采取正确的办法。"④ 即使对反革命阴谋集团,他也提出林彪集团中的人过去有战功,要同江青集团在处理上有所区别;对江青集团主犯尽管要判重刑,但不应用极刑。他的这些意见,对于恢复和发扬党的优良作风,巩固和发展三中全会的路线,也都产生了积极而深远的影响。

1982年9月,全党经过三年多的努力,在各条战线的实际工作中基本完成了拨乱反正的艰巨任务,实现了我们党自大革命失败以来的第三次历史性的转变。在这个基础上,党召开了十二大,批准了十一届三中全会路线,使党和国家从此进入全面开创社会主义现代化建设局面的新阶段。在

---

① 《陈云文选》第三卷,人民出版社1995年版,第270页。
② 同上书,第280页。
③ 同上书,第272页。
④ 同上书,第304页。

新阶段里，陈云先是在党的十二大上继续当选为中央政治局常委兼中央纪委第一书记；以后又在党的十三大上退居二线，当选为中顾委主任；在党的十四大时完全退下来，过退休的生活。但无论是哪种情况，他都一如既往地为党和人民贡献着自己的智慧和力量，直到1995年4月与世长辞。当十一届三中全会召开20周年之际，回顾陈云为确立三中全会路线所做出的多方面的贡献，对于我们进一步弄清三中全会前后的历史，深入领会三中全会路线的真谛，更加自觉地坚持三中全会以来的路线、方针、政策不动摇，高举邓小平理论伟大旗帜，全面贯彻党的十五大精神，都是非常有益的。

陈云对计划与市场关系的思考*

计划与市场的关系问题是探索社会主义建设道路中的一个重大问题，也是社会主义经济体制改革中的核心问题。对于这个问题，陈云从20世纪50年代中期到90年代初期，有过比较长期和比较深入的思考。我在1981年至1985年间担任陈云秘书，由于那几年正是我国社会主义经济体制改革由酝酿到实行、由农村到城市、由局部到全面逐步展开的时期，因此我有机会就近观察和了解陈云关于这一问题的一些思考。下面，仅就我记忆所及和个人理解，谈一点相关情况和学习体会，以纪念他诞辰95周年，也供经济学界和党史国史界在研究这个问题时参考。

关于"在计划经济下发挥市场调节作用"问题的提出

在我被调到陈云那里工作之前，就听说过"在计划经济下发挥市场调节作用"这一提法，而且知道这是由陈云首先提出的。例如，1979年4月中央工作会议上，李先念就是根据陈云的这个意见，在讲话中指出："在我们的整个国民经济中，以计划经济为主，同时充分重视市场调节的辅助作用。"[①] 1981年6月党的十一届六中全会通过的《关于建国以来党的若干历史问题的决议》中，也是根据陈云的意见，写上了："必须在公有制

---

* 本文曾发表于《党的文献》2000年第3期，原题为《谈谈陈云对计划与市场关系问题的思考》。
① 《李先念文选》，人民出版社1989年版，第372页。

基础上实行计划经济，同时发挥市场调节的辅助作用。"[1] 然而，他曾就这一问题专门写过一份2000余字共6条的提纲，却是在我调到他身边工作将近一年之后才知道的。

那是1982年5月的一天，陈云叫我到他办公室，把几张写满铅笔字的便条交给我，说这是他过去写的一个提纲，原来打算把它写成一篇东西，但现在没有精力写下去了，要我拿去收起来。我回去一看，讲的是计划与市场关系问题，便一口气看完。我看后感到非常兴奋，因为当时理论界、经济学界正在讨论这个问题，但还没有看到哪篇文章论述得像这份提纲这样透彻，理论和实际结合得像这份提纲这样好。我想，这么重要的东西不能压在我手里，要想办法把它发表出来，让它发挥作用。那时，中央书记处研究室正在编辑《陈云文选》，我便把复印件送给他们。他们经过研究，决定把它先拿到中央文献研究室专门发表党和国家领导人文稿的刊物《文献和研究》7月出版的第5期发表，题目就拟为《计划与市场问题》。中央文献研究室刚好在编辑《三中全会以来重要文献选编》一书，于是又决定把它收到那本书里。发表前，编辑部门要求注明文稿的写作时间，我问陈云同志，他说记不清了，反正是十一届三中全会前后写的。根据这一线索，我由那几张便条中夹着的一张也被用来当稿纸的台历判定，写作时间为1979年3月8日。后来听说，陈云同志在1979年初曾在小范围里讲过他这份提纲的意思，当时的中央办公厅研究室还内部作过传达。

这份提纲是我所知道的最早的以文字形式论述要在计划经济下发挥市场调节作用的文献，发表以后，果然在社会上引起了广泛注意和强烈反响。一位经济学家在文章中写道："是新的历史时期关于计划与市场问题讨论的最初的重要文献。这篇重要文献，从一个重要方面，剖析了原有经济体制的弊端，提出了经济体制改革的思路"[2]。

最近几年，我又从一些书刊中得知，李先念早在1979年2月22日听取中国人民银行工作汇报时就说，他同陈云谈过在计划经济前提下搞点市场经济作为补充的问题。他们的意见是："计划经济和市场经济相结合，

---

[1] 《三中全会以来重要文献选编》下，人民出版社1982年版，第841页。
[2] 《陈云与新中国经济建设》，中央文献出版社1991年版，第376页。

以计划经济为主。市场经济是个补充，不是小补充，而是大补充。"① 显然，这比陈云写那份提纲又早了一些时间。另外，李先念在1978年9月国务院务虚会上作总结讲话时说了一句："计划经济与市场经济相结合。"这句话虽然在会后印发的文件中没有写上，但当时在场的人听到了，而且记了下来，作了传达。有人写文章说：这句话"显然是从陈云1956年的三为主、三为辅脱胎而来的"②。据我分析，这句话本身就是由陈云提出、通过李先念讲出来的。由此判断，陈云提出计划经济与市场调节相结合这一概念的时间，比他写那份提纲至少要早六个月。

当然，正如前面所说，陈云对于计划与市场关系问题的思考，早在20世纪50年代中期就开始了。例如，他曾在1954年一次各大区负责人会议上讲到中国工业化特点时说："资本主义在盲目中依靠自然调节，能够相当地按比例发展；我们说按比例发展，是从长时间来算的；从短期看，只是力求建设与消费，重工业与轻工业之间脱节不要太远而已。"1956年，他针对资本主义工商业改造后出现的新情况，在党的八大上提出了国家经营和集体经营为主、个体经营为辅，计划生产为主、自由生产为辅，国家市场为主、自由市场为辅的经济体制改革构想。这一构想虽然当时未能付诸实施，但却在20世纪70年代末80年代初发挥了作用。正如1981年五届人大四次会议的《政府工作报告》所指出的："陈云同志这个意见对于当前的改革仍然具有现实的指导意义。"③ 所不同的是，陈云同志在20世纪50年代用的是"自由生产""自由市场"这样的概念，而在70年代末用的是"市场调节"的概念。

这里还需要说明的一点是，"市场调节"和"市场经济"这两个词，陈云过去是混用的，都是指在计划经济下的市场调节。在前面提过的陈云那份提纲手稿中，这两个词都出现过。但提纲在发表前，党的十一届六中全会已经开过，十二大报告正在起草。六中全会通过的"历史决议"中用的是"市场调节"，十二大报告稿根据陈云后来的提法，也明确写上了

---

① 苏星：《论社会主义市场经济》，中共中央党校出版社1994年版，第57—58页。
② 《百年潮》1998年第2期。
③ 《三中全会以来重要文献选编》下，人民出版社1982年版，第1029页。

"计划经济为主,市场调节为辅"。① 所以,编辑部门为了统一提法,在征得他本人同意后,将手稿中的"市场经济"一词都改成了"市场调节"。以后,《陈云文选》(1956—1985年)在收入这份提纲时,也用的是"市场调节"。但提纲手稿的影印件却在1991年出版的《老一辈革命家手迹选》上发表了,那上面仍是"市场经济"。1995年《陈云文选》再版时,将改为"市场调节"的地方索性按照手稿又改回了"市场经济"。为了说明这两个词在当时是混用的,还可举邓小平同志1979年11月26日与美国人吉布尼谈话的例子。在那次谈话中,邓小平同志说:"社会主义为什么不可以搞市场经济,这个不能说是资本主义。我们是计划经济为主,也结合市场经济,但这是社会主义的市场经济。"② 邓小平同志在这里所说的市场经济,显然也是指在计划经济下的市场调节。它与我们现在正在建立的社会主义市场经济有联系,但不是一个意思。

关于"计划经济与市场调节相结合"的含义

在20世纪80年代初,国内经济学界通常将关于计划与市场关系问题的各种观点分为"板块说"和"渗透说",而且一般倾向于把陈云同志的观点归于"板块说"。所谓"板块说",是指把计划经济和市场调节视为整个经济中两个按照不同方式运行的部分,彼此之间像"板块"一样相互隔绝。所谓"渗透说",是指把计划经济和市场调节视为经济运行中的两种调节手段,做经济计划时要运用市场经济中一些通行的原则,做市场调节时也要依靠国家总的计划指导,彼此之间像水和土混在一起似的相互"渗透"。我认为,把陈云的观点理解为"板块说"并没有错,但只当作"板块说"也是片面的。应当说,在陈云关于计划与市场关系问题的思想中,既有"板块"的意思,也有"渗透"的意思;而且越往后,"渗透"的成分越多。

1956年工商业社会主义改造基本完成之后,陈云提出:在公私合营进

---

① 《十二大以来重要文献选编》上,人民出版社1986年版,第22页。
② 《邓小平文选》第二卷,人民出版社1994年版,第236页。

入高潮的日子里，有些不该合营的合营了，不该合并的合并了，有些可以合并的也合并得太大了。小商店、摊贩、挑贩、修理服务行业中的个体户合营后，积极性会大为降低，给消费者造成很大不便，因此要让他们长期单独经营。工业、商业、服务业中的大厂大店，合营后没有了竞争，没有了利润刺激，只顾自己方便，不顾消费者需要，愿意生产大路货，不愿生产数量少而质量高的东西，因此，它们原有的生产经营方式要照旧维持不变。他还提出，对有些商品，要将过去的统购统销改为选购代销，工厂超产的部分允许自销，并且实行优质优价。他说："既要实行计划经济，管好市场，反对投机倒把，又不要把市场搞死。不走这条路，我们又找不到其他更好的路。"① 什么是好的出路呢？他在一次会上说过："苏联的生产无论大小一律纳入计划，我们可否来个大计划小自由，即在主要产品方面有计划，对次要产品搞自由市场。这种自由市场是国家市场的补充，不是资本主义无政府状态下的自由市场。总之，要适合中国的实际情况。"② 到了党的八大，陈云同志将他的思考进一步系统化，完整地提出了超越苏联模式的适合中国情况的社会主义经济体制改革构想。上述可以看出，在陈云当初的设想中，按计划的生产经营和按市场需求的生产经营虽然是两个部分，但按计划生产经营的部分必须充分考虑市场的需求；完全按市场需求生产经营的部分也不能离开国家总的计划，因为它"不是资本主义无政府状态下的自由市场"。

"文化大革命"中，陈云在下放江西和在家赋闲期间，重新阅读了《马克思恩格斯选集》《列宁选集》《斯大林文集》《毛泽东选集》，特别是逐字逐句通读了《列宁全集》中自1917年二月革命后至列宁逝世前的10卷，对社会主义社会计划与市场的关系问题有了更加深入的思考。这一思考的结晶便是1979年3月的那份提纲。从那份提纲中可以看出，陈云关于计划与市场关系问题的思想中，"板块说"的意思是非常明显的。例如，提纲中说："整个社会主义时期必须有两种经济：（1）计划经济部分（有计划按比例的部分）；（2）市场调节部分（即不作计划，只根据市场

---

① 《陈云文选》第二卷，人民出版社1995年版，第335页。
② 《陈云年谱（1905—1995）》中，中央文献出版社2000年版，第327页。

供求的变化进行生产，即带盲目性调节的部分）。第一部分是基本的主要的；第二部分是从属的次要的，但又是必需的。"① 这段话后面又写道："问题的关键是，直到现在我们还不是有意识地认识到这两种经济同时并存的必然性和必要性，还没有弄清这两种经济在不同部门应占的不同比例。"② 但是，看过全文，计划与市场指两种手段的意思也是十分明显的。例如，他指出："六十年来，无论苏联或中国的计划工作制度中出现的主要缺点：只有'有计划按比例'这一条，没有在社会主义制度下还必须有市场调节这一条。所谓市场调节，就是按价值规律调节，在经济生活的某些方面可以用'无政府'、'盲目'生产的办法来加以调节。"③ 他举例说，解放初期，为了发展棉花，把1斤皮棉价定为8斤米价，结果棉花大发展。显然，这里讲的计划（发展棉花）就是通过价值规律的调节（1斤皮棉价定为8斤米价）来实现的。他还指出：不认识到社会主义时期存在计划经济和市场调节这两种经济的后果是：计划权力太集中；计划太死，包括的东西太多；计划时常脱节，计划机构忙于日常调度；地方对建设太热心，真正机动的财力太少；同志们对价值规律忽视，思想上没有"利润"概念，"是大少爷办经济，不是企业家办经济"④。这些论述表明，陈云所讲的计划经济与市场调节，同时含有"渗透说"的意思。

　　记得在陈云那份提纲发表前，一位领导给我打电话，说中央正组织一些人草拟新宪法，其中对于计划经济与市场调节的关系是这样描述的：国家计划要自觉利用价值规律，市场调节要在国家总的计划指导下进行。因此，他建议陈云将那份提纲中关于社会主义时期应当有计划经济和市场调节这两部分经济的提法修改一下。我向陈云报告后，陈云说他同意新宪法草案中对计划与市场关系的提法，如何把提法搞得更准确还可以继续研究，但是他那份提纲就不改了，因为提纲中虽然讲计划经济与市场调节是两个部分，但市场调节要在总的计划指导下进行，制定和落实计划也要运用价值规律的意思是明确的。之后，新宪法草案对这个问题的描述改为：

---

① 《陈云文选》第三卷，人民出版社1995年版，第245页。
② 同上。
③ 同上书，第244—245页。
④ 同上书，第246页。

"国家在社会主义公有制基础上实行计划经济。国家通过经济计划的综合平衡和市场调节的辅助作用，保证国民经济按比例地协调发展。"[1] 党的十二大报告在谈到贯彻"以计划经济为主、市场调节为辅"的原则时，也使用了这一提法。此外，这个报告对于计划经济与市场调节的关系问题还有以下一些表述，即市场调节是"由国家统一计划划出一定的范围，由价值规律自发地起调节作用"；发挥市场调节作用"决不能忽视和放松国家计划的统一领导"；"无论是实行指令性计划还是指导性计划，都要力求符合客观实际，经常研究市场供需状况的变化，自觉利用价值规律，运用价格、税收、信贷等经济杠杆引导企业实现国家计划的要求"[2]。很清楚，这些表述既有"板块说"，也有"渗透说"。对此，陈云在事先审阅报告稿时都是同意的。

关于"以计划经济为主、市场调节为辅"的提法

"以计划经济为主，市场调节为辅"这句话，是陈云1981年底开始提出的。这一提法与陈云关于计划与市场关系问题的一贯思想完全一致，但与他过去提出的在计划指导下充分发挥市场调节的作用、把计划经济与市场调节相结合等提法相比较，显然有强调计划经济的意思。为什么在提法上会发生这种微妙的变化呢？要弄清这个问题，必须回到20世纪80年代初国内经济形势的大背景中去寻找答案。

党的十一届三中全会之后，中央根据陈云的建议，决定对国民经济采取"调整、改革、整顿、提高"的八字方针，用三年时间基本改变国民经济比例关系严重失调的状况。但到了1979年底，基本建设的总规模不仅没有压下来，相反财政收支逆差170.7亿元，出现中华人民共和国成立以来最大的赤字；外贸出口虽然比上年有所增加，但进口增加更多，逆差20亿美元。到1980年底，财政、外贸继续保持巨额赤字，迫使两年增发货币130亿元，造成物价大幅上涨。正如邓小平在1980年12月中央工作会

---

[1] 《十二大以来重要文献选编》上，人民出版社1986年版，第222页。
[2] 同上书，第22—23页。

议上的讲话所说:"十一届三中全会以后,陈云负责财经工作,提出了调整方针,去年四月中央工作会议对此作出了决定。但因全党认识很不一致,也很不深刻,所以执行得很不得力。"① 而在妨碍调整的诸多认识中,有一种是没有摆正调整与改革的关系,在根据实际情况需要强调计划性和集中统一时,过分突出了市场调节和扩大自主权的作用。

针对这种认识,陈云在同一次会上指出:"我们要改革,但是步子要稳。因为我们的改革,问题复杂,不能要求过急。改革固然要靠一定的理论研究、经济统计和经济预测,更重要的还是要从试点着手,随时总结经验,也就是要'摸着石头过河'。开始时步子要小,缓缓而行。这绝对不是不要改革,而是要使改革有利于调整,也有利于改革本身的成功。"② 例如,经济体制改革的一个重要课题是如何发挥中央和地方的两个积极性,陈云早在1978 年底中央工作会议上《关于当前经济问题的五点意见》的发言中指出:"要给各省市一定数量的真正的机动财力。"③ 可见,陈云是主张扩大地方财政自主权的。但是,在经济调整期间,中央财政有很大赤字,需要动用地方的财政结余予以弥补;另一方面,地方扩大自主权的改革不配套,缺少自我约束的机制,有了财政结余往往用于扩大基本建设投资,与压缩基建规模的调整目标相矛盾;更为严重的是,中华人民共和国成立初期中央财政占全国财政收入的百分之七八十,而 1979 年和 1980 年,这一比例下降为 14% 和 16%,地方财政反而占到了 80% 多。因此,陈云提出,今后若干年,地方财政结余要冻结;一切机关、团体、部队、企业、事业单位当年的结余也不许动用,非动不可的要经过批准。他说:"像我们这样的国家没有这样一个集中是不行的,否则就会乱套,也不利于改革。"④

在那次会上,邓小平表示,他"完全同意陈云的意见,今后一段时间内,重点是要抓调整,改革要服从于调整,有利于调整,不能妨碍调整"。"在调整中实行高度的集中统一,是完全必要的。"⑤ 他还提出,1980 年进

---

① 《邓小平文选》第二卷,人民出版社 1994 年版,第 354 页。
② 《陈云文选》第三卷,人民出版社 1995 年版,第 279 页。
③ 同上书,第 237 页。
④ 同上书,第 279 页。
⑤ 《邓小平文选》第二卷,人民出版社 1994 年版,第 362 页。

行的扩大企业自主权的试点工作明年不再扩大；1979年7月决定在深圳、珠海等地试办经济特区的工作，在步骤和办法上服从调整，走慢一点。直到1989年政治风波之后，他在谈到要继续坚持计划经济与市场调节相结合时还指出："在调整时期，我们可以加强或者多一点计划性。"①

促使陈云强调计划的原因中，还有一个因素，就是在提出发挥市场调节的作用、为价值规律恢复名誉之后，一部分人产生了一些误解。一种是以为，只要按照价值规律办事，就应当无条件地放开价格，使价格尽快符合价值，不必人为地搞什么补贴。另一种是以为，只要按照价值规律办事，就不能再搞什么计划管理，对诸如农民种什么、企业发多少奖金、地方搞什么项目，统统不要管，否则就是"婆婆管媳妇"，就是"当顶门杠"。

针对第一种认识，陈云在1980年12月的中央工作会议上指出："现在的经济形势是开国以来少有的很好的形势。但要看到不利的一面。除了若干种国家规定的不准涨价的商品以外，许多商品都在涨价，涨价商品的面相当大，影响人民的生活。这种涨价的形势如果不加制止，人民是很不满意的。经济形势的不稳定，可以引起政治形势的不稳定。"②"按经济规律办事，这是一种好现象"，但是，"我们国家是以计划经济为主体的。对许多方面，在一定时期内，国家干预是必要的"③。然后，他举了粮价、房价要补贴的例子。他说："从微观经济看，这是不合理的，似乎是不按经济规律办事。但我国是低工资制，如国家不补贴，就必须大大提高工资。""不补贴，大涨价，大加工资，经济上会乱套。从最后的经济结果看，现在的办法，小的方面不合理，但是大的方面还是按经济规律办事的。"④ 1981年11月，他在讨论五届人大四次会议《政府工作报告》稿的一次中央会议上又说："有些价格与价值背离了，应该符合起来。但在目前条件下，相当一部分产品的价格与价值不能不背离。比如，进口粮食要贴钱，这样可以换得市场稳定，给我们时间搞体制改革；又比如，我们解决了二

---

① 《邓小平文选》第三卷，人民出版社1994年版，第306页。
② 《陈云文选》第三卷，人民出版社1995年版，第277—278页。
③ 同上书，第278页。
④ 同上。

千万人的就业问题,这样的事资本家绝不干,他们是用人越少越好,而我们必须这样做,这样做才能换来社会的安定团结。所以,补贴和广泛就业的办法是合乎实际的,从小的方面看不合理,从大方面看仍然是合理的。如果马克思活到现在,也会赞成这个办法。"① 后来,到了1990年,陈云在同中央负责同志谈话时,仍然强调:"在我国,还是低工资、高就业、加补贴的办法好。这是保持社会安定的一项基本国策。""即使是发达的资本主义国家,对某些产品也是实行补贴的。""当然,通过改善经营管理,提高经济效益,可以逐步减少一些不合理的补贴,例如某些企业的亏损补贴,但要从根本上取消补贴是不可能的。"②

最近几年,我们根据变化了的情况,对国有企业提出了下岗分流、减人增效的方针,对粮食流通体制和医疗、住房制度也实行了力度比较大的改革。但是,在推动下岗分流、减人增效的同时,还实施了再就业工程,规定对复转军人和大学生仍由国家负责安置。这说明,下岗分流、减人增效目前所要解决的是产业结构不合理而造成的就业结构不合理的问题,是要改变人们传统的就业方式,并不是放弃了广泛就业的政策。粮食流通体制改革和医疗、住房制度的改革,一方面理顺了粮食购销价格,促进了各种福利的商品化、货币化;但另一方面,对粮食收购却实行了保护价政策,对职工医疗、购房仍实行各种优惠,对下岗职工还规定了最低生活保障,也就是说,把过去对城市居民的补贴改为了对农民的补贴,把各种暗补改为了明补,并不是取消了补贴。要改变低工资、高就业、加补贴的办法,必须建立起完善的社会保障体系和高工资制度,把失业、养老、医疗保险和购房资金统统纳入工资,这在中国将会是一个很长的过程。因此,陈云说的一定时期内不可能完全按照价值规律办事,对某些产品和服务还需要国家财政补贴的意见,是从中国实际情况出发的,其精神至今并没有过时。

针对第二种认识,陈云着重说明改革开放与计划管理之间并不矛盾。他在1980年12月中央工作会议上的讲话中,对此从以下几个方面做了说明:

第一,引进外资要在国家基本建设投资计划许可的范围之内,如果突

---

① 《陈云年谱(1905—1995)》下,中央文献出版社2000年版,第283页。
② 《陈云文选》第三卷,人民出版社1995年版,第376页。

破，同样会造成收支不平衡，货币超量发行，物价上涨。他说："'资金不够，可以借外债'。这是打破闭关自守以后的新形势。""打破闭关自守的政策是正确的。今后在自力更生的条件下，还可以借些不吃亏的外债。"但是，外债中自由外汇很少，绝大部分是卖方贷款。"这种买机器设备的外债的使用，不决定于我们的主观愿望，而决定于国内有多少财政拨款用于配套。"①

第二，经济体制要解决中央统得过死的问题，要给地方一定的自主权，但一些较大的项目，上不上，在哪个地方上，必须放在全局下考虑，否则势必造成种种浪费并埋下隐患。他说："经济体制改革产生了前所未有的好作用，大大有利于经济形势的改善。""但是也出现了一些缺点：各地区盲目的重复建设，以小挤大，以落后挤先进，以新厂挤老厂。"②

第三，改革开放以后，百废待兴，国家既要搞建设，也要在人民生活方面解决一些属于"还账"性质的问题。例如，提高农产品收购价格，安排回城知识青年，提高职工工资，增加城市居民住房等等。因此，必须区别轻重缓急，通盘考虑，统筹兼顾，不能想干什么就干什么。他说："好事要做，又要量力而行。""因为只能量力而行，所以有些好事不能一时就办到。有些好事，只能做，不登报。"③后来，他把这一原则概括为："一要吃饭，二要建设。吃光用光，国家没有希望。"也就是说，"人民生活改善的幅度不能大于生产增长的幅度。工资也好，奖金也好，对农民的补贴也好，都要有一定的限度"④。

第四，为了调动各方面的积极性，国务院改变了过去出口商品只能由中央外贸部门一家收购的办法，但各省市、各部门为了有利于自己出口，不顾外贸部门的统一定价，竞相削价出口，造成中国货在国际市场上不正常的降价。他说："我们必须研究出一个既能出口又不贱卖的方案。总之一句话：'肥水不落外人田。'"⑤

---

① 《陈云文选》第三卷，人民出版社1995年版，第276页。
② 同上书，第278页。
③ 同上书，第279—280页。
④ 同上书，第323页。
⑤ 同上书，第280页。

第五，十一届三中全会提出要完整地执行"以粮为纲、全面发展"的方针，在物资上充分关心农民的物质利益，在政治上切实保障他们的民主权利，但这决不等于农业发展可以不要计划，在作物种植面积上放任自流。他说："我们要发展经济作物，同时必须保证粮食的逐步增产。""不能因为发展经济作物而挤了粮食产量。粮食还是第一位。人不吃饭，牲口不喂料，是不行的。"①

关于农业特别是粮食生产问题，陈云后来又讲过多次。一次是1981年12月22日在省、自治区、直辖市党委第一书记座谈会上，他说："农业经济是国民经济重要的一部分。农业经济也必须以计划经济为主，市场调节为辅。""所以要提出这个问题，是因为实行各种生产责任制以后，似乎农业可以不要计划了。事实并不是这样。这个问题本来是清楚的，搞了生产责任制以后，包产到户以后，计划并不是不要了。"② 接着，他举了大城市郊区必须种菜，养猪要规定任务，烟叶、棉花等经济作物的种植面积不能突破，粮食种植面积不能再减等几个例子。他指出："不能让农民自由选择只对他自己一时有利的办法"。"总之，市场调节只能在这个范围内灵活灵活。""不这样做，八亿农民的所谓自由，就会冲垮国家计划。说到底，农民只能在国家计划范围内活动。只有这样，才有利于农民的长远利益，国家才能进行建设。"③

另一次是一个月之后，即1982年1月25日。那天是春节，按照惯例，中央领导人都要参加一项公开活动，以便新闻单位报道。陈云决定邀请国家计委的负责人到他家座谈，来的有国家计委主任姚依林，副主任宋平、柴树藩、李人俊、房维中。那次我也在场。陈云一开始就说："我今天要讲的是怎样坚持以计划经济为主、市场调节为辅的问题。"④ 在谈话快结束时，他又说："现在计划不受欢迎啊！所以今天大年初一，我就找计委几位主要负责同志来谈一谈这件事。""计委的工作难做呀！去年十二月我讲了那四点（指上文提到的在省、自治区、直辖市党委第一书记座谈会上的

---

① 《陈云文选》第三卷，人民出版社1995年版，第280—281页。
② 同上书，第305页。
③ 同上书，第306页。
④ 同上书，第309页。

讲话——笔者注），主要强调计划经济，不强调不行。"① 在谈话中间，他指出："农业搞了生产责任制以后，仍然要坚持上述原则，不能例外，如郊区要计划种菜，养猪要派任务，种烟叶的亩数不能增加了，粮食播种面积不能减少了。人民的生活要提高，但国家只有那么多钱，这里摆多少，那里摆多少，都要有一个计划"②。

改革开放以后，粮食产量有了大幅度提高，但是由于流通环节不畅，丰收后往往出现卖粮难的情况。有的同志不加分析，误以为粮食问题过关了。针对这种认识，陈云多次指出："依我看来，中国的粮食并不多，每年还要进口 1000 万吨。"1985 年，他在党的全国代表会议的大会上讲了 6 个问题，其中之一又是粮食生产问题。他说，"现在有些农民对种粮食不感兴趣，这个问题要注意。""发展乡镇企业是必要的，问题是'无工不富'的声音大大超过了'无农不稳'。十亿人口吃饭穿衣，是我国一大经济问题，也是一大政治问题。'无粮则乱'，这件事不能小看就是了。"③

现在，我们的粮食总产量已经接近 5 亿吨，加之城乡居民饮食结构不断改善，口粮消费明显减少，粮食供应紧张的状况已大大缓解。但必须看到，粮食的人均拥有量仍然不到 400 公斤，只相当于世界平均水平，远不如粮食进口大国的俄罗斯，而且粮食的质量、品种、仓储、转化都还存在问题。另外，国内人口多，耕地少，目前粮食的供求平衡还只是低水平的不稳定的平衡，粮食收购市场至今没有放开就是一个很好的证明。因此，从长远看，粮食问题还是大意不得。

从以上情况可以看出，陈云在 80 年代初提出"以计划经济为主、市场调节为辅"④ 的方针，是有特定背景和一定针对性的。据我所知，他并不认为这个提法就是最合适的。1984 年 9 月，当时的一位中央负责人给中央常委写信，提出计划体制的四层意思：（一）中国实行计划经济，不是完全由市场调节的市场经济；（二）完全由市场调节的生产和交换，只限于小商品、部分农副产品和服务修理行业，它们在国民经济中只起辅助作

---

① 《陈云文选》第三卷，人民出版社 1995 年版，第 310—311 页。
② 同上书，第 309 页。
③ 同上书，第 350 页。
④ 《十二大以来重要文献选编》上，人民出版社 1986 年版，第 22 页。

用；（三）计划经济不等于指令性计划为主，指令性计划和指导性计划都是计划经济的具体形式；（四）指导性计划主要用经济手段来实现，指令性计划也必须运用价值规律。他认为"计划第一，价值规律第二"这一表述并不确切，今后不宜继续延用。陈云给这位负责人回信，表示"关于计划体制的四层意思，合乎我国目前的实际情况。"① 不久后，党的十二届三中全会召开，讨论通过写有这四层意思的《中共中央关于经济体制改革的决定》。会前，陈云听到有人讲"以计划经济为主、市场调节为辅"的提法不太确切，还是用《宪法》上那句"国家通过经济计划的综合平衡和市场调节的辅助作用，保证国民经济按比例协调发展"的表述好。他对我说："这样可以"，并要我按照他的意思，起草了他在会上的书面发言稿。他在书面发言中明确指出：《决定》"对计划体制改革的基本点所作的四点概括，完全符合我国目前的实际情况。现在，我国的经济规模比五十年代大得多，也复杂得多。五十年代适用的一些做法，很多现在已不再适用。……如果现在再照搬五十年代的做法，是不行的。即使那时，我们的经济工作也是按照中国的实际情况办事的，没有完全套用苏联的做法。"②

以后，陈云在1985年9月党的全国代表会议上的讲话中又用过一次"计划经济为主，市场调节为辅"的提法。但我理解，这并不表明陈云改变了对计划经济体制改革那四点概括的看法，相反，就在那次讲话中他说："当然，计划包括指令性计划和指导性计划。两种计划方法不同，但都要有计划地运用各种经济调节手段。"③ 既然如此，他为什么又要使用"计划经济为主"的提法呢？我认为，这是因为当时又出现了建设项目乱上、货币发行过量、外汇储备下降、物价指数上涨、宏观经济失控的局面，财政收支、银行信贷、外贸进出口以及基础产业与加工产业、农业与工业之间的比例关系又有失调的倾向。他认为，这些都是由于忽视计划、不按计划办事造成的。而"计划是宏观控制的主要依据。搞好宏观控制，才有利于搞活微观，做到活而不乱。"④

---

① 《陈云年谱（1905—1995）》下，中央文献出版社2000年版，第360页。
② 《陈云文选》第三卷，人民出版社1995年版，第337页。
③ 同上书，第350页。
④ 同上。

有一次，陈云对我说："所谓有计划，就是要按比例。问题不在于计划是不是指令性的，而在于是不是做到按比例。不按比例，经济有计划也会搞乱。就计划按比例来说，资本家比我们搞得好。"所以，照我看，每当陈云强调计划时，他所要表达的意思是要防止国民经济重大比例的失调，防止宏观经济的失控和混乱。我认为这是当时他强调"以计划经济为主"这句话的要点和实质。

陈云在强调计划工作重要性的同时，还十分重视计划工作本身的改进和计划工作人员自身素质的提高。他一向反对那种统得过死、包括东西过多的所谓"计划"。在他看来，计划不应当是凭主观意志去规定各种指标和速度，而应当按照客观经济规律和实际情况，把主要精力用于研究和管好工业与农业、先行工业与加工工业、钢铁工业与机械工业、钢铁工业内部、基本建设与财力物力、人民购买力与物资供应、货币需要量与实际流通量、财政收入在国民收入中的比重、中央财政收入在财政收入中的比重，等等国民经济的重大比例关系，使经济协调发展。他在 1982 年春节座谈会上的讲话中说："在我们的企业里头，应该是有计划的。产品有没有销路，原料从哪里来，都计算好了，才经营得好。……就这点讲，资本主义企业里头相当有计划。"[1] 他还说："我过去讲，'瓜皮帽，水烟袋'，旧商人中有一种人专门考虑'战略性问题'。我们现在的经济机关，不大考虑这方面的问题。我们要有这样的战略家。计委就是要管这样的事情，有先有后，有重有轻。哪是重点，哪是轻点；哪些先办，哪些后办，这些问题计委要考虑。"[2] 1984 年 3 月中国计划学会成立，他写信表示祝贺，指出："我们搞计划经济已经 30 多年，不能说没有经验。经验应该好好总结，肯定和发挥成功的方面，否定和改正失败的方面。以计划经济为主、市场调节为辅，这是总的原则，要具体化。形成有中国特色的社会主义的计划管理体制，还需要解放思想，实事求是，继续探索，扎实工作。"[3] 同月，陈云还邀请时任电子工业部部长的江泽民和几位专业技术人员到他

---

[1] 《陈云文选》第三卷，人民出版社 1995 年版，第 309 页。
[2] 同上书，第 310 页。
[3] 《文献和研究》1984 年第 12 期，第 8 页。

家，了解有关我国集成电路和电子计算机的生产应用情况，观看用电脑处理文件的演示。他在谈话中指出：电子计算机的出现，其他领域新技术的出现，给财经干部包括计划工作干部提出了知识更新的任务。他说："大多数的财经干部还没有看到这个任务的紧迫性。"[1] 现在，计划工作部门和财政、金融部门都做到了电子计算机化，有的还实现联网，这不能不说同陈云当年的呼吁有很大关系。

关于"鸟"与"笼子"的比喻

1982年底，陈云针对在搞活经济中出现的摆脱国家计划的倾向，提出了"鸟"与"笼子"的著名比喻。这一比喻，是陈云关于计划与市场一贯思想的一个新的表述。消息披露后，引起了海内外的广泛关注。境外一些别有用心或望文生义的人借机鼓噪，说这是要走回头路，是反对改革，是保守，并给这一比喻起了个名字，叫"鸟笼经济"。国内有少数人不假思索，鹦鹉学舌，竟然也跟着批起所谓"鸟笼经济"来。但广大财经干部和严肃的经济学家，甚至一些海外的学者，却认为这一比喻生动而深刻地反映了计划与市场在经济发展中的应有的关系，从中受到了很大启发。正如刘国光教授在一篇文章中所说："党的十一届三中全会以后，陈云进一步阐发了计划经济与市场调节相结合的思想，把计划与市场的关系形象地比喻为笼子与鸟的关系，引起中外人士广泛的研究兴趣。"[2] 高鸿业教授在一篇专门谈陈云"鸟"与"笼子"比喻的文章中也说：这一比喻"在世界上受到重视，外电曾多次加以报道，即使在报道他去世的消息时，有的外电也特别提到这一比喻"[3]。

其实，"鸟"与"笼子"的比喻并不是由陈云发明，而是黄克诚首先提出的。那是在党的十二大召开前夕，陈云请黄克诚等同志来谈有关中央纪委工作的问题。谈完工作后，黄克诚向陈云反映了走私、逃税以及乱上

---

[1]《人民日报》1984年3月4日第1版。
[2]《人民日报》1990年9月14日第5版。
[3]《陈云和他的事业》上，中央文献出版社1996年版，第452页。

项目、乱涨价等经济犯罪猖獗和经济秩序混乱的情况，表达了自己的忧虑心情。他说："要把经济搞活，不能再像过去那样搞死，但搞活不能没有秩序。这就好比一只鸟，不能捏在手里，捏在手里它就死了，要让它飞。但要让它在笼子里飞，否则它就飞跑了。"陈云当时没有说什么，但过了两个月，在听取宋平、柴树藩关于全国计划会议和当前经济情况的汇报时，用了这个比喻。他说：搞活经济是对的，但必须在计划的指导下搞活。这就像鸟一样，捏在手里会死，要让它飞，但只能让它在合适的"笼子"里飞，没有"笼子"，它就飞跑了。"笼子"大小要适当，但总要有个"笼子"①。

又过了半个多月，陈云出席中央政治局会议，就搞活经济问题作了长篇发言。他首先回顾了五六十年代，在公私合营和包产到户问题上的经验教训，充分肯定了改革开放以后在各方面实行的责任制，说打破"大锅饭"是一场革命，意义不下于公私合营，使各方面都搞活了。然后，他重复讲了在听取宋平、柴树藩汇报时提出的"鸟"与"笼子"的比喻，只是在讲到"笼子"大小要适当时，增加了"不一定一个省就是一个'笼子'，'笼子'也可以大到跨省跨地区"的话；还说："我们的'笼子'——五年计划和年度计划，也是要经常调整的。"②

又过了一个月，也就是1982年12月，五届全国人大五次会议召开，上海代表团部分同志要与陈云座谈。事先，陈云要我起草一个谈话稿，我便根据他在此前几次内部谈话、批示、发言的精神，写成了一个初稿，其中包括"鸟"与"笼子"的比喻。审阅初稿时，陈云在"笼子"大小要适当，可以跨省跨地区这句话的后面，亲笔加上了16个字："甚至不一定限于国内，也可以跨国跨洲"③。

上述说明，陈云对这一比喻是非常慎重的，在表述上也是力求准确和完善的。他所说的"笼子"，绝不像一些浅薄轻浮的评论家想象的那样，真的像鸟笼那样狭小而固定，相反，是有广阔天地的，是可以伸缩的。人

---

① 《陈云年谱（1905—1995）》下，中央文献出版社2000年版，第309页。
② 《文献和研究》1984年第12期，第5—7页。
③ 《陈云文选》第三卷，人民出版社1995年版，第320页。

们只要不带偏见便不难发现，这一比喻实际是陈云对计划与市场关系问题思考的进一步深化，比"以计划经济为主、市场调节为辅"的提法又有发展，是更加积极的而不是消极的。这一比喻虽然侧重点在于计划的指导作用，但它的出发点和归宿都是要搞活经济。

搞活经济，可以说是陈云一直寻求的境界，是他主持财经工作以来一直致力于的目标。1983年，当时的中央书记处研究室要把他1956年6月在一届全国人大三次会议上提出对一部分商品由统购包销改为推销和选购的那篇讲话收入一本即将出版的书中，征求他的意见。陈云表示同意，但要编辑部门在这篇讲话前加一个按语，说明："采取'选购'的办法，在当时还只是个设想，实际上并没有做到。因为那时可供商品少，不像目前市场上许多商品供应充裕。只有出现了买方市场，才说得上真正的'选购'。"[①] 就在前面提到的与上海代表团的那次谈话中，陈云高度评价了十一届三中全会以来所实行的搞活经济的政策后说："现在百货商店里的东西多得很，'卖方市场'正在变成'买方市场'。群众把票子拿在手里，好的就买，不好的就不买。这么好的形势，很久以来没有见过。"[②] 在谈到外地一些轻纺企业学了上海的技术后，产品反过来进入上海市场，排挤上海的产品一事时，陈云表示："这是好事，不要用行政措施去阻挡，上海要接受这个挑战，迎上去和它们竞争。"[③] 他当时提出了两个竞争的办法，一是"加强技术改造，提高质量，降低成本"；二是"搞小批量生产，增加花色品种，使产品适应市场变化的需要"[④]。在那次谈话中，他还指出："我们有些地方是大少爷办企业，没有时间概念，没有利润概念。……搞经济工作，没有时间概念，没有利润概念，是不行的。"[⑤] 可见，陈云提出要有"笼子"，并不是不要搞活经济，相反，是要把计划与市场都作为实现搞活经济的手段。

关于陈云的这一思想，从他以往说过的话和写过的东西中也可以看得

[①] 《陈云年谱（1905—1995）》下，中央文献出版社2000年版，第327页。
[②] 《陈云文选》第三卷，人民出版社1995年版，第320页。
[③] 同上书，第319页。
[④] 同上。
[⑤] 同上书，第319—320页。

很清楚。例如，在1979年3月那份提纲中，陈云写道："在今后经济的调整和体制的改革中，实际上计划与市场这两种经济的比例的调整将占很大的比重。不一定计划经济部分愈增加，市场经济部分所占绝对数额就愈缩小，可能是都相应地增加。"① 在那份提纲发表之后，有一天他叫我去，说他对计划与市场的关系问题又有了新的考虑，写出一个提纲，并把稿子拿给我看。他说："对这个问题，要站在历史唯物主义和辩证唯物主义的高度看。历史上的生产从来是盲目的、'无政府'的，直到进入了社会主义社会之后才有了计划。现在计划经济和市场调节都要向广度和深度发展，广要广到国外，深要深到每个人的劳动。实行岗位责任制，多劳多得，少劳少得，就是计划经济与市场调节深入到每个人劳动的体现。"他说，对这个问题他还要再想想，然后找人来谈谈。后来，他虽然没有专门就这个问题再找人谈过，但却提出过各方面都要大搞劳务出口；对外开放不仅要吸引外国人来投资，也可以到国外投资办厂；应该奖勤罚懒，对工作表现不好的，扣奖金不解决问题，还可以除名留用，发给最低的生活费等等意见。特别是在1982年12月那次谈话中，他将"笼子"的范围已经扩大到"跨国跨洲"。我认为，这些都可以看作是他关于计划经济与市场调节向广度和深度发展这一思想的具体化。

既然陈云对于"笼子"的解释大到了"跨省跨地区"，甚至"跨国跨洲"，那他为什么还非说得有个"笼子"不可呢？这个"笼子"指什么？起什么作用？我理解，所谓"笼子"，就是人们常说的宏观控制。鸟要在笼子里飞，就是说经济搞活不能没有宏观控制。比如，党的十二大报告根据邓小平的意见，提出在到20世纪末的20年时间里，工农业总产值力争翻两番；又根据陈云同志的意见，提出为了实现20年的奋斗目标，在战略部署上要分两步走。前十年主要是打好基础，后十年要进入新的经济振兴时期。但会议开过不久，一些地方和部门就纷纷制定提前翻番的计划，出现了乱铺摊子的苗头。如果任其发展，国民经济各种重大比例关系肯定又会失调，经济想活也活不起来。试想，各地把产值高、利润高的钢厂、化工厂、电视机厂、啤酒厂等等建得很多，但电跟不上，铁路、公路、通

---

① 《陈云文选》第三卷，人民出版社1995年版，第247页。

讯跟不上，大家势必会挤来挤去，相互掣肘，谁也跑不起来。而且，这些企业今后一旦形成规模生产，很可能会出现产品过剩的问题。另外，对科学、教育不投资，也难以保证经济发展的后劲。所以，陈云在与上海代表团的谈话中指出："急于求成，把本来应该放在后十年办的事也勉强拿到前十年来办，在'六五'和'七五'期间乱上基本建设项目，那末，经济又可能出现混乱，翻两番的任务反而有可能完不成。"[①] 他说，由中央适当集中一笔资金，加强能源、交通、运输和科学、教育等薄弱环节，保证重点项目的建设，这是大革命、大建设。"地方上的小革命、小建设也要搞，但必须以大革命、大建设为主，这也就是局部服从全局。"[②] 无疑，这些要求都是对经济建设的宏观控制，也可以说是"笼子"。要实现搞活经济，没有这样的"笼子"是不行的。

今天，计划在管理经济中的作用和过去不同了，但这不等于国家因此就可以不再要宏观调控，可以放弃管理了。国家还有年度计划和长远规划，还有各种产业政策，重大项目还要拿到发展计划委员会经过综合平衡后审批，这些不都是"笼子"吗？没有"笼子"，不合理的重复建设问题就永远解决不了。另外，市场经济也是法制经济，法律、法规严格说起来也是"笼子"。没有任何制约，想怎么干就怎么干，偷税漏税、假冒伪劣、欺诈贿赂和走私贩私就会成风，就会有人把国有资产包括国有企业在海外的投资化为己有，席卷而逃。那样，"鸟"是飞起来了，但却飞跑了，不是同样达不到搞活经济的目的吗？

20世纪30年代初期以来，西方资本主义国家开始对经济实行国家干预，运用财政和货币政策，从宏观上调控经济运行，以解决资本主义市场经济所带来的周期性危机。从那以后，政府与市场在资源配置上的关系问题便成为西方经济学界的热门话题。总之，既要把经济搞活，又要在宏观上管住，这是现代经济管理上的一门大学问，而"鸟"与"笼子"的比喻恰恰抓住了这门学问中最本质的东西。我想，这恐怕是一些西方学者之所以对这一比喻如此感兴趣的原因所在吧。

---

① 《陈云文选》第三卷，人民出版社1995年版，第318页。
② 同上书，第319页。

党的十四大在总结经济体制改革14年的经验后,认为"原有的经济体制有它的历史由来,起过重要的积极作用,但是随着条件的变化,越来越不适应现代化建设的要求"①。因此,大会确定把建立社会主义市场经济体制作为改革的目标,使市场在社会主义国家宏观调控下对资源配置起基础性作用。这是完全符合我国已经变化了的经济规模和物质基础的,也是符合改革开放以后出现的经济形势和人们的思想状况的。但与此同时,江泽民总书记在十四大报告中也把十一届三中全会以来提出的诸如"计划经济为主、市场调节为辅""计划经济与市场调节相结合"等提法,作为在认识和处理计划与市场关系问题上逐步摆脱传统观念、形成新的认识的过程,指出它们都"对推动改革和发展起了重要作用"②。江总书记在报告中还强调:"要看到市场有其自身的弱点和消极方面,必须加强和改善国家对经济的宏观调控。"要"运用好经济政策、经济法规、计划指导和必要的行政管理,引导市场健康发展"。要"更好地发挥计划和市场两种手段的长处。国家计划是宏观调控的重要手段之一"。"计划与市场两种手段相结合的范围、程度和形式,在不同时期、不同领域和不同地区可以有所不同"③。另外,他还指出:"要坚持从实际出发,注意量力而行,搞好综合平衡,不要一讲加快发展,就一哄而起,走到过去那种忽视效益,片面追求产值,争相攀比,盲目上新项目,一味扩大基本建设规模的老路上去。"④ 这些都说明,陈云关于计划与市场关系问题的思考,虽然受到历史条件的限制,有些已经被突破,但其总的精神不仅具有历史意义,而且直到今天仍然具有很强的现实意义。

当前在建立社会主义市场经济体制的过程中,我们还面临种种问题,需要进一步探索。回顾陈云关于计划与市场关系问题的思考,对于我们进一步解决好在建立社会主义市场经济体制中遇到的问题,肯定是有意义的。

---

① 《十四大以来重要文献选编》上,人民出版社1996年版,第3页。
② 同上书,第18页。
③ 同上书,第19—20页。
④ 同上书,第17页。

陈云对改革开放的重大贡献[*]

党的第二代中央领导集体是在十一届三中全会以后形成的，它主要的历史使命和主要的历史功绩是带领全党全国各族人民开创改革开放的伟大事业。在这个领导集体中，同时是党的第一代中央领导集体成员的只有邓小平和陈云两位。2005年，薄一波在《我对陈云同志的思念》一文中提到，党的八大选举陈云为中央副主席、邓小平为中央总书记之后，毛泽东向大家介绍他们两位时说过的一段话："陈云同志跟邓小平同志，他们是少壮派"，今后要由他们"登台演主角"了。接着，他写道："在改革开放的新时期，小平同志作为党的第二代中央领导集体的核心，陈云同志作为这个领导集体的重要成员，他们卓越地发挥了'登台演主角'的作用，成功地开创了建设中国特色社会主义的正确道路。"[①] 改革开放的历程说明，陈云担当的这个"角色"不仅十分出色，而且具有独特的作用。正如胡锦涛总书记所指出的："陈云同志积极支持和推动邓小平同志倡导的改革开放，并以自己长期领导经济工作的丰富经验，提出了许多影响深远的重要思想。""在新时期中国特色社会主义蓬勃发展的伟大进程中，陈云同志作出了重大贡献。"[②]

陈云对改革开放的重大贡献，我认为主要表现在以下十个方面。

---

[*] 本文刊载于《党的文献》2008年第5期。
[①] 薄一波：《领袖元帅与战友》（图文本），中央文献研究室，第156页。
[②] 《人民日报》2005年6月14日。

一 率先在 1977 年 3 月中央工作会议上提出邓小平复出的问题，加快了邓小平成为党中央领导核心的进度，为启动改革开放赢得了宝贵时间

邓小平是在 1976 年"反击右倾翻案风"中再次遭受批判，并在 1976 年"四五""天安门事件"中被撤销党内外一切职务的。粉碎"四人帮"后，全党全国人民最大的心愿是早日为 1976 年"天安门事件"平反和恢复邓小平的工作。当时的中央副主席叶剑英曾多次向中央主要负责人进言，希望尽快解决这两个问题，但都被一拖再拖。这时，如果在中央最高决策层之外能发出呼应的声音，无疑有助于问题的解决。1977 年 3 月中央工作会议之前，陈云主动与王震、萧劲光、耿飚、王诤相约，到会上提出这两个问题。会议原定议题是研究揭批"四人帮"问题、商定年度国民经济计划和安排下半年工作，中央主要负责人在会议开始时特别打招呼，希望大家不要提"敏感"问题。但陈云顶住压力，仍然提交了事先经过字斟句酌的书面发言。他指出："听说中央有些同志提出让邓小平同志重新参加党中央的领导工作，是完全正确、完全必要的，我完全拥护。"[①] 事后，简报组要求他把这些话删去，那位中央主要负责人还亲自登门做他的工作，都被他拒绝。这一发言虽然最终没能在简报上刊出，但由于有全党全国人民的要求和中央决策层中正确意见的影响，再加上陈云、王震等人的坚决态度，那位中央主要负责人不得不在会议结束前的讲话中表示："适当时机让邓小平同志出来工作。"于是，陈云在发言中又跟了一句：赞成"时机成熟的时候，让邓小平同志出来工作"[②]，使这件事在党内正式会议上被敲定下来，从而拉开了拨乱反正的序幕。

过了四个月，邓小平终于恢复了被撤销的党中央副主席、中央军委副主席兼总参谋长、国务院副总理的职务。正是因为有了这些职务，邓小平才得

[①] 《陈云文选》第三卷，人民出版社 1995 年版，第 230 页。
[②] 参见《陈云传》下，中央文献出版社 2005 年版，第 1449、1450 页。

以用此后一年多的时间，从思想上、舆论上、组织上为改革开放进行充分的准备工作，并在十一届三中全会后成为改革开放的主帅。此后，无论遇到什么情况，陈云始终以自己特有的威望，全力支持和维护邓小平在党中央领导集体中的核心地位，为改革开放战胜各种艰难险阻提供了重要保证。

二 带头在十一届三中全会前的中央工作会议上提出，要实现全党工作重点转移必须解决一系列重大历史遗留问题，为扭转会议方向，使其最终成为改革开放的起点发挥了重要作用

那次中央工作会议的原定议题是研究加快农业发展问题、1979年和1980年国民经济计划安排，讨论李先念在1978年9月国务院务虚会上的讲话，并在进入正式议题前讨论工作着重点转移的问题。自从粉碎"四人帮"后，党内外对于把工作着重点转移到现代化建设上来，可以说已没有什么分歧和阻力。当时，影响工作着重点转移的关键问题在于，受"两个凡是"方针的影响，"文化大革命"乃至此前的许多重大冤假错案尚未平反并且难以平反。这个问题不解决，党的实事求是的马克思主义思想路线和民主集中制就得不到恢复，工作着重点就不可能顺利转移，改革和开放更不可能迈开步子。正是基于这一考虑，陈云在会议开始后的第三天作了一个事先准备好的小组发言，系统提出薄一波等六十一人所谓叛徒集团案、"文化大革命"中许多人被错定为叛徒和特务、陶铸和王鹤寿等人所谓自首叛变，以及彭德怀的骨灰应予安放、1976年"天安门事件"应予平反、对康生错误应予批评等应由中央考虑解决的问题。这篇发言在简报上登出后，立即引起了与会代表的热烈反响。他们纷纷表示，这些问题都是当前干部群众议论最多、关系全局的大问题，如果不能解决，人民心里不舒畅；同时又提出了诸如"一月风暴""二月逆流"的评价和压制"真理标准问题"讨论、关于"两个凡是"错误提法等许多"文化大革命"中间和粉碎"四人帮"以后的重大问题。

鉴于会议形势发生的变化，邓小平、叶剑英、李先念等在中央政治局常委会中，力促中央主要负责人接受绝大多数代表的意见，对会上提出的

问题一一表态，给予了令人满意的答复。尤其是邓小平针对新的情况，重新起草了在闭幕会上的重要讲话，从思想路线的高度对会议作出了深刻总结，在事实上成为三中全会的主题报告；同时，运筹帷幄、因势利导，促使全会增选陈云为中央副主席，邓颖超、胡耀邦、王震为中央政治局委员，增补黄克诚等九人为中央委员，从而形成了以邓小平为核心，以陈云、叶剑英、李先念为主要成员的党的第二代中央领导集体，开始了在思想、政治、组织等领域的全面拨乱反正，揭开了改革开放的序幕，开辟了中国特色社会主义的新道路。

三　竭力主张并成功领导了第二次国民经济调整，为改革开放在相对宽松的经济社会环境下展开发挥了重要作用

粉碎"四人帮"后，全国上下都希望尽快恢复和发展经济，改善生活。当时的中央主要负责人由于对十年动乱造成的国民经济比例严重失调的状况认识不足，在指导方针上仍存在急于求成的"左"的思想，不切实际地提出"大干快上""全面跃进"等口号，造成经济上新的冒进和重大比例关系的紧张。对此，陈云在1978年2月的十一届二中全会时就提出了不同意见。他在小组发言中说：现在对农、轻、重的摆法在认识上不一致。"中国耕地少，人口多，是个基本矛盾"，要把农业搞好，除了学大寨，还要采取南水北调、建设商品粮基地、增加必要的农业投资等措施。"工业生产的重点在提高质量"，"质量不好是最大的浪费"[1]。同年7月，那位中央主要负责人在国务院务虚会上讲话，提出"思想再解放一点，胆子再大一点，办法再多一点，步子再快一点"等"四个一点"的口号，具体说就是要用借款的办法，加快从国外引进先进技术。陈云对李先念、谷牧等国务院领导说：大量引进国外新技术是正确的，但搞综合平衡的同志头脑要冷静；现在出国考察的人回来吹风，上面也往下吹风，无非一个是借款要多，一个是要再快一点，使一些同志不大好讲话，建议务虚会多开

---

[1]《陈云传》下，中央文献出版社2005年版，第1470页。

几天，听听反面意见。他强调，"不按比例，靠多借外债，靠不住"①。同年12月，陈云在十一届三中全会前的中央工作会议小组发言中提出，实现四个现代化必须坚持"既积极又稳重"的方针，工业引进项目"要循序而进，不要一拥而上"。"对于生产和基本建设都不能有材料的缺口"②。

十一届三中全会后，中央决定在国务院设立财政经济委员会，由陈云、李先念出任正、副主任。他们联名致信中央，指出当前比例失调的情况相当严重，建议用两三年进行经济调整。1979年4月，中央工作会议确定用三年时间，对国民经济实行"调整、改革、整顿、提高"的方针。由于各级领导在认识上不统一，实际工作过程中存在执行不力、行动迟缓的问题。1979年底，不仅基本建设的总规模没有降下来，相反财政收支出现中华人民共和国成立以来最大的赤字，外贸进出口逆差达20亿美元。到1980年底，基建总规模仍然没有压下来，财政、外贸继续保持巨额赤字，而且两年里增发货币130亿元，造成物价大幅度上涨。面对这种情况，陈云一方面通过调查研究，具体指导对宝钢等特大项目的取舍进退；一方面反复阐述国情与建设规模、利用外资与国内配套、引进项目与引进技术、速度与效益、新建与挖潜等辩证关系，以求从根本上克服各种有碍调整的错误认识。经过党中央、国务院的艰苦努力，八字方针最终得到了切实贯彻。到1981年底，农轻重的比例基本趋于合理，积累与消费的关系有了很大改善，财政收支大体做到了平衡，物价也恢复了稳定。事实证明，这次调整为后来的全面改革和经济腾飞，创造了十分有利的环境。

四 率先提出社会主义时期的经济应由计划经济和市场调节两部分经济组成的思想，为突破高度集中的计划经济体制发挥了思想引导的重要作用

计划与市场的关系问题是经济体制改革中的核心问题，也是陈云考虑

---

① 《陈云传》下，中央文献出版社2005年版，第1471—1474页。
② 《陈云文选》第三卷，人民出版社1995年版，第235、237页。

时间比较长的一个问题。早在 20 世纪 50 年代，他主持全国经济工作时就提出过"三为主，三为辅"的设想。经过"文化大革命"中的读书与思考，他对这一问题有了更加成熟的想法。1978 年 7 月国务院务虚会期间，李先念根据陈云的意见，在总结发言中提出了"计划经济与市场经济相结合"的命题。在陈云当时的用语中，市场经济与市场调节是混用的，二者是一个意思，都是指计划经济体制下的市场调节。他在 1979 年 3 月撰写的一篇提纲中指出："六十年来，无论苏联或中国的计划工作制度中出现的主要缺点：只有'有计划按比例'这一条，没有在社会主义制度下还必须有市场调节这一条。""在今后经济的调整和体制的改革中，实际上计划与市场这两种经济的比例的调整将占很大的比重。不一定计划经济部分愈增加，市场经济部分所占绝对数额就愈缩小，可能是都相应地增加。"①

后来，针对国民经济调整中一些人以扩大地方和企业自主权为借口，不执行甚至破坏国家计划，使综合部门难以统筹全局的问题，陈云强调在计划与市场的关系中，计划是主要方面，市场是从属方面，进而提出"计划经济为主，市场调节为辅"的原则。这一提法虽然与党的十四大所确立的社会主义市场经济体制的改革目标不同，但正如十四大报告所说，它对于摆脱在计划与市场关系上的传统观念、形成新的认识，"对推动改革和发展起了重要作用"②。对此，江泽民同志在纪念陈云诞辰 90 周年座谈会上的讲话中进一步指出：陈云同志在党的十一届三中全会后率先批评过去计划工作中存在的弊端，"对推动全党解放思想、实事求是，进行突破高度集中的计划经济体制的改革，产生过广泛而深刻的影响"③。

五 较早表态支持安徽等地包产到户的做法，为改革开放首先在农村取得突破起到了积极的促进作用

十一届三中全会原则通过的《关于加快农业发展若干问题的决议（草

---

① 《陈云文选》第三卷，人民出版社 1995 年版，第 244—245、247 页。
② 《十四大以来重要文献选编》上，人民出版社 1996 年版，第 18 页。
③ 《人民日报》1995 年 6 月 14 日。

案）》虽然提出了许多在当时行之有效的措施，但在总的指导思想上还是坚持和改善人民公社三级所有队为基础的体制，只允许在生产队统一核算和分配的前提下，包工到作业组，联产计酬。然而，那时安徽等农业比较落后的省份实际上已经开始实行家庭联产责任制，有的还实行了包产到户。对此，引起上上下下热烈的争论，使一些已经推广包产到户的省份感到比较大的压力。正在这个关键时刻，陈云首先亮明了自己的观点。据当年任安徽省委书记的万里回忆，他当时首先是跟陈云同志商量。那是在一次人民大会堂开全国人大会议期间（应为1979年6月五届人大二次会议开幕那天——笔者注），大会休息时，他到主席团休息的地方对陈云说：安徽一些农村已经搞起了包产到户，看怎么办？陈云回答："我双手赞成。"以后，他又同小平同志谈这个问题，邓小平说："不要争论，你就这么干下去，实事求是地干下去。"[①] 他们的支持，使万里心中有了底。

1980年5月，邓小平发表谈话，明确肯定一些适宜包产到户的地方搞包产到户效果很好，变化很快，不必担心这样搞会影响集体经济。这篇谈话给实行农村改革的地方以巨大支持和鼓舞，也给全国农村改革指明了方向。同年9月，中央召开省、市、自治区第一书记座谈会，专门讨论加强和完善农业生产责任制问题，并印发了会议纪要，指出在边远山区和贫困落后地区实行包产到户是发展生产、解决温饱的一种必要措施。到1981年底，全国90%以上的生产队建立了不同形式的农业生产责任制。1982年1月1日，中央批转《全国农村工作会议纪要》，明确包产到户、到组都是社会主义集体经济的生产责任制。至此，农村改革的大势终于被确定下来。

1981年11月中央政治局扩大会议上，陈云在发言中提到了当初与万里的那次谈话。他说："我记得很清楚，一九七九年那一次会议，万里同志给我讲，多劳多得，少劳少得，不劳不得，这三句话，互相联系，一句都不能少。我看这个话是对的，是马克思主义的。我们体制改革用的也是这样的道理。"[②] 1982年，他在一次中央政治局会议上又高度赞扬了当初安徽等地所实行的包产到户。他说："一九六二年在北京我跟毛主席谈了

[①] 参见《大型电视文献纪录片〈邓小平〉》，中央文献出版社1997年版，第168页。
[②] 《陈云文集》第三卷，中央文献出版社2005年版，第496—497页。

一次话，我说恐怕个体经营跟合作小组在相当长时期内还要存在的。""我只是根据家乡调查的结果，觉得个人搞积极性高一点。现在，万里同志在农村的工作，我说比从前大进了一步，比我那个时候大进了一步。""现在的责任制大大超过了我那个时候的意见。所以，我说打破'铁饭碗'是一场革命，其意义不下于公私合营。"① 这些话，充分印证了陈云在农村改革上所起过的促进作用。

六　率先提出对外开放也可以到国外投资办厂的主张，为拓展对外开放的广度和深度、形成"走出去"战略、优化开放结构提供了重要思路

"文化大革命"后期，陈云部分恢复工作，参加国务院业务组，以受周恩来委托的名义，负责研究国际经济形势和对外贸易问题。那时，中美关系已经解冻，国内也在纠正极左思潮，使对外贸易由过去苏联东欧国家占大头变成资本主义国家占大头，对外技术引进也由过去面向苏联变成主要面向资本主义国家。陈云敏锐地觉察到这一变化，陆续提出了许多适应新形势的新观念、新对策。例如，他提出："对资本主义要很好地研究"；"不要把实行自力更生方针同利用资本主义信贷对立起来"，"不要被那些老框框束缚住"；② "对于商品交易所，我们应该研究它，利用它"③；"进口棉花加工棉布出口，不这样做就是傻瓜"；"进口化肥设备，进口化肥，增产粮食，出口大米，出口肉类，就是大的加工出口，同进口棉花加工棉布出口的道理是一样的"；④ "要给推销商、中间商好处，在价格上使他们有利可图"⑤，等等。在"四人帮"还没被粉碎的情况下，这些意见当然是不可能实行的。

十一届三中全会前后，借外债的禁忌被彻底打破。对此，陈云给予高度评价。他说："'资金不够，可以借外债'。这是打破闭关自守以后的新

---

① 《陈云文集》第三卷，中央文献出版社2005年版，第521—522页。
② 《陈云文选》第三卷，人民出版社1995年版，第218、219页。
③ 同上书，第222页。
④ 同上书，第223、224页。
⑤ 同上书，第226页。

形势。愿意借外债给我们的国家纷纷到来。打破闭关自守的政策是正确的。今后在自力更生为主的条件下，还可以借些不吃亏的外债。"① 同时，他大力提倡增加可靠的外汇来源，以增加还贷能力；主张在引进工作中"既要买工厂，又要更多地买技术，买专利"②；要求在外贸体制改革中坚持"既要调动各方面的积极性，又要坚持统一对外"的原则，③ 做到"肥水不落外人田"。对于邓小平提出的试办经济特区和沿海城市对外开放的主张，陈云也一直持支持的态度，多次表示："特区要办，必须不断总结经验。力求使特区办好。"④ 他还赞成对国外要倒闭的钢铁企业投资、搞合营的建议，并把这一设想上升为对外开放的一种战略。他指出："对外开放不一定都是人家到我们这里来，我们也可以到人家那里去。"⑤ 1984 年 8 月，一份材料中反映美国制定的加勒比海法案刚刚生效，其中规定对该地区输往美国的"本地产品"（产值中本地制造者不低于 20%）给予 12 年免税进口的最优惠待遇，建议我国利用这一有利时机向该地区投资办厂。他看后当即批示，表示赞成。他还积极提倡劳务出口，在建议进口木材加工家具出口的简报上批示："'劳务出口'这件事很重要。中国人口多，不仅可以进木材、出家具，由此启发，其他方面也应大搞。"⑥ 他的这些意见对于我国 20 世纪 90 年代制定的"走出去"战略，以及最终形成的利用国内国外两个市场、两种资源，"引进来"和"走出去"相结合的对外开放新格局，产生了积极作用。

七 强调处理好积极改革与稳步改革、搞活经济与宏观控制的关系，为使改革开放健康、持续地发展发挥了重要作用

陈云自 1980 年 8 月五届全国人大三次会议后，不再兼任国务院副总

---

① 《陈云文选》第三卷，人民出版社 1995 年版，第 276 页。
② 同上书，第 262 页。
③ 《陈云文集》第三卷，中央文献出版社 2005 年版，第 539 页。
④ 《陈云年谱（1905—1995）》下，中央文献出版社 2000 年版，第 308 页。
⑤ 《陈云文集》第三卷，中央文献出版社 2005 年版，第 537 页。
⑥ 同上书，第 526 页。

理，只担任党中央副主席兼中央纪委第一书记，不再负责经济方面的具体工作。但他对于经济体制改革的工作一直十分关心，经常给予支持和鼓励。他早在1981年就指出："现在搞的经济体制改革，打破了'大锅饭'、'铁饭碗'，它的意义不下于私营工商业改造。""体制改革，农业先走了一步，我看工业、财贸系统也势在必行。"① 1984年他又指出："系统进行经济体制的改革，是当前我国经济工作面临的首要问题。""打破这个'大锅饭'，将会大大调动广大工人、农民、知识分子和干部进行四化建设的积极性，使我国的生产力获得一次新的大解放。""政企职责分开很必要。这样做，一方面可以给企业比过去大得多的自主权，另一方面可以使各级政府部门从许多日常工作中摆脱出来，议大事，看全局，把宏观方面管住管好。"② 但另一方面，他又强调，工业、财贸的体制改革比农业复杂，"因此，工业体制改革的步子要稳。"③ "体制改革涉及范围相当广，广大干部还不很熟悉，在进行中还会出现一些现在难以预见的问题。因此，必须边实践，边探索，边总结经验。"④ "要从试点着手，随时总结经验，也就是要'摸着石头过河'"⑤。

陈云自主持全国财经工作以后，一直想把经济搞活，但由于种种原因而始终未能如愿。所以，当他1979年重新主持全国财经工作后，在集中精力抓国民经济调整的同时，也拿出相当精力考虑如何进一步搞活经济的问题。1980年12月，他在中央工作会议讲话说："经济体制改革产生了前所未有的好作用，大大有利于经济形势的改善。农村人民生活改善了，市场搞活了，这是二十多年来少有的好现象。"⑥ 会后，他又要求中央财经领导小组用半年时间搞出一个怎么把计划经济和市场调节结合起来、把市场搞活的设想。1982年12月，他在同出席五届全国人大五次会议的上海代表团部分代表座谈时指出："党的十一届三中全会以来，实行搞活经济

---

① 《陈云文集》第三卷，中央文献出版社2005年版，第488—489页。
② 《陈云文选》第三卷，人民出版社1995年版，第336—337页。
③ 《陈云文集》第三卷，中央文献出版社2005年版，第489页。
④ 《陈云文选》第三卷，人民出版社1995年版，第338页。
⑤ 同上书，第279页。
⑥ 同上书，第278页。

的政策，效果显著。现在百货商店里的东西多得很，'卖方市场'正在变成'买方市场'。群众把票子拿在手里，好的就买，不好的就不买。这么好的形势，很久以来没有见过。今后要继续实行搞活经济的政策，继续发挥市场调节的作用。"但他同时指出："我们也要防止在搞活经济中，出现摆脱国家计划的倾向。……这就像鸟和笼子的关系一样，鸟不能捏在手里，捏在手里会死，要让它飞，但只能让它在笼子里飞。没有笼子，它就飞跑了。如果说鸟是搞活经济的话，那么，笼子就是国家计划。当然，'笼子'大小要适当，该多大就多大。经济活动不一定限于一个省、一个地区，在国家计划指导下，也可以跨省跨地区，甚至不一定限于国内，也可以跨国跨洲。另外，'笼子'本身也要经常调整，比如对五年计划进行修改。但无论如何，总得有个'笼子'。就是说，搞活经济、市场调节，这些只能在计划许可的范围以内发挥作用，不能脱离开计划的指导。"[1] 鉴于他后来表示同意十二届三中全会通过的《关于经济体制改革的决定》中对计划经济所作的四点概括（其中讲到实行计划经济不等于指令性计划为主，指令性计划也必须运用价值规律）[2]，所以这里所说的计划指导，与后来所说的宏观控制，大体上是一个意思。就是说，微观搞活不能离开宏观控制。

为什么改革既要态度积极又要步骤稳妥，经济既要搞活又要加强宏观控制呢？陈云解释说，这是为了使改革减少损失，使经济活而不乱。他指出："因为试点而使改革的进度慢了，与为了加快改革的进度而不经过试点，以致改得不好，还要回过头来重新改，这两种损失相比，前一种比后一种要小些。"[3] 他还指出："计划是宏观控制的主要依据。搞好宏观控制，才有利于搞活微观，做到活而不乱。"[4] "搞活经济是对的，但权力太分散就乱了，搞活也难。"[5]

与此相关的一个问题是，如何看待价格与价值背离和国家财政补贴问

---

[1] 《陈云文选》第三卷，人民出版社 1995 年版，第 320 页。
[2] 同上书，第 337 页。
[3] 《陈云文集》第三卷，中央文献出版社 2005 年版，第 529 页。
[4] 《陈云文选》第三卷，人民出版社 1995 年版，第 350 页。
[5] 同上书，第 366 页。

题。对此，陈云的看法是："有些价格是背离了，应该符合起来；但是有相当大的一部分不能不背离。比如说，进口粮食是要赔钱的，就是按照粮食的卖价，我们市场还要贴钱。但是，粮食赔钱换得了市场稳定，有肉吃，有菜吃，给我们时间搞体制改革。"① 他还说：按经济规律办事，这是一种好现象。但"对许多方面，在一定时期内，国家干预是必要的"。"从微观经济看，这是不合理的，似乎是不按经济规律办事"。但如果国家不补贴，就要"大涨价，大加工资，经济上会乱套"②。国家财政可以逐步减少一些不合理的补贴，"但要从根本上取消补贴是不可能的"。"在我国，还是低工资、高就业、加补贴的办法好。这是保持社会安定的一项基本国策"③。

改革开放30年来，宏观经济形势基本上没有出大问题，即使遇到风浪也能很快平息，这与陈云的谨慎态度和稳重主张是分不开的。就好比一匹马，既要让它跑，又不能没有缰绳；又好比一辆车，既要踩油门，又不能没有制动。否则，后果不堪设想。

八 大力倡导并积极推动干部的革命化、年轻化、知识化、专业化，为给改革开放提供坚强的组织保证发挥了重要作用

十一届三中全会结束后，陈云考虑的一个大问题是干部队伍的年轻化，或者说接班人问题。1979年3月，他在国务院财经委员会第一次会议上就说：全国解放时的领导干部都快要"告老还乡"了，因此要找一到五个四五十岁的干部到财经委员会工作。不是当秘书，而是当"后排议员"。"这些人参与讨论问题，参与决定大政方针的事。培养这样的人，我看很有必要。"④ 同年10月在各省、市、自治区党委第一书记座谈会上，他正式建议成立中央书记处，说这关乎国家的大计、党的利益。这个建议，他

---

① 《陈云文集》第三卷，中央文献出版社2005年版，第495页。
② 《陈云文选》第三卷，人民出版社1995年版，第278页。
③ 同上书，第376页。
④ 同上书，第258页。

早在三中全会前的工作会议上就提过了。他说,"这可以使中央常委摆脱日常小事","也可以使年老同志减轻工作,也可以使汪东兴同志所管的工作大大减少"①。那时,陈云还不是中央常委。如果说那时他提出这个建议更多的是从政治角度考虑的话,那么这时再次提出,则主要是从干部年轻化的角度来考虑的。中央书记处于1980年十一届五中全会上成立,陈云在会上又指出:"现在从中央到县委,大部分人头发都已经白了。所以,有它的紧迫性,有它的必要性。现在我们主动地来选择人才,还有时间,再等下去,将来就没有时间了。党的交班和接班的问题,在国际共产主义运动中间,在我们中国党内,有过痛苦的教训,这一点,我不说大家也知道。"② 对陈云的意见,邓小平十分赞成,他在1980年8月中共中央政治局扩大会议上说:"陈云同志提出,我们选干部,要注意德才兼备。所谓德,最主要的,就是坚持社会主义道路和党的领导。在这个前提下,干部队伍要年轻化、知识化、专业化,并且要把对于这种干部的提拔使用制度化。这些意见讲得好。"③

此后,党在提拔中青年干部方面虽然做了不少工作,但总体说,由于认识不一致而收效不大。于是,陈云利用1981年5月在杭州休息的时间,又写了题为《提拔培养中青年干部是当务之急》的意见书,送给邓小平和时任总书记的胡耀邦。意见书提出,从现在起就要成千上万地提拔中青年干部,让德才兼备的中青年干部在各级领导岗位上锻炼,让老干部传帮带,使党的事业后继有人。意见书还分析了一些老干部对选拔中青年干部缺乏紧迫感的原因,提出了选拔中青年干部和安置退居二、三线的老干部的具体措施。邓小平看后说:老干部方面的问题还没有处理好。于是,他又召集中组部和总政治部的同志开座谈会,形成了《关于老干部离休、退休问题座谈会纪要》。根据他的要求,十一届六中全会后,中央把各省、市、自治区的党委书记留下来开了三天会,专门讨论他的意见书和座谈会纪要。会上,陈云在讲话中特别解释了之所以要成千上万地提拔优秀中青

---

① 《陈云传》下,中央文献出版社2005年版,第1495页。
② 《陈云文选》第三卷,人民出版社1995年版,第269页。
③ 《邓小平文选》第二卷,人民出版社1994年版,第326页。

年干部，尤其要提拔一些四十岁以下的人的道理。他指出：只提拔一两百个人不够用，只有成千上万地提拔经过选择的好的中青年干部，才能使我们的干部交接班稳定地进行。四十岁以下的人年富力强，可以经过三年、五年、十年的时间，有意识地培养，从中选出好的人。会上，邓小平表示对陈云的建议"双手拥护"。[1]

要成千上万地选拔中青年干部，必然会碰到如何正确对待知识分子和如何掌握选拔的政治标准的问题。早在十一届五中全会上，陈云就提出要培养一批技术干部到各级领导机关里。在1980年12月的中央工作会议上，他又指出："必须肯定，七十年代、八十年代的技术水平，应该来之于这些五十年代、六十年代水平的技术骨干。"[2] 在关于选拔中青年干部问题的那份意见书中他还写道："提拔培养中青年干部，必然涉及对知识分子的态度。十年内乱时期把知识分子说成是'臭老九'，这种观点虽然已经受到批判，但是，党在知识分子中发展党员、提拔干部的政策远远没有实现。我们应该看到，没有老干部不能实现四化，没有大批知识分子参加到我们党的干部队伍中来，也决不能建成现代化的新中国。"[3] 在他的建议下，中组部向中央作出了加强在中年知识分子中发展党员的报告，并成立了技术干部局。陈云反复强调，选拔中青年干部一定要坚持德才兼备的标准，而且要把德放在第一位，把好政治标准这一关，"文化大革命"期间的三种人一个也不能提拔，已经提拔的必须从领导班子中清除出去。他说：不能只看他们一时表现好，"到了气候适宜的时候，党内有什么风浪的时候，这些人就会变成能量很大的兴风作浪的分子"[4]。他还特别提醒大家："培养执笔的、写文章的中青年，选择的时候要特别注意，要特别谨慎"[5]。

为了给中青年干部腾位置，1980年、1982年，中央先后作出了《关于设置顾问的决定》和《关于建立老干部退休制度的决定》。此后，一批

---

[1] 《邓小平文选》第二卷，人民出版社1994年版，第388页。
[2] 《陈云文选》第三卷，人民出版社1995年版，第281页。
[3] 同上书，第295—296页。
[4] 同上书，第301页。
[5] 同上书，第302页。

又一批的中青年干部被充实到了各级领导班子。从那时到现在，干部年轻不仅不再成为不能提拔的理由，相反成为提拔的一个重要条件；干部的知识化、专业化以及交接班的制度化，也在稳步推进。这中间，党内尽管出现过政治风浪，但从中央到地方的各级领导班子并没有因此断档；相反，干部素质越来越高，选择余地越来越大。这不仅为改革开放提供了有力的组织保证，在很大程度上也为国际共产主义运动交接班问题的解决积累了经验。所有这些，不能不说与陈云当年的努力有着密切关系。如果不是他高瞻远瞩，对成千上万提拔优秀中青年干部问题大声疾呼、抓住不放，而是顾虑重重，不紧不慢，小手小脚，今天的局面是可想而知的。

九　强调发扬党内民主及民主的制度化，为使改革向政治体制延伸提供了重要的指导思想

陈云历来重视和提倡发扬党内民主，把它看成是党的生命。他在20世纪60年代七千人大会上说过，"发扬民主，经常开展批评与自我批评，都是我们党的老传统"，如果不能发表不同意见，"我看人们就不会参加革命了，也不会愿意当这样的共产党员了"[1]。粉碎"四人帮"后，他评论"文化大革命"发生的原因，不是民主制度、民主生活很不够，而是"党内民主集中制没有了，集体领导没有了"[2]。他在十一届三中全会当选中央副主席后上台讲话，认为会议成功的重要标志之一就是"解放思想，畅所欲言，充分恢复和发扬了党内民主和党的实事求是、群众路线、批评和自我批评的优良作风"[3]。在中纪委第一次全会上，他回顾和总结了我们党和国际共产主义运动的经验教训，提出中纪委的基本任务就是要在党内真正实现毛泽东所提倡的"又有集中又有民主，又有纪律又有自由，又有统一意志、又有个人心情舒畅、生动活泼，那样一种政治局面"[4]。所以，他在

---

[1] 《陈云文选》第三卷，人民出版社1995年版，第190页。
[2] 同上书，第274页。
[3] 《陈云文集》第三卷，中央文献出版社2005年版，第453页。
[4] 《陈云文选》第三卷，人民出版社1995年版，第239—243页。

改革开放初期讲"执政党的党风问题是有关党的生死存亡的问题"①,其中说的党风,主要是指党内的民主风气。

陈云强调党内要有民主,是与允许不同意见连在一起的,目的在于使领导了解全面情况,有利作出正确决策。十一届五中全会成立中央书记处时,他嘱咐说:"党的任何一级组织,允许不同意见存在,我看这不是坏事。有不同意见,大家可以谨慎一些,把事情办得更合理一些。允许有不同意见的辩论,这样可以少犯错误。一个人讲了算,一言堂,一边倒,我认为不好。这是讲民主方面。但是,又必须要有集中,少数服从多数,全党服从中央,否则什么事情也做不了,一事无成。"② 1982年,他在中央政治局扩大会上又讲:"我过去说过,不怕人家讲错话,就怕人家不说话。讲错话不要紧,要是开起会来,大家都不说话,那就天下不妙。有同志提不同意见,党组织应该允许,这是党的事业兴旺发达的好现象。当然,有了不同意见,要在党内说,在你的那个党支部,或者在你的机关,按照组织程序和组织原则严肃地提出来。"③ 1987年,他同当时中央一位主要负责同志谈话时特别提醒说:领导人有了一个意见之后,"可以先放一放,再考虑考虑,听听有没有不同意见。如果有不同意见,就要认真听取,展开讨论,吸收正确的,驳倒错误的,使自己的意见更加完整……如果没有不同意见,自己也要假设一个对立面,让大家来批驳。有钱难买反对自己意见的人……常常是,有不同意见的人,他不讲出来。能够听到不同声音,决不是坏事。这和同中央保持一致并不矛盾"④。

在陈云看来,党内民主不仅是一种风气,还应当是一种制度。早在1977年党的十一大上讨论《党章》修改草案时,他就针对其中关于党员对党组织决议、指示有不同意见有权在党的会议上提出并有权越级报告的规定说:应该加上"允许保留意见"⑤。1985年,他在党的全国代表会议上强调:"坚持民主集中制,是党章规定的原则。历史经验证明,实行民

---

① 《陈云文选》第三卷,人民出版社1995年版,第273页。
② 同上书,第270页。
③ 同上书,第275页。
④ 同上书,第361—362页。
⑤ 《陈云传》下,中央文献出版社2005年版,第1462页。

主集中制，做起来很不容易。希望新进各级领导班子的中青年干部，要注意学会按照民主集中制的原则办事。在各级领导班子中，要充分发扬民主，倾听各种意见，特别要注意倾听不同意见。要照党章办事，不要一个人说了算。"① 1987年，他在中央政治局扩大会议上进一步提出："我们党内要强调一下，要有民主生活制度。常委多少时间开一次会，政治局多少时间开一次会，要立个规矩。常委会议，政治局会议，政治局扩大会议，应该分开来开。这是党内民主生活。民主集中制要坚持。"②

由于我们党是国家的领导核心力量，因此，陈云强调发扬党内民主和民主的制度化，对带动人民民主的扩大、深化国家政治体制的改革，都有很大的促进作用。党的十四大尤其十六大以来，党内民主制度建设和国家政治体制改革都取得了长足进展。党的十七大报告进一步提出，要实行党的代表大会代表任期制，对代表大会常任制实行试点，完善党的各级全委会、常委会工作机制，推行地方党委决定重大问题票决制，建立健全中央政治局向中央委员会全体会议定期报告工作并接受监督的制度，改革党内选举制度等等。这些举措凝结着全党的智慧，其中也包含陈云生前的心血。

十 提醒广大党员干部要警惕改革开放中的消极东西、坚持理想信念、维护良好党风，为保持改革开放的正确方向发挥了重要作用

改革开放极大地调动了亿万人民的积极性，推动我国以世界上少有的速度持续快速地发展，使我们党、人民、国家的面貌都发生了历史性变化。但同时，它也不可避免地给社会带来了一些负面影响。邓小平就曾指出过，"开放政策是有风险的，会带来一些资本主义的腐朽东西"③，"肯

---

① 《陈云文选》第三卷，人民出版社1995年版，第353页。
② 同上书，第359页。
③ 《邓小平文选》第三卷，人民出版社1993年版，第139页。

定会带来一些消极因素"①，"必然会有西方的许多坏的影响进来"②。正因为如此，陈云作为中纪委第一书记，反复告诫广大党员和党员领导干部，要"严重注意资本主义腐朽思想和作风的渗入"。他说："对外开放，引进国外先进技术和经营管理经验，为我国社会主义建设所用，是完全正确的，要坚持。但同时要看到，对外开放，不可避免地会有资本主义腐朽思想和作风的侵入。这对我们社会主义事业，是直接的危害。"③ 在通过《中共中央关于经济体制改革的决定》（简称《决定》）的党的十二届三中全会上，他又指出，《决定》中说"竞争中可能出现某些消极现象和违法行为"，这句话提一下很必要。一方面要看到这些现象并不奇怪；另一方面"也要看到，如果我们不注意这个问题，不进行必要的管理和教育，这些现象就有可能泛滥成灾，败坏我们的党风和社会风气"④。针对少数党员、党员干部，特别是个别老党员、老干部不能与社会上的歪风做斗争，遇到歪风还跟着干的现象，陈云指出："一说对外开放，对内搞活，有些党政军机关、党政军干部和干部子女，就蜂拥经商。……同一些违法分子、不法外商互相勾结，互相利用。钻改革的空子，买空卖空，倒买倒卖，行贿受贿，走私贩私，弄虚作假，敲诈勒索，逃避关税，制造和销售假药、假酒，谋财害命，以至贩卖、放映淫秽下流录像，引诱妇女卖淫等等丑事坏事，都出现了。"⑤

为什么会出现这些问题呢？除了改革开放会有一定消极影响外，在陈云看来还有两个重要原因，那就是：第一，我们党处在执政的条件下，党员尤其是各级党员领导干部手里都握有各种权力，可以使一些人以权谋私；第二，一些党组织放松思想政治工作，忽视精神文明建设，使一些人忘记了自己是共产党员，忘记了社会主义和共产主义理想，丢掉了为人民服务的宗旨。所以，陈云一方面强调必须加强党的纪律建设，明确"党性

---

① 《邓小平文选》第三卷，人民出版社1993年版，第90页。
② 同上书，第306页。
③ 《陈云文选》第三卷，人民出版社1995年版，第355页。
④ 同上书，第338页。
⑤ 同上书，第355—356页。

原则和党的纪律不存在'松绑'的问题"①,要求严厉打击利用职权谋私利的人,制止这股歪风,否则"会败坏党的风气,使党丧失民心"②;另一方面强调,"必须在思想上纠正忽视精神文明建设的现象","物质文明建设和精神文明建设,两者是不能分离的"③。他指出:经济体制改革"是社会主义制度的自我完善和发展"④。"要使全党同志明白,我们干的是社会主义事业,最终目的是实现共产主义"。"我们国家现在进行的经济建设,是社会主义的经济建设,经济体制改革也是社会主义的经济体制改革。任何一个共产党员,每时每刻都必须牢记,我们是搞社会主义的四个现代化,不是搞别的现代化"⑤。

在改革开放的过程中,始终存在着坚持社会主义方向与走资本主义道路的斗争,存在着坚持四项基本原则与搞资产阶级自由化的尖锐对立。例如,改革开放初期,社会上出现了一股怀疑和反对四项基本原则、贬损和否定毛泽东及毛泽东思想的思潮。对此,邓小平旗帜鲜明地提出,要坚持四项基本原则;要通过党的决议,确立毛泽东的历史地位,高举毛泽东思想的旗帜。又如,在20世纪80年代末苏东局势动荡的国际大形势下,国内极少数资产阶级自由化分子利用我们党工作中的某些缺点,掀起了一场旨在推翻社会主义政权的政治风波。对此,邓小平再次旗帜鲜明地提出,要坚决反对动乱。在这些关系改革开放前途、党和国家命运的关键时刻,陈云都坚定地站在邓小平一边,支持邓小平的正确主张。对于起草《建国以来党的若干历史问题的决议》,他表示,"要按照小平同志的意见,确立毛泽东同志的历史地位,坚持和发展毛泽东思想"⑥;并建议在决议中增加回顾中华人民共和国成立前28年历史的内容,以便对毛泽东的功绩、贡献概括得更全面。在平息1989年春夏之交的政治风波期间,他以中顾委主任的身份,连续找一些老同志和老将军谈话,并召集中顾委常委开会,

---

① 《陈云文选》第三卷,人民出版社1995年版,第275页。
② 同上书,第331—332页。
③ 同上书,第354页。
④ 同上书,第350页。
⑤ 同上书,第347页。
⑥ 同上书,第283—284页。

提出"现在是关键时刻,不能后退。如果后退,两千万革命先烈用人头换来的社会主义的中华人民共和国,就会变成资本主义的共和国"。他要求大家"坚决拥护以邓小平同志为核心的中国共产党","主动地多做干部和群众的工作"①。历史表明,陈云为保持改革开放的正确方向,使改革开放得以在稳定的政治环境中健康发展,发挥了独特的不可替代的重要作用。

以上是我所总结的陈云对改革开放的十个重大贡献。陈云在改革开放中的贡献当然远远不止这些,即使从主要贡献的角度讲,也可以作出其他的概括。如果把上述贡献再提炼和概括成一句话,可以说陈云对于改革开放也像对现代化建设一样,更倾向于一种平衡发展和稳步前进的思路,为人们正确看待和处理发展、改革、稳定三者的关系,比较好地掌握发展的速度、改革的力度和社会可承受的程度,产生过和仍在产生着积极的影响。我以为,这正是陈云对改革开放重大贡献中最为核心的内容,也是中国改革开放事业之所以能获得巨大成功的最为深刻的原因之一。

胡锦涛总书记在陈云同志诞辰 100 周年纪念大会上的讲话指出:"陈云同志为中国人民解放事业的开展和成功,为我们社会主义制度的建立和巩固,为我国改革开放和社会主义现代化事业的开创和发展,奉献了毕生精力,建立了不朽功勋,在国内外享有崇高威望,深受全党全军全国各族人民尊敬和爱戴。"② 我们在改革开放 30 周年到来之际,回顾和评价陈云对改革开放的贡献,绝不仅是颂扬他的丰功伟绩,而是为了从这些贡献中得到启示,以便更好地总结改革开放的历史经验,把改革开放的伟大事业不断推向前进。

---

① 《陈云文选》第三卷,人民出版社 1995 年版,第 368 页。
② 《人民日报》2005 年 6 月 14 日。

改革开放初期的陈云与邓小平[*]

邓小平和陈云是新中国核心决策层中政治寿命最长的两个人，也是中国改革开放初期政治舞台上起关键作用的两个人。因此，他们在改革开放初期的关系很自然地成为那一时期党和国家领导人相互间关系中最为重要的关系。然而，学术界在研究那段历史时，对他们往往是分开论述的，即使放在一起比较，也大多局限于某一件具体事情。中国大陆之外的学者虽然重视对他们的比较研究，却总是过分看重他们之间的差异和分歧，有的甚至夸大他们的矛盾。上述无论哪种情况，都不能真实全面地反映他们两人的关系，也不利于客观认识中国改革开放初期的历史。为此，本文尝试从陈云的角度，谈谈对他和邓小平俩人改革开放初期关系的认识。

关系之一：携手启动改革开放

任何一项政策的推行，必要前提是：第一，该项政策的倡导者要有相当的号召力；第二，要使该项政策的倡导者处于决策的位置。在粉碎"四人帮"后的中国政治舞台，能提出新政策而且能为大多数高级干部所认可的领导人，最具资格的首推邓小平，其次便是陈云。问题只在于如何使他们尽快回到决策的位置上。

陈云和邓小平都是中国共产党的早期党员和重要领导人，在1956年中共八大上，分别被选为党中央副主席和总书记。当林彪在1958年中共

---

[*] 本文刊载于《当代中国史研究》2010年第3期。

八届五中全会增补为党中央副主席后,中央常务委员会的排名次序是:毛(泽东)、刘(少奇)、周(恩来)、朱(德)、陈(云)、林(彪)、邓(小平)。陈云因主张"反冒进"在1956年受到严厉批评,又因主张"分田到户"从1962年起受到政治冷遇,并在"文化大革命"中被从中央政治局排除出去。邓小平则在"文化大革命"初期被作为"党内第二号走资本主义道路的当权派",从政治上被打倒;1972年虽被重新起用,但1976年又因所谓"刮右倾翻案风"被再次撤销党内外一切职务。然而,当刘少奇受迫害致死,林彪因叛逃机毁人亡,周恩来、朱德、毛泽东相继病逝后,"文化大革命"前的七位中央常委恰恰仅剩他们两位健在。前者还保留着党中央委员的职务,后者也保留着党员的身份。因此,他们两人成为党内资格最老、最有威望、最有可能带领全党与毛泽东晚年"左"的错误决裂,并为中国开辟新道路的领导人,是理所当然、毫不奇怪的。

当时,中共中央的主要领导人虽然停止了"文化大革命",并开始纠正某些"左"的做法,但总体上仍推行"两个凡是"的方针(即"凡是毛主席的决策都坚决拥护,凡是毛主席的指示都始终不渝地遵循"),阻挠、拖延邓小平职务的恢复。在这种情况下,陈云顶着政治压力,在1977年3月中共中央工作会议上挺身而出,提交了要求让邓小平重新参加党中央领导工作的书面发言,促使当时的主要领导人正式表态:"在适当的时机让邓小平同志出来工作。"[①] 这场政治较量的胜利,加快了邓小平复出的进度,为启动改革开放赢得了时间。

1977年7月,邓小平恢复了中共中央副主席、国务院第一副总理、中央军委副主席、解放军总参谋长的职务,回到了决策岗位。随即,他领导了关于真理标准问题的讨论,提出了改革与开放、民主与法制的主张,推动了一些重大历史遗留问题的解决,为1978年底中共中央工作会议否定"两个凡是"的方针和中共十一届三中全会重新确立党的思想路线、成功转移党的工作重点、最终拉开改革开放的序幕,奠定了重要的思想基础和组织基础。

在1978年底的中共中央工作会议上,陈云率先提出应当尽快平反历

[①] 《邓小平年谱(1975—1997)》上,中央文献出版社2004年版,第156页。

史上的重大冤假错案，带动与会代表向"两个凡是"的方针发起了总攻，打乱了当时那位主要领导人的阵脚，改变了会议的原定议程，把会议开成了具有开启历史新时期里程碑意义的会议。同样是在那次会上，由于邓小平、叶剑英、李先念等中央领导人的竭力主张，以及与会代表的强烈要求，陈云重新当选为党中央副主席，从而大大加强了中央决策层中改革开放的力量。由于否定了"两个凡是"的方针，那时中央最高决策权实际已经转移到了邓小平手中。他后来谈到以他为核心的第二代中共中央领导集体时说："从我们党的十一届三中全会以后，开始产生了第二代领导集体，包括我在内，还有陈云同志、李先念同志，还有叶帅（即叶剑英——笔者注）。"① 在这四人中，邓小平和陈云的排名分别在叶剑英和李先念之后，但由于他们的资历、能力与威望，自然成为决策层中最重要的两个人。

所谓改革，在经济体制上，说到底是处理好计划与市场的关系，扩大市场作用；在政治体制上，说到底是处理好集中与民主的关系，扩大民主的范围。所谓开放，说到底是扩大与资本主义国家之间的经济与文化的交往，学习和借鉴资本主义的一切先进的管理方法，从经济上同国际市场接轨，加入全球化进程。在这些问题上，陈云与邓小平有着基本一致的主张。

对于扩大市场作用的问题，陈云20世纪50年代就很重视，并力图在领导经济工作中加以实行。中共八大期间，他曾提出过一个关于资本主义工商业改造后的经济体制构想，即在工商业经营方面，国家经营和集体经营为主体，个体经营为补充；在生产方面，国家计划生产为主体，自由生产为补充；在市场方面，国家市场为主体，自由市场为补充。这个构想虽然未能实现，但却在许多干部的头脑里留下了深刻的印象。1979年3月，他在经过20多年的实践与思考之后，进一步完善了自己的思想，指出："六十年来，无论苏联或中国的计划工作制度中出现的主要缺点：只有'有计划按比例'这一条，没有在社会主义制度下还必须有市场调节这一条。"② 他提出，整个社会主义时期的经济必须有两部分，一为计划经济部

---

① 《邓小平年谱（1975—1997）》下，中央文献出版社2004年版，第1295页。
② 《陈云文选》第三卷，人民出版社1995年版，第244—245页。

分，二为市场调节部分；而且，在今后经济体制改革中，计划经济和市场经济两部分的数额不是此长彼消的关系，而是"都相应地增加"。① 以后，他把自己的这一思想，概括为"以计划经济为主，以市场调节为辅"。

那时，邓小平在计划与市场问题上的观点与陈云是完全一致的。1979年11月，他在接见美国不列颠百科全书出版公司编委会副主席吉布尼和加拿大麦吉尔大学东亚研究所主任林达光时说："社会主义为什么不可以搞市场经济，这个不能说是资本主义。我们是计划经济为主，也结合市场经济，但这是社会主义的市场经济。"② 1982年4月，他在一次谈话中又说："最重要的，还是陈云同志说的，公有制基础上的计划经济，市场调节为辅，全国一盘棋，主要经济活动都要纳入国家计划轨道。"③ 正因为如此，"计划经济为主、市场调节为辅"被写进了中共十二大报告中，成为中国经济体制改革初期的目标模式。1995年江泽民在纪念陈云诞辰90周年大会上说：党的十一届三中全会后，陈云率先批评过去计划工作中的弊端，"对推动全党解放思想、实事求是，进行突破高度集中的计划经济体制的改革，产生过广泛而深刻的影响"④。他这段话指的正是这个意思。

在扩大民主方面，陈云的观点与邓小平也是完全一致的。他们两人都遭受过"左"倾错误的打击，对缺乏民主的弊端有着切肤之痛。在中共十一届三中全会之前，邓小平就对人说："现在关于民主问题的讨论不够，这个问题很重要，要展开讨论。"⑤ 在三中全会之前的中央工作会议上，他把"民主是解放思想的重要条件"，作为自己闭幕会讲话第二部分的标题，并指出："当前这个时期，特别需要强调民主。因为在过去一个相当长的时间内，民主集中制没有真正实行，离开民主讲集中，民主太少。"⑥ 1980年，他在题为《党和国家领导制度的改革》的著名讲话中，更加系统地分析了我国一度缺少民主的制度原因、历史原因和思想原因，指出这种现象

---

① 《陈云文选》第三卷，人民出版社1995年版，第247页。
② 《邓小平文选》第二卷，人民出版社1994年版，第236页。
③ 《陈云年谱（1905—1995）》下，中央文献出版社2000年版，第293页。
④ 《人民日报》1995年6月14日第1版。
⑤ 《邓小平年谱（1975—1997）》上，中央文献出版社2004年版，第394页。
⑥ 《邓小平文选》第二卷，人民出版社1994年版，第144页。

与党政不分、以党代政、权力过于集中、干部领导职务终身制有关，与旧中国封建专制传统比较多、民主法制传统很少有关，与对社会主义制度必须实行中央高度集权管理体制的误解和个人崇拜的风气有关；提出要从健全法制，改善人民代表大会制度，划分中央领导机构的任务和权限，建立职工代表大会或职工代表会议制度，实行党委决定重大问题一人一票的制度等多个方面，解决现行制度中的弊端。①

对于党内民主的问题，陈云早在1962年2月扩大的中央工作会议期间就说过："这几年我们党内民主生活不正常，有些人对是否能真正发扬民主表示怀疑，这是不奇怪的。"② 在中共十一届三中全会重新当选为党中央副主席后的即席讲话中，他又指出：1957年，毛泽东曾提出要求全党达到又有集中又有民主、又有纪律又有自由的生动活泼的政治局面，由于种种干扰，很多年没有实现。"这一次党中央带了个好头，只要大家坚持下去，有可能在全国实现。"③ 中共十二大前，他审阅中央委员会的报告稿，看到里面讲"民主生活很不够"是"文化大革命"发生的重要原因。他指出这种说法不对，"应该说，党内民主集中制没有了，集体领导没有了，这是'文化大革命'发生的一个根本原因"④。后来，他又多次提出，要允许大家提不同意见，"不怕人家讲错话，就怕人家不说话"；"要是开起会来，大家都不说话，那就天下不妙"⑤。他还在1987年1月中央政治局扩大会议上，提出了民主制度化的问题，强调：党内"要有民主生活制度。常委多少时间开一次会，政治局多少时间开一次会，要立个规矩。常委会议，政治局会议，政治局扩大会议，应该分开来开。这是党内民主生活。民主集中制要坚持"⑥。正因为邓陈两人在政治体制改革问题上有着共同的观点，那几年，我国无论是党内民主还是人民民主，都比改革开放前不知扩大了多少倍。现在，我们的政治体制改革仍然在沿着他们当年指引

---

① 见《邓小平文选》第二卷，人民出版社1994年版，第327—341页。
② 《陈云文选》第三卷，人民出版社1995年版，第190页。
③ 《陈云文集》第三卷，中央文献出版社2005年版，第453—454页。
④ 《陈云文选》第三卷，人民出版社1995年版，第274页。
⑤ 同上书，第275页。
⑥ 同上书，第359页。

的正确方向，随着经济社会的不断发展而深化。可以说，我国人民从来没有像今天这样，享有这么多切实的民主权利。

在要不要对外开放的问题上，陈云与邓小平的观点也是相同的。"文化大革命"后期，陈云一度部分恢复了工作，在国务院业务组（该组织是当时处理日常经济建设问题的最高领导机构——笔者注）中，协助周恩来负责对外贸易的政策，并积极参与了从西方国家引进总额达43亿美元机器设备和技术的工作。针对"四人帮"鼓吹的那套闭关锁国的极左理论，他提出"不要把实行自力更生方针同利用资本主义信贷对立起来"①，进口大宗货物可以利用资本主义国家的商品交易所②，从资本主义国家进口棉花、钢材等原材料加工后再出口③。所有这些，都可以看成是对外开放的先声，与邓小平复出后提出的一系列对外开放的主张，在精神上是完全一致的。

陈云与邓小平在上述一系列重大问题上的一致主张，是他们携手启动改革开放的思想基础。

关系之二：在改革开放的过程中相互支持、配合和补充

政治领导人由于分管工作和看问题角度的不同，有时也会在某些事情的关注重点和认识迟早深浅上产生差别。因此，事业能否成功，关键取决于他们尤其是核心决策者之间能否汲取对方的长处，并给对方以支持。中国改革开放初期，各项事业之所以进行得比较顺利，很大程度正是依赖邓小平与陈云之间这种相互支持、配合和补充。

"四人帮"被粉碎后，我国国民经济因十年动乱而显现出比例严重失调的状态。然而，由于多年来注重基本建设投资而忽视消费的惯性作用，也由于受广大群众要求把"文化大革命"耽误的时间尽快抢回来的急迫心情的影响，当时的中央主要领导人仍然延续过去那种急于求成的指导思

---

① 《陈云文选》第三卷，人民出版社1995年版，第219页。
② 同上书，第221—222页。
③ 同上书，第223—224页。

想，提出要组织国民经济"新的大跃进"，要求1985年粮食和钢的产量分别达到8000万吨和6000万吨，还要建十大钢铁基地、八大煤炭基地、十大油气田，并把"跃进"的希望寄托在大量引进国外资金和先进技术设备上。对此，陈云在1978年夏天的国务院务虚会期间就提出了不同意见。他对李先念和谷牧等国务院领导人说："出国考察的人回来吹风，上面也往下吹风，要引进多少亿，要加快速度。无非一个是借款要多，一个是提出别的国家八年、十年能上去，我们可不可以再快一点。""可以向外国借款，中央下这个决心很对，但是一下子借那么多，办不到。有些同志只看到外国的情况，没有看到本国的实际。……不按比例，靠多借外债，靠不住。"[①] 在1978年底的中央工作会议上，他除了那篇要求在政治上解决重大历史遗留问题的发言之外，还作了一篇主张经济建设上既要积极又要稳重的发言。针对提交会议讨论的1979、1980年经济计划草案，他提出要用外汇先进口粮食，说现在有中美联合公报，可以直接向美国买粮食。减少国家粮食征购，可以让农民喘口气，多生产棉花、肉类、食用油、食糖，增加农民收入，同时解决城市居民吃穿用等消费品不足的问题。他还提出，从国外引进工业项目，"要循序而进，不要一拥而上。一拥而上，看起来好像快，实际上欲速则不达。项目排队，如有所失，容易补上；窝工，就难办了"[②]。对生产和基本建设作计划，"都不能有材料的缺口"，否则，"挤来挤去，胖子挤了瘦子，实际上挤了农业、轻工业和城市建设"[③]。

中共十一届三中全会后，陈云在审阅国务院关于下达1979、1980年经济计划安排草案上批示，"宁可降低指标"，"减建某些项目"，也不要留物资缺口。[④] 并把新华社一份反映计划委员会安排计划还在留物资缺口的材料，批给华国锋、邓小平等人看。邓小平很快明确表示："对今明两年的计划，陈云同志提了意见，他说有物资缺口的计划不是真正可靠的计划，计划不要留缺口，宁可降低指标，宁可减建一些项目。这个意见很重

[①] 《陈云传》下，中央文献出版社2005年版，第1473页。
[②] 《陈云文选》第三卷，人民出版社1995年版，第237页。
[③] 同上。
[④] 《陈云年谱（1905—1995）》下，中央文献出版社2000年版，第233页。

要，请计委再作考虑。""我们对经济建设的方针、规划要进行一些调整，先搞那些容易搞、见效快、能赚钱、创外汇多的，宁肯减少一些钢铁厂和一些大项目，到一九八五年钢产量不一定非要搞到六千万吨不可。"①

对于陈云下决心调整国民经济的主张，邓小平从一开始就给予了大力支持。1979年3月14日，陈云和李先念联名致信中共中央，建议在国务院下设财政经济委员会，作为研究制订财经工作方针政策和决定财经工作大事的决策机构，由陈云任主任，李先念任副主任，姚依林、王震、余秋里、谷牧、薄一波等10人为委员。信中还提出，要用两三年时间进行经济调整；借外债必须充分考虑还本付息和国内投资能力。② 向中央写这封信，乃至由陈云出任拟议中的国务院财经委员会主任、主持国民经济调整工作，都得到了邓小平的支持，有的甚至就是邓小平的建议。③

一周后，中央政治局召开会议，专门讨论对1979年的计划进行修改和对国民经济进行调整的问题。会上，陈云作了系统发言，指出调整的目的"就是要达到按比例"，"按比例发展是最快的速度"；外资和外国技术不仅需要，而且要充分利用，但要"把期限延长一点"④。对于调整，当时领导层中认识不完全一致。邓小平在讲话中表示完全赞同陈云的意见，指出今后三年的中心任务是调整，还说："陈云同志提出，二〇〇〇年搞八千万吨钢，有道理。过去提以粮为纲、以钢为纲，是到该总结的时候了。"⑤ 会议最终决定，用三年时间搞好国民经济调整，国务院财经委员会统一管理全国财经工作和调整工作。

由于领导层中的不同认识没有做到迅速统一，调整方针在贯彻中遇到很大阻力。尤其1980年初提出制订了十年规划后，一些人急于求成的思想又有所抬头，使许多该退的项目没有退下来，全年积累率仍高达30%多，财政赤字继续突破100亿元，商品供需差额和货币投放增幅更是中华人民共和国成立以来最高的一年。面对这种局面，邓小平给了陈云更大的

---

① 《邓小平年谱（1975—1997）》上，中央文献出版社2004年版，第466页。
② 《陈云文选》第三卷，人民出版社1995年版，第248—249页。
③ 参见《陈云传》下，中央文献出版社2005年版，第1556页。
④ 《陈云文选》第三卷，人民出版社1995年版，第250—255页。
⑤ 《陈云传》下，中央文献出版社2005年版，第1561页。

支持。他在同年11月底中共中央政治局和中央书记处听取国务院的汇报会上，请陈云"讲几句收场"。陈云说：有人认为搞调整是"耽误了时间"，"从鸦片战争以来耽误了多少时间，现在耽误三年时间有什么了不得"。"历史上讲我是右倾机会主义，再机会主义一次"。"经济工作中'左'的东西没有肃清。基本错误是'左'的东西"。随后，邓小平讲话，表示赞同陈云的意见，说"想问题的方法，要着眼于退得够不够"；经济增长速度如果保持不了5%，4%也行。他还请陈云在此后召开的中共十二大上，就国家经济政策"做一篇发言"。会议根据邓小平、陈云的讲话精神，将1981年经济计划又作了调整：工农业总产值由原定6955亿元降为6800亿元，基本建设投资由原定550亿元减为300亿元，比上一年降低40%。[①]

接着，中共中央召开工作会议，着重讨论经济形势和调整问题。陈云作了题为《经济形势与经验教训》的讲话，提出一系列关于经济工作的重大原则。他指出："利用外资和引进新技术，这是我们当前的一项重要政策措施，不过要头脑清醒。""涨价商品的面相当大，影响人民的生活。""经济形势的不稳定，可以引起政治形势的不稳定。""搞经济建设的最后目的，是为了改善人民的生活。""决不要再作不切实际的预言，超英赶美等等。""调整意味着某些方面的后退，而且要退够。不要害怕这个清醒的健康的调整。"这次调整后，"会站稳脚跟，继续稳步前进。"[②]

在那次会上，邓小平作总结讲话。他一开始就说："我完全同意陈云同志的讲话。这个讲话在一系列问题上正确地总结了我国三十一年来经济工作的经验教训，是我们今后长期的指导方针。""一九七八年十二月党的十一届三中全会以后，陈云同志负责财经工作，提出了调整方针，去年四月中央工作会议对此作出了决定。但因全党认识很不一致，也很不深刻，所以执行得很不得力。""我们这次调整，正如陈云同志说的，是健康的、清醒的调整。这次调整，在某些方面要后退，而且要退够。""如果不调整，该退的不退或不退够，我们的经济就不能稳步前进。"讲话中，他还

---

① 参见《陈云传》下，中央文献出版社2005年版，第1599—1601页。
② 《陈云文选》第三卷，人民出版社1995年版，第276—282页。

对陈云的几个政治方面的观点表示了支持。他说："我赞成陈云同志讲的，执政党的党风问题是有关党的生死存亡的问题。""陈云同志说，经济工作搞得好不好，宣传工作搞得好不好，对经济形势和政治形势能否稳定发展，关系很大。……这里说的宣传工作，实际上包括党的整个思想政治工作。"他强调："加强思想政治工作，改进宣传工作，已经作为保证这次调整的顺利实现、巩固安定团结的政治局面的一项极端重要的任务，摆在全党同志面前。"① 正是在邓小平的大力支持下，陈云倡导的国民经济调整得以继续向前推进。1981年底，在农轻重的比例上，在积累与消费的关系上，在财政收支的平衡上，以及在物价的稳定上，都基本实现了调整的预定目标，从而为后来的全面改革和经济腾飞创造了有利条件。

推动干部队伍建设的年轻化，是陈云重新回到中央决策岗位后关注的另一个重大问题。早在十一届三中全会前的中央工作会议上，他就表示应由年富力强的同志组成中央书记处，以便使中央常委摆脱日常小事。以后，他又在1979年10月中央召开省、市、自治区党委第一书记座谈会上，正式建议成立中央书记处。② 对此，邓小平表示赞成。在他们的推动下，中央于1980年初成立了由一些相对年轻的领导同志组成的书记处，并作出了关于在县级以上单位设置顾问的决定。1980年8月的中共中央政治局扩大会议上，邓小平在讲话中又特别强调了他对陈云关于大胆提拔和放手使用年轻干部意见的支持。他说："陈云同志提出，我们选干部，要注意德才兼备。所谓德，最主要的，就是坚持社会主义道路和党的领导。在这个前提下，干部队伍要年轻化、知识化、专业化，并且要把对于这种干部的提拔使用制度化。这些意见讲得好。"③

由于一些老干部刚刚恢复工作，要他们很快退下来，思想不通，致使提拔年轻干部的工作进展缓慢，收效不大。陈云感到问题紧迫，所以，在1981年4月又写了一篇题为"提拔培养中青年干部是当务之急"的文稿，分送邓小平和胡耀邦等人，并提议在即将召开的中共十一届六中全会上讨

---

① 《邓小平文选》第二卷，人民出版社1994年版，第354—365页。
② 《陈云年谱（1905—1995）》下，中央文献出版社2000年版，第252—253页。
③ 《邓小平文选》第二卷，人民出版社1994年版，第326页。

论青年干部问题。文中写道：目前有两种选择，一种是继续不警惕干部青黄不接的情况，任其拖下去，其结果不得不在老干部短时间内陆续病倒病死的情况下，被迫仓促提拔一些不很适合的中青年干部；另一种是从现在起，成千上万地提拔培养中青年干部，使他们成为各级党政工作的后备力量，随时可以从中挑选领导干部。他指出，后一种是最有利的办法。他还建议，各级都要设立一些辅助工作机构和辅助人员，如研究室、副秘书长、部长助理等，给中青年干部接触全面工作的机会；中组部要成立青年干部局和技术干部局；对退居二三线的老干部要在看文件、听报告、住房、医疗、交通工具等政治和物质待遇上给予照顾和优待。邓小平同意这些意见，同时指出，"老干部方面的问题还没有处理得好"[1]。于是，陈云又召集党和军队干部工作部门的负责人开会，研究老干部离休退休问题，并主持起草了座谈会纪要。

六中全会上，印发了陈云的上述文稿和座谈会纪要。会后，又留下各省市自治区的党委书记，开了三天会，专门讨论提拔培养中青年干部和做好老干部离职休养与退休工作的问题。会上，邓小平在陈云讲话后发表了即席讲话，指出："我们历来讲，这是个战略问题，是决定我们命运的问题。现在，解决这个问题已经是十分迫切了。""去年十二月中央工作会议以后，陈云同志更尖锐地提出这个问题。他提得非常好，我赞成。原来我们还是手脚小了一点，陈云同志提出，选拔中青年干部不是几十、几百，是成千上万。"[2] "现在六十五岁的人，过五年就七十岁了。时间过得很快。所以，陈云同志这个建议我是双手拥护。"[3] 在那次讲话中，邓小平还讲："我和陈云同志交过心的，老实说，就我们自己来说，现在叫我们退，我们实在是心里非常愉快的。当然，现在还不行。我们最大的事情是什么？国家的政策，党的方针，我们当然要过问一下，但是最大的事情是选拔中青年干部。我们两个人的主要任务是要解决这个问题。"[4]

1983年6月，中共中央召开工作会议，讨论集中财力物力、保证重点

---

[1] 《陈云文选》第三卷，人民出版社1995年版，第298页。
[2] 《邓小平文选》第二卷，人民出版社1994年版，第384—385页。
[3] 同上书，第388页。
[4] 同上。

建设问题。陈云在会上讲了四点意见后，又特别讲了一下干部年轻化问题，提出目前主持中央日常工作的第二梯队的干部，年龄也是60岁以上了，与中央常委中第一梯队的年龄相差不大，因此，要抓紧选拔50岁上下、特别是40岁上下的优秀干部，把第三梯队也建立起来。只要有了第二梯队，并且有了第三梯队，跟随"四人帮"的"三种人"就翻不了天。他指出："这是党和国家的大计。老同志要自觉地、认真地、正确地选拔接班人，真心诚意地帮助他们，培养他们，主动地给他们让位，'把他们扶上马，再送上一程'。"[1] 对这个意见，邓小平再次给予了呼应。他说："陈云同志的讲话，不但谈了经济问题，还谈了一个重要的政治问题，即干部队伍三个梯队的配备问题。这个问题关系到我们党和国家的命运，讲得非常好。"[2] 在邓陈的合力推动下，中国共产党比较好地解决了国际共产主义运动史上一直没有解决好的新老交替制度化的问题，使党保持了生机与活力，使国家的各项事业得以持续健康地发展。

鉴于那时"文化大革命"结束不久，陈云在大力推动干部年轻化的同时，也提醒大家，提拔的年轻干部必须德才兼备，"闹派性的骨干分子，打砸抢的分子，一个也不能提到领导岗位上来"[3]。对这一点，邓小平也表示非常赞成。他在一次中央政治局会议上说："人一定要选好。还是老话，要坚决贯彻陈云同志讲的几条，几种人不能放进去啊！"[4]

邓小平对陈云主张的支持，还表现在打击严重经济犯罪的问题上。中共十一届三中全会上，陈云同时被选为新设立的中央纪律检查委员会第一书记，负责全党的党风党纪和案件审理工作。就在中纪委用力纠正党内各种不正之风时，一些地方，特别是广东、福建沿海一带，又借对外开放、实行特殊政策之机，刮起了走私贩私之风。有些党员领导干部不仅采取姑息态度，而且还参与进去，成为走私活动的保护伞。1982年初，陈云把一份反映广东一些地方走私活动猖獗的简报批给几位中央常委看，并在批示中写道："我主张要严办几个，判刑几个，以至杀几个罪大恶极的，并且

---

[1]《陈云文选》第三卷，人民出版社1995年版，第325页。
[2]《陈云传》下，中央文献出版社2005年版，第1715页。
[3]《陈云文选》第三卷，人民出版社1995年版，第301页。
[4]《邓小平文选》第二卷，人民出版社1994年版，第400页。

登报，否则党风无法整顿。"① 常委们看后都表示同意，邓小平在"并且登报"四字前面还加了"雷厉风行，抓住不放"八个字。② 随后，中共中央书记处迅速开会，就此发出紧急通知；又召开广东、福建两省座谈会部署落实邓陈指示的工作。接着，全国人大常委会通过了《关于严惩严重破坏经济的罪犯的决定》；中共中央、国务院联合发出了《关于打击经济领域中严重犯罪活动的决定》。邓小平在讨论这一决定的中央政治局会议上特别强调："现在刹这个风，一定要从快从严从重"，"没有一点气势不行啊！"③ 到1983年4月，全国立案审查的有19万多件，涉及党员7万多人，开除党籍8500多人，追缴赃款赃物合计4亿多元，有力遏制了走私贩私、贪污盗窃、行贿受贿、投机诈骗等严重犯罪的歪风。在邓陈合力推动下，改革开放初期这场打击经济领域犯罪活动的斗争达到了预期目的。

改革开放初期，邓小平给予陈云很大支持，同样，陈云对邓小平的重要主张也给予了积极配合。例如，自20世纪70年代末以来，与我国南部接壤的某国实行反华、排华政策，甚至侵犯我国领土、毁坏我国村庄，杀害我国军民，并对邻国进行大规模军事入侵。对此，我国政府多次发表声明和向该国照会，表示强烈抗议和谴责。然而，该国却把这一切当成耳旁风，视我方软弱可欺。邓小平认为，对这种嚣张气焰，必须进行自卫反击。他指出："如果我们在印度支那问题上都无所作为的话，只会加剧国际紧张局势。"④ 鉴于自卫反击的决策事关重大，为慎重起见，他特别请陈云从多方面考虑一下利弊得失。陈云经过反复考虑，认为可以下这个决心，并提出了有关作战方针的建议。⑤ 中共中央于1979年2月14日发出关于进行自卫反击、保卫边疆战斗的通知。自卫反击战于2月17日开始，我国边防部队达到预定目的后，于3月5日撤离对方边境，16日全部撤回我国境内。这场战斗在地区、时间、规模上虽然极为有限，但对于保障我国在国家安全态势良好的条件下进行改革开放和建设起到了重要作用，也

---

① 《陈云年谱（1905—1995）》下，中央文献出版社2000年版，第287页。
② 《陈云传》下，中央文献出版社2005年版，第1721页。
③ 同上书，第1723页。
④ 《邓小平年谱（1975—1997）》上，中央文献出版社2004年版，第487页。
⑤ 《陈云年谱（1905—1995）》下，中央文献出版社2000年版，第236页。

为印度支那局势的好转做出了积极贡献。20世纪90年代初，该国主动提出与我国恢复睦邻友好关系，从此，两国捐弃前嫌，不断增进友谊，重新成为了好邻居、好伙伴、好兄弟。

陈云给予邓小平密切配合的另一个例子，表现在《关于建国以来党的若干历史问题的决议》的起草上。中共十一届三中全会后系统清理过去"左"的错误，引发了党内和社会上两股思潮：一股认为，党中央否定了毛泽东，违反了毛泽东思想；另一股认为，对毛泽东和毛泽东思想要彻底否定。面对这两股思潮，邓小平提出要在适当时候，由党中央就中华人民共和国成立后的经验教训作一个决议，对那段历史作一个评价。他主张，起草这个决议，一方面，要对毛泽东晚年的错误进行实事求是的分析；另一方面，要把这一错误与毛泽东思想加以区别，宜粗不宜细，核心是确立毛泽东的历史地位，坚持和发展毛泽东思想。对邓小平的主张，陈云十分赞成。他对起草小组的人说："小平同志提出《决议》宜粗不宜细，我是同意的。要在这个原则下面，是成绩就写成绩，是错误就写错误。""《决议》要按照小平同志的意见，确立毛泽东同志的历史地位，坚持和发展毛泽东思想。"[1] 为了使《决议》能够充分体现邓小平的意图，他还提出建议，即在《决议》中增加回顾中华人民共和国成立之前中国共产党28年历史段落，说这样写，对"毛泽东同志的功绩、贡献就会概括得更全面，确立毛泽东同志的历史地位，坚持和发展毛泽东思想，也就有了全面的根据；说毛泽东同志功绩是第一位的，错误是第二位的，说毛泽东思想指引我们取得了胜利，就更能说服人了"[2]。对于这个建议，邓小平十分赞赏，说陈云的"这个意见很好"[3]，"是一个很重要的意见"[4]。由于邓陈的密切配合，《决议》经过一年多时间的起草和4000多人的讨论，终于在中共十一届六中全会上得到通过，起到了使党总结经验、统一思想、团结一致向前看的作用。

---

[1] 《陈云文选》第三卷，人民出版社1995年版，第283—284页。
[2] 同上书，第284页。
[3] 《邓小平文选》第二卷，人民出版社1994年版，第303页。
[4] 同上书，第306页。

关系之三：在分歧面前以改革开放大局为重

古今中外任何志同道合的政治家之间，都不可能完全没有分歧意见，问题在于分歧的性质和对待分歧的态度。邓小平和陈云虽然都主张改革开放，但在一些问题上同样存在这样或那样的分歧。不承认有分歧，不是唯物主义；过分夸大这种分歧，甚至把他们的关系描绘成权力斗争，更有悖历史的真实。实际情况是，在改革开放初期，当他们出现分歧时，要么一方放弃自己的观点，要么彼此求大同存小异。无论哪种情况，他们都把维护党的团结和改革开放大业作为最高原则。

邓小平始终认为，在社会主义时期，除了爆发大规模战争，全党全民都应当把现代化建设作为中心任务。因此，在他第三次复出后，十分重视利用当时有利的国际条件，要求加快从国外引进设备和技术。1978年国务院务虚会之前，他约谷牧谈话，听取出访欧洲国家的汇报，强调要"下决心向外国借点钱搞建设，要抓紧时间"[1]。但是，当后来陈云提出，现在经济比例失调情况严重，要把各方面比例先调整好，再加快发展；不能只考虑从国外引进项目，还要考虑国内提供配套资金的能力；对外债要分析，真正的自由外汇很少；现在国际市场是买方市场，只要国际关系不出大变化，这个有利条件不会失掉等等意见之后，他部分放弃了自己的观点。他说："我赞成陈云同志那个分析，外资是两种，一种叫自由外汇，一种叫设备贷款。不管哪一种，我们都要利用，因为这个机会太难得了，这个条件不用太可惜了。""问题是怎样善于利用，怎样使每个项目都能够比较快地见效，包括解决好偿付能力问题。利用外资是一个很大的政策，我认为应该坚持。"[2]"我们引进每一个项目都要做到必须具有偿付能力。可以先干两件事再说。陈云同志的意见是一个项目一个项目地研究，我赞成这个意见，应该这样来研究。"[3] 从这些话中不难看出，他对这个问题，虽然保

---

[1] 《邓小平年谱（1975—1997）》上，中央文献出版社2004年版，第335页。
[2] 《邓小平文选》第二卷，人民出版社1994年版，第198页。
[3] 同上书，第199页。

留了自己的一些观点,但从总体上是同意陈云意见的。

同样,陈云在遇到同邓小平意见不一致的时候,也往往表示赞成邓小平的意见,起码不再公开坚持自己的观点。

例如,在经济特区问题上。陈云曾在1981年省市自治区党委第一书记座谈会上说过:"广东、福建两省的深圳、珠海、汕头、厦门四个市在部分地区试办经济特区(广东不是全省特区,福建也不是全省特区),现在只能有这几个,不能增多。当然,来料加工,合资经营,现在许多地方也在做,但不能再增加特区。……像江苏这样的省不能搞特区。"[1] 1982年春节,他约当时国家计划委员会的几位负责人座谈,再次强调:"现在搞特区,各省都想搞,都想开口子。如果那样,外国资本家和国内投机家统统出笼,大搞投机倒把就是了,所以不能那么搞。特区第一位的问题是总结经验。"[2] 但是,当邓小平在1984年初同中央几位负责人说,"我们建立经济特区,实行开放政策,有个指导思想要明确,就是不是收,而是放";"除现在的特区之外,可以考虑再开放几个港口城市,如大连、青岛。这些地方不叫特区,但可以实行特区的某些政策"[3],并请他们向陈云汇报。陈云听后,明确表示赞成邓小平的意见。接着,中央书记处和国务院召开会议,根据邓小平谈话的精神,建议开放天津、上海等14个沿海港口城市,并形成了《沿海部分城市座谈会纪要》,委托时任中央书记处书记、国务委员的谷牧向正在杭州休养的陈云汇报。陈云再次明确表示,同意开放14个沿海城市,同时也指出:现在特区还没有"拳头"产品,要它那里搞"拳头"产品有困难;外资企业产品要有一定比例内销,但对有发展前途的国内工业应当保护;特区不要搞自己的货币,如果一定要搞,发行权一定要集中到中央。[4] 显然,陈云在这件事情上总体上向邓小平的意见靠拢,但也保留了一些自己的观点。

再例如,在党员雇工问题上。改革开放初期,党内在个体私营者雇工问题上出现了不同意见的争论。对这个问题,邓小平和陈云的意见有相同

---

[1] 《陈云文选》第三卷,人民出版社1995年版,第306—307页。
[2] 同上书,第311页。
[3] 《邓小平文选》第三卷,人民出版社1993年版,第51、52页。
[4] 《陈云传》下,中央文献出版社2005年版,第1672—1677页。

的地方，也有不同的地方。相同的是，都主张看几年再说；不同的是，在看待党员雇工问题的侧重点上有一定差别。1982年底，陈云在中共中央政治局扩大会议上，就农村雇工限额问题发表意见，指出："过去国务院规定最多不超过七个，现在实际上多了一些。究竟限不限，限几个合适，还要看一看。但对这类问题，报纸上不要大张旗鼓地宣传。……看一段时间以后再说比较稳当。"① 但1983年底，他在中央常委传阅《中共中央关于1984年农村工作的通知》送审稿时，看到上面有允许共产党员雇工的规定，感到不妥，随即批示："雇工政策还可以再看几年，即使出一点问题也不可怕。"但"对党员雇工要慎重。党内对此存在不同意见，中纪委也有个意见准备报告书记处。因此，这个文件是否先不作规定，由书记处再讨论。这是一个原则问题，需要充分讨论。小平同志在八大党章报告上讲：'党员必须是从事劳动而不剥削他人劳动的人。'现在形势虽然比那时有很大发展，但对党员的基本要求还应当坚持。看这个问题的利弊，不仅要从现在看，而且要从若干年后来看"。为稳妥起见，他特意把这个批示先送给邓小平看，然后再送中央书记处。② 邓小平看后，批示"中央书记处再议"③。根据陈云的意见，文件在发出时，删去了有关允许党员雇工的规定，并明确要求对农村雇工要加强管理，认真调研，以便条件成熟时做出具体政策规定。④ 后来，中共中央书记处否定了中纪委制定的《加强党的纪律的若干规定》中有关党员不准雇工的规定，认为雇工有多种情况，十分复杂，涉及一些重大理论和实践问题，只有进行调查研究，才能对党员雇工作出合理的规定。邓小平也对雇工问题表示了两点意见：（一）"看两三年，没有什么了不起，将来经济发展了，如果有了偏差，一个命令就可以收回来。"（二）"我们是搞社会主义的，要提倡党员搞合作生产，我们终归是要搞社会主义的。"⑤ 1985年底，有人在谈话中说到，农村党员干部在发展经济时，有的带领群众共同致富，有的带头个人致富，

---

① 《陈云年谱（1905—1995）》下，中央文献出版社2000年版，第316页。
② 《陈云传》下，中央文献出版社2005年版，第1730—1731页。
③ 《邓小平年谱（1975—1997）》下，中央文献出版社2004年版，第952页。
④ 《陈云年谱（1905—1995）》下，中央文献出版社2000年版，第344页。
⑤ 《邓小平年谱（1975—1997）》下，中央文献出版社2004年版，第964页。

有的依仗特权谋私致富，雇工经营者得到上边特殊扶植，占用公有资源、大量贷款。他听后表示，对第三种情况要控制，可以收累进税；并再次指出："雇工，我说看两三年是必要的。""有一个报告说，雇工经营出现是必然趋势，不可避免的，现在要考虑如何纳入轨道。这个意见对。"① 1987年初，中共中央政治局在个体经营者之外又提出了"私人企业"的概念，并明确私人企业雇工人数可以超过对个体经营者的限度。② 此后，陈云在这个问题上没有再发表什么意见。

又例如，在计划与市场的关系问题上。陈云的一贯主张是以计划经济为主、以市场调节为辅。尽管后来他同意关于计划经济为主不等于指令性计划为主，指导性计划也是计划经济的具体形式，指导性计划主要依靠经济杠杆的作用来实现的提法，③ 但仍然坚持"在改革中，不能丢掉有计划按比例发展经济这一条"④。而邓小平在这个问题上的主张，正如前文所说，一开始虽与陈云一致，但后来思想有了很大发展。1989年他在接见首都戒严部队军以上干部时还说："要继续坚持计划经济与市场调节相结合，这个不能改。实际工作中，在调整时期，我们可以加强或者多一点计划性，而在另一个时候多一点市场调节，搞得更灵活一些。"⑤ 而到了1990年，他在同中央几位负责人谈话时则指出："我们必须从理论上搞懂，资本主义与社会主义的区分不在于是计划还是市场这样的问题。社会主义也有市场经济，资本主义也有计划控制。……不要以为搞点市场经济就是资本主义道路，没有那么回事。"⑥ 1991年他在视察上海时更加明确地指出："不要以为，一说计划经济就是社会主义，一说市场经济就是资本主义，不是那么回事，两者都是手段，市场也可以为社会主义服务。"⑦ 直至1992年春天，他在南方谈话中提出了那个著名的论断："计划多一点还是市场多一点，不是社会主义与资本主义的本质区别。计划经济不等于社会

---

① 《邓小平年谱（1975—1997）》下，中央文献出版社2004年版，第1096—1097页。
② 《十二大以来重要文献选编》下，人民出版社1988年版，第1237页。
③ 《陈云文选》第三卷，人民出版社1995年版，第337页。
④ 同上书，第367页。
⑤ 《邓小平文选》第三卷，人民出版社1993年版，第306页。
⑥ 同上书，第364页。
⑦ 同上书，第367页。

主义，资本主义也有计划；市场经济不等于资本主义，社会主义也有市场。"①

　　根据邓小平的意见，中共十四大决定把建立社会主义市场经济体制作为经济体制改革的目标模式，同时又指出，这种体制"是要使市场在社会主义国家宏观调控下对资源配置起基础性作用"，"必须加强和改善国家对经济的宏观调控"，"国家计划是宏观调控的重要手段之一"②。这期间，社会上出现了"邓陈不和"的议论，对此，陈云没有从正面回答，而是采取迂回的方式作了澄清。1992年6月，李先念逝世，邓小平提议陈云写一篇悼念文章。陈云利用这个机会，在文章中专门写了对于经济特区的看法。他写道："先念同志和我虽然都没有到过特区，但我们一直很注意特区建设，认为特区要办，必须不断总结经验，力求使特区办好。这几年，深圳特区经济已经初步从进口型转变成出口型，高层建筑拔地而起，发展确实很快。"接着，他又由此引伸到对经济建设中一些新事物的看法，说："现在我们国家的经济建设规模比过去要大得多、复杂得多，过去行之有效的一些做法，在当前改革开放的新形势下很多已经不再适用。这就需要我们努力学习新的东西，不断探索和解决新的问题。"③这篇文章公开发表在中国各大报纸上，抑制了有关他和邓小平关系问题上的种种猜测。

　　纵观改革开放初期的陈云与邓小平的关系，可以说他们彼此间的合作与相互补充是主流，是第一位的；差别与分歧是支流，是第二位的。而且，差别与分歧也不在于要不要改革开放，而在于如何改革开放上。陈云自十一届三中全会后反复指出："体制改革势在必行。"④ 经济体制改革"打破了'大锅饭'、'铁饭碗'，它的意义不下于私营工商业改造。""体制改革，农业先走了一步，我看工业、财贸系统也势在必行。"⑤ 但在改革的步骤、方法上，陈云更强调改革"步子要稳"，"要从试点着手"，"要

---

① 《邓小平文选》第三卷，人民出版社1993年版，第373页。
② 《十四大以来重要文献选编》上，人民出版社1996年版，第19、20页。
③ 《陈云文选》第三卷，人民出版社1995年版，第379页。
④ 《陈云传》下，中央文献出版社2005年版，第1633页。
⑤ 《陈云文集》第三卷，中央文献出版社2005年版，第488—489页。

'摸着石头过河'";① 邓小平则着重于"思想要更加解放一些,改革开放的步伐要走得更快一些"②,"改革开放胆子要大一些,敢于试验,不能像小脚女人一样","看准了的,就大胆地试,大胆地闯"③。过去有一种舆论,说邓小平是改革派,陈云是保守派。对此,邓小平在1987年同美国当时的国务卿舒尔茨谈话时,给予了间接批驳。他说:"有些人对改革的某些方面、某些方法不赞成,但不是完全不赞成。中国不存在完全反对改革的一派。国外有些人过去把我看作是改革派,把别人看作是保守派。我是改革派,不错;如果要说坚持四项基本原则是保守派,我又是保守派。"④ 他这番话是客观的,也是准确的。

改革开放后,邓小平对陈云十分尊重,非常重视他的意见;陈云也始终把邓小平视为党中央的领导核心,每当中央发生政治上的困难,都坚定地站在他的一边。1980年,陈云支持邓小平关于华国锋不宜再担任党中央主席,应由胡耀邦接替的意见。他说:"小平同志当党的主席,众望所归。但是,我相信,小平同志不愿意干,极力推耀邦同志来干。"⑤ 1987年,赵紫阳接替胡耀邦担任中共中央总书记。陈云约他来谈话,开头就讲:"我们国家,在目前第一位的领导人是小平同志。"⑥ 1989年春夏之交,由于赵紫阳和邓小平在对待动乱问题上发出了两种声音,北京出现无政府状态。陈云提前结束在外地的休养回到北京,坚决支持邓小平关于不能再让步的讲话,并连续找一些老干部、老将军谈话。他召集中央顾问委员会常务委员开会,旗帜鲜明地表示:"我们作为老同志,现在就是要坚决拥护以邓小平同志为核心的中国共产党。"并要求新闻单位对外发布消息。政治风波平息后,他在党中央关于赵紫阳所犯错误的报告稿上批示:"倡导改革开放的,是以邓小平同志为核心的党中央。"⑦

陈云与邓小平在改革开放初期之所以能相互支持与配合,绝不是偶然

---

① 《陈云文选》第三卷,人民出版社1995年版,第279页。
② 《邓小平文选》第三卷,人民出版社1993年版,第265页。
③ 同上书,第372页。
④ 同上书,第209页。
⑤ 《陈云传》下,中央文献出版社2005年版,第1548页。
⑥ 《陈云文选》第三卷,人民出版社1995年版,第360页。
⑦ 《陈云传》下,中央文献出版社2005年版,第1802、1803页。

的。他们青少年时代有着大致类似的经历：一个在资本主义影响比较深的上海当过学徒，一个在资本主义的法国勤工俭学过，而且都在年纪很轻时投身于革命事业。他们在革命队伍里有着信仰基本一致的处事风格和政治态度：都对共产主义有坚定的信念，都坚持实事求是的思想路线、不搞小圈子，都不赞成延安整风中"左"的做法，在中华人民共和国成立初期还一起揭发过高岗分裂党的阴谋，又在"文化大革命"中遭受了同样的命运。正是这些，使他们之间建立了深厚的友谊和政治上的高度信任。

1956年，当中共七届七中全会酝酿八大选举问题时，毛泽东特别就提名陈云为副主席、邓小平为总书记的问题，向全会介绍并高度评价了他们两位。他说陈云"是个好人"，"比较公道、能干，比较稳当"，"看问题有眼光"，"尖锐，能抓住要点"；说邓小平"比较有才干，比较能办事"，"比较周到，比较公道，是个厚道人"，"比较顾全大局"，"处理问题比较公正"[1]。50年后的2005年，薄一波在《我对陈云同志的思念》一文中，又提到那次毛泽东向大家介绍陈云和邓小平时说过的另一段话："陈云同志跟邓小平同志，他们是少壮派"，今后要由他们"登台演主角"了。他随即写道："在改革开放的新时期，小平同志作为党的第二代中央领导集体的核心，陈云同志作为这个领导集体的重要成员，他们卓越地发挥了'登台演主角'的作用，成功地开创了建设中国特色社会主义的正确道路。"[2] 我认为，无论毛泽东的评价还是薄一波的阐释，都已为历史所证明。改革开放初期，有邓小平和陈云为国家合作撑舵，这是中国的幸运，中国共产党的幸运，中国人民的幸运。他们合作的成果，不仅给改革开放事业奠定了良好基础，而且直到今天仍然对中国政治生活产生着深远影响，成为留给后人的一份宝贵的政治遗产。

---

[1] 《毛泽东传（1949—1976）》上，中央文献出版社2003年版，第521页。
[2] 薄一波：《领袖元帅与战友》（图文本），中央文献出版社2008年版，第156页。

陈云与邓小平和第三代中央领导集体的关系[*]

——答中央电视台记者问

白岩松：接下来我们要讲述的是陈云与党的第二代中央领导集体、第三代领导集体之间的关系，跟邓小平及江泽民之间的合作及友情。我们第二位嘉宾是朱佳木，1981年到1985年在陈云身边做秘书，现在是社科院的副院长。1976年"四人帮"被打倒，拨乱反正，据说当时提出让小平出来工作也是一件需要勇气的事情，而且很早是陈云提出来的，当时的背景是什么样的？

朱佳木：粉碎"四人帮"以后，应当说在我们全党全国人民面前，摆着两件大事儿，一件就是为1976年"天安门事件"平反，因为涉及的人非常之多；一件就是小平恢复工作。这两件事是互相联系在一起的，开会之前，中央有关的人就打招呼，说这两个是敏感问题，希望大家不要讲。陈云事先写了一个发言稿，他在小组会上照说不误，尽管有压力，但是他认准了这两件事应当解决，必须解决，也到了解决的时机。他在小组会上念完以后，简报组找他，说你的发言跟中央主要负责同志的讲话口径不一致。

白岩松：到底是不是原文照登？

朱佳木：就是要求做点删节。那个讲话总共三百字，加上标点符号三百字，如果把那两段话去掉，就没有什么内容了。陈云说，你们如果要

---

[*] 本文是2005年6月15日中央电视台《新闻会客厅》播出实况的文字记录，由新华网于翌日刊载。

登,就全文登,如果要删去这两段话,那可不行。如果必须和中央领导的口径要一致,你们索性把中央领导同志的讲话稿复印就完了,何必还要我们讲话呢?这个事情就僵在那儿。当天晚上,中央那位主要负责人亲自登门到陈云家里做工作,谈到了将近12点,劝陈云把这两句话删掉。直到最后,陈云始终没有同意。

白岩松:为什么认定邓小平一定出来工作,是多年情感还是理性判断,是一种什么样的思考?

朱佳木:两个人从中华人民共和国成立初期就在一起工作,彼此很相近,在一些工作的思路上,以及工作的做法上都有相近的地方。所以,毛主席曾经在八大的时候,提名陈云做党的副主席,提名小平做党的总书记,在那个时候他曾经对他们两个做了介绍,说他们两个是好人,厚道人,公道、能干。我想这是他们两个最主要的地方,就是相近。你说理性,我觉得也是对的,这个理性就是从党和国家的根本利益出发。多年的实践证明,粉碎"四人帮"后,小平应当出来承担党和国家的重要职务。陈云过去位置是排在小平前面的,但他认为小平应当成为全党的领导人物,主要领导人物。在陈云的文选即将公开发行的时候,他听说有关部门在宣传规格上和《邓小平文选》是一样的,他就让我和中央有关部门的领导打招呼,说在宣传规格上,他的规格要比小平同志的低一些。他提出了一个鲜明的口号,就是我们要团结在以邓小平为核心的党中央周围。

白岩松:第一次提出这句话。党的第二代领导集体更加关注经济的发展和改革本身,这时陈云在经济方面的能力国家更为需要,他跟邓小平之间是怎样合作、分工?

朱佳木:粉碎"四人帮"以后,陈云首先提出来,不仅我们要搞计划经济,而且在计划经济里面要有市场调节。那个时候我记得他曾经把他写的一些稿纸交给我,让我拿去收起来。他说他原来曾想把这个东西写下去,搞成一篇文章,但现在精力不够了。我回去看了一下,觉得这几张纸太重要了,讲的是陈云多年思考的计划和市场的关系问题。他总结了苏联和中国的经验,说苏联也好,中国也好,几十年的计划经济,有一个缺点,就是只有计划按比例这一条,缺少市场调节这一条,他说我们的社会主义经济应该有两部分,一部分是计划经济,一部分是市场经济,国有经济里面也可以利用市场的规律。

白岩松：小平跟陈云之间的这种合作、信任是达到了一种什么样的状态？

朱佳木：陈云在经济上的主张，小平是非常支持的。反过来，小平的主张，陈云也是非常支持。在1982年，那个时候由于我们刚刚开放，一些政策法规还不配套，有一些不法分子就钻这个空子，大搞走私，特别是在沿海地区，这里面涉及很多的干部，这个情况送到陈云这儿来。有一天他把我叫去，指着前一天送给他看的简报，脸憋得通红，当时很激动，他说你告诉王鹤寿——王鹤寿是中央纪委当时的常务书记，这样的人要重判，否则党风搞不好。后来他想了想，说索性我来批一下。他就把那个简报批给了当时的中央常委，就是说对于严重经济犯罪的分子，我们要严办几个，并且要登报，否则党风搞不好。几个中央常委看了以后都表示赞成，小平还在陈云批示中间画出来，加了八个字，叫做"抓住不放，雷厉风行"。后来编文选的时候，由于他们两个人的字有点像，编辑分不清，还以为是陈云批的呢。第一次打击经济犯罪的全国性活动，就是从那个时候开始的。再一个，我觉得他很重视的一条，就是培养选拔中青年干部要刻不容缓。当时有些同志不太着急，陈云对这个事儿非常着急。他说一定要加快进度，要主动选拔。另外就是要成千上万，不是选几个人、十几个人、几十个人，要成千上万。小平非常支持他。后来在十三大的时候，他们都从中央委员里退出来。

白岩松：他们在工作方法上又有哪些不同？

朱佳木：我觉得小平更突出的特点是举轻若重，大刀阔斧。陈云更突出的特点在于他多谋善断，这个多谋善断也是毛泽东对他的评价。还有一点，我觉得稳健和细致的作风在他身上更突出。他考虑问题是比较周到的，想的问题想得很深。刚才周老（指周太和，陈云在20世纪五六十年代的秘书——编者注）说过他要算账，这个特点在陈云身上很明显。所以赵朴初先生看到陈云有一个打算盘的照片，还写了一首诗："唯实是求，珠落还起。加减乘除，反复对比。运筹帷幄，决胜千里。老谋深算，国之所倚。"可见，他的这个特点比较突出。

白岩松：很多人说邓小平是改革的总设计师，陈云怎么看待小平这些年的工作？

朱佳木：改革开放的总设计师这个话，据我了解，首先是陈云提出来的。陈云在十一届三中全会时才重新当选为中央副主席，也成为新设立的中央纪委的第一书记，这是小平的建议。陈云对于小平也是非常支持的，有很多小平感觉到比较棘手的一些事情，他也是让陈云帮助考虑。有一次，小平到陈云这儿来开会，我觉得也体现了小平对陈云的一种尊重。会前，陈云自己走到会客室，到那儿去指挥工作人员摆沙发。那天事先说的是小平和先念同志要去，陈云那个会客室比较大，一圈沙发离得都很远，小平耳朵不好，陈云的耳朵也不好，所以要挨得近一点，他就指挥把那几个沙发靠在一起。他知道小平抽烟，抽烟就容易吐痰，所以他就让工作人员要摆烟灰缸，要摆痰盂，非常细。

白岩松：这是情义的东西在里头了。

朱佳木：我觉得主要是小平要照顾陈云，因为陈云身体比他要弱。

白岩松：在迎接党中央第三代领导集体这个重大的使命时，陈云的意见是怎样的？

朱佳木：我认为在以江泽民为核心的第三代领导的形成过程中，小平和陈云的意见是完全一致的，他们在这里面都起了非常重要的作用。江泽民过去在做电子工业部部长的时候，陈云有一次请电子部的同志到家里来谈计算机的发展。当时就是任电子工业部部长的江泽民，和一些工作人员到陈云的办公室来做这个汇报的。后来，陈云多次夸奖过江泽民工作做得好，制定了很多很好的方针和政策，一直到1994年，他最后一次公开露面，仍然讲了一个很重要的意见，就是要维护和加强以江泽民为核心的党中央的权威。他说，只有我们维护这样一个中央的权威，我们才能够办大事，我们的社会才能稳定。

白岩松：1989年后江泽民成为党的总书记，一直到1992年陈云彻底离开领导岗位，中间有三年多的时间。在这个阶段里头，陈云是怎样做好扶上马送一程的工作的，是怎样面对第三代领导集体的？

朱佳木：我觉得陈云主要是从旁边出一些主意。比如，我刚才讲的要重视污染的问题，他看到这方面的报道以后，就批给当时第三代的中央领导集体，请他们看，就是提出一些重要的意见。再比如，那个时候新华社有一篇报道,题目叫"一个卫星上看不见的城市",指的是本溪。他就把这个报道批给他们,请他们重视污染问题。还有,就是当时水利专家张光斗他们写信,谈水资源问题。陈云认为这个也非常重要,把这封信批给江泽民还有其他的中央领导同志,请他们注意这样的问题。所以,他是从旁给他们出一些主意。江泽民说陈云的思想著作以及他的品德、他的风格是我们党、我们国家和民族的宝贵的财富,他永远是我们学习的楷模。我想,这个评价应当说最集中地反映了第三代中央领导集体对陈云的尊重。

白岩松: 离开了领导岗位之后,陈云怎样评价第三代领导集体的工作?

朱佳木: 我刚才讲到,他最后一次公开露面的时候有一个讲话,这个讲话被收到《陈云文选》,作为最后一篇,也可以说是他的一个遗言了。在这篇讲话里面,他讲现在的党中央是坚强的、有力的,工作是做得好的。我想这就是他对第三代中央领导集体的一个非常中肯的评价。

白岩松: 在领导核心层57年,绝对罕见。陈云的哪些秉性决定他可以做到这点?

朱佳木: 他从来是从大局出发,从不闹个人意气。我觉得还有很重要的一条就是他能够正确对待自己,摆正自己和其他领导的关系。他对自己一直采取低调的态度,反对宣传自己,反对突出自己。他进入中央,特别是进入中央高层的时间确实是很长的。在遵义会议时他就是中央常委,在那次会议上补了毛泽东为中央常委。但是,陈云始终认为他不能和毛刘周朱放在一个档次。他始终把自己看成是第二排的,所谓第二排就是比他们要低一点,靠后一点,毛刘周朱是第一排的。

白岩松: 我听说刚开始工资定级的时候,把他定得跟毛泽东差不多,他不同意。

朱佳木: 他不同意。他后来跟我说,他给中组部当时的部长安子文打电话,说要把自己的工资定为二级。

白岩松: 您跟陈云打了这么多年的交道,您觉得他留下来的财富是什么?

朱佳木: 不唯上,不唯书,只唯实,交换、比较、反复。用这种方法,真正做到实事求是。

胡乔木与中共十一届三中全会[*]

党的十一届三中全会以及全会之前的中央工作会议，开创了党和国家发展的历史新时期。胡乔木作为中国社会科学院院长和国务院研究室主要负责人，出席了工作会议并列席了全会，为会议和全会取得的巨大成果做出了自己特殊的贡献。他本人也在这次全会上被增补为中央委员，并在会后被任命为党中央副秘书长，重新回到了中央领导岗位（胡乔木从1954年起任中央副秘书长，1956年在党的八大上当选中央委员，后任中央书记处候补书记，"文化大革命"初被解除一切职务）。那段时间，我刚好担任他的秘书，有幸随他一起住进了会议所在地——京西宾馆，在那里度过了45个日日夜夜，目睹了会议的历史性进程和他为会议所做的大量工作。

一

中央工作会议是在1978年11月10日开始的。华国锋在会议开幕时宣布，这次会议只开20来天，议程主要是讨论有关农业和农村工作的两个文件，以及明后年的国民经济计划，以备三中全会正式通过；中央政治局决定，在进入正式议程之前，先用两三天时间讨论从1979年1月起，把全党工作着重点转移到社会主义现代化建设上的问题（事后知道，这个决

---

[*] 本文最初发表于《党的文献》1994年第5期，题为《胡乔木同志在十一届三中全会上》。后经补充，于《当代中国史研究》1998年第2期刊载，题为《胡乔木与十一届三中全会》。收入本书时略有修改。

定是根据邓小平的建议而作出的)。但实际上,这次会议却开了整整 36 天,而且把一次单纯讨论经济工作的会议,开成了一个思想上、政治上、组织上拨乱反正,彻底纠正"左"倾错误的会议。会议主持人原来的设想与实际结果发生如此大的差异,这在党的历史上恐怕是极为罕见的。要弄清楚为什么会出现这种情况,就不能不对会议之前的形势做一个简单的回顾。

1976 年 10 月,"四人帮"被粉碎,党和国家从危难中得到挽救。出于政治考虑,在最初的一段时间,一些重大冤假错案暂不提出平反是可以理解的。但后来华国锋却提出和推行"两个凡是"(即"凡是毛主席作出的决策,我们都坚决维护,凡是毛主席的指示,我们都始终不渝地遵循")的错误方针,一味拖延和阻挠平反冤假错案和恢复老干部的工作,这就很难让人理解了。例如,1977 年 3 月,中央召开工作会议时,陈云在书面发言中建议为 1976 年"天安门事件"平反和恢复邓小平的工作,会议简报竟然以不符合中央主要负责人讲话口径为由,不予刊登。在党内老同志的一再努力下,邓小平在十届三中全会上虽然得以恢复工作,但华国锋又层层设防,迟滞各项政策的落实,甚至压制关于真理标准问题的讨论,企图在不纠正"左"倾错误的情况下,实现全党工作重点的转移。随着时间的推移,党内外积蓄的疑惑和不满越来越严重,党内正确力量与错误力量的冲突越来越尖锐,以致三中全会之前已到了不能不爆发的程度,而且最后果然爆发了。

三中全会前的中央工作会议开始时,华国锋一方面宣布明年全党工作重点要转移,另一方面又说这种转移是新形势的需要。会议进入小组讨论后的第二天,即 11 月 12 日下午,午睡一醒,胡乔木就叫我到他房间。他说:把工作重点的转移讲成是形势的需要,这个理由不妥。应当说,无产阶级在夺取政权以后,就要把工作重点转到经济建设上。中华人民共和国成立后,我们已开始了这种转移,但是没有坚持住。因此,这次的转移,是根本性的转移,而不是通常意义上的转移。不能给人一种印象,似乎今天形势需要,就把工作重点转过来,明天不需要了,还可以再转回去。他要我帮他查几条经典著作有关这方面的论述,说下午的小组会上要用。下午,他在发言中引用了马克思、列宁和毛泽东的话,说明"我们的一切革命斗争，终极目的是要解放和发展生产力，这是我们党的一贯立场，是马列主义的基本观点"；"并不是任何阶级斗争都是进步的，其是否进步的客观标准，就是看它是否为解放和发展生产力创造条件"；"经济脱离政治一定会走到邪路上去，政治脱离经济也一定会走到邪路上去"。他说："除了发生战争，今后一定要把生产斗争和技术革命作为中心，不能有其他的中心。只要我们正确处理人民内部矛盾和敌我矛盾，国内的阶级斗争也不会威胁社会主义建设的中心地位"。他的发言很快被简报全文刊用，得到大多数与会者的赞同，并在他后来负责起草的全会公报上反映了出来。

就在胡乔木发言的同一天，陈云在东北组发言，率先解放思想，冲破了华国锋为会议设定的框框，起到了扭转会议方向的作用。他在发言中说，他完全赞成把工作着重点转移到社会主义建设上来，但是，安定团结也是全党和全国人民关心的事。干部和群众对党内是否能安定团结是有顾虑的。对有些历史遗留问题，影响大或者涉及面很广的，需要由中央考虑和作出决定。接着，他列举了薄一波等 61 人和陶铸等人的历史冤案、彭德怀的名誉恢复、1976 年"天安门事件"的平反、康生在"文化大革命"中的严重错误等六个问题。陈云当时在党内虽然只保留了中央委员一职，但由于他在长期革命斗争和经济建设中形成的巨大威望，由于他讲的六个问题恰恰是触及"左"倾错误要害的关键性问题，道出了大家憋在心里很久的话，因此，他的发言在简报上全文刊登后，立即引起了各组代表们的热烈响应，一下子使会议气氛活跃了起来。大家很自然地把话题集中在"两个凡是""真理标准讨论"、1976 年"天安门事件"、冤假错案等这类政治问题上，眼看着会议一步步脱离了事先设置的轨道，形成向"文化大革命"及以前的"左"倾错误发起的一场总攻。全面认真地纠正这些错误，已经是任何人也阻挡不了的洪流了。

二

正是在会议形成的这股巨大潮流的推动下，北京市委于 11 月 14 日作出决定，认为 1976 年广大群众到天安门广场悼念周总理、声讨"四人帮"，完全是革命行动。这个决定于当天获得了中央批准，并于 15 日刊登在《北京日报》上。那天早上，胡乔木笑着对我说：1976年"天安门事件"平反了。我马上找到报纸，看后虽然也很高兴，但感到这句话还不能说是给这次事件最后定了性。而有意思的是，新华社在当天编发通稿时，为了有一个简明扼要的标题，把那句话概括成了1976年"'天安门事件'完全是革命行动"。仔细推敲起来，这两句话是有差别的。因此，消息在16日的《人民日报》和全国各大报纸见报后，有的同志对这样概括是否能得到中央认可，心里还有点打鼓。直到11月25日，华国锋在中央工作会议的第三次全体会议上讲话，代表中央政治局宣布1976年"天安门事件"完全是革命的群众运动，这个牵动亿万人心的问题才最终得到了解决。在这次讲话中，还宣布薄一波、彭德怀、陶铸等人的历史冤案被平反，"二月逆流"问题和杨尚昆一案也被平反，并明确要对康生、谢富治的错误进行揭发批判。至此，会议在与会代表的共同努力下，取得了突破性的进展。

不过，华国锋的讲话中也有些问题没有讲到，其中最为大家关注的是"两个凡是"的问题和真理标准讨论的问题。因此，讲话之后，这两个问题又成了会议上最"热门"的话题。胡乔木在小组会上发言说，希望华国锋在会议结束时能谈一下实践是检验真理的唯一标准问题，对这次讨论作出一个结论。他说：这个问题本来是一个理论问题，但在两个意义上也是政治问题。第一，搞清楚这个问题，对于解放思想，搞好当前工作，加速四化建设，正确处理遗留的各种案件等，都具有指导意义。第二，对这个问题的讨论，绝大多数省、市和大军区负责人都表了态，这也就不是一般的理论问题了。后来，在会议闭幕时，华国锋表了态，作了自我批评，特别是邓小平在讲话中用很大篇幅精辟阐述了这个问题。对此，由胡乔木主持起草的全会公报是这样写的："会议高度评价了关于实践是检验真理的唯一标准问题的讨论，认为这对于促进全党同志和全国人民解放思想，端正思想路线，具有深远的历史意义。一个党，一个国家，一个民族，如果一切从本本出发，思想僵化，那它就不能前进，它的生机就停止了，就要亡党亡国"。至此，关于真理标准讨论的问题也得到了最后的解决。这个问题解决了，"两个凡是"的方针也就不攻自破了。

在会议进行的过程中，会外发生了一些值得注意的动向。一些群众受到1976年"天安门事件"平反的鼓舞，在西单墙上贴出大小字报，要求追究阻挠平反冤假错案的领导责任，有的甚至提出要全盘否定毛泽东，并引发了群众间的争吵。后来，发展为一部分人到天安门广场举行自发集会，发表演说。上海还发生冲击报社，要求报纸刊登群众集会消息的事件。当时，那位中央主要负责人实际上已经失去了领导的主动权，领导全党及时和正确处理这一新动向的任务，很自然地落到了在党内和全国人民中享有崇高威望的邓小平身上。在北京市委向中央领导最初汇报时，邓小平就以他无产阶级革命家的政治敏锐性和预见性，明确指出：工作要跟上，要积极引导群众，对大字报不能任其自流（当时宪法中还没有取消"四大"，即大鸣、大放、大辩论、大字报）。不要离开党中央的领导，搞新的运动。现在人心思定，乱是脱离群众的。安定团结是实现四个现代化的必要政治条件，在这个问题上，小局要服从大局，小道理要服从大道理。他说，毛泽东是全党全军全国各族人民团结的旗帜，是国际共产主义运动的旗帜，我们国家能有今天的国际地位，同毛泽东同志的威望是分不开的。问题可以讲，但要维护毛泽东同志。不是说毛泽东同志没有缺点，但那时毛泽东同志年龄大了，"四人帮"利用了这一点，问题比较复杂。有些问题，我们这一代人搞不清，下一代再搞。报纸要十分慎重，文章要恰如其分，超过一步，真理就变成谬论了。

邓小平的这些意见，在以后的十几年里，直到他逝世前，可以说是反复讲，而且也为近二十年来的实践反复证明是完全正确的。但在当时这样讲，对于大家来说还是一种新的精神。有些人，包括党内一些同志，对邓小平的意见一时想不通，感到转不过弯来，认为刚刚提出批"左"，怎么又反起右来了呢？其实，领导者的艺术恰恰就在这里，就是要在反对一种主要倾向时，同时防止被掩盖着的另一种倾向。今天回过头去看，如果当时不是这样认识问题和处理问题，而是抱着一种放任态度，那么，局部的街头活动就会迅速蔓延，国家就会重新回到"文化大革命"中那种无法控制的混乱状态，党的工作重点转移就会成为一句空话。对于邓小平的这些意见，胡乔木从一开始就十分赞成。他在发言中说，有些群众在外面贴大字报，其中大多数的动机和愿望是好的，但总有考虑不周到的地方，一些说法也会在国内外产生不好的影响，需要我们加强在群众中的思想工作。

搞好四个现代化,必须要有安定团结的局面。记得当时北京市委的主要负责人为了做好对邓小平指示的传达贯彻,还特意把胡乔木请去和他们一起商量传达的措辞。正是由于这一指示的传达贯彻,参加街头活动的绝大多数群众回到了家中和工作场所,北京市乃至其他一些城市的局势很快得到了控制。

三

政治问题解决了,代表们的注意力又回到了关于农业问题的讨论上。对于会上印发的决定稿,大家普遍认为一般化,不解决问题。为了把这个文件修改好,会议除了让各组提意见外,还组织了一个包括胡乔木在内的综合组进行修改。1978年11月22日晚上,胡乔木告诉我,他在下午的综合组会上放了一炮,说多少年来,我们对农业缺少认真的研究,这次会前也缺少足够的准备。因此,对农业上不去的根本原因是什么,怎么才能上去,谁也谈不出系统的意见。他建议,这次会上关于农业只搞两个具体的问题,即提高农产品收购价格和增加农产品进出口的决议,至于加快农业发展速度的决定,待会后经过认真调查研究再搞。他还说,1957年以前,我们搞一次运动,生产就上升一次,而那以后,搞一次运动,生产就被破坏一次。为什么?根本原因就在于生产力没有变化,却要不断改变生产关系。当时,党中央副主席、国务院副总理李先念也参加了综合组的讨论。李先念表示赞同他的意见,但补充了一点,就是《关于加快农业发展速度的决定》还是要在这次会上搞出来,而且就由他负责来搞。这之后,中央正式确定胡乔木主持关于农业问题决定稿的修改。会议的后半期,他把很多的精力放在了这件事情上。

由于一些同志在《决定》如何写的问题上,思路不完全一致,所以,会上出现了两个稿子。胡乔木经过比较,选择了其中他认为基础比较好的一个,然后一边参加会议,一边反复修改。临到会议结束之前,总算拿出一个成品,印发给了代表。大家看后都觉得满意,觉得这回像个中央文件了。但是,时间毕竟还是太短,缺少充分的讨论。因此,经胡乔木建议,这个决定草案在随后召开的三中全会上只是原则通过,会后连同《农村人民公社工作条例（试行）》一起，发到各地讨论和试行。经过九个月时间的讨论和试行，在1979年9月下旬召开的十一届四中全会上，对它又做了必要的修改，并正式予以通过。

这个决定分析了农业的现状，总结了历史的经验，部署了实现农业现代化的工作，规定可以在生产队统一核算和分配的前提下，包工到作业组，联产计酬；粮食统购价从1979年夏粮上市起提高20%，超购部分再加价50%，棉花等农副产品的收购价格也逐步相应提高；粮食征购指标在今后一个较长时间内，稳定在1975年的基础上，并减少50亿斤；化肥、农药等农用工业品的价格降低10%—15%；国家实行低税或免税政策，大力发展社队企业，发展小城镇建设等等。虽然在这之后，农村改革又有了迅猛的发展，生产责任制大大突破了包工到作业组的形式，普遍实行了包产到户、包干到户，但这个文件对于冲破"左"倾错误在农业问题上设置的禁区，解放和统一广大农村干部的思想，调动亿万农民的积极性，大幅度提高粮食产量和增加农民收入，还是起到了历史性的作用。就是在今天，它提出的许多措施也仍然没有失去现实意义。它的产生，当然是全党，特别是党中央集体智慧的结晶，但其中显然也凝聚着胡乔木的一份心血。

四

早在中央工作会议召开之前，邓小平就曾约胡乔木谈话，请他帮助准备会上的讲话稿。后来，邓小平去东南亚四国访问，直到11月14日回国，才看到在胡乔木主持下起草的讲话稿初稿。11月16日，邓小平再次约见胡乔木，谈对初稿的修改问题。事后，胡乔木用三天时间拿出了修改稿。但这时，会议形势已发生变化，特别是11月25日，会议不仅未能结束，相反进入了高潮。就在那天召开的第三次全体会议上，华国锋代表中央政治局宣布了一系列历史重大遗留问题的平反决定。这样一来，胡乔木为邓小平准备的讲话稿便显得不适用了。于是，12月2日，当会议进入后期时，邓小平第三次约见胡乔木，谈他的讲话稿问题。那时，胡乔木正在集中力量修改关于农业问题的决定稿，所以去邓小平家谈话之前，叫上了代表国务院政研室参加会议的于光远同往，准备让于光远先组织几个人写个初稿。

在那次谈话中，邓小平谈了自己打算讲的问题。据于光远所说，他还保存有邓小平事先亲笔草拟的讲话提纲。这份提纲上列了七个问题，即解放思想，开动机器；发扬民主，加强法制；向后看是为了向前看；克服官僚主义、人浮于事；允许一部分人先好起来；加强责任制，搞几定；新的问题。提纲前面还有"对会议评价"一句。谈话后，于光远按照胡乔木的嘱咐，向政研室的有关同志作了传达，几位参加起草的同志很快拿出了共分八个问题的初稿。12月5日，邓小平把胡乔木和于光远又找去谈他的讲话稿。邓小平说：这次别的问题都不讲了，只讲四个问题。第一，解放思想。真理标准问题的讨论，的确是一个思想路线问题，是一个重大政治问题，是关系到党和国家前途命运的问题。第二，发扬民主。当前最迫切的是扩大厂矿企业和生产队的自主权。民主选举的范围要逐步扩大。第三，向前看。对过去搞错了的要纠正，也要给犯错误的同志认识和改正错误的时间。对毛泽东同志和"文化大革命"的评价，要从国际国内的大局出发，从历史的角度来看。第四，研究和解决新问题。要用经济办法管理经济，要特别注意加强责任制。要用让10%—20%的人先富裕起来的办法，扩大国内市场，促进生产发展。事后，具体起草人又按照这些意见，很快写出了一个新的讲话稿，并于次日交到了胡乔木手里。记得那天晚上，胡乔木并没有动笔，但第二天早饭后，他却把改过的稿子交给了我。原来，他是半夜两点爬起来，用了两个多小时改好的。

12月9日，邓小平就讲话稿第五次约见胡乔木，同去的除了于光远，还有负责起草的一位同志。邓小平认为稿子基本上可以了，还需要加加工，并讲了具体修改意见。过了两天，邓小平又一次就讲话稿的问题找有关同志前去他家谈话。这一次，胡乔木由于正赶写关于农业问题文件，所以没去，但事后把参加起草的人找去，主持研究了对讲话稿的修改。又过了两天，也就是中央工作会议召开闭幕会的12月13日，邓小平下午4点就要讲话了，可午饭后，胡乔木还在对讲话稿进行最后的文字润色，直到下午2点才脱手。由于时间紧迫，他要我坐他的车，将讲话稿径直送往邓小平家中。那时，胡乔木已经是66岁的人了，这种拼命工作的精神给我留下了很深的印象。

邓小平的这篇讲话，实际上是工作会议的总结报告和三中全会的主题报告。它提纲挈领地抓住了历史转折中最根本的问题，提出了我们党和国家继续前进的方向和指导思想，因此，在随后进行的会议分组讨论中，受到代表们的一致拥护。这个讲话对于全党重新确立马克思主义的思想路线，推动各条战线的拨乱反正，起了关键性作用。直到今天，它仍然对我们的改革开放和现代化建设事业具有重大的指导意义。江泽民在党的十五大报告中指出，邓小平这篇讲话，"是在'文化大革命'结束以后，中国面临向何处去的重大历史关头，冲破'两个凡是'的禁锢，开辟新时期新道路、开创建设有中国特色社会主义新理论的宣言书"[1]。这个评价是完全合乎实际的，是经得起历史检验的。

五

在中央工作会议闭幕会上讲话的除了邓小平，还有叶剑英和华国锋。闭幕会后，会议没有马上结束，而是又安排两天时间，分组讨论中央领导在闭幕会上的讲话。叶剑英的讲话稿，事后也曾托人拿给胡乔木看。尽管距离印发的时间很短，胡乔木还是做了认真的修改，并加了两段文字。一段是讲个人与组织的关系，另一段是讲国家生活的制度化、法律化问题。华国锋在闭幕会讲话中对提出"两个凡是"的问题作了检讨，表示对真理标准讨论问题要作自我批评；并说现在对他个人的宣传有些太突出了，今后要少宣传个人，多宣传工农兵，多宣传党和老一辈革命家。胡乔木从他的这些话说起，在小组会发言中，着重谈了摆正个人和党的关系问题。

胡乔木说：对个人的提法问题，这在党的生活中看起来是件小事，实际上是件很大的大事，涉及的不简单是个形式问题，而是党的生活准则和秩序问题。毛泽东同志在解放初期说过，如果要提个人，一定要把个人放在党组织之后，无论如何个人不能超过党。就是说，要讲党中央毛主席，不能把次序颠倒过来。"文化大革命"以前似乎一直是这样做的，后来变

---

[1] 《十五大以来重要文献选编》上，人民出版社2000年版，第10页。

了，在一段时间里，甚至不存在党中央，至少不存在中央政治局，只有毛泽东了。今后不再讲"华国锋党中央"，这是符合党的原则的，是恢复党的生活的正常状态。

胡乔木还说：苏联在斯大林时期，对个人和党的关系没有处理好，但他们有些方面的做法还是有分寸的。例如，斯大林的学术文章，一般是在刊物上发表，如《马克思主义与语言学问题》是在刊物发表半个月后，《真理报》才应读者要求转载（其他报纸不转载），而且从第二版开始，也不用大字大标题。而我们在报纸上，只要是毛泽东写的东西，不管什么文章，甚至诗词、家信，还有各种手迹，非登在第一版不可，有时常常第一版几乎用整版篇幅来刊登领袖照片，这些在世界上都是少见的。把个人这样毫无限制地极端突出出来，这不是我们党成熟的表现，是不成熟的表现。搞一些不成熟不自然的做法，这不能提高领袖在群众、党内和国际上的威信，适得其反，只能起不好的作用。

这些话今天读来似乎并无新奇之处，但在当时，在"文化大革命"的"大树特树"刚过不久，新的"大树特树"正热火朝天之时，还是颇带一些创见的。以后，胡乔木在起草全会公报时加了一段文字，专门谈少宣传个人，多谈集体领导问题。公报指出："全会重申了毛泽东同志的一贯主张，党内一律互称同志，不要叫官衔；任何负责党员包括中央领导同志的个人意见，不要叫'指示'。会议指出，一定要保障党员在党内对上级领导直至中央常委提出批评性意见的权利，一切不符合党的民主集中制和集体领导原则的做法应该坚决纠正。"[①] 后来的事实证明，会议形成的这一精神也是会议很大的收获，对于我们党内政治生活健全化有着极其重要的意义。

六

中央工作会议是 1978 年 12 月 15 日结束的，而三中全会要到 12 月 18 日才开，中间隔着三天时间。散会后，不是中央委员的就回去了，是中央

---

① 《三中全会以来重要文献选编》上，人民出版社 1982 年版，第 13 页。

委员的则留下来休息，等着开全会。胡乔木已被列入了全会补选中央委员的候选人名单，中央办公厅通知他列席全会，所以也留了下来。但他没有休息，而是一边加紧对关于农业问题决定的进一步修改，一边着手进行公报的起草工作。

早在中央工作会议临近结束时，华国锋鉴于由会议文件起草班子准备的三中全会公报稿与会议的实际结果差距太大，故亲自出面，请胡乔木负责重新起草一份。于是，胡乔木邀集中央有关领导开会研究公报的框架，然后，请具体起草人按研究的意见写出初稿。初稿拿出后，他又召集有关同志讨论了一次。具体起草的人根据大家的意见，在三中全会开幕的当天拿出了第二稿。次日，胡乔木把自己关在房间里，从下午2点开始，一口气改到晚上8点。由于改动太多，字又写得很小，他要我重抄了一遍，才送到印刷厂去排印。公报稿排出铅印件清样后，他又进行了多次修改，终于使它作为会议文件之一，及时印了出来。

全会闭幕前一天，中央为讨论公报稿，还专门召开了一次政治局会议，请胡乔木列席。在大家讨论的基础上，胡乔木对公报稿进行了进一步修改。全会闭幕是在12月22日晚上10点，因此，当天已不可能发表公报。第二天，胡乔木根据会议简报组收集上来的新的意见，利用上午和午休的时间，对公报稿进行了最后的加工。下午，中央常委审定了修改的地方。晚上8点，中央人民广播电台在新闻联播节目中全文播出。

公报高屋建瓴，气势磅礴。它用五个部分的精炼文字，高度概括准确表达了全会和工作会议在政治、经济、组织、思想、作风等方面所取得的丰硕成果。除了前面提到的那些内容，公报还指出，"实现四个现代化，要求大幅度地提高生产力，也就必然要求多方面地改变同生产力发展不适应的生产关系和上层建筑，改变一切不适应的管理方式、活动方式和思想方式，因而是一场广泛、深刻的革命"；要"对经济管理体制和经营管理方法着手认真的改革，在自力更生的基础上积极发展同世界各国平等互利的经济合作，努力采用世界先进技术和先进设备"[①]。这就在事实上向全党全国人民吹响了改革开放的号角。公报还提出了要注意国民经济中一些重

[①] 《三中全会以来重要文献选编》上，人民出版社1982年版，第4、6页。

大比例失调的问题，切实做到综合平衡，防止基本建设一拥而上。这在事实上也为随后而来的大规模经济调整拉开了序幕。它不仅在当时对全党全国人民进行新的征程起到了巨大的鼓舞作用，而且作为我们党的一份重要文献，必将永载史册。

七

1978年12月22日晚上7点半，三中全会召开闭幕大会。此前一天，华国锋也把自己在闭幕会上的讲话稿送给胡乔木，请他修改。尽管已是晚上10点多钟了，胡乔木照样认真修改，一直改到夜里11点多。除了文字改动外，他还在原稿中关于对毛泽东的评价部分加了很长一段文字，大意是说，现在解决的历史遗留问题，很多都与毛泽东有关，因此要以正确的态度来对待，承认毛泽东有错误，这无损于他的光辉伟大形象。

根据与会代表的一致要求，在全会闭幕会上，经过无记名投票，增选陈云为中央政治局委员、政治局常务委员、中央委员会副主席；增选邓颖超、胡耀邦、王震为中央政治局委员；增补胡乔木等九位同志为中央委员，待将来提请党的十二大予以追认。全会还决定成立中央纪律检查委员会，并选举陈云为第一书记，选举邓颖超、胡耀邦、黄克诚分别任第二、第三常务书记。至此，全会圆满结束。在全会结束之后的中央政治局会议上，胡乔木又被任命为中央副秘书长，正式负责中央重要文件的起草工作和对理论工作的指导。

由于工作会议为全会做了充分准备，因此，全会开得十分顺利，只用了五天。加上工作会议的时间，两个会议总共用了41天。这41天的会议，不仅实现了我们党的一个历史性的伟大转折，重新确定了党的正确路线——十一届三中全会路线，而且在会风方面也为全党带了一个好头。在这个问题上，邓小平那篇在中央工作会议闭幕会讲话中的一段话，可以说反映了代表们的共同心声。他指出："这次会议讨论和解决了许多有关党和国家命运的重大问题。大家敞开思想，畅所欲言，敢于讲心里话，讲实在话。大家能够积极地开展批评，包括对中央工作的批评，把意见摆在桌面上。一些同志也程度不同地进行了自我批评。这些都是党内生活的伟大进步，对于党和人民的事业将起巨大的促进作用。"①

党的十一届三中全会和此前的中央工作会议，距离现在已经整整二十个年头，胡乔木离开我们也已经六年。但是，人们没有忘记也不会忘记，以邓小平同志为核心的党的第二代中央领导集体，在这个会议上为我们党、国家和人民所做出的历史性贡献。同样，人们也没有忘记和不会忘记，胡乔木对这个会议产生的重要文献所付出的辛劳。这个会议所确定的路线，已经指引我们在近二十年里取得了举世公认的辉煌成就，它必将继续指引我们把建设有中国特色的社会主义事业全面推向未来。

---

① 《邓小平文选》第二卷，人民出版社1994年版，第140—141页。

改革开放的本质和方向

深入理解和全面贯彻党在社会主义初级阶段的基本纲领[*]

江泽民在党的十五大报告中,首次提出并全面阐述了党在社会主义初级阶段的基本纲领,指出:"这个纲领是邓小平理论的重要内容,是党的基本路线在经济、政治、文化等方面的展开,是这些年来最主要经验的总结。"要深入理解和全面贯彻这个纲领,弄清楚它同我国现阶段的社会性质与基本状况、同中华人民共和国成立以来我们党探索社会主义建设规律的过程、同党的最高纲领之间的关系,是十分必要的。

一 基本纲领是对我国现阶段社会性质、基本状况的准确把握

一个政党的纲领是根据自己在一定时期内的任务而规定的奋斗目标和行动步骤,而一定时期内的任务又来自对这个时期所处社会性质的判断。判断得对不对,直接关系到纲领的正确与否,关系到事业的成败。《毛泽东选集》第一篇第一句就是:"谁是我们的敌人?谁是我们的朋友?这个问题是革命的首要问题。"[①] 而要确定谁是敌人谁是朋友,关键就在于搞清楚当时的社会性质。因此可以说,判断自己所处社会的性质或者所处的社会历史发展阶段,是党确定自己任务的首要问题。在这个问题上,无论我

---

[*] 本文曾发表于《马克思主义研究》1998年第1期和《人民日报》1998年2月7日。收入本书时略有修改。

[①] 《毛泽东选集》第一卷,人民出版社1991年版,第3页。

们党还是国际共产主义运动，无论在无产阶级夺取政权前还是在夺取政权后，都有过不少教训。

我们党在成立之初，虽然也认识到中国的半殖民地半封建的社会性质，并据此制定了民主革命阶段的最低纲领，但由于对中国所处社会历史阶段缺少深刻的认识，表现在行动上就是路线的"左"右摇摆，要么认为"资产阶级是革命的主体"，"建设民族资本主义是中国革命最好的前途"；要么认为"整个资产阶级已背叛了革命"，"资产阶级已是反动联盟的一部分"，革命应"向非资本主义前途发展"。这些或右或"左"的路线，都给中国革命造成了严重损失，有的几乎断送了革命。

与这些错误的认识不同，毛泽东早在大革命时期，就对中国的社会性质有了深刻把握。土地革命战争初期，他进一步分析了中国社会的特点，提出了与俄国革命不同的道路，即在农村建立革命根据地，以农村包围城市，武装夺取政权。实践证明，只有这条道路才符合中国国情，能够使中国革命取得胜利。

革命胜利后，党所制定的路线无论正确与否，也都来源于对所处历史阶段及其基本状况的判断。例如，党在过渡时期总路线的制定，源于对新民主主义社会就是向社会主义社会的过渡时期的判断。党的社会主义建设总路线的制定，也源于对社会主义可以提前建成，并应当开始向共产主义过渡的判断。党在整个社会主义历史阶段基本路线的制定，虽然改变了过去那种认为社会主义只需要很短时间的认识，但却又错误地认为，在这个历史时期，无产阶级同资产阶级的斗争是主要矛盾。以上三条路线，第一条由于合乎客观实际，引导全国人民比较顺利地完成了三大改造的任务，实现了由新民主主义社会向社会主义社会的过渡。而后两条路线，由于都对社会的实际状况作出了错误的判断，因此，前一条产生了"大跃进"和人民公社化运动，后一条产生了"文化大革命"；前者给社会主义建设事业造成了巨大损失，后者给党、国家和各族人民造成了灾难性的后果。

我们党从总体上对我国社会主义社会所处阶段有清醒认识和正确判断，是十一届三中全会以后的事。这个认识和判断就是：我们目前仍处在社会主义的初级阶段。它包括两个含义，第一，我国社会已经是社会主义社会；第二，我国的社会主义社会还处在初级阶段。

先说社会性质。我们现在是一个什么样的社会，又应当是一个什么样的社会？无外乎四种答案，即封建社会或叫做"前资本主义社会"，新民主主义社会，资本主义社会，社会主义社会。只要尊重事实，人们就自然得出以下的结论：

第一，我们不是封建社会，也不是什么"前资本主义社会"。众所周知，早在 20 世纪初期，资本主义已经在我国沿海一带有了相当的发展。到了 20 世纪中叶，资本主义的生产方式已在大中城市中占据优势，广大农村中的封建经济制度也由于土改而被彻底废除。中华人民共和国成立初期的 1952 年，我国钢产量已达到 152 万吨，是 1870 年巴黎公社起义时，包括英、美、法、德等主要资本主义国家在内的世界钢产量总和的一倍半还多。今天，就工业总产值来说，我们已经超过许多发达的资本主义国家。说现在是封建社会或"前资本主义社会"，没有根据。

第二，我们也不是新民主主义社会。早在 1956 年，公有制在工业产值的比重就已由 1949 年的 22% 上升到 73% 以上，目前仍然占据主体地位；农村的土地也已由土改后的农民私有变成集体所有，即使今天农村实行家庭联产承包制，土地所有权仍然是公有的。政治上，工人阶级领导的各阶级的联合专政已变为工人阶级领导的以工农联盟为基础的人民民主专政。文化上，人民大众反帝反封建的文化也被以马克思主义为指导的民族的、科学的、大众的社会主义文化所取代。所有这些都没有回到新民主主义政策。

第三，我们更不是资本主义社会。尽管改革开放以后，个体私营经济、中外合资经济、各种混合经济有了很大的发展，但 1996 年国内生产总值中公有制仍占 76%，其中国有成分占 40.8%。另外，我国在政治上坚持四项基本原则，不搞多党制和议会民主；在意识形态领域仍以马克思主义为指导，不搞指导思想的多元化。这说明，我们不是资本主义社会，也不是要"补资本主义的课"。

既不是封建社会或"前资本主义社会"，也不是新民主主义社会和资本主义社会，那么，我们现在的社会性质只能是社会主义社会。

再说所处阶段。我们现在处在社会主义社会的什么阶段？是发达阶段吗？显然不是。只能是不发达阶段，也就是初级阶段。为什么这么说呢？

党的十三大报告中曾列举了6条理由：（1）10亿多人口，8亿在农村，基本上还是用手工工具搞饭吃；（2）一部分现代工业同大量落后于现代水平几十年甚至上百年的工业同时存在；（3）一部分经济比较发达的地区同广大不发达地区和贫困地区同时存在；（4）少量具有世界先进水平的科学技术同普遍科技水平不高、文盲半文盲还占人口四分之一的状况同时存在；（5）生产社会化程度还很低，商品经济和国内市场很不发达，自然经济和半自然经济占相当比重；（6）高度社会主义民主政治所必需的一系列经济文化条件很不充分，封建主义、资本主义思想和小生产习惯势力还有广泛影响。① 总之，尽管我们的综合国力有了巨大增长，但由于人口多，底子薄，人均水平与发达资本主义国家相比还很低，特别是生产社会化程度很低，说我们没有超出社会主义初级阶段是千真万确、合乎实际的。

弄清了我国现有的社会性质，又弄清了这个社会所处的阶段，再来认识现阶段社会的主要矛盾，党的主要任务，应当采取的路线、方针、政策，就比较容易了。江泽民同志在十五大报告中指出："十一届三中全会前我们在建设社会主义中出现失误的根本原因之一，就在于提出的一些任务和政策超越了社会主义初级阶段。近二十年改革开放和现代化建设取得成功的根本原因之一，就是克服了那些超越阶段的错误观念和政策，又抵制了抛弃社会主义基本制度的错误主张。"他还指出：这次大会之所以进一步强调这个问题，是因为面对开创新局面的任务，"解决种种矛盾，澄清种种疑惑，认识为什么必须实行现在这样的路线和政策而不能实行别样的路线和政策，关键还在于对所处社会主义初级阶段的基本国情要有统一认识和准确把握"②。正是从这个考虑出发，党的十五大在社会主义初级阶段的理论的指导下，在总结中华人民共和国成立以来近50年、尤其是改革开放近20年实践的基础上，进一步制定出了社会主义初级阶段的基本纲领。纲领对有中国特色的社会主义经济、政治、文化的基本目标作出了明确的规定，这就是：要在社会主义条件下发展市场经济，不断解放和发展生产力；要在中国共产党领导下，在人民当家做主的基础上，依法治

---

① 参见《十三大以来重要文献选编》上，人民出版社1991年版，第10—11页。
② 《十五大以来重要文献选编》上，人民出版社2000年版，第14、14—15页。

国，发展社会主义民主；要在马克思主义指导下，以培育有理想有道德有文化有纪律的公民为目标，发展面向现代化、面向世界、面向未来的民族的科学的大众的社会主义文化。与此同时，纲领中还规定了与基本目标相适应的各项基本政策。显而易见，这个纲领既符合我国已处在社会主义、必须坚持而不能离开社会主义的实际状况，又符合我国还处在社会主义初级阶段、生产力水平远远落后于发达资本主义国家的实际状况。毫无疑义，以它作为党在现阶段的奋斗目标和行动步骤，一定能够保证我们胜利完成建设有中国特色社会主义的伟大任务。

二 基本纲领是在探索社会主义客观规律过程中取得的新的重大成果

自从1956年三大改造完成后，我们党就开始了对社会主义社会客观规律的探索。探索中有失误，有失败，但也有许多成功。党的十一届三中全会前，在探索中大体有以下几种情况。第一种情况是，在总体上根本上取得了正确认识，但未能坚持。比如，党的八大对我国社会主要矛盾的提法，毛泽东关于两类不同性质矛盾的理论，陈云对经济体制"三个为主、三个为辅"的设想等等。毛泽东甚至还提出过一些在当时来说是十分难能可贵的思想，比如，1959年提出社会主义可能分为两个阶段，第一个阶段是不发达的社会主义，第二个阶段是比较发达的社会主义；1962年提出："中国的人口多、底子薄，经济落后，要使生产力很大地发展起来，要赶上和超过世界上最先进的资本主义国家，没有一百多年的时间，我看是不行的。"[①] 第二种情况是，正确与错误的认识互相混杂。比如，八届十中全会根据毛泽东的意见，把由资本主义过渡到共产主义的历史时期"需要几十年，甚至更多时间"的话，写进了正式文件，但他同时又断言，这个时期的主要矛盾是阶级斗争。第三种情况是，认识虽然是正确的，但相对社会主义所处阶段这类问题来说，不具有总体性和根本性。比如，对"十大关系"的认识，对建设规模要和国力相适应的认识，对经济建设应当按比

[①] 《毛泽东著作选读》下，人民出版社1986年版，第828页。

例发展和综合平衡的认识等等。第四种情况是，从总体上根本上认识出错了，在实践中给党和人民的事业造成了重大损失。比如，提出"无产阶级专政下继续革命的理论"等。无论上述哪一种情况，对我们在十一届三中全会后从总体上根本上取得正确认识，都具有重要价值。即使是错误的认识，也是探索的组成部分，也是宝贵的财富。从某种意义上讲，失败的实践对取得正确认识，往往价值更大。因为，它可以使我们对正确的认识产生更深刻的体会，留下更深刻的印象。认识是一个过程，我们不应割断历史。

十一届三中全会以后，我们对社会主义客观规律的正确认识也是不断深化的，并非一次完成，一蹴而就的。就拿对社会主义初级阶段的认识来说，十一届三中全会虽然没有使用这个提法，但已经在用这个思路考虑问题了。全会公报中说："我国经济目前还很落后。"要把全党工作的重点和全国人民的注意力转移到社会主义现代化建设上；要多方面改变同生产力发展不适应的生产关系和上层建筑，改变一切不适应的管理方式、活动方式和思想方式，对经济管理体制和经营管理方法着手认真的改革，在自力更生的基础上积极发展同世界各国平等互利的经济合作，努力采用世界先进技术和先进设备；要重视价值规律的作用，注意把思想政治工作和经济手段结合起来，认真执行按劳分配的原则，克服平均主义，不得干涉社员自留地、家庭副业和集市贸易。这些方针、政策如果不是基于对我国处于社会主义初级阶段的国情有所认识，是制定不出来的。

社会主义初级阶段提法的首次出现，是在十一届六中全会上通过的《关于建国以来党的若干历史问题的决议》中。但决议对这个观点没有展开论述，而且要讲的重点也不在这里。后来，党的十二大报告再次使用了这个提法，并在分析社会现状时，以我们仍处在社会主义初级阶段的判断作为依据。其中指出：目前我国农业的劳动生产率和商品率都比较低，抗御自然灾害的能力还很薄弱，特别是人多地少的矛盾将越来越突出；我国生产力发展水平总的来说还比较低，又很不平衡，在很长时期内需要多种经济形式的并举；即使到2000年实现小康，我国按人口平均的国民收入仍然比较低，等等。十二届六中全会在《关于社会主义精神文明建设指导方针的决议》中，又一次使用了初级阶段的提法，但只是为了讲按劳分配、商品经济、多种经济成分并存，同道德建设之间的关系，对其本身并没有展开论述。

第一次对初级阶段问题作比较系统论述的是党的十三大报告。它用一节的篇幅，全面阐述了认识这个问题的重要性、这个论断的含义、作出这个论断的理由、过去在这个问题上的教训、初级阶段的起止时间、这个阶段的主要矛盾和特征、以及应当采取的指导方针和基本路线等等，标志着社会主义初级阶段理论的形成。

党的十五大报告重提初级阶段理论，但只要比较一下就不难看出，它不是简单的重复，而是在坚持的基础上有发展，有创新，有突破。

第一，它进一步明确了搞清楚我国所处阶段的意义。报告把这一命题同一切从实际出发、搞清楚什么是社会主义联系了起来，指出：现在处于并将长期处于社会主义初级阶段是中国当前最大的实际；搞清什么是社会主义、怎样建设社会主义，就必须搞清什么是初级阶段的社会主义以及在初级阶段怎样建设社会主义。显然，这样提出和认识问题，有助于人们对初级阶段理论的深入理解。

第二，它进一步界定了初级阶段的特征。党的十三大报告指出，这个阶段是逐步摆脱贫穷落后、由农业国变为工业国、由自然经济半自然经济占很大比重变为商品经济高度发达、建立充满活力的社会主义体制和全民奋起实现民族伟大复兴的阶段。而党的十五大报告在此基础上，又增加了这个阶段要由文盲半文盲占很大比重逐步转变为科教文化比较发达，由地区经济文化很不平衡到逐步缩小地区差距，在建设物质文明的同时努力建设精神文明等内容。显然，对初级阶段特征的这些补充，也有助于人们对这一理论的深入理解。

第三，它进一步概括了初级阶段的指导方针。党的十三大报告把党在初级阶段的指导方针规定为6条，即集中力量进行现代化建设，坚持全面改革，坚持对外开放，以公有制为主体大力发展有计划的商品经济，以安定团结为前提努力建设民主政治，以马克思主义为指导努力建设精神文明。党的十五大报告根据近10年的实践，把这6条浓缩为3条，即：根本任务是发展生产力，把改革作为推进各项工作的动力，正确处理改革、发展、稳定三者的关系。这种概括不仅文字精练,而且把最本质的东西提炼出来了,表明我们党对问题有了更深入的认识。

第四,它提出了社会主义初级阶段的基本纲领。这是党的十五大报告对初级阶段理论最重要的贡献,也是这一理论日臻完备的标志。这个纲领不仅把初级阶段的基本路线进一步展开了,把初级阶段在经济、政治、文化建设上的基本目标、基本政策规定得更具体化了,而且,对初级阶段从经济基础到上层建筑,都给予了许多新的解释。比如,在经济上,提出公有制为主体、多种所有制经济共同发展是一项基本制度,公有制实现形式可以而且应当多样化,混合所有制经济中的国有成分和集体成分也是公有制经济,国有经济在控制力和竞争力增强的前提下比重减少不会影响社会主义性质,股份制无论资本主义还是社会主义都可以用,股份合作制经济是改革中的新事物,非公有制经济是社会主义市场经济的重要组成部分,允许资本、技术等生产要素参与收益分配;在政治上,提出依法治国是党领导人民治理国家的基本方略,要建设社会主义法治国家,尊重和保障人权是共产党领导、支持人民掌握管理国家权力的重要体现;在文化上,提出只有两个文明都搞好才是有中国特色社会主义,有中国特色社会主义文化是综合国力的重要标志,等等。这些新思想新观点,大大丰富了我们对初级阶段社会主义规律的认识。

有了党的基本理论、基本路线,又有了党的基本纲领,我们对社会主义初级阶段的认识可以说趋于完整了。但对社会主义的认识过程并没有到此完结,还需要我们继续实践,继续探索,不断总结经验,反复深化认识。只要初级阶段没有结束,这个认识过程就不可能完结。即使到了下个世纪中叶,基本实现现代化以后,我们也还要继续探索社会主义发达阶段的客观规律。

三 基本纲领和党的最高纲领是有机构成的统一体

毛泽东在《新民主主义论》中说:"关于社会制度的主张,共产党是有现在的纲领和将来的纲领,或最低纲领和最高纲领两部分的。在现在,新民主主义,在将来,社会主义,这是有机构成的两部分,而为整个共产主义思想体系所指导的。"① 今天，我们已经完成了新民主主义的任务，进入了社会主义初级阶段，党在这个阶段的基本纲领也可以说是党现在的纲领或党在现阶段的最低纲领。除了这个纲领，党仍然存在着最高纲领，这就是党章总纲中所规定的"实现共产主义的社会制度"。这两个纲领都是我们党关于社会制度的主张，同样是整个共产主义思想体系所指导的有机构成的两部分，是不能相互混淆、相互割裂、相互对立的。

能不能因为我们有党的最高纲领，就轻视党的最低纲领，以为实行这个纲领就是倒退呢？不能。毛泽东在《论联合政府》中说：对于任何一个共产党人及其同情者，如果不为新民主主义的目标奋斗，"如果看不起这个资产阶级民主革命而对它稍许放松，稍许怠工，稍许表现不忠诚、不热情，不准备付出自己的鲜血和生命，而空谈什么社会主义和共产主义，那就是有意无意地、或多或少地背叛了社会主义和共产主义，就不是一个自觉的和忠诚的共产主义者。只有经过民主主义，才能到达社会主义，这是马克思主义的天经地义。……没有一个新民主主义的联合统一的国家，没有新民主主义的国家经济的发展，没有私人资本主义经济和合作社经济的发展，没有民族的科学的大众的文化即新民主主义文化的发展，没有几万万人民的个性的解放和个性的发展，一句话，没有一个由共产党领导的新式的资产阶级性质的彻底的民主革命，要想在殖民地半殖民地半封建的废墟上建立起社会主义社会来，那只是完全的空想"②。毛泽东在这里虽然说的是对新民主主义最低纲领应有的态度，但对我们看待社会主义初级阶段的基本纲领，在精神上是同样适用的。

基本纲领是否是倒退了？对这个问题应当从两方面来看。一方面，如果把它同过去我们在生产资料所有制方面已经达到的公有化程度相比，是倒退了。但那种公有程度不适应社会主义初级阶段的生产力发展水平，不利于生产力的充分发展，实行的结果只会距离共产主义越来越远。而按照基本纲领的做法，公有化程度虽然不像过去那么高了，但它适应目前的生产力，有利于生产力的充分发展，可以使我们"脚踏实地地建设社会主

---

① 《毛泽东选集》第二卷，人民出版社1991年版，第686页。
② 《毛泽东选集》第三卷，人民出版社1991年版，第1059—1060页。

义，使社会主义在中国真正活跃和兴旺起来，广大人民从切身感受中更加拥护社会主义"（十五大报告语），从而能使社会主义在与资本主义的竞争中站稳脚跟。显然，这样做的实际结果，不会是使我们距离共产主义越来越远，而只会是越来越近。因此，从本质上看问题，应当说基本纲领不是倒退，而是前进。

另一方面，即使是在某些方面有所倒退，这在总的历史进程中也是允许的。列宁讲过："马克思主义对历史的曲折道路的态度，同它对妥协的态度在实质上是一样的。任何曲折的历史转变就是妥协，是已经没有足够的力量完全否定新事物的旧事物同还没有足够的力量完全推翻旧事物的新事物之间的妥协。马克思主义并不绝对否定妥协，马克思主义认为必须利用妥协，但这决不排斥马克思主义作为活生生的行动中的历史力量去全力进行反对妥协的斗争。谁不会掌握这个矛盾（似乎是矛盾），谁就是<u>丝毫不懂得马克思主义</u>。"[1] 他还用形象的比喻来说明要区分两种妥协，说有两种人，一种人把钱和武器交给强盗，为的是减少强盗所能加于的祸害，以便以后容易捕获和枪毙强盗；另一种人把钱和武器交给强盗，为的是要入伙分赃。毫无疑义，我们今天实行基本纲领，允许和鼓励非公有制经济的发展，正是为了使社会生产力和生产社会化能以更快的速度发达起来，以便为彻底消灭私有制、消灭剥削创造物质条件，而绝不是要搞什么私有化。

那么，能不能因为我们今天要实行基本纲领，就认为共产主义渺茫而抛弃最高纲领呢？同样不能。毛泽东在《论联合政府》中说过："我们共产党人从来不隐瞒自己的政治主张。我们的将来纲领或最高纲领，是要将中国推进到社会主义社会和共产主义社会去的，这是确定的和毫无疑义的。我们的党的名称和我们的马克思主义的宇宙观，明确地指明了这个将来的、无限光明的、无限美妙的最高理想。每个共产党员入党的时候，心目中就悬着为现在的新民主主义革命而奋斗和为将来的社会主义和共产主义而奋斗这样两个明确的目标，而不顾那些共产主义敌人的无知的和卑劣

---

[1] 《列宁选集》第一卷，人民出版社1972年版，第716页。

的敌视、污蔑、谩骂或讥笑。"① 至于共产主义是否渺茫的问题，党的十二大报告曾有过一段很精彩的分析。报告指出："共产主义作为社会制度，在我国得到完全的实现，还需要经过若干代人的长时期的努力奋斗。但是，共产主义首先是一种运动。马克思、恩格斯说过：'我们所称为共产主义的是那种消灭现存状况的现实的运动。'这种运动的最终目的是实现共产主义的社会制度。在我国，共产主义思想的传播，人们为最终实现共产主义理想而进行的运动，早在中国共产党成立和领导进行新民主主义革命的时候就开始了。现在这个运动在我国已经发展到建立起作为共产主义社会初级阶段的社会主义社会。……共产主义的思想和共产主义的实践早已存在于我们的现实生活中。那种认为'共产主义是渺茫的幻想'、'共产主义没有经过实践检验'的观点，是完全错误的。我们每天的生活都包含着共产主义，都离不了共产主义。"②

总之，基本纲领同最高纲领本身是统一的，我们应当在心目中同时悬着这样两个明确的目标，并自觉地把为这两个目标的奋斗融合于平日的具体工作中去。江泽民同志在党的十五大报告中说得好："我们现在的努力是朝着最终实现共产主义的最高纲领前进的，忘记远大目标，不是合格的共产党员；不为实现党在社会主义初级阶段的纲领努力奋斗，同样不是合格的共产党员。"这就告诉我们，作为一个合格的共产党员，既要为实现党的基本纲领而努力工作，又不能仅仅满足于做到这一点，而必须是在为实现党的基本纲领奋斗的同时，不忘记党的最高纲领，不忘记远大目标。

怎样做才叫不忘记远大目标呢？有没有客观标准呢？有。这就是党的十五大报告在讲到党员保持先进性时所提出的四条要求，即胸怀共产主义远大目标，带头执行党和国家现阶段的各项政策；诚心诚意为人民谋利益，吃苦在前，享受在后，克己奉公，多做贡献；刻苦学习马克思主义理论，增强辨别是非的能力；在危急时刻挺身而出，维护国家和人民的利益。做到了这些，就叫没忘记远大目标；反之，则是忘记了远大目标。

另外，对于各级党员领导干部来说，是否忘记远大目标，不仅要看是

---

① 《毛泽东选集》第三卷，人民出版社1991年版，第1059页。
② 《十二大以来重要文献选编》上，人民出版社1986年版，第27—28页。

否做到了以上四条，还要看他是否做到了以下三点：

第一，要看在执行基本纲领的过程中，是否把基本纲领作为有机的整体，全面地完整地理解和贯彻。

基本纲领中的基本目标、基本政策都是从社会主义初级阶段的实际出发的，本身就包含着共产主义的因素。比如，对有中国特色社会主义建设，报告不仅讲了经济方面还讲了政治和文化方面，不仅讲了发展和改革方面还讲了稳定方面。如果我们在贯彻时只讲经济，不讲政治和文化；只讲发展和改革，不讲稳定，就体现不出纲领的社会主义性质，就是忘记了远大目标。因为，报告中正是在关于政治和文化、关于稳定的部分，讲了必须坚持物质文明和精神文明两手抓、两手都要硬，反对资产阶级自由化，警惕国际国内敌对势力的渗透、颠覆和分裂活动，提倡共产主义道德，坚持马克思主义在我国意识形态领域的指导地位，坚持新闻宣传中的党性原则，坚持抵制各种腐朽思想文化侵蚀等等。如果忽略了这些，怎么能说是牢记了远大目标呢？

再比如，基本纲领中讲到要建设有中国特色的社会主义经济时，提出了四条基本政策和一条基本要求，那就是：坚持和完善公有制为主体、多种所有制经济共同发展的基本经济制度；坚持和完善社会主义的市场经济体制，使市场在国家宏观调控下对资源配置起基础性作用；坚持和完善按劳分配为主体的多种分配方式，允许一部分地区和一部分人先富起来，带动和帮助后富，逐步走向共同富裕；坚持和完善对外开放，积极参与国际经济合作和竞争；保证国民经济持续快速健康发展，人民共享经济繁荣成果。这些政策和要求，每项都由两句话组成，每句话几乎都包含两个方面。如果我们在贯彻时只讲一句话或者一个方面，如只讲发展多种所有制，不讲以公有制为主体；只讲允许和鼓励资本参与分配和一部分地区、一部分人先富起来，不讲按劳分配为主体、共同富裕；只讲市场对资源配置的基础作用，不讲国家宏观调控这个前提；只讲积极参与国际合作，不讲竞争；只讲国民经济快速发展，不讲人民共享繁荣成果等，都体现不出纲领的社会主义性质，也是忘记远大目标的表现。

又比如，报告对公有制的实现形式，讲的是"可以而且应该多样化"，对股份制也讲的是"现代企业的一种资本组织形式"。是"多样化"，不是"单一化";是"一种",不是"主要",更不是"唯一"。如果片面理解,就会误认为"一股就灵",就会犯"一股就化"、"一股就了"、一哄而起、一阵风、一刀切的毛病,结果把好事办坏,不仅起不到壮大社会主义公有制经济的作用,还会损坏它的主体地位。报告在论述股份制资本主义可以用、社会主义也可以用时,后面紧接着说:"关键看控股权掌握在谁手里。"如果只讲前面的话,略去了这后一句,不注意在股份制改造中保持国家和集体控股,势必达不到扩大公有资本支配范围的目的,相反,自己的资本还会被别人所支配。这样做,当然也不可能体现纲领的社会主义性质,不能说是牢记了远大目标。

第二,要看在执行基本纲领的过程中,是否始终坚持每项政策的社会主义方向。

搞现代化、改革、市场经济、股份制等,都有个方向问题。不问姓资姓社,是说这些东西本身没有姓资姓社的问题,不等于这些东西不存在和资本主义相联系还是和社会主义相联系的问题。邓小平早就说过:"我们的改革不能离开社会主义道路。"[①] 他还说:"有些人脑子里的四化同我们脑子里的四化不同。我们脑子里的四化是社会主义的四化。他们只讲四化,不讲社会主义。这就忘记了事物的本质,也就离开了中国的发展道路。"[②] 江泽民同志在庆祝中华人民共和国成立四十周年大会上的讲话中也指出:"许多事实告诉我们,在改革开放问题上,实际上存在着两种截然不同的主张。一种是党中央和邓小平同志一贯主张的坚持社会主义道路,坚持人民民主专政,坚持共产党的领导,坚持马列主义、毛泽东思想的改革开放,即作为社会主义制度自我完善的改革开放。另一种是坚持资产阶级自由化立场、要求中国'全盘西化'的人所主张的同四项基本原则相割裂、相背离、相对立的'改革开放'。这种所谓'改革开放'的实质,就是资本主义化,就是把中国纳入西方资本主义体系。我们必须明确划清两者的根本界限。当前四项基本原则和资产阶级自由化的尖锐对立,可以说在很大程度上表现在改革开放要不要坚持社会主义方向这个问题上。我们

---

① 《邓小平文选》第三卷,人民出版社1993年版,第242页。
② 同上书,第204页。

在制定和贯彻现代化建设的各项方针、政策、措施、方案的时候，都要坚持把四项基本原则和改革开放有机地统一起来，把四项基本原则具体落实到各项工作中去。"① 他在党的十五大报告中还用了一句很精炼的话，重申了上述精神，那就是："把以经济建设为中心同四项基本原则、改革开放这两个基本点统一于建设有中国特色社会主义的伟大实践。"② 可见，如果只讲一个基本点，离开社会主义的基本制度讲改革开放，讲市场经济，讲股份制，就会在执行基本纲领的过程中走偏方向，就是忘记了远大目标。

第三，要看在执行基本纲领的过程中，是否忘记加强党的自身建设。

基本纲领是我们党用来治国的，但能否把国家治理好，关键取决于我们能否把党治好。因为我们党是执政党，基本纲领的社会主义性质，要靠党的工人阶级先锋队的性质来保证；最高纲领的实现，也要靠党带领广大人民群众去奋斗。如果领导干部只埋头于各自的业务，忽略或放松党的自身建设，不讲学习，不讲政治，不讲正气，不从严治党，使党的纪律松弛和软弱涣散现象不断发展，腐败现象继续滋生蔓延，最终导致党丧失人民群众的信任和支持。或者自己毁掉自己，或者被敌人从堡垒内部攻破。那样，不仅党的最高纲领无从谈起，而且实现党的基本纲领的任务也难以完成。因此，从这个意义上说，忘记党的自身建设，也就是忘记远大目标。

在党的十五大报告中，对社会主义初级阶段基本纲领的论述虽然只占一节的篇幅，却居于承前启后的重要位置。如果我们对基本纲领有了完整准确的理解，不仅有助于对它的全面贯彻，而且有助于对党的十五大精神的掌握。而真正掌握住了十五大精神，我们就一定能更好地动员全国人民高举邓小平理论的伟大旗帜，把有中国特色的社会主义事业全面推向21世纪。

---

① 《十三大以来重要文献选编》中，人民出版社1991年版，第618页。
② 《十五大以来重要文献选编》上，人民出版社2000年版，第18页。

坚定中国特色社会主义信念的两大依据[*]

党的十八大报告指出:"中国特色社会主义是当代中国发展进步的根本方向。"[①] 要深刻理解这一重要论断,除了要从历史、现实与未来三个视角深化对中国特色社会主义科学内涵的认识,除了要把握好在坚持中国特色社会主义道路过程中遇到的三对重要关系之外,还需要认清坚定中国特色社会主义信念的两大依据:只有中国特色社会主义最适合当代中国国情,只有中国特色社会主义能引领中华民族实现伟大复兴。

只有中国特色社会主义最符合当代中国的国情

中国特色社会主义作为一种政治理论、社会实践、社会制度形态,归根结底属于科学社会主义范畴。中华民族今天之所以走上中国特色社会主义道路,首先是因为它在争取自身解放的过程中,选择了走社会主义道路的缘故。因此,要弄清为什么中华民族只能在中国特色社会主义道路上实现自身的伟大复兴,首先应当弄清楚当年它为什么会选择科学社会主义而没有选择别的主义,为什么走上了社会主义道路而没有走上别的道路。

中华民族从1840年鸦片战争到1919年五四运动前夜的70多年中,为了在帝国主义列强的船坚炮利面前挽救危亡,曾使用过各种思想武器,但

---

[*] 这是作者在2012年11月北京市区县局级领导干部学习贯彻党的十八大精神专题研讨班上所作的辅导报告第三部分,曾在《新视野》杂志2013年第4期上发表。

[①] 胡锦涛:《坚定不移沿着中国特色社会主义道路前进,为全面建成小康社会而奋斗》,人民出版社2012年版,第13页。

"没有什么思想武器可以抗御帝国主义。旧的顽固的封建主义的思想武器打了败仗了，抵不住了，宣告破产了"。不得已，"被迫从帝国主义的老家即西方资产阶级革命时代的武器库中学来了进化论、天赋人权论和资产阶级共和国等多项思想武器和政治方案，组织过政党，举行过革命，以为可以外御列强，内建民国。但是这些东西也和封建主义的思想武器一样，软弱得很，又是抵不住，败下阵来，宣告破产了"[①]。直到第一次世界大战，俄国人进行了十月革命，创立了世界上第一个社会主义国家，"这时也只有在这时，中国人从思想到生活，出现了一个崭新的时期。中国人找到了马克思列宁主义这个放之四海而皆准的普遍真理，中国就起了变化。""走俄国人的路——这就是结论"[②]。

十月革命之后，在中国爱国的知识界、思想界中，大体流行过以下几种思潮：一是民族主义，二是自由主义或个人民主主义，三是社会主义。在社会主义思潮中，又分为民主社会主义和科学社会主义，即马克思主义。这几种思潮较量的结果，科学社会主义占了上风，得到了大多数先进知识分子的赞同和大多数中国人的拥护。而民族主义虽然对于人们增强民族危机感和民族忧患意识、促使民族觉醒和团结奋斗具有积极意义，但它解释不了中华民族衰落挨打的根本原因，也拿不出解决中华民族危亡问题的可行办法。自由主义虽然有助于冲破封建思想的禁锢，解放和发展个性，但它把个人的自由和权利摆在民族、国家的自由和权利之上，只看重少数知识精英的自由和权利，忽视甚至反对广大劳动群众的自由和权利，同样不可能成为凝聚中华民族的思想武器。因此，无论民族主义还是自由主义，最终都没有被中华民族选作自身解放、复兴的指导思想。至于民主社会主义，它虽然强调公平、正义，但却反对实行无产阶级革命和专政，实质主张改良的资本主义，同样不符合半殖民地半封建的中国国情，解决不了中华民族解放和复兴的问题，难以成为中华民族奋斗的指导思想。

现在有人讲，马克思主义之所以被中国人接受，是受外国共产党蛊惑的结果，是一种历史的误会。这种说法并不是什么新发明，早在中国共产

---

① 《毛泽东选集》第四卷，人民出版社1991年版，第1514页。
② 同上书，第1470、1471页。

党成立之初就流行过。对此，毛泽东在中华人民共和国成立前夕写的《唯心历史观的破产》一文中曾作了很有说服力的回答。他说："马克思列宁主义来到中国之所以发生这样大的作用，是因为中国的社会条件有了这种需要，是因为同中国人民革命的实践发生了联系，是因为被中国人民所掌握了。任何思想，如果不和客观的实际的事物相联系，如果没有客观存在的需要，如果不为人民群众所掌握，即使是最好的东西，即使是马克思列宁主义，也是不起作用的。"[①]

对近代世界的被压迫民族来说，要打倒压迫民族和封建势力，为本民族的发展扫除政治障碍，一般遵循的是资产阶级的学说，走的是资产阶级革命的道路。然而在中国，民族民主革命的胜利却是在科学社会主义的指导下取得的。究其原因，大体有三点：

第一，科学社会主义在中国的物质承担者——中国共产党人，同时肩负了无产阶级解放和中华民族解放两大历史使命，既是无产阶级的先锋队，也是中华民族的先锋队。在中国的具体条件下，本来应当由资产阶级负责完成的反帝反封建和实现国家工业化的任务，因为资产阶级自身天生的软弱性、局限性而统统落在了共产党人的肩上。从我们党创建之初的党员和早期领导人的经历可以看出，他们中的大多数都是从民族主义立场走向科学社会主义的，既是共产主义者，也是爱国主义者。

第二，科学社会主义的基本原理与中国实际情况的结合，为中华民族的解放提供了切实可行的方案。我们党在奋斗过程中经过几次失败，终于产生了马克思主义同中国革命实际相结合的理论成果——毛泽东思想。其中包括：中国革命要分两步走，先实行彻底反帝反封建的新民主主义革命，再实行社会主义革命；中国资产阶级有两个部分，一部分是依附于帝国主义的大资产阶级，另一部分是既有革命要求又有动摇性的民族资产阶级，无产阶级领导的统一战线要争取民族资产阶级参加；中国革命只能以长期的武装斗争为主要形式，建立党领导的完全新型的与人民血肉相连的人民军队；农民是无产阶级最可靠的同盟军，中国革命战争可以而且只能是无产阶级领导的以农民为主体的战争，建立农村根

[①] 《毛泽东选集》第四卷，人民出版社1991年版，第1515页。

据地，走农村包围城市的道路。事实说明，这些主张完全符合中国实际，因此在我们党领导下，用不太长的时间就推翻了压在中国人民身上的"三座大山"。

第三，科学社会主义的实践者——中国共产党人，言行一致、以身作则、英勇奋斗，为中华民族的解放做出了榜样。我们党成立时只有50多名党员，以后几经发展、锐减、再发展，到新中国建立时达到449万人。在这个过程中，为革命牺牲的党员和群众约有2000万人，仅民政部门公布的有姓名可考的烈士就有175万。共产党不仅武装反抗官僚买办资产阶级与地主阶级相互勾结的反动统治，而且在民族危亡的关头，摒弃前嫌，积极争取与国民党再次合作，建立抗日民族统一战线，并在抗日战争中发挥了中流砥柱的作用；不仅深入民众，密切联系和紧紧依靠群众，而且给人民实实在在看得见的物质利益，从而用实际行动表明自己是中华民族的优秀儿女和忠实代表。中国绝大多数老百姓正是通过共产党的正确主张和共产党人的模范行动，认识并站到了科学社会主义一边。

胡锦涛在庆祝建党90周年大会上的讲话将我们党的奋斗史概括为"完成和推进了三件大事"。其中，第一件大事是依靠人民完成了新民主主义革命，实现了民族独立、人民解放，使中华民族发展进步从此开启了新的历史纪元；第二件大事是依靠人民完成了社会主义革命，确立了社会主义制度，创造性地实现了由新民主主义到社会主义的转变，使中国进入社会主义社会，建立起独立完整的工业体系和国民经济体系，积累了在社会生产力水平十分落后的国家进行社会主义建设的重要经验。这第二件大事，正是我们党在完成第一件大事的基础上，面对当时的国际环境，审时度势，为中华民族抓住了一次千载难逢的发展机遇的结果，是为中华民族伟大复兴立下的第二个大功劳。

近些年有一种舆论，认为当初继续搞新民主主义就好了，指出向社会主义过渡、实行计划经济体制和生产资料的国有化公有化都是错误的。这种看法要么是根本反对社会主义，要么是没有把问题放在特定的历史条件下来分析。我们党是共产党，我们党的奋斗目标是在中国实行没有剥削的社会主义制度，这是早在民主革命时期就向人民承诺的。但是，面对旧中国留下的烂摊子和工业落后、科技力量薄弱、资金匮乏的实际情况，以毛泽东为核心的党的第一代中央领导集体在中华人民共和国成立前夕和成立初期，曾考虑先重点发展农业和轻工业，相应地实行新民主主义政策，待条件具备时，再重点发展重工业，相应实行社会主义政策。然而随着国际形势的变化，特别是朝鲜战争爆发后，以美国为首的帝国主义国家对中国安全构成直接威胁，使发展重工业的问题显得十分迫切；苏联答应对我国第一个五年计划建设给予全面援助，使以发展重工业为重点的设想具有了现实的可行性。正是在这个背景下，毛泽东于1952年在讨论"一五"计划方针和听取周恩来、陈云与斯大林会谈情况汇报的中共中央书记处会议上，提出了提前向社会主义过渡的问题。《毛泽东传》指出："这是一次十分重要的会议。毛泽东这个讲话表明，他关于由新民主主义向社会主义转变的步骤、方法，同原来的设想，发生了变化。"[①] 可见，如果当年没有先进工业国苏联答应全面援助，我们当然只能按原计划先搞一段新民主主义，然后再搞社会主义。但是，当苏联表示同意全面援助时，如果我们党仍不及时改变原来的打算，相应作出提前向社会主义过渡的决策，那就不可能适应优先发展重工业的战略，不可能进行大规模工业化建设，不可能在那么困难和那么短的时间里建成独立的完整的工业体系和国民经济体系，也就不可能为今天的现代化建设提供那么坚实的物质基础，不可能有今天的中国特色社会主义，而且很可能直到今天仍然处于工业化初期，甚至连印度的水平都不如。因此，提前向社会主义过渡不仅不是什么失误，相反是新中国第一代领导人为中华民族伟大复兴抓住的又一次历史性机遇，是中国共产党为中华民族立下的意义不亚于推翻三座大山的又一个巨大功劳。

在向社会主义过渡中，由于犯了"左"的急于求成的毛病，使本来要用十几年完成的过渡，不到四年就过渡完了，这就难免出现要求过急、工作过粗、改变过快、形式过于简单的问题。而且，在过渡完成以后，随着时间推移，生产资料所有制结构和计划经济体制也暴露出不少问题。对此，我们党曾提出过"探索中国社会主义建设规律"的任务，甚至提出过"三为主、三为辅"的改革方案，即以国家与集体经营为主、以个体经营

[①]《毛泽东传（1949—1976）》上，中央文献出版社2003年版，第237页。

为辅，以计划生产为主、以按市场变化进行的自由生产为辅，以社会主义统一市场为主、以国家领导的自由市场为辅。但由于种种原因，这些设想和试验后来要么未能坚持，要么根本未能实行。相反，随着指导思想的日趋"左"倾，在经济建设上急于求成、所有制上过于求纯、在计划管理上越统越死的现象益发严重。

面对这些问题，以邓小平为核心的党的第二代中央领导集体于20世纪70年代末，抓住国内"四人帮"已被粉碎、广大群众强烈要求纠正过去"左"的错误，国际形势趋于缓和、西方国家实行产业结构调整、国际金融市场流动性增强等等有利条件，在党的十一届三中全会适时作出把工作重点转移到经济建设和实行改革开放总方针的决策，从而在前30年社会主义建设的基础上，开始了向中国特色社会主义的转变，使中国共产党在为中华民族复兴而奋斗的过程中第三次抓住了历史性机遇。

从党的十三届四中全会到十六大，以江泽民为核心的党的第三代中央领导集体高举邓小平理论伟大旗帜，继承、发展改革开放伟大事业，在国内外政治风波、经济风险等严峻考验面前，紧紧依靠党和人民，捍卫了中国特色社会主义；并成功地将原有的计划经济体制过渡到社会主义市场经济新体制，以发展中国家身份加入了世界贸易组织，开创了改革开放新局面；同时推进党的建设新的伟大工程，创立了"三个代表"重要思想，引领改革开放的航船沿着正确方向继续前进。

党的十六大以来，以胡锦涛为总书记的党中央，面对风云变幻的国际形势和繁重的国内改革发展稳定任务，以邓小平理论和"三个代表"重要思想为指导，顺应国内外形势的发展变化，紧紧抓住和用好我国发展的重要战略机遇期，提出并贯彻落实科学发展观，战胜了国内与国际、自然界与社会的一系列严峻挑战，把中国特色社会主义事业推进到一个新的发展阶段。

在改革开放的三十多年里，我们党把马克思主义基本原理与我国国情和时代特征相结合，坚持和丰富了党的基本理论、基本路线、基本纲领、基本经验，产生了党在推进马克思主义中国化进程中的第二大理论成果——中国特色社会主义理论体系。这一理论体系包括邓小平理论、"三个代表"重要思想、科学发展观等重大战略思想，系统回答了在中国这样一个十几亿人口的发展中大国建设什么样的社会主义、怎样建设社会主义，建设什么样的党、怎样建设党，实现什么样的发展、怎样发展等一系列重大问题。这一理论体系继承和发展了毛泽东思想，使我国成功实现了从高度集中的计划经济体制到充满活力的社会主义市场经济体制、从封闭半封闭到全方位开放的伟大历史转折；指导我国以世界上少有的速度持续快速发展起来，使GDP达到年均增长9.8%，经济总量从世界第十位跃至世界第二位，进出口总额从世界第29位上升到世界第二位，人民生活从温饱不足发展到总体小康，农村贫困人口从两亿五千多万减少到两千多万（按第二个扶贫标准算），并在政治建设、文化建设、社会建设领域都取得了举世瞩目的成就，为世界经济发展和人类文明进步作出了重大贡献。事实说明，只有中国特色社会主义最符合中国的国情。

只有中国特色社会主义能引领中华民族实现伟大复兴

什么是中华民族的伟大复兴？自从孙中山提出"振兴中华"的口号后，始终没有一个明确的表述。国外有的学者计算，中国自秦代以来，直至清代康乾时期，经济总量始终处于世界第一位，且占世界经济总量的三分之一左右。如果这种说法是确实的，那么是否要到中国GDP重新处于世界第一，重新占据世界三分之一，才算中华民族实现了复兴呢？我国从2010年起，GDP超过日本，跃居世界第二，但在世界经济总量也仅占十分之一。现在国际上对我国GDP超过美国、跃居世界第一的时间有各种推测，最短的说是2016年，最晚的说是2030年。无论长短，只要按现在的速度发展下去，中国GDP最终超过美国应当不成问题。但即使那时，中国GDP仍然不会占据世界的三分之一。因此把这作为中华民族复兴的标志，我认为是不现实的，也是没有必要的。

毛泽东在1956年说："1911年的革命，即辛亥革命，到今年，不过45年，中国的面目完全变了。再过45年，就是2001年，也就是进到21世纪的时候，中国的面目更要大变。中国将变为一个强大的社会主义工业国。中国应当这样。因为中国是一个具有960万平方公里土地和6万万人口的国家，中国应当对于人类有较大的贡献。"① 他还说过："中国的人口多、底子薄，经济落后，要使生产力很大地发展起来，要赶上和超过世界上最先进的资本主义国家，没有一百多年的时间，我看是不行的。"② 后来，他又提出要在 20 世纪末实现工业、农业、科学文化和国防现代化。③ 可见，按照他的观点，所谓中华民族复兴，就是要用 50 年内外到 100 年内外的时间，把中国建成强大的社会主义工业国，实现四个现代化，赶上和超过世界上最先进的资本主义国家。

邓小平从毛泽东的这个设想出发，在 20 世纪 80 年代提出了"三步走"战略。他说："本世纪走两步，达到温饱和小康，下个世纪用三十年到五十年时间再走一步，达到中等发达国家的水平。""如果达到这一步，第一，是完成了一项非常艰巨的、很不容易的任务；第二，是真正对人类作出了贡献；第三，就更加能够体现社会主义制度的优越性。"④ 根据邓小平提出的战略，党的十五大把 21 世纪的头 50 年分为三个阶段，即头 10 年实现 GDP 比 2000 年翻一番，再用 10 年使国民经济更加发展、各项制度更加完善，到世纪中叶基本实现现代化；并明确提出，社会主义初级阶段"是逐步缩小同世界先进水平的差距，在社会主义基础上实现中华民族伟大复兴的历史阶段。这样的历史进程，至少需要一百年时间"。⑤ 在这个基础上，党的十六大、十七大把 21 世纪头 50 年分为两个阶段，即头 20 年基本实现工业化，到世纪中叶基本实现现代化。党的十八大报告进一步提出，要在 2020 年全面建成小康社会，并把党的十七大报告说的 2020 年人均国内生产总值比 2000 年翻两番改为 2020 年城乡居民人均收入比 2010 年翻一番。这些表明，从中华人民共和国成立算起，大约要用 100 年时间，使中国达到中等发达国家水平。我认为到了那时，就大体可以说中华民族实现伟大复兴了。

如果上述理解不错的话，从现在起到 2050 年还有大约四十年。这与

---

① 《毛泽东文集》第七卷，人民出版社 1999 年版，第 156—157 页。
② 《毛泽东文集》第八卷，人民出版社 1999 年版，第 302 页。
③ 同上书，第 116—162 页。
④ 《邓小平文选》第三卷，人民出版社 1993 年版，第 251、224 页。
⑤ 《十五大以来重要文献选编》上，人民出版社 2000 年版，第 16 页。

鸦片战争至今的170年相比，时间并不算长。但中国有句老话，叫"行百里者半九十"，意思是做一件事，越到临近完成，难度越大。从工业化的角度看，我国目前正处于最终达标的冲刺阶段。对于中华民族来说，这个阶段既充满机遇，也存在挑战；既有来自内部的挑战，也有来自外部的挑战；既有可以预见的风险，也有不可预见的风险。

首先，从国内看。在经济上，增长方式粗放和发展不平衡的问题仍然严重，产能过剩、民生欠账的问题突出，石油、铁矿石等能源、原料对外依存度越来越高，粮食产量继续增加的空间越来越小，防范金融风险的任务越来越重，解决分配不公、贫富差距过大问题的时间越来越紧迫，人民群众对提高生活品质的愿望越来越强烈。在政治上，党风不正、官僚主义严重、腐败案件频发的状况尚未根本好转，随着互联网的普及和新媒体的出现，遏制新自由主义、民主社会主义、历史虚无主义和普世价值观等错误思潮泛滥的任务更加艰巨，维护社会稳定的任务越来越繁重。而两极分化、少数党员领导干部腐化、意识形态领域资产阶级自由化思潮泛滥等问题，都与社会稳定状况之间又有直接的关系。

其次，从国际看。以美国为首的资本主义世界利用自己经济、科技、军事、意识形态等方面的优势地位，对中国采取遏制加接触两手政策。在遏制方面，它们挑拨其他国家与中国的关系，鼓动、组织中国周边的反华势力，支持、资助中国内部的分裂和敌对势力。近年来，我国与周边一些国家在领土、领海问题上的争端加剧，我国一些少数民族地区的分裂活动呈上升趋势，背后都有它们的插手。在接触方面，它们对我国着重进行意识形态渗透。早在1945年，美国政治家杜勒斯就提出对社会主义国家"和平演变"的战略。他说："人的脑子、人的意识，是会变的。只要把脑子弄乱，我们就能不知不觉改变人们的价值观念，并迫使他们相信一种经过偷换的价值观念。""我们要从青少年抓起，要把主要的赌注压在青年身上，要让它变质、发霉、腐烂。""文学、戏剧、电影——一切都将表现和歌颂人类最卑劣的情感。我们将使用一切办法去支持和抬举一批所谓的艺术家，让他们往人类的意识中灌输……一切不道德行为的崇拜。""我们将不知不觉地，但积极地和经常不断地促进官员们的恣意妄为，让他们贪贿无度，丧失原则。""只有少数人，极少数人，才能感觉到或者认识到究竟发生了什么。但是我们会把这些人置于孤立无援的境地，把他们变成众人耻笑的对象。"① 为了实施"和平演变"战略，他们不惜拨付巨额资金，在社会主义国家中寻找和培养"利益代理人"。事实证明，他们的这套做法确实收到了相当成效。

最早提出要警惕和反对"和平演变"的战略是毛泽东，后来，邓小平也多次提醒人们注意这个问题。他说："美国还有西方其他一些国家，对社会主义国家搞和平演变。美国现在有一种提法：打一场没有硝烟的战争。我们要警惕。资本主义是想最终战胜社会主义，过去拿武器，用原子弹、氢弹，遭到世界人民的反对，现在搞和平演变。"② 陈云也说过："从历史事实看，帝国主义的侵略、渗透，过去主要是'武'的，后来'文'、'武'并用，现在'文'的（包括政治的、经济的和文化的）突出起来，特别是对社会主义国家搞所谓的'和平演变'。"③ 江泽民主持中央工作后，针对新的情况进一步指出："西方敌对势力加紧以各种手段和方式对我国施行'西化'、'分化'的政治战略，企图颠覆中国共产党的领导和中国的社会主义制度。……他们不断利用所谓人权、民主、自由、民族、宗教问题和达赖、台湾问题等向我们发难。他们还与流亡在外的所谓'民运分子'和我国境内的敌对分子相勾结，企图联手行动。我们与国内外各种敌对势力在渗透与反渗透、颠覆与反颠覆上的斗争将是长期的复杂的。这是阶级斗争在我国一定范围内仍然并将长期存在的主要表现。"④

另外，在领土、领海、市场、资源、金融等问题上，我国与相关国家的矛盾也在加剧。例如，我国周边一些国家在美国"重返亚洲"战略的怂恿下，加大了与我国领土领海的争夺；欧美国家贸易保护主义上升，一些资源大国抬高出口价格，美国搞量化宽松、滥发货币，等等。

指出这些风险，不是要被它们吓住，而是要使自己保持清醒，防止被成就、胜利冲昏头脑。我们党自诞生之日起，从来是在困难和战胜困难中

---

① ［俄］尼古拉·伊万诺维奇·雷日科夫：《大国悲剧——苏联解体的前因后果》（修订版），新华出版社2010年版，第1—3页。
② 《邓小平文选》第三卷，人民出版社1993年版，第325—326页。
③ 《陈云文选》第三卷，人民出版社1995年版，第370页。
④ 江泽民：《论"三个代表"》，中央文献出版社2001年版，第61页。

度过的。同样，对于今天和明天的困难，也要树立战胜它们的信心和勇气。因为，我们面前既存在困难，也存在战胜困难的有利条件。其中最为有利的条件，就是我们选择了中国特色社会主义的道路。

第一，中国特色社会主义具有能保证在政治稳定中高速发展的制度优势。

党的十八大报告指出："中国特色社会主义制度，就是人民代表大会制度的根本政治制度，中国共产党领导的多党合作和政治协商制度、民族区域自治制度以及基层群众自治制度等基本政治制度，中国特色社会主义法律体系，公有制为主体、多种所有制经济共同发展的基本经济制度，以及建立在这些制度基础上的经济体制、政治体制、文化体制、社会体制等各项具体制度。"[①] 报告强调，中国特色社会主义制度是中国特色社会主义事业的根本保障。

人类的发展道路具有多样性，可以也应当相互借鉴，但不存在"普适"的模式。我们不赞成中国照搬别国经验，也不赞成别国照搬中国经验。如果说有一个"中国模式"，这个模式只能是社会主义制度中的一种模式。如果说有一条"中国道路"，这条道路只能是中国特色的社会主义道路。如果说这条道路具有"普适"的意义，这个意义只能是马克思主义的普遍真理与本国具体情况相结合。有人说"中国模式"是"一党执政＋市场经济"，这种理解过于偏颇。中国发展速度之所以比较快，在最近世界金融危机、经济危机中受到的冲击之所以比较小，并不是由于中国只有一个党执政，更不是由于这个党实行了什么专制制度，而是由于这个党是一个以马克思主义科学理论为指导、以为人民服务为宗旨、以民主集中制为制度的党；并不是由于中国实行了市场经济，而是由于这个市场经济是与社会主义基本制度相联系，以公有制和按劳分配为主体，服从国家宏观控制的市场经济。事实证明，中国特色社会主义制度，既有利于调动人的积极性，有利于让一切劳动、知识、技术、管理和资本的活力竞相迸发，让一切创造社会财富的源泉充分涌流；又有利于提高决策的效率，有

---

① 胡锦涛：《坚定不移沿着中国特色社会主义道路前进，为全面建成小康社会而奋斗》，人民出版社2012年版，第12—13页。

利于集中力量办大事，有利于社会各种利益群体的总体和谐，有利于各个民族、各种信仰的人在祖国统一、民族伟大复兴大业基础上的大团结。这个制度已经保证了当代中国过去三十多年的发展，也一定可以保证它在今后的发展。

第二，中国特色社会主义具有马克思主义中国化的理论优势。

党的十八大报告指出：中国特色社会主义理论体系是中国特色社会主义事业的行动指南，而这个理论体系"就是包括邓小平理论、'三个代表'重要思想、科学发展观在内的科学理论体系，是对马克思列宁主义、毛泽东思想的坚持和发展。"[①] 科学发展观是以胡锦涛为总书记的中共中央在进入新世纪后提出的。它的要点是在坚持以经济建设为中心的前提下，更加突出发展的目的是满足人民日益增长的物质文化需要，发展的成果由人民共享，走共同富裕的道路；使经济建设与政治建设、文化建设、社会建设四位一体，全面推进；实现速度和经济结构、质量、效益相统一，经济发展与人口、资源、环境相协调；统筹城乡发展、区域发展、经济社会发展、人与自然和谐发展、国内发展和对外开放，统筹中央和地方关系，统筹个人和集体、局部和整体、当前和长远的利益。它所针对的，正是中国发展中已经出现和将要出现的各种问题。可以预见，只要把科学发展观落到实处，中国发展道路上的障碍将会得到有效的克服和抑制，中国的发展一定可以实现可持续。

第三，中国特色社会主义具有和平发展的外交优势。

中国特色社会主义在外交上的延伸，就是走和平发展的道路。中国近代以来曾有过受尽欺凌、侮辱的历史，与世界上各被压迫民族有着共同的命运和感受。中华人民共和国成立不久，周恩来总理便同印度、缅甸的领导人提出著名的和平共处五项原则，又在印尼万隆召开的亚非29国首脑会议上提出求同存异、加强团结的方针，坚定站在亚非拉发展中国家一边，积极发展同尚未建交的西方国家之间的民间外交，赢得了国际社会的普遍尊重和广泛赞誉。20 世纪 70 年代，中国调整了外交工作的战略，恢

[①] 胡锦涛：《坚定不移沿着中国特色社会主义道路前进，为全面建成小康社会而奋斗》，人民出版社 2012 年版，第 12 页。

复了在联合国的合法席位，打开了外交工作的新局面。改革开放后，随着国际形势的发展变化，我们党在战争与和平的问题上作出了新的判断，并改变了一度实行的"一条线"战略，奉行互利共赢的全方位的开放战略，推动建设持久和平、共同繁荣的和谐世界，坚持同发达国家加强战略对话，贯彻同周边国家睦邻友好、务实合作的方针，深化同广大发展中国家的传统友谊，积极参与多边事务和热点地区问题的解决，推动国际秩序朝着公正合理的方向发展，为自身发展营造了相对和谐的国际环境。

把发展作为第一要务和走和平发展道路，并不意味着中国为了发展就会吞下任何侵害其核心利益的苦果。西方某些政治家误认为中国会服从美国的战略利益，任何情况下都会忍受。中国近代和现代历史表明，中国从来没有威胁和欺负过别人而总是被别人所威胁和欺负。中国选择走中国特色社会主义道路，这就意味着即使今后强大了，也绝不会以强凌弱，更不会像当年德国、日本那样，为了和先期强大的资本主义国家争夺殖民地而发动侵略战争。同时，从新中国对国家独立、领土和主权完整的一贯立场上也可以看出，在涉及领土、主权的问题上中国从不惧怕威胁，也从来没有退让过、妥协过。中华人民共和国成立初期，尽管综合国力还很弱，国内困难很多，但为了国家安全，仍然出兵抗美援朝，并且进行了中印边界、中苏边界、中越边界的自卫反击战，下决心成功研制了"两弹一星"。今天，我国综合国力与那时相比不知强大多少倍，如果有人想乘机侵害中国的领土和主权，更是不可能得逞的。以中国的幅员、人口和经济总量，只要自己不乱，任何外来势力都奈何不了我们。

第四，中国特色社会主义具有共产党领导的政治优势。

走中国特色社会主义道路的前提是中国共产党的领导。历史告诉我们，中华民族要战胜前进道路上的困难，最关键的就是坚持党的领导。今天，要把中国13亿人民团结在一起，沿着正确道路前进，保持昂扬向上的精神状态，并使中国最大限度地处于外有和平、内有稳定的环境，除了中国共产党，没有任何政治力量能够做到。习近平同志在2012年省部级主要领导干部专题研讨班结业式上，概括了我们党经过长期奋斗形成的理论优势、政治优势、组织优势、制度优势和与人民群众密切联系的优势等五个独特优势，无论对于我们充分认识坚持党的领导的必要性，还是珍惜、继承和发扬党的这些优良传统和宝贵资源，都具有特别重要的意义。

帝国主义预言家们自从我们党成立和中华人民共和国成立以来，一直在唱"中共灭亡论""中国崩溃论"等论调，已经唱了90多年。但我们党和国家并没有被骂倒，相反，伴随骂声不断壮大。因为，我们党有一个立党为公、全心全意为人民服务的宗旨，有一个最为科学并不断与时俱进的指导理论和重视理论学习、不断总结经验的传统，有一个解放思想、实事求是的思想路线，有一个从中央到地方、遍布各系统各领域的严密组织系统和纪律检查系统，有一个理论联系实际、密切联系群众、批评与自我批评的传统作风，有一个为中华民族伟大复兴奋斗90多年和执政60多年的历史。正是这些，使她具有长盛不衰的生命力，有凝聚13亿人民的亲和力，有带领人民共同奋斗的动员力，有克服一切困难而不被困难所征服的战斗力。

我们党过去曾犯过这样或那样的错误，有时犯的还是大错误，即使今天也有缺点、错误，今后也不能保证不犯错误。但是，这些缺点和错误并不代表我们党的本质，与我们党为中华民族伟大复兴已做出的和正在做出的贡献相比都是第二位的；而且，我们党具有勇于承认、改正错误和善于从错误中汲取教训的精神和能力，历史上犯过的错误都是我们党自己发现、自己纠正的。我们党在不同时期也出现过叛徒、汉奸、野心家、腐败分子等形形色色的坏人，有的还是高级干部，甚至是党和国家的领导人，今后也不能保证不出这样的人。但是，这种人在任何时候都是极少数，被凝聚在中国共产党身边的，绝大多数都是中华民族的优秀儿女。而且，那些坏人尽管有时看起来不可一世，但迟早都会被揭露出来。这是因为，我们党的性质、宗旨、纲领、路线、作风决定了，她对一切信仰马克思主义、立志为国为民效力的人具有极大的吸引力，她与一切以权谋私、贪赃枉法的行为都格格不入。

我们要看到一部分党员干部腐败和官僚主义、形式主义蔓延，又要看到绝大多数党员和广大基层干部在为国家为人民积极工作、默默奉献、忍辱负重；要看到人民群众对我们党一部分党员和干部腐败行为的确强烈不满，又要看到现在有相当多的人特别是青年学生强烈要求入党；要看到要求入党的人中的确有很多动机不够端正，又要看到对于大多数党员来说，入党动机往往都是通过入党后的教育和学习、实践，逐步加以端正的；要看到有一些愿意为人民服务、品行端正的人，由于党内腐败现象而不愿意入党，又要看到大多数要求入党的人能够把腐败分子、腐败现象与我们党的本质加以区别；要看到中华人民共和国成立前的党员在党员比重中已越来越小，又要看到青年人成为党员主体是党保持活力、后继有人的象征；要看到群众中存在对党和政府工作的信任危机，又要看到广大群众对党和政府的满意度、信任度与世界各国的同类民意调查结果相比，都是最高的。要看到我国存在"中间梗阻"的现象和一些方面效率不够高的问题，又要看到我国各级政府的执行力总体上还是很强的，起码不比发达国家差。

习近平当选党中央总书记后，在第一次对媒体讲话中就说："在五千多年的文明发展历程中，中华民族为人类文明进步作出了不可磨灭的贡献。近代以后，我们的民族历经磨难，中华民族到了最危险的时候。自那时以来，为了实现中华民族伟大复兴，无数仁人志士奋起抗争，但一次又一次地失败了。中国共产党成立后，团结带领人民前仆后继，顽强奋斗，把贫穷落后的旧中国变成日益走向繁荣富强的新中国，中华民族伟大复兴展现出前所未有的光明前景。我们的责任，就是要团结带领全党全国各族人民，接过历史的接力棒，继续为实现中华民族伟大复兴而努力奋斗，使中华民族更加坚强有力地自立于世界民族之林，为人类作出新的更大的贡献。"[1] 我们有理由相信，只要全党全国各族人民紧密团结在以习近平同志为核心的党中央周围，毫不动摇地坚持中国特色社会主义这个当代中国发展进步的根本方向，全面小康社会就一定能如期建成，中华民族伟大复兴的夙愿就一定能最终实现。

---

[1] 习近平：《人民对美好生活的向往就是我们的奋斗目标》，《人民日报》2012年11月16日。

在中国特色社会主义道路上实现中华民族的伟大复兴[*]

自从苏东剧变和1989年政治风波以来，我们党举什么旗、我们国家走什么路，一直是摆在全党全国人民面前的一个突出而尖锐的问题。每次党代会召开之前，国内外舆论界出现的种种噪音杂音无不说明，敌对势力和各种社会思潮的代表人物同样很关心这个问题，总是试图诱导我们党放弃中国特色社会主义旗帜、我们国家改变中国特色社会主义道路。正因为如此，从党的十四大开始，每逢党代会召开前夕，总书记总要通过到中央党校发表重要讲话，统一全党思想，回应各方面的传言和猜测，为党代会的胜利召开奠定政治、思想、理论基础。

2002年党的十六大前夕，江泽民同志在中央党校省部级领导干部进修班毕业典礼上讲话，强调在建设有中国特色社会主义的道路上实现中华民族的伟大复兴。2007年党的十七大前夕，胡锦涛总书记在中央党校省部级领导干部进修班发表讲话，强调中国特色社会主义是当代中国发展进步的旗帜，是全党全国各族人民团结奋斗的旗帜，要毫不动摇地坚持和发展中国特色社会主义。2012年我们党要召开十八大，胡锦涛总书记又于7月23日，到中央党校省部级主要领导干部专题研讨班上发表重要讲话，再次强调要高举中国特色社会主义伟大旗帜，坚定不移沿着中国特色社会主义道路前进，为全面建成小康社会而奋斗。这些都表明，我们党面对全国人

---

[*] 这是作者在2012年8月一次报告稿基础上修改成的文章，曾在《中共云南省委党校学报》2012年第5、6两期上连载。

民的期待和历史与时代的考验，不为任何风险所惧，也不为任何干扰所惑；既不会走封闭僵化的老路，也不会走改旗易帜的邪路，而是要一如既往地高举中国特色社会主义旗帜，毫不动摇地走党和人民在长期实践中开辟出来的这条正确道路。

一　只有走中国特色社会主义道路才能适应中华民族伟大复兴事业的客观需要

（一）走社会主义道路是中华民族争取复兴的必然选择

中国特色社会主义作为一种政治理论、社会实践、社会制度形态，归根结底属于科学社会主义范畴。中华民族今天之所以走上中国特色社会主义道路，首先是因为它在争取自身解放的道路上，选择了科学社会主义的缘故。因此，要弄清中华民族为什么只能在中国特色社会主义道路上实现自己的伟大复兴，首先应当弄清楚当年它为什么会选择科学社会主义而没有选择别的主义，为什么会走上社会主义道路而没有走上别的道路。

"鸦片战争以后，中国逐步成为半殖民地半封建社会，列强对中国的侵略步步进逼，封建统治日益腐败，祖国山河破碎、战乱不堪，人民饥寒交迫、备受奴役。救亡图存的民族使命迫在眉睫。争取民族独立、人民解放，实现国家富强、人民富裕，成为中国人民必须完成的历史任务。在那个风雨如晦的年代，为改变中华民族的命运，中国人民和无数仁人志士进行了千辛万苦的探索和不屈不挠的斗争。太平天国运动，戊戌变法，义和团运动，不甘屈服的中国人民一次次抗争，但又一次次失败。孙中山先生领导的辛亥革命，结束了统治中国几千年的君主专制制度，对推动中国社会进步具有重大意义，但也未能改变中国半殖民地半封建的社会性质和中国人民的悲惨命运。事实证明，不触动封建根基的自强运动和改良主义，旧式的农民战争，资产阶级革命派领导的革命，照搬西方资本主义的其他种种方案，都不能完成中华民族救亡图存的民族使命和反帝反封建的历史任务。要解决中国发展进步问题，必须找到能够指导中国人民进行反帝反封建革命的先进理论，必须找到能够领导中国社会变革的先进社会力量。"胡锦涛总书记在庆祝建党90周年大会上的这段话，高度概括了从鸦片战争至中国共产党诞生之前,中华民族为改变悲惨命运而进行抗争的历程和结果,充分阐释了中国人民最终选择工人阶级而不是资产阶级领导民族民主革命的原因。

中华民族为了复兴,曾使用过各种思想武器,但没有什么思想武器可以抗御帝国主义。旧的顽固的封建主义的思想武器打了败仗了,抵不住,宣告破产了。不得已,被迫从帝国主义的老家即西方资产阶级革命时代的武器库中学来了进化论、天赋人权论和资产阶级共和国等多项思想武器和政治方案,组织过政党,举行过革命,以为可以外御列强,内建民国。但是这些东西也和封建主义的思想武器一样,软弱得很,又是抵不住,败下阵来,宣告破产了。直到一次大战,俄国人举行了十月革命,创立了世界上第一个社会主义国家。"这时也只有在这时,中国人从思想到生活,出现了一个崭新的时期。中国人找到了马克思列宁主义这个放之四海而皆准的普遍真理,中国的面目就起了变化。"① "走俄国人的路——这就是结论。"② 毛泽东在纪念中国共产党成立 28 周年文章中写的这段话,生动地反映中华民族的先进分子通过各种学说的比较,最终选择马克思主义并通过与工人运动的结合创立中国共产党的过程。

十月革命之后,在中国爱国的知识界、思想界中,大体流行过以下几种思潮:一是民族主义,二是自由主义或曰个人民主主义,三是社会主义。在社会主义思潮中,又分为民主社会主义和科学社会主义,即马克思主义。这几种思潮较量的结果,科学社会主义占了上风,得到了大多数先进知识分子的赞同和大多数中国人的拥护。因为它是建立在辩证唯物主义、历史唯物主义这一科学世界观基础之上的政治学说,能够科学地回答中国沦为殖民地半殖民地境遇的根本原因,也能科学地指明中国摆脱这种境遇的有效出路。而民族主义虽然对于人们增强民族的危机感和忧患意识、促使中华民族觉醒和团结奋斗具有积极意义,但它解释不了中华民族衰落挨打的根本原因,也拿不出解决中华民族危亡问题的可行办法。自由主义虽然有助于冲破封建思想的禁锢,解放和发展个性,但它把个人的自

---

① 《毛泽东选集》第四卷,人民出版社 1991 年版,第 1470 页。
② 同上书,第 1471 页。

由和权利摆在民族、国家的自由和权利之上,只看重少数知识分子精英的自由和权利,忽视甚至反对广大劳动群众的自由和权利,同样不可能成为凝聚中华民族的思想武器。因此,无论民族主义还是自由主义,最终都没有被中华民族选作为复兴而奋斗的指导思想。至于民主社会主义,它虽然强调公平、正义,但却反对实行无产阶级革命和专政,实质上主张改良的资本主义,同样不符合半殖民地半封建的中国的实际,解决不了中华民族伟大复兴的问题,难以成为中华民族为复兴而奋斗的指导思想。

现在有人讲,马克思主义之所以被中国人接受,是受外国共产党蛊惑的结果,是一种历史的误会。这种说法早已有之。对此,毛泽东在《唯心历史观的破产》一文中曾回答道:"马克思列宁主义来到中国之所以发生这样大的作用,是因为中国的社会条件有了这种需要,是因为同中国人民革命的实践发生了联系,是因为被中国人民所掌握了。任何思想,如果不和客观的实际的事物相联系,如果没有客观存在的需要,如果不为人民群众所掌握,即使是最好的东西,即使是马克思列宁主义,也是不起作用的。"[①]

(二)以社会主义为取向的中国革命解决了中华民族伟大复兴道路上的政治障碍问题

对近代世界的被压迫民族来说,要打倒压迫民族和封建势力,为本民族的发展扫除政治障碍,一般遵循的是资产阶级的学说,走的是资产阶级革命的道路。然而在中国,民族民主革命的胜利却是在科学社会主义指导和中国共产党领导下取得的。究其原因,大体有三点:

第一,科学社会主义在中国的物质承担者中国共产党人同时肩负了无产阶级解放和中华民族解放两大历史使命。中国历史决定了民族资产阶级同帝国主义和封建势力有着千丝万缕的联系,因此在经济上和政治上都异常软弱,不愿也不能彻底推翻帝国主义和封建势力,不可能担负领导中国民族民主革命的任务。而中国共产党所代表的中国工人阶级,身受本国资产阶级、封建势力和外国帝国主义的三重压迫,因此,要争得自身解放,

---

[①] 《毛泽东选集》第四卷,人民出版社1991年版,第1515页。

不仅要反抗资本主义的剥削,还必须反抗帝国主义和封建势力。这就决定了中国共产党不但要代表工人阶级的利益,也要代表农民阶级和整个民族的利益;不但是工人阶级的先锋队,也是中国人民和中华民族的先锋队;"不但是为着建立新民主主义的国家而斗争,也是为着中国的工业化和农业近代化而斗争。"[①] 在中国的具体条件下,本来应当由资产阶级负责完成的反帝反封建和实现国家工业化的任务,统统落在了共产党人的肩上。从我们党早期领导人和党员的经历也可以看出,他们中的大多数都是从民族主义立场走向科学社会主义的,既是共产主义者,同时也是爱国主义者。

第二,科学社会主义的基本原理与中国实际情况的结合为中华民族的解放提出了切实可行的主张。马克思主义只是行动的指南,而不是教条,如果不与本国实际结合,不仅是无用的,甚至是有害的。我们党在奋斗过程中经过几次失败教训,终于把马克思主义同中国革命的实际有机地结合在了一起,并产生了这一结合的理论成果——毛泽东思想。其中包括:革命要分两步走,先实行新民主主义,再实行社会主义;走武装斗争和农村包围城市的道路,建立党领导的完全新型的与人民血肉相连的人民军队;建立巩固的工农联盟和包括民族资产阶级、城市小资产阶级在内的广泛的统一战线,等等。由于这些主张符合实际,所以引导中国革命仅仅用28年的时间,便推翻了帝国主义、封建主义和官僚资本主义这三座大山,实现了中华民族的独立、统一和大团结,为中华民族的繁荣富强扫清了最大的政治障碍。

第三,科学社会主义的实践者中国共产党人为中华民族的解放做出了最大牺牲。毛泽东说过,中国革命具有长期性和残酷性的特征,因此,革命力量必须磨炼和发挥自己的顽强性。中国共产党成立时只有50多个党员,以后几经发展和锐减,到新中国建立时达到449万人。在这个过程中,为革命牺牲的党员和群众约有2000万人,仅民政部门公布的有姓名可考的烈士就有175万。他们有的死在战场上,有的死在敌人屠刀下,用实际行动表明中国共产党人是中华民族的优秀代表,是为中华民族解放和复兴而拼死奋斗的忠诚儿女,是中华民族的希望所在。中国绝大多数的老

---

① 《毛泽东选集》第三卷,人民出版社1991年版,第1081页。

百姓，正是通过共产党的正确主张和共产党人为民族解放和人民幸福无私无畏、前赴后继的英勇奋斗，认识和选择了社会主义。

（三）提前向社会主义过渡为中华民族的伟大复兴抓住了难得的历史机遇

胡锦涛总书记在庆祝建党九十周年大会上的讲话将我们党的奋斗史，概括为"完成和推进了三件大事"。其中第一件大事是依靠人民完成了新民主主义革命，实现了民族独立、人民解放，使中华民族发展进步从此开启了新的历史纪元；第二件大事是依靠人民完成了社会主义革命，确立了社会主义制度，创造性地实现了由新民主主义到社会主义的转变，使中国进入社会主义社会，建立起独立完整的工业体系和国民经济体系，积累了在社会生产力水平十分落后的国家进行社会主义建设的重要经验。而这第二件大事，正是由于我们党在完成第一件大事的基础上，面对当时的国际环境，审时度势，为中华民族抓住千载难逢发展机遇的结果。

中华人民共和国成立初期，国内实现了和平、独立、统一（除台湾外），迅速恢复了被战争破坏的国民经济。在国际上，面对两大阵营对峙和美国企图孤立、封锁、包围中国的形势，以毛泽东为核心的党的第一代中央领导集体先是宣布"一边倒"的外交方针，积极争取与苏联签订了《中苏友好同盟互助条约》，以后又在美军入侵朝鲜，并向鸭绿江推进之时，作出抗美援朝、保家卫国的决策，保证了中国刚刚获得的国家独立和安全。在这种情况下，国内大规模建设的任务被提上了日程。

早在1951年2月，中共中央根据国民经济开始好转和抗美援朝战局趋于稳定的形势，以及毛泽东关于"三年准备，十年计划经济建设"的思想，决定从1953年起实施第一个五年计划。"一五"计划究竟以什么为指导思想，或者说从哪里入手，什么是重点？对这个问题，编制者们在一开始有过不同意见的讨论。薄一波回忆说："把一个经济落后的农业大国逐步建设成为工业国，从何起步？这是编制计划之初就苦苦思索的一个问题。有关部门的同志也曾引经据典地进行过探讨，把苏联同资本主义国家发展工业化的道路做过比较，提出过不同的设想。经过对政治、经济、国际环境诸多方面利弊得失的反复权衡和深入讨论之后，大家认为必须从发展原材料、能源、机械制造等重工业入手。"① 他讲的这个过程说明，我们党的领导人在新中国建立前后关于先用十几二十年实行新民主主义，着重发展农业、轻工业，然后再实行社会主义，着重发展重工业的决策，被提出来进行了重新研究。

1952年5月，中央财政经济委员会（简称中财委）在全国财经会议上的报告中明确指出："经济建设的重点放在重工业，尤其是钢铁、燃料动力、机械军工、有色金属和化学工业等基础工业上，为我国工业化打下基础；农业、轻工业和交通等事业应当围绕重工业这个中心来发展。"② 随后，中央决定由周恩来、陈云、李富春、粟裕等组成中国政府代表团前往苏联，就"一五"计划中需要苏联援助的141个工业项目问题进行商谈。斯大林向中国代表团明确表示，愿意在工业资源勘察、工厂设计、工业设备制造、技术资料提供，以及派人来苏留学和实习等方面，援助中国的五年计划。③ 周恩来一行9月24日回到北京，当晚便出席了由毛泽东召集的中共中央书记处会议，汇报苏联之行的情况。据薄一波回忆，那次会议主要讨论的是"一五"计划的方针任务，毛泽东就是在那次会上首次提出："我们现在就要开始用十年到十五年的时间基本上完成到社会主义的过渡，而不是十年或者以后才开始过渡。"对此，中央其他领导同志都没有提出异议。④《毛泽东传》也说："根据现存的文献记载，新中国成立后毛泽东最早提出向社会主义过渡的问题，是在1952年9月24日中共中央书记处会议上。"书中还说："这是一次十分重要的会议。毛泽东这个讲话表明，他关于由新民主主义向社会主义转变的步骤、方法，同原来的设想，发生了变化。"⑤

---

① 薄一波：《若干重大决策与事件的回顾》上册，中共中央党校出版社1991年版，第290页。
② 《李富春传》，中央文献出版社2001年版，第421页。
③ 《周恩来年谱（1949—1976）》上，中央文献出版社1997年版，第256页；《陈云年谱（1905—1995）》中，中央文献出版社2000年版，第147页；《李富春传》，中央文献出版社2001年版，第424—425页。
④ 薄一波：《若干重大决策与事件的回顾》上册，中共中央党校出版社1991年版，第213—214页。
⑤ 《毛泽东传（1949—1976）》上，中央文献出版社2003年版，第236、237页。

在讨论"一五"计划方针的会上，而且是在听取周恩来汇报访苏情况之后，毛泽东提出要提前向社会主义过渡，这绝不是偶然的巧合。它反映了我们党选择优先发展重工业的战略，苏联答应对我"一五"计划建设进行全面援助，毛泽东提出向社会主义提前过渡，三者之间有着内在联系。如果没有先进工业国苏联的援助，我们党当时不可能把优先发展重工业作为中国工业化的发展方针，也就不可能决定向社会主义提前过渡，而只能按照原定方针，继续走新民主主义的道路。因为，优先发展重工业需要大量资金投入，需要农业提供充足的商品粮，需要有庞大的科技队伍。而在当时，中国的经济技术基础比苏联实施第一个五年计划时还要薄弱得多。要优先发展重工业，除了需要有先进工业国在设备制造、工厂设计、技术指导等方面提供支援以外，根据当时的客观条件和人们的认识水平，还必须通过实行高度集中的计划经济体制，把有限资金和各种资源集中用于工业化基本建设；通过对农业、手工业、资本主义工商业的社会主义改造，使生产资料国有化、集体化，实现资源的优化配置，提高轻工业和农业劳动生产率，以适应优先发展重工业和计划经济体制的需要。而这些做法，显然已超出了新民主主义的政策，是在向社会主义过渡了。

近些年有一种舆论，认为当初继续搞新民主主义就好了，指责向社会主义过渡、实行计划经济体制和生产资料的国有化公有化都是错误的。这种看法没有把问题放在特定的历史条件下来分析。还有一种舆论，叫作"既有今日，何必当初"。意思是说，既然现在发展私营经济，当初何必搞公私合营呢？这种看法混淆了新民主主义与中国特色社会主义的区别。多次修订后的《宪法》规定："中华人民共和国的社会主义经济制度的基础是生产资料的社会主义公有制，即全民所有制和集体所有制。""国有经济，即社会主义全民所有制经济，是国民经济中的主导力量。""城市的土地属于国家所有。农村和城市郊区的土地，除由法律规定属于国家所有的以外，属于集体所有；宅基地和自留地、自留山，也属于集体所有。任何组织或者个人不得侵占、买卖或者以其他形式非法转让土地。土地的使用权可以依照法律的规定转让。"党的十四大报告还指出："社会主义市场经济体制是同社会主义基本制度结合在一起的。""国家计划是宏观调控的重要手段之一。"这些都说明，在生产资料所有制和经济体制上，中国特色社会主义与新民主主义是有所区别的。如果我们党当年没有抓住机遇优先发展重工业，并相应地提前向社会主义过渡，中国就不可能在那么困难和那么短的时间里建成独立的完整的工业体系和国民经济体系，就不可能为今天的中国现代化建设提供那么坚实的物质基础，更不可能有今天的中国特色社会主义道路，而且很可能直到今天仍然处于工业化的初期。因此，提前向社会主义过渡不仅不是什么失误，相反，是新中国第一代领导人为中华民族伟大复兴抓住的一次历史性机遇，是为中华民族立下的一个意义不亚于推翻三座大山的巨大功劳。

（四）开创中国特色社会主义道路使中华民族大踏步赶上了时代前进的潮流

在"三大改造"完成以后，生产资料所有制结构和计划经济体制暴露出不少问题。对此，我们党曾提出过"建设有自己特点的社会主义"的命题，提出过"探索中国社会主义建设规律"的任务，甚至提出过"三为主、三为辅"①的改革方案。但由于种种原因，这些后来要么未能坚持，要么根本没有实行。相反，随着指导思想的"左"倾，在建设上急于求成，在所有制上求公求纯，在计划管理上越统越死的现象益发严重。在对外经济方面，面对帝国主义的禁运和封锁政策，我们党也曾想方设法加强与苏联等社会主义国家的经济贸易与合作，积极开展与西方之间的民间贸易，并在20世纪70年代初，抓住中美关系缓和的机会，打破了西方对中国的全面封锁，引进了一批现代化的工业项目。但从总体看，那时在指导思想上还有很多"左"的禁锢。特别是"文化大革命"时期，"四人帮"批判所谓的"洋奴哲学"，使国家在受外部封锁的同时，很大程度上处于自我封闭与半封闭的状态。

面对这些问题，以邓小平为核心的党的第二代中央领导集体于20世纪70年代末，抓住国内"四人帮"已粉碎，广大群众强烈要求纠正过去

---

① "三为主、三为辅"，即陈云同志在党的八大上提出的以国家与集体经营为主、以个体经营为辅，以计划生产为主、以按市场变化进行的自由生产为辅，以社会主义统一市场为主、以国家领导的自由市场为辅。

"左"的错误；国际形势趋于缓和，西方国家实行产业结构调整，国际金融市场流动性增强，等等有利条件，毅然决然地在党的十一届三中全会作出把工作重点转移到经济建设和实行改革开放总方针的决策，从而在原有社会主义的基础上，开始了向中国特色社会主义的转变。

从党的十三届四中全会到十六大，以江泽民同志为核心的党的第三代中央领导集体带领全党全国各族人民，高举邓小平理论伟大旗帜，继承、发展改革开放伟大事业，在国内外政治风波、经济风险等严峻考验面前，依靠党和人民，捍卫了中国特色社会主义；并成功地将原有的计划经济体制过渡到社会主义市场经济新体制，开创了改革开放新局面；同时推进党的建设新的伟大工程，创立"三个代表"重要思想，引领改革开放的航船沿着正确方向继续前进。

党的十六大以来，以胡锦涛为总书记的党中央，面对风云变幻的国际形势和繁重的国内改革发展稳定任务，以邓小平理论和"三个代表"重要思想为指导，顺应国内外形势的发展变化，紧紧抓住和用好我国发展的重要战略机遇期，提出并贯彻落实科学发展观，战胜了一系列严峻挑战，把中国特色社会主义事业又推进到一个新的发展阶段。

改革开放三十多年来，我们党把马克思主义基本原理与我国国情和时代特征相结合，坚持和丰富了党的基本理论、基本路线、基本纲领、基本经验，产生了党在推进马克思主义中国化进程中的第二大理论成果——中国特色社会主义理论体系。这一理论体系包括邓小平理论、"三个代表"重要思想以及科学发展观等重大战略思想。它们系统回答了在中国这样一个十几亿人口的发展中大国建设什么样的社会主义、怎样建设社会主义，建设什么样的党、怎样建设党，实现什么样的发展、怎样发展等一系列重大问题，是对毛泽东思想的继承和发展。胡锦涛总书记在党的十七大报告中指出：中国特色社会主义理论体系坚持和发展了马克思列宁主义、毛泽东思想，凝结了几代中国共产党人带领人民不懈探索实践的智慧和心血。在"7.23"重要讲话中，他再次强调，十六大以来我们之所以能取得一系列历史性成就和进步，最重要的就是坚持以马克思列宁主义、毛泽东思想、邓小平理论、"三个代表"重要思想为指导，形成贯彻了科学发展观。这段话虽然过去一直在讲，在当前一些人否定毛泽东思想指导地位的情况下重申，显得十分醒目，具有很强的现实意义。

改革开放三十多年来，我们党坚持从我国仍处于并将长期处于社会主义初级阶段的实际出发考虑问题，制定政策，使我国成功实现了从高度集中的计划经济体制到充满活力的社会主义市场经济体制、从封闭半封闭到全方位开放的伟大历史转折；提出并实施现代化建设"三步走"战略，推动我国以世界上少有的速度持续快速发展起来，使GDP年均增长9.8%，经济总量从世界第十位跃至世界第二位，进出口总额从世界第29位上升到世界第二位，人民生活从温饱不足发展到总体小康，农村贫困人口从两亿五千多万减少到两千多万（按原有标准），在政治建设、文化建设、社会建设领域也都取得举世瞩目的成就，为世界经济发展和人类文明进步作出了重大贡献。

正如胡锦涛总书记在十七大报告中所说："事实雄辩地证明，改革开放是决定当代中国命运的关键抉择，是发展中国特色社会主义、实现中华民族伟大复兴的必由之路；只有社会主义才能救中国，只有改革开放才能发展中国、发展社会主义、发展马克思主义"。

二 只有走中国特色社会主义道路才能把全党全国人民最大限度地团结起来为中华民族伟大复兴而奋斗

什么是中国特色社会主义道路？党的十七大报告给出了一个经典解释："中国特色社会主义道路，就是在中国共产党领导下，立足基本国情，以经济建设为中心，坚持四项基本原则，坚持改革开放，解放和发展社会生产力，巩固和完善社会主义制度，建设社会主义市场经济、社会主义民主政治、社会主义先进文化、社会主义和谐社会，建设富强民主文明和谐的社会主义现代化国家。"报告还说："中国特色社会主义道路之所以完全正确、之所以能够引领中国发展进步，关键在于我们既坚持了科学社会主义的基本原则，又根据我国实际和时代特征赋予其鲜明的中国特色。在当代中国，坚持中国特色社会主义道路，就是真正坚持社会主义。"改革开放30多年来的实践证明，这一论断完全正确，已成为全党全国人民的最大共识。

（一）中国特色社会主义道路体现效率与公平的辩证统一

邓小平曾说过："社会主义是什么，马克思主义是什么，过去我们并没有完全搞清楚。"[①] 他经过长期思考，为社会主义的本质下了一个定义："解放生产力，发展生产力，消灭剥削，消除两极分化，最终达到共同富裕。"[②] 他常说："社会主义与资本主义不同的特点就是共同富裕，不搞两极分化。"[③] "如果我们的政策导致两极分化，我们就失败了；如果产生了什么新的资产阶级，那我们就真是走了邪路了。"[④] 他在晚年还特别强调："我们讲要防止两极分化，实际上两极分化自然会出现。……少部分人获得那么多财富，大多数人没有，这样发展下去总有一天会出问题。分配不公，会导致两极分化，到一定时候问题就会出来。这个问题要解决。过去我们讲先发展起来。现在看，发展起来以后的问题不比不发展时少。"[⑤] 可见，在邓小平看来，贫困不是社会主义，两极分化更不是社会主义。

我们国家目前还处于社会主义初级阶段。这个判断说明，我国生产力仍然落后，必须用符合当下生产力水平的生产关系和经济体制来促进生产力的发展，如鼓励、支持、引导非公有制经济发展，促进各种所有制经济平等竞争、相互促进；使经济活动遵循价值规律的作用，发挥市场在资源配置中的基础性作用，推动建立现代产权制度和现代企业制度，放手让一切劳动、知识、技术、管理、资本的活力竞相迸发，让一切创造社会财富的源泉充分涌流等等。但这个判断同时也说明，我国已进入社会主义社会，我们党在改革开放中带领人民干的仍然是社会主义事业，因此，必须把坚持社会主义基本制度同发展市场经济结合起来，把发挥社会主义制度的优越性同市场配置资源的有效性结合起来，使全社会充满改革发展的创造活力；必须坚持公有制和按劳分配为主体，毫不动摇地巩固和发展公有制经济，积极推行公有制多种有效实现形式，发挥国有经济的主导作用，

---

① 《邓小平文选》第三卷，人民出版社1993年版，第137页。
② 同上书，第373页。
③ 同上书，第123页。
④ 同上书，第111页。
⑤ 《邓小平年谱（1975—1997）》下，中央文献出版社2004年版，第1364页。

增强国有经济的活力、控制力、影响力。总之，在社会主义初级阶段，既要鼓励先进、促进发展，又要注重社会公平、防止两极分化。

改革开放初期，为了克服长期存在的平均主义、吃大锅饭的倾向，我们党曾提出"让一部分人、一部分地区先富起来"的政策。这一政策对于调动人们的积极性，加快经济发展，发挥了重要作用。但随着时间推移，它也带来了一些负面作用。这主要是不同地区、不同人群、不同行业间的收入差距过大，收入分配不公，社会上出现"一切向钱看"的思想倾向和随之而来的种种腐败与社会丑恶现象。

对于收入差距过大和分配不公的现象，人民群众强烈不满，成为近年来社会不稳、群体事件频发的重要原因，并受到来自右的和极"左"的两种思潮的攻击，就连资本主义国家的舆论也不时予以批评。我们党根据新的情况，在分配政策上已经作了一定调整。例如，把前些年提出的"效率优先、兼顾公平"，改为了"既重视效率也重视公平、把公平放在更加突出的位置"。再如，要求在经济发展的基础上，更加注重社会建设，着力保障和改善民生，促进社会公平正义；初次分配和再分配都要处理好效率和公平的关系，再分配要更加注重公平；逐步提高居民收入在国民收入中的比重，提高劳动报酬在初次分配中的比重；提高低收入者收入，逐步提高扶贫标准和最低工资标准，逐步扭转收入分配差距扩大的趋势。这些政策目前开始初见成效，如城乡差别有缩小的迹象，扶贫标准和最低工资标准有所提高。一些地方出现招工难、人工成本上升的现象，便是这种成效的有力证明。

但也要看到，摆正效率与公平的关系并不是一个很容易处理的问题，解决贫富差距过大的问题更不可能一帆风顺、没有阻力。例如，有人说："中国的贫富差距还不够大，只有拉大差距，社会才能进步，和谐社会才有希望。""没有贫富差距就相当于吃大锅饭。"还有人把收入差距扩大说成是政府管理经济和"国有垄断"造成的，提出"民富优先""国退民进""以民营经济为主体"等口号。在市场经济的条件下，有些国有企业由于片面理解以利润为中心和按劳分配，也会利用自己的垄断地位制造垄断行为，损害消费者利益，并在企业内部过分拉大高管与员工的工资差距，造成分配不公。这些问题与国有企业在国民经济所占比重并没有直接种话的人并不是真的认为改革不存在方向问题,只不过是反对坚持社会主义方向,要把改革引导到资本主义方向上去罢了。他们为了遮人耳目,采取歪曲邓小平理论的手法,说邓小平讲过"改革不问姓'资'姓'社'"、"不搞争论"等。我们只要看看《邓小平文选》就会发现,邓小平从来就没有在改革方向问题上说过不问姓"资"姓"社",相反,一再提醒我们:"在改革中坚持社会主义方向,这是一个很重要的问题。"① 他在南方谈话中强调:"在整个改革开放的过程中,必须始终注意坚持四项基本原则。"② 他还强调:"如果不坚持这四项基本原则,纠正极左就会变成'纠正'马列主义,'纠正'社会主义。"③ 这说明,邓小平在南方谈话中所说的"要害是姓'资'还是姓'社'",并非要我们不问姓"资"姓"社",而是要我们弄清楚什么是资本主义、什么是社会主义,找到正确判断社会主义的标准。邓小平也从来没有在改革的方向上说过什么"不搞争论",相反,他在1989年风波后说:"某些人所谓的改革,应该换个名字,叫作自由化,即资本主义化。他们'改革'的中心是资本主义化。我们讲的改革与他们不同,这个问题还要继续争论的。"④

在要不要坚持改革正确方向的问题上,江泽民和胡锦涛与邓小平的主张是完全一致、一以贯之的。江泽民在庆祝建党70周年大会上讲:"我们的改革,是社会主义制度的自我完善和发展"。"不进行改革,就不可能使社会主义制度继续保持蓬勃生机;在改革中不坚持社会主义方向,就会葬送党和人民七十年奋斗的全部成果。要划清两种改革开放观,即坚持四项基本原则的改革开放,同资产阶级自由化主张的实质上是资本主义化的'改革开放'的根本界限。"⑤ 胡锦涛在纪念党的十一届三中全会召开30周年大会上讲:"必须把坚持四项基本原则同坚持改革开放结合起来,牢牢扭住经济建设这个中心,始终保持改革开放的正确方向。""既以四项基本原则保证改革开放的正确方向,又通过改革开放赋予四项基本原则新的

---

① 《邓小平文选》第三卷,人民出版社1993年版,第138页。
② 同上书,第379页。
③ 同上书,第137页。
④ 同上书,第297页。
⑤ 《十三大以来重要文献选编》下,人民出版社1993年版,第1649页。

时代内涵，坚持把以经济建设为中心同四项基本原则、改革开放这两个基本点统一于发展中国特色社会主义的伟大实践。""四项基本原则是立国之本，是我们党、我们国家生存发展的政治基石；改革开放是强国之路，是我们党、我们国家发展进步的活力源泉。一个中心、两个基本点，是相互贯通、相互依存、不可分割的统一整体，须臾不可偏离、丝毫不可偏废，必须全面坚持、一以贯之。离开经济建设这个中心，社会主义社会的一切发展和进步就会失去物质基础；离开四项基本原则和改革开放，经济建设就会迷失方向和丧失动力。"① 他们的论述说明，党中央历来主张改革要坚持正确方向，这个方向就是社会主义，就是四项基本原则。否定改革存在方向问题，是完全没有根据的。

　　判断政治体制改革究竟是滞后还是没滞后，应当首先明确政治体制改革的目标是什么。如果把政治体制改革的目标设定为西方的政治制度，如多党制、三权鼎立等等，并以此作为判断改革进退成败的标准，那我们的政治体制改革不仅是"停滞"的，而且可以说从来就没有启动过。但是，如果把政治体制改革的目标设定为社会主义政治制度的自我完善与发展，并以此作为判断改革进退成败的标准，那就可以看出，我们的政治体制改革不仅没有滞后，更没有倒退，相反，取得了巨大成就。邓小平说过："我们政治体制改革总的目标是三条：第一，巩固社会主义制度；第二，发展社会主义社会的生产力；第三，发扬社会主义民主，调动广大人民的积极性。"② 按照这个目标衡量，我国改革开放30多年来，在政治体制方面已发生了深刻变化。例如，改变过去党对政府和社会事务包揽过多、权力过分集中于党的各级领导机关的现象，实行党政职能的适当分开和政企分开、政资分开，扩大党内民主、人民民主和基层群众自治范围，加强对权力的制约和监督，推行差额选举制、政务公开制、听证制、质询制，实行领导干部的任期制、退休制、问责制、辞职制、审计制、重大事项的报告制，部分县乡还试行了直选制；实施依法治国的方略。截至2011年底，除宪法外，我国已制定现行有效法律239部、行政法规714件，地方性法

---

① 《十七大以来重要文献选编》上，中央文献出版社2009年版，第797、798页。
② 《邓小平文选》第三卷，人民出版社1993年版，第178页。

规、自治条例、单行条例 8921 件。所有这些，都是改革开放前没有做到的。

毋庸讳言，在民主、法制方面，我们还存在许多不如人意的地方，需要继续深化改革，也需要认真落实已经改革了的制度和法律。但是，改革的目标只能是社会主义制度的自我完善，原则只能是坚持中国共产党领导、人民当家作主、依法治国的有机统一，前提只能是有利于政局稳定、人民团结、经济发展、生活改善。我们过去没有，今后也不可能照搬西方的多党轮流执政、三权鼎立的制度。因为这种制度不适合中国国情，如果生搬硬套，不仅不会给人民带来真正的民主，无法解决腐败问题，相反，只会引发政局动荡，造成社会混乱、国家分裂、内战爆发、难民成群，使已有的发展成果丧失殆尽，最终退回到被外国势力瓜分的时代。

现在有人鼓吹的所谓"宪政"改革，实质在于要求实行多党制、议会制、军队国家化等资本主义政体。这不是什么改革政治体制的问题，而是要从根本上改变中国特色社会主义的政治制度。在资本主义国家，代表资产阶级不同利益集团的各个政党轮流执政，并不触及国家的资产阶级专政性质，因此军队可以而且必须国家化，否则多党制无法实行。而我国实行工人阶级领导的工农联盟为基础的人民民主专政，中国共产党既代表工人阶级利益，也代表全国绝大多数人民的共同利益。在市场经济条件下，人民内部也会有不同利益的矛盾，但没有也不允许有根本的利害冲突。因此，在我国不允许产生代表与人民利益相对立的利益集团的政党，自然不存在与共产党轮流执政的政党。在这种情况下，军队由中国共产党绝对领导是必须的，而且是可能的；不仅不妨碍国家政治体制的运行，不影响军队的国防军性质，而且是实行中国特色社会主义政治制度的必要保证，也是党和人民内部保持团结统一的必要条件。

（三）中国特色社会主义道路体现改革开放前后两个历史时期的辩证统一

如果把党的十一届三中全会作为划分新中国 60 年的界限，前后大约各占 30 年。如何认识改革开放前后两个 30 年和它们的相互关系，是与如何认识中国特色社会主义道路相关度极高的一个问题。现实生活中凡是怀疑和反对改革开放的，必然会用新中国头 30 年否定后 30 年；凡是怀疑和否定四项基本原则的，必然会用新中国后 30 年否定头 30 年；凡是把中国特色社会主义看成"新民主主义的回归"和"民主社会主义""社会民主主义"，或者看成"资本主义复辟"的，必然会把前后两个 30 年加以割裂和对立。同样，凡是把前后两个 30 年加以割裂、对立或相互否定的，也必然会反对或曲解中国特色社会主义道路。因此，对这个问题的认识，关系到举什么旗、走什么路的问题，也关系到能否把全党全国人民最大限度地团结起来为中华民族伟大复兴而奋斗。

只要回顾过去就会清楚，如果 1978 年没有实行改革开放，或者 1978 年以后不把改革开放坚持下去，新中国的历史将难以为继，其结果必然是亡党亡国。这一点已为一些前社会主义国家的历史所证明，是毫无疑问的。但同样毫无疑问的是，如果 1949 年不建立新中国，新中国不选择社会主义道路，不进行大规模工业化建设和农田基本建设，没有形成独立的完整的工业体系和国民经济体系，没有培养出大批从事经济、科技、文教事业的人才，改革开放也是难以起步的。即使起步，如果不坚持社会主义方向，而是误入资本主义的歧途，其结果同样会亡党亡国。这一点也已为一些前社会主义国家的历史所证明。因此，头 30 年是后 30 年的基础，后 30 年是对头 30 年的继承、发展和扬弃。中国要坚持社会主义道路，就不能用后 30 年否定头 30 年；要坚持改革开放，就不能用头 30 年否定后 30 年；要坚持中国特色的社会主义道路，就必须把这两个 30 年看作有机的统一体。

正确评价新中国头 30 年的历史，要分清那段历史的主流和支流。与改革开放后的 30 多年相比，改革开放前的经济发展和人民生活的变化远没有那么显著，但这绝不表明头 30 年的成就不重要。如同盖楼一样，打地基时不容易让人看出成绩，但楼房盖得快盖得高，反过来说明地基打得牢。因此，新中国头 30 年的成就是主要的，主流是好的。除此之外，还要看到那 30 年历史对于改革开放的意义。在那 30 年，新中国第一代领导人在带领人民进行社会主义建设的同时，已经开始对其建设规律进行了探索，取得了许多正确认识。例如，全心全意为人民服务，严格区分和正确处理两类不同性质的矛盾，调动一切积极因素、化消极因素为积极因素，以农业为基础、以工业为主导，思想政治工作是经济工作和其他一切工作的生命线,独立自主、自力更生、统筹兼顾、适当安排、增产节约、勤俭建国,百花齐放、百家争鸣、古为今用、洋为中用,等等。这些正确认识,在改革开放时期发挥了和正在发挥着重要的指导作用。

以上说明,两个30年之间在政策和实际工作上虽然有很大差别,但二者既没有彼此割裂,更没有相互对立,本质上都是中国社会主义社会不同的发展阶段。前一个阶段是后一个阶段的准备,后一个阶段是前一个阶段的完善,两个阶段共同促成了中国特色社会主义道路的形成。胡锦涛总书记在党的十七大报告阐述改革开放历史进程时指出:"改革开放伟大事业,是在以毛泽东同志为核心的党的第一代中央领导集体创立毛泽东思想,带领全党全国各族人民建立新中国、取得社会主义革命和建设伟大成就以及艰辛探索社会主义建设规律取得宝贵经验的基础上进行的";"改革开放和社会主义现代化建设,是新中国成立以后我国社会主义建设伟大事业的继承和发展"。[①] 这一论述为我们正确认识改革开放前后两个历史时期的辩证关系,提供了重要指导方针。

能否正确看待改革开放前后两个30年的内在联系,不仅关系到正确认识中国特色社会主义内涵的问题,也关系到对新中国头30年党和国家领导人、广大干部和群众所做贡献的评价,甚至关系到政权的安危和国家的存亡。古人说过:"灭人之国,必先去其史。"[②] 就是说,要灭掉一个国家,先要否定这个国家的历史,这个国家的历史被否定了,这个国家也就不攻自灭了。他的这个观点已为大量的历史事实所验证。当年日本帝国主义为霸占中国的台湾地区和东北三省,推行奴化教育,把台湾地区和东北历史从中国历史中剥离出去。陈水扁当政时,为了搞"台独",竭力推行"去中国化"运动,要把台湾史从中国史中分割出去,把没有台湾地区的中国史放入世界史课本。他们都是妄图通过否定、割裂中国历史,达到灭亡、分裂中国的目的。当前,国内外敌对势力也喜欢拿历史尤其是当代史做文章,一方面丑化、诬蔑中国革命和革命领袖;另一方面,为反动阶级的代表人物和大地主、大汉奸涂脂抹粉、歌功颂德。他们的目的,说穿

[①] 《十七大以来重要文献选编》上,中央文献出版社2009年版,第6、43页。
[②] 龚自珍:《古史钩沉论二》,载《龚自珍全集》,上海人民出版社1975年版,第22页。

了,就是以此反对中国共产党的领导和中国的社会主义制度。

毛泽东在中华人民共和国成立后说过:"历史上不管中国外国,凡是不应该否定一切的而否定一切,凡是这么做了的,结果统统毁灭了他们自己。"① 就是说,否定别人的历史可以达到否定别人的效果,否定自己的历史同样会酿出否定自己的苦酒。大量历史事实同样验证了这个观点。戈尔巴乔夫在苏联掀起一场从否定斯大林到否定列宁、十月革命和苏联历史,再到否定马克思、恩格斯和国际共产主义运动历史的逐步升级的运动,使人民群众产生严重的思想混乱和信任危机、信仰危机,最终导致了苏共下台、苏联解体。今天,如果因为新中国头30年有错误有曲折就否定那段历史,同样会使我国人民产生严重的思想混乱和信任危机,也使我们难以理直气壮地宣传新中国光辉的60年。其结果,后30年的历史迟早也会站不住,我们的党和国家势必重蹈苏共和苏联的覆辙。

对国家史的解释权,历来是各个阶级、各种政治力量争夺的重要对象。统治阶级为了维护统治,总是高度重视对国家史的解释,并把它视作国家主流意识形态和核心价值体系的组成部分;而要推翻一个政权的阶级和政治力量,也十分看重对历史的解释,总要用它说明原有统治的不合理性。这是一个具有普遍规律的社会现象。对此,我们要有清醒的认识,一方面理直气壮地抵制、揭露和批驳各种奇谈怪论;另一方面,在人民群众尤其是青年学生中开展近代史、中共党史和国史的教育,把正确认识和解释党史、国史纳入建设社会主义核心价值体系的工作中去,融入国民教育和精神文明建设的全过程,用历史说明中国革命、中国特色社会主义道路的必然性和正确性,增强人们对这条道路必胜的信心。

三 只有走中国特色社会主义道路才能应对中华民族复兴过程中的各种风险与挑战

什么是中华民族的伟大复兴?自从孙中山提出"振兴中华"的口号

---

① 《毛泽东在省、市、自治区党委书记会议上的讲话(1959年2月2日)》,《党的文献》2007年第5期。

后，始终没有一个明确的表述。毛泽东在20世纪50年代说："1911年的革命，即辛亥革命，到今年，不过45年，中国的面目完全变了。再过45年，就是2001年，也就是进到21世纪的时候，中国的面目更要大变。中国将变为一个强大的社会主义工业国。中国应当这样。因为中国是一个具有960万平方公里土地和6万万人口的国家，中国应当对于人类有较大的贡献。"[1] 他还说过："中国的人口多、底子薄，经济落后，要使生产力很大地发展起来，要赶上和超过世界上最先进的资本主义国家，没有一百多年的时间，我看是不行的。"[2] 后来，他又提出要在上个世纪末实现工业、农业、科学文化和国防现代化。[3] 可见，在他看来，所谓中华民族伟大复兴，就是要用50年内外到100年内外的时间，把中国建成强大的社会主义工业国，实现四个现代化，赶上和超过世界上最先进的资本主义国家。

按照毛泽东的设想，邓小平在20世纪80年代提出了"三步走"战略。他说："本世纪走两步，达到温饱和小康，下个世纪用三十年到五十年时间再走一步，达到中等发达国家的水平。"[4] "如果达到这一步，第一，是完成了一项非常艰巨的、很不容易的任务；第二，是真正对人类作出了贡献；第三，就更加能够体现社会主义制度的优越性。"[5] 根据邓小平提出的战略，党的十五大又把21世纪的头50年分为三个阶段，即头10年实现GDP比2000年翻一番，再用10年使国民经济更加发展、各项制度更加完善，到世纪中叶基本实现现代化；并明确提出，社会主义初级阶段"是逐步缩小同世界先进水平的差距，在社会主义基础上实现中华民族伟大复兴的历史阶段。这样的历史进程，至少需要一百年时间"[6]。在这个基础上，党的十六大、十七大进一步把本世纪头50年分为两个阶段，即头20年基本实现工业化，到世纪中叶基本实现现代化。这些表明，从中华人

---

[1] 《毛泽东文集》第七卷，人民出版社1999年版，第156—157页。
[2] 《毛泽东文集》第八卷，人民出版社1999年版，第302页。
[3] 同上书，第116、162页。
[4] 《邓小平文选》第三卷，人民出版社1993年版，第251页。
[5] 同上书，第224页。
[6] 《十五大以来重要文献选编》上，人民出版社2000年版，第16页。

民共和国成立算起，大约要用100年时间，使中国达到中等发达国家水平。到那时，中华民族就大体可以说实现伟大复兴了。

上述理解如果不错的话，那么从现在起到2050年还有大约40年。这与鸦片战争至今的170年相比，时间虽然不算长，但中国有句老话，叫"行百里者半九十"，意思是做一件事，越到临近完成，难度越大。从工业化的角度看，我国目前正处于最终达标的冲刺阶段。这个阶段对于中华民族来说，既充满机遇，也存在挑战；既有来自内部的挑战，也有来自外部的挑战；既有可以预见的风险，也有不可预见的风险。

首先从国内经济上的风险与挑战看。第一，经济增长方式粗放和发展不平衡的问题仍然严重。例如，质量、效益不够高，经济结构不合理，资源、环境、生态代价过大。再如，工资性收入在国民生产总值中占比过低，城乡之间、东西部之间的差别仍然过大，社会保障体系不够健全，保障水平比较低。第二，无论工农业产品还是资源，人均占有量都偏低。2011年我国GDP虽居世界第二位，但人均仅为发达国家的十分之一左右，世界排名在90位左右；钢的人均产量仅相当于日本、韩国的一半，粮食人均产量低于世界的平均水平；人均耕地仅为世界人均的二分之一，人均水资源不到世界人均的三分之一。第三，经济实力和科技创新能力仍然不足。据世界银行统计，各国研究与开发经费支出占GDP的比重，中国2010年为1.7%，远远低于发达国家。现在，中国许多机电产品的核心技术仍然掌握在外国人手里，就连出口服装和鞋等技术含量低的产品，大部分品牌也是外国的。第四，人口、环境对发展的约束越来越大。目前，人口中性别比和老龄化的问题日益突出，65岁以上的老人接近人口总数的10%，预计到2020年将超过20%，届时很可能出现未富先老的局面。另外，随着城市化、工业化的高速发展，生态环境的压力日趋加大。现在，中国人均二氧化碳排放量虽然低于发达国家，但绝对量却处于全球第一二位，无论从自身利益还是全人类利益出发，都必须大力推动低碳经济，而这样做也会给尚处于工业化中期的中国增加发展的难度。所有这些说明，中国要在现有经济基础上用40年时间达到中等发达国家水平，绝不是一件轻松的事情。

其次从国内政治上的风险和挑战看。第一，分配不公、贫富差距过大、社会不够稳定的问题仍然突出。第二，党风不正、官僚主义严重、腐败案件多发的状况没有根本好转。第三，资产阶级自由化思潮泛滥的情况仍然严重，特别是随着互联网的普及和新媒体的出现，宣扬新自由主义、民主社会主义、历史虚无主义和普世价值观的言论更加肆无忌惮。正如邓小平曾经指出的："自由化的思想前几年有，现在也有，不仅社会上有，我们共产党内也有。"[①]"尤其严重的是，对于这些不正确的观点、错误的思潮，甚至对于一些明目张胆地反对党的领导、反对社会主义的观点，在报刊上以及党内生活中，都很少有人挺身而出进行严肃的思想斗争。"[②] 他认为，这种思想战线上的混乱状况从长远看，"关系到我们的事业将由什么样的一代人来接班，关系到党和国家的命运和前途"[③]。

再次从外部的风险和挑战看。第一，以美国为首的资本主义世界利用自己经济、科技、军事、意识形态等方面的优势地位，对中国采取遏制加接触两手政策。在遏制方面，它们挑拨其他国家与中国的关系，鼓动、组织中国周边的反华势力，支持、资助中国内部的分裂和敌对势力。近年来，我国与周边一些国家在领土、领海问题上的争端加剧，我国一些少数民族地区的分裂活动呈上升趋势，背后都有它们的插手。在接触方面，它们对我着重进行意识形态渗透。早在1945年，美国政治家杜勒斯就提出对社会主义国家"和平演变"的战略。他说："人的脑子、人的意识，是会变的。只要把脑子弄乱，我们就能不知不觉改变人们的价值观念，并迫使他们相信一种经过偷换的价值观念。""我们要从青少年抓起，要把主要的赌注压在青年身上，要让它变质、发霉、腐烂。" "文学、戏剧、电影——一切都将表现和歌颂人类最卑劣的情感。我们将使用一切办法去支持和抬举一批所谓的艺术家，让他们往人类的意识中灌输……一切不道德行为的崇拜。""我们将不知不觉地，但积极地和经常不断地促进官员们的恣意妄为，让他们贪贿无度，丧失原则。""只有少数人，极少数人，才能感觉到或者认识到究竟发生了什么。但是我们会把这些人置于孤立无援的

[①]《邓小平文选》第三卷，人民出版社1993年版，第124页。
[②]《邓小平文选》第二卷，人民出版社1994年版，第365页。
[③]《邓小平文选》第三卷，人民出版社1993年版，第45页。

境地，把他们变成众人耻笑的对象。"① 为了实施"和平演变"战略，他们不惜拨付巨额资金，在社会主义国家中寻找和培养"利益代理人"。事实证明，他们的这套做法确实取得了相当成效。毛泽东最早提出要警惕和反对"和平演变"的战略，后来，邓小平也多次提醒人们注意这个问题。他说："美国还有西方其他一些国家，对社会主义国家搞和平演变。美国现在有一种提法：打一场没有硝烟的战争。我们要警惕。资本主义是想最终战胜社会主义，过去拿武器，用原子弹、氢弹，遭到世界人民的反对，现在搞和平演变。"② 第二，在市场、资源、金融等经济问题上，我国与相关国家的矛盾加剧。例如，欧美国家贸易保护主义上升，一些资源大国抬高出口价格，美国搞量化宽松、滥发货币，等等。

指出这些风险，不是要被它们吓住，而是要使自己保持清醒，防止被成就、胜利冲昏头脑。我们党自诞生之日起，从来是在困难和战胜困难中度过的。同样，对于今天和明天的困难，也要树立战胜它们的勇气。因为，我们面前既存在困难，也存在战胜困难的有利条件。其中最为有利的条件，就是我们选择了中国特色社会主义的道路。

（一）走中国特色社会主义道路就能始终保持强大的制度优势

人类的发展道路具有多样性，可以也应当相互借鉴，但不存在"普适"的模式。我们不赞成中国照搬别国经验，也不赞成别国照搬中国经验。如果说有一个"中国模式"，这个模式只能是社会主义制度中的一种模式。如果说有一条"中国道路"，这条道路只能是中国特色的社会主义道路。如果说这条道路具有"普适"的意义，这个意义只能是马克思主义的普遍真理与本国具体情况相结合。有人说"中国模式"是"一党执政＋市场经济"，这种理解过于偏颇。中国发展速度之所以比较快，在最近世界经济危机中受到的冲击之所以比较小，并不是由于中国只有一个党执政，更不是由于这个党实行了什么专制制度，而是由于这个党是一个以马

---

① ［俄］尼古拉·伊万诺维奇·雷日科夫：《大国悲剧——苏联解体的前因后果》（修订版），徐昌翰等译，新华出版社 2010 年版，第 1—3 页。

② 《邓小平文选》第三卷，人民出版社 1993 年版，第 325—326 页。

克思主义科学理论为指导、以为人民服务为宗旨、以民主集中制为制度的党；并不是由于中国实行了市场经济，而是由于这个市场经济是与社会主义基本制度相联系的，是服从国家宏观控制的，是以公有制和按劳分配为主体的。事实证明，这条中国特色社会主义道路，既有利于调动人的积极性，有利于让一切劳动、知识、技术、管理和资本的活力竞相迸发，让一切创造社会财富的源泉充分涌流；又有利于提高决策的效率，有利于集中力量办大事，有利于社会各种利益群体的总体和谐，有利于各个民族、各种信仰的人在祖国统一、民族复兴大业基础上的大团结。这条道路已经保证了当代中国过去三十多年的发展，也一定可以保证它今后的发展。

（二）走中国特色社会主义道路就能始终发挥科学指导思想的威力

中国特色社会主义道路是以包括邓小平理论、"三个代表"重要思想以及科学发展观在内的中国特色社会主义理论体系为指导思想的。这一理论体系与马克思列宁主义、毛泽东思想既一脉相承，又与时俱进。其中的科学发展观是以胡锦涛为总书记的中共中央在进入新世纪后，针对我国经济社会发展面临的新形势、新矛盾和新问题而提出的。它的要点是在坚持以经济建设为中心的前提下，更加突出发展的目的是满足人民日益增长的物质文化需要，发展的成果由人民共享，走共同富裕的道路；使经济建设与政治建设、文化建设、社会建设四位一体，全面推进；实现速度和经济结构、质量、效益相统一，经济发展与人口、资源、环境相协调；统筹城乡发展、区域发展、经济社会发展、人与自然和谐发展、国内发展和对外开放，统筹中央和地方关系，统筹个人和集体、局部和整体、当前和长远的利益。这个指导思想所针对的，正是中国发展中已经出现和将要出现的各种问题。可以预见，只要把这个指导思想落到实处，中国发展道路上的障碍一定会得到有效的克服和抑制，中国的发展一定会实现可持续。

（三）走中国特色社会主义道路就能始终拥有和谐的国际关系和良好的国际形象

中国特色社会主义道路在外交上的延伸，就是和平发展的道路。中国近代以来曾有过受尽欺凌、侮辱的历史，与世界上各被压迫民族有着共同的命运和感受。中华人民共和国成立不久，周恩来总理便同印度、缅甸的领导人提出著名的和平共处五项原则，又在印尼万隆召开的亚非29国首脑会议上提出求同存异、加强团结的方针，坚定站在亚非拉发展中国家一边，积极发展同尚未建交的西方国家之间的民间外交，赢得了国际社会的普遍尊重和广泛赞誉。20世纪70年代，中国调整了外交工作的战略，恢复了在联合国的合法席位，打开了外交工作的新局面。改革开放后，随着国际形势的发展变化，我们党在战争与和平的问题上作出了新的判断，并改变了一度实行的"一条线"战略，奉行互利共赢的全方位的开放战略，推动建设持久和平、共同繁荣的和谐世界，坚持同发达国家加强战略对话，贯彻同周边国家睦邻友好、务实合作的方针，深化同广大发展中国家的传统友谊，积极参与多边事务和热点地区问题的解决，推动国际秩序朝着公正合理的方向发展，为自身发展营造了相对和谐的国际环境。

把发展作为第一要务和走和平发展道路，并不意味着中国为了发展就会吞下任何侵害其核心利益的苦果。中国近代和现代历史都表明，中国从来没有威胁和欺负过别人而总是被别人所威胁和欺负。从新中国一贯奉行的和平外交政策可以看出，即使中国今后强大了，也绝不会以强凌弱。同时，从新中国对国家独立、领土和主权完整的一贯立场上也可看出，在涉及领土、主权的问题上中国从不惧怕威胁，也从来没有退让过、妥协过。中华人民共和国成立初期，我国在极其困难的条件下出兵抗美援朝，进行中印边界、中苏边界、中越边界的自卫反击战，下决心成功研制"两弹一星"，为和平建设提供了必要的安全环境。今天，我国国力与那时相比，更不可同日而语。如果有人想乘机侵害中国的领土和主权，是绝不可能得逞的。以中国的幅员、人口和经济总量，只要自己不乱，任何外来势力都奈何不了我们。

（四）走中国特色社会主义道路就能始终坚持共产党的领导

走中国特色社会主义道路的前提是中国共产党的领导。历史告诉我们，中华民族要战胜前进道路上的困难，最关键的条件就是坚持党的领导。今天，要使中国13亿人民在正确的道路上继续前进，并且始终保持昂然向上、团结进取的精神状态，使中国处于外部和平、内部稳定的环境，也只有在中国共产党的领导下能够做到。而要使我们党始终处于领导地位，就必须不断加强自身建设，使自己永远保持先进性和纯洁性。习近平同志在2012年省部级主要领导干部专题研讨班结业式上的讲话，概括了我们党长期奋斗形成的理论优势、政治优势、组织优势、制度优势和与人民群众密切联系的优势等五个独特优势，这对于我们充分认识党的优良传统和宝贵资源，继承并运用这些好传家宝去迎接和战胜挑战，具有特别重要的意义。

帝国主义预言家们自从我们党成立和中华人民共和国成立以来，一直在唱"中共灭亡论""中国崩溃论"等论调，已经唱了九十多年。但我们党并没有被骂倒，相反，伴随骂声不断壮大。因为，她有一个立党为公、全心全意为人民服务的宗旨，有一个最为科学并不断与时俱进的指导理论和重视理论学习、不断总结经验的传统，有一个解放思想、实事求是的思想路线，有一个从中央到地方、遍布各系统各领域的严密组织系统和纪律检查系统，有一个理论联系实际、密切联系群众、批评与自我批评的传统作风，有一个为中华民族复兴奋斗九十多年和执政六十多年的历史。因此，她有不同凡响的长盛不衰的生命力，有凝聚团结13亿人民的亲和力，有带领人民共同奋斗的动员力，有克服一切困难而不被困难所征服的战斗力。

我们党过去曾犯过这样或那样的错误，有时犯的还是大错误，即使今天也有缺点、错误。但是，我们党总是能够赢得人民的信任和尊重。因为，第一，这些缺点和错误并不代表我们党的本质；第二，这些缺点和错误再大，与我们党为中华民族复兴已做出的和正在做出的贡献相比，都是第二位的；第三，我们党具有勇于承认、改正错误和善于从错误中汲取教训的精神和能力，历史上犯过的错误都是我们党自己发现、自己纠正的。

我们党在不同时期也混入过叛徒、汉奸、野心家、腐败分子等形形色色的坏人，有的还是高级干部，甚至是党和国家的领导人。今后，我们党也不能保证不出这样的人。但是，这种人在任何时候都是极少数。被凝聚在中国共产党身边的，绝大多数都是中华民族的优秀儿女，极少数坏人即使混进党里，迟早也会被发现。这是因为，我们党的性质、宗旨、纲领、路线、作风决定了，她对一切信仰马克思主义、立志为国为民效力的人具有极大的吸引力，她与一切以权谋私、贪赃枉法的行为格格不入。另外，我们党一贯重视自身的思想、作风、组织整顿，不间断地清理自身的污垢，具有极强的自洁力。改革开放前，我们党搞过不少次政治运动，由于"左"的思想指导，简单化的倾向严重，打击面过宽，有很大的副作用。但这些运动的主旨在于防止党脱离群众却是真诚的，而且有的运动，如三反五反，确实起到了防止党腐化变质的作用。改革开放后，我们党通过总结经验，一方面纠正过去整风中的"左"倾错误和政治运动方式，着重进行制度建设，完善民主集中制，加强对权力的监督与制约；另一方面，继续强调牢记"两个务必"，不忘党风问题关系党的生死存亡，防止党和国家"改变面貌"，警惕帝国主义搞"和平演变"，坚持立党为公、执政为民；采取各种措施，惩治和预防腐败，接二连三地开展党内整顿和教育活动。这些加强自身建设的措施，在其他正在执政的或执过政的共产党中很少见，但对我们党经受长期执政、改革开放、市场经济、外部环境的考验，确实起到了积极作用。

我们既要看到人民群众对我们党一部分党员和干部腐败行为的强烈不满，也要看到有相当多的人特别是青年学生强烈要求入党。既要看到要求入党的人中有很多动机不够端正，又要看到对于大多数党员来说，入党动机是要通过入党后的教育和学习、实践，逐步加以端正的。既要看到一些愿意为人民服务、品行端正的人，由于党内腐败现象而不愿意入党，又要看到大多数要求入党的人能够把腐败分子、腐败现象与党的性质、宗旨、纲领加以区别。既要看到中华人民共和国成立前的党员在党员比重中已越来越小，又要看到青年人成为党员主体是党保持活力、后继有人、前途光明的象征。既要看到一部分党员干部腐败和官僚主义、形式主义蔓延，也要看到绝大多数党员和广大基层干部在为国家为人民积极工作、默默奉献、忍辱负重。既要看到群众中存在对党和政府工作的信任危机，又要看到广大群众对党和政府的满意度、信任度与世界各国的同类民意调查结果相比，都是最高的。因此，只要我们党始终坚持党的自身建设，确保党永远保持先进性和纯洁性，不脱离人民群众，不腐化变质，就一定能始终拥有执政地位，领导人民群众最终实现中华民族的伟大复兴。

我们党既是执政党，同时也是革命党。革命有狭义和广义两种含义，并不只是指暴力革命和一个阶级推翻另一个阶级的革命。邓小平说，改革也是一场革命。如果说我们党不革命了，又如何领导改革呢？我们的军队是由党领导的，军队在进行革命军人核心价值观的教育，又怎么能说党不革命了呢？走社会主义道路相对于资本主义来说，就是革命。马克思、恩格斯说："对实践的唯物主义者即共产主义者来说，全部问题都在于使现存世界革命化。"① 我们每个党员在入党时都要宣誓："为共产主义奋斗终生，随时准备为党和人民牺牲一切。"如果我们党只执政，不革命，这个誓言岂不成了假话？共产主义的实现当然还很遥远，但绝不是遥遥无期。如果说在井冈山、延安、西柏坡时代，是共产主义理想鼓舞和支撑了广大党员的斗志，那么今天距离共产主义总比那时要更近，而不是更远。我们党今天虽然执政了，但这种执政与资本主义国家的政党有着本质区别。资本主义国家的政党执政后，要为占人口少数的财团服务。而我们党执政则是为占人口绝大多数的人民群众的利益服务，是为着带领人民建设社会主义社会。因此，党员只有牢记共产主义理想，才不会以权谋私，才会全心全意为人民服务，刻苦学习马克思主义，吃苦在前、享受在后，危急时刻挺身而出，维护国家和人民的利益。从这个意义上讲，我们党是执政的革命党或革命的执政党。那种认为我们党要由革命党转变为执政党的观点，是不对的，是把执政与革命割裂和对立的结果。

我们党除了人民利益，没有也不能有自己的特殊利益。党在为人民利益的奋斗过程中，当然需要有一定的物质条件，这与党有自己的特殊利益是两码事。因为，如果不为人民的利益而奋斗，我们党就失去了存在的理由，为此而拥有的一切物质条件也就成为了多余和有害的东西。《共产党宣言》说：共产党人"没有任何同整个无产阶级的利益不同的利益。"② 如果我们党有了和人民利益不同的特殊利益，它就不成其为人民利益的代表者，不是真共产党了。那种认为我们党有自己特殊利益的观点，问题同样出在把党和阶级、人民加以割裂和对立了。

《中共中央关于加强和改进新形势下党的建设若干重大问题的决定》

---

① 《马克思恩格斯选集》第一卷，人民出版社1995年版，第75页。
② 同上书，第285页。

指出:"全党必须牢记,党的先进性和党的执政地位都不是一劳永逸、一成不变的,过去先进不等于现在先进,现在先进不等于永远先进;过去拥有不等于现在拥有,现在拥有不等于永远拥有。世情、国情、党情的深刻变化对党的建设提出了新的要求,党面临的执政考验、改革开放考验、市场经济考验、外部环境考验是长期的、复杂的、严峻的,落实党要管党、从严治党的任务比过去任何时候都更为繁重和紧迫。"我们要居安思危,增强忧患意识,不断加强党的建设。只有这样,才能确保党在世界形势深刻变化的历史进程中始终走在时代前列,在应对国内外各种风险和考验的历史进程中始终成为全国人民的主心骨,在发展中国特色社会主义的历史进程中始终成为坚强的领导核心。

　　胡锦涛总书记在庆祝建党 90 周年大会上的讲话中指出:"面对风云变幻的国际形势,面对艰巨繁重的国内改革发展稳定任务,我们党要团结带领人民继续前进,开创工作新局面,赢得事业新胜利,最根本的就是要高举中国特色社会主义伟大旗帜,坚持和拓展中国特色社会主义道路,坚持和丰富中国特色社会主义理论体系,坚持和完善中国特色社会主义制度。"只要坚持这条道路、这个理论体系和这个制度,我们党就一定能团结带领人民群众,在本世纪中叶实现中华民族伟大复兴的夙愿。

中国共产党与中华民族的伟大复兴[*]

2011年是中国共产党成立90周年，也是辛亥革命爆发100周年。这两件关系中国命运的开天辟地的大事变刚好相隔十年，看似巧合，其实有着必然的内在的联系。它们的目的都是为了要救中国于危亡之中，进而使中国独立富强，使中华民族实现伟大复兴。但辛亥革命要走的资本主义道路在中国走不通，这就决定了选择社会主义道路的中国共产党必然要登上历史舞台，而且果然登上了历史舞台，担负起了领导中华民族复兴的大任。近一个世纪的历史证明，由于中国共产党善于把马克思主义普遍真理同中国具体实际相结合，正确回答和解决了中华民族在复兴道路上面对的一系列重大问题，因而继承并发扬光大了辛亥革命的未竟事业，使中华民族的伟大复兴一步步变成现实。

一 中国共产党为中华民族伟大复兴提供了根本的政治前提

中国具有古老而灿烂的文明，历史上一直是一个人口众多、地域辽阔、物产丰富、经济发达的大国强国。但自欧洲工业革命兴起，中国逐渐落后，1840年鸦片战争爆发以来，更不断遭受西方列强的侵略，沦入半殖民地半封建的悲惨境地。面对民族的衰落、国家的危亡，无数爱国的仁人志士提出了各种解救的方案。维新派、君主立宪派、旧民主主义革命派等

---

[*] 本文曾发表于《当代中国史研究》2011年第3期。

提出的方案尽管各不相同，但共同之处都是主张向西方国家寻求真理。中国共产党提出了与它们不同的方案，虽然也主张向西方学习工业化，把中国由农业国变成工业国，但在社会制度上却反对学习西方，而主张向俄国学习，把马克思主义这个放之四海而皆准的真理作为解救中华民族的最好的武器，用社会主义的道路振兴中华民族。

毛泽东在中共七大报告上说："没有一个独立、自由、民主和统一的中国，不可能发展工业……没有工业，便没有劳固的国防，便没有人民的福利，便没有国家的富强。一八四〇年鸦片战争以来的一百零五年的历史，特别是国民党当政以来的十八年的历史，清楚地把这个要点告诉了中国人民。"[①] 对于这个认识过程，他在中国共产党成立28周年时所写的《论人民民主专政》一文中，曾有过十分精彩的描述。他说："自从一八四〇年鸦片战争失败那时起，先进的中国人，经过千辛万苦，向西方国家寻找真理。""帝国主义的侵略打破了中国人学西方的迷梦。很奇怪，为什么先生老是侵略学生呢？中国人向西方学得很不少，但是行不通，理想总是不能实现。多次奋斗，包括辛亥革命那样全国规模的运动，都失败了。国家的情况一天比一天糟，环境迫使人们活不下去。怀疑产生了，增加了，发展了。第一次世界大战震动了全世界。俄国人举行了十月革命，创立了世界上第一个社会主义国家。""这时，也只是在这时，中国人从思想到生活，才出现了一个崭新的时期。中国人找到了马克思列宁主义这个放之四海而皆准的普遍真理，中国的面目就起了变化了。""就是这样，西方资产阶级的文明，资产阶级的民主主义，资产阶级共和国的方案，在中国人民的心目中，一齐破了产。资产阶级的民主主义让位给工人阶级领导的人民民主主义，资产阶级共和国让位给人民共和国。这样就造成了一种可能性：经过人民共和国到达社会主义和共产主义，到达阶级的消灭和世界的大同。"[②] 因为中国共产党的主张最合乎中国的实际，最能代表绝大多数中国人的根本利益，最能把中国从灾难深重中解救出来，所以吸引和凝聚了中华民族最优秀的儿女。他们舍身忘己，前赴后继，付出最大牺牲，忠

---

① 《毛泽东选集》第三卷，人民出版社1991年版，第1080页。
② 《毛泽东选集》第四卷，人民出版社1991年版，第1469、1470、1471页。

实地实践党的纲领,领导工人阶级,团结和带领广大农民、城市小资产阶级和民族资产阶级,经过 28 年艰苦奋斗,终于赶走了帝国主义,推翻了国民党反动派的独裁统治,扫清了挡在中国发展道路上的一个又一个政治障碍,建立了人民当家做主的中华人民共和国,为中华民族伟大复兴提供了政治上的现实可能性。

二　中国共产党为中华民族复兴抓住了难得的发展机遇

中华民族自近代以来,曾遇到过多次发展机遇,都由于反动势力的阻挠而错过了。中华人民共和国成立后,中国共产党坚持用马克思列宁主义观察分析国际国内形势,高瞻远瞩,审时度势,在中华民族的发展机遇面前,作出了正确的选择。中华人民共和国成立初期,国内实现了和平、独立、统一(除台湾外),迅速恢复了被战争破坏的国民经济;在国际上,两大阵营对峙,美国企图孤立、封锁、包围中国,但苏联答应全面援助我国以重工业为重点的第一个五年计划建设。以毛泽东为核心的党的第一代中央领导集体,抓住这个机遇,改变了原来打算先搞十来年新民主主义的设想,决定提前向社会主义过渡,制定了党在过渡时期的总路线,进行了对农业、手工业和资本主义工商业的社会主义改造,并实行了计划经济体制,将有限的资金、物资、人才等各种资源集中用于大规模工业化建设。以后,党中央又提出了四个现代化的战略目标。所有这些,促使中国用较短时间建成了独立的比较完整的工业体系和国民经济体系,为中华民族的伟大复兴打下了坚实的物质基础。

20 世纪 70 年代,中苏关系恶化,美国为从东南亚败局中脱身、集中力量对付苏联的挑战,急于改善同中国的关系;与此同时,西方国家由于美元与黄金脱钩,资金流动性增强,需要为投资寻找更有利的出路,另外开始调整产业结构,需要把一些制造业向发展中国家转移。以毛泽东为核心的党的第一代中央领导集体抓住这个机遇,果断打开了中美关系的大门,推动了与西方国家的建交高潮,为后来实行开放政策作了铺垫,并在一定程度上开展了与它们的经济贸易往来,引进了一批在国民经济中起重要作用的先进设备。随后不久,"四人帮"被粉碎,党内外越来越强烈地要求纠正长期居于指导地位的"左"的错误；国际形势也进一步出现了缓和局面，和平与发展逐渐成为时代的主题，经济全球化的趋势越来越明显，以信息化为先导的科学技术更是飞速发展、日新月异。以邓小平为核心的党的第二代中央领导集体抓住这个机遇，毅然决然地恢复了党的马克思主义的思想路线，实现了党的工作重点的转移，实行了改革开放的总方针，充分发挥市场调节的作用，积极吸引外资。从此，我国经济持续高速增长，综合国力大幅提升，人民生活水平不断提高，使中华民族大踏步地赶上了时代前进的潮流，迎来了伟大复兴的光明前景。

20世纪末和21世纪初，中国经过改革开放，经济实力、综合国力进一步增强，国际地位和影响力显著提升；与此同时，国际上冷战结束，两极格局解体，世界进入大发展、大变革、大调整的时期，和平、发展、合作的时代潮流更加强劲，多极化和经济全球化深入发展，世界经济对新兴经济体依赖度越来越大，科技创新开始孕育新的突破，围绕生态保护、资源节约的新技术和新产业加速发展。面对这一大有作为的战略机遇期，以江泽民为核心的党的第三代中央领导集体和以胡锦涛为总书记的党中央，成功实现了由计划经济体制向社会主义市场经济体制的转变，积极加入了世界贸易组织，及时提出并贯彻了科学发展观，着力转变经济发展方式，推动信息化与工业化的融合，开展自主创新体系的建设，使我国经济总量连上几个台阶、跃升世界第二位的同时，推动了产业结构的优化升级，促进了经济增长由主要依靠投资出口拉动向依靠消费和投资出口协调拉动的转变，拓展了对外开放的广度和深度，加强了节能环保的力度，并在清洁能源的投入与生产方面走在了世界前列，让中华民族再次跟上了时代前进的步伐，适应了世界发展的大势。邓小平说过："现在中国遇到一个难得的发展机遇，不要丧失这个机遇。许多人不懂得这是中华民族的机遇，是炎黄子孙几百年难得遇到的机遇。"[①]"我们要利用机遇，把中国发展起来"[②]。

事实充分证明，中国共产党执政后尽管也存在因指导思想犯错误和经验不足而耽误时机的情况，但从根本上把握了世界的潮流，从总体上抓住

---

① 《邓小平年谱（1975—1997）》下，中央文献出版社2004年版，第1316页。
② 《邓小平文选》第三卷，人民出版社1993年版，第358页。

了发展的机遇。否则,中国怎么可能仅用半个多世纪的时间,就走完发达国家一二百年甚至三四百年所走过的路呢?现在,中华民族伟大复兴的曙光在世人面前,已经变得越来越清晰了。

三 中国共产党为中华民族复兴创造了良好的内外条件

一个民族要振兴,内部一定要有安定团结的氛围和昂扬向上的精神,外部一定要有相对安全的环境和与多数国家友好的关系。否则,内部争斗不止、四分五裂,人民精神萎靡不振、安于现状,外部强敌骚扰不断,与多数国家结怨不和,任何民族都是难以振兴的。中华人民共和国成立后,中国共产党通过不懈探索发展道路、构建基本制度、营造内外环境以及加强自身建设,使中华民族拥有了一个有利于伟大复兴的内部和外部条件。

第一,开辟了有利于中华民族复兴的发展道路——中国特色社会主义道路

中国共产党的最高理想和最终奋斗目标是实现共产主义。在取得新民主主义革命胜利以后,我们党经过艰辛探索,逐渐弄清楚了什么是社会主义和怎样建设社会主义的问题,明白了实现共产主义理想不仅要经过漫长的社会主义阶段,而且在社会主义阶段里又分为不发达、比较发达和发达等不同阶段。中国是由半殖民地半封建社会进入社会主义社会的国家,基础差,起点低,要建设社会主义,必须经过社会主义初级阶段,把坚持社会主义基本制度同发展市场经济结合起来,走中国特色社会主义的道路。党的十七大报告指出:"中国特色社会主义道路,就是在中国共产党领导下,立足基本国情,以经济建设为中心,坚持四项基本原则,坚持改革开放,解放和发展社会生产力,巩固和完善社会主义制度,建设社会主义市场经济、社会主义民主政治、社会主义先进文化、社会主义和谐社会,建设富强民主文明和谐的社会主义现代化国家。中国特色社会主义道路之所以完全正确、之所以能够引领中国发展进步,关键在于我们既坚持了科学社会主义的基本原则,又根据我国实际和时代特征赋予其鲜明的中国特色。在当代中国,坚持中国特色社会

主义道路，就是真正坚持社会主义。"① 这条道路实行30年的历史告诉我们，它完全符合中国的实际，是中华民族伟大复兴最可靠的途径。

第二，建立了有利于中华民族伟大复兴的社会主义民主制度和法律体系

中华人民共和国成立初期，中国共产党从中国的实际情况出发，建立了人民代表大会制度、共产党领导的多党合作和政治协商制度、民族区域自治制度等基本政治制度。这些民主制度既不同于西方的多党轮流执政制、三权鼎立和两院制，也有别于苏联的一党制和联邦制。与此同时，还制定了第一部宪法，为社会主义民主法制建设和中国特色社会主义法律体系的形成奠定了坚实的基础。在改革开放新时期，党中央通过总结"文化大革命"的教训，把加强社会主义民主法制建设作为坚定不移的方针确定下来，强调必须使社会主义民主制度化、法律化；把依法治国确定为党领导的人民治理国家的基本方略，强调发展社会主义民主政治最根本的是坚持党的领导、人民当家做主、依法治国的有机统一，并提出构建社会主义和谐社会的重大战略任务。现在，一个立足中国国情和实际、适应改革开放和社会主义现代化建设需要，集中体现党和人民意志的中国特色社会主义法律体系已经形成。它既保证了人民各项民主权利的落实，又保证了社会主义集中力量办大事、决策效率高等优越性的发挥；既妥善处理了法律前瞻性与可行性的关系，又解决了国家发展中带根本性、全局性、稳定性、长期性的问题，从而为建设富强民主文明和谐的社会主义现代化国家、实现中华民族的伟大复兴提供了强大的法制保障。

第三，开展了有利于中华民族伟大复兴的一系列社会稳定工作

没有社会的稳定就没有政权的巩固，没有政权的巩固就没有民族的伟大复兴。新中国自成立之初，针对国民党撤离大陆时留下的大批特务、正规军分散为匪，捣乱破坏、组织暴动的猖獗活动，进行了大规模剿匪斗争，开展了镇压反革命运动，保证了人民政权的长治久安。随后，又针对极少数民族分裂分子在外国势力支持下发动的武装叛乱，进行了平叛斗争，维护国家统一和社会稳定。粉碎"四人帮"后，我国结束了十年内

---

① 《中国共产党第十七次全国代表大会文件汇编》，人民出版社2007年版，第11页。

乱，恢复并连续三十多年保持了社会的安定团结。在此期间，由于国内外敌对势力的渗透、颠覆、分裂活动，也发生过局部动乱乃至反革命暴乱和打砸抢烧事件。对此，党和政府依靠人民群众，坚决予以平息，维护了正常的社会秩序，使改革开放和现代化建设事业得以顺利进行。在长期实践中，中国共产党总结出了一系列指导和引导社会和谐稳定的理论、方针、政策，如正确区分与处理两类不同性质的矛盾，正确处理改革、发展、稳定三者的关系，构建社会主义和谐社会，健全党和政府主导的维护群众权益机制等等，为维护社会稳定发挥了重要作用。正如邓小平所说："中国的问题，压倒一切的是稳定。没有稳定的环境，什么都搞不成，已经取得的成果也会丢掉。""中国不能把自己搞乱，这当然是对中国自己负责，同时也是对全世界全人类负责。"[①]

第四，培育了有利于中华民族伟大复兴的民族精神和社会风气

在中国长期的封建社会里，普通群众无权参与社会事务，缺乏组织性和纪律性，对社会变革也往往表现淡漠，被人讥为一盘散沙、麻木不仁。但中国共产党在革命战争和抗日战争时期的根据地里，通过自己以身作则的示范作用和发动群众、组织群众、教育群众，改变了这种精神面貌，焕发了热爱国家、艰苦奋斗的民族精神，形成了关心集体、团结互助、遵守纪律、争当先进的社会风气。取得全国胜利后，中国共产党将这种在根据地培育的精神和风气传播到各地，又通过恢复国民经济、抗美援朝运动、"一五"时期建设，以及学大庆、学大寨、学雷锋、学王进喜、学焦裕禄等先进典型和模范人物的活动，使之进一步融入了自力更生、奋发图强和人人为我、我为人人等新风尚。改革开放后，中国共产党又通过开展两个文明建设、五讲四美三热爱活动和社会主义核心价值体系建设，在全社会进一步培育了以爱国主义为核心的民族精神和以改革创新为核心的时代精神，使无私奉献、助人为乐、廉洁奉公、爱岗敬业、勇于创新、敢为人先的风气成为社会风气的主流。在新中国建设的各个历史时期和各个领域各条战线，广大共产党员总是以自己的实际行动，为人民群众做出表率。所有这一切，促使中华民族始终保持了一种昂然向上的精神状态。

[①] 《邓小平文选》第三卷，人民出版社1993年版，第284、361页。

第五，坚持了有利于中华民族伟大复兴的不间断的执政党自身建设

中国共产党成为新中国的执政党和社会主义建设事业的领导核心，是历史的选择、人民的选择，也是工人阶级政党性质所决定的。工人阶级与资产阶级不同，内部没有不同的利益集团，因此，也就不会有代表不同利益集团的政治派别，不需要照搬资产阶级政党轮流执政的政治体制。但这同时带来一个问题，就是由谁监督共产党。针对这种问题，中国共产党早在根据地建政时期就提出，"苏维埃必须吸引广大民众对于自己工作的监督与批评"；"只有让人民来监督政府，政府才不敢松懈。"① 中华人民共和国成立后，毛泽东又特别指出，在对党的各种监督中，"首先是阶级的监督，群众的监督，人民团体的监督。"② 为了加强对共产党的监督，他在第一届全国政协结束后，决定保留八个民主党派，并实行与民主党派长期共存、互相监督的方针。他说："主要监督共产党的是劳动人民和党员群众。但是有了民主党派，对我们更为有益。"③

党从执政的第一天开始，为了防止改变颜色，产生主观主义、官僚主义和贪污腐败的问题，还不断开展党内整风，力图通过思想建设、组织建设、作风建设，吸收新鲜的血液，排除肌体的毒素，保持自身的纯洁性和先进性以及与人民群众的血肉联系。改革开放后，党中央一方面总结历史经验，纠正过去整风中实行的"左"的指导思想和采取的政治运动的方式；另一方面，继续强调要防止党和国家"改变面貌"，告诫全党要警惕帝国主义搞"和平演变"、打"没有硝烟的战争"，要牢记"两个务必"，要坚持立党为公、执政为民，要坚决惩治和预防腐败，并接二连三地开展组织整顿和思想教育活动。这些加强自身建设的措施，在其他执政或执过政的共产党中是很少见的，但对我们党经受长期执政、市场经济、对外开放考验，确实起到了重要作用。事实说明，中华民族要复兴就必须坚持共产党的领导，而要坚持共产党的领导就必须坚持党的自身建设，确保党永远不脱离人民群众，不腐化变质。

---

① 《毛泽东年谱（1893—1949）》中，人民出版社、中央文献出版社1993年版，第610页。
② 《建国以来毛泽东文稿》第6卷，中央文献出版社1992年版，第136页。
③ 《毛泽东文集》第七卷，人民出版社1999年版，第235页。

第六，构筑了有利于中华民族复兴的国际环境

新中国一成立便奉行独立自主的和平外交政策，倡导不同社会制度国家和平共处的五项原则，坚定站在亚非拉发展中国家一边，积极发展同尚未建交的西方国家之间的民间外交，赢得了国际社会的普遍尊重和广泛赞誉。与此同时，中国共产党在事关国家安全、主权和领土完整等核心利益问题上从不妥协，在极其困难的条件下出兵抗美援朝，下决心研究制造了"两弹一星"，为和平建设提供了必要的安全环境。20世纪70年代，中国调整了外交工作的战略，恢复了在联合国的合法席位，打开了外交工作的新局面。改革开放后，随着国际形势的发展变化，我们党在战争与和平的问题上作出了新的判断，并改变了一度实行的"一条线"战略，推动建设持久和平、共同繁荣的和谐世界，奉行互利共赢的开放战略，强调走和平发展的道路，坚持同发达国家加强战略对话，贯彻同周边国家睦邻友好、务实合作的方针，深化同广大发展中国家的传统友谊，积极参与多边事务，承担相应国际义务，推动国际秩序朝着公正合理的方向发展。所有这一切，为中国的发展营造了相对安全和宽松的外部条件，使中华民族的复兴大业始终处于有利的国际环境中。

自从孙中山提出"振兴中华"的口号后，对于中华民族伟大复兴的目标有各种各样的表述。毛泽东在20世纪50年代说："一九一一年的革命，即辛亥革命，到今年，不过四十五年，中国的面目完全变了。再过四十五年，就是二零零一年，也就是进到二十一世纪的时候，中国的面目更要大变。中国将变为一个强大的社会主义工业国。中国应当这样。因为中国是一个具有九百六十万平方公里土地和六万万人口的国家，中国应当对于人类有较大的贡献。"[①] 他还说过："中国的人口多、底子薄，经济落后，要使生产力很大地发展起来，要赶上和超过世界上最先进的资本主义国家，没有一百多年的时间，我看是不行的。"[②] 后来，他又提出要实现工业、农业、科学文化和国防现代化。[③] 可见，在他看来，所谓中华民族伟大复兴，

---

① 《毛泽东文集》第七卷，人民出版社1999年版，第156—157页。
② 《毛泽东文集》第八卷，人民出版社1999年版，第302页。
③ 同上书，第116、162页。

就是要把中国建成强大的社会主义工业国,实现四个现代化,赶上和超过世界上最先进的资本主义国家,对人类作出较大贡献。

按照毛泽东的设想,邓小平在20世纪80年代提出了"三步走"战略。他说:"本世纪走两步,达到温饱和小康,下个世纪用三十年到五十年时间再走一步,达到中等发达国家的水平。""如果达到这一步,第一是完成了一项非常艰巨的、很不容易的任务;第二是真正对人类作出了贡献;第三就更加能够体现社会主义制度的优越性。"①

根据邓小平提出的战略,党的十五大又把21世纪的头50年分为三个阶段,即头十年实现GDP比2000年翻一番,再用十年使国民经济更加发展、各项制度更加完善,到世纪中叶基本实现现代化;并且明确提出,社会主义初级阶段"是逐步缩小同世界先进水平的差距,在社会主义基础上实现中华民族伟大复兴的历史阶段。这样的历史进程,至少需要一百年时间"②。

党的十六大、十七大进一步把本世纪头50年分为两个阶段,即头20年基本实现工业化,到世纪中叶基本实现现代化。这就意味着,当中国2050年左右达到中等发达国家水平的时候,就可以说中华民族实现伟大复兴了。

历史告诉我们,在中华民族伟大复兴的道路上,过去有过今后仍然会有各种艰难险阻。但历史同时告诉我们并将继续告诉我们,中国共产党是中华民族复兴大业的推动者、领导者和组织者,也是引路人、主心骨和守护神。只要我们始终坚持中国共产党的领导,坚定不移地沿着中国特色社会主义道路前进,同心同德,奋力拼搏,就一定能战胜前进道路上的各种困难,在20世纪中叶实现中华民族的伟大复兴。

---

① 《邓小平文选》第三卷,人民出版社1993年版,第251、224页。
② 《十五大以来重要文献选编》上,人民出版社2000年版,第16页。

"不问姓社姓资"是一种曲解[*]

——答《人民论坛》问

人民论坛：改革开放到底有没有方向问题？

朱佳木：对这个问题，理论界长期存在不同认识。有人认为，改革开放本身就是方向，无所谓社会主义方向还是资本主义方向；谁讲改革开放要坚持社会主义方向，谁就被指责是"问姓'社'姓'资'"，是"反对改革开放"。这种看法既不符合迄今为止改革开放的全部历史实际，也不符合党中央自改革开放以来的一贯指导思想。

所谓"不问姓社姓资"的提法，是对邓小平南方谈话的曲解。我们只要认真看一下南方谈话的原文就会知道，邓小平讲的是："改革开放迈不开步子，不敢闯，说来说去就是怕资本主义的东西多了，走了资本主义道路。要害是姓'资'还是姓'社'的问题。"这里不但没有说"不问姓'社'姓'资'"，相反，他在这句话之后紧接着说："特区姓'社'不姓'资'。从深圳的情况看，公有制是主体。"改革开放以来，邓小平反复提醒我们要坚持社会主义方向，绝不能搞资本主义。他说："在改革中坚持社会主义方向，这是一个很重要的问题。"在南方谈话中他还强调："在整个改革开放的过程中，必须始终注意坚持四项基本原则。"这说明，邓小平所说的"要害是姓'资'还是姓'社'"，并非"不问姓'社'姓'资'"，而是要弄清楚什么是资本主义、什么是社会主义，找到正确判断

---

[*] 本文曾发表于《人民论坛》2012年第3期（下），原文副标题为：——访中国社科院副院长、研究员朱佳木。

社会主义的标准。

后来,江泽民同志在庆祝建党70周年大会上的讲话中说:"我们的改革,是社会主义制度的自我完善和发展……在改革中不坚持社会主义方向,就会葬送党和人民70年奋斗的全部成果。要划清两种改革开放观,即坚持四项基本原则的改革开放,同资产阶级自由化主张的实质是资本主义化的'改革开放'的根本界限。"胡锦涛总书记在纪念党的十一届三中全会召开30周年大会上的讲话中也说:要"以四项基本原则保证改革开放的正确方向"。可见,改革开放是存在方向问题的,而且这个问题说到底,就是走社会主义道路还是走资本主义道路。否定改革开放有方向问题,并非真的不要任何方向,而是以此为掩护,要把改革开放引向私有化、两极分化、指导思想多元化和"全盘西化"的资本主义道路上去。

人民论坛:有一种观点认为,改革开放之所以成功,根本原因在于实行了改革开放。您怎么看待这种说法?

朱佳木:这种观点不仅在逻辑上有毛病,在事实上也是站不住脚的。所谓改革,主要指把资源配置的基础由计划改为市场;所谓开放,主要指国民经济由相对封闭状态变为与国际经济接轨。当今世界200多个国家和地区的70亿人口中,除了二十几个发达资本主义国家的8亿人一直在实行市场经济和主导国际经济之外,余下绝大多数发展中国家和地区的60多亿人口,要么早就在实行市场经济和与国际经济接轨,要么是在向市场经济和与国际经济接轨的方向过渡。在这么多国家和地区中,特别是在那些向市场经济和与国际经济接轨过渡的所谓"转型"国家和地区中,大多数情况都不如中国好。特别是原来的超级大国苏联,由于在改革开放中放弃了社会主义道路、无产阶级专政、共产党的领导地位和马克思列宁主义,结果使本来已经相当严重的经济、政治、社会、民族矛盾进一步激化,最终酿成了制度剧变、国家解体的历史悲剧。而中国由于在改革开放中始终坚持社会主义方向,把改革开放与四项基本原则相结合,最终使13亿中国人民大踏步赶上了时代潮流、走上了奔向富裕安康的广阔道路,中国特色社会主义充满蓬勃生机,为人类文明进步作出重大贡献的中华民族以前所未有的雄姿巍然屹立在世界东方。如果再考虑到中国人口负担重、经济基础薄弱、人均耕地和各种资源相对贫乏、区域发展极不平衡等不利因素，能做到这一点就更加不容易。这说明，仅仅用实行改革开放这一条来解释改革开放成功的根本原因，是经不起推敲的，也是难以令人信服的。

中国自近代以来曾丧失过很多发展机遇，但有两次机遇被我们抓住了，实现了自身跨跃式的发展。一次是在中华人民共和国成立初期，另一次是在改革开放以后。如果说第一次的主要原因是由于我们选择了社会主义制度的话，第二次的主要原因则是由于我们在社会主义制度的基础上，实行了改革开放。就是说，我们与大多数发展中国家和地区之间的最大区别，并不在于是否实行市场经济，是否与国际经济接轨，而在于这样做时是脱离本国国情、盲目照搬西方经济和政治制度，还是立足于本国国情，把市场经济与社会主义的基本制度结合在一起，把市场配置资源置于国家的宏观调控之下，在共产党领导和马克思主义指导之下有选择地学习和利用世界上一切于己有利的好做法好经验。这才是我们的改革开放成功的根本原因，也是它的最大特色。

必须把这两个30年看作有机的统一体

人民论坛：改革开放30余年的成就，与中华人民共和国成立后的头30年有着怎样的联系？

朱佳木：如何认识改革开放前后两个30年和它们的相互关系，是与如何认识中国特色社会主义道路高度相关的一个问题。现实生活中凡是怀疑和反对改革开放的，必然会用新中国头30年否定后30年；凡是怀疑和否定四项基本原则的，必然会用新中国后30年否定头30年；凡是把中国特色社会主义看成"新民主主义的回归"和"民主社会主义"、"社会民主主义"，或者看成"资本主义复辟"的，必然会把前后两个30年加以割裂和对立。同样，凡是把前后两个30年加以割裂、对立、相互否定的，也必然会反对或曲解中国特色社会主义道路。

只要回顾一下过去就会清楚，如果1978年没有实行改革开放，不把改革开放坚持下去，新中国的历史将难以为继，结果只能是死路一条。这一点已为一些前社会主义国家的历史所证明，是毫无疑问的。但同样毫无疑问的是，如果1949年不建立新中国，新中国不选择社会主义道路，没有进行大规模工业化建设和农田基本建设，没有形成独立的完整的工业体系和国民经济体系，没有培养出大批从事经济、科技、文教事业的人才，改革开放也是难以起步的。即使起步，如果不坚持社会主义方向，误入资本主义的歧途，结果也只能是死路一条。这一点也已为一些前社会主义国家的历史所证明。因此，中国不走社会主义道路不行，走社会主义道路而不改革开放也不行；用后30年否定头30年不行，用头30年否定后30年也不行；头30年是后30年的基础，后30年是对头30年的继承、发展和扬弃。只要我们坚持中国特色的社会主义道路，就必须把这两个30年看作有机的统一体。

要找出改革开放的核心经验并不难，因为它就是我们党在社会主义初级阶段的基本路线

人民论坛：您认为改革开放最核心的经验是什么？

朱佳木：改革开放的经验有很多，即使其中的基本经验也不只一条。但在唯物辩证法看来，决定事物性质的诸多矛盾中必定有一个是最主要的、起核心作用的。总结改革开放三十多年的经验，应当尽力找出所有经验中最主要的、起核心作用的经验。只有这样，才能准确把握改革开放的内在规律，才能推动改革开放事业继续沿着正确道路发展，才能向其他情况类似的发展中国家提供真实可靠、具有借鉴意义的参考。

其实，要找出改革开放的核心经验并不难，因为它就是我们党在社会主义初级阶段的基本路线，即坚持以经济建设为中心，坚持社会主义道路、人民民主专政、共产党的领导、马克思主义指导这四项基本原则，坚持改革开放，并把这"一个中心、两个基本点"紧紧结合在一起。改革开放30多年的实践证明，这条路线不仅是党和国家的生命线，也是改革开放的生命线。改革开放之所以获得巨大成功，中国三十多年里之所以能以世界上少有的速度持续快速发展起来，主要的基本的原因就在于我们党自从十一届三中全会以后，始终坚持了这条路线，既以四项基本原则保证改革开放的正确方向，又通过改革开放赋予四项基本原则新的时代内涵，坚持把以经济建设为中心同坚持四项基本原则、改革开放这两个基本点统一于发展中国特色社会主义的伟大实践中。

从一定意义上可以讲,这条路线在实践上的展开就是中国特色社会主义道路,在理论上的展开就是中国特色社会主义理论体系。党的十七大号召全党全国人民继续高举中国特色社会主义伟大旗帜,从根本上讲,就是要我们坚持"一个中心、两个基本点"的有机统一。

政治体制改革与坚持共产党的领导[*]

党的十一届三中全会召开三十年来的实践证明，我国改革开放事业之所以能顺利进行，关键在于我们从始至终把"一个中心、两个基本点"统一在了建设中国特色社会主义现代化事业的全过程，从始至终把坚持共产党领导、人民当家做主、依法治国有机地统一在了政治体制改革的全过程。

当前，社会主义民主政治不断发展、依法治国方略扎实贯彻，但民主法制建设与扩大人民民主和经济社会发展的要求还不完全适应，政治体制改革还有待继续深入。同时，西方敌对势力仍在加紧对我国实行"西化"、"分化"战略，他们和境内敌对势力在意识形态领域进行渗透、破坏活动的一个重要手法，便是利用我们进行政治体制改革之机，竭力推销西方政治制度模式，把攻击的矛头对准四项基本原则，尤其是中国共产党的领导。因此，我们一方面要继续深化政治体制改革，另一方面，必须在改革中继续坚持正确的政治方向，坚持共产党的领导。而要做到这些，就要充分认识中国特色社会主义政治制度的科学性、合理性、必然性，搞清楚什么是我们所说的民主政治和政治体制改革，从思想上真正弄懂政治体制改革必须坚持共产党领导的道理。

---

[*] 本文曾发表于《前线》2008年第11期，原题为"深化政治体制改革必须坚持共产党的领导"；被中国人民大学书报资料中心《中国共产党》2009年第1期、《马克思主义文摘》2009年第3期转载，并收入中共党史出版社出版的《纪念改革开放30周年论文集》。收入本书时略作修改。

一 只有坚持党的领导才能使政治体制改革始终沿着正确方向进行

我国社会主义民主政治制度的核心是工人阶级领导的、以工农联盟为基础的人民民主专政,主要内容是以公有制和按劳分配为主体的社会主义制度,人民行使国家权力的人民代表大会制度,中国共产党领导的多党合作和政治协商制度,少数民族聚居地方的民族区域自治制度。因此,党的领导是社会主义民主政治的有机组成部分;离开党的领导,社会主义民主政治就无从谈起。

党的十一届三中全会后,我们党在进行经济体制改革的过程中,针对以往民主与法制建设滞后、权力过分集中、以党代政现象严重和干部选拔监督机制不健全等弊病,提出并有步骤地实行了政治体制改革,使社会主义民主政治得到巨大发展。但我们党从始至终都强调,政治体制改革只能从我国已经走上了社会主义道路的实际和经济文化发展水平的实际出发,绝不能照搬西方政治制度的模式。正如胡锦涛同志在党的十七大报告中所指出的:"政治体制改革作为我国全面改革的重要组成部分,必须随着经济社会发展而不断深化,与人民政治参与积极性不断提高相适应。"同时,"要坚持中国特色社会主义政治发展道路,坚持党的领导、人民当家做主、依法治国有机统一……不断推进社会主义政治制度自我完善和发展。"

在阶级社会,不同阶级有不同阶级的民主,不存在普世的民主观。资本主义民主制度相对封建专制制度是一大进步,但由于它以资本为权力基础,因此,这种民主只能是资本控制下的民主,对多数人来说没有多少实际意义。而无产阶级是人类社会最后一个被压迫被剥削的阶级,它只有解放全人类才能最终解放自己。这就决定了它要代表绝大多数人的利益,要为绝大多数人争取民主;它在取得政权后所要实行的民主,是人类历史上新型的绝大多数人的民主。虽然这个政权在相当长时期内仍然要对敌对阶级实行专政,但这种专政也是多数人对少数人的专政。

我们党是在向帝国主义、封建势力和官僚买办资产阶级的反动统治要民主的斗争中诞生和成长的,从一定意义说,它本身就是民主斗争的产物，是为民主而生，也是为民主而战的。但我们党不像资产阶级政党那样掩盖民主的阶级属性，而是从诞生之日起就公开申明：我们要的是工人阶级领导的劳苦大众的民主。正因为如此，我们党领导的革命才叫作新民主主义革命，新中国实行的国体才叫作人民民主专政，中华人民共和国初期建立的政府、加入的国际阵营才叫作民主政府、民主阵营。可见，"民主"这个词本身并无优劣，关键要看它的内涵，即看它是哪个阶级的民主。新中国是人民当家作主的国家，因此，我们国家的民主从本质上说是绝大多数人的民主，是资本主义民主无法比拟的。

另外也要看到，民主的本质与民主的实现形式并不完全是一回事，相互之间既有联系也有区别。不同国家采取什么样的民主形式，会因社会性质、民族的历史和文化、经济社会发展水平的差别而异，也可以因其中所包含的人类政治文明成果而相互借鉴。我们国家的民主在本质上是绝大多数人的民主，但在实现形式上还存在一些不完善的地方，需要根据社会主义民主政治的本质要求，结合我国历史文化传统的特点、经济社会发展的水平，吸取国外民主形式中某些适合于我国的做法，同时不断探寻中国式的民主形式，从而使社会主义民主逐步落到实处，持续向前发展。

近三十年来，我们所进行的政治体制改革正是这样做的。例如，在选举办法方面，逐步推行差额制、基层直选，人大代表按城乡相同人口比例选举等制度；在保障人民民主权利方面，逐步扩大基层群众自治的范围，建立重大事项社会公示制度和社会听证制度，扩大党员和群众对干部选拔任用的知情权、参与权、选择权、监督权，发挥社会组织在扩大群众参与、反映群众诉求方面的作用；在干部选拔任用方面，逐步实行领导干部职务的任期制、述职述廉制、问责制、经济责任审计制、辞职制和用人失察失误责任追究制，完善重要干部任免的决定程序；在加强权力的相互制约与协调方面，逐步加强人大常委会制度，建立巡视制度，健全重大事项报告制度、质询制度，推行政务公开制度，把政治协商纳入决策程序，保证审判机关、检察机关依法独立公正地行使审判权、检察权，加强同民主党派合作共事；在行政管理体制方面，逐步推进政企分开、政资分开、政事分开、政府与市场中介组织分开，减少和规范行政审批，减少政府对微观经济运行的干预，实行大部门体制等等。

综上所述，我们的政治体制改革既借鉴了人类政治文明的有益成果，又没有背离社会主义民主的性质和脱离中国的实际情况。之所以能做到这些，正是由于我们在改革中始终坚持了共产党领导的结果。邓小平曾说过："调动积极性是最大的民主。至于各种民主形式怎么搞法，要看实际情况。比如讲普选，现在我们在基层，就是在乡、县两级和城市区一级、不设区的市一级搞直接选举，省、自治区、设区的市和中央是间接选举。像我们这样一个大国，人口这么多，地区之间又不平衡，还有这么多民族，高层搞直接选举现在条件还不成熟，首先是文化素质不行。又比如讲党派，我们也有好多个民主党派，都接受共产党的领导，实行中国共产党领导的多党合作、政治协商制度。对于这一点，西方许多舆论也认为，像中国这样一个大国，如果没有中国共产党来领导，许多事情很难办，首先吃饭问题就解决不了。"[1] 江泽民同志也说："西方一些人对我们在农村进行村民委员会直接选举很感兴趣，有的评价很高。这里面，有的人可能确实认为这样做好，但也有不少人是有政治目的的。他们实际上就是想要我们按照西方的那一套办。在这个问题上，我们的头脑也要清醒。扩大社会主义民主要坚定不移，但必须有计划有步骤，必须看是否有利于加强和改善党的领导、有利于坚持和巩固社会主义制度、有利于保持社会安定团结的局面。"[2] 我们要继续运用前一阶段政治体制改革的成功经验，牢牢把握改革的正确方向，绝不为各种威胁所惧、各种干扰所惑。

二 只有坚持党的领导才能使政治体制改革为经济社会发展提供稳定的政治环境

我国政治体制改革的目的与经济体制改革一样，都是为了最大限度地调动人民群众建设社会主义的积极性，最大限度地发挥社会主义制度的优越性，从而最大限度地解放和发展社会生产力，以便抓住难得的历史机遇，实现中华民族的伟大复兴。

---

[1] 《邓小平文选》第三卷，人民出版社1993年版，第242页。
[2] 《江泽民文选》第三卷，人民出版社2006年版，第235页。

社会主义制度的优越性表现在动员能力强、效率高、能够集中力量办大事上，而这些优越性主要来自以下两条：一是社会主义的经济制度和经济运行体制，具体到今天，就是在发展非公有制经济、发挥市场作为资源配置基础性作用的同时，始终坚持以公有经济为主体和以国有经济为主导，坚持国家对经济的宏观控制；二是社会主义的基本政治制度和政治体制，具体到今天，就是在进行政治体制改革和发展社会主义民主政治的同时，始终坚持人民民主专政和共产党的领导。有了上述两条，国家就能一方面凭借手中掌握的经济力量和党的组织系统，在最短的时间内实行最广泛的社会动员，把全国各个地方各个领域的力量集中起来，以实现国家的意志；另一方面，保持社会的基本稳定，使国家能在安定的政治环境下集中力量进行各项事业的建设。

我们党是我国社会唯一的领导政党，有明确的奋斗目标、统一的组织系统、广泛的群众基础、严格的纪律约束，以及起着模范带头作用的各级干部和党员。因此，不管国家遇到什么事，只要党中央作了决定，整个党就能带动社会迅速行动起来。这一政治优势在社会主义革命和建设的各个历史时期都有充分的体现，在2008年抗震救灾和举办奥运会过程中体现得更为突出。它是改革开放三十年来中国持续快速发展的根本原因之一，也是中国特色社会主义道路与绝大多数发展中国家发展道路相比较的最大差别所在。

我国自近代以来，曾遇到过几次发展的历史机遇。其中有的机遇，例如18世纪中叶到19世纪初的工业革命，由于封建统治阶级的顽固而被错过，结果遭受欧美列强的不断欺辱，终于沦为半殖民地半封建国家。但在中华人民共和国成立以后，我们抓住了两次大的机遇。一次是中华人民共和国成立初期，以毛泽东为核心的党的第一代中央领导集体，抓住国家实现了和平、独立、统一（除台湾地区外），苏联答应全面援助我国以优先发展重工业为重点的第一个五年计划建设的机遇，决定提前向社会主义过渡，实行计划经济体制和工商业国有化、农业集体化，将有限的资源集中用于大规模工业化建设，结果用较短时间初步建成了独立的比较完整的工业体系和国民经济体系，使我国缩小了同发达国家的差距。再一次是20世纪70年代后期，以邓小平为核心的党的第二代中央领导集体，抓住国内"四人帮"被粉碎，国际上和平与发展的趋势成为时代主流的机遇，实现了党的工作重点的转移，制定和实行了改革开放的总方针，结果经济连续30年高速度增长，综合国力大幅提升，人民生活显著改善，初步建成小康社会，使中国大踏步地赶上了时代进步的潮流。

为什么我们能在中华人民共和国成立后两次抓住机遇、发展了自己？如果说第一次的根本原因在于选择了社会主义道路的话，那么，第二次的根本原因则在于我们找到了改革开放与四项基本原则相结合这条中国特色社会主义道路，其中包括政治体制改革与坚持党的领导相结合。因为，只有这样做，我们才能既最大限度地发挥社会活力，又最大限度地做到集中力量办大事；既保证经济的快速发展，又维护社会的总体稳定，实现以稳定保发展，以发展促稳定的良性循环。

拥有社会主义制度集中力量办大事的政治优势，对于像我们这样的发展中大国来说，有着特别重要的意义。我们国家人口多、底子薄，耕地和大部分资源，甚至连水的人均占有量都低于世界平均水平。即使今天我们的经济总量已经跃居世界第三、四位，但按人均计算，仍然处于第100位左右。在这种国情下，我们如果要追赶发达国家，只能最大限度地集中自己有限的力量，尽可能地提高工作效率，努力调动全民族昂扬向上的精神，绝对保证社会的政治稳定。而要做到这一切，除了把包括政治体制改革在内的改革开放与包括坚持共产党领导在内的四项基本原则相结合之外，别无出路。

邓小平在改革开放初期曾说过："坚持四项基本原则的核心，是坚持共产党的领导。没有共产党的领导，肯定会天下大乱，四分五裂。历史事实证明了这一点。……没有党的领导也就不会有社会主义制度。"[①] 1987年他又说过："我们评价一个国家的政治体制、政治结构和政策是否正确，关键看三条：第一是看国家的政局是否稳定；第二是看能否增进人民的团结，改善人民的生活；第三是看生产力能否得到持续发展。"[②] 一九八九年风波之后他还说过："现在中国遇到一个难得的发展机遇，不要丧失这个

[①] 《三中全会以来重要文献选编》下，人民出版社1982年版，第879页。
[②] 《邓小平文选》第三卷，人民出版社1993年版，第213页。

机遇。许多人不懂得这是中华民族的机遇，是炎黄子孙几百年难得遇到的机遇……放弃社会主义，中国就要乱，就丧失一切。如果乱起来，中国什么事也做不了。"[1] 我们要牢记邓小平的这些告诫，切实接受某些前社会主义国家由于在政治改革中取消共产党领导而导致亡党亡国的教训，绝不搞西方的多党轮流执政、三权鼎立那一套，毫不动摇地继续在政治体制改革中坚持党的领导。

三 只有坚持党的领导才能使政治体制改革在促进党的自身建设中发挥积极作用

政治体制改革最先是从党内领导体制的改革开始的，重点是适当分散权力，加强集体领导，以便防止由于党的权力过分集中于少数人特别是个人而出现的种种弊端。后来，随着个体私营经济的发展和市场作用的逐渐扩大，政治体制改革的重点又集中于对权力的制约和监督，以便预防以权钱交易为主要特点的腐败行为。无论是当初适当分散权力，还是现在加强对权力的制约和监督，其目的都是为了通过政治体制改革，促进党的自身建设。

有人认为，取消共产党的领导，实行多党制和三权分立，岂不更有利于党的自我约束机制的建立吗？这些人不明白，中国共产党的领导是中国近代以来历史发展所决定的，并不是什么人想取消就能取消得了的。对于这个历史选择的过程，《中华人民共和国宪法》（以下称《宪法》）有过十分简明扼要的阐述。《宪法》序言说："一九一一年孙中山先生领导的辛亥革命，废除了封建帝制，创立了中华民国。但是，中国人民反对帝国主义和封建主义的历史任务还没有完成。一九四九年，以毛泽东主席为领袖的中国共产党领导中国各族人民，在经历了长期的艰难曲折的武装斗争和其他形式的斗争以后，终于推翻了帝国主义、封建主义和官僚资本主义的统治，取得了新民主主义革命的伟大胜利，建立了中华人民共和国。从此，中国人民掌握了国家的权力，成为国家的主人。中华人民共和国成立

---

[1] 《邓小平年谱（1975—1997）》下，中央文献出版社2004年版，第1316页。

以后，我国社会逐步实现了由新民主主义到社会主义的过渡。生产资料私有制的社会主义改造已经完成，人剥削人的制度已经消灭，社会主义制度已经确立。工人阶级领导的、以工农联盟为基础的人民民主专政，实质上即无产阶级专政，得到巩固和发展……中国新民主主义革命的胜利和社会主义事业的成就，都是中国共产党领导中国各族人民，在马克思列宁主义、毛泽东思想的指引下，坚持真理，修正错误，战胜许多艰难险阻而取得的。今后国家的根本任务是集中力量进行社会主义现代化建设。中国各族人民将继续在中国共产党领导下，在马克思列宁主义、毛泽东思想指引下，坚持人民民主专政，坚持社会主义道路，不断完善社会主义的各项制度，发展社会主义民主，健全社会主义法制，自力更生，艰苦奋斗，逐步实现工业、农业、国防和科学技术的现代化，把我国建设成为高度文明、高度民主的社会主义国家。"对于新中国的政党制度，《宪法》序言中也十分明确地指出："在长期的革命和建设过程中，已经结成由中国共产党领导的有各民主党派和各人民团体参加的，包括全体社会主义劳动者、拥护社会主义的爱国者和拥护祖国统一的爱国者的广泛的爱国统一战线，这个统一战线将继续巩固和发展。"这是坚持中国共产党领导的历史依据，也是坚持中国共产党领导的法律依据。

中国共产党之所以能在中国革命中取得领导权，并能在新中国建立后长期保持领导地位，除了历史依据和法律依据外，最根本的依据还在于它自身拥有区别于其他政党的一些显著特点。例如，它有一个立党为公，全心全意为人民服务的宗旨，为民族和人民的利益不惜牺牲自己的一切；它有一个人类迄今为止最为科学的理论——马克思主义作为自己的指导思想，在各种纷繁复杂的问题面前，总能找到认识和解决问题的正确方向和方法；它有一个解放思想、实事求是的思想路线，能够不断根据客观形势的变化与时俱进、调整战略，从不僵化，永不停滞，从而始终跟上时代前进的步伐；它有一个从中央到地方、遍布各个系统各个领域的严密的组织系统和纪律检查系统，能够集中和动员全党全社会的力量，并约束自己的党员；它有一个理论联系实际、密切联系群众、批评与自我批评的传统作风，并一向注重自身建设，不断整顿队伍，始终做到不脱离人民群众；它有87年的建党历史和近六十年的执政历史，经历过各种严峻局面的考验，具有丰富的政治经验和驾驭全局的领导能力。正因为有这些特点，尽管它在历史上犯过这样或那样的错误，但总是能够勇于承认错误，并由自己主动总结教训、纠正错误，因此总是能够赢得人民的信任和尊重；尽管在不同时期混入过这样或那样的坏人，但总是能够吸引广大信仰马克思主义、立志为国为民效力的人，因此总是能够把中华民族最优秀的儿女集中在自己身边，从而使自己总是能够取得领导权。

对于党内存在的腐败和官僚主义问题，我们党不仅历来十分重视，而且整治的力度越来越大。但同时应当实事求是地看到，在实行市场经济和对外开放的条件下，尤其在权力既相互协调又相互制约的制度暂时未能成熟起来之前，要想完全避免这些问题是不现实的。而且，即使在法制比较健全的国家和地区，腐败和官僚主义照样是一种顽症。我们不能因为有腐败和官僚主义问题就削弱和取消共产党的领导，因为那样不仅不可能解决这些问题，相反只会使问题更加严重。苏共下台、苏联解体后出现的腐败普遍化、"制度化"的事实，已经充分证明了这一点。在当代中国，没有任何一种政治力量比共产党更关注此类问题，也没有任何一种政治力量比共产党更具备解决此类问题的能力。事实上，很多地方之所以出现腐败和官僚主义，正是因为那里党的领导遭到削弱的结果。因此，解决此类问题，正确方法应当是在党的领导下，通过深化政治体制改革，不断促进党的自身建设，从制度和思想两个方面抑制腐败和官僚主义的滋生蔓延。

党的十六大把21世纪初的头20年，即2020年之前的时间，作为全面建设惠及十几亿人口的更高水平的小康社会的重要战略机遇期。这既是现代化建设承上启下的重要阶段和改革发展的关键时期，也是一个矛盾的凸显期和多发期。在这个时期，无论机遇还是挑战都将前所未有。如果我们应对得当，就能促进经济社会持续发展；如果举措失当，就会影响改革发展稳定的大局。我们要继续把发展作为执政兴国的第一要务，就要一如既往地把以经济建设为中心同坚持改革开放、坚持四项基本原则统一于建设中国特色社会主义伟大事业，使政治体制改革在党的领导下始终沿着正确政治方向深入进行，为建立有利于提高效率、增强活力和调动各方面积极性的领导体制，进而为建立高度民主、法制完备、富有效率、充满活力的社会主义民主政治体制，保证党和国家的长治久安，发挥更大更积极的作用。

依法治国与坚持共产党的领导[*]

  2014年9月20日是新中国第一部宪法,即1954年宪法在第一届全国人民代表大会上通过60周年的日子。这部宪法以国家根本法的形式,确认了近代一百多年来中国人民为反对内外敌人、争取民族独立和人民自由幸福进行的英勇斗争,也确认了中国共产党领导中国人民夺取新民主主义革命胜利、中国人民掌握国家权力的历史变革;规定了新中国实行工人阶级领导的以工农联盟为基础的人民民主专政的国体和人民代表大会制度的政体,也规定了中国共产党领导的多党合作和政治协商制度以及民族区域自治制度等根本政治制度。它的颁布和实施,在中华人民共和国历史上具有划时代意义,在新中国政治制度史上具有奠基意义,在新中国政治生活中具有深远意义。60年来,这部宪法尽管经过三次修改和多次修正,但它作为我国宪法的基础性地位始终没有变。今天,中华人民共和国国史学会、中国政治学会和中国社会科学杂志社在这里联合召开学术座谈会,邀请国史学界、政治学界、法学界的部分专家学者围绕"依法治国与坚持党的领导"的问题进行研讨,就是为了纪念1954年宪法颁布60周年。

  会上,专家学者们的发言从不同角度阐释了1954年宪法的人民民主原则和社会主义原则以及它的深远历史意义和重要现实作用,论述了依法

---

[*] 本文系作者2014年9月16日在中华人民共和国国史学会纪念新中国第一部宪法颁布60周年学术座谈会上的讲话,曾发表在《思想理论教育导刊》2014年第12期,原题《正确认识和处理依法治国与坚持党的领导的关系》。

治国与坚持党的领导的历史的和逻辑的一致性，剖析了资本主义宪法与我国宪法的本质区别，以及当前"宪政"思潮的反社会主义制度、反共产党领导的实质，指出了发展社会主义民主政治的关键是坚持党的领导、人民当家作主和依法治国的有机统一，强调了深化政治体制改革的方向是要把坚持党的领导与审判和检察机关依法独立公正行使审判权、检察权有机统一起来，批判了把依法治国与坚持党的领导割裂和对立起来的各种错误观点。这些发言体现了党的十八大和十八届三中全会精神，反映了国史研究、政治学研究、法学研究关于我国民主政治发展史、政治制度建设、法制建设等研究领域前沿问题的研究成果，发出了学术界响应以习近平同志为核心的党中央号召、坚定走中国特色社会主义政治发展道路的声音。

党的十八大后，习近平总书记在2012年12月首都各界纪念现行宪法公布施行30周年大会、2013年2月中共中央政治局第四次集体学习、2014年1月中央政法工作会议，以及不久前的中共中央、全国人大常委会庆祝全国人民代表大会成立60周年大会等不同场合，就依法治国问题多次发表重要讲话。在每次讲话中，他总是强调要全面推进科学立法、严格执法、公正司法、全民守法，坚持依法治国、依法执政、依法行政共同推进，坚持法治国家、法治政府、法治社会一体建设，不断开创依法治国新局面；强调不断完善以宪法为统帅的中国特色社会主义法律体系，加强宪法和法律的实施，维护社会主义法制的统一、尊严、权威，形成人们不愿违法、不能违法、不敢违法的法治环境，做到有法必依、执法必严、违法必究；强调要努力让人民群众在每一个司法案件中都感受到公平正义，确保审判机关、检察机关依法独立公正行使审判权、检察权；强调要使民主制度化、法律化，使这种制度和法律不因领导人的改变而改变，不因领导人的看法和注意力的改变而改变，任何组织和个人都必须在宪法和法律范围内活动，任何公民、社会组织和国家机关都要以宪法和法律为行为准则，依照宪法和法律行使权利或权力、履行义务或职责。同时，他也总是强调，发展社会主义民主政治的关键是要坚持党的领导、人民当家作主、依法治国的有机统一，其中最根本的是坚持党的领导。中国共产党领导就是支持和保证人民实现当家作主，坚持中国共产党领导是中国特色社会主义最本质的特征、是中华民族的命运所系，坚持党总揽全局、协调各方的领导核心作用才能保证党的路线方针政策和决策部署在国家工作中得到全面贯彻和有效执行。强调要加强和改善党的领导，善于使党的主张通过法定程序成为国家意志，善于依法执政，善于通过国家政权机关实施党对国家和社会的领导。这些论述是对我国社会主义民主政治建设历史经验的总结，是对世界社会主义运动成败得失的借鉴，也是对我们党执政规律进一步探索的成果。下个月召开的党的十八届四中全会，要着重研究全面推进依法治国重大问题。可以肯定，它必将对进一步落实和细化上述精神发挥重要作用，为提高党的执政能力、执政水平以及党和国家的长治久安做出新的贡献。

通过学习宪法和习近平总书记的有关论述，我认为要正确认识和处理依法治国与坚持党的领导之间的关系，应当着重明确以下几点：一、依法治国的实质是将党的主张和人民意志加以法律化。宪法和法律是在党领导下制定的，体现的当然是党的主张和人民的意志。因此，二者在本质上是完全一致的。二、依法治国本身就包含承认共产党领导的合法性。宪法在序言部分以历史叙事方式规定了中国共产党的领导地位，这是坚持党的领导的法律依据。因此，二者在法治精神和法治原则上是完全一致的。三、依法治国与实行党的领导互为需要。历史经验证明，党对国家的领导需要依据法律，否则会有失方寸；同时，法律的实施也离不开党的领导，否则会寸步难行。因此，二者在实践上是完全一致的。四、党要在宪法和法律的范围内活动。党员和党的各级领导干部无疑要贯彻执行党的路线、方针、政策，而依法治国方略正是党在现阶段路线、方针、政策的重要体现，党员和党的各级干部带头学法、懂法、遵法、守法，本身就是在模范执行党的路线、方针、政策。因此，二者在对党员和党的各级干部的要求上是完全一致的。五、坚持党的领导和实施依法治国方略，既要防止"以言代法"、"以党代法"的错误倾向，也要防止"法治至上"、"司法独立"的错误倾向。

当前，我国已进入全面建成小康社会的决定性阶段和深化改革的攻坚期、深水区，国际关系也出现许多复杂变化。面对国内外的新形势，要在2020年全面建成小康社会、基本实现工业化，在本世纪中叶达到中等发达国家水平、基本实现现代化，必须进一步增加和扩大我国社会主义民主政治的优势和特点,其中最核心最根本的一条,就是把依法治国和坚持党的领导更自觉更紧密地统一起来,更坚定地走中国特色社会主义政治发展道路。同样的原因,国内外敌对势力要遏制中国的发展,也总是把中国共产党领导和社会主义政治制度视为它们的眼中钉、肉中刺,总是制造种种理论,鼓吹所谓"宪政民主",把西方多党轮流执政、三权鼎立的制度说成是"普世"的,把共产党的领导和依法治国加以割裂和对立,并把攻击的矛头集中对准共产党的领导,对共产党领导横加指责。习近平总书记在纪念全国人民代表大会成立60周年大会上的讲话中指出:"以什么样的思路来谋划和推进中国社会主义民主政治建设,在国家政治生活中具有管根本、管全局、管长远的作用。古今中外,由于政治发展道路选择错误而导致社会动荡、国家分裂、人亡政息的例子比比皆是。"新中国65年的历史说明,在中国共产党领导下依法治国,是人民当家作主、实现社会主义民主的最可靠保证,是集中力量办大事、有效促进社会生产力解放和发展的最可靠保证,是形成安定团结政治局面和维护国家主权、安全、发展利益的最可靠保证。对此,我们要倍加珍惜,防止重蹈有些国家由于错误选择发展道路而招致解体的覆辙。

宪法和任何事物一样,只有不断适应新形势、吸纳新经验、确认新成果,才能具有持久生命力。截止目前,1954年宪法已进行了3次修正,现行的1982年宪法也作过4次修正,今后肯定还会在保持稳定性、权威性的基础上,紧跟时代前进步伐,不断与时俱进。但无论任何时候任何情况下,坚持依法治国与坚持党的领导的一致性原则都不会也不可能有任何改变。我们要坚持党的"一个中心、两个基本点"的基本路线不动摇,坚定中国特色社会主义政治制度的自信,增强走中国特色社会主义政治发展道路的信心和决心,为实现"两个100年"的奋斗目标和中华民族的伟大复兴而继续奋斗。

观察当代中国的方法[*]

当代中国的国情异常丰富，要在短时间内讲清楚是不可能的。本文从观察当代中国的基本方法入手，谈谈自己的认识。

一 历史地观察当代中国

一个国家和一个人一样，之所以是这样而不是别的样子，都与自己成长的历史有密切关系。因此，要真正了解当代中国，不仅要看中华人民共和国成立至今的历史，也要看她成立以前特别是近代以来的历史。

中国是一个历史悠久、地域辽阔、人口众多、物产丰富、文化灿烂的文明古国。在有文字记载的三千多年的历史长河中，中国虽然曾多次出现分裂、割据局面，但统一始终是主流。在很长时期里，中国也一直是一个经济上的强国大国。据英国经济历史学家麦迪逊计算，从公元一世纪到19世纪20年代以前，中国经济总量一直处于世界第一，占世界的1/3左右。但自从18世纪后半叶欧美各国掀起工业革命高潮开始，中国逐渐落伍。1840年英国发动第一次鸦片战争以后，中国更是逐步沦入半殖民地半封建的悲惨境地。

面对西方列强的不断入侵和清王朝的专制、腐朽，中国的有识之士和人民群众进行了持续的反抗，这些反抗虽然动摇并最终推翻了清王朝的统治，但没有赶走帝国主义，也没有打倒封建势力，因而未能解决中国独立

---

[*] 本文曾发表于《红旗文稿》2012年第18期，原题为《如何观察当代中国》。

与富强的问题。直到 1921 年中国共产党成立，中国人民才找到了一条正确的道路，并通过 28 年的新民主主义革命，推翻了帝国主义、封建势力和官僚买办资产阶级的联合专政，建立了工人阶级领导、以工农联盟为基础的人民民主专政的中华人民共和国，实现了国家的独立、统一和各民族的大团结，为中国由农业国变为工业国扫清了政治障碍。

中华人民共和国成立后，没有选择西方国家普遍实行的多党制、议会制，以及苏联实行的一党制和联邦制，而是建立了人民代表大会制和中国共产党领导的多党合作和政治协商制、民族区域自治制、基层民主制度等基本政治制度。面对国内资金的匮乏、农业生产力的低下、工业基础的落后、科技人才的奇缺，以及以美国为首的帝国主义国家的军事威胁、经济封锁，以毛泽东为核心的新中国第一代领导人，抓住苏联答应全面援助中国工业化建设的机遇，选择优先发展重工业的战略，并为此放弃了中华人民共和国成立之初原本打算实行较长时间的新民主主义政策，决定实行计划经济体制，以及农业的合作化和工商业的国有化、集体化，提前向社会主义过渡，从而把有限的资金、物资、科技人才等等资源集中用于大规模的工业化基本建设，使中国在较短时间内建立了独立的比较完整的工业体系和国民经济体系。

计划经济体制在实行过程中也暴露了企业缺少自主权、产销互不见面、对市场反应不灵活等弊端，为此，新中国从 20 世纪 50 年代中期便提出要探索适合自己特点的建设社会主义道路。但由于当时在指导思想上犯了"左"的错误，盲目追求经济建设的高速度和所有制的公有程度，使这种探索一度走偏方向，导致"大跃进"和"文化大革命"的错误。1978 年，以邓小平为核心的新中国第二代领导人，根据国际国内形势的变化，主动纠正了前一阶段的错误，积极推行经济体制改革和对外开放的政策，在计划经济体制中加入了市场调节的成分，在农村集体经济的基础上实行了家庭联产承包制和土地承包制，允许个体、私营经济的发展，吸引国外直接或间接的投资，并兴建了经济特区，开放了沿海、沿江、沿边城市。

1992 年，以江泽民同志为核心的第三代中央领导集体，决定建立社会主义市场经济体制，让市场对资源配置起基础性作用，让个体、私营经济与公有制经济共同发展。目前，中国规模以上工业企业中，国有及国有控股、外商及港澳台投资、私营这三种不同类型的企业，单位数占总数比分别为5%、20%左右和50%多，主营业务收入占总数比各为20%多，从业人员平均数占总数比分别为20%、30%多和30%多；商品价格形成由市场决定的部分，在零售、农产品收购、生产资料出厂这三个环节中，均占90%以上；资本、劳动力、技术等生产要素市场已基本形成。事实证明，中国现有的经济体制同计划经济体制时期相比，发生了巨大变化。但是，这种经济体制不同于资本主义国家建立在私有制基础之上的自由市场经济，其中的社会主义全民所有制经济即国有经济，仍然是国民经济中的主导力量，控制国民经济的命脉；国家对于市场的活动，仍然进行着宏观指导和调控，而且计划调节仍然是国家宏观调控的重要手段。

在政治体制方面，中国近三十年里也发生了深刻变化。例如，改变了过去党对政府和社会事务包揽过多、权力过分集中于党的各级领导机关的现象，实行了党政职能的适当分开和政企分开、政资分开，扩大了党内民主、人民民主和基层群众自治范围，推行了差额选举制、政务公开制，部分县乡试行了直选制；加强了对权力的制约和监督，实行了领导干部的任期制、退休制、问责制、辞职制、审计制，建立了重大事项的报告制、质询制、听证制；实施了依法治国的方略，截至2011年底，除宪法外，制定了现行有效法律239部、行政法规714件，地方性法规、自治条例、单行条例8921件。事实证明，中国自改革开放以来，政治体制改革不但没有停步，而且取得了重大成果，与经济体制改革相比并不滞后。可以肯定，这一改革和民主政治建设还会继续深化和推进，但其目标仍将是社会主义制度的自我完善，原则仍将是坚持中国共产党领导、人民当家作主、依法治国的有机统一，前提仍将是有利于政局稳定、人民团结、经济发展、生活改善。中国过去没有今后也不会照搬西方的多党轮流执政、三权鼎立的制度。因为这种制度并不适合中国国情，如果生搬硬套，不仅不会给中国人民带来真正的民主，不会解决腐败问题，相反却会引发政局动荡，造成社会混乱、国家分裂、内战爆发、难民成群，使已有的发展成果丧失殆尽，最终退回到被外国势力瓜分的时代。这种结果对中国是一场灾难，对世界也必将是一场灾难。

二 全面地观察当代中国

我们看一个人,既要看他的优点、长处,也要看他的缺点、不足;既要看他在不同成长时期的区别,也要看这些不同时期的联系。看一个国家同样应当如此,否则就会像寓言说的盲人摸象那样,仅仅摸到大象的一支耳朵或大腿,便以为那是整个大象。

当代中国的历史从1949年算起,至今已过去六十多年。在这段时间里,可以1978年中共十一届三中全会为界,分为改革开放前后两个时期。我们一方面既要看到改革开放后经济的高速发展和人民生活水平的大幅度提高,另一方面,又要看到改革开放前经济建设和人民节衣缩食对改革开放后发展的基础性作用和贡献;一方面既要看到六十多年来中国在各个领域取得的巨大成就,另一方面,又要看到当前还存在许多严重的缺陷和问题。

1. 当代中国取得了中国历史上无与伦比的辉煌成就

首先,看改革开放前的29年。这29年,不仅远远超过了旧中国上百年的发展,而且在某些领域大大缩小了中国与发达国家的差距。比如,在经济增长率和固定资产积累方面。中华人民共和国成立时,从官僚买办资产阶级手中没收的固定资产仅有112亿元;1956年对资本主义工商业改造时,从民族资本家手中赎买的固定资产不足20亿元,二者相加近130亿元。中国人民就是靠这点家当,在内缺资金、人才、资源、经验,外有西方经济封锁的情况下,发扬自力更生、艰苦奋斗的精神,通过连续5个五年计划建设(仅在初期得到苏联一些援助),使1952—1978年的工农业总产值年均增长8.2%(如果按GDP计算,有权威统计学家认为年均增长率为7.3%),工业总产值年均增长11.4%;基本建设投资6440亿元,累计新增固定资产比1949年增加了56.3倍。在工农业产品方面:1978年,新中国的钢产量达到3200万吨,比旧中国最高年份产量增长35倍;与英国相比,由相差99倍变为超过其1200万吨;与美国相比,差距由438倍缩小为2.7倍。发电量达到2566亿千瓦小时,比旧中国最高年份增长43倍;与英国相比,由相差13倍变为大体持平;与美国相比,差距由80倍缩小为8倍。石油产量由旧中国最高年份的32万吨提高到1亿吨，做到了自给自足。粮食产量由旧中国最高年份的1.4亿吨提高到3亿吨，增长了1倍多。

其次，看改革开放后的33年。这33年，中国发展速度比前29年更快，出现了举世瞩目的"中国奇迹"。在经济增长率和经济总量方面，1978—2011年，中国的GDP年均增长9.8%；经济总量达到约7.5万亿美元，占世界经济的份额由1.8%提高至10%，在世界上的位次由第10位升至第2位。在工农业生产方面，1978—2011年，钢的年产量增长21倍，原煤的年产量增长5.8倍，年发电量增长18倍，粮食年产量增长90%（即由3亿吨增加到5.7亿吨），肉类年产量增长9倍（即由856万吨增加到7960万吨），均处于世界第一或第二位。在其他方面同样可以列出很多。

2. 当代中国在发展中仍然存在许多严重问题

首先，按人均计算，各项发展指标都偏低。中国目前有13.47亿人，任何一个数乘以13亿都会变得很大，相反，除以13亿也会变得很小。例如，2011年中国人均GDP为5000多美元，仅为世界人均水平的一半，发达国家人均水平的1/10左右；在世界213个国家和地区排名中，居100位左右，只相当于中低收入国家，不如许多发展中国家，如利比亚、加蓬、南非、墨西哥、乌拉圭、智利、阿根廷、委内瑞拉等等。按照联合国开发计划署2010年的报告，中国的人文发展指数也排在第89位，不如毛里求斯。许多工农业产品按人均计算也都很低。例如，2011年钢的人均产量只有500公斤，相当于日本、韩国的一半；粮食人均产量420公斤，也低于世界人均450公斤的水平。

其次，发展存在着粗放和不平衡的问题。经济增长方式粗放的主要表现是，质量、效益不够高，资源、环境、生态代价过大。发展不平衡的主要表现是，工资性收入在国民生产总值中占比过低，由1978年的15.6%降为2010年的11.8%；城乡之间、东西部之间和高低收入人群之间的差别都有扩大趋势，其中城乡居民人均收入差别由1978年的2.5∶1扩大到2011年的3.13∶1。世界银行、亚洲开发银行和中国社会科学院公布的数据都显示，中国基尼系数已超过作为警戒线的0.45。另外，社会保障体系仍然很不健全，保障水平也很低。

第三，科技创新能力不足。据世界银行对各国研究与开发经费支出占GDP比重的统计，中国2010年为1.7%（2015年预计为2.2%），远远低于发达国家。现在，许多中国制造的机电产品，核心技术仍然掌握在外国人手里，就连出口服装和鞋等技术含量低的产品，大部分品牌也是外国的。这不仅制约中国目前的发展，也影响今后发展的潜力。

第四，人口、资源、环境对发展的约束越来越大。目前人口中性别比过大和老龄化的问题突出。另外，随着城市化、工业化的高速发展，人均耕地、水资源和生态环境的压力日趋加大。中国人均二氧化碳排放量虽然低于发达国家，甚至低于世界人均数，但绝对量处于全球第一二位，无论从自身利益还是全人类利益出发，都必须大力推动低碳经济。所有这些，对于尚处于工业化中期的中国来说，无疑也是一种发展的制约因素。

以上说明，中国经济总量在世界虽然已经排在了前列，但综合国力还较弱，自身问题一大堆，仍然处于并将长期处于社会主义初级阶段的基本国情没有变，仍然是世界上最大的发展中国家的国际地位也没有变。因此，中国当前乃至今后相当长时间里的主要任务，仍然是自身的发展。

同时要看到，以为中国为了一心一意谋发展就会吞下任何侵害其核心利益的苦果，也是对中国的误判。中国近代和当代历史都表明，中国从来没有威胁和欺负过别人而总是被别人所威胁和欺负。从当代中国一贯奉行的和平外交政策可以看出，即使中国今后强大起来了，也绝不会以强凌弱。但另一方面，自从中华人民共和国成立以来，中国就不再惧怕别人威胁了，在涉及领土、主权的问题上从来没有退让过。如果有人想乘机侵害中国的领土和主权，是绝不可能得逞的。

三　发展地观察当代中国

我们从不隐讳中国存在着继续发展的制约因素，而且清醒地看到，在前进道路上除了本身具有的障碍以外，还有外部霸权主义的遏制，有国内外各种敌对势力的干扰破坏。但是，客观分析一下就会知道，中国同时也存在着与这些制约因素相抗衡的因素，而且后者的力量更大。

首先，当代中国具有继续发展的制度优势。

现在世界到处都在热议"中国道路"、"中国模式"、"北京共识"。人类的发展道路具有多样性，可以也应当相互借鉴，但不存在"普适"的模式。我们不赞成中国照搬别国经验，也不赞成别国照搬中国经验。如果说有一个"中国模式"，这个模式只能是社会主义制度中的一种模式。如果说有一条"中国道路"，这条道路只能是中国特色社会主义道路。如果说这条道路具有"普适"的意义，这个意义只能是马克思主义的普遍真理与本国具体情况相结合。有人说"中国模式"是"一党执政+市场经济"，这种理解不符合事实。中国发展速度之所以那么快，在最近世界经济危机中受到的冲击之所以比较小，并不是由于中国只有一个党执政，更不是由于这个党实行专制制度，而是由于这个党是一个以马克思主义科学理论为指导、以为人民服务为宗旨、以民主集中制为制度的党；并不是由于中国实行了市场经济，而是由于这个市场经济是在以市场为配置资源基础的同时，服从于国家的宏观控制，并以公有制和按劳分配为主体。就是说，中国走的是一条中国特色社会主义的道路，实行的是一种中国特色社会主义的制度。事实说明，这条道路和这种制度，既有利于调动人的积极性，有利于让一切劳动、知识、技术、管理和资本的活力竞相迸发，让一切创造社会财富的源泉充分涌流，又有利于提高决策的效率，有利于集中力量办大事，有利于社会各种利益群体的总体和谐，有利于各个民族、各种信仰的人在祖国统一、民族复兴大业基础上的大团结。这条道路和这种制度已经保证了当代中国过去三十多年的发展，也一定可以保证今后的发展。

其次，当代中国具有有利于它继续发展的科学指导思想。

当代中国的指导思想主要来源于马克思主义基本原理与中国实际情况相结合的产物——毛泽东思想、邓小平理论、"三个代表"重要思想，以及科学发展观。科学发展观是以胡锦涛为总书记的中共中央在进入新世纪后，针对我国经济社会发展面临的新形势、新矛盾和新问题而提出的。它的要点是在坚持以经济建设为中心的前提下，更加突出发展的目的是满足人民日益增长的物质文化需要，发展的成果由人民共享，走共同富裕的道路；使经济建设与政治建设、文化建设、社会建设四位一体，全面推进；实现速度和经济结构、质量、效益相统一，经济发展与人口、资源、环境相协调；统筹城乡发展、区域发展、经济社会发展、人与自然和谐发展、国内发展和对外开放，统筹中央和地方关系，统筹个人和集体利益、局部和整体利益、当前和长远利益。这个指导思想所针对的，正是中国发展中已经出现和将要出现的各种问题。可以预见，只要把这个指导思想落到实处，中国发展道路上的障碍一定会得到有效的克服和抑制，中国的发展一定会实现可持续。

第三，当代中国拥有真心拥护中国共产党、热爱祖国、勤劳节俭、自强不息的13亿人民。

中国共产党是当代中国的执政党，因此，人们对生活的任何不满，都有可能归咎于中国共产党的领导。特别是由于中国共产党处于长期执政、市场经济、全面开放的环境下，难免出现官僚主义和官员腐败问题，更会引起群众的不满。但是，中国共产党有全心全意为人民服务的宗旨，有与人民群众长期共同奋斗的历史，有自我批评和不断清理自身污点的传统。为了保证与人民群众的血肉联系，中国共产党自执政以来，曾连续不断地开展过各种整风运动；改革开放以来，几乎每隔几年也要在全党范围开展一次自我批评和教育活动，建立惩治和预防腐败的体系。当前，党中央正在针对社会管理领域存在的问题，提出加强和创新社会管理、建设社会主义和谐社会的任务，努力探索在市场经济条件下正确处理人民内部矛盾的路径和方法。

绝大多数中国人，对于中国共产党努力为人民服务的成效和认真清理自身蛀虫的态度是认同的。因此，他们对党和政府的工作尽管有这样或那样的意见，但总体上是充分信任的，对党和政府的各种号召也是积极响应的。目前，我国有八千多万共产党员，其中，35岁以下的人约占1/4，高校中的学生党员约占在校学生总数的1/10，每年入党的学生党员约占全国新党员的1/3。持续了20年的一项高校学生问卷调查显示，有入党意愿的人近80%，对党的执政能力增强和中国特色社会主义事业发展持乐观态度的人分别占89.6%和98.1%。这说明，中国共产党不仅在普通民众中受欢迎，在年轻人中也是受拥护的。只要有这样的党和政府，有这样的人民，中国就会有向心力、凝聚力、创造力和发展潜力，中国前进的步伐就不会停顿。

第四，当代中国拥有总体和谐的国际关系和良好的国际形象。

中国近代以来曾有过受尽欺凌、侮辱的历史，与世界上各被压迫民族有着共同的命运和感受。中华人民共和国成立不久，周恩来总理便同印度、缅甸的领导人提出著名的和平共处五项原则，又在印尼万隆召开的亚非29国首脑会议上提出求同存异、加强团结的方针，赢得了国际社会的广泛赞誉。此后，中国始终支持亚非拉民族解放运动。三十多年来，中国作为维护世界和平的坚定力量，继续坚持把中国人民的利益同各国人民的利益结合起来，秉持公道，伸张正义，坚持国家不分大小、强弱、贫富一律平等，尊重各国人民自己选择发展道路的权利；坚持走和平发展的道路，奉行互利共赢的战略，不以意识形态处理国与国的关系，不干涉别国内部事务，反对任何形式的霸权主义和强权政治，推动国际秩序朝着公正合理的方向发展；坚持同发达国家的战略对话，同周边国家的睦邻友好，同广大发展中国家的团结合作。中国现在发展水平虽然还很低，但一直向发展中国家提供力所能及的援助，积极参与地区热点问题的解决，努力应对能源、粮食、气候变化、恐怖主义、自然灾害、金融危机等全球性问题。当然，中国只能承担与自身国力相适应的国际义务，而不可能按照发达国家的标准，承担所谓的"大国责任"，更不可能搞什么"中美共同治理世界"。中国周边个别国家虽然出于浅薄的动机，在某种势力的怂恿下，不时挑起事端，制造麻烦，但它们失道寡助，难以编织出新的反华"统一战线"。而且，以中国的幅员、人口和经济总量，只要自己不乱，任何外来势力都奈何不了我们。

正因为有上述有利条件，中国一定会克服前进道路上的各种不利因素，持续发展，不断壮大。中国在2020年左右基本实现工业化、在本世纪中叶实现人均国民生产总值达到中等发达国家的目标必将实现，中华民族在本世纪内实现伟大复兴的愿望必将达到。所谓"中国崩溃论"，不过是某些人的一厢情愿罢了。

中国特色社会主义社会的长期性
及其前进方向[*]

中国特色社会主义说到底是社会主义。习近平总书记在2013年的"一五"讲话中指出:"中国特色社会主义是社会主义而不是其他什么主义,科学社会主义基本原则不能丢,丢了就不是社会主义。"[①] 所以,我们要弄清楚中国特色社会主义长期性和前进方向的问题,首先要弄清楚社会主义的长期性和前进方向问题。

一 关于社会主义社会长期性的认识过程

马克思、恩格斯在把空想社会主义变成科学的同时就指出,"在资本主义社会和共产主义社会之间,有一个从前者变为后者的革命转变时期。"[②] 这个时期被称之为共产主义的第一阶段或社会主义社会。为什么会有这个社会呢?他们解释说,因为这个社会"是刚刚从资本主义社会中产生出来的,因此它在各方面,在经济、道德和精神方面都还带着它脱胎出来的那个旧社会的痕迹"[③]。在这个社会里,消费资料的分配已经不再按资本量来分配,而是按劳动量分配。

---

[*] 本文曾发表于《毛泽东邓小平理论研究》2016年第6期,原题为《关于中国特色社会主义社会的长期性及其前进方向问题》。
[①] 《十八大以来重要文献选编》上,中央文献出版社2014年版,第109页。
[②] 《马克思恩格斯选集》第三卷,人民出版社2012年版,第373页。
[③] 同上书,第363页。

然而，这个社会主义社会的时间大约有多长？里面还有没有不同的阶段？如果有，不同阶段如何划分？对这些问题，马克思、恩格斯并没有讲。在此后的社会主义运动实践中，也一直不很清楚，而且普遍存在把这个社会的时间看短的倾向。例如，列宁就说过，他那时的年轻人再过10年20年就会生活在共产主义社会。后来，他承认在这个问题上犯了错误，因此实行了新经济政策。后来，斯大林在1936年宣布建成了社会主义，1938年即提出5年内从社会主义过渡到共产主义。可卫国战争结束后，他又在1952年说，苏联已处在从社会主义过渡到共产主义的时期。对此，赫鲁晓夫说得更加绝对，提出从1959年算起，12年内（即1971年）达到共产主义；在苏共二十一大甚至宣布苏联已进入全面开展共产主义建设的时期。他的继任者虽然对这种过于冒失的言论进行了纠正，但仍然提出苏联已处于建设发达社会主义的时期。

中华人民共和国成立后，同样碰到了如何看待社会主义和共产主义的问题。1958年"大跃进"高潮中，"左"的急于求成的思想占了上风。所谓急于求成，其中一"急"，是急于提高经济建设速度、增加产品数量、实现"超英赶美"；还有一"急"，就是急于进入共产主义。那时有的文件说："共产主义在我国的实现已经不是什么遥远将来的事情了"；有的文件甚至提出，在第三个五年计划以前（即1967年）进入共产主义。上面急，下面更急。有的县提出"两年进入共产主义"，"大战200天进入共产主义"。后来，随着共产风、浮夸风等问题的暴露，毛泽东和中央其他领导的头脑逐渐冷静下来。在1958年底的中央工作会议（即第一次郑州会议）上，毛泽东说："现在有一种偏向，好像共产主义越快越好。实行共产主义是要有步骤的"。[①] 会议决议明确指出，"现阶段仍处在社会主义社会"。[②] 在接着召开的八届六中全会（武昌会议）上，毛泽东又说："我们现在是一穷二白，五亿多农民人均年收入不到八十元，是不是穷得要命？我们现在吹得太大了，我看是不合事实，没有反映客观实际。"[③] 1959年

[①] 《中国共产党历史第二卷（1949—1978）》下册，中共党史出版社2011年版，第511页。
[②] 同上书，第513页。
[③] 同上书，第515页。

底他在小范围里甚至说到:"社会主义这个阶段,又可分为两个阶段,第一个阶段是不发达的社会主义,第二个阶段是比较发达的社会主义。"① 然而,他对这个思想没有很好发挥。

后来,毛泽东正确地指出,"社会主义是一个相当长的历史阶段"。但是,第一,在时间估计上,前后说法差距比较大。比如,1962年,他在修改党的八届十中全会公报时说:"这个时期需要几十年,甚至更多的时间。"② 1964年,他在修改"九评"时又说:"几十年内是不行的,需要一百年到几百年的时间才能成功。在时间问题上,与其准备短些,不准备长些。"③ 第二,对时间估计无论长短,都是针对阶级斗争讲的,而不是针对生产力发展讲的。第三,从1974年的关于理论问题的谈话中看,他所强调的社会主义社会的问题,重点是讲商品制度、八级工资制中包含"资产阶级权利",要求"要在无产阶级专政下加以限制"④。马克思在《哥达纲领批判》中讲得很清楚,在社会主义社会,消费资料的分配虽然不再按资本而是按劳动量来分配,但"这里通行的是商品等价物的交换中通行的同一原则,即一种形式的一定量劳动同另一种形式的同量劳动相交换"。就是说,这还是资本主义社会的原则,即资产阶级权利。然而,"这些弊病,在经过长久阵痛刚刚从资本主义社会产生出来的共产主义社会第一阶段,是不可避免的。权利决不能超出社会的经济结构以及由经济结构制约的社会的文化的发展。"要完全超出按劳分配这种"资产阶级权利的狭隘界限",只有等生产力进一步增长、"集体财富的一切源泉都充分涌流之后",等"劳动已经不仅仅是谋生的手段,而且本身成了生活的第一需要之后"。⑤ 可见,毛泽东虽然重视马克思关于社会主义社会仍存在资产阶级权利的论述,提出要"加以限制",但究竟怎么限制,限制到什么程度,都没有讲清楚,这就为极"左"思想超越阶段,搞平均主义留下了可乘之机。

---

① 《中国共产党历史第二卷(1949—1978)》下,中共党史出版社2011年版,第566页。
② 《建国以来毛泽东文稿》第10册,中央文献出版社1992年版,第196页。
③ 《建国以来毛泽东文稿》第11册,中央文献出版社1992年版,第102页。
④ 《建国以来毛泽东文稿》第13册,中央文献出版社1992年版,第413页。
⑤ 《马克思恩格斯选集》第三卷,人民出版社2012年版,第363、364、365页。

通过对社会主义运动问题的种种教训的思考，邓小平在改革开放后正确指出："什么叫社会主义，什么叫马克思主义？我们过去对这个问题的认识不是完全清醒的。马克思主义最注重发展生产力。我们讲社会主义是共产主义的初级阶段，共产主义的高级阶段要实行各尽所能、按需分配，这就要求社会生产力高度发展，社会物质财富极大丰富。所以社会主义阶段的根本任务就是发展生产力，社会主义的优越性归根到底要体现在它的生产力比资本主义发展得更快一些、更高一些，并且在发展生产力的基础上不断改善人民的物质文化生活。"① 他的这一论述，是对改革开放前我们党一度超越发展阶段的思想的纠正。

社会主义社会的定义是否只有发展生产力这一条呢？也不是。发展生产力是社会主义的根本任务，但它并不是社会主义的原则，不是区分社会主义与资本主义的标志。如果不这样看问题，会走到另一个极端，滑入"唯生产力论"。什么是社会主义的根本原则呢？邓小平说："一个公有制占主体、一个共同富裕，这是我们所必须坚持的社会主义的根本原则。"② 他还说："社会主义有两个非常重要的方面，一是以公有制为主体，二是不搞两极分化。"③ 经过进一步思考，邓小平在1992年提出了社会主义本质论，指出："社会主义的本质是解放生产力，发展生产力，消灭剥削，消灭两极分化，最终达到共同富裕。"④ 可以看出，他的这个定义是为了把什么是社会主义的问题说得更全面更稳妥一些，实际上是把社会主义的根本任务和根本原则放在了一起。当然，对这个问题的认识还没有完结，还需要根据实践继续深化。

二 关于中国特色社会主义长期性的根据

现在更需要我们弄清楚的问题在于什么是中国特色社会主义，或者说建设什么样的中国特色社会主义，怎样建设中国特色社会主义？什么是社

---

① 《邓小平文选》第三卷，人民出版社1993年版，第363—364页。
② 同上书，第111页。
③ 同上书，第138页。
④ 同上书，第373页。

会主义同这个问题之间，虽然有直接的关联，然而并不完全是一个问题，不等于弄清楚了什么是社会主义，就自然而然地弄清楚了什么是中国特色社会主义。社会主义是带有普遍性的概念，而中国特色社会主义则是社会主义普遍原则与中国具体情况相结合的产物，因此是一个带有特殊性的概念。

中国特色社会主义道路早在党的十一届三中全会之后就开辟出来了，但"建设有中国特色的社会主义"这个概念，直到党的十二大才由邓小平正式提出。而且，十二大报告未能对这个概念的内涵作出解释。党的十三大到十六大历次党的代表大会的报告，对中国特色社会主义的概念分别下了定义，也作了扩充和阐述，但是，都未能用明确的语言对它的内涵加以概括。

对中国特色社会主义道路和中国特色社会主义理论体系给出完整表述的是党的十七大报告。报告指出："中国特色社会主义道路，就是在中国共产党领导下，立足基本国情，以经济建设为中心，坚持四项基本原则，坚持改革开放，解放和发展生产力，巩固和完善社会主义制度，建设社会主义市场经济、社会主义民主政治、社会主义先进文化、社会主义和谐社会，建设富强民主文明和谐的社会主义现代化国家。"在此基础上，党的十八大对中国特色社会主义道路的概念做了进一步丰富，增加了建设"社会主义生态文明"和"促进人的全面发展、逐步实现全体人民共同富裕"等内容。十八大报告还进一步明确了中国特色社会主义对于发展当代中国、建设社会主义现代化国家的重要意义，指出，"中国特色社会主义是当代中国发展进步的根本方向，只有中国特色社会主义才能发展中国"；对于建设社会主义现代化国家，"中国特色社会主义道路是实现途径，中国特色社会主义理论体系是行动指南，中国特色社会主义制度是根本保障"。尤其报告在关于中国特色社会主义根本原则的阐述中，特别增加了"共同富裕"这一条，指出"共同富裕是中国特色社会主义的根本原则"。

以上过程说明，对中国特色社会主义的认识并不是一步到位的，而是随着实践的发展逐步清晰、不断丰富、日趋完善的。但正如党的十八大报告所说："实践发展永无止境，认识真理永无止境，理论创新永无止境"。因此，我们对中国特色社会主义的认识并没有完结，还需要随着新的实践对它不断加以深化。

对中国特色社会主义概念有了基本清晰的认识，那么这个社会的时间究竟会有多长呢？要回答这个问题，离不开对社会主义初级阶段的认识。"社会主义初级阶段"这个提法，最早出现在《关于建国以来若干历史问题的决议》（下文简称《决议》）中，不过当时没有加以发挥。后来，党的十三大报告对此作了阐述，指出这是"我们制定和执行正确的路线和政策的根本依据。"报告说：社会主义初级阶段"这个论断，包括两层含义。第一，我国社会已经是社会主义社会。我们必须坚持而不能离开社会主义。第二，我国的社会主义社会还处在初级阶段。我们必须从这个实际出发，而不能超越这个阶段"[①]。由此可见，我们党在由资本主义向共产主义过渡的社会主义历史阶段中，又划分出了一个社会主义的初级阶段。中国特色社会主义从一定意义上讲，就是初级阶段的社会主义。中国特色社会主义的时间长度，取决于社会主义初级阶段的长度。社会主义初级阶段有多长，中国特色社会主义就有多长。

对于社会主义初级阶段，党的十五大报告在十三大报告的基础上，作出了进一步规范性的表述，指出："社会主义初级阶段，是逐步摆脱不发达状态，基本实现社会主义现代化的历史阶段；是由农业人口占很大比重、主要依靠手工劳动的农业国，逐步转变为非农业人口占多数、包含现代农业和现代服务业的工业化国家的历史阶段；是由自然经济半自然经济占很大比重，逐步转变为经济市场化程度较高的历史阶段；是由文盲半文盲人口占很大比重、科技教育文化落后，逐步转变为科技教育文化比较发达的历史阶段；是由贫困人口占很大比重、人民生活水平比较低，逐步转变为全体人民比较富裕的历史阶段；是由地区经济文化很不平衡，通过有先有后的发展，逐步缩小差距的历史阶段；是通过改革和探索，建立和完善比较成熟的充满活力的社会主义市场经济体制、社会主义民主政治体制和其他方面体制的历史阶段；是广大人民牢固树立建设有中国特色社会主义共同理想，自强不息，锐意进取，艰苦奋斗，勤俭建国，在建设物质文明的同时努力建设精神文明的历史阶段；是逐步缩小同世界先进水平的差

[①] 《十三大以来重要文献选编》上，人民出版社1991年版，第9页。

距，在社会主义基础上实现中华民族伟大复兴的历史阶段。"① 从这个表述看，社会主义初级阶段也不是短时间可以结束的，同样是一个相当长的历史阶段。

党的十三大、十五大在强调我国仍处于社会主义初级阶段的时候，中国的GDP尚处于世界第五、六位。然而，现在中国GDP已超过日本，位居世界第二。在这种情况下，是否还能说我国仍处于并将长期处于社会主义初级阶段呢？换句话说，为什么现在还不能讲我国已经实现了工业化、现代化，已经成为了一个发达国家呢？我想，原因有以下五点。

1. 按人均计算，我国各项发展指标还都偏低

我国目前有13.6亿人。任何一个数乘以13亿都会变得很大，相反，除以13亿也会变得很小。例如，2015年中国国内生产总值虽然接近11万亿美元，但人均只有不到8000美元，只相当于全球人均水平的70%，高收入国家人均水平的五分之一，在世界213个国家和地区仍位居80位左右，还不如许多发展中国家，例如，南非、毛里求斯、毛里塔尼亚、马来西亚、哈萨克斯坦、乌兹别克斯坦、墨西哥、智利、阿根廷等国。按照联合国开发计划署报告，中国的人文发展指数也排在第91位。许多工农业产品产量虽然位居世界前列，但按人均计算都偏低。例如，我国钢产量2013年已达到8亿多吨，占世界钢产量的一半，但人均产量只有570公斤，只相当于日本、韩国的一半多；中国的谷物产量2014年已达5.6亿吨，约占世界谷物产量的四分之一强，但人均产量只有409公斤，不到美国人均的一半。

2. 我国经济增长方式还比较粗放，结构还不够合理，发展中不平衡、不协调、不可持续的问题仍然很突出

首先，分配问题较大，城乡之间、东西部之间和高低收入人群之间的收入差别都很悬殊。国家统计局和国内外研究机构公布的关于中国基尼系数尽管不完全一样，有的还很不一样，但都超过了国际公认收入差距过大的警戒线0.4。城乡居民收入差距近几年尽管有所缩小，但仍然大于2.5比1。尤其是农村贫困人口的绝对数量仍然很大。我国对农村贫困人口年

---

① 《十五大以来重要文献选编》上，人民出版社2000年版，第15—16页。

收入的最低标准，曾先后制定过4个，1986年标准是206元人民币，2008年标准是1196元人民币（相当于每天0.4美元），2010年标准是2300元（相当于每天1美元），2014年标准是2800元（相当于每天1.22美元）。按照最后的标准，现在还有7000多万人没有脱贫。这比越南人口略少，但比斯里兰卡和尼泊尔人口加起来还多。如果按照世界银行贫困线日均1.25美元计算，我国贫困人口还要多一些。如果按它新近宣布的日均1.9美元计算，则我国贫困人口又要超过1亿。同时，社会保障体系也很不健全，保障水平还比较低。

其次，经济发展的质量和效益也不够高，劳动生产率远低于发达国家，重复建设和中低端产能过剩的情况比较严重。例如，钢铁产业由于盲目设厂、恶性竞争，导致利润很低而债务很高，产能大量闲置，另一方面每年还要从国外进口大量优质和特殊钢材。水泥、玻璃等产业的情况也大体类似。

最后，为经济增长付出的资源、环境、生态代价过大。我国人均耕地和水资源本来就少，仅为世界人均的二分之一和三分之一，随着城市化、工业化的高速发展，耕地、水资源和生态环境的压力会越来越大。2011年，中国国内生产总值占世界的比重还不到10%，而能源消费却占世界的20%。2012年，中国每形成1万美元国内生产总值，耗水73吨，每生产1公斤粮食耗水1吨，都大大高于世界平均水平。现在，人均二氧化碳排放量虽然低于发达国家，甚至低于世界人均数，但绝对量却升至全球第一位，约占世界的四分之一。据监测，近30年多来，中国流域面积超过100平方公里的5万条河流已消失一半多，剩下的2.3万条河也有40%被污染，其中20%的河水完全不能饮用。空气和水污染造成的损失，相当于中国一年国内生产总值的5.8%。土地污染问题也日趋严重。据检测，全国20%的耕地重金属含量超标。无论从自身利益还是全人类利益出发，我国都必须大力推行绿色经济。但是，要多在环保上投入，多关停耗能和污染多的企业，与发展工业、充分就业之间就有矛盾；要继续促进粮食增产，只能主要靠提高单位面积产量，这与少用化肥、农药也会形成矛盾。所有这些对于尚处于工业化中后期阶段的中国来说，无疑都是一种发展的制约因素。

3. 我国科技创新能力还比较弱

目前，在全球出口市场占有率第一的产品数量排名中，中国约有1500种左右，居于首位，其次才是德国、美国、日本等等。但是，这些产品的核心技术、关键部件，大部分都不在中国人手里，制造这些产品的高端装备，大部分也要从国外进口。许多中外合资企业，生产在中国，但技术却留在对方国内，使中国长期处于制造业的中低端，利润的大部分被他人拿走。就连服装、鞋帽等技术含量较低的消费品，很多专利、品牌也是别人的。农业中的优质种子和一些深加工产品的市场，也面临失守的危险。据统计，我国全社会研究与试验发展经费支出占国内生产总值的比重虽然已由2007年的1.4%提高到2015年的2.1%，但仍然低于一些发达国家的水平。这不仅制约中国目前的发展，也影响今后发展的潜力。

4. 国内国际范围还在不时出现一些对我国发展不利的因素

最近几年出现的对我国发展不利的问题有以下一些：首先，中国劳动年龄人口从2011年开始负增长。目前14岁以下人口比重已低于世界平均水平。同时，老龄人口占人口比重持续增加，已高于世界平均水平。2014年，60岁以上人口超过15%，65岁以上人口达到10%，80岁以上的老人有2000多万人，表明中国已进入老龄化社会。其次，劳动力工资提高较快，土地价格不断攀升，环境保护要求越来越严，使企业成本压力加大。为此，一些外资企业甚至国内资本开始向成本低的国家和地区转移。再次，2008年引发的国际金融危机和一些发达国家的债务危机，影响至今仍然没有完全消除和化解；世界经济低速增长的态势，短期之内仍然难以扭转；美国等发达国家出现的各种形式的保护主义不断抬头，加大了世界经济的不稳定、不确定因素，影响我国的外贸出口。这些情况都对中国经济和财政收入造成下行压力，给中国稳定物价和就业形势增加了难度。即使这场危机的影响完全消除了，今后世界经济中的这类或那类问题，仍然少不了。

5. 工业化、现代化的标准还会随着经济、科技的发展而不断提高

工业化、现代化本身是个动态的概念，其内涵随着人类经济与社会的不断发展而不断变化。自18世纪欧洲工业革命以来，工业化经历了机械

化、电气化、数字化过程，进入 21 世纪以来，又出现了 3D 打印、物联网、云计算、机器人等智能化过程。有人称后一个过程是第四次工业革命，也有人说这是第三次工业革命的延续。但无论如何，每次革命都使那个时代的工业化标准相应有所提高。比如，在第一次革命时，工厂和交通工具使用蒸汽机就是工业化了，但到了第二次革命时，使用蒸汽机恐怕就不能再算作工业化的标志了。20 世纪 70 年代以来，出现信息技术、太空技术、纳米科技、生物科技、新能源科技等，有人称之为信息时代、知识经济，或者叫后工业化等。在这种形势下，衡量一个国家是否实现了工业化，也不能不考虑这些技术给工业发展带来的新变化。例如，当计算机技术被广泛应用的今天，如果我们在工业生产中还没有运用这种技术，即使工业产值在国民生产总值中占了主要位置，也很难说我们实现了工业化。再有，发达国家经济早在 20 世纪 60 年代末就进入了非工业化轨道，服务业在经济中所占比重不断上升，而工业比重持续下降。在这种情况下，看一个国家是否实现了工业化，也不能简单以工业在经济中的比重是否占大头为标准。例如，前些年我国工业增加值已占 GDP 的 50%，而美国却是 26%，能不能因此就认为中国工业化程度高过了美国呢？不能。现在，一些发达国家又提出再工业化，不过，这个工业化的内涵与原先相比也已大不相同了。总之，在当今时代，衡量一个国家的工业化水平仍然离不开工业在经济中的比重，但这个工业化应当与现代化相连，是现代化的工业化。按照这个观点，我国是否实现了工业化就不能用老标准，而要用最新的标准。所以，我们在 2020 年的奋斗目标只是基本实现工业化，离最终实现工业化还有很长一段路要走。

  以上说明，当代中国通过六十多年特别是近三十多年的努力，虽然已经取得了巨大发展，综合国力大大增强，工业化程度大大提高，但距离当今世界的先进水平还有很大差距，即使已经取得的成绩也还有不够牢固的一面，要追上发达国家，道路仍很漫长。正是从这个实际出发，党中央自进入 21 世纪后，一直坚持认为，我国仍然处于并将长期处于社会主义初级阶段的基本国情没有变，仍然是世界上最大的发展中国家的国际地位没有变；在当前乃至今后相当长时间里，经济建设仍然是我们党执政兴国的第一要务。

三 关于中国特色社会主义的前进方向

中国特色社会主义社会虽然不是一个短暂的时期，会持续相当长的时间，但它又不像封建社会、资本主义社会那样，是一个具有独立社会形态的社会，而是一个过渡性质的社会。它有时为了提高生产力水平，也会采取一些资本主义的办法，但在采取这些办法时，并没有忘记自己的前进方向、最终目标是共产主义。就好比一个人，目的地是南方，由于一时没有准备好旅行的条件，可以先放慢脚步或在原地踏踏步，甚至倒退几步，但绝不能把身体转向北方而背向南方，那样即使条件具备了，也不可能向南走，而只会越走离目的地越远。

那么，中国特色社会主义究竟会继续向前，向着共产主义社会前进呢，还是向后倒退，退到资本主义呢？要弄清这个问题，关键看它实行的原则、制度究竟有没有脱离科学社会主义的轨道。只要坚持科学社会主义的原则、制度，它的前进方向、最终目标就一定是共产主义。

世界上任何事物都有质的规定性。好比钢，其基本性质是含碳量小于2%的铁炭合金，在此基础上可以加各种合金元素，使其成为不同用处的合金钢。但无论加什么元素，碳的含量都不能超过2%，否则就不成其为钢，而是铁或其他金属了。列宁说过：科学社会主义理论"提供的只是总的指导原理，而这些原理的应用具体地说，在英国不同于法国，在法国不同于德国，在德国又不同于俄国"[①]。"一切民族都将走向社会主义，这是不可避免的，但是一切民族的走法却不会完全一样，在民主的这种或那种形式上，在无产阶级专政的这种或那种形态上，在社会生活各方面的社会主义改造的速度上，每个民族都会有自己的特点。"[②] 然而，无论有多少特点，都不可能离开科学社会主义的基本原则，否则就不再会是科学社会主义。中国特色社会主义立足于中国仍处于并将长期处于社会主义初级阶段的国情，体现当代中国的特点，实行着改革开放的方针。但它作为一种政

---

① 《列宁选集》第一卷，人民出版社1995年版，第274—275页。
② 同上书，第777页。

治理论、社会实践、社会制度，归根结底是属于科学社会主义范畴的。既然如此，它无论怎么改革，也不可能离开科学社会主义的基本原则，否则就不成其为科学社会主义，而成为别的什么主义了。

社会主义起初是针对资本主义剥削而在16世纪欧洲产生的一种学说，它对未来理想社会描绘得十分美好、十分具体，但由于未能揭示资本主义灭亡的必然规律、指出埋葬资本主义的社会力量、找到通向理想社会的现实道路，因而只能流于空想。是马克思、恩格斯通过创立唯物史观和剩余价值理论，揭露了资本主义剥削的秘密，阐明了资本主义必然被社会主义代替的客观规律，论证了无产阶级的历史使命和推翻资产阶级统治的必由之路，这才将社会主义由空想变为科学。以后，科学社会主义又经过列宁、斯大林领导俄国社会主义革命和建设过程中的丰富和发展，形成了一系列基本原则。例如，由资本主义变为社会主义，必须经过无产阶级革命；无产阶级革命必须由马克思主义理论武装的无产阶级政党领导；建立社会主义制度必须打碎资产阶级的国家机器，实行无产阶级专政；无产阶级专政必须以工农联盟为基础，坚持共产党领导，镇压国内敌对势力的反抗，防范国外敌人的侵略、颠覆，保障全体劳动者的民主权利；建设社会主义必须变生产资料的私有制为公有制，实行按劳分配原则，通过不断提高社会生产力，满足人民群众日益增长的物质与文化生活的需要，并逐步消灭城乡差别、脑力劳动与体力劳动的差别、阶级差别，直到实现共产主义，等等。我们要判断中国特色社会主义的前进方向、最终目标是否是共产主义，就要看我们在改革中是否背离了科学社会主义的基本原则。

（一）从经济体制改革方面看

中国特色社会主义在国体和政体上虽然实行包括工人阶级、农民阶级和新社会阶层在内的人民民主专政及人民代表大会制度，但人民民主专政和人民代表大会制度都是实行工人阶级（通过中国共产党）领导的，因此，其实质仍然是无产阶级专政；在经济制度和体制上虽然鼓励、支持和引导非公有制经济发展，允许和鼓励资本参与分配，让市场在资源配置上起基础性作用，但公有制和按劳分配仍然占主体，国有经济仍然控制国民经济命脉，国家对市场活动仍然发挥宏观指导和调控作用，计划调节仍然是国家宏观调控的重要手段。这是经济体制体现共产主义方向的标志。我们党在推进所有制改革的过程中，始终强调要以公有制为主体、以国有经济为主导，就是因为，只有公有制占主体，分配上才能保证共同富裕，才能使社会主义原则落到实处。

改革开放初期，针对我国生产力水平较低和过去长期存在平均主义、"吃大锅饭"的现象，我们党曾提出"让一部分人、一部分地区先富起来"，提倡"效率优先、兼顾公平"，允许和鼓励资本参与分配。这一方针和政策的实施，对于调动各方面积极性、加快经济发展，起到了重要作用。但与此同时，也出现了分配不公、收入差距过大的现象和"一切向钱看"的思想倾向，引起广大群众的不满，并且受到来自右的和极"左"两种思潮的夹击，就连资本主义国家的舆论也不时予以嘲讽。针对这一情况，我们党对分配政策进行了逐步调整。例如，把"效率优先、兼顾公平"的口号改为"既重视效率也重视公平、把公平放在更加突出的位置"；要求初次分配和再分配都要处理好效率和公平的关系，再分配要更加注重公平；逐步提高居民收入在国民收入中的比重，提高劳动报酬在初次分配中的比重，提高低收入者收入，提高扶贫标准和最低工资标准，等等。党的十八大更把"逐步实现全体人民共同富裕"纳入中国特色社会主义定义，把"坚持走共同富裕道路"作为夺取中国特色社会主义新胜利必须把握的一个基本要求，把"收入分配差距缩小"作为全面建成小康社会的新要求之一，并旗帜鲜明地提出"共同富裕是中国特色社会主义的根本原则"。十八大闭幕后，习近平总书记在第一次会见中外媒体时便强调，新一届中央领导机构对民族、对人民、对党的一个重要责任，就是努力解决群众生产生活困难，坚定不移走共同富裕道路。所有这些都表明，我们党对分配领域出现的新问题，认识是清醒的，解决的决心也是坚定的。

要摆正先富与共富、效率与公平、资本与劳动的关系，涉及各方切身利益，不可能没有阻力，更不可能一帆风顺。比如，有人认为我国的贫富差距还不够大，说"只有拉大差距，社会才能进步，和谐社会才有希望"，"没有贫富差距就相当于吃大锅饭"。还有人把收入差距扩大说成是政府管理经济和"国有垄断"、"国进民退"造成的，提出"民富优先"、"国退民进"、"以民营经济为主体"、"要把国有企业量化到人民手中"等主张。

这些言论既违背《宪法》原则和中国特色社会主义的理论、纲领、路线和方针，又违背客观实际。

我国《宪法》规定："国有经济是社会主义全民所有制经济，是国民经济的主导力量。"因此，不存在什么国有企业还要"量化到人民手中"的问题。要求所谓"量化"，说穿了，无非是要把国有资产私有化。苏联解体时给全体居民发放国有企业的证券，结果把国有资产都"量化"到了哪些人手里，世人是有目共睹的。

中共十五届四中全会通过的《关于国有企业改革和发展若干重大问题的决定》指出，国有经济需要控制的行业中包括"自然垄断的行业"，国有企业中也要有"极少数必须由国家垄断经营的企业"[①]。离开了这种垄断，国有经济发挥国民经济的主导作用就会成为一句空话。我们一方面要反对包括国有企业在内的一切企业的垄断行为；另一方面，绝不能借口"反垄断"来反对国家通过国有企业实行必要的"自然垄断"和"垄断经营"。江泽民同志说，"国有企业是我国国民经济的支柱"，"是我们社会主义制度的重要经济基础"，"国有大中型企业是发展社会主义市场经济的主力军"，"是我国经济参与国际竞争、合作、分工的基本力量"[②]。胡锦涛同志指出："要毫不动摇巩固和发展公有制经济……不断增强国有经济活力、控制力、影响力。"[③] 习近平总书记早在2009年视察大庆油田时就指出："国有企业是中国特色社会主义的重要支柱，是我们党执政的重要基础，也是贯彻和实践党的基本理论的重要阵地。"[④] 2015年11月23日，他在中央政治局第28次集体学习时再次强调："公有制主体地位不能动摇，国有经济主导地位不能动摇，这是保证我国各族人民共享发展成果的制度保证，也是巩固党的执政地位、坚持我国社会主义制度的重要保证。"[⑤] 可见，通过改革做大做强而不是做小做弱国有企业，始终是我们党对待国有企业改革的出发点和方针，从来没有变过。

[①] 《十五大以来重要文献选编》中，人民出版社2000年版，第1008—1009页。
[②] 《江泽民论有中国特色社会主义专题摘编》，中央文献出版社2002年版，第145、143、142页。
[③] 《十八大以来重要文献选编》上，中央文献出版社2014年版，第16页。
[④] 《人民网》2009年9月22日。
[⑤] 《人民日报》2015年11月24日。

长期以来，某些西方大国一直以我国国有企业受政府优惠为名，在贸易、投资、资产收购等领域对其百般刁难和限制，这也从反面说明，国有企业在国际竞争中确实具有较强实力，使西方跨国公司、大财团和它们的代理人感到不好对付。

另外，是不是"国进民退"和"国富民贫"，应当用事实说话。统计表明，2009年进行的第二次全国经济普查结果与4年前进行的第一次普查相比，国有企业单位下降了20%，资产下降了8.1%；而私营企业单位增长了81.4%，资产增加了3.3%。[①] 2011年与2001年相比，全国规模以上工业企业的产值中，国有及国有控股企业占比由44.4%下降到27.2%；而私营企业占比由9.2%上升到29.4%（来自国家统计局资料，其中2011年数字为主营业务收入）。还应当看到，中国特色社会主义社会不是无阶级社会，"国"和"民"没有摆脱也不可能摆脱阶级性，对"民穷"还是"国富"都要做具体分析。现在，我国一方面还有7000多万人处于新的扶贫标准线以下，另一方面，早已经成为全球第二大奢侈品市场。国家财政收入占国民收入比重长期保持在22.5%[②]。而24个工业化国家平均税负为45.3%，29个发展中国家平均税负为35.5%，都比我国要高。可见，笼统说"国进民退""国富民贫"，是站不住脚的。

（二）从政治体制改革方面看

改革开放以来，我们党针对过去一度存在的权力过分集中、忽视民主与法制建设的问题，提出并推进政治体制改革，大力加强社会主义民主与法制建设，同时，始终强调改革要坚持社会主义方向。有人说，改革就是改革，无所谓社会主义方向和资本主义方向，并以邓小平讲过"改革不问姓'资'姓'社'"、"不搞争论"作为根据。只要看看《邓小平文选》就会知道，邓小平从来没有在改革方向问题上说过不问姓"资"姓"社"，相反，他一再提醒我们："在改革中坚持社会主义方向，这是一个很重要的问题。""在整个改革开放的过程中，必须始终注意坚持四项基本

[①]《人民日报》2009年12月26日。
[②]《人民日报》2016年3月6日。

原则。"邓小平也从来没有在改革的方向上说过"不搞争论",相反,他在一九八九年风波后说:"某些人所谓的改革,应该换个名字,叫作自由化,即资本主义化。他们'改革'的中心是资本主义化。我们讲的改革与他们不同,这个问题还要继续争论的。"① 江泽民同志在庆祝建党70周年大会上讲:"要划清两种改革开放观,即坚持四项基本原则的改革开放,同资产阶级自由化主张的实质上是资本主义化的'改革开放'的根本界限。"② 胡锦涛同志在纪念党的十一届三中全会召开30周年大会上讲:"既以四项基本原则保证改革开放的正确方向,又通过改革开放赋予四项基本原则新的时代内涵"。"离开四项基本原则和改革开放,经济建设就会迷失方向和丧失动力。"③ 习近平总书记在党的十八大后中央政治局第一次集体学习时指出:"我们在实践中要始终坚持'一个中心,两个基本点'不动摇,既不偏离'一个中心',也不偏废'两个基本点',把践行中国特色社会主义共同理想和坚定共产主义远大理想统一起来,坚决抵制抛弃社会主义的各种错误主张,自觉纠正超越阶段的错误观念和政策措施。"④ 他们的论述都说明,党中央历来认为改革存在坚持什么方向的问题,这个方向不是别的,就是共产主义;对这个大方向的保证也不是别的,就是坚持四项基本原则。

我国政治体制无疑还有许多需要继续深化改革的问题和空间。比如,要进一步健全权力运行的制约和监督体系,要推进权力运行的公开化、规范化,要更加注重改进党的领导方式、执政方式,要不断发挥法治在国家治理和社会管理中的作用,等等。但是,改革的目标只能是社会主义制度的自我完善,原则只能是坚持中国共产党领导、人民当家作主、依法治国的有机统一,前提只能是有利于政局稳定、人民团结、经济发展、生活改善。现在有人无视我国近三十年来政治体制改革取得的巨大进步和正在进行的改革,指责政治体制改革停顿了、滞后了、倒退了,认为政治体制已经成为进一步市场化改革的阻力,鼓吹"重启政改"。显然,他们所要的

---

① 《邓小平文选》第三卷,人民出版社1993年版,第138、379、137、297页。
② 《十三大以来重要文献选编》下,人民出版社1991年版,第1649页。
③ 《十七大以来重要文献选编》上,中央文献出版社2009年版,第797、798页。
④ 《习近平谈治国理政》,外文出版社2014年版,第11页。

"政治改革"并不是我们党所推动的政治体制改革，而是要把西方资本主义那一套政治体制搬到中国来。经济基础决定上层建筑。我们经济体制改革不是要建立私有制基础上的自由市场经济，政治体制改革当然也不可能照搬适应那种市场经济的多党轮流执政和"三权分立"的政治体制。既然从来没有启动过那种"政治改革"，又怎么谈得上"停滞"和"倒退"呢？那种"政治改革"既不会给中国带来真正的民主，也解决不了腐败问题，更促进不了经济发展，相反，只会使社会混乱、国家分裂、内战爆发，使已有的发展成果丧失殆尽，使人民重新陷入无穷灾难。对此，我们当然不能接受。

从以上分析可以看出，中国特色社会主义尽管从中国仍然处于并将长期处于社会主义初级阶段的实际，以及当今世界的主要问题仍然是和平与发展的实际出发，在经济、政治等方面实行了一系列改革措施，但科学社会主义的基本原则始终没有丢。因此，中国特色社会主义的前进方向和最终目标仍然是而且只能是共产主义。

四 关于我们党在领导中国特色社会主义事业中对最高纲领与最低纲领关系的把握

毛泽东在《新民主主义论》中说："关于社会主义制度的主张，共产党是有现在的纲领和将来的纲领，或最低纲领和最高纲领两部分的。"[①] 共产主义是共产党人奋斗的最高纲领，但要实现这个最高纲领，必须具备相应的条件，这就要求共产党人必须针对每个历史阶段的实际情况，制定具体的纲领，也就是最低纲领或基本纲领。想不经过为每个阶段的最低纲领或基本纲领而奋斗，一下子达到共产主义，只能是不切实际的空想。

党的十五大提出，我们党在现阶段的基本纲领是：经济上建设社会主义的市场经济，政治上建设社会主义的民主政治，文化上建设社会主义的先进文化；后来，党的十七大又增加了社会上要建设社会主义的和谐社会；党的十八大又增加了生态环境上要建设社会主义的生态文明。概括起

---

① 《毛泽东选集》第二卷，人民出版社1991年版，第686页。

来说，就是建设富强民主文明和谐的社会主义现代化国家。这个纲领既没有超越中国现在所处的社会发展阶段，又没有脱离共产主义的远大目标，而是在为将来进入社会主义的高级阶段或者说共产主义的初级阶段准备必要的条件。

新民主主义革命时期，革命之所以总体上比较顺利，很大程度得益于我们党能够正确认识和处理那时党的最高纲领与最低纲领的关系。那时，我们党一方面要求所有党员必须为着完成资产阶级民主革命这个党的最低纲领而奋斗，认为凡是"看不起这个资产阶级民主革命而对它稍许放松、稍许怠工、稍许表现不忠诚、不热情，不准备付出自己的鲜血和生命，而空谈什么社会主义和共产主义"①的人，都是有意无意地或多或少地背叛社会主义和共产主义，都不是自觉的忠诚的共产主义者；另一方面，始终用共产主义思想体系教育自己的干部和党员，要求每个党员入党的时候，心目中就要悬着为新民主主义革命而奋斗和为将来的社会主义与共产主义而奋斗这样两个明确的目标，"而不顾那些共产主义敌人的无知的和卑劣的敌视、污蔑、谩骂或讥笑"②。一方面指出，如果不是扩大共产主义思想的宣传、加紧马克思列宁主义的学习，"不但不能引导中国革命到将来的社会主义阶段上去，而且也不能指导现时的民主革命达到胜利"③；另一方面，时刻提醒全党，"应把对于共产主义的思想体系和社会制度的宣传，同对于新民主主义的行动纲领的实践区别开来"④。由于我们党善于把最高纲领与最低纲领辩证地统一在一起，没有因为要为最高纲领奋斗而轻视最低纲领，也没有因为要实行最低纲领而忘记最高纲领，所以带领人民仅用28年时间就推翻了压在中华民族头上的"三座大山"。

在带领人民进行中国特色社会主义建设时，我们党同样存在正确认识和处理党的最高纲领与基本纲领关系的问题。党在社会主义初级阶段的基本纲领与党的最高纲领之间，既有严格的区别，又有密切的联系。不完成建设中国特色社会主义这个基本纲领的任务，谈不上为最高纲领而奋斗；

---

① 《毛泽东选集》第三卷，人民出版社1991年版，第1059页。
② 同上。
③ 《毛泽东选集》第二卷，人民出版社1991年版，第706页。
④ 同上。

反过来，丢掉最高纲领，中国特色社会主义建设就失去了方向和灵魂。因此，是否牢记党的最高纲领和最终奋斗目标，对于党能否领导中国人民完成基本纲领规定的任务，能否引导中国特色社会主义事业不断向共产主义远大理想前进，具有至关重要的意义。

有人认为，共产主义谁也没见过，是"乌托邦"，因此不应当再把它作为我们党的奋斗目标。这个观点是错误的。实现共产主义当然是遥远将来的事，但绝非遥遥无期、虚无缥缈。党的十二大报告指出："在我国，共产主义思想的传播，人们为最终实现共产主义理想而进行的运动，早在中国共产党成立和领导进行新民主主义革命的时候就开始了……共产主义的思想和共产主义的实践早已存在于我们的现实生活中。那种认为'共产主义是渺茫的幻想'、'共产主义没有经过实践检验'的观点，是完全错误的。我们每天的生活都包含着共产主义，都离不了共产主义。"① 习近平总书记在纪念陈云同志诞辰110周年座谈会讲话中还特意引述了陈云同志的一句话，那句话说："共产主义遥遥有期，社会主义就是共产主义的第一阶段。"②

有人认为，革命年代讲讲共产主义理想还可以，现在再讲就没有必要了。这种观点同样站不住脚。如果说我们党在井冈山时代、延安时代、西柏坡时代，是共产主义理想支撑了广大党员的意志，那么今天距离共产主义总不会比那时更远吧。习近平总书记指出："对马克思主义的信仰，对社会主义和共产主义的信念，是共产党人的政治灵魂，是共产党人经受住任何考验的精神支柱。"③"革命理想高于天。没有远大理想，不是合格的共产党员；离开现实工作而空谈远大理想，也不是合格的共产党员。在我们党九十多年的历史中，一代又一代共产党人为了追求民族独立和人民解放，不惜流血牺牲，靠的就是一种信仰，为的就是一个理想。尽管他们也知道，自己追求的理想并不会在自己手中实现，但他们坚信，只要一代又一代人为之持续努力，一代又一代人为此作出牺牲，崇高的理想就一定能

---

① 《十二大以来重要文献选编》上，中央文献出版社1986年版，第27—28页。
② 《人民日报》2015年6月13日。
③ 《十八大以来重要文献选编》上，中央文献出版社2014年版，第80页。

实现。"① 他的这些论述说明，党在为基本纲领奋斗的同时，要求党员牢记党的最高纲领、坚定共产主义理想信念，不仅是完全可以的，也是非常必要的。我们强调共产党员要牢记党的最高纲领、勿忘共产主义远大理想，并不是要党员现在就实行共产主义的政策，而是因为我们党当前正在经受长期执政、市场经济和对外开放的考验，特别需要提醒广大党员，尤其是党的各级领导干部在各种诱惑面前保持清醒头脑，在各种困难面前保持必胜信念。

看一个党员在为党的基本纲领奋斗时，是否牢记了党的最高纲领、坚定了共产主义理想信念，是有客观评判标准的。对于普通党员，就是看他在执行党和国家的各项方针、政策时，是否坚持全心全意为人民服务的宗旨了，是否发扬了党的理论联系实际、密切联系群众、批评与自我批评的作风了，是否吃苦在前、享受在后、勤奋工作、廉洁奉公了，是否努力学习马克思主义了，是否在危急时刻挺身而出了。对于党的领导干部来说，除了要看以上这些之外，还要看他在贯彻党的基本理论、基本路线、基本纲领时，是否做到了全面、完整、准确；在推进经济、政治、文化等体制改革时，是否坚持了四项基本原则；在领导经济建设时，是否同时注意了精神文明建设和党的自身建设；在做各项决策之前，是否深入实际、调查研究、坚持把大多数人的利益放在了第一位。凡是这样做的，说明牢记了党的最高纲领、坚定了共产主义的理想信念；反之，则说明淡忘了、动摇了，甚至抛弃了。

一段时间以来，党内流传一种说法，叫做"要把我们党由革命党转变为执政党"。理由是我们党现在的主要任务是执政而不是革命，因此应当尽快完成角色转换。这种论调是对"革命"的片面理解，是把"革命"与"执政"人为割裂和对立了。革命的概念具有多种含义，有的指一个阶级推翻另一个阶级的变革，即政治革命；有的指组织和建设新的社会经济制度，这是社会主义革命特有的内容；有的指积极进取、奋发向上的精神状态，如革命精神；有的指某一领域中的重大变革，如产业革命、科技革命等。因此，革命并不仅仅指一个阶级推翻另一个阶级，选择社会主义道

---

① 《十八大以来重要文献选编》上，中央文献出版社2014年版，第116页。

路相对于资本主义秩序来说,也是革命。习近平总书记之所以反复强调"革命理想高于天",就是在这种意义上讲的革命。

"文化大革命"提出"无产阶级专政下继续革命"中的"革命",指的是无产阶级在取得政权后,仍然要进行一个阶级推翻另一个阶级的革命,而且"文化大革命"就是这种"革命"的重要尝试。这种"继续革命"理论是错误的,当然应当否定,而且在党的十一届三中全会后已经被否定。但否定这种特定含义的"继续革命",并不意味着否定了本来意义的继续革命。对此,《决议》曾用很大篇幅作过专门论述。它指出:"我们坚决纠正'文化大革命'中所谓一个阶级推翻一个阶级的'无产阶级专政下继续革命'口号的错误,这绝对不是说革命的任务已经完成,不需要坚决继续进行各方面的革命斗争。社会主义不但要消灭一切剥削制度和剥削阶级,而且要大大发展社会生产力,完善和发展社会主义的生产关系和上层建筑,并在这个基础上逐步消灭一切阶级差别,逐步消灭一切主要由于社会生产力发展不足而造成的重大社会差别和社会不平等,直到共产主义的实现。这是人类历史上空前伟大的革命。我们现在为建设社会主义现代化国家而进行的斗争,正是这个伟大革命的一个阶段。"[①]可见,我们党并没有认为自己的革命任务已经完成了,不再需要继续进行革命斗争了。

党的十六大报告中有一句话说:我们党"已经从领导人民为夺取全国政权而奋斗的党,成为领导人民掌握全国政权并长期执政的党;已经从受到外部封锁和实行计划经济条件下领导国家建设的党,成为对外开放和发展社会主义市场经济条件下领导国家建设的党"。从这句话里能不能推导出我们党的革命任务已经完成,已经不需要再革命了呢?不能。掌握全国政权也好,领导国家建设也好,正像《决议》说的,对我们党来讲,都是新的历史时期的革命任务。而且就在十六大报告那句话的后面紧接着说,我们党必须准确把握时代特点和党的任务,研究和解决推动中国社会进步和加强党的建设问题,使党的事业不断从胜利走向胜利。如果说党的革命任务完成了,不需要再革命了,那么不断由胜利走向胜利的事业又是什么

[①] 《三中全会以来重要文献选编》下,人民出版社1982年版,第844—845页。

事业呢？另外，党的十六大报告和十八大报告讲到加强军队全面建设时，仍然把军队的革命化建设包括在内，仍然要求"持续培育当代革命军人核心价值观"。既然我们党领导的军队是革命军队，怎么能说党不再是革命党了呢？这在逻辑上也说不通。

反对把我们党再称为革命党，追根溯源，是受了"告别革命论"和历史虚无主义思潮的影响。这种观点在理论上站不住脚，在实践上也十分有害。因为，它很容易把我们党的执政混同于资产阶级政党的执政，从而丢掉党的最高理想和革命传统、革命作风、革命精神，助长官僚主义、形式主义，脱离人民群众。这些年，党的干部队伍和党风中发生的种种问题，与这种观点的散布不能说没有关系。

对于我们党现在究竟是革命党还是执政党这个问题，我认为准确的回答应当是：既是执政党，也是革命党，是革命的执政党或执政的革命党。因为，我们党现在虽然是执政党，但它仍然要为最终实现共产主义的远大理想而奋斗，仍然要继续发扬革命精神、继承革命传统，仍然要用共产主义理想信念去教育和影响下一代。否则，为什么我们党至今仍然要求党员入党时宣誓"为共产主义奋斗终生"呢？邓小平说过，"我们干的是社会主义事业，最终目的是实现共产主义"；"要特别教育我们的下一代下两代，一定要树立共产主义的远大理想"[①]。他的这番话也说明，我们党执政后并非不再革命了。

---

① 《邓小平文选》第三卷，人民出版社1993年版，第110—111页。

中国特色社会主义道路的时代性*

党的十七大报告在给中国特色社会主义下定义时，有这样一句话："中国特色社会主义道路之所以完全正确、之所以能够引领中国发展进步，关键在于我们既坚持了科学社会主义的基本原则，又根据我国实际和时代特征赋予其鲜明的中国特色。"这句话讲到中国特色社会主义道路的一个根据是时代特征。所谓时代特征，我理解就是指我们党自20世纪80年代以来说的当今时代的主要问题或主要特征是和平和发展。因此，这句话实际是说，和平和发展成为当今时代的主要特征，是中国特色社会主义道路的一个时代根据。那么，时代特征与时代性质是否是一回事呢？如果说是一回事，能否说当今时代已变成和平和发展的时代了呢？如果说不是一回事，当今时代的性质又是什么呢？对于这些问题的回答，不仅涉及对当今时代的认识，也涉及对中国特色社会主义的理解。自党的十八大以来，习近平总书记反复强调，对于中国特色社会主义，要坚定道路自信、理论自信、制度自信。如果我们搞不清楚当今时代的特征与时代性质的关系，也搞不清楚当今时代的性质是什么，要坚定这一自信是很难的。因为，中国特色社会主义同时是坚持科学社会主义基本原则的社会主义，而坚持科学社会主义基本原则的时代依据，只能是当今时代的性质。所以，我们要坚定自信，必须全面完整地理解中国特色社会主义的时代性。

---

* 本文曾发表于《毛泽东邓小平理论研究》2016年第5期，原题为《如何理解中国特色社会主义道路的时代性》。

一 中国的新民主主义革命和社会主义革命是世界进入帝国主义时代或资本主义向社会主义过渡时代的必然产物

时代的概念在不同话语体系和不同语境下，有着不同的内涵。在考古学范畴，"时代"一般按人类使用的主要工具来划分，如旧石器时代、新石器时代、青铜时代等。在历史学范畴，"时代"有时按照距离当前远近来划分，如远古时代、古代、近代、现代等；有时按照朝代变动来划分，如中国的夏商周时代、春秋战国时代、秦汉时代等；有时按照文化的标志性事件来划分，如欧洲的神学时代、文艺复兴时代等。马克思恩格斯著作中也用考古学、历史学等范畴中的时代概念，但更主要的是在马克思主义理论话语体系中使用这一概念。而这种话语体系中的时代，是与生产方式、社会形态的概念紧密联系在一起的。

在马克思主义看来，人类为了生活，首先需要吃喝住穿以及其他一些东西，因此，第一个历史活动是生产满足这些需要的物质产品。在生产过程中，劳动者、劳动资料和劳动对象的相互作用、有机结合，构成了社会生产力。同时，人们在生产过程中形成的生产资料所有制关系、生产中人与人的关系和产品分配关系又构成与生产力之间既相适应又相矛盾的生产关系。而二者的有机结合，构成了人类社会的生产方式。其中，生产关系的总和又构成社会的经济基础，建立在这一基础之上的社会制度、设施、思想体系，即政治的、法律的制度，以及政治法律思想、道德、艺术、宗教、哲学等等观点，构成社会的上层建筑。经济基础和上层建筑的统一体构成一定社会的社会形态，其中包括经济形态、政治形态和意识形态。生产力与生产关系、经济基础和上层建筑的矛盾运动，推动生产方式、社会形态由低级向高级依次更替。迄今为止，人类社会大体经历了原始社会、奴隶社会、封建社会、资本主义社会、社会主义社会（共产主义社会的第一阶段）等五种生产方式和社会形态。对此，马克思在《〈政治经济学批判〉序言》中写道："大体说来，亚细亚的、古希腊罗马的、封建的和现代资产阶级的生产方式可以看作是经济的社会形态演进的几个时代。"① 可见，马克思主义话语体系中的"时代"，就是指人类特定的生产方式和社会形态。

欧洲封建时代后期，即14—15世纪，资本主义萌芽在地中海沿岸一些地区出现。到15世纪末16世纪初，资本主义通过原始积累，拉开了封建时代生产方式的变革序幕。进入17世纪中叶后，英法等西欧国家的资产阶级率先革命，推翻了封建制度，代之以"自由竞争以及与自由竞争相适应的社会制度和政治制度、资产阶级的经济统治和政治统治"，② 使世界从此进入资本主义时代。从18世纪60年代到19世纪30年代，先进的资本主义国家陆续发生并完成了工业革命，先后实现工业化，使机器大工业为主体的工厂制度代替了手工技术为基础的手工工场，创造出"比过去一切世代创造的全部生产力还要多，还要大"③ 的生产力；同时，也使这种生产力与它赖以生存和发展的生产关系之间出现尖锐矛盾，并产生了反对和埋葬这种生产关系的阶级——工人阶级，即无产阶级。19世纪的三四十年代，欧洲连续爆发英、法、德三国工人反对资本主义制度的起义和斗争，表明工人阶级作为一支独立的政治力量登上了世界历史舞台。马克思恩格斯就生活在那个年代。他们顺应工人阶级的革命要求，通过批判地吸收法国空想社会主义、英国古典政治经济学和德国古典哲学的合理成分，创立了唯物史观和剩余价值理论，揭示了资本主义必然灭亡和共产主义必然胜利的历史规律，天才地预言了在资本主义和共产主义之间有一个从前者转变为后者的过渡社会——社会主义社会，从而把社会主义从空想变成了科学。

在马克思恩格斯生活的年代，资本主义总体说来还处在自由竞争阶段。他们的晚年即19世纪70年代前后，一些资本主义国家出现了托拉斯，甚至出现了国营企业，自由竞争开始向垄断转变。但那时垄断还没有成为资本主义生产方式的主导形式，他们还不具备对垄断资本主义进行深入研究的条件。到了19世纪末20世纪初，垄断逐渐代替自由竞争，占据

---

① 《马克思恩格斯选集》第二卷，人民出版社2012年版，第3页。
② 《马克思恩格斯选集》第一卷，人民出版社2012年版，第405页。
③ 同上。

了资本主义生产关系的统治地位,并由私人垄断向国家垄断发展,最终导致人类历史上第一次世界大战和无产阶级革命形势的高涨。而这正是列宁生活的年代。

列宁继承并发展了马克思主义,深入分析了垄断资本主义的特征、实质,并在著名的《帝国主义是资本主义最高阶段》一文中,将19世纪末20世纪初资本主义出现的变化归纳为五个基本特征,即垄断组织在经济生活中起决定作用,银行资本和工业资本相融合形成金融寡头,资本输出相比商品输出意义更加重要,资本家用于瓜分世界的国际垄断同盟已经形成,最大的资本主义国家已经把世界领土分割完毕。他由此得出结论:资本主义已经由自由资本主义阶段发展到了垄断资本主义阶段,即帝国主义时代。同时,他通过对垄断资本要追求更高额的垄断利润,后起的帝国主义国家要求重新瓜分世界的分析,断定在帝国主义时代里,资产阶级与无产阶级之间的矛盾,以及帝国主义国家之间的矛盾必然加剧,无产阶级的革命和帝国主义的战争都不可避免。同时,他又通过分析垄断资本主义国家之间政治经济发展的不平衡性,指出社会主义革命有可能在帝国主义统治体系的薄弱环节中的一国或数国首先取得胜利,因此,人类历史不仅进入了帝国主义时代,而且进入了无产阶级革命的时代,或由资本主义向社会主义过渡的时代。至于无产阶级革命能否胜利,取决于无产阶级革命政党能否准确和及时地把握国内和国际形势的有利时机,能否制定正确的战略和策略。总之,在列宁看来,帝国主义时代的主要问题或者说突出特点,是战争和革命,即现代战争和无产阶级革命,以及殖民地半殖民地反对帝国主义的斗争。他认为在帝国主义时代,不是战争引起革命,就是革命制止战争。他还亲自领导了俄国的"十月革命"和革命胜利之后世界第一个社会主义国家的建立,从而把科学社会主义由理论变成了现实。

后来的历史说明,列宁的帝国主义论不仅符合资本主义发展的客观实际,而且对无产阶级的社会主义革命和殖民地半殖民地的民族民主解放运动具有极其重要的指导意义。毛泽东正是根据列宁的这一理论,分析了中国革命的历史特点,提出了新民主主义论。他指出,"自从1914年爆发第一次帝国主义世界大战和1917年俄国十月革命在地球六分之一的土地上建立了社会主义国家以来，中国资产阶级民主主义革命起了一个变化"①。这个革命在这以前，属于旧的世界资产阶级革命的范畴；在这此后，从性质上说，虽然还是资产阶级的民主主义的，但从世界革命的阵线上说，已成为无产阶级社会主义革命的一部分了。因为，世界自从进入帝国主义和无产阶级革命的时代，地球自从六分之一的土地建立起社会主义国家，中国革命的领导阶级就变了，由最终资产阶级变为了无产阶级；中国革命的目的也变了，由建立资本主义社会和资产阶级专政的国家，变为第一步建立新民主主义社会和各个革命阶级联合专政的国家，第二步建立社会主义社会和人民民主专政的国家；另外，中国革命的国际环境也变了，由过去只受帝国主义的打压，变为既受到帝国主义打压，同时也受到社会主义国家和国际无产阶级的援助。

中国新民主主义革命的胜利，以及中华人民共和国成立后，通过社会主义革命把占人类四分之一的人口带入社会主义社会的事实，应验了毛泽东的新民主主义理论，也再次验证了列宁关于世界已进入帝国主义和无产阶级革命时代的论断，并且再次证明马克思恩格斯关于人类社会将由资本主义时代向社会主义、共产主义时代过渡的预言是完全科学和无比正确的。

二 中国特色社会主义道路的开辟是对和平和发展成为时代特征的正确反映

前面说过，马克思主义话语体系中的时代，是与人类生产方式、社会形态连在一起的概念。可见，这种时代少则持续几个世纪，多则持续十几个世纪。在这么长的时间里，每个时代自然会由于经济基础和上层建筑矛盾过程中发生的重大变化而划分出不同的阶段，每个阶段又可能由于重大历史事变而划分为不同的时期，从而呈现不同的时代特点。我们研究历史，既不能用对时代性质的判断，取代对该时代内不同阶段、不同时期、不同特征的分析；反过来，也不能用对某个时代里不同阶段、不同时期、不同特征的判断，取代对该时代性质的认定。就是说，不能把时代性质与

---

① 《毛泽东选集》第二卷，人民出版社1991年版，第667页。

时代内不同阶段、不同时期以及它们的不同特征相混淆。这一点，在革命政党制定战略和策略时，显得尤其重要。

从列宁提出帝国主义论到今天的历史表明，战争和革命虽然都是资本主义进入垄断阶段，或者说世界进入帝国主义时代的伴生物，只要有垄断资本主义有帝国主义，就会有现代战争，就会有无产阶级的革命；然而，战争和革命作为时代的主要问题或突出特点，并不一定存在于资本主义垄断阶段或帝国主义时代的全过程，而有可能只存在于这个时代中的特定时期。具体说，从19世纪末20世纪初到20世纪七八十年代，世界在大半个世纪里的主要问题或突出特征，确实是战争和革命。比如，先是1914年—1918年爆发的第一次世界大战和俄国十月革命的胜利；接着是1937年—1945年爆发的第二次世界大战和中国革命的胜利，以及世界社会主义阵营的形成；再往后是20世纪中叶亚非拉殖民地半殖民地国家掀起的民族解放运动高潮，以及社会主义与帝国主义两大阵营的冷战与局部热战。所以，直到1969年毛泽东在谈到世界大战问题时仍然这样估计："无非是两种可能：一种是战争引起革命，一种是革命制止战争。"[①] 但是，当世界进入20世纪七八十年代，国际形势发生了许多明显变化，和平和发展逐渐取代战争和革命，成为时代的主要问题和突出特点。国际形势的变化主要表现在以下几个方面：

第一，上百个殖民地半殖民地国家在二战之后，通过包括武装斗争在内的民族民主解放运动，相继获得了主权独立，并在此基础上成立了诸如东南亚国家联盟、非洲统一组织、七十七国集团等游离于两大阵营之外的第三世界国家的国际组织，兴起了不结盟运动。对于这些新独立国家来说，最急迫的任务已由争取独立变为了争取和平和谋求发展。

第二，苏联在二战之后，经济和军事实力获得迅速提升，逐渐成为和美国并驾齐驱的世界超级大国。它们之间对世界霸权的争夺，一方面给和平造成了严重威胁，另一方面又造成了某种程度的战略均势，促使双方都不敢贸然发动战争，从而使世界和平的势头有所上升，而战争的急迫性有所下降。

[①] 转引自《毛泽东年谱（1949—1976）》六，中央文献出版社2013年版，第240页。

第三，西方资本主义国家在二战之后，由于本国工人阶级的不断斗争，也由于社会主义国家计划经济、企业民主管理和福利制度的巨大影响，以及通过与发展中国家进行不平等交易而获取大量财富，科技革命带来生产力进一步发展等等因素，促使其在经济和政治方面作出不少自我调整。例如：法人资本所有制逐渐取代私人股份资本所有制成为居主导地位的资本所有制形式，一些基础设施和公共事业部门还出现国家资本所有制；许多企业开始让职工持股、职工参与决策，并实行对职工的终身雇佣制；大公司的资本所有权与经营权相互分离，拥有所有权的资本家不再直接经营和管理企业，而是聘用职业经理人员经营和管理；在维持市场机制对资源配置基础性作用的前提下，加大国家对经济干预的力度，通过制定并实施反垄断法以维持公平竞争，加强对个人所得税、遗产税的征收以调节收入分配，并建立社会福利制度；国家权力更多地向政府首脑集中，同时扩大政党、团体、公民的权利，加强法制的作用等等。所有这些措施，一定程度上缓和了资本主义国家内部生产过剩与消费不足，以及无产阶级与资产阶级的矛盾，减轻了经济危机震荡的幅度，促进了生产力的进一步发展，使无产阶级革命的形势有所低落。

第四，自20世纪70年代开始，西方资本主义国家进行了以美元与黄金脱钩、废除固定汇率制、允许资本在国际范围自由流动为主要内容的金融改革，以及以发展金融、高科技等服务业和减少高耗能、高污染产业为主要内容的产业结构调整，使发展中国家得到了从发达国家吸引投资、引进设备的机遇，同时也引起了发展中国家与发达国家之间在经济领域的博弈，进一步增强了发展中国家要求和平和发展的呼声。

第五，自20世纪50年代以来，苏联、东欧等社会主义国家陆续实行经济改革，中间几经起落，在七八十年代达到高潮。中国从七十年代末也开始了经济体制改革，并带动亚洲的一些社会主义国家和古巴进行改革。这些改革虽然后来有一些走上了改旗易帜的邪路，但客观上加大了和平和发展在国际问题上的分量。

正是鉴于国际形势的以上变化，邓小平在20世纪80年代初作出了和平和发展是当今世界两大突出问题的论断。从已知材料上看，他第一次提出这个观点，是在1984年5月17日会见外宾的时候。他说："我看世界现在存在两个最根本的问题。第一是反对霸权主义,维护世界和平。……第二是南北问题。这是今后国际问题中一个十分重要的方面。"① 接着,他在5月29日更加明确地指出:现在世界上问题很多,有两个比较突出。一是和平问题,二是南北问题。解决和平问题要反对霸权主义和强权政治,解决南北问题要靠南北对话,同时还要加强南南合作。② 此后,他对这个问题的论述越来越清晰。例如,他说:"现在世界上真正大的问题,带全球性的战略问题,一个是和平问题,一个是经济问题或者说发展问题。和平问题是东西问题,发展问题是南北问题。概括起来,就是东西南北四个字。南北问题是核心。"③ 再往后,他从对国际形势的新判断,引申到对我国对外政策的新变化,指出:"粉碎'四人帮'以后,特别是党的十一届三中全会以后,我们对国际形势的判断有变化,对外政策也有变化。""过去我们的观点一直是战争不可避免,而且迫在眉睫。我们好多的决策,包括一、二、三线的建设布局,'山、散、洞'的方针在内,都是从这个观点出发的。这几年我们仔细地观察了形势,认为……在较长时间内不发生大规模的世界大战是有可能的,维护世界和平是有希望的。根据对世界大势的这些分析,以及对我们周围环境的分析,我们改变了原来认为战争的危险很迫近的看法。"④

从邓小平的上述论述可以看出,我们党对国际形势主要问题的新判断,是决定实行改革开放政策、开辟中国特色社会主义道路的重要依据之一,也是反复强调抓住机遇、加快发展的重要原因之一。正是根据邓小平的论断,党中央在后来的正式文件中,有时把和平和发展概括为时代的两大问题,有时表述为主题、课题或特征,这些意思都差不多。所以,党的十七大报告中所说的中国特色社会主义之所以完全正确,"关键在于既坚持了科学社会主义的基本原则,又根据我国实际和时代特征赋予其鲜明的中国特色",其中的"时代特征",只能是指和平和发展在当今较长一个时期的国际形势中已成为两个突出问题的特点。

---

① 《邓小平年谱(1975—1997)》下,中央文献出版社2004年版,第974页。
② 参见《邓小平文选》第三卷,人民出版社1993年版,第56页。
③ 《邓小平文选》第三卷,人民出版社1993年版,第105页。
④ 同上书,第126—127页。

三 资本主义向社会主义过渡的时代性质与和平和发展成为国际突出问题的时代特征共同构成坚持中国特色社会主义的时代依据

既然时代特征与时代性质不是一回事,既然不能用对时代性质的判断代替对某个时期时代特征的判断,也不能用对某个时期时代特征的判断代替对时代性质的判断,那么,和平和发展成为当今时代的特征就只能是表明帝国主义时代或资本主义向社会主义过渡时代中一个时期内国际形势的特点,而不表明当今时代已变成和平和发展的时代了。当今时代的性质究竟是什么?还是不是帝国主义时代或资本主义向社会主义过渡的时代?回答这个问题,要根据马克思主义理论和党中央的有关论述,也要根据当代资本主义和世界社会主义运动的实际情况。

习近平总书记强调:"中国特色社会主义是社会主义而不是其他什么主义,科学社会主义基本原则不能丢,丢了就不是社会主义。"[1] 就是说,中国特色社会主义说到底是社会主义。既然是社会主义,根据马克思主义关于人类社会生产方式和社会形态由低向高依次更替的理论,这种生产方式和社会形态就不可能产生于封建时代,也不可能在资本主义早期社会里出现,而只能在资本主义由自由竞争进入垄断阶段或帝国主义时代产生并立足。如果说垄断资本主义或帝国主义时代尚未来临,或者说这个时代已经过去了,那岂不等于说社会主义是"早产儿",或者说它将要"胎死腹中"?这种看法显然既不符合马克思主义的理论,也不符合客观实际。

马克思说过:"无论哪一个社会形态,它所能容纳的全部生产力发挥出来以前,是决不会灭亡的;而新的更高的生产关系,在它的物质存在条件在旧社会的胎胞里成熟以前,是决不会出现的。"[2] 他和恩格斯之所以指出社会主义必将代替资本主义,就是因为他们充分论证了资本主义社会腹中已为社会主义生产方式孕育了成熟物质条件的事实。后来,列宁进一步

---

[1] 《十八大以来重要文献选编》上,中央文献出版社2014年版,第109页。
[2] 《马克思恩格斯选集》第二卷,人民出版社2012年版,第3页。

论证了资本主义进入垄断阶段或世界进入帝国主义时代后,为一国或少数国家的无产阶级革命先行取得胜利和率先建设社会主义提供了新的物质条件。可见,世界进入资本主义时代,特别是资本主义进入垄断阶段,是人类向社会主义过渡的前提;而社会主义社会的存在,反过来证明了我们今天所处的时代,依然是帝国主义或资本主义向社会主义过渡的时代。

第二次世界大战后,西方资本主义国家虽然在生产关系上进行了自我调整,推动了生产力的发展,但资本主义进入垄断阶段即帝国主义时代的几个基本特征,实质上并没有改变,有的还更加突出了。例如,垄断组织在经济生活中的作用更大了,产业资本与金融资本的融合程度更高了,资本输出的速度更快了,国际性的垄断组织更多了。据统计,1960年国际直接投资仅为680亿美元,而1996年猛增到3.2万亿美元,增长近100倍。20世纪90年代后期,全球每天外汇交易额高达1.5万亿美元,而现实需求顶多只有300亿美元,其余绝大多数的交易纯粹是金融投机。跨国公司从20世纪50年代起开始发展,90年代出现跨国兼并的浪潮,达到3.7万家。而1997年,跨国公司仅母公司就有5.3万家,遍布世界各国的附属公司约有45万家;就连许多与新兴产业、服务业有关的中小型企业,也开始走向跨国经营。1997年,跨国公司对外直接投资存量为3.5万亿美元,海外附属企业总资产为13万亿美元;全球货物和服务销售额为8.5万亿美元,超过了当年全球贸易额;对外出口2万亿美元,占全球出口贸易的三分之一,而全球出口额的另外三分之一也与跨国公司的业务有关。再如,西方发达国家虽然已基本不再拥有殖民地,但通过以布雷顿森林条约体系为核心的国际金融体制和以关贸总协定为核心的国际贸易体系,控制了国际经济秩序,并利用金融、科技的优势地位和国际经济规则的制定权,剥削发展中国家的廉价劳动力,掠夺性开发发展中国家的自然资源,向发展中国家转移污染环境严重的产业。伴随经济扩张,它们还向发展中国家推销新自由主义、"国家主权弱化论"和所谓"政治民主化",实行新干涉主义。[①]

西方发达国家垄断资本的进一步发展,特别是由国家垄断向国际垄断

---

① 以上数字均引自高德步著《世界经济史》,高等教育出版社2005年版。

的进一步发展，加剧了资本主义生产社会化与生产资料私人占有制之间的基本矛盾。例如，第二次世界大战以后，经济危机的周期、程度、范围、影响虽然有所变化，但并没有消失。世界性经济危机从20世纪50年代算起，至今至少发生过六次；而且从2008年开始的全球性金融危机，到现在仍然没有完全过去。再如，西方资本主义国家虽然采取了加大税收力度等方法对收入分配进行调节，但不仅国内财富进一步两极分化，而且发达国家与发展中国家的贫富差距也在进一步扩大。统计显示，自20世纪70年代以后的近30年里，普通美国家庭收入并没有明显增加，但占人口0.1%的富人收入却增长了4倍。另据美国乐施会2013年报告，最近20年，全球1%最富者的收入增加了60%，其中最富有的200人所拥有的财富，远远多于最穷的35亿人的财富总和。仅过一年，乐施会即将这一对比中的最富有人数由200人减至85人。报告说，这85名亿万富翁平均每天增长财富6.68亿美元。另外，2009年全球有10亿美元财富的人为793人，仅过5年，人数便激增到1645人，翻了一番多。2015年，瑞士信贷银行报告说："自2008年以来，财富不平等加剧，顶层1%的财富所有者拥有全球总财富的50%。"[1] 近几十年来，西方发达国家服务业就业人数虽然越来越多，而从事体力劳动的蓝领工人越来越少，但据美国盖洛普咨询公司的调查，在美国自称"工人阶级"的人，2000年为33%，2016年却上升到48%。[2] 亿万富翁沃伦·巴菲特2011年不无得意地说："阶级斗争持续了20年，我所在的阶级胜利了。"[3]

既然帝国主义的基本特征没有改变，为什么党中央文件中很长时间以来不再出现帝国主义这个词汇了呢？我认为，这种情况与国际形势和我们对外政策的变化有关，并不表明我们党改变了对帝国主义的看法。只要稍微留意就会发现，自从改革开放以后，我们党和政府报告中对帝国主义的称呼就基本用霸权主义、强权政治等词汇代替了。讲霸权主义、强权政治，实际讲的就是帝国主义。这一点，我们从邓小平著作中可以看得很清

---

[1]《参考消息》2015年10月15日。
[2]《参考消息》2016年3月25日。
[3]《参考消息》2014年11月9日。

楚。比如，他讲过："强权政治在升级，少数几个发达国家想垄断世界"。[1]"现在西方七国首脑会议也是霸权主义、强权政治。中国平息暴乱后，七国首脑发表宣言制裁中国，他们有什么资格！谁给他们的权力！……他们那一套人权、自由、民主，是维护恃强凌弱的强国、富国的利益，维护霸权主义者、强权主义者利益的。"[2] 但有时，他也把霸权主义和帝国主义合在一起用，有时还单独使用帝国主义这个词。例如，他指出："霸权主义和帝国主义总是欺负包括非洲国家在内的发展中国家，经常干预这些国家为摆脱控制、发展经济、争取政治独立与自主所作的努力。"[3]"整个帝国主义西方世界企图使社会主义各国都放弃社会主义道路，最终纳入国际垄断资本的统治，纳入资本主义的轨道。"[4] 明白了这一点，再来看中央文件讲的"中国反对各种形式的霸权主义和强权政治"，其内涵所指就一目了然了。

帝国主义时代产生的两大问题，即战争和革命，在和平和发展成为时代主要问题的情况下是否还存在呢？对此，我们首先应当看看邓小平在阐述和平和发展是世界两个突出问题时是怎么说的。只要看一下邓小平的著作就会知道，他在指出我们改变了原来认为战争危险很迫近的看法时，总是强调"战争危险仍然存在，仍要提高警惕";[5] 强调要靠反对帝国主义、霸权主义来维护世界和平。他指出："如果反对霸权主义斗争搞得好，可以延缓战争的爆发，争取更长一点时间的和平。"[6] 其次，我们还要看看邓小平作出和平和发展是当今世界两大问题的论断以来，世界上都发生了哪些大事。只要回顾一下近30年来的世界局势就会发现，帝国主义直接发动的对发展中国家的侵略战争就从来没有停止过。例如，武力肢解南斯拉夫，攻打伊拉克，轰炸利比亚和叙利亚政府军，等等。即使发展中国家之间发生的战争，背后也都有帝国主义的影子。正如邓小平所说："不发达

---

[1]《邓小平文选》第三卷，人民出版社1993年版，第329页。
[2] 同上书，第345页。
[3] 同上书，第289页。
[4] 同上书，第311页。
[5] 同上书，第82页。
[6]《邓小平文选》第二卷，人民出版社1993年版，第241页。

国家之间的战争,实际上是发达国家的需要。发达国家欺侮落后国家的政策没有变。"① 另外,现在帝国主义对社会主义国家虽然不再像十月革命之后和中华人民共和国成立之后那样,采取军事侵略的方式加以干涉,但对中国等社会主义国家的军事威胁和挑衅却没有停止过。谁都明白,今天东海、南海的局势,说到底是美国明里暗里起作用的结果。它们不断增加军费开支,加强海外军事基地,扩大北约势力范围,加紧研制和部署新式武器。所有这些不是为了发动战争做准备和进行战争讹诈,又是为了什么呢?针对这个现实,邓小平在1990年曾尖锐指出:"和平与发展两大问题,和平问题没有得到解决,发展问题更加严重。"② 我们今天加强军事斗争的准备,也正是从这个实际出发的。

还有一点应当看到,就是帝国主义国家近些年对中国等社会主义国家虽然没有进行武装侵略,但通过和平演变的办法妄图颠覆、分裂社会主义国家的活动也一刻没停止过。陈云在一九八九年风波之后指出:"列宁论帝国主义的五大特点和侵略别国、互相争霸的本质,是不是过时了?我看,没有过时。……从历史事实看,帝国主义侵略、渗透,过去主要是'武'的,后来'文''武'并用,现在'文'的(包括政治的、经济的和文化的)突出起来,特别是对社会主义国家搞所谓的'和平演变'。那种认为列宁的帝国主义论已经过时的观点,是完全错误的,非常有害的。"③ 八天之后,邓小平在会见外宾时也指出:"美国现在有一种提法:打一场无硝烟的世界大战。我们要警惕。资本主义是想最终战胜社会主义,过去拿武器,用原子弹、氢弹,遭到世界人民的反对,现在搞和平演变。"④ 他还说:"我希望冷战结束,但现在我感到失望。可能是一个冷战结束了,另外两个冷战又已经开始。一个是针对整个南方,第三世界的,另一个是针对社会主义的。"⑤ 这个事实同样说明,对世界和平的潜在威胁并没有解除。我们在坚定不移走和平发展道路的同时,必须对霸权主义和

---

① 《邓小平文选》第三卷,人民出版社1993年版,第319页。
② 同上书,第353页。
③ 《陈云文选》第三卷,人民出版社1995年版,第370页。
④ 《邓小平文选》第三卷,人民出版社1993年版,第325—326页。
⑤ 同上书,第344页。

强权政治的军事威胁和渗透、颠覆活动保持高度警惕。

既然和平和发展已成为当今世界的主要问题，世界社会主义运动是否会从此消失呢？自上世纪80年代末90年代初苏东剧变之后，世界社会主义运动确实进入了低潮。但这并不等于世界社会主义运动就失败了、终结了，也不意味着它今后就不会再有高潮了。首先，占当代世界人口五分之一的中国，仍然在坚持社会主义制度。其次，除了中国，还有一些国家在坚持社会主义道路；除了中国共产党，还有100多个国家，包括苏联一些加盟共和国在内的130多个工人阶级政党（合计约1800多万党员），或保持着共产党的名称，或坚持着共产主义的方向，其中近30个党还在执政或参政。再次，西方发达国家的工人运动虽然不如20世纪初期和中叶那样高涨，但抗议资本家剥削的罢工、游行、示威仍然遍布欧美，接连不断。例如，1999年，来自世界各地的4万人集中到美国西雅图，反对全球化，打出"全球化是少数人的全球化""是资本主义全球化"的口号，捣毁了被视为全球化象征的麦当劳快餐店，并与警察发生激烈冲突。再如，2011年，上千示威者在美国纽约发起"占领华尔街"运动，打出"我们是99%"的口号，反对美国政治的权钱交易和社会的不公正，持续了近两个月，最终由警察强制清场。这一运动曾席卷全美国，有的城市甚至酿成流血冲突。再次，随着2008年以来，资本主义危机对美国等发达国家实力的削弱，以及中国特色社会主义影响力的增强，发展中国家反对发达国家经济侵略、政治干涉、文化渗透的斗争正在不断发展。这些动向加在一起，可以看出世界社会主义运动已经经受住了严峻考验，正在走出低谷。回想当年中国的新民主主义革命，也曾经有过几次低潮，但每次过后都迎来了高潮，并最终取得了胜利。今天西方发达国家还可以依赖经济全球化和对发展中国家的剥削来缓和国内的阶级矛盾，然而一旦发展中国家加强了团结，增强了实力，进一步抵制西方发达国家的剥削，它们的国内矛盾必然加剧。因此，有朝一日，当代世界社会主义运动同样会由低潮走向高潮。邓小平在南方谈话中强调："历史唯物主义揭示了人类社会发展的规律。封建社会代替奴隶社会、资本主义社会代替封建社会，社会主义经历一个漫长过程发展后必然代替资本主义。这是社会历史不可逆转的总趋势，但道路是曲折的。从一定意义上说，某种暂时复辟也是难以避免的规律性现象。一些国家出现严重挫折，社会主义好像被削弱了，但人民经受锻炼，从中吸取教训，将促进社会主义向着更加健康的方向发展。因此，不要惊慌失措，不要认为马克思主义就消失了，没有用了，失败了。哪有这回事！"①

综上所述，和平和发展虽然是当前国际形势的突出问题，表现为当今的时代特征，但时代的性质并没有变，仍然是帝国主义或资本主义向社会主义过渡的时代。这是走中国特色社会主义道路最为根本的时代依据。我们坚持这条道路，既是顺应当今时代和人类历史发展的总趋势，也是对时代新特点的体现，对时代新要求的回应，对时代新条件的利用。

中华人民共和国成立至今的六十多年里，经历了改革开放前后两个历史时期。改革开放前，我国人民在共产党领导下完成了新民主主义革命，进行了社会主义改造，确立了社会主义基本制度，开展了轰轰烈烈的社会主义建设，对社会主义道路进行了艰辛探索，从而为当代中国一切发展进步奠定了根本政治前提、制度基础和物质基础。改革开放后，我们党带领人民继承和发展我国社会主义建设实践探索的成果，确立了社会主义初级阶段的基本理论、基本纲领、基本路线，回答了建设中国特色社会主义的一系列基本问题，实现了由高度集中的计划经济体制向充满活力的社会主义市场经济体制的历史性转变，使一切创造社会财富的源泉得到充分涌流，使我国经济总量由世界第十位跃升到世界第二位，使中华民族大踏步赶上了时代进步的潮流，迎来了伟大复兴的光明前景。这些充分说明，中国特色社会主义不仅符合时代前进的大方向，也符合中国的实际情况。

当前，面对国际国内形势的深刻变化，以习近平同志为核心的党中央对中国特色社会主义道路的时代性问题作了更加深入全面的阐述。习近平总书记指出："事实一再告诉我们，马克思、恩格斯关于资本主义社会基本矛盾的分析没有过时，关于资本主义必然消亡、社会主义必然胜利的历史唯物主义观点也没有过时。这是社会历史发展不可逆转的总趋势"。② 因此，"不论怎么改革、怎么开放，我们都始终要坚持中国特色社会主义道

---

① 《邓小平文选》第三卷，人民出版社 1993 年版，第 382—383 页。
② 《十八大以来重要文献选编》上，中央文献出版社 2014 年版，第 117 页。

路、中国特色社会主义理论体系、中国特色社会主义制度"①。同时，他又指出："资本主义最终消亡、社会主义最终胜利，必然是一个很长的历史过程。我们要深刻认识资本主义社会的自我调节能力，充分估计到西方发达国家在经济科技军事方面长期占据优势的客观现实。"② 尽管天下还很不太平，但"国际力量对比继续朝着有利于世界和平与发展的方向发展"③，和平与发展仍然是时代的主题。因此，要有很强的战略定力，紧紧抓住和充分利用仍然可以大有作为的重要战略机遇期，坚定不移走和平发展道路。他强调，我们要"认真做好两种社会制度长期合作和斗争的各方面准备"，"同生产力更发达的资本主义长期合作和斗争……认真学习和借鉴资本主义创造的有益的文明成果"；"坚决抵制抛弃社会主义的各种错误主张，自觉纠正超越阶段的错误观念"；"集中精力办好自己的事情，不断壮大我们的综合国力，不断改善我们人民的生活，不断建设对资本主义具有优越性的社会主义，不断为我们赢得主动、赢得优势、赢得未来打下更加坚实的基础"④。我们完全有理由相信，只要坚持从中国国情出发，顺应时代发展潮流，协调推进"四个全面"战略布局，中国特色社会主义的道路就一定会越走越宽广，对人类进步事业就一定会做出更大的贡献。

---

① 《十八大以来重要文献选编》上，中央文献出版社2014年版，第110页。
② 同上书，第117页。
③ 《习近平谈治国理政》，外文出版社2014年版，第272页。
④ 《十八大以来重要文献选编》上，中央文献出版社2014年版，第117页。

共产党执政后还要不要革命以及当今时代的性质*

党的十一届三中全会之后，我们党否定了"文化大革命"时期提出的"无产阶级专政下继续革命"的口号。在此背景下，"告别革命论"乘虚而入，甚嚣尘上。受这种论调的影响，又出现了要我们党由"革命党转变为执政党"的主张，意思是，中国共产党已经夺取政权，革命任务已经完成，今后应当转换角色，多从执政的角度考虑问题，不必再考虑什么革命了。

否定"无产阶级专政下继续革命"，真的等于我们党否定了共产党执政后还要继续革命吗？对此，党中央早在1981年《关于建国以来党的若干历史问题的决议》（以下简称《决议》）中就作出过明确回答。《决议》指出：否定这个口号的错误，"绝对不是说革命的任务已经完成，不需要坚决继续进行各方面的革命斗争。社会主义不但要消灭一切剥削制度和剥削阶级，而且要大大发展社会生产力，完善和发展社会主义的生产关系和上层建筑，并在这个基础上逐步消灭一切阶级差别，逐步消灭一切主要由于社会生产力发展不足而造成的重大社会差别和社会不平等，直到共产主义的实现。这是人类历史上空前伟大的革命。我们现在为建设社会主义现代化国家而进行的斗争，正是这个伟大革命的一个阶段"[①]。可见，我们党

---

* 本文系作者2016年10月21日在中国社会科学院主办的第七届世界社会主义论坛上的发言，曾发表于《世界社会主义研究》2017年第1期，原题为《关于党执政后还要不要革命以及当今时代的性质问题》。

① 《三中全会以来重要文献选编》下，人民出版社1982年版，第844—845页。

并没有因为否定"无产阶级专政下继续革命",就认为自己的革命任务已经完成了,不再需要继续革命了。

革命的概念有多种含义。有的指一个阶级推翻另一个阶级,"无产阶级专政下继续革命"的"革命",正是这种意义上的革命,那当然是错误的。但革命还有另外的含义,用先进的社会制度取代落后的社会制度也是革命。比如,我们选择最终目标为共产主义的社会主义制度,这相对于既有的资本主义制度来说,同样是革命。党的十八大后,习近平总书记反复强调"革命理想高于天",并说:"革命理想高于天。实现共产主义是我们共产党人的最高理想,而这个最高理想是需要一代又一代人接力奋斗的。"① 显然,他在这里说的革命,就是指我们党执政后领导人民进行社会主义建设的同时,要不忘初心,继续为实现共产主义而奋斗。

"告别革命论"者为了鼓吹他们的谬论,把我们党对当今时代特征的判断,偷换成对当今时代性质的认定,说什么现在世界已进入了"和平与发展的时代",因此不再需要革命了。这从反面说明,当今时代性质变没变的问题,与共产党执政后还要不要革命的问题,是两个紧密关联的问题。

马克思通过对人类历史的研究,科学地指出,用社会形态划分,人类大体要经历原始社会时代、奴隶制时代、封建时代、资本主义时代和共产主义时代,而社会主义是共产主义的第一阶段。20世纪初,列宁通过对资本主义的进一步考察,指出这一社会制度已从自由竞争发展到了垄断阶段,既成为现代战争的根源,也使社会主义革命有可能在一个或几个国家内首先胜利,因此世界进入到帝国主义和无产阶级革命的时代,或者说,进入到资本主义向社会主义过渡的时代。俄国十月革命和中国新民主主义革命,验证了马克思、列宁的科学预言;这两场革命胜利后,苏联和中国都选择走社会主义道路而不走资本主义道路,正是人类社会进入这一时代的证明。

马克思主义语境下的时代,少则数百年,多则上千年。因此,在同一个时代的不同历史时期,会面临不同的时代课题,呈现不同的时代特征。

---

① 习近平:《做焦裕禄式的县委书记》,《学习时报》2015年9月7日。

比如，20世纪上半叶，一方面帝国主义国家之间瓜分世界的矛盾加剧，另一方面，无产阶级革命和殖民地半殖民地民族民主运动风起云涌。国家要独立、民族要解放、人民要革命，成为那个时期的时代最强音。列宁据此指出，帝国主义战争是社会主义革命的前夜，只有无产阶级革命才能把人类从帝国主义战争中解救出来。这种形势一直延续到20世纪中叶，毛泽东从这个实际出发，对世界大战的可能性作出了与列宁类似的估计，即"一种是战争引起革命，一种是革命制止战争"[①]。可见，在他们所处的历史时期，时代的突出问题和主要特征，都是战争和革命。

然而，自从进入20世纪下半叶，国际形势发生了很大变化。首先，亚非拉的殖民地半殖民地国家通过民族民主运动，纷纷实现了国家独立，争取和平与发展日益成为它们的迫切要求；同时，美苏两个超级大国均势的出现，在客观上削弱了战争的危险性，促进了世界和平势头的上升。其次，西方国家在二战后对资本主义制度进行的自我调整，以及经济全球化的推进，起到了缓和它们国内阶级矛盾的作用，使得革命形势有所低落。再次，20世纪70年代初西方资本主义世界进行的以美元与黄金脱钩、废除国家汇率制、允许资本在国际范围内自由流动等为主要内容的金融改革，以发展金融、高科技等服务业而减少高耗能、高污染产业为主要内容的产业结构调整，促使发展中国家得到了从发达国家吸引外资、引进设备的历史机遇，同时也加剧了它们同发达国家之间在经济领域的博弈。所有这一切，增强了发展中国家要和平要发展的呼声。从这个实际出发，邓小平作出和平与发展已成为当今世界两个主要问题的论断。随后，我们党把和平与发展，陆续概括为当今时代的两大问题或两大主题、两大课题和时代特征。

但我们党对时代特征的新判定，并不意味着对时代性质的看法也跟着发生了变化。

第一，我们党的正式文件及领导人的讲话从来没有说过列宁论断的时代性质变了。相反，从这些文件和讲话中总是可以引申出今天仍然处在帝国主义时代或由资本主义向社会主义过渡时代的结论。例如，邓小

[①] 《建国以来毛泽东文稿》第13册，中央文献出版社1998年版，第32页。

平就说过:"整个帝国主义西方世界企图使社会主义各国都放弃社会主义道路,最终纳入国际垄断资本的统治,纳入资本主义的轨道。"① 如果说今天不是帝国主义时代而是和平与发展时代了,怎么还会有帝国主义的横行霸道呢?党的十八大后,习近平总书记进一步指出:"事实一再告诉我们,马克思、恩格斯关于资本主义社会基本矛盾的分析没有过时,关于资本主义必然消亡、社会主义必然胜利的历史唯物主义观点也没有过时。这是社会历史发展不可逆转的总趋势。"② 如果说当今世界已进入和平与发展的时代了,资本主义必然消亡、社会主义必然胜利的观点,以及我们要坚持中国特色社会主义道路,要坚定共产主义理想信念,岂不都失去了时代依据?

第二,改革开放后,我国随着全方位外交的展开,在公开场合已很少使用帝国主义的概念,但这也不意味着我们党改变了对帝国主义的看法。邓小平说:"强权政治在升级,少数几个发达国家想统治世界。"③ 他还说,西方七国首脑会议宣布制裁中国,他们这一套是"维护霸权主义者、强权主义者利益的"④。这里说的霸权主义、强权政治,显然指的就是帝国主义。而且,有时他索性把帝国主义和霸权主义的概念合在一起使用,如说:"霸权主义和帝国主义总是欺侮包括非洲国家在内的发展中国家……他们对中国也是这样。"⑤ 我们党在改革开放后的历次代表大会报告中,讲要反对各种形式的霸权主义、强权政治和干涉主义,实际上也都是讲要反对帝国主义。

第三,我们党虽然认为和平和发展是当今世界的时代特征,但这并不意味着改变了对战争危险依然存在的一贯看法。只要翻阅邓小平著作就会看到,他总是提醒我们对帝国主义发动战争要保持警惕,要通过反对霸权主义、强权政治来维护世界和平。现在,帝国主义对社会主义国家一般不再像十月革命和中华人民共和国成立初期那样,采取直接军事

---

① 《邓小平文选》第三卷,人民出版社1993年版,第311页。
② 《十八大以来重要文献选编》上,中央文献出版社2014年版,第117页。
③ 《邓小平文选》第三卷,人民出版社1993年版,第329页。
④ 同上书,第345页。
⑤ 同上书,第289页。

干涉的方式，但对中国等社会主义国家的军事威胁和挑衅，以及对发展中国家政权的武力颠覆，一刻也没有停止过。谁都明白，今天中东的战乱，东海、南海局势的紧张，根源究竟来自哪里。西方特别是美国不断增加军费开支，加强海外军事基地，加紧研制和部署新式武器，扩大北约势力范围，打造亚洲版的"北约"，所有这些不是为发动战争做准备或进行战争讹诈，又是为了什么呢？党的十八大以来，习近平总书记不断强调要加强军事斗争的准备，毫无疑问，这也是从战争危险依然存在这一事实出发的。

第四，在国际力量对比朝着有利于和平与发展方向发展的形势下，帝国主义对社会主义国家武装侵略的一面有所收敛，但我们党并不认为它们通过和平演变、"颜色革命"等手段，颠覆、分裂社会主义国家的活动会减少。一九八九年风波之后，陈云曾指出：列宁论帝国主义的五大特点和侵略别国、互相争霸的本质没有过时，"从历史事实看，帝国主义侵略、渗透，过去主要是'武'的，后来'文''武'并用，现在'文'的（包括政治的、经济的和文化的）突出起来，特别是对社会主义国家搞所谓的'和平演变'。那种认为列宁的帝国主义论已经过时的观点，是完全错误的，非常有害的"[①]。八天之后，邓小平在会见外宾时也指出："美国现在有一种提法：打一场无硝烟的世界大战。我们要警惕。资本主义是想最终战胜社会主义，过去拿武器，用原子弹、氢弹，遭到世界人民的反对，现在搞和平演变。"[②] 他还说过："我希望冷战结束，但现在我感到失望。可能是一个冷战结束了，另外两个冷战又已经开始。一个是针对整个南方，第三世界的，另一个是针对社会主义的。"[③] 我们在坚定不移走和平发展道路的同时，没有也绝不能放松对帝国主义渗透、分化、颠覆活动的警惕。

第五，自20世纪80年代末90年代初苏东剧变之后，世界社会主义运动进入了低潮，但我们党从来不认为社会主义运动和反对帝国主义的斗争

---

① 《陈云文选》第三卷，人民出版社1995年版，第370页。
② 《邓小平文选》第三卷，人民出版社1993年版，第325—326页。
③ 同上书，第344页。

从此消失了。邓小平说得好:"历史唯物主义揭示了人类社会发展的规律。封建社会代替奴隶社会、资本主义社会代替封建社会,社会主义经历一个漫长过程发展后必然代替资本主义。这是社会历史不可逆转的总趋势,但道路是曲折的。从一定意义上说,某种暂时复辟也是难以避免的规律性现象。一些国家出现严重挫折,社会主义好像被削弱了,但人民经受锻炼,从中吸取教训,将促进社会主义向着更加健康的方向发展。因此,不要惊慌失措,不要认为马克思主义就消失了,没有用了,失败了。哪有这回事!"[①]

事实一再证明,当今世界社会主义运动不仅没有消失,而且还在继续发展。首先,占世界人口五分之一的中国仍然在坚持社会主义制度,中国共产党仍然在不断壮大并已拥有近九千万党员。除了中国,还有一些国家在坚持社会主义道路;除了中国共产党,还有一百多个国家的一百三十多个工人阶级政党、合计约一千八百万党员,在为共产主义事业而奋斗。其次,西方发达国家的工人运动虽然不如20世纪初期、中期那样高涨,但抗议资本家剥削的罢工、游行、示威遍布欧美,此起彼伏,愈演愈烈。再次,随着2008年国际金融危机对美国等发达国家实力的削弱,发展中国家反对发达国家经济侵略、政治干涉、文化渗透的斗争也在不断发展。这些动向加在一起,可以看出世界社会主义运动已经经受住了考验,正在走出低谷。

回顾当年中国的新民主主义革命,也曾有过几次低潮,但每次过后都迎来了高潮,并最终取得了胜利。今天西方发达国家还可以依赖经济全球化对发展中国家进行剥削,用以缓和它们国内的阶级矛盾。然而,随着全球化的深入,发展中国家的实力势必不断增强,西方发达国家的国内矛盾势必不断加剧。到一定时候,当代世界社会主义运动同样会由低潮走向高潮。

总之,和平与发展成为时代特征,没有改变也不可能改变资本主义必然消亡、社会主义必然胜利的历史总趋势,没有改变也不可能改变资本主义向社会主义过渡的时代性质。我们要继续坚持对现在的时代特征——和

[①] 《邓小平文选》第三卷,人民出版社1993年版,第382—383页。

平与发展——的判定,因为只有这样,才可能紧紧抓住和充分利用仍然可以大有作为的战略机遇期,加紧建设对资本主义具有优越性的社会主义,为赢得未来可能发生的战争做好更加充分的准备。同时,我们也要保持对时代性质——由资本主义向社会主义过渡——的清醒认识,因为只有这样,才可能弄明白坚持中国特色社会主义道路的时代依据,真正树立道路自信、理论自信、制度自信。

"告别革命论"以及要求我们党由"革命党转变为执政党"的主张,在理论上站不住脚,在实践上也是十分有害的。它很容易造成把我们党的执政混同于资产阶级政党执政的后果,从而使我们党丢掉为人民服务的宗旨和理论联系实际、密切联系群众、批评和自我批评、艰苦奋斗、戒骄戒躁等革命传统、革命作风、革命精神,助长形式主义、官僚主义、享乐主义、奢靡之风,导致脱离人民群众,最终亡党亡国。这些年,我们党的干部队伍和党风中发生的种种问题,与这种观点的散布不能说没有关系。

改革开放后,我们党从我国社会发展的实际状况出发,提出了社会主义初级阶段的理论,但《党章》总纲中明确写着:"党的最终目标,是实现共产主义的社会制度";我们党对党员的要求,仍然是"中国工人阶级的有共产主义觉悟的先锋战士"。必须"为共产主义奋斗终生",仍然是入党誓词12句中的一句。邓小平说,"我们干的是社会主义事业,最终目的是实现共产主义";"要特别教育我们的下一代下两代,一定要树立共产主义的远大理想"。[1] 习近平总书记更加有针对性地指出:"国内外各种敌对势力,总是企图让我们党改旗易帜、改名换姓,其要害就是企图让我们丢掉对马克思主义的信仰,丢掉对社会主义、共产主义的信念。而我们有些人甚至党内有的同志却没有看清这里面暗藏的玄机。"[2] "革命理想高于天。中国共产党之所以叫共产党,就是因为从成立之日起我们党就把共产主义确立为远大理想。我们党之所以能够经受一次次挫折而又一次次奋

---

[1] 《邓小平文选》第三卷,人民出版社1993年版,第110—111页。
[2] 《习近平在全国党校工作会议上的讲话》,《求是》2016年第11期。

起,归根到底是因为我们党有远大理想和崇高追求。"① 以上这些再清楚不过地表明,我们党执政后仍然要继续革命,这个革命不是别的,就是为实现中国特色社会主义共同理想和共产主义远大理想而不懈奋斗。这是我们党之所以能始终立于不败之地的根本原因。

对于我们党现在究竟是革命党还是执政党这个问题,我认为准确的回答应当是:既是执政党又是革命党,是革命的执政党或执政的革命党。

---

① 习近平:《在庆祝中国共产党成立95周年大会上的讲话》,《人民日报》2016年7月2日。

中国道路是顺应时代发展潮流的选择*

我们对于中国道路的自信，既源于中国道路与中国国情的高度相符，也源于中国道路与时代发展潮流的完全契合。

中国特色社会主义说到底是社会主义，即初级阶段的社会主义或社会主义的中国模式。马克思主义告诉我们，人类社会的时代如果用社会形态来划分的话，大体要经历原始社会时代、奴隶社会时代、封建社会时代、资本主义社会时代和共产主义社会时代；社会主义是由资本主义向共产主义过渡的社会，是共产主义的第一阶段。20世纪初，列宁运用马克思主义基本原理对资本主义社会作了进一步考察，指出资本主义已从自由竞争阶段发展到垄断阶段，使世界进入到帝国主义和无产阶级革命的时代。俄国十月革命和中国的新民主主义革命，正是这一时代背景下的产物；两场革命胜利后都选择走社会主义道路而不走资本主义道路，正是顺应这一时代发展潮流的体现。

20世纪80年代末90年代初的苏东剧变，使世界社会主义发展进入低潮。然而，苏东剧变不等于世界社会主义失败了、终结了，占世界人口1/5的中国仍然在坚持社会主义制度便是最有力的证明。当年，中国新民主主义革命中也曾有过几次低潮，但每次低潮过后都迎来了高潮，并最终取得了胜利。世界社会主义发展今天处于低潮，同样不意味着今后就不会有高潮。所以，当今时代从性质上看，仍然是资本主义向社会主义过渡的时代。这是我们坚持中国特色社会主义最为根本的时代条件和时代依据。

---

* 本文曾发表于《人民日报》2015年11月22日第5版。

习近平同志之所以反复强调"革命理想高于天",就是要我们认清社会历史发展不可逆转的这个总趋势,始终忠诚于对马克思主义的信仰和对社会主义、共产主义的信念,做到无论遇到多大风浪都坚持中国特色社会主义不动摇。

马克思主义语境下的时代,少则数百年,多则数千年。因此,同一个时代也会有不同的历史时期,面临不同的时代课题。比如,第二次世界大战结束至20世纪七八十年代前,亚非拉民族民主运动此起彼伏,民族要独立、人民要解放的呼声不断高涨。同时,帝国主义国家对争取独立的第三世界国家频频发动侵略战争和武装干涉,对新中国则进行军事威胁、经济封锁。在这种国际形势下,革命与战争自然成为那一历史时期的时代主题。20世纪七八十年代后,随着旧的殖民体系土崩瓦解,获得独立的第三世界国家要求和平与发展的呼声越来越强烈。同时,随着超级大国之间军备竞赛的加剧,战争的威胁反而相对减弱;随着布雷顿森林体系的解体和发达资本主义国家经济结构的调整,加快资本输出、扩大海外市场、向第三世界国家转移制造业,成为一股新的潮流。另外,随着信息、生物、材料等技术的突破,现代科学技术发展呈现日新月异的局面。针对这个形势,邓小平同志作出了和平与发展已成为世界两大问题,大规模世界战争在较长时间内有可能不发生,我们要抓住机遇加快发展的科学判断。基于对时代主题变化的这一新判断以及对新中国头30年社会主义革命与建设经验教训的深刻总结,我们党实施了工作重心由以阶级斗争为纲向以经济建设为中心的转移,实行了全面改革和全方位开放,从而开创了中国特色社会主义道路。所以,中国特色社会主义道路不仅是对当今时代性质和人类历史发展总趋势的顺应,而且反映了时代的新要求,体现了时代的新特征,利用了时代的新条件。

中华人民共和国成立至今的六十多年里,经历了改革开放前后两个历史时期。改革开放前,中国人民在中国共产党领导下进行了社会主义改造,确立了社会主义基本制度,开展了轰轰烈烈的社会主义建设,对社会主义道路进行了艰辛探索,从而为当代中国一切发展进步奠定了根本政治前提、制度基础和物质基础。改革开放后,我们党带领人民继承和发展我国社会主义建设实践探索的成果,回答了建设中国特色社会主义的一系列基本问题，实现了从高度集中的计划经济体制到充满活力的社会主义市场经济体制的历史性转变，使一切创造社会财富的源泉得到充分涌流，使中华民族大踏步赶上了时代进步的潮流并迎来伟大复兴的光明前景。这一切充分说明，中国特色社会主义不仅符合我国的实际情况，也符合时代前进的大方向和当今的时代特征。

当前，面对国际国内形势的深刻变化，以习近平同志为核心的党中央对中国特色社会主义道路的时代性问题作出了更加深入全面的阐述。习近平同志指出："事实一再告诉我们，马克思、恩格斯关于资本主义社会基本矛盾的分析没有过时，关于资本主义必然消亡、社会主义必然胜利的历史唯物主义观点也没有过时。这是社会历史发展不可逆转的总趋势。"因此，科学社会主义基本原则不能丢。"不论怎么改革、怎么开放，我们都始终要坚持中国特色社会主义道路、中国特色社会主义理论体系、中国特色社会主义制度。"另一方面，习近平同志又指出："资本主义最终消亡、社会主义最终胜利，必然是一个很长的历史过程。我们要深刻认识资本主义社会的自我调节能力，充分估计到西方发达国家在经济科技军事方面长期占据优势的客观现实。"尽管天下还很不太平，但"国际力量对比继续朝着有利于世界和平与发展的方向发展"，和平与发展仍然是时代的主题。因此，要有很强的战略定力，抓住和充分利用仍然可以大有作为的重要战略机遇期，坚定不移走和平发展道路，"集中精力办好自己的事情，不断壮大我们的综合国力，不断改善我们人民的生活，不断建设对资本主义具有优越性的社会主义，不断为我们赢得主动、赢得优势、赢得未来打下更加坚实的基础"。我们坚信，只要坚持从中国国情出发，顺应时代发展潮流，协调推进"四个全面"战略布局，中国特色社会主义道路就一定会越走越宽广，对人类进步事业所做的贡献就一定会越来越大。

中国特色社会主义进入新时代的
依据和意义[*]

党的十八大以来的五年，以习近平总书记为核心的党中央毅然纠正了将这两个历史时期加以割裂和对立的各种偏向，作出"两个时期虽然有重大区别、但本质上都是我们党领导人民进行社会主义建设实践探索"的重大论断，并在这个论断基础上，把两个时期的经验教训联系起来总结，校正改革开放的前进航向，从而使党和国家事业发生了历史性变革，使我国的发展站到了新的历史起点上，这是中国特色社会主义进入新时代的重要原因和意义所在。

党的十九大报告，是"一个凝聚全党智慧、顺应人民期待、对我国发展具有重大指导作用、在国际社会产生积极影响的报告"。其中最大的重点和亮点，是关于"中国特色社会主义进入了新时代"的重大政治判断。从报告看，这个判断缘于我国当前社会主要矛盾、历史发展阶段和国际地位的新变化，也反映了我们党在理论探索上取得的新成果、奋斗目标上作出的新安排。报告指出，中国特色社会主义进入新时代，"在中华人民共和国发展史上、中华民族发展史上具有重大意义，在世界社会主义发展史上，人类发展史上也具有重大意义"。下面，就从国史角度谈谈对新时代依据和意义的认识。

---

[*] 本文曾发表于《马克思主义研究》2017年第11期，原题为《深刻认识中国特色社会主义进入新时代的依据和意义》。

一 关于国内主要矛盾和发展阶段的变化

这个变化是中国特色社会主义进入新时代的主要依据。但它并不是说人民日益增长的物质文化需要与社会生产力发展水平的矛盾已不再成为我国面临的主要矛盾了，也不是说社会主义初级阶段已经结束了；而是说需要与满足需要的发展两侧、内涵都发生了部分质变，使社会主义初级阶段呈现出了新的阶段性特征。毛泽东在《矛盾论》中说："事物发展过程中的根本矛盾及为此根本矛盾所规定的过程的本质，非到过程完结之日，是不会消灭的；但是事物发展的长过程中的各个发展的阶段，情形又往往互相区别，这是因为事物发展过程的根本矛盾的性质和过程的本质虽然没有变化，但是根本矛盾在长过程中的各个发展阶段上采取了逐渐激化的形式……因此，过程就显出阶段性来。"这就是说，事物在量变到质变过程中，会发生部分质变；社会主义在走完初级阶段这个漫长过程中，也会出现若干因为部分质变而相互区别的新阶段。

我们党在十一届三中全会作出把工作重点转移到社会主义现代化建设上来的决策后，接着在十二大上恢复了八大决议关于我国社会主要矛盾的提法，即"人民日益增长的物质文化需要同落后的社会生产之间的矛盾"。此后直到十八大的历次党代会，对主要矛盾的这一提法没有再变过。但是，正如十九大报告所指出的，经过长期努力，现在我国国内生产总值已稳居世界第二，生产能力在很多方面进入了世界前列，社会生产力水平总体上显著提高，已稳定解决了十几亿人的温饱问题，总体实现了小康，不久将全面建成小康社会，人民对物质文化生活提出了更高要求，在民主、法治、公平、正义、安全、环境等方面的要求也日益增长。与此同时，发展不平衡不充分的一些突出问题尚未解决，如发展质量效益还不高，创新能力不够强，实体经济水平不够高，生态环境保护有待加强，民生领域还有不少短板，城乡区域发展和收入分配差距依然较大，群众在就业、教育、医疗、居住、养老等方面还面临不少难题，社会文明水平也有待提高。总之，现在人民日益增长的需要已经不再简单局限于物质和文化两方面，也不能把社会生产再笼统说成是落后的；制约人民日益增长的美好生活需要的主要因素，已经变成发展的不平衡不充分问题。正是这些新情况，使我国社会主要矛盾发生了转化，使社会主义初级阶段中明显产生了一个新的阶段，使中国特色社会主义进入了新时代，使我们距离最终建成社会主义现代化强国、实现中华民族伟大复兴的目标又近了一大步。

二 关于我国国际地位的变化

这个变化是中国特色社会主义进入新时代的又一个依据。但这也不表明我国不再是最大的发展中国家了，而是说随着经济实力、科技实力、国防实力、综合国力进入世界前列，我国国际地位实现了前所未有的提升，在世界上的分量越来越重，发言权越来越大，开始"日益走近世界舞台中央，不断为人类作出更大贡献"了。

我们党和国家从来不信邪、不怕压，但中国近代以来长期遭受帝国主义、封建主义、官僚资本主义的压迫、剥削，致使新中国经济底子薄弱，国力有一个逐步恢复、强盛的过程，制约了在世界舞台上的活动余地。邓小平在1985年曾说过："世界上的人在讨论国际局势的大三角。坦率地说，我们这一角力量是单薄的。我们算是一个大国，这个大国又是小国……如果说中国是一个和平力量、制约战争的力量的话，现在这个力量还小。等到中国发展起来了，制约战争的和平力量将会大大增强。"他还说，到了20世纪末，实现中国国民生产总值翻两番，"对于世界和平和国际局势的稳定肯定会起比较显著的作用"。从那时到现在，32年过去了，我国国民生产总值已经翻了六番多。与此相适应，我国全方位、多层次、立体化的外交布局深入展开，国际影响力、感召力、塑造力极大提高，对世界和平、国际局势的作用日益显现。正是这些变化，使中国特色社会主义进入了新时代，使我们具有了开展中国特色大国外交、推动构建新型国际关系、推动构建人类命运共同体的底气。

三 关于党的指导理论的新成果

取得这个新成果同样是中国特色社会主义进入新时代的重要依据。它当然不是说党在指导理论上另起了什么新"炉灶",而是说我们党坚持以马克思列宁主义、毛泽东思想、邓小平理论、"三个代表"重要思想、科学发展观为指导,紧密结合新的时代条件和实践要求,进行艰辛的理论探索,产生了又一个重大创新理论成果。

正如报告所指出的:"世界每时每刻都在发生变化,中国也每时每刻都在发生变化,我们必须在理论上跟上时代,不断认识规律,不断推进理论创新、实践创新、制度创新、文化创新以及其他各方面创新。"十八大以来,国内外形势变化和我国各项事业发展向我们党提出了新的时代课题,需要作出既符合我国实际,又跟上时代前进步伐的回答。如果说邓小平理论要回答"什么是社会主义、怎么建设社会主义"的问题,"三个代表"重要思想要回答"新形势下建设什么样的党、怎样建设党"的问题,科学发展观要回答"新形势下实现什么样的发展、怎样发展"的问题,那么,习近平新时代中国特色社会主义思想要着重回答的是"新时代坚持和发展什么样的中国特色社会主义、怎样坚持和发展中国特色社会主义"的问题。什么是社会主义、怎样建设社会主义同这个问题之间有关联,但不完全是一个问题,不等于弄清楚了前者,就自然而然弄清楚了后者。社会主义是带普遍性的概念,而中国特色社会主义是社会主义普遍原则与中国具体情况相结合的产物,是带有特殊性的概念;什么是新时代中国特色社会主义、怎样建设新时代中国特色社会主义,更是一个崭新的课题。由于习近平总书记在十八大以来,特别是十九大报告中系统回答了这个课题,从而形成了习近平新时代中国特色社会主义思想。这一思想作为全党全国人民为实现中华民族伟大复兴而奋斗的行动指南,必将给中国的方方面面带来新的气象、新的面貌。

习近平新时代中国特色社会主义思想是中国特色社会主义理论体系的重要组成部分,但从十九大报告以及党的十八大以来习近平总书记的系列重要讲话中可以清晰看出,这一思想相比其他组成部分又具有自己的许多突出特色。

例如,更加鲜明的人民性。一段时间以来,我们党的"四风"问题突出,贪腐现象严重,究其根源,在于宗旨意识淡薄,"为人民服务"被一些人看成是"不适应市场经济的旧观念",甚至有人堂而皇之地提出什么

"共产党也有自己的利益"。对此，以习近平同志为核心的党中央一手抓整风反腐，一手抓宗旨教育，习总书记本人更是就保持党同人民群众血肉联系问题发表了大量论述。他旗帜鲜明地指出："我们党以全心全意为人民服务为根本宗旨，没有自己的特殊利益。"如果统计十九大报告中出现频率最高的词汇，恐怕非"人民"一词莫属。从"坚持以人民为中心"到"着力解决人民群众反映最强烈"的问题，从"顺应人民意愿"到不断促进"全体人民共同富裕"，从"坚持人民当家作主"到"保证全体人民在共建共享发展中有更多获得感"，从"以人民安全为宗旨"到"把人民利益始终摆在至高无上的地位"，从"建设人民满意的服务型政府"到"扩大人民有序政治参与、使各级人大成为同人民群众保持密切联系的代表机关"，从"抓住人民最关心最直接最现实的利益问题"到建成"覆盖全民的社会保障体系、为人民提供全方位全周期健康服务"，从"人民群众反对、痛恨什么，我们党就要坚决防范和纠正什么"到"凡是群众反应强烈的问题都要严肃认真对待"，报告处处闪烁着"为人民服务"的思想光芒。像这样通篇强调、贯彻党的宗旨的报告，在历次党代会中是不多见的。

再如，更加鲜明的革命性。过去一段时间，少数人借口我们党否定"无产阶级专政下继续革命"的理论而反对社会主义社会还要继续进行革命，甚至提出什么"要把我们党由革命党转变为执政党"，使"革命"一词几乎成为"左"的代名词。其实，"革命"并不完全指一个阶级推翻另一个阶级，我们党坚持为实现共产主义理想而奋斗，选择走社会主义道路，相对于世界资本主义秩序来说也是革命。党中央《关于建国以来党的若干历史问题的决议》在否定"无产阶级专政下继续革命"理论的同时，强调这绝不是说革命的任务已经完成，不需要坚决继续进行各方面的革命斗争了，指的就是这种意义的革命。党的十八大以来，习近平总书记反复强调"革命理想高于天"，指的也是这种意义的革命。他在十九大报告中重申："革命理想高于天。共产主义远大理想和中国特色社会主义共同理想，是中国共产党人的精神支柱和政治灵魂，也是保持党的团结统一的思想基础。要把坚持理想信念作为党的思想建设的首要任务，教育引导全党牢记党的宗旨，挺起共产党人的精神脊梁，解决好世界观、人生观、价值观这个'总开关'问题,自觉做共产主义远大理想和中国特色社会主义共同理想的坚定信仰者和忠实实践者。"只要同历次党代会比较一下就不难看出,"革命"和"共产主义理想"等词汇在这一报告中出现的频率也是相当高的。报告在回顾党的历史部分,一开头就引用了毛泽东"十月革命一声炮响,给中国送来了马克思列宁主义"的著名论断,指出,"中国共产党一经成立,就把实现共产主义作为党的最高理想和最终目标";并且高度评价了新民主主义革命、社会主义革命、改革开放新的伟大革命的重要意义。报告除了继续使用历次党代会所使用的"革命军人"这一概念外,还首次提出了"革命文化"的概念,指出"革命文化"与"社会主义先进文化",都是中国特色社会主义文化的源泉;强调坚持社会主义核心价值观,"必须坚持马克思主义,牢固树立共产主义远大理想和中国特色社会主义共同理想"。所有这些,都是习近平新时代中国特色社会主义思想的显著特色。

又如,更加鲜明的斗争性。改革开放前,我们党一度提出"以阶级斗争为纲"的口号,过分强调斗争哲学,不该斗的也斗。十一届三中全会后停止了这个不适于社会主义社会的口号,在党内外一些人中又出现了另一种偏向,即怕矛盾,怕斗争,怕得罪人,甚至一度面对走私猖獗、腐败成风、资产阶级自由化泛滥、宗教极端势力和各种分裂势力的挑衅,也不敢理直气壮采取措施。有人还曲解邓小平理论,用"不争论"为不作为开脱。十八大以来,习近平总书记大力倡导我们党一贯的战斗作风、原则立场、斗争精神,在从严治党,加强意识形态工作,反对台独、疆独、藏独、港独分裂势力等问题上,敢于斗争、善于斗争,为全党作出了表率。他说:"我国曾经有政治挂帅、搞'阶级斗争为纲'的时期,那是错误的。但是,我们也不能说政治就不讲了、少讲了,共产党不讲政治还叫共产党吗?"他指出:"坚持正面宣传为主,决不意味着放弃舆论斗争。""要敢抓敢管,敢于亮剑。"对于国内外敌对势力散布的政治谣言和奇谈怪论,"我们不能默不作声,要及时反驳,让正确的声音盖过它们。这与韬光养晦或不争论是两码事"。他批评"一些单位和党政干部政治敏感度、责任感不强,在重大意识形态问题上含含糊糊、遮遮掩掩,助长了错误思潮的扩散"。他告诫"宣传思想战线的同志要当战士、不当绅士,不做

'骑墙派'和'看风派',不能搞爱惜羽毛那一套"。党的十九大报告充分体现了上述精神,明确指出:"社会是在矛盾运动中前进的,有矛盾就会有斗争……任何贪图享受、消极懈怠、回避矛盾的思想和行为都是错误的。"报告提醒全党:要充分认识这场具有许多新的历史特点的伟大斗争的"长期性、复杂性、艰巨性"。在加强意识形态工作问题上,报告指出,十八大以来,"马克思主义在意识形态领域的指导地位更加鲜明",同时强调"意识形态领域斗争依然复杂";"意识形态决定文化前进方向和发展道路",要"不断增强意识形态领域主导权和话语权"、"牢牢掌握意识形态工作领导权"、"落实意识形态工作责任制",要"建设具有强大凝聚力和引领力的社会主义意识形态"、"营造清朗的网络空间"、"旗帜鲜明地反对和抵制各种错误观点"、"引导人们树立正确的历史观、民族观、国家观、文化观"、"抵制腐朽落后文化侵蚀"、"倡导讲品位、讲格调、讲责任,抵制低俗、庸俗、媚俗"。在深化依法治国实践和维护国家安全、统一的问题上,报告强调"要加强宪法实施和监督,推进合宪性审查工作,维护宪法权威";要"坚持总体国家安全观","健全国家安全体系,加强国家安全法治保障","严密防范和坚决打击各种渗透颠覆破坏活动、暴力恐怖活动、民族分裂活动、宗教极端活动";提出"必须把维护中央对香港、澳门特别行政区全面管治权和保障特别行政区高度自治权有机结合起来",要"发展壮大爱国爱港爱澳力量,增强香港、澳门同胞的国家意识和爱国精神";强调"我们有坚定的意志、充分的信心、足够的能力挫败任何形式的'台独'分裂图谋"。在全面从严治党的问题上,报告肯定十八大以来,"坚决改变管党治党宽松软状况","坚持反腐败无禁区、全覆盖、零容忍,坚定不移'打虎'、'拍蝇'、'猎狐'";要求全党"增强党内政治生活的政治性、时代性、原则性、战斗性,自觉抵制商品交换原则对党内政治生活的侵蚀";反对"好人主义",防止和反对"圈子文化、码头文化,坚决反对搞两面派、做两面人"。在党建部分,报告指出:"旗帜鲜明讲政治是我们党作为马克思主义政党的根本要求。党的政治建设是党的根本性建设,决定党的建设方向和效果。""全党要坚决执行党的政治路线,严格遵守政治纪律和政治规矩,在政治立场、政治方向、政治原则、政治道路上同党中央保持高度一致。"报告还在论述正确选人用人导向时指出,要"突出政治标准","旗帜鲜明为那些敢于担当、踏实做事、不谋私利的干部撑腰鼓劲"。像这样突出强调共产党人的斗争性,在历次党代会报告中更是少见的,可以说是习近平新时代中国特色社会主义思想的又一显著特色。正因为我们党形成了这一新的指导思想,所以使我们在决胜全面建成小康社会、进而开启全面建设社会主义现代化国家新征程中,有了更加坚强有力的思想保证,使中国特色社会主义由此进入了一个新的时代。

四 关于党和国家奋斗目标的新布局

作出这个新布局也是中国特色社会主义得以进入新时代的重要依据。这并不是说我国已经完成了改革开放、社会主义现代化建设和中国特色社会主义的历史任务,而是因为我们党和国家对社会主义现代化建设"三步走"战略中的第三步,有了更加具体的设想。

自从孙中山提出"振兴中华"以来,对什么是中华民族复兴的标志,始终没有一个明确表述。毛泽东在新中国初期说过,到21世纪初,"中国将变为一个强大的社会主义工业国","中国应当对于人类有较大的贡献";又说,"要赶上和超过世界上最先进的资本主义国家,没有一百多年的时间,我看是不行的。"这表明,在他看来,用一百多年,将中国建成强大的社会主义工业国、赶上和超过最先进的资本主义国家,就是中华民族实现了伟大复兴。改革开放初期,邓小平按照毛泽东的设想,提出"三步走"战略。但正如十九大报告指出的,"解决人民温饱和人民生活总体上达到小康这两个目标已提前实现",20世纪末提出的到2020年全面建成小康社会的目标,眼看也要很快实现,剩下的目标就是到本世纪中叶建成社会主义现代化强国。为此,报告将十九大到二十大,规定为"'两个一百年'奋斗目标的历史交汇期";又将2020年到本世纪中叶分为两个阶段,即先用15年时间基本实现社会主义现代化,再用15年时间建成富强民主文明和谐美丽的社会主义现代化强国。这意味着,从中华人民共和国成立到本世纪中叶的100年里,如果说前30年是为中华民族伟大复兴打基础,中间40年是为实现温饱和小康目标而奋斗,那么,后30年将主要是为建成社会主义现代化强国而努力。报告还明确指出，后30年的"总任务是实现社会主义现代化和中华民族伟大复兴。"可见，建成社会主义现代化强国之日，就是中华民族伟大复兴之时。对于十九大到二十大之间，进而对于2020年到本世纪中叶作出这样的战略安排，对于过去70年和未来30年作出这样明确的阶段性划分，使全党全国人民对今后的奋斗任务更加明确，对实现这些奋斗目标也更加充满信心，当然表明中国特色社会主义进入了新的时代。

报告对中国特色社会主义新时代的阐释同时告诉我们，这个新时代并不是马克思主义社会形态变革意义上的新时代，也不是脱离中国特色社会主义的新时代，而是具有中国特色社会主义属性的新时代。在新中国迄今68年的历史中，最为显著和最为基本的分期莫过于改革开放前后两大时期。党的十八大以来的五年，以习近平总书记为核心的党中央毅然纠正了将这两个历史时期加以割裂和对立的各种偏向，作出两个时期虽然有重大区别、但本质上都是我们党领导人民进行社会主义建设实践探索的重大论断，并在这个论断基础上，把两个时期的经验教训联系起来总结，校正改革开放的前进航向，从而使党和国家事业发生了历史性变革，使我国发展站到了新的历史起点上，这是中国特色社会主义进入新时代的重要原因和意义所在。就是说，自十八大以来，我国历史开启了一个有别于前两个历史时期的新的历史时期。报告指出：十八大以来"五年来的变革是深层次的、根本性的"，这一历史性变革"对党和国家事业发展具有重大而深远影响"，"中国特色社会主义进入了新时代"，其深刻含义也正在于此。总之，开启中国特色社会主义新时代，不是要回到改革开放前的时期，更不是要停止改革开放，而是要将改革开放前后两个历史时期统一起来加以融汇继承、贯通发展，是站在更高的历史起点上推进改革开放。唯物辩证法的否定之否定规律告诉我们，任何事物的发展都是螺旋式上升的运动，新中国的历史发展、改革开放的历史发展，同样是螺旋式上升的。现在，经过改革开放前近30年、改革开放后30多年、特别是十八大以来五年的接力奋斗，我们国家终于跨入了人民群众期盼已久的中国特色社会主义新时代。让我们以更加昂扬向上的精神状态，迎接这个新时代的到来吧！

改革开放前后两个历史时期的关系

争取独立统一民主富强的伟大胜利[*]

——为共和国光辉的 50 年而作

中华人民共和国的 50 年，在历史的长河中只是短暂的一瞬，但对于新中国来说，却是翻天覆地的 50 年，伟大光辉的 50 年。

一个多世纪以来，中国人民在前进道路上经历了三次历史性的巨大变化。第一次是辛亥革命，推翻了统治中国几千年的君主专制制度，开创了完全意义上的近代民族民主革命。第二次是中华人民共和国的成立和社会主义制度的建立，推翻了帝国主义、封建主义、官僚资本主义三座大山，使中国人民从此站立起来，并取得了社会主义建设的巨大成就。第三次是实行社会主义的改革开放，开辟了建设有中国特色社会主义事业的新道路，取得了举世瞩目的发展。这三次巨变中有两次发生在这 50 年。

鸦片战争后，中国由一个独立的封建国家，逐渐沦为半殖民地半封建的国家。这期间，历届政府腐败无能，听任帝国主义列强的宰割；国家战乱频仍，四分五裂；人民食不果腹，毫无权利；国力日渐衰微，气息奄奄。面对这种悲惨的境遇，具有强烈爱国心的仁人志士们梦寐以求的目标，说到底是四件事八个字，即独立、统一、民主、富强。但是，在中国共产党成立前的漫长岁月里，人们把各种药方都试过了，却始终未能奏效。而在这 50 年里，这四件事中有的办成了，有的基本办成了，有的初步办成了。

---

[*] 本文曾发表于《光明日报》1999 年 9 月 10 日第 1 版。收入本书时略有修改。

在这 50 年里，中国取得了真正的完全的国家独立，并且成功地维护了主权和民族尊严，挫败了外国侵略势力和扩张势力对中国进行的孤立、封锁、干涉和挑衅

鸦片战争以来，帝国主义列强通过一次次侵略战争，强加给中国上千个不平等条约，割占和强租中国大片土地，获取了在中国领土上的驻兵权、开矿权、筑路权、海关权、领事裁判权、治外法权等各种特权。是新中国的成立，才废除了这些不平等条约，收回了列强在华享有的一切特权。中华人民共和国成立之初，以美国为首的帝国主义国家对中国的邻国朝鲜进行军事干涉，并把战火烧到鸭绿江边，严重威胁中国的安全。新中国在十分困难的情况下，不畏强暴，毅然决然地进行了抗美援朝战争，并取得了伟大的胜利。20 世纪 50 年代，苏联要求中国建立共同舰队，毛泽东斩钉截铁地对苏联大使说："要讲政治条件，连半个指头都不行。你可以告诉赫鲁晓夫同志，如果讲条件，我们双方都不必谈。""你们不给援助，可以迫使我们自己努力。"① 1982 年，邓小平对前来谈香港问题的英国首相撒切尔夫人说："主权问题不是一个可以讨论的问题。"② 这些话令每个中国人无不感到扬眉吐气。旧中国那种任人欺侮、任人宰割的局面，在日益强大的中国面前已经一去不复返了。

在中华人民共和国成立前的近百年里，中国历届政府没有任何自主外交可言。中华人民共和国成立后，制定和实行了独立自主的和平外交政策。周恩来在外交部成立大会上充满自豪地说："中国一百年来的外交史是一部屈辱的外交史。我们不学他们。""要有独立的精神，要争取主动，没有畏惧，要有信心。"③ 在处理国与国的关系问题上，新中国积极倡导和

---

① 《毛泽东外交文选》，中央文献出版社、世界知识出版社 1994 年版，第 330 页。
② 《邓小平文选》第三卷，人民出版社 1993 年版，第 12 页。
③ 《周恩来外交文选》，中央文献出版社 1990 年版，第 5 页。

平共处五项原则，坚定不移地站在发展中国家一边，真正实现了孙中山所提出的"使中国见重于国际社会"、"联合世界上以平等待我之民族"的理想。进入20世纪70年代末以后，中国在全方位对外开放的同时，继续贯彻独立自主的和平外交政策，对一切国际事务坚持从中国人民和世界人民的根本利益出发，根据事情本身的是非曲直来决定自己的立场和政策，不屈从于任何霸权主义和强权政治。不久前，在以美国为首的北约对南联盟发动军事攻击的事件中，我国政府伸张了正义；在我驻南使馆遭到导弹袭击的暴行发生后，我国政府提出了最强烈的抗议，并为此向肇事国进行了严正交涉，迫使它们公开道歉并予以赔偿。这在旧中国外交史上，是根本无法想象的。

在这50年里，中国彻底结束了一盘散沙的状态，实现了国家的空前统一和各民族的和睦相处

在中国近代史上，虽然始终存在着中央政府，但地方割据，山头林立，民族纷争。中华人民共和国成立后，只用了很短时间便解放了除台湾地区和少数海岛以外的绝大部分领土，并且在此基础上统一了全国的财政和币制（藏币自1959年停止流通）。国家的法律和政令100多年来，第一次在全国各个地区得到了普遍实施。

中国是多民族国家，由于历代统治阶级所实行的反动政策，造成各民族之间相互仇视。新中国从建国伊始便制定了民族平等、民族团结的方针，创造性地建立了民族区域自治制度，取消了历朝历代对少数民族的种种歧视性规定，并在使用语言文字、计划生育、大专院校招生、干部培养和任用、税收、经济开发和建设等方面，给予了种种照顾、优惠和扶持。与此同时，坚决反对一切民族分裂主义行径。50年来，中国各民族大团结的局面，是中国近代史上从未有过的，也是中国历史上从未有过的。目前，除澳门即将回归祖国外，尚未实现统一的地方只剩下台湾省。为此，我国政府早就提出了"和平统一、一国两制"的基本方针，同时为防止外国势力干涉中国统一和搞"台湾独立"，始终没有承诺放弃使用武力。祖国完全统一是中华民族最重要的价值准则之一，是大势所趋，人心所向，

是任何人也阻挡不了的。

在这50年里，中国人民特别是过去一直被压在社会最底层的工人、农民彻底翻了身，成了国家和社会的主人，享受到从未有过的政治、经济和文化权利

中国是一个封建专制历史很长的国家，进入半封建半殖民地社会后，人民更遭受到帝国主义、封建地主阶级和官僚资产阶级的沉重压迫。"他们过着饥寒交迫的和毫无政治权利的生活。中国人民的贫困和不自由的程度，是世界所少见的。"① 新中国推翻了压在人民头上的三座大山，实行了工人阶级领导的以工农联盟为基础的人民民主专政的国体和人民代表大会制度的政体，从而为人民当家作主提供了政治上的根本保证。

过去，广大劳动人民所以没有民主权利，根本原因在于生产资料掌握在地主阶级、资产阶级手中。新中国在全国范围内一举废除了长达数千年的封建土地所有制，铲除了封建专制主义在中国的根基；随后又通过合作化，把分得土地的个体农民组织起来，杜绝了土地重新向少数人集中的可能。20世纪70年代末80年代初，农村实行家庭联产承包责任制，使农民的自主权得到了进一步落实。另外，新中国在西藏进行了民主改革，彻底消灭了惨无人道的封建农奴制度。中华人民共和国成立后，人民政府还没收了以蒋宋孔陈四大家族为代表的官僚资产阶级的财产，把它们变为了全民所有的国营企业。同时，在其他私营企业中消除了封建把头制度，建立了工厂管理委员会和职工代表会议，吸收工人参加管理。20世纪50年代中期，我们又把私营工商业逐步改造成了全民所有制和劳动群众的集体所有制。进入20世纪80年代后，根据变化了的形势和生产力的实际状况，我们对所有制结构进行了改革，大力发展三资企业和私营个体经济，但公有制始终占据着主体地位，从而在经济制度上保证了工人阶级作为国家领导阶级的政治地位。

---

① 《毛泽东选集》第二卷，人民出版社1991年版，第631页。

在新中国，只要是年满十八岁的公民，无论男女，都有选举权和被选举权，而且对县级以下人民代表大会的代表实行了直接选举。国家实行的是共产党领导的多党合作和政治协商制度，各民主党派都享有政治自由、组织独立的权利，在各级政协中发挥着参政议政、民主监督的作用，其中许多人士还担任了国家权力机关的领导职务。特别是近二十年来，鉴于"文化大革命"中的惨痛教训，我们进一步加强了民主法制建设。迄今为止，全国人大及其常委会已制定出三百多部法律及有关法律问题的决定，并将"依法治国"写进了宪法。

旧中国妇女社会地位极低。中华人民共和国成立后，颁布的第一部法律便是婚姻法，废除了包办强迫、一夫多妻的婚姻制度，使妇女得到了彻底解放。50年来，妇女同男子一样享有接受教育、劳动就业、担任公职等权利，妇女地位之高是世界各国中少有的。

在这50年里，新中国建立了比较完整的工业体系和国民经济体系，走完了西方发达国家用100年甚至几百年才走完的工业化路程；在一个有着12亿人口、家底薄、资源相对贫乏的大国里，正在实现由温饱向小康的历史性跨越

新中国是在旧中国留下的生产萎缩、物价飞涨、民不聊生的烂摊子和战争废墟的基础上进行建设的。我们仅用了一年多的时间，便制止了恶性通货膨胀，创造了中外经济史上的奇迹；仅用了短短三年时间，便全面恢复了国民经济。旧中国从洋务运动开始起，积累的工业固定资产总值不过130多亿元。但从1953年开始进行的第一个五年计划建设时期，就新增工业固定资产214亿元，超过旧中国积累总和的60%；还使工业产值占工农业总产值的比重由30%上升为43%，重工业产值占工业产值的比重由35.5%上升为45%，大大改变了旧中国工业特别是重工业落后的局面。

我国国内生产总值1952年仅为679亿元，到1998年已达到近8万亿元，扣除价格因素，46年增长了29倍，年均增长7.7%，大大高于同期世界平均增长3%左右的水平，比发达国家同期增长的速度更快。在这46

年里，国内生产总值翻了四番，其中前两番是在1952年到1978年这26年时间内完成的。改革开放后，我国国民经济的发展更加突飞猛进，仅用15年便使国内生产总值又翻了两番，而且社会生产力、综合国力和人民生活连上几个台阶，教育、科技、文化、体育、卫生等社会事业获得了全面发展，对外经济交流迅速扩大，城乡面貌日新月异，过去那种不合理的产业结构发生了深刻变化。目前，中国的经济总量在世界上已占第7位，外汇储备占世界第二位，谷物、肉类、棉花等主要农产品和钢、煤、水泥、化肥、电视机等主要工业品都跃居世界第一位。其中，粮食产量已接近5亿吨，是1949年的近5倍；钢产量超过1亿吨，是1949年的722倍。

中华人民共和国成立后的50年比起中华人民共和国成立前，变化最为显著的恐怕要算人民生活了。在旧中国，80%的人长期处于饥饿和半饥饿状态，而现在尚未解决温饱问题的只剩下生活在自然条件恶劣地区的4200万人口，不到全国人口的4%。过去，从事农业生产的人占社会劳动力的比重长期保持在80%，而现在已降为50%。1949年，城镇居民人均年现金收入不足100元，农村居民人均纯收入不足50元，而现在分别增加到5425元和2162元，扣除物价因素，实际翻了5番多。最可喜的是，长期困扰我们的商品短缺状况基本改变，人们多年期望的买方市场已初步形成。世界银行高级副行长、首席经济学家斯蒂格利茨先生感慨地说："从人类历史讲，中国在经济领域所取得的成就是最为显著的。因为，中国成功地在非常短的时期内使那么多人口脱贫，同时保持着高增长的速度。"

只有中国共产党才能在这么短的时间里，使国家获得完全的独立，使绝大部分领土获得统一，使占人口绝大多数的工人、农民、知识分子获得民主，使中华民族获得初步的繁荣昌盛。这是历史得出的结论

要使中国实现独立、统一、民主、富强，就必须有一个能够团结全国人民并起到核心作用的党。在中国，只有中国共产党才能起到这样的作

用。中国共产党从诞生的那一天起，就为中国的独立、统一、民主和富强而英勇奋斗，并为此付出了最大的牺牲。正因为如此，她从一个开始只有几十人的小党，迅速发展壮大，赢得了广大人民的信任和拥护，赢得了一切爱国力量的同情和支持，最终取得新民主主义革命的胜利。中华人民共和国成立后，她继续坚持全心全意为人民服务的宗旨，与人民群众保持密切联系。正因为如此，它才能在人民群众中享有崇高的威望，拥有巨大的凝聚力；才能紧密团结全国人民，充分发挥他们的聪明才智和积极性、创造性，万众一心地战胜前进道路上的种种困难。诚然，中国共产党执政以后，也犯过错误，出现了某些官僚主义、命令主义、以权谋私、腐化堕落等脱离群众的现象。但这些缺点和错误的存在，并没有改变中国共产党的性质和宗旨，也没有改变党的中央领导集体和绝大多数党组织、广大党员同人民群众的血肉关系。而且，正是中国共产党自己，在犯了错误之后，公开承认和深刻检讨错误，并予以认真地改正。这种情况在其他政党是没有的。

要使中国实现独立、统一、民主、富强，必须有一个能够给中国人民指明正确的前进方向的党。在中国，只有中国共产党才能起到这样的作用。中国共产党是以在中国建立社会主义，最终实现共产主义的社会制度作为自己纲领的。帝国主义列强的入侵虽然促进了中国商品经济的发展，但也阻碍了中国的工业化进程，堵死了中国变成资本主义强国的道路。在这种情况下，要使中国独立、统一、民主、富强，唯一的选择只能是社会主义。在发展中国家里，印度与中国的国情比较接近，由于它选择的是资本主义道路，所以至今仍然只能是有条件的独立，而且封建势力强大，政治纷争不断，经济发展缓慢。印度《金融时报》的社论说：在中国同印度的竞争中，"中国已成为明显的赢家。"我们在建设社会主义的过程中也发生过像"大跃进"，特别是像"文化大革命"那样的严重挫折，但这并不是社会主义制度造成的，不能因此而否定中华人民共和国成立后在各方面取得的成就。邓小平在1980年就说过："一定要充分肯定三十一年来的巨大成绩；缺点、错误要进行严肃的批评，但决不能说得一团漆黑。"[①] 江泽

[①] 《邓小平文选》第二卷，人民出版社1994年版，第365页。

民同志在纪念中华人民共和国成立40周年大会上的讲话中也说：改革开放后的巨大成就，"是贯彻十一届三中全会以来路线、方针、政策的结果，也是前三十年中社会主义革命和建设成果的进一步发展"①。正是由于总结了以往失败的教训，我们党才给人民进一步指明了建设有中国特色的社会主义道路。事实证明，只有社会主义能够救中国，也只有中国特色的社会主义能发展中国。江泽民同志曾经深刻指出："如果今后不坚持社会主义，而是像有人主张的那样退回去走资本主义道路，用劳动人民的血汗去重新培植和养肥一个资产阶级，在我国人口众多、社会生产力水平很低的情况下，只能使大多数人重新陷入极其贫困的状态。这种资本主义，只能是原始的、买办式的资本主义，只能意味着中国各族人民再度沦为外国资本和本国剥削阶级的双重奴隶。"②

要在中国实现独立、统一、民主、富强，就必须有一个能够率领中国人民在前进道路上战胜各种困难的党。在中国，只有中国共产党才能起到这样的作用。在像中国这样一个人口众多、经济文化落后、各地发展极不平衡的东方大国中，要通过社会主义道路实现工业化和现代化，既没有现成方案可以搬用，也没有足够经验可以借鉴，其困难之多之大，可想而知。在这种情况下，如果没有马克思主义这一揭示人类社会发展普遍规律的科学的世界观作为行动指南，如果没有这一科学的世界观与中国社会主义建设具体情况的结合，要战胜各种困难是根本不可能的。中国共产党从成立那天起，就把马克思主义当作自己的指导思想，并且在把马克思主义同中国实际结合的过程中，产生了两次历史性的飞跃和两大理论成果：一个是关于中国革命和建设经验总结的毛泽东思想，一个是作为毛泽东思想最新发展的、建设有中国特色社会主义指导思想的邓小平理论。正是因为有了毛泽东思想，我们党才能够面对中华人民共和国成立初期那种国内国际复杂困难的环境，从理论和实践上完成了在中国这样一个占世界人口近四分之一、经济文化落后的大国中建立社会主义制度的艰难任务，率领人民从新民主主义走上社会主义道路。正是因为有了作为毛泽东思想最新发

---

① 《十三大以来重要文献选编》中，人民出版社1991年版，第614页。
② 同上书，第615页。

展的邓小平理论，我们党才能够在"文化大革命"结束以后的重大历史关头，冲破"两个凡是"的禁锢，在纠正毛泽东晚年所犯错误的同时维护毛泽东思想的历史地位，制定出"一个中心、两个基本点"的社会主义初级阶段的基本路线，率领人民走上了建设有中国特色社会主义的新道路。同样，正是因为有了以江泽民同志为核心的第三代中央领导集体对马克思主义、毛泽东思想、邓小平理论的创造性运用，我们党才能够面对现代化建设新阶段的新形势和新任务，确定了建立社会主义市场经济体制，制定出包括建设有中国特色社会主义政治、经济、文化在内的社会主义初级阶段的基本纲领，提出了诸如正确处理改革、发展、稳定三者关系等一系列重大方针，率领人民把建设有中国特色社会主义事业不断推向前进。

毛泽东在1954年曾经说过："我们要建成一个伟大的社会主义国家，大概经过五十年即十个五年计划，就差不多了，就像个样子了，就同现在大不一样了。现在我们能造什么？能造桌子椅子，能造茶碗茶壶，能种粮食，还能磨成面粉，还能造纸，但是，一辆汽车、一架飞机、一辆坦克、一辆拖拉机都不能造。……就是到五十年后像个样子了，也要和现在一样谦虚。"[①] 当前，我们正处于世纪之交，无论国内还是国际，都面临着大好的机遇，同时也面临着严峻的挑战。我们现在已经能够造汽车、飞机、坦克、拖拉机了，而且还能造很多更为现代化的东西。但正如毛泽东所说的那样，我们仍然要谦虚谨慎，仍然要清醒地看到未来任务的艰巨和复杂。我们要像过去的50年那样，继续埋头苦干，奋发图强，为在21世纪的前50年实现民族的全面振兴，步入中等发达国家的行列，为到中华人民共和国成立100周年时，把中国建成更加富强民主文明的社会主义现代化国家而努力奋斗。

---

① 《毛泽东文集》第六卷，人民出版社1999年版，第329页。

新中国60年的历史是一个光辉的整体*

新中国的60年,是中国由积贫积弱不断走向繁荣富强的60年,是中国历史上最为辉煌的60年。在这60年,根据我们党的路线、方针和任务的变化,可以划分出一些不同时期,其中最为显著的是改革开放前和改革开放后这两个时期。但要看到,这两个时期并不是割裂的,更不是对立的,而是内在统一、不可分割的光辉整体。我们既不能用前一个时期去否定后一个时期,也不能用后一个时期去否定前一个时期。

改革开放前后两个历史时期既有区别也有连续性

改革开放的历史新时期,是由我们党具有重大历史意义的十一届三中全会开启的。这个时期,开辟了中国特色社会主义道路,极大地调动了亿万人民的积极性,使社会主义和马克思主义在中国大地上焕发出勃勃生机,中华民族大踏步赶上了时代前进的潮流。看不到这个时期的鲜明特色,就不可能懂得中国特色社会主义道路究竟"特"在哪里,就会妨碍我们对改革开放伟大意义的认识。反过来,如果看不到这个时期与改革开放前的连续性,也不可能懂得中国特色社会主义道路为什么是社会主义而不是别的什么"主义",就会妨碍我们对新中国60年历史的整体把握。

从党的指导思想上看 改革开放后,纠正了毛泽东的晚年错误,否定了"以阶级斗争为纲"这个不适合于社会主义时期的错误口号,实现了工

---

* 本文曾发表于《中直党建》2009年第8期。

作重点向经济建设的转移，制定了党在社会主义初级阶段"一个中心、两个基本点"的基本路线，先后形成了邓小平理论、"三个代表"重要思想和科学发展观等马克思主义中国化的新成果。但同时，科学评价了毛泽东，把毛泽东的晚年错误与毛泽东思想加以区别，确立毛泽东的历史地位，捍卫和高举毛泽东思想的伟大旗帜；继续把马克思主义作为党的指导思想，把四项基本原则当成党的基本路线中两个基本点中的一个基本点和立国之本。对于改革开放前后我们党在指导思想上的异同之处，邓小平曾作过一个很精辟的说明。他说：有的人"忽略了中国的政策基本上是两个方面，说不变不是一个方面不变，而是两个方面不变。人们忽略的一个方面，就是坚持四项基本原则，坚持社会主义制度，坚持共产党领导。人们只是说中国的开放政策是不是变了，但从来不提社会主义制度是不是变了，这也是不变的嘛！"①

从经济体制上看 改革开放后，打破了公有制和按劳分配一统天下的局面，改变了高度集中的计划经济体制，确立了社会主义市场经济体制；解散了农村人民公社，实行了家庭联产承包责任制；打开了对外开放的大门，并不断拓展开放的广度和深度。但同时，仍然坚持公有制和按劳分配为主体，把全民所有制和集体所有制作为社会主义经济制度的基础，把国有经济作为国民经济中的主导力量和支柱；明确社会主义市场经济是同社会主义基本制度结合在一起的，市场对资源配置的基础性作用要在国家的宏观调控之下来发挥；坚持农村土地集体所有制的性质，既发挥农民家庭经营的积极性，又发挥集体经济的优越性；坚持自力更生的方针，强调走中国特色自主创新道路，不断提高对外开放的安全性。

从政治体制上看 改革开放后，大力加强社会主义民主和法制建设，积极推进政治体制改革，不断改进党的领导，逐步落实对权力的制约、监督和对人权的尊重、保障等原则。但同时，始终坚持共产党在国家事务中总揽全局、协调各方的核心领导作用，坚持政治体制改革的正确方向和党的领导、人民当家作主、依法治国的有机统一，坚持全心全意依靠工人阶级，坚持党对军队的绝对领导，不搞西方的多党制和议会民主、三权

---

① 《邓小平文选》第三卷，人民出版社1993年版，第217页。

分立。

从文化和社会政策上看 改革开放后，摒弃了以往在意识形态工作中"左"的做法，解除了在文艺创作和学术研究中设置的不必要的框框和禁区，积极发展文化、教育、科学事业，深化教育改革和文化管理体制改革，促进人民精神生活和社会生活的多样化，健全基层社会管理体制，推动社会组织建设。但同时，仍然坚持马克思主义在意识形态领域的指导地位，要求共产党员坚定对共产主义远大理想的信仰，引导全体人民树立中国特色社会主义共同理想，把社会主义核心价值体系融入国民教育和精神文明建设的全过程，弘扬爱国主义、集体主义、社会主义思想，抵制各种错误和腐朽思想的影响；坚持社会主义先进文化的前进方向，全面贯彻党的教育方针，培养德智体美全面发展的社会主义建设者和接班人；健全党和政府主导的维护群众权益机制，高度警惕和坚决防范国内外敌对势力各种分裂、渗透、颠覆活动，切实维护国家意识形态安全。

从外交方针上看 改革开放后，随着国际形势的深刻变化，改变了过去关于时代特征的判断，认为和平与发展是当今时代的主题、中国的前途命运日益同世界的前途命运联系在一起，主张建设持久和平、共同繁荣的和谐世界，加强同发达国家的战略对话。但同时，继续实行中华人民共和国成立之初所制定的独立自主的和平外交政策和所倡导的和平共处五项原则，加强同广大发展中国家的团结合作，反对各种形式的霸权主义和强权政治，推动国际秩序朝着更加公正合理的方向发展。

以上说明，改革开放后与改革开放前相比，确实存在着党的路线、方针和任务上的一系列重大变化。但是，这种变化只不过是社会主义的自我完善和发展，政治的基本制度、国家的核心领导力量、意识形态的指导思想、党的宗旨和最终奋斗目标等，都没有变化。这两个时期都统一于科学社会主义的原则之下，都是共产党领导的、人民当家作主的、建设社会主义的历史。

改革开放前的历史对改革开放具有重要意义

改革开放三十年来，我国经济飞速发展，综合国力明显增强，人民生活水平大幅度提高,为世界经济发展和人类文明进步作出了重大贡献。所有这些,都是世人有目共睹的。但这一切的起点,并非1949年旧中国留下的那个满目疮痍的烂摊子,而是1978年新中国在经过29年艰苦奋斗后建立起来的宏伟基业。正如胡锦涛总书记在党的十七大报告中所指出的:"改革开放伟大事业,是在以毛泽东同志为核心的党的第一代中央领导集体创立毛泽东思想、带领全党全国各族人民建立新中国、取得社会主义革命和建设伟大成就以及艰辛探索社会主义建设规律取得宝贵经验的基础上进行的。新民主主义革命的胜利,社会主义基本制度的建立,为当代中国一切发展进步奠定了根本政治前提和制度基础。"[①] 如果没有改革开放前提供的基础,改革开放要取得如此显著的成就是不可想象的。这主要体现在以下几个方面:

提供了根本政治和制度前提 中华人民共和国成立后,取得了民族独立、主权和领土完整,实现了除台、港、澳地区之外的国家统一,铲除了帝国主义、封建势力的统治根基,建立了人民民主专政的政权和人民代表大会制度、中国共产党领导的多党合作和政治协商制度、民族区域自治制度等社会主义基本政治制度,奠定了社会主义全民所有制和集体所有制的经济基础。正是这一切,使中国结束了蒙受屈辱、战乱频仍、四分五裂、民不聊生的黑暗历史,使人民大众翻身做了国家主人,各民族实现了空前大团结,国家走上了社会主义康庄大道。

提供了基本的物质技术条件 中华人民共和国成立后,在一穷二白的基础上建立起了独立的比较完整的工业体系和国民经济体系,一定程度改变了旧中国工业集中于沿海地区的不合理布局,并通过大规模农田水利基本建设,发展农药、化肥、农用机械工业及县办、社办小工业,大幅度改善了农业和农村的生产条件,提高了农作物单位面积产量。同时,大力发展科教事业,使全国高校毕业生超过旧中国36年累积总数的14倍,专业技术人员达到中华人民共和国成立初期同类人员的13倍多。《中共中央关于建国以来党的若干历史问题的决议》(以下简称《决议》)在评价改革

---

① 胡锦涛:《高举中国特色社会主义伟大旗帜,为夺取全面建设小康社会新胜利而奋斗》,《中国共产党第十七次全国代表大会文件汇编》,人民出版社2007年版,第7页。

开放前的历史贡献时指出:"我们现在赖以进行现代化建设的物质技术基础,很大一部分是这个时期建设起来的;全国经济文化建设等方面的骨干力量和他们的工作经验,大部分也是在这个时期培养和积累起来的"①。

提供了思想上的一定保证 胡锦涛同志指出:毛泽东思想"是被实践证明了的关于中国革命和建设的正确的理论原则和经验总结"②。改革开放以来,毛泽东思想中关于实事求是、群众路线,关于要把我国建设成现代化社会主义强国、对人类作出较大贡献,关于不要机械搬用外国经验,关于社会主义时期要严格区分、正确处理两类不同性质矛盾,关于要调动一切积极因素、化消极因素为积极因素,关于百花齐放、百家争鸣、古为今用、洋为中用等思想,都为邓小平理论、"三个代表"重要思想和科学发展观所吸收,发挥着重要指导作用。改革开放前开展过的一系列政治运动存在对形势判断过于严重、做法过于简单粗暴、打击面过宽等问题,但其中关于防止执政党脱离群众、警惕"和平演变"和腐败变质的理念,却至今在党的建设中产生着深远影响。改革开放以来,我们党把过去政治运动中合理的部分作为优良传统加以继承和发扬,开展了连续不断的组织整顿和思想教育活动,对各级干部和党员在长期执政、实行市场经济和对外开放的条件下经受考验,起到了积极作用。

提供了正反两方面的经验 改革开放前,在探索社会主义建设规律的过程中,形成了许多反映国情、符合客观的认识,积累了一系列对于今天改革开放仍然具有重要价值的宝贵经验。同时,我们党也犯过不少错误,积累了很多教训。其中最大的教训,就是错误发动"文化大革命"。但正如邓小平所说:"没有'文化大革命'的教训,就不可能制定十一届三中全会以来的思想、政治、组织路线和一系列政策。……'文化大革命'变成了我们的财富"③。

提供了相对有利的国际环境 中华人民共和国成立后,挫败了外国侵略势力的一系列孤立、封锁、干涉、挑衅行径,积极支持亚非拉民族解放

---

① 《三中全会以来重要文献选编》下,人民出版社1982年版,第804页。
② 《十六大以来重要文献选编》上,中央文献出版社2005年版,第641页。
③ 《邓小平文选》第三卷,人民出版社1993年版,第272页。

和独立运动，发展同中间地带国家的友好关系，先后研制成功"两弹一星"和核潜艇，打破了超级大国的核垄断和核讹诈。面对苏联霸权主义的军事威胁，毛泽东提出关于三个世界划分的理论，实现了中美和解，进而推动了中国同日本、西欧许多国家关系的改善，并在第三世界国家的支持下恢复了在联合国的合法席位，大大增强了我国国际地位，为和平建设争取了时间。邓小平讲得好："毛泽东同志在世的时候，我们也想扩大中外经济技术交流，包括同一些资本主义国家发展经济贸易关系，甚至引进外资、合资经营等等。但是那时候没有条件，人家封锁我们。后来'四人帮'搞得什么都是'崇洋媚外'、'卖国主义'，把我们同世界隔绝了。毛泽东同志关于三个世界划分的战略思想，给我们开辟了道路。"[①]

改革开放是在"文化大革命"已经结束，但"两个凡是"的错误方针又使党和国家工作出现前进中徘徊局面的大背景下，以邓小平为核心的党的第二代中央领导集体作出的政治决断和战略抉择。没有改革开放，新中国的历史显然难以为继。但没有改革开放前那段历史打下的基础，改革开放也是难以起步的。改革开放前，国家各项事业的发展和人民生活面貌的改变远没有改革开放后那么显著，但这绝不表明那段历史对于改革开放无足轻重、可有可无。如同盖楼一样，打地基时不容易让人看出成绩，但楼房盖得快盖得高，反过来说明了地基打得牢。

改革开放前取得的建设成就是那段历史的主流

中华人民共和国成立到改革开放前，我们党在领导人民探索社会主义建设规律的过程中，有过不少失误和错误，有的错误甚至是全局性、长期性的，给党、国家和人民的事业造成过严重损失。我们说新中国60年是光辉的整体，当然不等于说那些错误也是光辉的。但另一方面，我们也必须正确看待那段历史所犯的错误，绝不能因为存在那些错误，就否定那段历史是新中国光辉60年的重要组成部分。

要把那段历史中的错误与取得的成就加以比较 对于改革开放前的历

[①] 《邓小平文选》第二卷，人民出版社1994年版，第127页。

史性成就,党中央在改革开放后的不同时期曾作过许多评价,观点是始终明确和一贯的。例如,1979年邓小平指出:"我们尽管犯过一些错误,但我们还是在三十年间取得了旧中国几百年、几千年所没有取得过的进步。"① 1989年江泽民同志指出:"中华人民共和国成立以来的四十年,是中国历史发生翻天覆地变化的四十年,是经历艰难曲折、战胜种种困难、不断发展进步的四十年,是中华民族扬眉吐气、独立自主、在国际事务中日益发挥重要作用的四十年。"② 2006年胡锦涛总书记指出:"在社会主义革命和建设时期,我们确立了社会主义基本制度,在一穷二白的基础上建立了独立的比较完整的工业体系和国民经济体系,使古老的中国以崭新的姿态屹立在世界的东方。"③ 上述评价如实反映和高度概括了改革开放前历史的基本方面,是我们总体评价那段历史的主要依据。只要把那段历史中的错误,包括"大跃进"和"文化大革命"那种严重错误,同上述基本面放在一起比较,孰重孰轻、什么是主流什么是支流,就会一目了然。

要对那段历史的错误进行具体分析。

改革开放前,有的错误是全局性的、根本性的,也有的错误只是局部性的,居于次要位置。如果不加分析,以偏概全,看到哪件事情中有缺点有错误就予以全盘否定,势必会得出改革开放前的历史是一连串错误集合的结论。例如,中华人民共和国初期,在思想文化领域进行过几场比较大的批判运动,有把思想性、学术性问题简单化、政治化的倾向,有的甚至混淆了敌我、敌友的界限,伤害了不少知识分子的感情。但应当看到,正是那些大张旗鼓地批判,加上与此同时进行的知识分子思想改造运动,使文艺界、学术界、教育界原先存在的封建主义和资产阶级的思想受到强烈冲击和迅速清理,使辩证唯物主义和历史唯物主义、为人民服务和人人平等等无产阶级思想,为大多数旧社会过来的知识分子所接受,很快占领了学校讲坛和各种文化宣传阵地,并且直到今天仍然在意识形态领域居于指导地位。

---

① 《邓小平文选》第二卷,人民出版社1994年版,第167页。
② 《十三大以来重要文献选编》中,人民出版社1991年版,第611页。
③ 《人民日报》2006年7月1日,第1版。

要把那段历史中的错误放在当时的历史条件下来看。

所谓放在当时历史条件下看,就是看那些错误在当时客观条件限制下,是可以避免的还是难以避免的。例如,改革开放前很长时间内,积累率过高,人民生活水平提高不快,农村大部分地区面貌变化不大。这既与当时搞建设急于求成的主观指导思想有关,也与对积累和消费比例的安排缺少经验有关。但基本原因还在于,中华人民共和国成立初期,一方面经济基础极为薄弱,人才、资金、资源极为缺乏;另一方面,面对帝国主义侵略的威胁和人民群众要求迅速改变落后面貌的强烈愿望,需要通过优先发展重工业来加快工业化建设步伐。为此,只能实行集中统一的计划经济体制和统购统销政策,以便最大限度地集中财力、物力、人力,从而不得不暂时抑制人民的消费,限制农民进城,维持适当比例的工农业产品剪刀差。可见,那个时期的消费品生产不足,人民生活提高不快,从根本上说,是为工业化打基础所必须付出的代价。问题在于,后来的"大跃进"、反右倾,特别是"文化大革命"等错误,使生活困难的程度更为加重、时间更为延长罢了。

要把那段历史中的错误与犯错误的时期加以区别。

改革开放前,有些错误持续时间较长,但这并不意味着那个时期只有错误。例如,"文化大革命"长达十年时间,但在那十年里,除了"文化大革命"运动,我们党和人民还做了许多其他有益工作,"我国社会主义制度的根基仍然保存着,社会主义经济建设还在进行,我们的国家仍然保持统一并且在国际上发挥重要影响。""国民经济虽然遭到巨大损失,仍然取得了进展。""在国家动乱的情况下,人民解放军仍然英勇地保卫着祖国的安全。对外工作也打开了新的局面。"[①] 这说明,不能把"文化大革命"与"文化大革命"时期简单画等号,不能因为要彻底否定"文化大革命",就否定"文化大革命"时期各项建设事业取得的重大成就,更不能因此而否定那一时期我们党和国家、社会的性质。

要把那段历史中好心办坏事与个人专断、个人专断与专制制度加以区别。

[①] 《三中全会以来重要文献选编》下,人民出版社1982年版,第815—816页。

在可以避免的错误中，有属于急于求成的，也有缘于个人专断的。对急于求成的毛病，邓小平曾分析道："我们都是搞革命的，搞革命的人最容易犯急性病。我们的用心是好的，想早一点进入共产主义。这往往使我们不能冷静地分析主客观方面的情况，从而违反客观世界发展的规律。中国过去就是犯了性急的错误。"① 对个人专断，《历史决议》指出，其根源在于骄傲，脱离实际和群众；社会原因是党内民主和国家政治生活中的民主缺少制度化、法律化，权力过分集中于个人；历史原因是长期封建社会造成的封建专制主义思想的影响。但必须看到，受封建专制主义思想影响与封建专制制度本身，毕竟是性质完全不同的两码事。因为存在个人或少数人专断的现象，就妄言改革开放前是什么封建专制主义社会，完全是对历史的歪曲。

新中国即将走过自己的60年。这个时候回顾历史，认识新中国60年的整体性，具有特别重要的意义。对自己民族和国家历史的认知，从来是一个民族、一个国家主流文化和核心价值体系的重要组成部分，是这个民族、这个国家的重要精神支柱之一。各个阶级各种政治力量，无论是为了维护一个政权还是为了推翻一个政权，都无不高度重视对历史特别是对国家史解释的话语权。古人说过："灭人之国，必先去其史。"毛泽东也说过："历史上不管中国外国，凡是不应该否定一切的而否定一切，凡是这么做了的，结果统统毁灭了他们自己。"② 历史告诉我们，只有社会主义才能救中国，只有改革开放才能发展中国、发展社会主义、发展马克思主义。我们要实现中华民族的伟大复兴，就要重视和加强马克思主义指导下的中华人民共和国史的研究和宣传，抵制各种歪曲新中国历史的错误思潮和观点，努力巩固全党全国各族人民团结奋斗的共同思想基础，坚定不移地沿着中国特色社会主义道路奋勇前进。

---

① 《邓小平文选》第三卷，人民出版社1993年版，第139—140页。
② 毛泽东：《1959年2月2日在省、市、自治区党委书记会议上的讲话》，《党的文献》2007年第5期。

从改革开放前后两个时期的相互关系上
认识中国特色社会主义道路的内涵[*]

坚定不移地高举中国特色社会主义伟大旗帜,是党的十七大报告的灵魂,也是十七大的主题。高举中国特色社会主义伟大旗帜,最根本的是要坚持中国特色社会主义道路和中国特色社会主义理论体系。那么,什么是中国特色社会主义道路呢？十七大报告是这样概括的:"中国特色社会主义道路,就是在中国共产党领导下,立足基本国情,以经济建设为中心,坚持四项基本原则,坚持改革开放,解放和发展社会生产力,巩固和完善社会主义制度,建设社会主义市场经济、社会主义民主政治、社会主义先进文化、社会主义和谐社会,建设富强民主文明和谐的社会主义现代化国家。"① 对于这个概括,可以从理论上认识,也可以从历史上认识。从历史上认识,最重要的就是要弄清楚改革开放前后两个时期的社会性质及其相互关系。

十七大报告在阐述改革开放历史进程时,讲了三个"永远铭记",大意是：改革开放的伟大事业是在以毛泽东为核心的党的第一代中央领导集体创立毛泽东思想,带领全党全国各族人民建立新中国,取得社会主义革命和建设伟大成就以及艰辛探索社会主义建设规律取得宝贵经验的基础上进行的；是在以邓小平、江泽民为核心的党的第二代、第三代中央领导集

---

* 这是作者在2007年11月北京市经济技术开发区县处级以上干部学习党的十七大报告所作的辅导报告基础上修改成的文章,曾发表于《当代中国史研究》2008年第1期,后被中国人民大学复印报刊资料《社会主义论丛》2008年第5期转载,收入本书时略有修改。

① 《中国共产党第十七次全国代表大会文件汇编》,人民出版社2007年版,第11页。

体带领全党全国各族人民开创、继承、发展并成功推向21世纪的。这一论述站在历史的高度，运用历史唯物主义的基本观点，科学分析了改革开放与三代党中央领导集体之间的关系，为我们正确认识改革开放前后两个时期的历史及其相互关系，从而准确把握中国特色社会主义道路的内涵，提供了十分重要的指导思想。

中华人民共和国成立至今已58年，如果以1978年底召开的党的十一届三中全会作为改革开放开始的标志，这58年刚好可以分为前后两个29年。对于这两个时期的历史，1981年党的十一届六中全会通过的《关于建国以来党的若干历史问题的决议》（以下简称《决议》），以及此后历次党代表大会的报告，都有充分、明确的结论。但一段时间以来，学术界、理论界，乃至社会上和境内外各种媒体，对这两个时期的历史评价问题议论颇多，分歧不少。其中有的属于学术上的不同观点、思想上的不同认识，有的则反映了政治立场上的尖锐对立。少数人用夸大事实、以偏概全、偷换背景、任意编造等手法，或把改革开放前的29年描写成一连串错误的集合，攻击其为专制主义的历史；或把改革开放后的29年解释成脱离科学社会主义的原则，歪曲其为民主社会主义或社会民主主义的历史；或把改革开放前后两个时期都污蔑为"人权灾难"的历史，一概予以否定；或把改革开放前后两个时期的历史加以割裂和对立，用后29年否定前29年。因此，要正确认识中国特色社会主义道路的内涵，在当前尤其需要根据十七大报告的精神，着重从历史上来考察这两个29年的性质及其相互关系。而要这样做，关键在于弄清楚以下三个问题。

一　如何看待改革开放前29年的失误和错误

从中华人民共和国成立到1978年实行改革开放前，以毛泽东为核心的党的第一代中央领导集体在探索社会主义建设规律的过程中有过不少失误和错误，有的错误甚至是全局性、长时期的，给党、国家和人民造成了严重挫折和损失。对这些失误和错误，我们不应忽视，更不应掩盖，否则不能从中吸取教训；但同时必须客观、全面而不是孤立、片面地看待它们，否则同样不可能正确总结经验，相反还会一叶障目，把改革开放前的历史看得一无是处、一团漆黑，导致对那段历史和社会主义制度的否定。

怎样才能客观、全面地看待改革开放前的种种失误和错误呢？要做到这一点，我认为必须树立以下四个观点。

1. 要把失误和错误与那段历史所取得的成就放在一起比较，分清主流与支流

对于改革开放之前29年的历史性成就，党中央在改革开放后的不同时期，作过一系列评价，观点是明确的和始终一贯的。

例如，邓小平同志在1979年理论务虚会上的讲话中指出："社会主义革命已经使我国大大缩短了同发达资本主义国家在经济发展方面的差距。我们尽管犯过一些错误，但我们还是在三十年间取得了旧中国几百年、几千年所没有取得过的进步。我们的经济建设曾经有过较快的发展速度"[1]。

1981年党中央通过的《决议》指出："中国共产党在中华人民共和国成立以后的历史，总的说来，是我们党在马克思列宁主义、毛泽东思想指导下，领导全国各族人民进行社会主义革命和社会主义建设并取得巨大成就的历史。社会主义制度的建立，是我国历史上最深刻最伟大的社会变革，是我国今后一切进步和发展的基础。""三十二年来我们取得的成就还是主要的，忽视或否认我们的成就，忽视或否认取得这些成就的成功经验，同样是严重的错误。"[2]

1989年江泽民同志在庆祝中华人民共和国成立40周年大会上的讲话中指出："中华人民共和国成立以来的四十年，是中国历史发生翻天覆地变化的四十年，是经历艰难曲折、战胜种种困难、不断发展进步的四十年，是中华民族扬眉吐气、独立自主、在国际事务中日益发挥重要作用的四十年。"[3]

2006年胡锦涛总书记在庆祝建党85周年暨党员先进性教育总结大会上的讲话中指出：我们党领导中国人民经过新民主主义革命时期28年的艰苦斗争，建立了人民当家作主的新中国。"在社会主义革命和建设时期，我们

---

[1] 《邓小平文选》第二卷，人民出版社1994年版，第167页。
[2] 《三中全会以来重要文献选编》下，人民出版社1982年版，第794、798页。
[3] 《十三大以来重要文献选编》中，人民出版社1991年版，第611页。

确立了社会主义基本制度，在一穷二白的基础上建立了独立的比较完整的工业体系和国民经济体系，使古老的中国以崭新的姿态屹立在世界的东方。"①

上述评价如实反映和高度概括了改革开放前 29 年的主要成就，我们只要把那 29 年的失误、错误，包括"大跃进"和"文化大革命"那种严重错误同这些历史性成就放在一起比较，孰重孰轻、什么是主流什么是支流就会一目了然。

2. 要对失误和错误进行具体分析，不能因为某些历史事件中有失误、错误，就全盘否定那些事件

首先，要分析失误和错误是普遍的、全局的现象，还是个别的、局部的现象。

比如，在前 29 年发动过的一系列政治运动中，有的错误是带有普遍性、全局性的。像"大跃进"的高指标、瞎指挥、浮夸风、"共产风"，"文化大革命"的"打倒一切、全面内战"等等，都属于这种性质的错误。对这类运动，就要基本否定或彻底否定。但有些运动，错误只是个别的、局部的现象。像新解放区土改运动和"三反""五反"运动，虽然也存在侵犯中农利益、冲击富农经济、对地主体罚的现象，存在打"老虎"凑人数、对"五毒"界限不清等扩大化的现象，但这些并非普遍存在，而且一经发现便及时纠正。因此，这类运动从总体上看是健康的，对社会进步、经济发展、政权稳固都起到了至关重要的积极作用，必须充分肯定或基本肯定。如果不这样看问题，而是看到哪个运动中有缺点有错误就予以全盘否定，甚至攻其一点，不及其余，势必会得出改革开放之前 29 年的历史是一连串错误集合的结论。

再比如，中华人民共和国成立初期，我们在思想文化领域进行的几场比较大的批判运动中，存在把思想性、学术性问题简单化、政治化的倾向，有的甚至混淆了敌我、敌友的界限，这显然是十分错误的。但也应当看到，正是那些大张旗鼓地批判，加上与此同时进行的知识分子思想改造运动，使文艺界、学术界、教育界存在的封建主义的和资产阶级唯心主义、民主个人主义、自由主义的思想受到了强烈冲击和迅速清理，使辩证

---

① 《人民日报》2006 年 7 月 1 日。

唯物主义、历史唯物主义、为人民服务和人人平等等无产阶级思想很快为大多数旧社会过来的知识分子所接受,使封建主义和资产阶级思想很快从学校讲坛和报刊、出版物、舞台中被驱逐出去,使马克思主义迅速占据了意识形态领域的指导地位,使我们国家的上层建筑得以在较短时间内实现了同社会主义经济基础的协调一致,适应了当时社会主义改造和社会主义建设的需要。如果不加具体分析,而是像列宁批评的那样,"在倒洗澡水时把孩子也倒掉",把那几场批判运动中犯的错误连同其中合理的正确的成分一概否定,那就难以解释,为什么过去在革命根据地、解放区占主导地位的马克思主义,能在短短几年内成为全国特别是城市中的主流意识形态。只要看看今天非马克思主义、反马克思主义思潮涌动的状况,就不难想象当年要做到这一点是多么不容易。

其次,要把犯错误和犯错误的时期加以区别,不能因为某个时期犯了错误,就把那个时期的工作统统否定。

比如,"文化大革命"是我们党在中华人民共和国后犯的最为严重的错误。但"文化大革命"是一个持续了十年的运动,在那十年里,我们党除了开展"文化大革命"运动,还做了许多其他工作。《决议》说:在"文化大革命"期间,"我们党没有被摧毁并且还能维持统一,国务院和人民解放军还能进行许多必要的工作"。"第四届全国人民代表大会还能召开并且确定了以周恩来、邓小平同志为领导核心的国务院人选"。"党、人民政权、人民军队和整个社会的性质都没有改变。""我国社会主义制度的根基仍然保存着,社会主义经济建设还在进行,我们的国家仍然保持统一并且在国际上发挥重要影响。""国民经济虽然遭到巨大损失,仍然取得了进展。粮食生产保持了比较稳定的增长。工业交通、基本建设和科学技术方面取得了一批重要成就,其中包括一些新铁路和南京长江大桥的建成,一些技术先进的大型企业的投产,氢弹试验和人造卫星发射回收的成功,籼型杂交水稻的育成和推广,等等。在国家动乱的情况下,人民解放军仍然英勇地保卫着祖国的安全。对外工作也打开了新的局面。当然,这一切决不是'文化大革命'的成果,如果没有'文化大革命',我们的事业会取得大得多的成就。"① 这

---

① 《三中全会以来重要文献选编》下,人民出版社1982年版,第815—817页。

些论述反映了客观实际，说明不能把"文化大革命"与"文化大革命"时期简单画等号，不能因为要彻底否定"文化大革命"，就否定"文化大革命"时期党和政府所做的必要工作和建设事业所取得的重大成就，更不能因此而否定那一时期党和国家、社会的原有性质。

3. 要把失误和错误放在当时特定的历史条件下分析，把在当时可以避免的和由于客观条件限制难以避免的错误区分开来

所谓客观条件限制有两种。一种是实践不够，缺少经验。比如，我国历史上是农业国，近代以来有的一点工业也十分落后，而且主要集中在沿海；商品经济很不发达，广大农村还是半自给的自然经济。究竟如何进行大规模工业化建设，如何搞商品经济，不仅基层干部和广大群众缺少经验，党的高级干部经验也不多，都需要有一个探索的过程。改革开放前，我们在处理农、轻、重，国家、集体、个人，计划与市场等等关系问题上，走了不少弯路，大多数源于这种情况。

另一种限制是物质不够，缺少条件。比如，改革开放前，我们在很长时间内积累率过高，对消费品生产的资金、原材料安排不足，给人民生活造成许多困难；尤其是对农业、农民索取过多，给予过少，造成农村大部分地区面貌长期变化不大。这有我们对积累与消费比重安排不当，对农业与农民照顾不够的一面，也有受到当时物质条件限制的一面。中华人民共和国成立后，我们要尽快增强国力、巩固国防、不再受帝国主义欺侮，只有通过优先发展重工业的办法尽快实现工业化。而重工业建设需要进行大规模基本建设，需要进口设备、增加城市人口，需要农林牧副渔业为工业和城市人口提供大量原材料和商品粮。这就要求实行集中统一的计划经济，以便把全国有限的财力、物力，最大限度地用于钢铁、机械、煤炭、电力、铁路等基本建设，从而不得不对粮食、棉花、油料作物、木材等主要农副产品实行统购统销，不得不暂时抑制人民的消费，不得不相对牺牲一些农民的利益。

凡事有利必有弊。毛泽东在1953年中央人民政府委员会会议上讲："我们施仁政的重点应当放在建设重工业上。要建设，就要资金。所以，人民的生活虽然要改善，但一时又不能改善很多。"[①] 周恩来在1954年一

[①] 《毛泽东著作专题摘编》上，中央文献出版社2003年版，第988—989页。

届全国人大一次会议上也讲："重工业需要的资金比较多，建设时间比较长，赢利比较慢，产品大部分不能直接供给人民的消费，因此在国家集中力量发展重工业的期间，虽然轻工业和农业也将有相应的发展，人民还是不能不暂时忍受生活上的某些困难和不便。但是我们究竟是忍受某些暂时的困难和不便，换取长远的繁荣幸福好呢，还是贪图眼前的小利，结果永远不能摆脱落后和贫困好呢？我们相信，大家一定会认为第一个主意好，第二个主意不好。"① 陈云在1950年党的七届三中全会上发言说："中国是个农业国，工业化的投资不能不从农业上打主意。搞工业要投资，必须拿出一批资金来，不从农业打主意，这批资金转不过来。"② 可见，改革开放前人民生活提高不快，除了有工作安排不当的原因外，确实有为工业化建设付出必要代价的原因。只不过后来的"大跃进"、反右倾，特别是"文化大革命"运动，加重了困难的程度，延长了困难的时间罢了。

列宁指出："在分析任何一个社会问题时，马克思主义理论的绝对要求，就是要把问题提到一定的历史范围之内。"③ 我们今天看待改革开放前那段历史，同样要放到当时的条件下。否则，既不可能弄清历史真相，更不可能找出历史的经验和教训。

4. 要分析造成失误和错误的主观原因，同时也要把好心办坏事与个人专断、个人专断与专制制度加以区别

我们党在改革开放前29年出现的失误和错误，有客观原因，也有主观原因；在主观原因中，除了经验不足等难以避免的因素外，也有思想方法、工作方法、工作作风不够端正等可以避免的问题；在可以避免的问题中，有个人专断性质的，也有急于求成性质的。对这些都应具体分析，不能一说主观原因，就都看成是个人专断问题，更不能混淆个人专断与专制制度的本质区别。

毛泽东以及当年中央和地方许多领导同志犯错误，普遍与急于求成有关。急于求成当然是不对的，因为它夸大了主观意志的作用，忽视了客观

---

① 《周恩来选集》下，人民出版社1984年版，第133—134页。
② 《陈云文选》第二卷，人民出版社1995年版，第97页。
③ 《列宁选集》第二卷，人民出版社1995年版，第375页。

规律和可能性，但它的动机往往是好的，是希望建设的步伐再快些，用的时间再短些。邓小平曾说过："我们都是搞革命的，搞革命的人最容易犯急性病。我们的用心是好的，想早一点进入共产主义。这往往使我们不能冷静地分析主客观方面的情况，从而违反客观世界发展的规律。中国过去就是犯了性急的错误。"[①] 另外应看到，急于求成的毛病往往也与人民群众要求尽快改变落后状况的急迫心情有关，是上下互动的结果。否则，当年为什么一下子就能搞起"大跃进"运动呢？

然而，个人专断的问题就不同了。正如《决议》所指出的，这种问题的根源在于骄傲，在于脱离实际和脱离群众；其表现是把个人凌驾于组织之上，后果是使党和国家政治生活中的集体领导原则和民主集中制原则受到削弱以至破坏；其社会原因是党内民主和国家政治生活的民主缺少制度化、法律化，党的权力过分集中于个人；其历史原因是长期封建社会造成的封建专制主义思想的影响。但是，受封建专制主义思想的影响与封建专制制度毕竟是本质完全不同的两码事。前者是思想作风问题，而后者是社会性质问题。众所周知，在中国近代历史上，是中国共产党而不是别的什么政治力量，领导人民进行了长期艰苦卓绝的、最坚决彻底的反封建斗争，并且取得了推翻帝国主义、封建主义和官僚资本主义统治的最后胜利，使中国由半殖民地半封建社会进入到社会主义社会，使中国人民由被奴役被侮辱的地位翻身做了国家的主人。因此，社会主义制度从本质上讲是与个人专断之类封建专制主义思想的表现相互对立、格格不入的。正因为如此，我们党才能在社会主义制度下提出并着手纠正这种现象。也正因为如此，我们党在指出这一问题时，并没有把它仅仅归咎于某个人或某些人，着重于追究他们个人的责任，而是注重于总结经验，弄清错误的历史原因、社会原因和体制原因，使全党从中得到深刻教训，并在党和国家的领导制度、干部制度等政治体制上进行改革，以免后人重犯类似错误。

《决议》在分析毛泽东在"文化大革命"中的错误时，一方面指出他负有主要责任，指出这一错误与个人专断作风、与封建专制主义思想影响的关系；另一方面也指出，毛泽东的错误"终究是一个伟大的无产阶级革

[①] 《邓小平文选》第三卷，人民出版社1993年版，第139—140页。

命家所犯的错误",个人专断、党和国家政治生活中的集体领导原则和民主集中制不断受到削弱以至破坏的现象,"是逐渐形成的,党中央对此也应负一定的责任",这种现象"是一定历史条件的产物,如果仅仅归咎于某个人或若干人,就不能使全党得到深刻教训,并找出切实有效的改革步骤"①。这充分体现了我们党在处理历史问题时,不过多追究个人责任而着重汲取教训的一贯态度。在十七大报告中,胡锦涛同志讲到严格执行民主集中制时强调,要"健全集体领导与个人分工负责相结合的制度,反对和防止个人或少数人专断"。这再次说明,封建专制主义思想影响是有深厚历史根源的,不会只在某个人或若干人身上起作用,也不会仅在短时间内就被清除干净。所以,不能因为存在个人或少数人专断的现象,就妄言我们的制度是什么封建专制主义的。二十多年的实践证明,我们党在20世纪80年代初对个人专断问题所做的分析完全正确,是经得起历史检验的。

二 如何看待改革开放前的29年对改革开放的意义

我们要正确认识改革开放前29年的历史,除了要正确看待改革开放前的失误和错误外,还有必要弄清楚这段历史对于改革开放有没有意义,有什么意义。十七大报告指出:"改革开放和社会主义现代化建设,是新中国成立以后我国社会主义建设伟大事业的继承和发展"②。我们只有弄清楚了改革开放前29年对于改革开放的意义,才能切实明白中国特色社会主义道路与改革开放前社会主义建设事业之间这种继承、发展与被继承、被发展的关系,才能使我们更全面地认识改革开放前29年在当代中国历史上的积极作用。

改革开放前29年的历史对改革开放的意义,大体可以归纳为以下五点。

1. 为改革开放提供了政治前提

我国自鸦片战争后,逐渐沦为半殖民地半封建社会。一切有爱国心的

---

① 《三中全会以来重要文献选编》下,人民出版社1982年版,第815、819页。
② 《中国共产党第十七次全国代表大会文件汇编》,人民出版社2007年版,第54页。

仁人志士曾想尽各种办法，但都未能解决问题。是中国共产党领导人民通过新民主主义革命，推翻了帝国主义、封建主义和官僚资本主义这三座大山，没收了它们的财产，建立了人民民主专政的政权，实现了除台、港、澳之外的国家统一，取得了民族独立、主权和领土完整；铲除了帝国主义、封建势力的社会基础，巩固了新生政权；取得了抗美援朝等一系列自卫战争的胜利，提高了中国的国际威望，消除了外国侵略的威胁；实行了各民族一律平等的政策，实现了中华民族的空前大团结；进行了对农业、手工业和资本主义工商业的社会主义改造，奠定了社会主义的经济基础，使中国从此步入社会主义社会。尤其是在经济极端困难的情况下，研制并成功爆炸了原子弹和氢弹，发射并回收了人造卫星，打破了超级大国的核垄断和核讹诈，使中国不失时机地进入国际"核俱乐部"；在国际局势极端复杂的情况下，打开了中美关系的僵局，恢复了中国在联合国的合法席位，使中国取得了举足轻重的国际地位。所有这些，都使改革开放得以在政权稳固、社会安定、国际环境相对有利的条件下展开。没有这个前提，中国特色社会主义道路就会成为无源之水、无本之木，改革开放就不可能启动，更不可能那么顺利地进行。

2. 为改革开放奠定了制度基础

中华人民共和国成立后，我们建立了从政治到经济、从中央到地方的一整套制度，其中最为重要的是以人民代表大会制度、中国共产党领导的多党合作和政治协商制度、民族区域自治制度为核心的社会主义基本政治制度，以及以生产资料全民所有和集体所有为基础的基本经济制度。尽管历史新时期在一些具体的政治制度上有过不少改革，包括多次进行机构改革，并对人民代表大会制度、中国共产党领导的多党合作和政治协商制度、民族区域自治制度不断进行充实和完善，但上述基本政治制度经过实践的反复检验，证明完全适合中国国情，因而至今仍在坚持。基本经济制度虽然根据生产力发展水平有较大改变，但仍然是以公有制和按劳分配的制度为主体，国有经济仍然控制着国民经济的主要领域和关键部门，在经济中起着主导作用。正是这些制度，为我们进行改革开放和社会主义民主政治建设、市场经济建设提供了稳定的政治环境、有力的组织保障和广阔的活动平台。

3. 为改革开放奠定了物质技术基础

改革开放前29年实行的计划经济体制，在改革开放中虽然已被改为社会主义市场经济体制，但那个时期通过没收官僚买办资产阶级的资产、改造资本主义工商业和连续五个五年计划的建设而积累起来的全民所有制和集体所有制的巨大财富，却在历史新时期发挥了重要作用；那个时期建立的经济计划体系，也为计划经济向社会主义市场经济体制的平稳过渡，提供了必要的工作机构和干部队伍，为市场经济条件下的宏观调控提供了必要的经验。

经过29年的奋斗，我们在"一穷二白"的基础上，改变了旧中国工业集中于沿海地区的不合理布局，建立了独立的比较完整的工业体系和国民经济体系，发展了农药、化肥等支农工业和县办、社办工业，进行了大规模农田和水利基本建设，改善了农业生产条件，提高了农业生产能力。所有这些，都为改革开放后制造业和高科技产业的迅猛发展、粮食总产量的大幅度提高、乡镇企业的"异军突起"、人民生活由温饱不足到总体小康，以及经济总量跃居世界前列等人间奇迹，提供了雄厚的物质基础。

旧中国人口80%是文盲，儿童入学率仅为20%，在1912—1948年的36年里，国内高等学校毕业生只有18.5万人，其中工科毕业生只有3万人。中华人民共和国成立时，全国科技人员不到5万人，高级科研人员不足1000人；地质队伍仅800名职工，技术人员只有200人。经过29年的努力，高校毕业生累计295万人，中专毕业生累计520万人。到1966年，科研机构已达1600个，其中科技人员434.5万人。地质队伍在1957年已增至28万人，其中技术人员4万人；到20世纪80年代初更增至110万人，其中技术人员15万人，是中华人民共和国成立之初的700多倍。这些都为改革开放后的经济、科技大发展，准备了必要的人才条件。

正因为如此，《关于建国以来党的若干历史问题的决议》在评价改革开放前，特别是"文化大革命"前在经济技术方面的贡献时指出："我们现在赖以进行现代化建设的物质技术基础，很大一部分是这个时期建设起来的；全国经济文化建设等方面的骨干力量和他们的工作经验，大部分也是在这个时期培养和积累起来的。"①

4. 为改革开放提供了一定的思想保证

党的十七大报告科学总结了我们党在改革开放时期的全部理论创新成果，并把它们概括为中国特色社会主义理论体系，其中包括邓小平理论、"三个代表"重要思想以及科学发展观等重大战略思想。报告指出，在当代中国，要真正坚持马克思主义，就必须用中国特色社会主义理论体系武装全党、教育人民。但这并不意味着我们党在改革开放前探索社会主义建设道路过程中所形成的那些符合客观规律的思想，对改革开放就没有指导和保证的作用了。

首先，如党的十七大报告所指出的，中国特色社会主义理论体系是坚持和发展马克思列宁主义、毛泽东思想的产物，是几代中国共产党人带领人民不懈探索实践的智慧和心血的凝结，是同马克思列宁主义、毛泽东思想既一脉相承又与时俱进的科学理论。因此，毛泽东思想依然是我们党的指导思想的重要组成部分。邓小平曾讲过："有些同志说，我们只拥护'正确的毛泽东思想'，而不拥护'错误的毛泽东思想'。这种说法也是错误的。我们坚持的和要当作行动指南的是马列主义、毛泽东思想的基本原理，或者说是由这些基本原理构成的科学体系。至于个别的论断，那末，无论马克思、列宁和毛泽东同志，都不免有这样那样的失误。但是这些都不属于马列主义、毛泽东思想的基本原理所构成的科学体系。"② 事实告诉我们，毛泽东思想中关于实事求是、群众路线、独立自主自力更生的思想，关于全心全意为人民服务的思想，关于要把我国建设成现代化社会主义强国、对人类做出较大贡献的思想，关于不要机械搬用外国经验的思想，关于社会主义时期仍然存在矛盾和要严格区分正确处理两类不同性质矛盾的思想，关于要调动一切积极因素、化消极因素为积极因素的思想，关于思想政治工作是经济工作和其他一切工作生命线的思想，关于百花齐放、百家争鸣、古为今用、洋为中用的思想，等等，不仅没有过时，而且在改革开放的各项工作中发挥了和继续发挥着重要的指导作用。

---

① 《三中全会以来重要文献选编》下，人民出版社1982年版，第804页。
② 《邓小平文选》第二卷，人民出版社1994年版，第171页。

其次，改革开放前党内开展过的一系列政治运动，无论是正确的还是错误的、成功的还是不成功的，基本上贯穿着一个主题，就是防止党脱离人民群众、腐败变质，防止国家改变颜色、政权得而复失。虽然那些运动有时往往搞得过火，伤人过多，但这个主题却深入人心。改革开放以来，我们党尽管换了一茬又一茬干部，尽管也出了不少腐败分子，但时至今日，大多数人的思想中都还有这根弦，不能不说与这些运动的影响有很大关系。邓小平反复提醒：如果我们党不严重注意惩治和预防腐败问题，"不坚决刹住这股风，那末，我们的党和国家确实要发生会不会'改变面貌'的问题"①。"不惩治腐败，特别是党内的高层的腐败现象，确实有失败的危险"②。江泽民也反复强调："不解决好反腐倡廉的问题，改革发展稳定就没有坚强的政治保证，党和政府就会严重脱离群众，就有亡党亡国的危险。"③ 胡锦涛在党的十七大报告中再次告诫，"坚决惩治和有效预防腐败，关系人心向背和党的生死存亡"；"全党同志特别是领导干部都要讲党性、重品行、作表率"。改革开放以来，我们党虽然不再重复过去那种运动式的整风了，但在二十多年里仍然进行了1980年整党、1990年党员重新登记、1999年"三讲"教育、2004年"党员先进性教育"等多次整风教育活动。这些反复的提醒、告诫和不断的整风，在其他曾经执政过的共产党中是很少见的。而这恰恰是我们党在改革开放、市场经济、长期执政的环境下，能够经受各种考验而岿然不动的一个重要原因。

5. 为改革开放提供了正反两方面经验

我们党在改革开放前29年积累的经验中，有正面的也有反面的。但无论哪种经验，都是我们的宝贵财富，都对改革开放起了借鉴作用。说正面经验对改革开放有意义比较好理解，说反面经验也有意义是什么原因呢？对此，邓小平当年在评论"文化大革命"的教训时讲得很清楚。他说："没有'文化大革命'的教训，就不可能制定十一届三中全会以来的思想、政治、组织路线和一系列政策。三中全会确定将工作重点由以阶级

---

① 《邓小平文选》第二卷，人民出版社1994年版，第403页。
② 《邓小平文选》第三卷，人民出版社1993年版，第313页。
③ 《江泽民文选》第三卷，人民出版社2006年版，第175页。

斗争为纲转到以发展生产力、建设四个现代化为中心，受到了全党和全国人民的拥护。为什么呢？就是因为有'文化大革命'作比较，'文化大革命'变成了我们的财富。"① 可见，我们之所以能实行改革开放的政策，之所以能在改革开放中走出一条中国特色社会主义道路，与改革开放前正反两方面的经验都是分不开的。

有了改革开放前29年打下的基础，又有了改革开放的正确决策和一系列路线、方针、政策，新的历史时期才会使亿万人民的积极性得到极大调动，使中华大地焕发出勃勃生机，使中华民族大踏步赶上时代前进的潮流、迎来伟大复兴的光明前景。与改革开放相比，前29年的建设成就和人民生活变化远没有那么显著，但这并不表明前29年没有成绩，或成绩不重要。如同盖楼一样，打地基时的成绩，不容易看出来，但楼房盖得快盖得高，反过来说明地基打得牢。从这个意义上可以说，改革开放前29年的成就，客观上为实行改革开放政策做了充分的准备。

三 如何看待改革开放前后两个29年的不同之处和相同之处

马克思讲过："要了解一个限定的历史时期，必须跳出它的局限，把它与其他历史时期相比较。"② 我们要认识改革开放时期的社会主义性质，同样需要把它与改革开放前的历史放在一起进行比较。因为只有这样，才能看出它们的不同之处和相同之处，从而认识中国特色社会主义道路的内涵。怎样比较呢？我认为主要应当从以下五个方面看。

1. 从党的指导思想上看

改革开放前，党的指导思想存在"左"的偏差，对社会主义时期的长期性缺乏足够认识，并把阶级斗争当成整个社会主义时期的主要矛盾。尤其是到了"文化大革命"期间，更把坚持无产阶级与资产阶级两个阶级、

---

① 《邓小平文选》第三卷，人民出版社1993年版，第272页。
② 马克思：《十八世纪外交史内幕》，《马克思恩格斯全集》第44卷，人民出版社1982年版，第287页。

社会主义与资本主义两条道路的斗争,当成社会主义历史阶段的基本路线。粉碎"四人帮"后的一段时间里,虽然宣布了"文化大革命"的结束,却又提出"两个凡是"的方针。另外,改革开放之前,虽然也提出过必须把马列主义普遍真理同中国社会主义建设的具体实际结合起来、把党的工作重心放到经济建设上,把社会主义时期分为不发达和发达两个阶段等等正确思想,但认识的深度、贯彻的力度、坚持的韧度,都远不如改革开放时期。

改革开放后,我们党虽然指出并纠正了毛泽东的晚年错误,恢复了党的实事求是的马克思主义的思想路线、政治路线、组织路线,确立了党在社会主义初级阶段"一个中心、两个基本点"的基本路线,又先后形成邓小平理论、"三个代表"重要思想以及科学发展观等重大战略思想,强调用发展着的马克思主义指导客观世界和主观世界的改造;但同时也科学地评价了毛泽东,把毛泽东的晚年错误与毛泽东思想加以区别,确立毛泽东和毛泽东思想的历史地位,始终捍卫和高举毛泽东思想的伟大旗帜。

改革开放后,我们党虽然彻底否定了"以阶级斗争为纲"的错误理论,认为在社会主义时期里阶级斗争已经不是主要矛盾,但仍然坚持马克思主义关于阶级和阶级斗争的理论,认为在社会主义现阶段,"由于国内的因素和国际的影响,阶级斗争还在一定范围内长期存在,在某种条件下还有可能激化"[1];虽然把经济建设和改革开放作为社会主义初级阶段的中心任务和总政策,看作兴国之要和强国之路,但仍然坚持四项基本原则,并把它看作立国之本,是我们党、我们国家生存发展的政治基石。在十七大报告中,胡锦涛同志反复强调坚持四项基本原则,明确指出要"把以经济建设为中心同四项基本原则、改革开放这两个基本点统一于发展中国特色社会主义的伟大实践,任何时候都决不动摇";要求广大党员、干部"做共产主义远大理想和中国特色社会主义共同理想的坚定信仰者";强调"高度警惕和坚决防范各种分裂、渗透、颠覆活动,切实维护国家安全"[2]。

---

[1] 《中国共产党第十七次全国代表大会文件汇编》,人民出版社2007年版,第60页。
[2] 同上书,第16、49、40页。

对于改革开放前后我们党在指导思想方面的这一相同之处，邓小平曾在会见香港特别行政区基本法起草委员会委员时做过一个说明。他说：有的人"忽略了中国的政策基本上是两个方面，说不变不是一个方面不变，而是两个方面不变。人们忽略的一个方面，就是坚持四项基本原则，坚持社会主义制度，坚持共产党领导。人们只是说中国的开放政策是不是变了，但从来不提社会主义制度是不是变了，这也是不变的嘛！"[1]

2. 从经济制度、体制、发展战略和对外联系上看

改革开放前，全民所有制和集体所有制在经济部门占90%以上，除公私合营企业的资本家拿定息、居民储蓄存款有很少利息外，工矿企业一律按八级工资制拿工资，农村则根据出工情况拿工分，收入差距不大，"铁饭碗"、"大锅饭"现象普遍存在。改革开放后，打破了公有制和按劳分配一统天下的局面，实行公有制为主体，个体、私营、中外合资、国外独资等多种所有制共同发展、各种所有制平等竞争，并把公司制、股份制作为国有企业改革的主要形式；实行按劳分配为主体，资本、技术、管理等生产要素按贡献大小参与分配的多种分配方式并存的制度，允许和鼓励一部分地区和一部分人先富起来。但与此同时，仍然坚持公有制和按劳分配为主体。经过多次修正后，《宪法》第六条仍然规定："社会主义经济制度的基础是生产资料的社会主义公有制，即全民所有制和劳动群众集体所有制"；第七条仍然规定："国营经济是社会主义全民所有制经济，是国民经济中的主导力量。国家保障国营经济的巩固和发展。"[2] 党的十六大报告也指出："发展壮大国有企业，国有经济控制国民经济命脉，对于发挥社会主义制度的优越性，增强我国的经济实力、国防实力和民族凝聚力，具有关键性作用。"[3] 十七大报告进一步指出："增强国有经济活力、控制力、影响力"，"完善各类国有资产管理体制和制度"，"发展多种形式的集体经济、合作经济。"[4]

改革开放后，先实行了一段计划经济与市场调节相结合的体制，从党

---

[1] 《邓小平文选》第三卷，人民出版社1993年版，第217页。
[2] 《十二大以来重要文献选编》上，人民出版社1986年版，第220—221页。
[3] 《十六大以来重要文献选编》上，人民出版社2004年版，第19页。
[4] 《中国共产党第十七次全国代表大会文件汇编》，人民出版社2007年版，第25页。

的十四大起，改为实行社会主义市场经济体制。但从一开始，党中央就明确指出，这种市场经济与资本主义国家的市场经济是不同的，是同社会主义基本制度结合在一起的，国家计划是宏观调控的主要依据。邓小平指出："社会主义市场经济优越性在哪里？就在四个坚持。"① 江泽民同志指出："我们搞的社会主义市场经济，'社会主义'这几个字是不能没有的，这并非多余，并非画蛇添足，而恰恰相反，这是画龙点睛。"要"把市场经济和计划经济的长处有机结合起来，充分发挥各自的优势作用"。② 胡锦涛同志在十七大报告中强调："要形成有利科学发展的宏观调控体系"，"发挥国家发展规划、计划、产业政策在宏观调控中的作用。"③

改革开放前，农村先是经过土改单干到办互助组、生产资料入股的初级社，又到生产资料集体所有的高级合作社，之后在"大跃进"高潮中更实行了政社合一的人民公社体制，核算单位以生产队为基础，采用集中管理、集体劳动、统一分配的方式。改革开放后，解散了人民公社，恢复了乡镇政权建制，在村一级实行家庭承包经营制。但这种经营制并没有改变土地的集体所有制，不同于农业合作化以前的小私有经济；并没有否定合作化以来集体经济的优越性，而是有统有分、统分结合，既发挥集体经济的优越性，又发挥农民家庭经营的积极性。邓小平1992年曾说过："农业的改革和发展会有两个飞跃，第一个飞跃是废除人民公社，实行家庭联产承包为主的责任制，第二个飞跃就是发展集体经济。社会主义经济以公有制为主体，农业也一样，最终要以公有制为主体。"④ 十七大报告强调，要"探索集体经济有效实现形式，发展农民专业合作组织，支持农业产业化经营和龙头企业发展"⑤。

改革开放前，先是实行优先发展重工业的快速工业化战略，后来又提出"四个现代化"战略目标。改革开放后，在坚持"四个现代化"目标的基础上，先后提出和实施了"三步走"战略、优先发展高新技术产业和

---

① 《邓小平年谱（1975—1997）》下，中央文献出版社2004年版，第1363页。
② 江泽民：《论社会主义市场经济》，中央文献出版社2006年版，第203、6页。
③ 《中国共产党第十七次全国代表大会文件汇编》，人民出版社2007年版，第21、26页。
④ 《邓小平年谱（1975—1997）》下，中央文献出版社2004年版，第1349页。
⑤ 《中国共产党第十七次全国代表大会文件汇编》，人民出版社2007年版，第23页。

提高第三产业比重的战略、西部大开发战略、以信息化带动工业化的新型工业化战略、可持续发展战略等等。但同时始终没有放弃工业化战略目标，并把基本实现工业化作为本世纪头 20 年经济建设和改革的主要任务之一。十七大报告重申，"坚持走中国特色新型工业化道路"，并指出到 2020 年全面建设小康社会目标实现之时，我国"将成为工业化基本实现、综合国力显著增强、国内市场总体规模位居世界前列的国家"①。

改革开放前，除中华人民共和国成立初期接受苏联和东欧社会主义国家经济援助外，基本处于封闭和半封闭状态。这一方面是由于西方对我国实行经济封锁和禁运的结果，另一方面与改革开放前 29 年后期"左"的思潮泛滥有关。改革开放后，从引进设备、技术到引进资金，从办经济技术开发区到办经济特区，从沿海开放到沿江、沿边开放，从扩大开放的领域到优化开放结构、提高开放质量，从多边贸易到加入世贸组织，从"引进来"到"走出去"，逐步实现了全方位整体开放，并不断拓展开放的广度和深度。但同时仍然坚持自力更生的方针，把着眼点放在发展壮大自己力量的基点上。十七大报告强调，"坚持走中国特色自主创新道路，把增强自主创新能力贯彻到现代化建设各个方面"；要"发挥利用外资在推动自主创新、产业升级、区域协调发展等方面的积极作用"，"注重防范国际经济风险"②。

3. 从政治体制上看

改革开放前，实行的是党的一元化领导，一切权力集中于党委，党委权力又往往集中于几个书记，特别是第一书记。除《婚姻法》等少数几部法律外，基本无法可依。特别是在"文化大革命"时期，《宪法》规定的很多公民权利得不到保障。改革开放后，不断扩大人民民主，加强法制建设，改进党的领导，实行法律面前人人平等的原则和依法治国的方略，深化政治体制改革，发展社会主义政治文明，推进民主政治的制度化、规范化、程序化，并不断完善基层民主制度，切实保障公民的民主权利。但同时强调深化政治体制改革必须坚持正确的政治方向，绝不照搬西方政治制

---

① 《中国共产党第十七次全国代表大会文件汇编》，人民出版社 2007 年版，第 20 页。
② 同上书，第 21、27 页。

度的模式。十七大报告在论述要坚持中国特色社会主义民主政治发展道路时重申，必须"坚持党的领导、人民当家作主、依法治国的有机统一"，坚持"党总揽全局、协调各方的领导核心作用";① 在论述发展基层民主时强调，基层群众自治机制要在基层党组织的领导之下，要全心全意依靠工人阶级，要支持职工参与管理。

4. 从文化和社会事业上看

改革开放前，受"左"的思想影响，文艺创作和学术研究领域设有许多不必要的框框和禁区；加之物质条件所限，人们的衣食住行、业余文化生活和社会组织形式等等都比较简单。尤其"文化大革命"中，教育事业受到摧残，文艺舞台更是萧条。改革开放后，贯彻落实了"二为"方向和"双百"方针，文艺、学术空前繁荣，精神生活极其丰富，社会组织形式深刻变化，人们思想活动、社会活动的独立性、选择性、多变性、差异性都明显增强。近年来，随着社会经济成分、组织形式、就业方式、利益关系和分配方式不断多样化，与境外经济文化交往不断扩大和深化，信息传播技术和传播渠道不断发展，党中央又进一步提出在意识形态工作中要尊重差异、包容多样。但与此同时，马克思主义仍然是我们党的指导思想，仍然在国家的意识形态领域居于指导地位。十七大报告在提出建设社会主义核心价值体系时指出："要巩固马克思主义指导地位，坚持不懈地用马克思主义中国化最新成果武装全党、教育人民，用中国特色社会主义共同理想凝聚力量，用以爱国主义为核心的民族精神和以改革创新为核心的时代精神鼓舞斗志，用社会主义荣辱观引领风尚"；在指出"尊重差异、包容多样"时强调："要有力抵制各种错误和腐朽思想的影响。"② 报告还要求在文化工作中要坚持为人民服务、为社会主义服务的方向，贴近实际、贴近生活、贴近群众，始终把社会效益放在首位。

5. 从国际关系上看

改革开放前，我们党根据当时的国际形势，认为时代的主要特征是战争与革命的问题，不是战争引起革命，就是革命制止战争，并且相应地提

---

① 《中国共产党第十七次全国代表大会文件汇编》，人民出版社2007年版，第27、28页。
② 同上书，第33页。

出要立足于早打、大打、打核战争。在国家关系上，我国先是与苏联结盟；中苏关系破裂后，又进行了反对美苏两霸的斗争。改革开放以来，随着国际形势的变化，我们党认为时代的主题已经变为和平与发展，并在中美关系已经缓和的基础上进一步建立了两国外交关系，以后又恢复了同苏联关系的正常化，加强了同发达国家的战略对话及同周边国家的睦邻友好和务实合作，积极参与多边事务，开展全方位外交，推动国际秩序朝着公正合理的方向发展。所有这些不仅没有改变中华人民共和国成立之初就奉行的独立自主的和平外交政策和倡导的和平共处五项原则，相反，是这一政策和原则在新形势下的展开和运用。十七大报告重申，要"奉行独立自主的和平外交政策，维护国家主权、安全、发展利益"，"坚持在和平共处五项原则的基础上同所有国家发展友好合作。"[1]

改革开放作为一场新的伟大革命，不可能一帆风顺、一蹴而就。在改革开放给我国带来巨大进步的同时，也带来了这样或那样一些前进中的矛盾和问题。例如，经济增长中付出的资源环境代价过大，城乡、区域、经济社会发展不够平衡，就业、社会保障、医疗、教育、住房、安全生产、社会治安等方面关系群众切身利益的问题比较突出，收入分配差距过大，社会风气问题较多，消极腐败现象严重，等等。针对这些问题，以胡锦涛同志为总书记的党中央自党的十六大以来，提出并贯彻以人为本、全面协调可持续发展的科学发展观，推动社会主义的经济建设、政治建设、文化建设和社会建设四位一体、协调发展，并相应部署构建社会主义和谐社会的任务，要求在分配领域把公平放在更加突出的位置，着力解决人民最关心、最直接、最现实的利益问题，推进社会主义新农村建设，强调教育和公共医疗卫生的公益性质，加快完善社会保障体系，加强党的执政能力建设，实施马克思主义理论研究和建设工程，建设社会主义核心价值体系，开展保持共产党员先进性教育活动，等等。尤其是在分配原则上，改变了过去很长时间一直坚持的"效率优先、兼顾公平"，"初次分配注重效率，再分配注重公平"等提法，提出要把公平放在更加突出的位置。十七大报告进一步提出，"初次分配和再分配都要处理好效率和公平的关系，再分

---

[1] 《中国共产党第十七次全国代表大会文件汇编》，人民出版社2007年版，第46、47页。

配更加注重公平";"提高劳动报酬在初次分配中的比重","着力提高低收入者收入","逐步扭转收入分配差距扩大趋势"①。从而深化和完善了对效率与公平关系的认识。所有这一切,都把改革开放推向了一个新的历史起点,使中国特色社会主义中的社会主义原则得到了更加鲜明的体现。

以上列举了改革开放前后一些明显的不同之处和相同之处。正是这些不同之处,凸显出改革开放后29年的特点和它相对于改革开放前29年的重大发展。看不到这些不同之处,或者有意无意地混淆它们的区别,就不可能看清楚中国特色社会主义道路究竟"特"在哪里,就会妨碍我们对这条道路的正确认识和准确把握。而看不到二者的相同之处,或者有意无意地抹杀它们的共性,就不可能看到改革开放前后的连续性,不可能懂得中国特色社会主义道路为什么是"社会主义"而不是别的什么主义的,同样会妨碍我们对这条道路的正确认识和准确把握。当然,由于改革开放前后所处的国内国际环境差别很大,即使是二者的相同之处,也会有这样那样的一些不同。但无论怎样,正是这些相同之处,把改革开放前后两个历史时期有机地联系在了一起。

党的十七大报告在阐述改革开放的目的时强调,改革开放"就是要推动我国社会主义制度自我完善和发展,赋予社会主义新的生机活力";在总结改革开放的历史经验时指出,改革开放中,我们党把坚持马克思主义基本原理同推进马克思主义中国化结合起来,把坚持四项基本原则同坚持改革开放结合起来,把坚持社会主义基本制度同发展市场经济结合起来,把坚持独立自主同参与经济全球化结合起来,把推进中国特色社会主义伟大事业同推进党的建设新的伟大工程结合起来;在回答中国特色社会主义道路之所以完全正确、之所以能够引领中国发展进步的问题时说:"关键在于我们既坚持了科学社会主义的基本原则,又根据我国实际和时代特征赋予其鲜明的中国特色。"② 这些论述都再清楚不过地说明,改革开放前后两个历史时期的区别并不在于对科学社会主义的基本原则是否坚持上,而在于如何坚持上。这两个阶段实行的都是社会主义制度,都是中国共产党

---

① 《中国共产党第十七次全国代表大会文件汇编》,人民出版社2007年版,第37—38页。
② 同上书,第7、11页。

领导的人民当家作主的社会主义社会，都内在地统一于对科学社会主义基本原则的坚持和对社会主义社会的建设，因而都是区别于近代中国历史的现代中国或当代中国的历史。那些把改革开放前说成是专制主义，把改革开放后说成是民主社会主义或社会民主主义，或者把改革开放前后两个时期说成是两种不同性质的社会和时代的观点，都是毫无根据和极其荒谬的。

从以上三个问题的分析中，我们可以看出，改革开放前后两个时期虽然有很大区别，但二者并不是相互割裂，更不是相互对立的，而是相互统一的；前一个时期是后一个时期的基础，没有前一个时期的建设和探索，就不可能有后一个时期对中国特色社会主义的开创和全面发展；后一个时期是对前一个时期的继承、扬弃和完善，没有后一个时期的改革和开放，前一个时期也难以为继。明白了这层关系，也就会明白为什么中国特色社会主义道路是在中国共产党领导下、立足本国国情、坚持"一个中心、两个基本点"的基本路线的道路，是解放和发展生产力、巩固和完善社会主义制度的道路，是建设富强民主文明和谐的社会主义现代化国家的道路；就能真正理解，"在当代中国，坚持中国特色社会主义道路，就是真正坚持社会主义"① 这句话的深刻含义，就能更加坚定沿着中国特色社会主义道路不断前进的决心和信心。

一个民族忘记自己的历史不行，歪曲丑化贬损自己的历史更不行。对历史的解释和认识，特别是对国家历史的解释和认识，从来都是意识形态的组成部分，也是意识形态领域斗争的重要内容。各个阶级各种政治力量，无论是为维护一个政权还是为推翻一个政权，都高度重视对国家历史的解释和认识。古人早就说过："灭人之国，必先去其史。"② 毛泽东也讲过："历史上不管中国外国，凡是不应该否定一切而否定一切，凡是这么做了的，结果统统毁灭了他们自己。"③ 这些道理已为古今中外许多事实所验证，其中最新的例子是苏联由于否定社会主义的历史而导致共产党下

---

① 《中国共产党第十七次全国代表大会文件汇编》，人民出版社2007年版，第11页。
② 龚自珍：《古史钩沉论二》，引自《龚自珍全集》，中华书局1959年版，第21页。
③ 毛泽东：《1959年2月2日在省、市、自治区党委书记会议上的讲话》，引自《党的文献》2007年第5期。

台、国家解体。我们要牢牢记取这一教训，绝不能割断和糟蹋自己的历史，重蹈苏联亡党亡国的覆辙。我们更要永远铭记党的三代中央领导集体带领全国各族人民共同奋斗而建立的丰功伟绩，倍加珍惜他们历经艰辛而最终开创出的中国特色社会主义道路，在以胡锦涛同志为总书记的党中央领导下，继续沿着这条道路不断开拓前进，夺取中华民族伟大复兴事业的新胜利。

新中国两个 30 年与中国特色
社会主义道路[*]

全世界都在热议的"中国道路""中国模式""北京共识"这些概念，人们至今没有一个统一的认识。但是，既然议论的是中国道路，起码它应当是符合中国实际情况的道路。如果这个前提成立，那么我们早已给它起了一个名字，即中国特色社会主义道路。

什么是中国特色社会主义道路？回答这个问题，首先要从提出这一命题的中共中央的有关论述中寻找答案，其次要从这条道路形成的实践过程寻找答案。在中共十七大报告中，胡锦涛总书记对什么是中国特色社会主义道路曾下过一个定义。他说："中国特色社会主义道路，就是在中国共产党领导下，立足基本国情，以经济建设为中心，坚持四项基本原则，坚持改革开放，解放和发展社会生产力，巩固和完善社会主义制度，建设社会主义市场经济、社会主义民主政治、社会主义先进文化、社会主义和谐社会，建设富强民主文明和谐的社会主义现代化国家。"[①] 只要循着这个定义来考察中国特色社会主义道路的形成过程，就会看到促成这一道路形成的，不仅有改革开放后的历史，而且有改革开放前的历史。

在新中国迄今为止的 60 年里，改革开放前后两个历史时期刚好大体各占 30 年。因此，要准确地理解"中国道路"，不仅要从理论上弄清楚中国特色社会主义道路的内涵，而且要从实践上弄清楚改革开放前后的两个 30 年及其相互关系。只有正确认识这两个 30 年及其相互关系，才能深刻

---

[*] 本文曾发表于《当代中国史研究》2009 年第 5 期。
[①] 《中国共产党第十七次全国代表大会文件汇编》，人民出版社 2007 年版，第 11 页。

理解这条道路。反之，只有正确理解这条道路，才能全面认识这两个30年及其相互关系。

一　前30年为中国特色社会主义道路的开辟提供了现实可能

中国特色社会主义道路是在中共十一届三中全会以后开辟的。正是这条道路，使中国经济飞速发展、综合国力明显增强、人民生活大幅度提高，使中国人民的面貌、社会主义中国的面貌、中国共产党的面貌发生了历史性变化，使中华民族大踏步赶上了时代前进的潮流、为世界经济发展和人类文明进步做出了重大贡献。但这一切的起点并不是1949年前的那个半殖民地半封建的旧中国，而是1949年后走上社会主义道路的新中国；并不是旧中国留下的那个满目疮痍的烂摊子，而是新中国经过近30年艰苦奋斗而建立起来的宏伟基业。正如胡锦涛总书记在中共十七大报告中所指出的："改革开放伟大事业，是在以毛泽东同志为核心的党的第一代中央领导集体创立毛泽东思想，带领全党全国各族人民建立新中国、取得社会主义革命和建设伟大成就以及艰辛探索社会主义建设规律取得宝贵经验的基础上进行的。"[①]

首先，在新中国的头30年，我国取得了民族独立、主权和领土完整，实现了大陆的统一和各民族的团结，铲除了帝国主义、封建势力统治的根基，确立了以工人阶级领导、以工农联盟为基础的人民民主专政的国体，建立了人民代表大会制度、中国共产党领导的多党合作和政治协商制度、民族区域自治制度等基本政治制度，进行了对农业、手工业、资本主义工商业的社会主义改造，完成了新民主主义革命向社会主义革命的转变，奠定了社会主义公有制的经济基础，使中国从此结束了蒙受屈辱、战乱频发、四分五裂、民不聊生的黑暗历史。如果没有新中国头30年提供的根本政治前提，要开辟中国特色社会主义道路是不可想象的。

其次，在新中国的头30年，我国通过连续四个半五年计划的建设，

[①] 《中国共产党第十七次全国代表大会文件汇编》，人民出版社2007年版，第7页。

初步建立起了独立的比较完整的工业体系和国民经济体系，一定程度改变了旧中国工业集中于沿海地区的不合理布局，并通过大规模农田水利基本建设和发展化肥、农药、农用机械等工业，大大改善了农业生产条件。1949年，我国人民经过28年浴血奋斗，从帝国主义、官僚买办资产阶级手中没收的固定资产仅为112.4亿元。而到了1978年，我国新增固定资产达6440亿元，是那时的57.3倍。1949年至1978年，我国工农业总产值年均递增8.2%，即使按国民生产总值（GDP）统计，据有的统计学家计算，年均增幅也达7.32%，不仅高于同期发达国家，也高于所有发展中国家。其中，钢、煤、石油、水泥、发电量、机床的产量，分别是旧中国最高年产量的34.4倍、10倍、325倍、29倍、42.8倍、33.9倍；汽车、拖拉机、飞机制造和电子、石油化工等工业部门，更是从无到有；粮食、棉花产量分别比1949年增长1.7倍和3.9倍；粮食平均亩产由137斤提高到337斤，增长1.46倍。高校毕业生累计超过旧中国36年总数的14倍，全国专业技术人员是中华人民共和国成立初期同类人员总数的13.2倍。中共中央《关于建国以来党的若干历史问题的决议》（以下简称《决议》）指出："我们现在赖以进行现代化建设的物质技术基础，很大一部分是这个时期建设起来的；全国经济文化建设等方面的骨干力量和他们的工作经验，大部分也是在这个时期培养和积累起来的。"① 如果没有新中国头30年提供的雄厚物质技术基础，要开辟中国特色社会主义道路是不可想象的。

再次，在新中国的头30年，我们起初加入维护世界和平的社会主义阵营，首创和平共处五项原则，支持亚非拉民族解放和独立运动，发展同中间地带国家的友好关系，在极其困难的情况下打赢了抗美援朝等自卫战争，争取到了苏联等社会主义国家对我国"一五"计划建设的支援，挫败了外国侵略势力对我孤立、封锁、干涉和挑衅的行径，研制成功了"两弹一星"和核潜艇，开展了旨在加强战略后方的大小"三线"建设（大"三线"是就全国而言，小"三线"是就各省而言——笔者按），从而大大提高了中国的国际地位，打破了超级大国的核垄断和核讹诈，增强了国

---

① 《三中全会以来重要文献选编》下，人民出版社1982年版，第804页。

防力量，为进行和平建设赢得了宝贵时间。后来，面对新霸权主义的军事威胁，毛泽东又及时提出关于三个世界划分的理论，实现了中美和解，推动了我国同日本和西欧许多国家关系的改善，开展了从西方大规模引进成套先进设备和技术的工作，并在第三世界国家支持下恢复了我国在联合国的合法席位。邓小平讲过："毛泽东同志在世的时候，我们也想扩大中外经济技术交流，包括同一些资本主义国家发展经济贸易关系，甚至引进外资、合资经营等等。但是那时候没有条件，人家封锁我们。后来'四人帮'搞得什么都是'崇洋媚外'、'卖国主义'，把我们同世界隔绝了。毛泽东同志关于三个世界划分的战略思想，给我们开辟了道路。"[①] 如果没有新中国头30年提供的有利国际条件，要开辟中国特色社会主义道路是不可想象的。

再次，在新中国的头30年，我们进行了适合中国自己情况的社会主义建设道路的探索，并积累了丰富的经验。其中既包括进行社会主义建设的方针，也包括加强执政党建设的方针。例如：要全心全意为人民服务；要独立自主，自力更生；要把中国建设成现代化社会主义强国，对人类作出较大贡献；要走中国自己的道路，不要机械搬用外国经验；要正确处理两类不同性质的矛盾，调动一切积极因素；要以农业为基础、工业为主导，工农业同时并举；要统筹兼顾，适当安排，综合平衡，按比例发展；要发挥中央和地方两个积极性；要在文化建设上实行"双百"方针；要在党的建设上坚持"两个务必"，警惕"糖衣炮弹"的进攻，防止执政党脱离人民群众，等等。这些正确方针进一步丰富了新民主主义革命时期形成的毛泽东思想，并且被以邓小平、江泽民为核心的中共第二代、第三代中央领导集体和以胡锦涛为总书记的中共中央所继承所发展，成为中国特色社会主义理论体系的重要组成部分，在改革开放新时期继续发挥着指导作用。另外，我们党还继承了在执政条件下加强自身建设的优良传统，扬弃其中"左"的弊病，并结合新时期的新特点，连续不断地进行党的组织整顿和思想教育活动，对于广大党员和各级干部在长期执政、实行市场经济和对外开放条件下经受各种风浪考验，起到了重要的思想保障作用。在新

---

① 《邓小平文选》第二卷，人民出版社1994年版，第127页。

中国头30年探索中，我们也有很多不成功乃至失败的教训，其中最大的教训莫过于错误发动"文化大革命"。但邓小平说过："没有'文化大革命'的教训，就不可能制定十一届三中全会以来的思想、政治、组织路线和一系列政策……'文化大革命'变成了我们的财富。"① 可见，如果没有新中国头30年提供的正反两方面的经验教训，要开辟中国特色社会主义道路也是不可想象的。

新中国头30年发生的失误和错误，给我们国家造成过不同程度的损失，有的损失甚至是巨大的。我们说新中国60年是光辉的整体，当然不等于说那些错误也是光辉的。但另一方面，绝不能因为那30年有错误，就否定那段历史是新中国光辉60年的重要组成部分。否则，新中国60年的历史就会被肢解，就无法解释改革开放前30年为什么会取得那么多辉煌的成就。邓小平指出："我们尽管犯过一些错误，但我们还是在三十年间取得了旧中国几百年、几千年所没有取得过的进步。"② 江泽民指出："中华人民共和国成立以来的四十年，是中国历史发生翻天覆地变化的四十年，是经历艰难曲折、战胜种种困难、不断发展进步的四十年，是中华民族扬眉吐气、独立自主、在国际事务中日益发挥重要作用的四十年。"③ 胡锦涛总书记指出："在社会主义革命和建设时期，我们确立了社会主义基本制度，在一穷二白的基础上建立了独立的比较完整的工业体系和国民经济体系，使古老的中国以崭新的姿态屹立在世界的东方。"④ 他们的论述高度概括了改革开放前的基本方面，是我们全面评价那段历史的主要依据。只要把那段历史中的错误，包括"大跃进"和"文化大革命"那种严重错误，同上述基本面放在一起比较，什么是主流什么是支流，就会看得很清楚。

分析历史问题的绝对要求，是把问题放到一定的历史条件下。我们看新中国头30年的问题，也只有放在当时的条件下，才能分清哪些做法是失误，哪些做法是今天不再适宜而当时却是必须的；哪些失误是可以避免

---

① 《邓小平文选》第三卷，人民出版社1993年版，第272页。
② 《邓小平文选》第二卷，人民出版社1994年版，第167页。
③ 《十三大以来重要文献选编》中，人民出版社1991年版，第611页。
④ 《人民日报》2006年7月1日，第1版。

的，哪些失误是当时难以避免的。例如，头30年人民生活水平虽然比起旧中国有明显提高，但相对后30年提高不快，农村大部分地区面貌变化也不够大。这与当时搞建设急于求成的主观指导思想有关，也与在积累与消费的比例安排上缺少经验有关。但其基本原因在于，中华人民共和国成立初期，我们面对帝国主义侵略的威胁和国家一穷二白的面貌，为着较快建立现代化的工业、农业、科学技术和国防，抓住苏联答应全面援助我"一五"计划建设的历史机遇，选择了优先发展重工业的战略，从而相应实行了集中统一的计划经济体制和农产品统购统销政策，把有限的财力、物力和人力最大限度地集中用于工业化建设。这就决定了不得不暂时抑制人民的消费和限制农民自由进城，不得不维持适当比例的工农业产品剪刀差，从而一定程度地影响了消费品的生产供应和人民生活特别是农民生活水平的提高。正因为如此，我们才有可能在一个人口众多的落后农业国里，用较短时间初步建成了独立完整的工业体系和国民经济体系，拥有了以"两弹一星"为代表的现代科技水平和现代国防力量，为后来的发展奠定了坚实的物质基础。所以，那时人民生活的某些困难，从根本上说是为工业化打基础而必须付出的代价，是前人为国家长远发展而做出的宝贵牺牲。至于"大跃进"、反右倾，特别是"文化大革命"的错误，只不过是使生活困难的程度更为加重、时间更为延长罢了。当我们对改革开放前后两个30年人民生活水平加以对比时，一方面应当实事求是地总结前30年工作中的教训；另一方面，应当抱着对前人为后人节衣缩食、艰苦奋斗的崇敬和感激之情，而不应当轻薄为文、讽刺挖苦。

分析新中国头30年的错误，还应当把犯错误与犯错误的时期加以区别。例如，"文化大革命"长达十年时间，但在那十年里，除了搞"文化大革命"运动，社会主义经济建设还在进行。《决议》中说：那个时期，"我们党没有被摧毁并且还能维持统一，国务院和人民解放军还能进行许多必要的工作"，"我国社会主义制度的根基仍然保存着"，"党、人民政权、人民军队和整个社会的性质都没有改变"。"我国国民经济虽然遭到巨大损失，仍然取得了进展。粮食生产保持了比较稳定的增长。工业交通、基本建设和科学技术方面取得了一批重要成就，其中包括一些新铁路和南京长江大桥的建成，一些技术先进的大型企业的投产，氢弹试验和人造卫星发射回收的成功,籼型杂交水稻的育成和推广,等等。在国家动乱的情况下,人民解放军仍然英勇地保卫着祖国的安全。对外工作也打开了新的局面。当然,这一切决不是'文化大革命'的成果,如果没有'文化大革命',我们的事业会取得大得多的成就"[1]。因此,简单地把"文化大革命"与"文化大革命"时期画等号,因为要彻底否定"文化大革命"而否定"文化大革命"时期党和人民所做的必要工作和建设事业所取得的重大成就,都是不可取的;因为"文化大革命"时期我们党犯了严重错误而否认那一时期我们党的工人阶级先锋队性质和我们国家的社会主义性质,更是对客观实际的一种曲解。

分析新中国头30年的错误,还要把好心办坏事与个人专断、个人专断与专制制度加以区别。例如,毛泽东发动"文化大革命",出发点是解决党和国家肌体中存在的阴暗面,巩固人民民主专政。但他采取的理论和方法、依靠的力量和打击的对象,都严重混淆了是非和敌我。发生这样的错误,与他个人专断的作风有关,个人专断又与长期封建社会造成的封建专制主义思想影响有关。但个人专断作风、专制主义影响与封建专制制度本身,毕竟是性质完全不同的两码事。胡锦涛总书记在中共十七大报告中要求"反对和防止个人或少数人专断"[2],我们能因此就说今天仍然是封建专制主义社会吗?因为存在个人或少数人专断的现象而妄言改革开放前30年是什么封建专制主义,混淆了工作作风与社会性质的区别,是对那段历史的肆意歪曲。

总之,新中国头30年虽然犯了不少错误,但取得的成绩还是第一位的;犯错误的原因虽然有思想方法和工作作风上的问题,但主要的还是受客观物质基础薄弱和经验不足的限制。我们过去批判过"四人帮"从"左"的方面对新中国头17年的否定,今天同样要抵制从右的方面对新中国头30年的否定。因为,否定了那30年,就无法解释中国特色社会主义道路的来源,中国特色社会主义道路中的科学社会主义灵魂就会被抽去。新中国头30年各项事业的发展和人民生活水平的提高,远没有改革开放

---

[1] 《三中全会以来重要文献选编》下,人民出版社1982年版,第816—817页。
[2] 《中国共产党第十七次全国代表大会文件汇编》,人民出版社2007年版,第50页。

后那么显著，但这绝不表明那段历史对于后 30 年无足轻重，可有可无。看不到前 30 年为后 30 年奠定的牢固基础，就难以弄明白，当今世界上有那么多发展中国家实行市场经济和与国际经济接轨，为什么唯独中国特色社会主义道路会产生如此神奇的发展速度，取得如此举世瞩目的辉煌成就，显示如此强大的生命力和影响力。

二 后 30 年使中国特色社会主义道路得以开辟和不断发展

改革开放后的 30 年，我们党通过总结前 30 年的经验教训，分析我国现阶段生产力状况和世界科学技术的新发展，以及国际关系的新特点，制定了在社会主义初级阶段的基本路线，在党的基本理论、政治体制、经济体制、意识形态工作、国际战略等等一系列重大问题上，实现了对前 30 年的巨大超越。如果看不到这种超越，就看不清后 30 年的中国特色社会主义道路与前 30 年的社会主义建设道路的区别究竟在哪里，就会妨碍对改革开放决策正确性、必要性的认识。

改革开放前 30 年的很长一段时间内，我们把阶级斗争作为社会主义社会的主要矛盾，提出"以阶级斗争为纲"的口号和"无产阶级专政下继续革命"的理论。粉碎"四人帮"后，虽然结束了"文化大革命"，但又提出"两个凡是"的方针（凡是毛主席作出的决策，都要坚决维护；凡是毛主席的指示，都要始终不渝地遵循），继续维持上述不适合于社会主义社会的口号和理论。改革开放后，我们党恢复了解放思想、实事求是的思想路线，批判了"两个凡是"的错误方针，纠正了毛泽东的晚年错误，强调现阶段我国社会的主要矛盾是人民日益增长的物质文化需要同落后的社会生产之间的矛盾，实现了党的工作中心的转移，先后形成了邓小平理论、"三个代表"重要思想和科学发展观等马克思主义中国化的最新成果。所有这些，都是后 30 年对前 30 年在党的基本理论上的超越。

改革开放前的 30 年，我们党和国家领导制度中一度存在权力过分集中、党政职能不分、机构层次过多、领导职务终身制等现象；对法制建设不重视，除少数几部法律外，基本上无法可依；民主缺少制度化、程序化，家长制、一言堂作风严重。邓小平在谈到这些问题时曾指出：过去，"在加强党的一元化领导的口号下，不适当地、不加分析地把一切权力集中于党委，党委的权力又往往集中于几个书记，特别是集中于第一书记，什么事都要第一书记挂帅、拍板。党的一元化领导，往往因此而变成了个人领导。全国各级都不同程度地存在这个问题"①。改革开放后，我们党严格执行民主集中制，建立干部离退休制度，健全党和国家的领导体制，实行党政职能适当分开，改善党的领导方式和执政方式；推进政治体制改革，深化干部人事制度改革和机构改革，加强对权力的制约与监督；提出并实施依法治国方略，完善中国特色社会主义法律体系，坚持公民在法律面前一律平等；扩大人民民主，丰富民主形式，拓宽民主渠道，发展基层民主，落实民主权利，支持民主党派和无党派人士参政议政，发挥社会组织在扩大群众参与、反映群众诉求方面的积极作用，增强社会自治功能。所有这些，都是后30年对前30年在政治体制上的超越。

改革开放前30年的后期，我们脱离生产力的实际水平，片面追求生产资料的公有程度和分配领域的"公平""公正"；企业缺少自主权，产销脱节，经济利益同经济效果不挂钩；流通体制渠道单一，环节繁杂；农村人民公社政企不分，生产队自主权得不到尊重，农民经营正当家庭副业的权利被剥夺；吸引国外投资和进口国外技术、设备，被当成"走资本主义道路"和"崇洋媚外"而受到批判。改革开放后，我们允许个体经商，鼓励发展私营经济，形成以公有制为主体、多种所有制经济共同发展的基本经济制度；提倡一部分人和一部分地区先富起来，允许和鼓励技术、管理、资本参与分配，形成以按劳分配为主体、多种分配方式并存的分配制度；扩大国有企业自主权，实行厂长经理负责制、承包经营责任制，直至以股份制为主要形式的现代企业制度；实行计划经济与市场调节相结合，直至确立社会主义市场经济体制；废除人民公社，实行家庭联产承包责任制，稳定土地承包关系，并允许土地承包经营权

---

① 《邓小平文选》第二卷，人民出版社1994年版，第328—329页。

依法流转；积极吸引外资，兴办合资或独资企业，建立经济特区，继而开放沿海、沿江、沿边城市，实施"走出去"战略，加入世界贸易组织和经济全球化进程。所有这些，都是后30年对前30年在经济体制上的超越。

改革开放前30年中相当长的时间里，我们党在"左"的思想指导下，把已经相信共产党、愿意为人民服务和学习马克思主义的旧知识分子，以及新中国自己培养的知识分子，统统划入资产阶级的一部分；不尊重学术研究和艺术创作规律，进行不适当的行政干预；把许多学术和文艺思想上的问题当成政治问题，开展过火的批判；尤其在"文化大革命"中，"左"的思想恶性膨胀，使许多马克思主义的学术观点和歌颂社会主义的优秀作品遭受打击，只允许几个"样板戏"和几部"学术著作"存在。改革开放后，我们党随着清理过去"左"的指导思想，改变了对知识分子的认识，认为他们是工人阶级的一部分，提倡尊重知识、尊重知识分子的社会风气；解除了在学术研究和文艺创作中许多不必要的框框和禁区，认真落实"百花齐放、百家争鸣"的方针；注意区分学术问题和政治问题，对思想认识问题采取说服引导方法，鼓励不同观点的切磋，提倡多样化，强调吸收和利用世界各国包括资本主义发达国家所创造的一切先进文明成果，大量翻译出版国外学术著作和文艺作品；纠正轻视教育科学文化的错误观念，大力普及初等教育，发展高等教育和科技事业，积极改革文化体制，推动文化繁荣，并且培育文化市场，建设文化产业，丰富人民的精神文化生活，提高国家文化的软实力和国际竞争力。所有这些，都是后30年对前30年在意识形态工作上的超越。

改革开放前的30年，根据当时国际形势的特点，"我们的观点一直是战争不可避免，而且迫在眉睫。我们好多的决策，包括一、二、三线的建设布局（一线指处在战略前方的一些省区，三线指全国的战略大后方，二线指处于一线和三线之间的省区——笔者按），'山、散、洞'的方针（靠山、分散、进洞的简称，指对国防尖端项目安排的方针——笔者按）在内，都是从这个观点出发的"[①]。一段时间，"针对苏联霸权主义的威

[①] 《邓小平文选》第三卷，人民出版社1993年版，第127页。

胁，我们搞了'一条线'的战略，就是从日本到欧洲一直到美国这样的'一条线'"[1]。在处理与外国政党的关系上，"往往根据的是已有的公式或者某些定型的方案"，[2]"犯了点随便指手画脚的错误"[3]。改革开放后，我们党从已经变化了的实际情况出发，对国际形势作出了新的观察和判断，"改变了原来认为战争的危险很迫近的看法"，认为"战争的危险仍然存在，但是可以争取相当长一段时间的和平"[4]；"带全球性的战略问题，一个是和平问题，一个是经济问题或者说发展问题"[5]。同时，改变了"一条线"的战略，"谁搞霸权就反对谁，谁搞战争就反对谁"，既"改善了同美国的关系，也改善了同苏联的关系"[6]；还改变了同外国政党处理关系时的某些原则，主张"各国党的国内方针、路线是对还是错，应该由本国党和本国人民去判断"；"不应该要求其他发展中国家都按照中国的模式去进行革命，更不应该要求发达的资本主义国家也采取中国的模式"[7]。所有这些，都是后30年对前30年在国际战略上的超越。

这些超越，归根结底基于我们党在改革开放后，对我国所处的社会主义发展阶段，以及当今时代特征和总体国际形势，有了比前30年更加清醒更加准确的判断。正是这种判断，使我们得以比较系统地回答了中国现阶段社会主义的发展道路、根本任务、发展动力、外部条件等一系列基本问题，从而进一步揭示了社会主义的本质，把对社会主义的认识提高到了一个新的科学水平，使中国特色社会主义道路被赋予了更加鲜明的中国特色和时代特征。如果否定后30年，中国特色社会主义道路中的社会主义自我完善与发展的精神实质，以及时代特征就会被抽去；同样难以弄明白这条道路为什么会产生如此神奇的发展速度，取得如此举世瞩目的辉煌成就，显示如此强大的生命力和影响力。

---

[1] 《邓小平文选》第三卷，人民出版社1993年版，第127页。
[2] 《邓小平文选》第二卷，人民出版社1994年版，第318页。
[3] 《邓小平文选》第三卷，人民出版社1993年版，第237页。
[4] 同上书，第249页。
[5] 同上书，第105页。
[6] 同上书，第128页。
[7] 《邓小平文选》第二卷，人民出版社1994年版，第318页。

三 两个 30 年的内在统一构成中国特色社会主义道路的完整形态

改革开放 30 年虽然在许多方面超越了前 30 年，但这种超越并没有离开社会主义的轨道。它既没有改变社会主义社会的基本制度和中国共产党对国家的领导，也没有改变马克思主义在意识形态领域的指导地位、执政党为人民服务的宗旨和共产主义的奋斗目标。相反，它在党和国家的基本理论、政治体制、经济体制、意识形态工作和国际战略等方面，与前 30 年之间具有基本的一致性和连续性。正是这种一致性和连续性，使两个 30 年内在地联系在一起，成为一个完整的整体。看不到它们的内在联系，抹杀它们的相同之处，就不可能懂得中国特色社会主义道路为什么仍然是一条社会主义的道路而不是别的什么道路。

改革开放后，我们党在基本理论方面纠正了毛泽东的晚年错误，否定了"以阶级斗争为纲"这个不适用于社会主义社会的口号；但同时，科学评价了毛泽东同志，把毛泽东的晚年错误与毛泽东思想加以区别，确立毛泽东和毛泽东思想的历史地位，始终捍卫和高举毛泽东思想的伟大旗帜；仍然坚持阶级和阶级斗争的理论，认为在社会主义现阶段，"由于国内的因素和国际的影响，阶级斗争还在一定范围内长期存在，在某种条件下还有可能激化"[①]；并把坚持四项基本原则看作立国之本，当成党在社会主义初级阶段基本路线中两个基本点中的一个基本点。对于改革开放前后我们党在指导思想上的异同之处，邓小平曾作过精辟的说明。他指出：有的人"忽略了中国的政策基本上是两个方面，说不变不是一个方面不变，而是两个方面不变。人们忽略的一个方面，就是坚持四项基本原则，坚持社会主义制度，坚持共产党领导。人们只是说中国的开放政策是不是变了，但从来不提社会主义制度是不是变了，这也是不变的嘛"[②]！

[①] 《中国共产党章程》，载《中国共产党第十七次全国代表大会文件汇编》，人民出版社 2007 年版，第 60 页。

[②] 《邓小平文选》第三卷，人民出版社 1993 年版，第 217 页。

改革开放后，我们党在政治体制上不断深化改革，大力推进社会主义民主与法制；但同时，始终坚持共产党在国家事务中总揽全局、协调各方的核心领导作用，坚持党的领导、人民当家作主、依法治国的有机统一，坚持全心全意依靠工人阶级，坚持党对军队的绝对领导，没有搞西方的多党制和议会民主、三权分立。

改革开放后，我们党打破了公有制和按劳分配一统天下的局面，将计划经济体制改为了社会主义市场经济体制，实行了全方位开放；但同时，仍然坚持公有制和按劳分配为主体，把全民所有制和集体所有制作为社会主义经济制度的基础，把国有经济作为国民经济中的主导力量和支柱，把市场经济同社会主义基本制度结合在一起，把市场对资源配置的基础性作用放在国家的宏观调控之下；仍然坚持前30年农业合作化运动所确立的农村土地集体所有制的性质，既发挥农民家庭经营的积极性，又发挥集体经济的优越性；仍然坚持自力更生的方针，把着眼点放在发展壮大自己力量的基点上。

改革开放后，我们党在意识形态工作中摒弃了以往"左"的做法，并大力推动社会组织的建设；但同时，仍然坚持马克思主义在意识形态领域的指导地位，要求共产党员做共产主义远大理想的坚定信仰者，引导全体人民树立中国特色社会主义共同理想，把社会主义核心价值体系融入国民教育和精神文明建设的全过程，弘扬爱国主义、集体主义、社会主义思想，抵制各种错误和腐朽思想的影响；坚持社会主义先进文化的前进方向，全面贯彻党的教育方针，培养德智体美全面发展的社会主义建设者和接班人；健全党和政府主导的维护群众权益的机制，警惕和防范国内外敌对势力的各种分裂、渗透、颠覆活动，切实维护国家意识形态的安全。

改革开放后，我们党在国际战略上改变了过去关于时代特征的判断，认为中国的前途命运日益同世界的前途命运联系在一起，并加强了同发达国家的战略对话，奉行互利共赢的开放战略；但同时认为，"世界仍然很不安宁"，"霸权主义和强权政治依然存在"[①]，主张建立公正合理的国际政治经济新秩序，反对各种形式的霸权主义和强权政治，坚定不移地走和

[①] 《中国共产党第十七次全国代表大会文件汇编》，人民出版社2007年版，第45页。

平发展道路，坚持在和平共处五项原则的基础上同所有国家发展友好合作，永远不称霸，永远不搞扩张；要求军队"做好军事斗争准备，提高军队应对多种安全威胁、完成多样化军事任务的能力，坚决维护国家主权、安全、领土完整，为维护世界和平贡献力量"，要求"增强全民国防观念，完善国防动员体系"[①]。

中共十七大报告把"以经济建设为中心，坚持四项基本原则，坚持改革开放"，作为中国特色社会主义道路的基本内涵。[②] "一个中心、两个基本点"当然是在改革开放后30年提出的，但它与前30年并非毫无关系，更非水火不容。首先，以经济建设为中心，早在中华人民共和国成立初期就是这么做的，只是后来由于"左"的指导思想作祟，才逐渐游离。十一届三中全会只是把这个中心重新转移了回来，而不是对这个中心的最初确立。其次，改革开放作为一个具有特定含义的完整概念，前30年无论在客观还是主观上，都不具备提出的条件。但是，一般意义上的改革，比如针对苏联经验中的缺点而进行的经济体制改革；一般意义上的开放，比如为突破西方国家包围、封锁、制裁而进行的对外经济文化交流，中华人民共和国成立后都不同程度地进行过。只是后来由于"左"的思想泛滥，特别是"文化大革命"，才使我们逐渐走上了体制僵化和封闭半封闭的道路。但即使在"文化大革命"时期，我们也从西方国家大规模引进过先进设备。至于四项基本原则，邓小平早在1979年就指出，它"并不是新的东西，是我们党长期以来所一贯坚持的"[③]。由此也可以看出，中国特色社会主义道路在形成过程中，既有后30年对前30年的发展，也有后30年对前30年的继承，离开其中任何一个30年，这条道路都不可能形成。两个30年虽然有很大差别，但既没有彼此割裂，更没有相互对立，本质上是中国社会主义社会不同的发展阶段，前一个阶段是后一个阶段的准备，后一个阶段是前一个阶段的完善，两个阶段共同促成了这条道路的形成。

对历史的认识从来是与对现实的认识紧密交织在一起的，一个人有什

---

① 《中国共产党第十七次全国代表大会文件汇编》，人民出版社2007年版，第40—41、42页。
② 同上书，第11页。
③ 《邓小平文选》第二卷，人民出版社1993年版，第165页。

么样的世界观，就会有什么样的历史观。反之，一个人对历史问题的认知，也往往会影响他对现实问题的分析。新中国两个30年的关系问题是历史问题，同时又是现实问题。事实说明，如何认识这两个30年和它们的相互关系，是与如何认识中国特色社会主义道路相关度极高的问题。现实生活中凡是怀疑和反对改革开放的，必然会用前30年否定后30年；凡是怀疑和否定四项基本原则的，必然会用后30年否定前30年；凡是把中国特色社会主义看成"新民主主义的回归"和"民主社会主义"、"社会民主主义"，或者看成"资本主义复辟"的，必然会把前后两个30年加以割裂和对立。同样，凡是把前后两个30年加以割裂、对立、相互否定的，也必然会反对或曲解中国特色社会主义道路。

只要回顾一下过去就会清楚，如果1978年没有实行改革开放，新中国的历史将难以为继，结果只能是死路一条。这一点已为我们自己和一些前社会主义国家的历史所证明，是毫无疑问的。但同样毫无疑问的是，如果1949年不建立新中国，新中国不选择社会主义道路，改革开放不坚持四项基本原则，新时期也难以起步，即使起步也会误入歧途，结果也只能是死路一条。这一点也已为我们自己和一些前社会主义国家的历史所证明。因此，没有社会主义就没有新中国，没有中国特色社会主义就没有今天中国的一切发展和进步。把改革开放前后两个30年割裂和对立起来，用后30年否定前30年，或者用前30年否定后30年，不仅在理论上站不住脚，而且在实践上必定会损害中国人民的根本利益。

马克思主义比任何一种学说都更加重视历史。毛泽东说过："今天的中国是历史的中国的一个发展；我们是马克思主义的历史主义者，我们不应当割断历史。"[1] 他还说："我们是历史主义者，给大家讲讲历史，只有讲历史才能说服人。"[2] 我们应当高度重视对新中国两个30年关系的研究，并把中华人民共和国史、中国现代史（当代史）的宣传纳入社会主义核心价值体系建设和国民教育之中，用历史来说明中国特色社会主义道路的必然性和正确性，不断增强人们对这条道路必胜的信心。

---

[1] 《毛泽东选集》第二卷，人民出版社1991年版，第534页。
[2] 《毛泽东文集》第八卷，人民出版社1999年版，第276页。

正确认识新中国两个 30 年的关系[*]

新中国已经走过自己的第一个甲子——60 周年。在这 60 年里，以党的十一届三中全会的召开作为改革开放新时期的起点，刚好前后各占大体 30 年时间。如何认识这两个 30 年的关系，即把它们看成是相互割裂的、对立的，还是继承发展的、内在统一的关系，决定着对新中国 60 年历史的评价，也决定着对中国特色社会主义道路的认识。

一 前 30 年是后 30 年的基础

改革开放 30 年来，我国经济飞速发展，综合国力明显增强，人民生活水平大幅度提高，为世界经济发展和人类文明进步作出了重大贡献。但应当看到，这一切的起点并不是 1949 年旧中国留给新中国的那个满目疮痍的烂摊子，而是新中国经过近 30 年艰苦奋斗建立起来的宏伟基业。正如胡锦涛总书记在党的十七大报告中所指出的："改革开放伟大事业，是在以毛泽东同志为核心的党的第一代中央领导集体创立毛泽东思想，带领全党全国各族人民建立新中国、取得社会主义革命和建设伟大成就以及艰辛探索社会主义建设规律取得宝贵经验的基础上进行的。新民主主义革命的胜利，社会主义基本制度的建立，为当代中国一切发展进步奠定了根本政治前提和制度基础。"

---

[*] 本文曾发表于《前线》2010 年第 3 期。

为改革开放提供了根本的政治前提。新中国的成立使我国取得了民族独立、主权和领土完整，实现了除台、港、澳地区之外的国家统一，铲除了帝国主义、封建势力统治的根基，建立了工人阶级领导的、以工农联盟为基础的人民民主专政的国家政权，以及以人民代表大会制度、中国共产党领导的多党合作和政治协商制度和民族区域自治制度为核心的社会主义基本政治制度，奠定了社会主义全民所有制和集体所有制的经济基础，使人民大众翻身做了国家主人，各民族实现了空前大团结，中国从此结束了蒙受屈辱、战乱频仍、四分五裂、民不聊生的黑暗历史。

为改革开放提供了基本的物质技术条件。中华人民共和国成立后，通过连续五个五年计划的建设，初步建立起独立的比较完整的工业体系和国民经济体系，在一定程度上改变了旧中国工业集中于沿海地区的不合理布局。同时，通过进行大规模农田水利基本建设，发展化肥、农药、农用机械等工业，以及县办、社办小工业，大幅度改善了农业和农村生产条件，提高了农作物单位面积产量。1949年至1978年，我国基本建设投资共6000多亿元，新增固定资产为新中国刚成立时的57.3倍；陆续投产的大中型建设项目为3000多个。至1978年，我国经过近30年建设，钢、煤、石油、发电量、机床的年产量，分别比旧中国最高年产量增长34.4倍、10倍、325倍、42.8倍、33.9倍；粮食、棉花产量，分别比1949年增长1.7倍和3.9倍；汽车、拖拉机、飞机制造和电子、石油化工等工业部门，更是从无到有；铁路营运里程由2.18万公里增加到5.17万公里；高校毕业生累计295万人；全国专业技术人员达到559万人，是中华人民共和国成立初期同类人员总数的13.2倍。

为改革开放提供了一定的思想保证。胡锦涛指出：毛泽东思想"是被实践证明了的关于中国革命和建设的正确的理论原则和经验总结"。改革开放以来，毛泽东思想中关于实事求是、群众路线，关于独立自主、自力更生，关于全心全意为人民服务，关于要把我国建设成社会主义现代化强国、对人类作出较大贡献，关于不要机械搬用外国经验，关于社会主义时期仍然存在矛盾和要严格区分、正确处理两类不同性质矛盾，关于要调动一切积极因素、化消极因素为积极因素，关于两个"务必"和"双百"方针等思想，始终在各项工作中起着重要作用。以邓小平、江泽民同志为核心的第二代、第三代中央领导集体反复强调,要防止党和国家"改变面貌",警惕帝国主义搞"和平演变"、打"没有硝烟的战争";以胡锦涛为总书记的党中央反复告诫全党,要坚决惩治和有效预防腐败,保持党同人民群众的血肉联系。我们党还从过去的整党整风中吸取合理的地方加以继承和发扬,先后进行了1980年整党、1990年党员重新登记、1999年"三讲"教育、2004年"党员先进性教育",以及2008年开始、目前仍在开展的深入学习实践科学发展观活动,而且每次都开门听取党外群众意见。这种连续不断的组织整顿和思想教育活动,在其他国家曾经执政过的共产党中是很少见的,并对于我们党在长期执政、实行市场经济和对外开放的条件下经受各种风浪的考验,却起到了十分积极的作用。

为改革开放提供了正反两方面的经验。中华人民共和国成立后,我们党在领导人民进行社会主义建设过程中,形成了许多反映中国国情、符合客观规律的认识,积累了一系列对于今天改革开放仍然具有重要价值的宝贵经验。例如,农业是基础、工业是主导,统筹兼顾,按比例发展等等。另外,我们党也犯过不少错误,积累了很多教训。其中最大的教训,就是错误发动"文化大革命"。但正如邓小平所说:"没有'文化大革命'的教训,就不可能制定十一届三中全会以来的思想、政治、组织路线和一系列政策。三中全会确定将工作重点由以阶级斗争为纲转到以发展生产力、建设四个现代化为中心,受到了全党和全国人民的拥护。为什么呢?就是因为有'文化大革命'作比较,'文化大革命'变成了我们的财富。"

为改革开放提供了必要的国际环境。中华人民共和国成立后,不仅结束了旧中国奴颜婢膝的外交史,挫败了外国侵略势力对新中国一系列孤立、封锁、干涉、挑衅行径,而且积极倡导和平共处五项原则,支持亚非拉民族解放和独立运动,发展同中间地带国家的友好关系,为和平建设争取了较为有利的外部条件。20世纪六七十年代,我国在十分困难的情况下研制成功了"两弹一星"和核潜艇,打破了超级大国的核垄断和核讹诈。面对前苏联霸权主义的军事威胁,毛泽东及时提出关于三个世界划分的理论,实现了中美和解,进而推动了中国同日本和西欧许多国家关系的改善。中国还在亚非拉等许多第三世界国家的支持下,恢复了在联合国的合法席位。邓小平讲过:"毛泽东同志在世的时候,我们也想扩大中外经济技术交流，包括同一些资本主义国家发展经济贸易关系，甚至引进外资、合资经营等等。但是那时候没有条件，人家封锁我们。后来'四人帮'搞得什么都是'崇洋媚外'、'卖国主义'，把我们同世界隔绝了。毛泽东关于三个世界划分的战略思想，给我们开辟了道路。"所以，新中国在前30年大大提高了自己的国际地位，并打开了改善同西方关系的大门。

二 后30年是对前30年的超越

改革开放30年的巨大发展，虽然建立在此前30年发展基础之上，但它并不是简单因袭了前30年的道路，而是在继承中有超越。在这30年里，我们党顺应时代的潮流和人民的愿望，作出了改革开放的战略抉择，开辟了建设社会主义的新道路，形成了党在社会主义初级阶段的"一个中心、两个基本点"的基本路线，制定了指导改革开放的一整套方针政策。正是这一切，使社会主义和马克思主义在中国大地上焕发出勃勃生机，使中华民族大踏步赶上了时代前进的潮流。看不到这30年对前30年的巨大超越，混淆前后两个30年的区别，势必妨碍对改革开放正确性和必要性的认识，看不清中国特色社会主义道路究竟"特"在哪里。

在党的指导思想上的超越。改革开放前30年的很长时间内，我们党把阶级斗争作为社会主义社会的主要矛盾，提出"以阶级斗争为纲"的口号和"无产阶级专政下继续革命"的理论。粉碎"四人帮"后，虽然结束了"文化大革命"，但又提出"两个凡是"的方针（凡是毛主席作出的决策，都要坚决维护；凡是毛主席的指示，都要始终不渝地遵循），继续维持不适合于社会主义社会的上述口号和理论。改革开放后，批判了"两个凡是"的方针，纠正了毛泽东晚年的错误，实现了党的工作中心的转移，先后形成了邓小平理论、"三个代表"重要思想和科学发展观等马克思主义中国化的最新成果。

在政治体制上的超越。改革开放前的30年，我们党和国家领导制度中一度存在权力过分集中、党政职能不分、机构层次过多、领导职务终身制等现象；法制建设不完善，法律体系不健全；民主缺少制度化、程序化，家长制、"一言堂"作风严重。邓小平在谈到这些问题时曾指出：过去,"在加强党的一元化领导的口号下,不适当地、不加分析地把一切权力集中于党委,党委的权力又往往集中于几个书记,特别是集中于第一书记,什么事都要第一书记挂帅、拍板。党的一元化领导,往往因此而变成了个人领导。全国各级都不同程度地存在这个问题。"改革开放后,严格民主集中制,建立干部离退休制度,健全党和国家的领导体制,实行党政职能适当分开,改善党的领导方式和执政方式;推进政治体制改革,深化干部人事制度改革和机构改革,加强对权力的制约与监督;实施依法治国方略,完善中国特色社会主义法律体系,坚持公民在法律面前一律平等;扩大人民民主,丰富民主形式,拓宽民主渠道,发展基层民主,落实民主权利,支持民主党派和无党派人士参政议政,发挥社会组织在扩大群众参与、反映群众诉求方面的积极作用,增强社会自治功能。

在经济体制上的超越。改革开放前30年的后期,我国脱离生产力的实际水平,片面追求生产资料的公有程度和分配领域的"公平"、"公正";企业缺少自主权,产销脱节,经济利益同经济效果不挂钩;流通体制渠道单一,环节繁杂;农村人民公社政企不分,生产队自主权得不到尊重,农民经营正当家庭副业的权利被剥夺;吸引国外投资和进口国外技术、设备,被当成"走资本主义道路"和"崇洋媚外"而受到批判。改革开放后,允许个体经商,鼓励发展私营经济,形成以公有制为主体、多种所有制经济共同发展的基本经济制度;提倡一部分人和一部分地区先富起来,允许和鼓励技术、管理、资本参与分配,形成以按劳分配为主体、多种分配方式并存的分配制度;扩大国有企业自主权,实行厂长经理负责制、承包经营责任制,直至以股份制为主要形式的现代企业制度;实行计划经济与市场调节相结合,直至确立社会主义市场经济体制;废除人民公社,实行家庭联产承包责任制,稳定土地承包关系,并允许土地承包经营权依法流转;积极吸引外资,兴办合资或独资企业,建立经济特区,继而开放沿海、沿江、沿边城市,实施"走出去"战略,加入世界贸易组织和经济全球化进程。

在意识形态工作中的超越。改革开放之前30年的一段时间里,我们党在"左"的思想指导下,把已经相信共产党、愿意为人民服务和学习马克思主义的旧知识分子,以及新中国自己培养的知识分子,统统划入资产阶级的一部分；不尊重学术研究和艺术创作规律，进行不适当的行政干预；把许多学术和文艺思想上的问题当成政治问题，开展过火的批判；尤其在"文化大革命"中，"左"的思想恶性膨胀，使许多马克思主义的学术观点和歌颂社会主义的优秀作品遭受打击，只允许几个"样板戏"和几部"学术著作"存在。改革开放后，随着清理过去"左"的指导思想，改变了对知识分子的估计，认为他们是工人阶级的一部分，提倡尊重知识、尊重知识分子的社会风气；解除了在学术研究和文艺创作中许多不必要的框框和禁区，认真落实"百花齐放、百家争鸣"的方针；注意区分学术问题和政治问题，对思想认识问题采取说服引导方法，鼓励不同观点的切磋，提倡多样化，大量翻译出版国外学术著作和文艺作品；纠正轻视教育科学文化的错误观念，大力普及初等教育，发展高等教育和科技事业，积极改革文化体制，推动文化繁荣，并且培育文化市场，建设文化产业，丰富人民的精神文化生活，提高国家文化的软实力和国际竞争力。

在国际战略上的超越。改革开放前的30年，我们党依据当时国际形势的特点，很长时间一直认为"战争不可避免，而且迫在眉睫"；"好多的决策，包括一、二、三线的建设布局（一线指处在战略前方的一些省区，三线指全国的战略大后方，二线指处于一线和三线之间的省区——笔者按），'山、散、洞'的方针（靠山、分散、进洞的简称，指对国防尖端项目安排的方针——笔者按）在内，都是从这个观点出发的。"一段时间，"针对苏联霸权主义的威胁，我们搞了'一条线'的战略，就是从日本到欧洲一直到美国这样的'一条线'"。在处理与外国政党的关系上，"往往根据的是已有的公式或者某些定型的方案"，"犯了点随便指手画脚的错误"。改革开放后，我们对国际形势作出了新的观察和判断，"改变了原来认为战争的危险很迫近的看法"，认为"在较长时间内不发生大规模的世界战争是有可能的"，和平和发展是当今时代的两个主要问题。同时，改变了"一条线"的战略，"谁搞霸权就反对谁，谁搞战争就反对谁"；既"改善了同美国的关系，也改善了同苏联的关系"；改变了同外国政党处理关系时的某些原则，主张"各国党的国内方针、路线是对还是错，应该由本国党和本国人民去判断"；"不应该要求其他发展中国家都按照中国的模式去进行革命，更不应该要求发达的资本主义国家也采取中国的模式"。

三 前后两个 30 年是内在的统一整体

改革开放 30 年虽然在许多方面超越了前 30 年，使两个时期出现了明显区别，但这种区别并不是社会基本制度的区别、国家领导力量的区别、意识形态指导思想的区别，更不是执政党的宗旨和远大奋斗目标的区别。两个 30 年实行的都是社会主义制度，领导国家的核心力量都是中国共产党，居于意识形态领域指导地位的思想都是马克思主义，执政党的宗旨和远大目标都是为人民服务和共产主义。这说明，后 30 年并没有离开社会主义的轨道，而是社会主义的自我完善和发展。看不到它们之间的这种一致性、连续性，抹杀二者的相同之处，势必妨碍对选择社会主义道路的正确性、必要性的认识，难以懂得中国特色社会主义为什么是社会主义而不是别的什么"主义"。

坚持四项基本原则没有变。改革开放后，我们党在基本理论方面纠正了毛泽东的晚年错误，否定了"以阶级斗争为纲"的错误口号；但同时科学评价了毛泽东，把毛泽东的晚年错误与毛泽东思想加以区别，确立毛泽东和毛泽东思想的历史地位，始终捍卫和高举毛泽东思想的伟大旗帜；仍然坚持阶级和阶级斗争的理论，认为在社会主义现阶段，"由于国内的因素和国际的影响，阶级斗争还在一定范围内长期存在，在某种条件下还有可能激化"；并把坚持四项基本原则看作立国之本，当成党在社会主义初级阶段基本路线中两个基本点中的一个基本点。对于改革开放前后我们党在指导思想上的异同之处，邓小平曾作过一个精辟说明。他说：有的人"忽略了中国的政策基本上是两个方面，说不变不是一个方面不变，而是两个方面不变。人们忽略的一个方面，就是坚持四项基本原则，坚持社会主义制度，坚持共产党领导。人们只是说中国的开放政策是不是变了，但从来不提社会主义制度是不是变了，这也是不变的嘛！"

坚持共产党的领导没有变。改革开放后，我们党在政治体制上不断深化改革，大力推进社会主义民主与法制；但同时始终坚持共产党在国家事务中总揽全局、协调各方的核心领导作用，坚持党的领导、人民当家做主、依法治国的有机统一，坚持全心全意依靠工人阶级，坚持党对军队的绝对领导，不搞西方的多党制和议会民主、三权鼎立。

坚持社会主义的基本经济制度没有变。改革开放后，我们党打破了公有制和按劳分配一统天下的局面，确立了社会主义市场经济体制，实行了全方位开放；但同时仍然坚持公有制和按劳分配为主体，把全民所有制和集体所有制作为社会主义经济制度的基础，把国有经济作为国民经济中的主导力量和支柱，把市场经济同社会主义基本制度结合在一起，把市场对资源配置的基础性作用放在国家的宏观调控之下；仍然坚持农村土地集体所有制的性质，既发挥农村家庭经营的积极性，又发挥集体经济的优越性；仍然坚持自力更生的方针，把着眼点放在发展壮大自己力量的基点上。

坚持马克思主义的指导地位没有变。改革开放后，我们党在意识形态工作中摒弃了以往"左"的做法，并推动社会组织建设；但同时仍然坚持马克思主义在意识形态领域的指导地位，要求共产党员做共产主义远大理想的坚定信仰者，引导全体人民树立中国特色社会主义共同理想，把社会主义核心价值体系融入国民教育和精神文明建设的全过程，弘扬爱国主义、集体主义、社会主义思想，抵制各种错误和腐朽思想的影响；坚持社会主义先进文化的前进方向，全面贯彻党的教育方针，培养德智体美全面发展的社会主义建设者和接班人；健全党和政府主导的维护群众权益机制，警惕和防范国内外敌对势力的各种分裂、渗透、颠覆活动，切实维护国家意识形态安全。

坚持对外总方针总政策没有变。改革开放后，我们党改变了过去关于时代特征的判断，认为当今时代的主题是和平与发展，中国的前途命运日益同世界的前途命运联系在一起，并加强了同发达国家的战略对话，奉行互利共赢的开放战略；但同时认为，"世界仍然很不安宁""霸权主义和强权政治依然存在"，仍然实行中华人民共和国成立之初所制定的独立自主的和平外交政策和所奉行的和平共处五项原则，加强同广大发展中国家的团结合作，反对各种形式的霸权主义和强权政治，重申永远不称霸，推动国际秩序朝着更加公正合理的方向发展。

改革开放前的30年，我们党在领导人民探索社会主义建设规律的过程中犯过不少错误,有的错误还是全局性、长时期的,给党、国家和人民的事业造成过严重损失。但这绝不表明那段历史可以从新中国60年的光辉历程中剔除。邓小平说得好,"我们尽管犯过一些错误,但我们还是在30年间取得了旧中国几百年、几千年所没有取得过的进步"。如同楼房一样,不能因为底层有不尽如人意的地方就把它拆掉,那样做,整座楼房也会崩塌。

改革开放前的30年,国家各项事业的发展和人民生活面貌的改变远没有改革开放后那么显著,但这绝不表明那段历史对于改革开放是无足轻重、可有可无的。如同盖楼一样,打地基时不容易让人看出成绩,但楼房盖得快盖得高,反过来说明地基打得牢。

毫无疑问,如果没有改革开放,新中国的历史将难以为继,只能是死路一条。但同样毫无疑问的是,如果没有当年对社会主义道路的选择,没有改革开放前30年打下的基础,改革开放和中国特色社会主义道路也是难以起步、难以开辟的。因此,用后30年否定前30年,或者用前30年否定后30年,都是错误的。只有正确认识两个30年的关系,才能全面评价新中国60年的历史,才能准确把握中国特色社会主义道路的本质特征,才能增强全国人民在中国特色社会主义道路上实现中华民族伟大复兴的决心和信心。

新中国的 65 年与中华民族伟大复兴的历史进程[*]

中华人民共和国即将迎来成立 65 周年的华诞。这 65 年，是中国由拥有 5 亿人口的落后农业国成长为人口达到 13 亿、经济总量跃居世界第二位、工业化接近基本完成的历史进程，是中国人民由过去任人宰割、四分五裂、饥寒交迫的悲惨境遇变为当家做主、团结统一、生活总体达到小康水平的历史进程，是中华民族由近代日益衰败转而走向伟大复兴的历史进程。

一

中国是一个具有悠久历史的文明古国，也曾是世界上最强盛的国家之一，只是近代以来由于封建势力的顽固阻挠，错过了第一次工业革命的历史机缘，被率先工业化国家不断侵略，逐步沦为半殖民地半封建国家。面对列强的欺辱和"亡国灭种"的危机，中华民族无数仁人志士认识到，要改变民族命运，实现伟大复兴，唯有争取国家的独立和工业化。

在世界近代史上，解决国家独立和工业化的课题，通常是由资产阶级领导，走的是资本主义道路。但在我国，由于资产阶级同帝国主义、封建势力有着割不断的联系，经济上政治上都异常软弱，使解决这两大课题的

---

[*] 本文发表于《人民日报》2009 年 9 月 25 日，原题为《中华人民共和国的 65 年与中华民族伟大复兴的历史进程》。

重担历史地落到了深受帝国主义、封建势力和资产阶级三重压迫的工人阶级肩上，也使代表工人阶级利益的中国共产党在争取社会主义前途的同时，担负起了领导民族民主革命和实现工业化的任务，在作为工人阶级先锋队的同时，成为了中华民族的先锋队。

人类自第一次世界大战后进入帝国主义和无产阶级革命的时代，被压迫民族通过社会主义道路取得国家独立和实现工业化具有了现实可能性。毛泽东在1945年中共七大报告中指出："没有一个独立、自由、民主和统一的中国，不可能发展工业……没有工业，便没有巩固的国防，便没有人民的福利，便没有国家的富强。1840年鸦片战争以来的105年的历史，特别是国民党当政以来的18年的历史，清楚地把这个要点告诉了中国人民。"[①] 中国共产党的任务"不但是为着建立新民主主义的国家而斗争，而且是为着中国的工业化和农业近代化而斗争"[②]。历史已经证明，中国共产党没有辜负中华民族的期望，仅仅用28年艰苦卓绝的新民主主义革命，便领导人民推翻了帝国主义、封建势力和官僚资产阶级的联合统治，建立起了工人阶级领导的、以工农联盟为基础的人民民主专政的中华人民共和国，实现了国家的独立和统一（除台湾地区之外）；随即又通过没收帝国主义、官僚资本主义的财产和进行彻底的土地改革，掌握了国家经济的主要命脉，铲除了封建势力的社会基础，为实现国家工业化，进而实现中华民族伟大复兴，扫清了政治障碍，开辟了广阔前景。

二

中华人民共和国成立至今的65年历史，以党的十一届三中全会为界，大体分为改革开放前29年和改革开放后36年两个历史时期。这两个历史时期在社会主义建设的指导思想、方针政策、实际工作上虽然有着重大区别，但正如习近平总书记所指出的那样，它们"绝不是彼此割裂的，更不是根本对立的"；"不能用改革开放后的历史时期否定改革开放前的历史时

[①] 《毛泽东选集》第三卷，人民出版社1991年版，第1080页。
[②] 同上书，第1081页。

期,也不能用改革开放前的历史时期否定改革开放后的历史时期。"① 之所以如此,是因为这两个历史时期都内在统一于社会主义的基本制度和共产党的领导、马克思主义的指导,统一于对社会主义建设的实践探索,统一于对国家独立、领土完整的坚决维护和对国家工业化、现代化的不懈努力,统一于为中华民族伟大复兴的持续奋斗。

早在抗日战争时期,面对中国工业、交通、贸易、金融等近代经济都十分落后的实际情况,毛泽东提出新民主主义革命要分两步走:"第一步,改变这个殖民地、半殖民地半封建的社会形态,使之变成一个独立的民主主义的社会。第二步,使革命向前发展,建立一个社会主义的社会。"② 中华人民共和国成立前夕和成立之初,毛泽东、刘少奇等领导人进一步提出,要让私人资本主义工商业(主要是轻工业和商业)发展一个相当长的时期,比如说 15 年或二三十年等等,以便给大规模工业化建设积累资金、物资、技术等条件,然后再过渡到社会主义。

然而,中华人民共和国成立不久,国内外形势发生了重大变化。首先,1950 年朝鲜内战爆发,以美国为首的用现代化装备武装起来的帝国主义国家出兵干涉,一度把战火烧到鸭绿江边,对新中国国家安全构成直接威胁,使中国发展以重工业为基础的现代国防工业显得越发迫切。其次,中共中央根据国民经济开始好转和抗美援朝战局趋于稳定的形势,决定从 1953 年起开始进行第一个五年计划建设。有关部门在制定计划时反复研究,一致认为要用较快速度发展工业,必须以原材料、能源、机械制造等重工业为重点。再次,1952 年 8 月,周恩来、陈云等组成的中国政府代表团前往苏联,商谈苏联援助我国"一五"建设问题。以斯大林为首的苏联党和政府明确表示,愿意在工业资源勘察、工厂设计、工业设备制造、技术资料提供,以及派专家来华和接收留苏学生、实习学生等方面,对中国进行全面援助,从而使我国实施优先发展重工业的战略有了现实可能性。国民经济的迅速恢复、朝鲜战局的基本稳定,工业在国民经济中、国营工业在工业中比重的逐步增加,以及农业合作化运动的迅速开展等,使我国

---

① 《人民日报》2013 年 1 月 6 日第一版。
② 《毛泽东选集》第二卷,人民出版社 1991 年版,第 666 页。

开展大规模工业化建设具有了基础条件。面对这一新的形势和历史机遇，毛泽东于1952年9月讨论"一五"计划方针和听取周恩来、陈云与斯大林会谈情况汇报的中央书记处会议上，提出现在就开始向社会主义过渡，并用10年至15年时间完成过渡的主张。对此，中共中央文献研究室编写的《毛泽东传》评论说："这是一次十分重要的会议。毛泽东这个讲话表明，他关于由新民主主义向社会主义转变的步骤、方法，同原来的设想，发生了变化。"①

我国那时不仅工业落后，资金和各类建设物资匮乏、技术人员奇缺，而且农业生产力和商品粮率也很低下。在这种情况下进行以重工业为重点的工业化建设，除了要争取先进工业国（当时只能是苏联和东欧社会主义国家）的帮助外，还必须加强资金的内部积累、资源的集中配置、技术人员的统一调配和粮食生产能力的快速提升。要做到这些，当时只能采用计划经济体制和对主要农产品的统购统销，并相应对农业、工商业实行生产资料的集体化和国有化。而这在政策和制度上显然已超出新民主主义，转向社会主义了。于是，根据毛泽东的意见，中共中央于1953年底制定了向社会主义过渡的总路线，即"在一个相当长的时期内，逐步实现国家的社会主义工业化，并逐步实现国家对农业、手工业和对资本主义工商业的社会主义改造"。毛泽东把工业化形容为这条路线的主体，而把"三大改造"比喻为工业化的"两翼"。当时，中央宣传部编写的《关于党在过渡时期总路线的学习和宣传提纲》也说，"三大改造"是围绕工业化、为了工业化的。这充分说明，提前向社会主义过渡，目的是为了抓住当时国内国际的有利时机，使中国用较短时间由农业国变为工业国，以挽回中华民族在近代被耽误的时间。

随着"三大改造"的提前完成，我国建立起了社会主义的基本制度。同时，在经济建设中也暴露出了单一公有制、高度集中的计划经济体制和过分强调重工业等苏联模式影响的弊端。为此，我们党曾提出"探索中国社会主义建设规律"的任务和"三为主、三为辅"的改革设想。但由于党的指导思想随后发生了"左"的偏差，不仅改革未能实

---

① 《毛泽东传（1949—1976）》上，中央文献出版社2003年版，第237页。

行，反而在所有制上更加求公求纯，在计划管理上越统越死，在发展钢铁生产等重工业上更加急于求成，直至发生"大跃进"和"文化大革命"那样的严重错误。然而，改革开放之前，中国共产党领导全国各族人民为实现工业化和四个现代化艰辛探索、共同奋斗，始终是那个时期的主流。即使在"大跃进"期间，我国农田水利和工业基础建设等领域也取得了很大成就；"文化大革命"期间，不仅社会主义经济建设还在进行，而且农业生产、交通运输、科学技术等仍然取得了进展。[①] 正因为如此，我国才可能用不到30年的时间，建立起了独立的比较完整的工业体系和国民经济体系，在工业布局和农业生产条件等方面改变了旧中国不合理和落后的状况，在固定资产积累和人才培养等方面超过了旧中国上百年总和的十几倍、几十倍，在消灭天花、鼠疫等恶性传染病和降低婴儿死亡率等方面做到了旧中国从未做到的事，在经济发展速度、基础设施建设和科技、教育等方面大大领先于广大发展中国家，在钢产量、发电量等一些主要工业品产量和人均预期寿命等方面缩小了与许多发达国家之间的差距。所有这些，为改革开放提供了根本政治前提、宝贵经验教训、雄厚技术力量和坚实物质基础。

在外交和内政方面，以毛泽东为核心的党的第一代中央领导集体倡导并实行和平共处五项原则，支持亚非拉民族解放和独立运动，发展与不同社会制度国家的友好关系，挫败了帝国主义、霸权主义对我国进行的干涉和威胁的图谋，击退了外国势力对我国领土的侵犯和挑衅，平息了国内分裂势力的武装叛乱；当国家安全受到三面威胁时，开展了"三线"建设；当美国与苏联加紧争霸、试图从东南亚败局中脱身时，敏锐地抓住时机，缓和中美关系，打破了西方对中国的长期封锁，促使中国在广大发展中国家支持下恢复了在联合国的合法席位，也促使一些发达国家允许向中国出口先进成套设备。所有这些，起到了维护我国国家独立和领土完整、提高我国国际地位、改善我国国际环境的重要作用，为我国和平建设和中华民族伟大复兴赢得了宝贵时间，也为改革开放后我国经济与国际经济接轨和西部大开发创造了前提条件。

[①] 《关于建国以来党的若干历史问题的决议》。

三

20世纪70年代后期，国内外形势发生了显著变化。在国内，"四人帮"被粉碎，"文化大革命"结束。在国际上，和平与发展成为时代主流；发达国家加紧产业调整，向发展中国家转移低端产业和制造业；布雷顿森林条约早已解体，国际金融流动性增强，大量游资寻找出路。以邓小平为核心的党的第二代中央领导集体抓住这一时机，果断否定"两个凡是"的错误观点，恢复党的实事求是的思想路线，平反一系列冤假错案，进而停止使用"以阶级斗争为纲"的错误提法，制定了党的"一个中心、两个基本点"的基本路线，开辟了以改革开放为鲜明特征的中国特色社会主义道路。

中国特色社会主义在发展过程中先将计划经济与市场调节相结合，实行农村家庭联产承包制和土地承包制，发展城镇个体和私营经济，改革国有企业的管理体制和制度，允许一部分人和一部分地区先富裕起来；随后将计划经济体制转变为社会主义市场经济体制，在宏观调控下让市场对资源配置发挥基础性作用，在确保社会主义制度集中力量办大事的前提下充分调动各方面积极性，让一切创造社会财富的源泉充分涌流；与此同时，推进政治体制改革，改变权力过分集中的现象，加强社会主义民主和法制，推行差额选举、政务公开，建立领导干部的任期制、退休制、问责制、辞职制、审计制、重大事项报告制、质询制、听证制，加强对行政权力的制约和监督，实行依法治国方略，建立和完善社会主义法律体系，扩大基层群众自治范围，等等。

在对外及祖国统一工作中，中国特色社会主义大胆吸引外资和国外先进技术、先进管理经验，开放、开发沿海沿江城市，创办经济特区和"三资"企业，大力发展对外贸易，鼓励青年到国外留学，团结和动员华侨及海外华人以各种方式支援祖国建设；在坚持和平共处五项原则的基础上，调整对外政策，不以意识形态处理国与国的关系，奉行互利共赢的开放战略，同发达国家加强战略对话；同时，坚定站在广大发展中国家一边，坚决反对霸权主义和强权政治，适时收回港澳主权，推进祖国和平统一，遏制"台独"势力，打击"藏独"和"疆独"。

正是在中国特色社会主义指引下，我国充分利用了难得的战略机遇期，创造出世界瞩目的"中国奇迹"。在1978年至2011年的33年里，国内生产总值保持年均9.8%的高速增长，由世界第10位上升至第2位，占世界经济份额由1.8%提高至10%[①]，实现了从温饱不足到总体小康再向全面小康迈进的跨越；同时，政治、文化、社会等各个领域的工作呈现出欣欣向荣的局面，从而为中华民族伟大复兴奠定了更加牢固的物质基础、创造了更加良好的国际环境、积累了更加丰富的成功经验，使中华民族以更大的步伐赶上了时代前进的潮流。

四

党的十八大后，我国进入全面建成小康社会的决定性阶段和深化改革的攻坚期、深水区。面对国内外的新形势新任务，以习近平同志为核心的党中央高举中国特色社会主义大旗，以邓小平理论、"三个代表"重要思想、科学发展观为指导，抓住国际环境总体稳定、我国国际地位和国际影响力大幅度提高、改革开放已积累丰富经验的历史性机遇，以实现中华民族伟大复兴的中国梦凝聚力量，以抓全面深化改革激发活力，以改进党的作风和社会风气振奋人心，在经济、政治、文化、社会、生态文明建设等各个领域，提出了一系列新思想新要求；在改革发展稳定、内政外交国防、治党治国治军等各方面，作出了一系列新论断新部署。

例如，在全面深化改革上，把完善和发展中国特色社会主义制度、推进国家治理体系和治理能力现代化作为总目标，把促进社会公平正义、增进人民福祉作为出发点和落脚点，强调把握改革的社会主义方向；在经济建设上，坚持稳中求进总方针，保持中高速发展，把着力点转到提高质量、效益和优化产业结构上，把发挥市场在资源配置中的决定性作用与更好发挥政府作用结合起来，把科技创新摆在国家发展全局的核心位置；在政治建设上，充分发挥人民代表大会制度这一根本政治

---

① 据世界银行统计。

制度的作用，拓展协商民主形式，构建协商民主体系，推进科学立法、严格执法、公正司法、全民守法，强化权力运行的公开和对权力运行的监督，开创依法治国新局面；在文化建设上，巩固马克思主义在意识形态领域的指导地位，弘扬中华民族优秀传统文化，提高国家文化软实力，牢牢掌握意识形态工作的领导权和话语权，积极开展舆论斗争，形成网上强势的正面舆论；在社会建设上，关注困难群体，抓住人民最关心最直接最现实的利益问题，创新社会治理体制，改进社会治理方式，处理好维稳和维权的关系，贯彻总体国家安全观；在生态建设上，建立更加严格的生态环境保护制度，完善体现生态文明要求的经济社会发展考核评价体系，建立责任追究制度，给子孙后代留下天蓝、地绿、水净的美好家园，实现中华民族的永续发展；在军队和国防建设上，坚持富国与强军统一，坚持党对军队的绝对领导，按照打仗的要求搞好部队建设，拓展和深化军事斗争准备；在外交上，坚持走和平发展道路，争取和平安宁的国际环境，同时，坚决维护国家核心利益，不屈服任何外来压力，不惹事也不怕事；在党的建设上，强调打铁还需自身硬、革命理想高于天，补足共产党人精神上的"钙"，按照"信念坚定、为民服务、勤政务实、敢于担当、清正廉洁"的标准选拔干部，坚持作风建设从领导干部抓起，以零容忍的态度惩治腐败，等等。

这些新认识新举措，既汲取了改革开放前历史时期的经验，又总结了改革开放后历史时期的经验；既坚持了以经济建设为中心，又全面推进经济、政治、文化、社会、生态文明以及其他各方面建设；既坚持了改革开放，又坚持四项基本原则；既不断解放和发展生产力，又坚持共同富裕的方向；既坚持科学社会主义的基本原则，又根据时代条件和新形势赋予其中国特色。它们标志我们党对中国特色社会主义建设规律和马克思主义执政党建设规律，在认识上又大大进了一步，开启了中国特色社会主义和中华民族复兴大业又一新的篇章。

五

怎样才算中华民族实现了伟大复兴？自从孙中山提出"振兴中华"的

口号后，始终没有一个明确的表述。但 20 世纪 50 年代毛泽东说过："1911 年的革命，即辛亥革命，到今年，不过 45 年，中国的面目完全变了。再过 45 年，就是 2001 年，也就是进到 21 世纪的时候，中国的面目更要大变。中国将变为一个强大的社会主义工业国。"①按照毛泽东的设想，邓小平在 20 世纪 80 年代提出了"三步走"战略，即"本世纪走两步，达到温饱和小康，下个世纪用 30 年到 50 年时间再走一步，达到中等发达国家的水平"②。他说："现在中国遇到一个难得的发展机遇，不要丧失这个机遇。许多人不懂得这是中华民族的机遇，是炎黄子孙几百年难得遇到的机遇。"③"我们要利用机遇，把中国发展起来。"④

为了贯彻毛泽东的设想和邓小平的战略，党的十五大提出社会主义初级阶段"是逐步缩小同世界先进水平的差距，在社会主义基础上实现中华民族伟大复兴的历史阶段"；并提出 20 世纪末实现小康、21 世纪中叶达到中等发达国家水平的奋斗目标。⑤党的十六大鉴于我国已总体达到小康水平，又把 21 世纪头 50 年分为了两个阶段，头 20 年全面建设更高水平的小康社会，基本实现工业化；世纪中叶基本实现现代化。在此基础上，党的十七大将 2020 年的奋斗目标具体化为实现人均国内生产总值比 2000 年翻两番；党的十八大进一步提出，2020 年的国内生产总值和城乡人均收入都要比 2010 年翻一番。

上述历史进程说明，新中国在 65 年的成长道路上尽管存在挫折和曲折，但总体上抓住了历史机遇，一直在朝着中华民族伟大复兴的目标奋进，并且走完了发达国家用一二百年甚至三四百年才走完的路。习近平总书记指出："实现中华民族伟大复兴，就是中华民族近代以来最伟大的梦想。"⑥可以毫不夸张地说，我们当前比历史上任何时期都更接近这个目标，都更有信心、有能力实现这个目标。我们完全有理由相信，只

---

① 《毛泽东文集》第七卷，人民出版社 1999 年版，第 156 页。
② 《邓小平文选》第三卷，人民出版社 1993 年版，第 251 页。
③ 《邓小平年谱（1975—1997）》下，中央文献出版社 2004 年版，第 1316 页。
④ 《邓小平文选》第三卷，人民出版社 1993 年版，第 358 页。
⑤ 《十五大以来重要文献选编》上，人民出版社 2000 年版，第 16 页。
⑥ 《人民日报》2012 年 11 月 30 日第一版。

要坚定不移地沿着中国特色社会主义道路走下去,我国在中国共产党成立100周年时一定能全面建成小康社会,在中华人民共和国建立100周年时一定能达到中等发达国家水平。中华民族伟大复兴的梦想一定能最终实现。

深化对中国特色社会主义认识的三个视角[*]

党的十八大报告指出,"中国特色社会主义是当代中国发展进步的根本方向"[①]。要深刻理解这一重要论断,首先需要深刻认识中国特色社会主义的科学内涵。

早在改革开放初期,邓小平就指出,社会主义是什么,"过去我们并没有完全搞清楚"[②]。从一定意义上说,邓小平理论、改革开放、中国特色社会主义道路,都是在不断探讨、回答什么是社会主义、怎样建设社会主义这一问题的过程中逐渐展开,并一步步清晰和完善起来的。那么,什么是社会主义呢?邓小平对此下了一个定义:"社会主义的本质,是解放生产力,发展生产力,消灭剥削,消灭两极分化,最终达到共同富裕。"[③]这个定义使我们对于社会主义,有了更加准确、深刻的认识。当然,对什么是社会主义的问题还需要继续弄清楚,但现在更需要我们弄清楚的问题在于:什么是中国特色社会主义,或者说建设什么样的中国特色社会主义,怎样建设中国特色社会主义?这两个问题之间虽然有着直接的关联,然而并不完全是一个问题,不等于弄清楚了什么是社会主义,就自然而然地弄清楚了什么是中国特色社会主义。

---

[*] 这是作者在2012年11月为北京市区县局级领导干部学习贯彻党的十八大精神专题研讨班上所作辅导报告的第一部分,曾在《新视野》杂志2013年第2期上发表。

[①] 胡锦涛:《坚定不移沿着中国特色社会主义道路前进,为全面建成小康社会而奋斗》,人民出版社2012年版,第13页。

[②]《邓小平文选》第三卷,人民出版社1993年版,第173页。

[③] 同上书,第373页。

中国特色社会主义道路早在党的十一届三中全会之后就开辟出来了，但"建设有中国特色的社会主义"这个概念，直到党的十二大才由邓小平正式提出。而且，十二大报告也未能对这个概念的内涵作出解释。党的十三大到十六大历次党的代表大会的报告，对中国特色社会主义的概念分别下了定义，也作了扩充和阐述，但是，都未能用明确的语言对它的内涵加以概括。

对中国特色社会主义道路和中国特色社会主义理论体系给出完整表述的是党的十七大报告。报告指出："中国特色社会主义道路，就是在中国共产党领导下，立足基本国情，以经济建设为中心，坚持四项基本原则，坚持改革开放，解放和发展生产力，巩固和完善社会主义制度，建设社会主义市场经济、社会主义民主政治、社会主义先进文化、社会主义和谐社会，建设富强民主文明和谐的社会主义现代化国家"；"中国特色社会主义理论体系，就是包括邓小平理论、'三个代表'重要思想以及科学发展观等重大战略思想在内的科学理论体系"。接着，胡锦涛在纪念建党90周年大会上的讲话，又提出中国特色社会主义制度的概念，并把它同中国特色社会主义道路和理论体系合在一起，作为党和人民通过90年奋斗取得的三个最重要的成就。

党的十八大在此基础上，对中国特色社会主义道路的概念作了进一步丰富，增加了建设"社会主义生态文明"和"促进人的全面发展、逐步实现全体人民共同富裕"等内容；在界定中国特色社会主义理论体系时，将科学发展观前面的"以及"两个字改为顿号，表明科学发展观同邓小平理论、"三个代表"重要思想一样，都是我们党的指导思想，都是中国特色社会主义理论体系的组成部分。报告指出：对于建设社会主义现代化国家，"中国特色社会主义道路是实现途径，中国特色社会主义理论体系是行动指南，中国特色社会主义制度是根本保障"[1]。

以上过程说明，对中国特色社会主义的认识不是一步到位的，而是随着实践的发展逐步清晰、不断丰富、日趋完善的。正如党的十八大报告所

---

[1] 胡锦涛：《坚定不移沿着中国特色社会主义道路前进，为全面建成小康社会而奋斗》，人民出版社2012年版，第13页。

说：" 实践发展永无止境，认识真理永无止境，理论创新永无止境"，我们对中国特色社会主义的认识也没有完结，还需要随着新的实践对它不断加以深化。

什么是中国特色社会主义呢？从现实、历史和未来这三个视角，可以得出以下三个认识。

从现实角度看：中国特色社会主义是初级阶段的社会主义

党的十八大报告指出：中国特色社会主义的"总依据是社会主义初级阶段"。"社会主义初级阶段"这个提法，最早出现在《关于建国以来党的若干历史问题的决议》（以下简称《历史决议》）中，但当时并没有发挥。后来，党的十三大报告对此作了阐述，指出这是"我们制定和执行正确的路线和政策的根本依据。"随着改革开放的深入，我们党越来越深刻地认识到这个判断的正确性和重要性，因此始终坚持这个判断，并把它和中国特色社会主义紧密联系在一起。

自从马克思恩格斯创立科学社会主义学说以来，所有的马克思主义者都知道，共产主义是分为初级阶段和高级阶段的，其中的初级阶段称为社会主义社会。但是，这个社会的历史有多长？里面还有没有不同的阶段？如果有，不同阶段如何划分？对这些问题，长期以来并不很清楚，而且普遍存在把这个历史看短的倾向。例如，列宁就曾说过，那时的年轻人再过10年20年就会生活在共产主义社会。后来，他承认在这个问题上犯了错误，因此实行了新经济政策。然而，斯大林在1936年就宣布建成了社会主义，1938年即提出5年内从社会主义过渡到共产主义。卫国战争结束后，他又在1952年说，苏联已处在从社会主义过渡到共产主义的时期。对此，赫鲁晓夫说得更加绝对，提出从1959年算起，12年内（即1971年）达到共产主义；在苏共21大甚至宣布苏联已进入全面开展共产主义建设的时期。他的继任者虽然对这种过于冒失的言论进行了纠正，但仍然提出苏联已处于建设发达社会主义的时期。

中华人民共和国成立后，同样碰到了如何看待社会主义和共产主义的问题。1958年"大跃进"高潮中,"左"的急于求成的思想占了上风。所谓急于求成,其中一"急"是急于提高经济建设速度、增加产品数量、实现"超英赶美";还有一"急",就是急于进入共产主义。那时有的文件说:"共产主义在我国的实现已经不是什么遥远将来的事情了";有的文件甚至提出,在第三个五年计划以前(即1967年)进入共产主义。上面急,下面更急。有的县提出"2年进入共产主义","大战200天进入共产主义"。后来,随着共产风、浮夸风等问题的暴露,毛泽东和中央其他领导的头脑逐渐冷静下来。在1958年底的中央工作会议(即第一次郑州会议)上,毛泽东说:"现在有一种偏向,好像共产主义越快越好。实行共产主义是要有步骤的。"① 会议决议明确指出,"现阶段仍处在社会主义社会"②。在接着召开的八届六中全会(武昌会议)上,毛泽东又说:"我们现在是一穷二白,五亿多农民人均年收入不到八十元,是不是穷得要命?我们现在吹得太大了,我看是不合事实,没有反映客观实际。"③ 1959年底他在小范围里甚至说道:"社会主义这个阶段,又可分为两个阶段,第一个阶段是不发达的社会主义,第二个阶段是比较发达的社会主义。"④ 然而,他对这个思想没有很好发挥,后来更把阶级斗争当成了社会主义社会的主要矛盾,使党和国家在发展道路上出现了严重偏差。

改革开放后,邓小平指出:"社会主义本身是共产主义的初级阶段,而我们中国又处在社会主义的初级阶段,就是不发达的阶段。一切都要从这个实际出发,根据这个实际来制订规划。"⑤ 他这样说,很大程度就是针对我们党过去在社会主义阶段问题上的模糊认识。他还说:"社会主义的任务很多,但根本一条就是发展生产力,在发展生产力的基础上体现出优于资本主义,为实现共产主义创造物质基础。"⑥ 可见,中国特色社会主义正是以这个判断作为依据的。

---

① 《中国共产党历史第二卷(1949—1978)》,中共党史出版社2011年版,第511页。
② 同上书,第513页。
③ 同上书,第515页。
④ 同上书,第566页。
⑤ 《邓小平文选》第三卷,人民出版社1993年版,第252页。
⑥ 同上书,第137页。

党的十三大报告在阐述社会主义初级阶段的理论时指出:"这个论断,包括两层含义。第一,我国社会已经是社会主义社会。我们必须坚持而不能离开社会主义。第二,我国的社会主义社会还处在初级阶段。我们必须从这个实际出发,而不能超越这个阶段。"① 报告还具体分析了作出这个论断的根据。

对于社会主义初级阶段,党的十五大报告在十三大报告的基础上,作出了进一步规范性的表述,指出:"社会主义初级阶段,是逐步摆脱不发达状态,基本实现社会主义现代化的历史阶段;是由农业人口占很大比重、主要依靠手工劳动的农业国,逐步转变为非农业人口占多数、包含现代农业和现代服务业的工业化国家的历史阶段;是由自然经济半自然经济占很大比重,逐步转变为经济市场化程度较高的历史阶段;是由文盲半文盲人口占很大比重、科技教育文化落后,逐步转变为科技教育文化比较发达的历史阶段;是由贫困人口占很大比重、人民生活水平比较低,逐步转变为全体人民比较富裕的历史阶段;是由地区经济文化很不平衡,通过有先有后的发展,逐步缩小差距的历史阶段;是通过改革和探索,建立和完善比较成熟的充满活力的社会主义市场经济体制、社会主义民主政治体制和其他方面体制的历史阶段;是广大人民牢固树立建设有中国特色社会主义共同理想,自强不息,锐意进取,艰苦奋斗,勤俭建国,在建设物质文明的同时努力建设精神文明的历史阶段;是逐步缩小同世界先进水平的差距,在社会主义基础上实现中华民族伟大复兴的历史阶段。"②

党的十三大、十五大强调中国仍处于社会主义初级阶段时,我国GDP尚处于世界的第五、六位。然而现在,我国GDP按汇率计算已超过日本,位居世界第二,是否还能说我国仍处于并将长期处于社会主义初级阶段呢?对此,只要看看以下几方面的数据就清楚了。

首先,我国经济成果按人均计算,各项指标仍然偏低。据世界银行统计数据,2011年,根据汇率,中国人均GDP为5445美元,只相当于世界人均水平(10035美元)的一半多一点,是发达国家人均的五分之一到十

---

① 《十三大以来重要文献选编》上,人民出版社1991年版,第9页。
② 《十五大以来重要文献选编》上,人民出版社2000年版,第15—16页。

分之一，在世界 215 个国家和地区排名中居 90 位左右，属于中等收入国家。按照联合国开发计划署 2011 年的报告，中国人文发展指数排在世界第 101 位，也是很靠后的。我国大部分工农业产品的产量在世界排名中虽然处于前几位，但按人均计算都很低。例如，2011 年的钢产量为 6.8 亿吨，但人均只有 500 公斤，只相当于日本、韩国的一半；粮食产量为 5.7 亿吨，但人均只有 420 公斤，低于世界人均 450 公斤的水平。

其次，我国发展存在着粗放和不平衡的问题。经济增长方式粗放的主要表现是，质量、效益不高，资源、环境、生态代价过大。发展不平衡的主要表现是，城乡、区域之间和不同行业、不同人群之间的收入差别都很大，其中城乡居民人均收入差别由 1978 年的 2.5：1 扩大到 2011 年的 3.1：1。而且，社会保障体系仍然不很健全，保障水平也偏低。

再次，科技创新能力不足。据世界银行对各国研究与开发经费支出占 GDP 比重的统计，中国 2010 年为 1.7%（预计 2015 年为 2.2%），远远低于发达国家（美国为 2.6%，日本为 3.4%，德国为 2.5%）。现在，许多中国制造的机电产品，核心技术仍然掌握在外国人手里，就连出口服装和鞋等技术含量低的产品，大部分品牌也是外国的。据媒体披露，中国生产的手机、计算机、数控机床售价的很大一部分，支付给了国外专利持有者。苹果电脑公司生产的 iPod，最终组成绝大部分在中国，但相关劳动力费用中，中国只占 7.4%，每个岗位年收入不到 2000 美元，而日本每个岗位的年收入却高达 5.54 万美元。这不仅严重制约中国今天的发展，也影响今后发展的后劲。

最后，人口、资源、环境对发展的约束越来越大。目前，人口中性别比和老龄化的问题突出，劳动力无论绝对数还是在人口所占比重都呈下降趋势。2011 年，60 岁以上的人口已占人口总数的 13.7%（其中 65 岁以上的老人接近 10%），预计到 2020 年将超过 20%。另外，随着城市化、工业化的高速发展，人均耕地、水资源和生态环境的压力日趋加大。中国耕地原来就不足，仅有 1.2 亿公顷，占国土面积的 10%，占世界耕地的 7.9%，不但少于美国，也少于印度；人均耕地更少，只有 0.09 公顷，不到世界人均耕地的 1/2。中国淡水资源占世界淡水的 6.5%，人均仅有 2100 立方米，是世界人均的 28%，列世界第 125 位；全国 660 多个城市中，2/3 缺水，100 多个城市严重缺水。各种地下矿藏的人均数也都不高，有些矿藏，例如铁矿，品位还很低。人均二氧化碳排放量虽然低于发达国家，甚至低于世界人均数，但绝对量已超过美国，处于全球第一位。无论从自身利益还是全人类利益出发，我们都必须大力推动低碳经济。所有这些，对尚处于工业化中期的中国来说，无疑是发展的制约因素。

以上说明，中国经济总量在世界上虽然已经排在了第二位，但综合国力还很弱，发展阻力却很大，要达到发达国家水平还有很长的路要走。现在西方很多研究机构和学者都预测，中国的 GDP 在不远的将来会超过美国。但从上述几个方面看，即便真的如此，中国在一个相当长的时间里，人均 GDP 和综合国力仍然比不上美国，还只能处于发展中国家行列。

从历史角度看：中国特色社会主义是对新中国头 30 年历史加以继承和发展的社会主义

党的十八大报告指出："以毛泽东为核心的党的第一代中央领导集体带领全党全国各族人民完成了新民主主义革命，进行了社会主义改造，确立了社会主义基本制度，成功实现了中国历史上最深刻最伟大的社会变革，为当代中国一切发展进步奠定了根本政治前提和制度基础。"[①] 这就告诉我们，中国特色社会主义建设时期即改革开放后的历史时期，只能是新中国头 30 年历史的继承和发展；二者之间是内在统一的关系，而不是相互割裂、相互对立的关系。

与新中国头 30 年相比，改革开放的历史时期从政治到经济，从文化到社会，无疑都发生了深刻的历史性巨大变化。这些变化，大致有以下几个表现。

第一，在指导思想上，由以阶级斗争为纲，变为以经济建设为中心，进而变为经济建设、政治建设、文化建设、社会建设、生态建设五位一体全面发展；由一度僵化、封闭，变为改革开放，进而变为全面改革和全方

---

① 胡锦涛：《坚定不移沿着中国特色社会主义道路前进，为全面建成小康社会而奋斗》，人民出版社 2012 年版，第 10 页。

位开放。

第二，在经济上，由单一的公有制和按劳分配，变为以公有制为主体多种所有制经济共同发展和以按劳分配为主体多种分配方式并存；由高度统一的计划经济体制，变为社会主义市场经济体制。

第三，在政治上，由权力过分集中、党对政府事务包揽过多，变为党政职能适当分开，政企分开、政资分开、政事分开，决策权、执行权、监督权既相互制约又相互协调；由无法可依、有法不依、民主权利缺乏保障，变为高度重视民主与法制建设，初步建成社会主义法律体系，规定党必须在宪法和法律范围内活动；由领导职务事实上的终身制，变为实行退休制、问责制、引咎辞职制、离任审计制；由干部选拔任用由少数人决定，变为票决制、差额选举制；由政务不透明，变为实行政务公开、决策听证等等。

第四，在文化上，由一度对教育科学文化的轻视、对知识分子的歧视、对文艺创作和演出的行政干预，变为尊重知识、尊重知识分子，把科学技术作为第一生产力，落实"百花齐放、百家争鸣"方针，推进文化产业化，提倡弘扬主旋律、提倡多样化和尊重差异、包容多样。

第五，在社会生活上，由经济成分、利益关系、组织形式、就业方式和分配方式相对单一，变为日益多样化；由人的思想活动相对统一，变为独立性、选择性、多变化、差异性不断增强；由人口基本不流动、一切由单位管理，变为人口大规模流动，实行基层群众自治管理，促进社会组织发展，积极构建和谐社会。

改革开放前后两个历史时期除了明显变化外，也有许多共性。看不到它们的变化，不可能看清楚中国特色社会主义道路究竟"特"在哪里；而看不到它们的共性，也不可能弄明白中国特色社会主义道路为什么是社会主义的而不是别的什么主义。它们的变化把两个历史时期鲜明地区别了开来，而它们的共性又把两个历史时期有机地联系在了一起。这些共性主要表现在：

第一，改革开放后的历史时期虽然允许和鼓励包括私营经济在内的多种所有制经济发展、允许和鼓励资本参与分配，但始终坚持包括全民所有制经济在内的公有制经济和按劳分配的主体地位，始终明确国有经济即社会主义全民所有制经济是国民经济中的主导力量和支柱，是社会主义制度和党执政的重要经济基础，是我国经济参与国际竞争的基本力量，是实现广大人民群众根本利益和共同富裕的重要保证，并始终规定国家要保障国有经济的巩固和发展，国有经济要控制国民经济命脉，要增强国有经济的活力、控制力、影响力；虽然确定市场对资源配置起基础性作用，但始终明确这种作用的发挥要在社会主义国家的宏观调控之下，要与社会主义基本制度结合在一起，要使国家计划作为宏观调控的重要手段之一；虽然不断拓展对外开放的广度和深度，但始终注重防范国际经济风险，坚持走自主创新的道路。

第二，改革开放后的历史时期虽然不断推进政治体制改革，但始终坚持党的领导、人民当家作主、依法治国三者的统一；虽然不断完善国家各项政治制度，但始终坚持人民代表大会制度等各项根本和基本政治制度；虽然不断改进党的领导方式和执政方式，但始终着眼于党对国家的有效治理。

第三，改革开放后的历史时期虽然提出文化上要尊重差异、包容多样，但始终坚持马克思主义的指导地位；虽然推动文化产业的发展，但始终强调要把社会效益放在首位，经济效益要与社会效益相统一。

第四，改革开放后的历史时期虽然把基层群众自治制度作为国家的基本政治制度，并且发展社会组织，进行和谐社会建设，但始终强调党在社会管理体制中的领导作用，建立健全党和政府主导的维护群众权益机制，并在社会组织中开展党组织建设。

以上说明，改革开放前后两个历史时期在基本面上是一致的。我们要正确认识中国特色社会主义，就必须正确认识这两段历史及其相互关系。在现实生活中，凡是怀疑和反对改革开放的，往往会用改革开放前的历史否定改革开放的历史，凡是怀疑和反对四项基本原则的，往往会用改革开放的历史否定改革开放前的历史；凡是把中国特色社会主义看成"新民主主义回归"和"民主社会主义""社会民主主义"或者看成"资本主义复辟"的，往往会把这两个历史时期加以割裂和对立；相反，凡是把两个历史时期加以割裂和对立的，也往往会反对或者曲解中国特色社会主义。这说明，如何看待这两个历史时期的关系，是一个与如何认识中国特色社会主义密切联系、高度相关的问题。

能否正确看待改革开放两个历史时期的关系，还涉及对新中国头30年党和国家领导人、广大干部和群众所做贡献的评价，甚至涉及政权的安危和国家的存亡。清代思想家龚自珍说过："灭人之国，必先去其史。"[1] 就是说，要灭掉一个国家，先要否定这个国家的历史，这个国家的历史被否定了，这个国家也就不攻自灭了。他的这个观点已为大量历史事实所验证。当年日本帝国主义为霸占中国的台湾地区和东北三省，推行奴化教育，把台湾和东北历史从中国历史中剥离出去。陈水扁当政时，为了搞"台独"，竭力推行"去中国化"运动，要把台湾史从中国史中分割出去，把没有台湾的中国史放入世界史课本。他们都是妄图通过否定、割裂中国历史，达到灭亡、分裂中国的目的。当前，国内外敌对势力总喜欢拿历史尤其是当代史做文章，一方面丑化、诬蔑中国革命和革命领袖；另一方面，为反动阶级的代表人物和大地主、大汉奸涂脂抹粉、歌功颂德。他们这样做，同样是为了反对中国共产党的领导和中国的社会主义制度。

毛泽东在中华人民共和国成立后说过："历史上不管中国外国，凡是不应该否定一切的而否定一切，凡是这么做了的，结果统统毁灭了他们自己。"[2] 就是说，否定别人的历史可以达到否定别人的效果，否定自己的历史同样会酿出否定自己的苦酒。大量历史事实同样验证了这个观点。戈尔巴乔夫在苏联掀起一场从否定斯大林到否定列宁、十月革命和苏联历史，再到否定马克思、恩格斯和国际共产主义运动历史的逐步升级的运动，使人民群众产生严重的思想混乱和信任危机、信仰危机，最终导致苏共下台、苏联解体。今天，如果因为新中国头30年有失误有曲折就否定那段历史，同样会使我国人民产生严重的思想混乱和信任危机，使我们难以理直气壮地宣传新中国的历史。其结果，改革开放后的历史迟早也会站不住脚。那时，我们党和国家势必重蹈苏共和苏联的覆辙。

党的十八大报告中重申，"我们既不走改旗易帜的邪路，也不走封闭

---

[1] 龚自珍：《古史钩沉论二》，见《龚自珍全集》，上海人民出版社1975年版，第22页。
[2] 《毛泽东在省、市、自治区党委书记会议上的讲话（1959年2月2日）》，《党的文献》2007年第5期。

僵化的老路"①。这里说的"僵化封闭的老路"并非指改革开放前所走过的路。改革开放前，我们有过对所有制求公求纯、对经济越统越死的错误，有过"文化大革命"把市场调节、个体经济统统批成资本主义复辟和把学习、引进国外先进技术统统批成"洋奴哲学"的错误。但是，不等于那段历史都是僵化和封闭的。否则，不仅与历史史实不符，也与《关于建国以来党的若干历史问题的决议》（以下简称《决议》）和党的十八大报告相矛盾。说到"封闭"，首先要看到，在改革开放前的大部分时间里，先有以美国为首的帝国主义国家对中国的经济封锁，后有以苏联为首的社会主义国家与中国断绝经济来往。因此，在那段时间里，主要是"被封闭"，而不是自我封闭。再次要看到，即使在"文化大革命"中，党中央、国务院也在努力排除"四人帮"的干扰，想方设法和西方做买卖。改革开放前30年最大的对外贸易"四三方案"，就是"文化大革命"期间由周恩来领导制定，由毛泽东亲自批准的。

从未来角度看：中国特色社会主义是以实现共产主义为最终奋斗目标的社会主义

消灭私有制、实现共产主义是共产党的最终奋斗目标，也是它的最高纲领。但是，"关于社会制度的主张，共产党是有现在的纲领和将来的纲领，或最低纲领和最高纲领两部分的"②。这是因为，共产主义是人类最理想最美好的社会，因此是共产党人奋斗的最高纲领。但是，要实现这个最高纲领，必须具备相应的条件，需要经过漫长的历史阶段和十几代、几十代人的奋斗。在这个过程中，共产党人必须针对每个历史阶段的实际情况，制定具体的纲领，也就是最低纲领或基本纲领。只有完成一个个具体纲领规定的任务，才可能逐步接近最高纲领的实现。想不经过为这些任务而奋斗的阶段，一下子达到共产主义，只能是不切实际的空想。我们党在

---

① 胡锦涛：《坚定不移沿着中国特色社会主义道路前进，为全面建成小康社会而奋斗》，人民出版社2012年版，第12页。

② 《毛泽东选集》第二卷，人民出版社1991年版，第686页。

社会主义初级阶段的基本纲领，便是党在这个历史阶段的最低纲领。

党的十五大提出，我们党在现阶段的基本纲领是：经济上建设社会主义的市场经济，政治上建设社会主义的民主政治，文化上建设社会主义的先进文化；后来，党的十七大又增加了社会上要建设社会主义的和谐社会；党的十八大又增加了生态环境上要建设社会主义的生态文明。概括起来说，就是建设富强民主文明和谐的社会主义现代化国家。这个纲领既没有超越中国现在所处的社会发展阶段，又没有脱离共产主义的远大目标，而是在为将来进入社会主义的高级阶段或者说共产主义的初级阶段准备必要的条件。

当年，我们党领导的新民主主义革命总体上比较顺利，很大程度得益于能够正确认识和处理那时党的最高纲领与最低纲领的关系。那时，我们党一方面要求所有党员必须为着完成资产阶级民主革命这个党的最低纲领而奋斗，认为凡是"看不起这个资产阶级民主革命而对它稍许放松，稍许怠工，稍许表现不忠诚、不热情，不准备付出自己的鲜血和生命，而空谈什么社会主义和共产主义"[①]的人，都是有意无意地或多或少地背叛社会主义和共产主义，都不是自觉的忠诚的共产主义者；另一方面，始终用共产主义思想体系教育自己的干部和党员，要求每个党员入党的时候，心中就要悬着为新民主主义革命而奋斗和为将来的社会主义与共产主义而奋斗这样两个明确的目标，"而不顾那些共产主义敌人的无知的和卑劣的敌视、污蔑、谩骂或讥笑"[②]。一方面指出，如果不是扩大共产主义思想的宣传、加紧马克思列宁主义的学习，"不但不能引导中国革命到将来的社会主义阶段上去，而且也不能指导现时的民主革命达到胜利"[③]；另一方面，时刻提醒全党，"应把对于共产主义的思想体系和社会制度的宣传，同对于新民主主义的行动纲领的实践区别开来"[④]。由于我们党善于把最高纲领与最低纲领辩证地统一在一起，没有因为要为最高纲领奋斗而轻视最低纲领，也没有因为要实行最低纲领而忘记最高纲领，所以带领人民仅用了 28 年

---

① 《毛泽东选集》第三卷，人民出版社 1991 年版，第 1059 页。
② 同上。
③ 《毛泽东选集》第二卷，人民出版社 1991 年版，第 706 页。
④ 同上。

时间就推翻了压在中华民族头上的"三座大山"。

在带领人民进行中国特色社会主义建设时,我们党同样存在正确认识和处理党的最高纲领与基本纲领关系的问题。党在社会主义初级阶段的基本纲领与党的最高纲领之间,既有严格的区别,又有密切的联系。不完成建设中国特色社会主义这个基本纲领的任务,谈不上为最高纲领而奋斗;反过来,丢掉最高纲领,中国特色社会主义建设就失去了方向和灵魂。好比一个人,前进的目标是南方,由于一时没有准备好出发的条件,可以先放慢脚步或在原地踏踏步,甚至倒退几步,但绝不能把身体转向北方而背向南方,因为那样即使出发条件具备了,也不可能向南走,而只会越走离原定目的地越远。因此,是否牢记党的最高纲领和最终奋斗目标,对于党能否领导中国人民完成基本纲领规定的任务,能否引导中国特色社会主义事业不断向共产主义远大理想前进,具有至关重要的意义。

党的十八大报告指出:"对马克思主义的信仰,对社会主义和共产主义的信念,是共产党人的政治灵魂,是共产党人经受住任何考验的精神支柱。"[①] 我们今天强调共产党员要牢记党的最高纲领、勿忘共产主义远大理想,并不是要党员现在就实行共产主义的政策,而是因为我们党当前正在经受长期执政、市场经济和对外开放的考验,特别需要提醒广大党员,尤其是党的各级领导干部在各种诱惑面前保持清醒头脑,在各种困难面前保持必胜信念。实现共产主义当然是遥远将来的事,但绝非遥遥无期、虚无缥缈。否则,为什么我们党至今仍要求党员入党时宣誓"为共产主义奋斗终生"呢?共产主义不仅是指人类社会的理想制度,也是指一种思想体系和一种运动。党的十二大报告曾指出:"在我国,共产主义思想的传播,人们为最终实现共产主义理想而进行的运动,早在中国共产党成立和领导进行新民主主义革命的时候就开始了……共产主义的思想和共产主义的实践早已存在于我们的现实生活中。"[②] 如果说我们党在井冈山时代、延安时代、西柏坡时代,是共产主义理想支撑了广大党员的意志,那么今天距离

---

① 胡锦涛:《坚定不移沿着中国特色社会主义道路前进,为全面建成小康社会而奋斗》,人民出版社2012年版,第50页。

② 《十二大以来重要文献选编》上,中央文献出版社1986年版,第27—28页。

共产主义总不会比那时更远。江泽民指出:"我们现在的努力是朝着最终实现共产主义的最高纲领前进的,忘记远大目标,不是合格的共产党员;不为实现党在社会主义初级阶段的纲领努力奋斗,同样不是合格的共产党员。"① 胡锦涛说,"革命先烈在生与死的考验面前所以能威武不屈,就是因为他们对共产主义理想信念坚贞不渝、矢志不移";"现在,有的党员在矛盾面前畏缩不前,在困难面前悲观失望,在诱惑面前不能洁身自好,说到底,还是共产主义理想和中国特色社会主义信念不坚定"②。他们的论述都说明,党当前在为基本纲领奋斗的同时,要求党员牢记党的最高纲领、坚定共产主义理想信念,不仅是完全可以的,也是非常必要的。

看一个党员在为党的基本纲领奋斗时,是否牢记了党的最高纲领、坚定了共产主义理想信念,是有客观评判标准的。对于普通党员,就是看他在执行党和国家的各项方针、政策时,是否坚持全心全意为人民服务的宗旨了,是否发扬了党的理论联系实际、密切联系群众、批评与自我批评的作风了,是否吃苦在前、享受在后、勤奋工作、廉洁奉公了,是否努力学习马克思主义了,是否在危急时刻挺身而出了。对于党的领导干部来说,除了要看以上这些之外,还要看他在贯彻党的基本理论、基本路线、基本纲领时,是否做到了全面、完整、准确;在推进经济、政治、文化等体制改革时,是否坚持了四项基本原则;在领导经济建设时,是否同时注意了精神文明建设和党的自身建设;在作各项决策之前,是否深入实际、调查研究、坚持把大多数人的利益放在了第一位。凡是这样做的,说明牢记了党的最高纲领、坚定了共产主义的理想信念;反之,则说明淡忘了、动摇了,甚至抛弃了。

前一阵子有一种提法,叫做"要把我们党由革命党变为执政党"。其理由是,我们党现在的主要任务是执政而不是革命,因此应当尽快完成角色转换。这种提法是对"革命"的片面理解,是把"革命"与"执政"人为割裂和对立了。革命这个概念具有多种含义。有的是指一个阶级推翻另一个阶级的变革,即政治革命;有的是指组织和建设新的社会经济制

---

① 《十五大以来重要文献选编》上,人民出版社2000年版,第49页。
② 《十六大以来重要文献选编》中,中央文献出版社2006年版,第621页。

度，这是社会主义革命所特有的内容；有的是指积极进取、奋发向上的精神状态，如革命精神；有的是指某一领域中的重大变革，如产业革命、科技革命等。因此，社会主义革命并不仅指一个阶级推翻另一个阶级，而是指社会主义代替资本主义的整个过程。就是说，社会主义革命在无产阶级取得政权后，狭义的革命结束了，但广义的革命并没结束。

"文化大革命"中提出的"无产阶级专政下继续革命"的理论，是在"左"的指导思想发展到极致下的产物。它的特定含义是无产阶级在取得政权后，仍然要进行一个阶级推翻另一个阶级的革命，而且"文化大革命"就是这种"继续革命"的重要方式。这种"左"的"继续革命"的理论，在党的十一届三中全会后已经被否定。但是，否定这种"继续革命"的理论，并不意味着否定了本来意义上的继续革命。对于这个问题，《历史决议》曾用很大篇幅作过专门论述。它指出："我们坚决纠正'文化大革命'中所谓一个阶级推翻一个阶级的'无产阶级专政下继续革命'口号的错误，这绝对不是说革命的任务已经完成，不需要坚决继续进行各方面的革命斗争。社会主义不但要消灭一切剥削制度和剥削阶级，而且要大大发展社会生产力，完善和发展社会主义的生产关系和上层建筑，并在这个基础上逐步消灭一切阶级差别，逐步消灭一切主要由于社会生产力发展不足而造成的重大社会差别和社会不平等，直到共产主义的实现。这是人类历史上空前伟大的革命。我们现在为建设社会主义现代化国家而进行的斗争，正是这个伟大革命的一个阶段。"[①] 可见，我们党并没有认为自己的革命任务已经完成了，不再需要继续进行革命斗争了。就在党的十八大报告中，讲到加强军队全面建设时，仍然把军队的革命化建设包括在内，仍然要求"持续培育当代革命军人核心价值观"。既然我们党领导的军队仍然是革命军队，怎么能说党不再是革命党了呢？这在逻辑上也是说不通的。

反对把党称为革命党，追根溯源，是受了"告别革命论"和历史虚无主义思潮的影响。这种观点在理论上站不住脚，在实践上也十分有害。因为，它很容易把我们党的执政混同于资产阶级政党的执政，从而丢掉党的

[①] 《三中全会以来重要文献选编》下，人民出版社1982年版，第844—845页。

最高理想和革命传统、革命作风、革命精神，助长官僚主义、形式主义，脱离人民群众。这些年，党的干部队伍和党风中发生的种种问题，与这种观点的散布不无关系。准确讲，我们党现在是革命的执政党或执政的革命党。我们党仍然要为最终实现共产主义的远大理想而奋斗，要继续发扬革命精神、继承革命传统，并用共产主义的理想信念去教育和影响下一代。否则，不仅我们党会失去方向、灵魂和精神支柱，整个社会也会成为只顾眼前、只讲利益的社会。邓小平曾说过，"我们干的是社会主义事业，最终目的是实现共产主义"；"要特别教育我们的下一代下两代，一定要树立共产主义的远大理想"[①]。他的这番话也说明，我们党执政后并非不再是革命的党了。

---

① 《邓小平文选》第三卷，人民出版社1993年版，第110—111页。

中国特色社会主义是科学社会主义理论逻辑和中国社会发展历史逻辑的统一[*]

习近平总书记2013年1月5日在新进中央委员会的委员、候补委员学习贯彻党的十八大精神研讨班开班式上的讲话（以下简称"1·5"讲话），是一篇对深入领会十八大精神、全面总结历史经验、促进全党警醒具有重大意义的讲话。讲话从六个时间段分析了社会主义思想从提出到现在的历史过程，强调中国特色社会主义是科学社会主义理论逻辑和中国社会发展历史逻辑的辩证统一，是根植于中国大地、反映中国人民意愿、适应中国和时代发展进步要求的科学社会主义。这篇讲话不仅有助于人们更加科学地认识什么是中国特色社会主义、怎样建设中国特色社会主义，也为如何正确看待和研究中华人民共和国历史提供了更加明确的指导思想。

一

习近平总书记的"1·5"讲话指出："**中国特色社会主义是社会主义而不是其他什么主义，科学社会主义基本原则不能丢，丢了就不是社会主义。**"在当前国内外敌对势力和错误思潮肆意攻击中国特色社会主义，把它污蔑为"资本社会主义""国家资本主义"或"新官僚资本主义"的情

---

[*] 本文曾发表于《思想理论教育导刊》2013年第3期。

况下，突出强调这个问题具有很强的现实针对性。

世界上任何事物都有质的规定性。好比钢，其基本性质是含碳量小于2%的铁碳合金，在此基础上可以加各种合金元素，使其成为不同用处的合金钢。但无论加什么元素，碳的含量都不能超过2%，否则就不成其为钢，而是铁或其他金属了。中国特色社会主义虽然立足于中国仍处于并将长期处于社会主义初级阶段的国情，体现着世界呈现和平与发展两大时代主题的特征，但它作为一种政治理论、社会实践、社会制度，归根结底属于科学社会主义范畴。既然如此，它当然要遵循科学社会主义的基本原则，否则就不成其为科学社会主义，而是别的什么主义了。

社会主义起初是针对资本主义剥削而在16世纪欧洲产生的一种学说，它对未来理想社会描绘得十分美好、十分具体，但未能揭示资本主义灭亡的必然规律、指出埋葬资本主义的社会力量、找到通向理想社会的现实道路，因而只能流于空想。马克思、恩格斯批判地继承、吸收了德国古典哲学、英国古典政治经济学和法国、英国空想社会主义的合理成分，创立了唯物史观和剩余价值学说，揭露了资本主义剥削的秘密，阐明了资本主义必然被社会主义代替的客观规律，论证了无产阶级的历史使命和推翻资产阶级统治的必由之路，从而将社会主义由空想变成了科学。

科学社会主义自创立之后，经过马克思、恩格斯的继续充实和完善，又经过列宁、斯大林在领导俄国社会主义革命和建设实践过程中的丰富和发展，从理论逐步变为了现实，并形成了一系列基本原则。例如，由资本主义到社会主义，必须经过无产阶级革命；无产阶级革命必须由马克思主义理论武装的无产阶级政党领导；建立社会主义制度必须打碎资产阶级的国家机器，实行无产阶级专政；无产阶级专政必须以工农联盟为基础，坚持共产党领导，镇压国内敌对势力的反抗，防范国外敌人的侵略、颠覆，保障全体劳动者的民主权利；建设社会主义必须变生产资料的私有制为公有制，由国家有计划地进行，不断提高社会生产力，满足人民群众日益增长的物质文化生活的需要，逐步消灭阶级，直到实现共产主义，等等。但是，正如列宁所说：马克思主义的理论"所提供的只是总的指导原理，而这些原理的应用具体地说，在英国不同于法国，在法国不同于德国，在德国又不同于俄国"①。"一切民族都将走向社会主义,这是不可避免的,但是一切民族的走法却不会完全一样,在民主的这种或那种形式上,在无产阶级专政的这种或那种形态上,在社会生活各方面的社会主义改造的速度上,每个民族都会有自己的特点"②。中国特色社会主义,就是在中国具体国情下所实行的既坚持了科学社会主义基本原则,又根据中国实际和时代特征赋予其鲜明中国特色的社会主义。例如,中国特色社会主义在国体和政体上虽然实行包括工人阶级、农民阶级和新社会阶层在内的人民民主专政及人民代表大会制度,但人民民主专政和人民代表大会制度都是实行工人阶级(通过中国共产党)领导,因此,其实质仍然是无产阶级专政;在经济制度和体制上虽然鼓励、支持和引导非公有制经济发展,允许和鼓励资本参与分配,让市场在资源配置上起基础性作用,但公有制和按劳分配仍然占主体,国有经济仍然控制国民经济命脉,国家对市场活动仍然发挥宏观指导和调控作用,计划调节仍然是国家宏观调控的重要手段,因此,其实质仍然是社会主义。

马克思在《哥达纲领批判》中指出:"消费资料的任何一种分配,都不过是生产条件本身分配的结果;而生产条件的分配,则表现生产方式本身的性质。"③ 邓小平在改革开放初期也说过:"一个公有制占主体,一个共同富裕,这是我们所必须坚持的社会主义的根本原则。"④ "只要我国经济中公有制占主体地位,就可以避免两极分化。"⑤ 江泽民同志强调:"我们干的是社会主义事业,国家经济的主体必然是公有制经济。这一点必须坚定不移,决不能动摇。"⑥ 正因为如此,我们党在推进所有制改革的过程中,始终强调要以公有制为主体、以国有经济为主导。事实说明,只有公有制占主体,分配上才能保证共同富裕,从而使社会主义原则落到实处。

改革开放初期,针对我国生产力水平较低和过去长期存在平均主义、

---

① 《列宁选集》第一卷,人民出版社1995年版,第274—275页。
② 《列宁选集》第二卷,人民出版社1995年版,第777页。
③ 《马克思恩格斯选集》第三卷,人民出版社1995年版,第306页。
④ 《邓小平文选》第三卷,人民出版社1993年版,第111页。
⑤ 同上书,第149页。
⑥ 《江泽民论有中国特色社会主义(专题摘编)》,中央文献出版社2002年版,第50页。

吃大锅饭的现象，我们党曾提出"让一部分人、一部分地区先富起来"，提倡"效率优先、兼顾公平"，允许和鼓励资本参与分配。这一方针和政策的实施，对于调动各方面积极性、加快经济发展，起到了重要作用。但与此同时，也出现了分配不公、收入差距过大的现象和"一切向钱看"的思想倾向，引起广大群众的不满，并且受到来自右的和极"左"的两种思潮的夹击，就连资本主义国家的舆论也不时予以嘲讽。针对这一情况，我们党对分配政策进行了逐步调整。例如，把"效率优先、兼顾公平"的口号改为"既重视效率也重视公平、把公平放在更加突出的位置"；要求初次分配和再分配都要处理好效率和公平的关系，再分配要更加注重公平；逐步提高居民收入在国民收入中的比重，提高劳动报酬在初次分配中的比重，提高低收入者收入，提高扶贫标准和最低工资标准，等等。党的十八大，更把"逐步实现全体人民共同富裕"纳入中国特色社会主义定义，把"坚持走共同富裕道路"作为夺取中国特色社会主义新胜利必须把握的基本要求之一，把"收入分配差距缩小"作为全面建成小康社会的新要求之一，并旗帜鲜明地提出"共同富裕是中国特色社会主义的根本原则"。十八大闭幕后，习近平总书记在第一次会见中外媒体时便强调，新一届中央领导机构对民族、对人民、对党的一个重要责任，就是努力解决群众生产生活困难，坚定不移走共同富裕道路。所有这些都表明，我们党对分配领域出现的新问题，认识是清醒的，解决的决心也是坚定的。

要摆正先富与共富、效率与公平、资本与劳动的关系，涉及各方切身利益，不可能没有阻力，更不可能一帆风顺。比如，有人认为我国的贫富差距还不够大，说"只有拉大差距，社会才能进步，和谐社会才有希望"，"没有贫富差距就相当于吃大锅饭"。还有人把收入差距扩大说成是政府管理经济和"国有垄断"、"国进民退"造成的，提出"民富优先"、"国退民进"、"以民营经济为主体"、"要把国有企业量化到人民手中"等主张。这些言论既违背《宪法》原则和中国特色社会主义的理论、纲领、路线和方针，又违背客观实际。

我国《宪法》规定："国有经济是社会主义全民所有制经济，是国民经济的主导力量。"因此，不存在什么国有企业还要"量化到人民手中"的问题。要求所谓"量化"，说穿了，无非是要把国有资产私有化。苏联解体时给全体居民发放国有企业的证券，结果把国有资产都"量化"到了哪些人手里，世人是有目共睹的。党的十五届四中全会通过的《关于国有企业改革和发展若干重大问题的决定》指出，国有经济需要控制的行业中包括"自然垄断的行业"，国有企业中也要有"极少数必须由国家垄断经营的企业"①。离开了这种垄断，国有经济发挥国民经济主导作用就会成为一句空话。我们一方面要反对包括国有企业在内的一切企业的垄断行为，另一方面，绝不能借口"反垄断"来反对国家通过国有企业实行必要的"自然垄断"和"垄断经营"。江泽民同志说，"国有企业是我国国民经济的支柱"，"是我国社会主义制度的重要经济基础"，"国有大中型企业是发展社会主义市场经济的主力军"，"是我国经济参与国际竞争、合作、分工的基本力量"②。胡锦涛同志指出："要毫不动摇巩固和发展公有制经济……不断增强国有经济活力、控制力、影响力。"③ 习近平同志在 2009 年视察大庆油田时也指出："国有企业是中国特色社会主义的重要支柱，是我们党执政的重要基础，也是贯彻和实践党的基本理论的重要阵地。"④ 当前，某些西方大国正是以我国国有企业受政府优惠为名，在贸易、投资、资产收购等领域对其百般刁难和限制。这从反面说明，国有企业在国际竞争中确实具有较强实力，使西方跨国公司、大财团和它们的代理人也感到不好对付。

另外，是不是"国进民退"和"国富民穷"，应当用事实说话。统计表明，2009 年进行的第二次全国经济普查结果与 4 年前进行的第一次普查相比，国有企业单位下降了 20%，资产下降了 8.1%；而私营企业单位增长了 81.4%，资产增加了 3.3%。⑤ 2011 年，全国规模以上工业企业主营收入中，国有及国有控股企业仅占 27%，而私营企业占 30%，外商投资

---

① 《十五大以来重要文献选编》中，人民出版社 2001 年版，第 1008、1009 页。
② 《江泽民论有中国特色社会主义（专题摘编）》，中央文献出版社 2002 年版，第 145、143、142 页。
③ 胡锦涛：《坚定不移沿着中国特色社会主义道路前进 为全面建成小康社会而奋斗——在中国共产党第十八次全国代表大会上的报告》，人民出版社 2012 年版，第 20—21 页。
④ 《中国石油报》2009 年 9 月 23 日。
⑤ 《人民日报》2009 年 12 月 26 日第 2 版。

企业占 26%。① 还应当看到,中国特色社会主义社会并不是无阶级社会,"国"和"民"没有摆脱也不可能摆脱阶级性,对"民穷"还是"国富"都要做具体分析。现在,我国一方面还有 1.25 亿人处于新的扶贫标准线以下,另一方面,早已经成为全球第二大奢侈品市场。我国工业企业中,国有及国有控股企业的产值、资产占比均已不到 30%;国民收入中,国家财政收入占比也只有 30%。而 24 个工业化国家平均税负为 45.3%,29 个发展中国家平均税负为 35.5%,都比我国要高。可见,笼统说"国进民退""国富民穷",都是站不住脚的。

改革开放以来,我们党针对过去一度存在的权力过分集中、忽视民主与法制建设的问题,提出并推进政治体制改革,大力加强社会主义民主与法制建设,同时,始终强调改革要坚持社会主义方向。有人说,改革就是改革,无所谓社会主义方向和资本主义方向,并以邓小平讲过"改革不问姓'资'姓'社'"、"不搞争论"作为根据。只要看看《邓小平文选》就会知道,邓小平从来没有在改革方向问题上说过不问姓"资"姓"社",相反,他一再提醒我们:"在改革中坚持社会主义方向,这是一个很重要的问题。"②"在整个改革开放的过程中,必须始终注意坚持四项基本原则。"③ 他还强调:"如果不坚持这四项基本原则,纠正极左就会变成'纠正'马列主义,'纠正'社会主义。"④ 邓小平也从来没有在改革的方向上说过"不搞争论",相反,他在一九八九年风波后说:"某些人所谓的改革,应该换个名字,叫作自由化,即资本主义化。他们'改革'的中心是资本主义化。我们讲的改革与他们不同,这个问题还要继续争论的。"⑤ 江泽民同志在庆祝建党 70 周年大会上讲:"要划清两种改革开放观,即坚持四项基本原则的改革开放,同资产阶级自由化主张的实质是资本主义化的'改革开放'的根本界限。"⑥ 胡锦涛在纪念党的十一届三中

---

① 参见《2012 年中国统计摘要》。
② 《邓小平文选》第三卷,人民出版社 1993 年版,第 138 页。
③ 同上书,第 379 页。
④ 同上书,第 137 页。
⑤ 同上书,第 297 页。
⑥ 《十三大以来重要文献选编》下,人民出版社 1993 年版,第 1649 页。

全会召开 30 周年大会上讲："既以四项基本原则保证改革开放的正确方向，又通过改革开放赋予四项基本原则新的时代内涵。""离开四项基本原则和改革开放，经济建设就会迷失方向和丧失动力。"① 他们的论述都说明，党中央历来认为改革存在坚持什么方向的问题，这个方向不是别的，就是社会主义；对这个方向的保证也不是别的，就是坚持四项基本原则。

我国政治体制无疑还有许多需要继续深化改革的问题和空间。比如，要进一步健全权力运行的制约和监督体系，要推进权力运行的公开化、规范化，要更加注重改进党的领导方式、执政方式，要不断发挥法治在国家治理和社会管理中的作用，等等。但是，改革的目标只能是社会主义制度的自我完善和发展，原则只能是坚持中国共产党领导、人民当家作主、依法治国的有机统一，前提只能是有利于政局稳定、人民团结、经济发展、生活改善。现在有人无视我国近 30 多年来政治体制改革取得的巨大进步和正在进行的改革，指责政治体制改革停顿了、滞后了、倒退了，认为现有政治体制已经成为进一步市场化改革的阻力，鼓吹"重启政改"。显然，他们所要的"政治改革"并不是我们党所推动的政治体制改革，而是要把西方资本主义那一套政治体制搬到中国来。经济基础决定上层建筑。我们经济体制改革不是要建立私有制基础上的自由市场经济，政治体制改革当然也不可能照搬适应那种市场经济的多党轮流执政和三权鼎立的政治体制。既然从来没有启动过那种"政治改革"，又怎么谈得上"停滞"和"倒退"的问题呢？那种"政治改革"既不会给中国带来真正的民主，也解决不了腐败问题，更促进不了经济发展，相反，只会使社会混乱、国家分裂、内战爆发，使已有的发展成果丧失殆尽，使人民重新陷入无穷灾难。对此，我们当然不能接受。

现在还有人鼓吹所谓"宪政"改革。这一论调的要害在于把共产党的领导同《宪法》原则相对立，实质在于要求实行多党制、三权鼎立、军队国家化等资本主义政体，目的在于从根本上改变中国特色社会主义的政治制度。我国《宪法》规定了中国共产党在国家的社会主义建设事业中的领导地位，《中国共产党章程》也规定了党必须在宪法和法律的范围内活动。

---

① 《十七大以来重要文献选编》上，中央文献出版社 2009 年版，第 797、798 页。

因此，坚持共产党领导与遵守《宪法》原则是一致的，不存在相互排斥的问题。资本主义国家在经济上实行资产阶级所有制，在政治上由资产阶级统治。由于资产阶级有不同的利益集团，因此，需要有不同的政党代表这些集团。这种多党制决定了其军队不能由哪一个党单独领导，必须国家化；而各政党在维护资产阶级政治统治这一点上的一致性，又决定了无论哪个党上台都不会改变军队作为资产阶级专政工具的性质。然而，我国是社会主义国家，实行工人阶级领导的以工农联盟为基础的人民民主专政；中国共产党作为工人阶级政党，同时代表着最广大人民的根本利益。这一国情决定了我国不允许产生剥削阶级，更不允许有代表剥削阶级利益的政党同共产党轮流执政。在社会主义市场经济条件下，人民内部会有不同利益的矛盾，但这一经济是由中国共产党领导、以公有制为主体、以国家宏观调控为前提的，不允许在人民内部出现根本的利害冲突，因而也不需要建立代表不同阶层利益的政党，而只能实行共产党领导的多党合作和政治协商制度。在这种情况下，军队当然必须由而且完全可以由中国共产党绝对领导。这种领导是和我国国家性质、经济与政治的基本制度，以及政党制度相一致的，它不仅不会妨碍我国政治体制的运行，影响军队的国防军性质，相反，是坚持中国特色社会主义、维护人民根本利益、保证党和人民内部团结统一及社会稳定的不可或缺的必要条件。

二

习近平总书记的"1·5"讲话指出：改革开放前后两个历史时期，**"是两个相互联系又有重大区别的时期，但本质上都是我们党领导人民进行社会主义建设的实践探索……两者决不是彼此割裂的，更不是根本对立的。不能用改革开放后的历史时期否定改革开放前的历史时期，也不能用改革开放前的历史时期否定改革开放后的历史时期"**。在当前怀疑、反对改革开放或怀疑、反对四项基本原则的人，总是把改革开放前后两个历史时期加以割裂和对立，不是拿前者否定后者就是拿后者否定前者的情况下，突出强调这个问题也有很强的现实针对性。

中国特色社会主义是改革开放后开创的，但它不是在新中国刚成立时面对的那个百孔千疮的烂摊子上开创的，而是在改革开放前中国已进入社会主义并已进行了20多年社会主义建设的基础上开创的。如果1978年没有实行改革开放，或者1978年以后不把改革开放坚持下去，新中国的历史将难以为继。但如果1949年不建立新中国，新中国不选择社会主义道路，不进行大规模工业化建设和农田水利基本建设，没有形成独立的完整的工业体系和国民经济体系，没有培养出大批从事经济、科技、文教事业的人才，改革开放也是难以起步的。这些已经为新中国的历史所证明。而且，改革开放如果不沿着社会主义道路前进，相反改旗易帜，误入资本主义歧途，其结果也必然是亡党亡国。这一点已为苏东剧变的历史所证明。

正确认识我国改革开放前的历史，必须分清那段历史的主流和支流。改革开放前的历史虽然有曲折，但它取得的成就和经验是主要的。正如党的十八大报告所说：改革开放前的30年，"进行了社会主义改造，确立了社会主义基本制度，成功实现了中国历史上最深刻最伟大的社会变革，为当代中国一切发展进步奠定了根本政治前提和制度基础"。那段历史"在探索过程中，虽然经历了严重曲折，但党在社会主义建设中取得的独创性理论成果和巨大成就，为新的历史时期开创中国特色社会主义提供了宝贵经验、理论准备、物质基础"。比如，在那段历史时期提出了一系列正确观点和方针，有些当年虽然没有得到很好贯彻，但在改革开放时期却发挥了并正在发挥着重要作用。那段历史与改革开放后相比，虽然在经济发展的成果和人民生活水平的提高上没有那么显著，但这绝不表明那个时期的成就不伟大、不重要。如同盖楼一样，打地基时不容易让人看出成绩，但楼房盖得快盖得高，反过来说明地基打得牢。

正确认识我国改革开放前的历史，还必须对那段历史的曲折进行具体分析。首先，要把具有全局性的失误与个别的、局部的失误加以区别。对于"文化大革命"要彻底否定，但对于"三反""五反"，批判《武训传》，"三线"建设，"四清"运动等工作，则不能因为其中有缺点有错误就全盘否定。其次，要把失误与发生失误的时期加以区别。"文化大革命"长达十年时间，不能把党和人民在那十年所做的工作连同"文化大革命"一起否定。《关于建国以来党的若干历史问题的决议》（以下简称《决议》）指出："在'文化大革命'中，我们党没有被摧毁并且还能维持统一,国务院和人民解放军还能进行许多必要的工作,有各族各界代表人物出席的第四届全国人民代表大会还能召开并且确立了以周恩来、邓小平同志为领导核心的国务院人选,我国社会主义制度的根基仍然保存着,社会主义经济建设还在进行,我们的国家仍然保持统一并且在国际上发挥重要影响。""我国国民经济虽然遭到巨大损失,仍然取得了进展。粮食生产保持了比较稳定的增长。工业交通、基本建设和科学技术方面取得了一批重要成就。"[1] 再次,要把可以避免的失误与难以避免的失误加以区别。由于个人专断造成的失误当然是可以避免的,但由于客观条件不足或缺少经验而造成的失误则是难以避免的。例如,改革开放前农村面貌变化不大,其中有政策失误的原因,但基本原因还在于我国是一个农业国,又长期处于半殖民地半封建社会,搞工业化建设缺少资金和商品粮,不得不从农业上打主意,保持工农业产品的剪刀差和实行粮食、棉花等农副产品的统购统销。再次,要把造成失误的动机和结果加以区分。毛泽东发动"大跃进"和"文化大革命",无疑造成了灾难性后果。但他的本意是为了给中国找到一条发展速度更快的道路,防止党脱离群众、国家改变颜色。另外,也不能把错误都推给毛泽东一个人。邓小平说过:"我们都是搞革命的,搞革命的人最容易犯急性病。我们的用心是好的,想早一点进入共产主义。这往往使我们不能冷静地分析主客观方面的情况,从而违反客观世界发展的规律。"[2] "毛泽东同志发动这样一次大革命,主要是从反修防修的要求出发的。"[3] "讲错误,不应该只讲毛泽东同志……不要造成一种印象,别的人都正确,只有一个人犯错误。这不符合事实。"[4]

正确认识改革开放前后两个历史时期的关系,要看到它们之间深刻的历史性变化。例如,改革开放后与此前相比较,在指导思想上,由以阶级斗争为纲,变为以经济建设为中心,进而变为经济建设、政治建设、文化建设、社会建设、生态建设五位一体全面发展,等等。在经济体制上,由单一的公有制和按劳分配,变为以公有制为主体、多种所有制经济共同发

---

[1] 《三中全会以来重要文献选编》下,人民出版社1982年版,第815、816页。
[2] 《邓小平文选》第三卷,人民出版社1993年版,第139—140页。
[3] 《邓小平文选》第二卷,人民出版社1994年版,第149页。
[4] 同上书,第296页。

展和以按劳分配为主体、多种分配方式并存，由高度统一的计划经济体制变为社会主义市场经济体制，等等。在政治体制上，由一度权力过分集中、党对政府事务包揽过多，变为党政职能适当分开，政企分开、政资分开、政事分开，决策权、执行权、监督权既相互制约又相互协调；由无法可依、有法不依、民主权利缺乏保障，变为高度重视民主与法制建设，初步建成社会主义法律体系；由领导职务事实上的终身制，变为实行退休制、问责制、引咎辞职制、离任审计制；由干部选拔任用由少数人决定，变为票决制、差额选举制；由政务不透明，变为实行政务公开、决策听证，等等。在文化政策上，由一度轻视教育科学文化、歧视知识分子、过多干预文艺创作，变为尊重知识、尊重知识分子，把科学技术作为第一生产力，落实"百花齐放、百家争鸣"方针，主张弘扬主旋律、提倡多样化和尊重差异、包容多样，等等。在社会生活上，由经济成分、利益关系、组织形式、就业方式、分配方式的相对单一，变为日益多样化；由人的思想活动相对统一，变为独立性、选择性、差异性不断增强；由人口基本不流动、一切由单位管理，变为人口大规模流动，实行基层群众自治管理，促进社会组织发展，积极构建和谐社会，等等。所有这些，都使改革开放前后两个历史时期有着明显的差别。看不到它们的差别，不可能看清楚中国特色社会主义究竟"特"在哪里；而看不到它们的共性，也不可能弄明白中国特色社会主义为什么是社会主义而不是别的什么主义。它们的差别把改革开放前后划分为了两个历史时期，而它们的共性又把两个历史时期有机地联系在了一起。

  改革开放前后两个历史时期的差别与共性相比较，共性的一面更带有本质性。例如，改革开放后在指导思想上虽然否定了以阶级斗争为纲的错误，但仍然坚持马克思主义的阶级和阶级斗争观点，仍然认为阶级斗争还在一定范围内长期存在，某种条件下还有可能激化，因而，仍然要坚持无产阶级专政。在经济建设上虽然允许和鼓励包括私营经济在内的非公有制经济发展，允许和鼓励资本参与分配，但始终坚持包括全民所有制经济在内的公有制经济和按劳分配的主体地位，始终明确国有经济即社会主义全民所有制经济是国民经济中的主导力量和支柱；虽然确定市场对资源配置起基础性作用，但始终明确这种作用的发挥要在社会主义国家的宏观调控之下，要与社会主义基本制度结合在一起，要使国家计划作为宏观调控的重要手段之一；虽然不断拓展对外开放的广度和深度，但始终注重防范国际经济风险，坚持自主创新的道路。在政治建设上，虽然不断推进政治体制改革，但始终坚持党的领导、人民当家作主、依法治国三者的统一；虽然不断完善国家的各项政治制度，但始终坚持人民代表大会制度等各项根本制度和基本制度不动摇；虽然不断改进党的领导方式和执政方式，但始终着眼于党对国家的有效治理。在文化建设上，虽然提出尊重差异、包容多样，但始终坚持马克思主义在意识形态领域的指导地位；虽然提出并推动文化产业发展，但始终强调要把社会效益放在首位，经济效益要与社会效益相统一。在社会建设上，虽然推动基层群众自治管理，发展社会组织，但始终强调党在群众自治管理中的领导作用，积极构建党委领导、政府负责的社会管理体制，建立健全党和政府主导的维护群众权益机制，防范敌对势力的分裂、渗透、颠覆活动。所有这些，都使改革开放前后两个历史时期处于同一种社会形态，使它们共同成为中国现代史或中国当代史内在统一的组成部分。

大量事实说明，对历史问题的认识，往往与对现实问题的认识密切相关。如何认识改革开放前后两个历史时期的关系，就是一个与如何认识中国特色社会主义相关度极高的问题。大量事实还说明，对国家史的认识和解释，历来是意识形态领域各个阶级、各种政治力量较量的重要战场。统治阶级为了维护统治，总是高度重视对国家史的解释，并把它视作国家主流意识形态和核心价值体系的组成部分；而要推翻一个政权的阶级和政治力量，也十分看重对历史的解释，总要用它说明原有统治的不合理性。这是一个具有普遍规律的社会现象。前人早就说过："灭人之国，必先去其史。"当前，国内外敌对势力总爱拿历史尤其是当代史做文章，肆意歪曲、诬蔑中国革命史和新中国历史，攻击、丑化我们党和国家的领袖，同时竭力为被打倒的反动阶级的代表人物翻案，为大地主、大汉奸涂脂抹粉、歌功颂德。他们的目的，就是要用篡改历史的手法，否定中国共产党的领导，推翻社会主义制度。苏共下台、苏联解体的原因固然有很多，但戈尔巴乔夫为推行他的"新思维"，在苏联掀起一场从否定斯大林到否定列宁、十月革命和苏联历史，再到否定马克思、恩格斯和国际共产主义运动历史的逐步升级的运动，导致人民群众的严重思想混乱和信任危机、信仰危机，不能不说是一个重要原因。我们要记取他们的前车之鉴，绝不能上国内外敌对势力的当，不能因为改革开放前的历史有错误有曲折就轻率否定它，相反，要理直气壮地把新中国六十多年的历史作为一个光辉整体加以宣传，把正确认识和解释国史纳入建设社会主义核心价值体系的工作中，融入国民教育、精神文明建设的全过程。这是正确对待改革开放前后两个历史时期关系的需要，也是从根本上维护改革开放后历史的需要，是树立道路自信、理论自信、制度自信的需要。

党的十八大报告中有一句很有分量的话，叫做"既不走封闭僵化的老路，也不走改旗易帜的邪路"。然而有人却望文生义，认为这里说的"封闭僵化的老路"，指的是改革开放前走过的路。如果这样理解，不仅与党中央对那段历史的一贯评价不一致，也与十八大报告对那段历史的评价相互矛盾。只要尊重事实就会看得很清楚，这里说的"老路"，指的是改革开放前在所有制问题上求公求纯、在经济计划问题上越统越死的错误，特别是指"文化大革命"时期把市场调节、个体经济统统批成资本主义，把学习、引进国外先进技术统统批成"洋奴哲学"的错误。另外应当看到，改革开放前的大部分时间里，所谓"封闭"主要不是自我封闭，而是被封闭，先是被以美国为首的帝国主义国家"封闭"，后是被以苏联为首的社会主义国家"封闭"。而且，即使在那种情况下，我们仍然千方百计寻找与资本主义国家在内的各国进行贸易的机会。就在"文化大革命"时期，毛泽东、周恩来还抓住尼克松访华后美国放松对华出口限制的机会，决定用43亿美元从欧洲、日本进口一批成套设备。可见，把改革开放前的历史笼统说成是"封闭僵化"的历史，既不符合历史事实，也有违十八大报告的精神。

三

习近平总书记的"1·5"讲话指出："**我们既要坚定走中国特色社会主义道路的信念，也要胸怀共产主义的崇高理想……没有远大理想，不是合格的共产党员；离开现实工作而空谈远大理想，也不是合格的共产党**

员。"在我们党面临的执政考验、改革开放考验、市场经济考验和外部环境考验日益复杂、越来越严峻的情况下,突出强调这个问题同样具有很强的现实针对性。

早在延安时代,毛泽东就指出:"关于社会制度的主张,共产党是有现在的纲领和将来的纲领,或最低纲领和最高纲领两部分的。在现在,新民主主义,在将来,社会主义,这是有机构成的两部分,而为整个共产主义思想体系所指导的。"[①] 为了使广大党员处理好这两个纲领的关系,他一方面要求所有党员必须为着完成资产阶级民主革命这个党的最低纲领而奋斗,强调凡是"看不起这个资产阶级民主革命而对它稍许放松,稍许怠工,稍许表现不忠诚、不热情,不准备付出自己的鲜血和生命,而空谈什么社会主义和共产主义"[②] 的人,都是有意无意地或多或少地背叛社会主义和共产主义,都不是自觉的忠诚的共产主义者;另一方面,主张用共产主义思想体系教育干部和党员,要求每个党员在入党的时候,心中就要悬着为新民主主义革命而奋斗和为将来的社会主义与共产主义而奋斗这样两个明确的目标,"而不顾那些共产主义敌人的无知的和卑劣的敌视、污蔑、谩骂或讥笑"[③]。他一方面指出我们党如果不是扩大共产主义思想的宣传、加紧马克思列宁主义的学习,"不但不能引导中国革命到将来的社会主义阶段上去,而且也不能指导现时的民主革命达到胜利"[④];另一方面,提醒全党"既应把对于共产主义的思想体系和社会制度的宣传,同对于新民主主义的行动纲领的实践区别开来;又应把作为观察问题、研究学问、处理工作、训练干部的共产主义的理论和方法,同作为整个国民文化的新民主主义的方针区别开来"[⑤]。正因为我们党能够辩证统一地认识和处理最高纲领与最低纲领的关系,没有因为要为最高纲领奋斗而轻视最低纲领,也没有因为要实行最低纲领而忘记最高纲领,所以带领人民比较顺利地取得了新民主主义革命的胜利。

[①] 《毛泽东选集》第二卷,人民出版社1991年版,第686页。
[②] 《毛泽东选集》第三卷,人民出版社1991年版,第1059页。
[③] 同上。
[④] 《毛泽东选集》第二卷,人民出版社1991年版,第706页。
[⑤] 同上。

社会主义建设时期，同样存在如何认识和处理最高纲领与基本纲领关系的问题。我们党在改革开放前之所以屡犯"左"的错误，归根结底在于没有处理好这对关系；而改革开放后之所以没有出现全局性的和长时间的错误，重要原因也在于比较好地处理了这对关系。从一定意义上说，党的"一个中心、两个基本点"的基本路线，就是党在社会主义初级阶段的基本纲领与共产主义最高纲领辩证统一的具体化。它既体现了我们党在现阶段的目标和任务，又体现了我们党的大目标和大方向。胡锦涛同志指出："实现共产主义是一个非常漫长的历史过程，要立足我国正处于并将长期处于社会主义初级阶段这个实际，脚踏实地地为实现党在现阶段的基本纲领而不懈努力……不断向党的最终目标前进。忘记远大理想而只顾眼前就会失去方向，离开现实工作而空谈远大理想就会脱离实际。"[①] 习近平总书记在2012年中央党校春季学期开学典礼上所作的题为《扎实做好保持党的纯洁性各项工作》的讲话也指出："保持思想纯洁，最重要的是保持对共产主义的坚定信仰、对中国特色社会主义的坚定信念。"[②] 这说明，为社会主义初级阶段的基本纲领而奋斗，与不忘党的最高纲领、保持对共产主义的坚定信仰之间并不矛盾。

有人认为，共产主义既然是遥远将来的事，现在何必要讲它呢？还有人认为，共产主义是"乌托邦"，是虚幻的，根本就实现不了。这些看法都是错误的。首先，共产主义是马克思主义创始人根据人类社会发展客观规律而科学预言的必然会达到的理想社会。共产党人对共产主义的信仰，依据的是马克思主义的科学理论，同宗教徒对神和天堂的信仰根本不同。其次，共产主义既是指人类社会的理想制度，也是指一种思想体系和一种运动。党的十二大报告说："在我国，共产主义思想的传播，人们为最终实现共产主义理想而进行的运动，早在中国共产党成立和领导进行新民主主义革命的时候就开始了……共产主义的思想和共产主义的实践早已存在于我们的现实生活中。"[③] 就是说，只要是以实现共产主义为最终奋斗目标

---

① 《十六大以来重要文献选编》上，中央文献出版社2005年版，第363—364页。
② 《学习时报》2012年3月5日第1版。
③ 《十二大以来重要文献选编》上，人民出版社1986年版，第27—28页。

的事业，就是共产主义事业。这一事业是现实的、客观存在的，是千千万万人曾经参加过、现在仍然在前赴后继的事业。因此，共产主义作为一种制度虽然还很遥远，但作为一种事业却无时无刻不在我们身边。

强调共产党员胸怀共产主义目标，不是要现在就实行共产主义的政策，而是为了提醒广大党员时刻不忘前进的大方向，为了给广大党员鼓舞斗志、增强战胜困难的决心和毅力。好比一个人远行，既要一步一步地走，也要始终明确目的地和方向。否则，要么会迷路，要么稍有困难便会泄气，最终半途而废、前功尽弃。陈云曾指出："民主革命时期，我们用共产主义思想教育党员和群众中的先进分子，才使党始终有战斗力，使革命取得了胜利。"[1] 胡锦涛也指出："革命先烈在生与死的考验面前所以能够威武不屈，就是因为他们对共产主义理想坚贞不渝、矢志不移。"[2] "现在，有的党员在矛盾面前畏缩不前，在困难面前悲观失望，在诱惑面前不能洁身自好，说到底，还是共产主义理想和中国特色社会主义信念不坚定。"[3] 党的十八大报告强调："对马克思主义的信仰，对社会主义和共产主义的信念，是共产党人的政治灵魂，是共产党人经受住任何考验的精神支柱。"如果说我们党在民主革命时期能够靠共产主义理想支撑广大党员奋斗的意志，那么今天距离共产主义总不会比那时更远，为什么就不能要求广大党员牢记共产主义理想呢？

共产主义理想不仅是共产党人的精神支柱，也是社会主义精神文明建设的灵魂。邓小平说过："所谓精神文明，不但是指教育、科学、文化（这是完全必要的），而且是指共产主义的思想、理想、信念、道德、纪律，革命的立场和原则，人与人的同志式关系，等等……我们不是靠马克思主义的科学理论和上述的革命精神参加革命到现在吗？从延安到新中国，除了靠正确的政治方向以外，不是靠这些宝贵的革命精神吸引了全国人民和国外友好人士吗？没有这种精神文明，没有共产主义思想，没有共产主义道德，怎么能建设社会主义？党和政府愈是实行各项经济改革和对

---

[1] 《陈云文选》第三卷，人民出版社1986年版，第352—353页。
[2] 《十六大以来重要文献选编》中，中央文献出版社2006年版，第621页。
[3] 同上。

外开放的政策,党员尤其是党的高级负责干部,就愈要高度重视、愈要身体力行共产主义思想和共产主义道德。否则,我们自己在精神上解除了武装,还怎么能教育青年,还怎么能领导国家和人民建设社会主义!我们在新民主主义革命时期,就已经坚持用共产主义的思想体系指导整个工作;用共产主义道德约束共产党员和先进分子的言行;提倡和表彰'全心全意为人民服务','个人服从组织','大公无私','毫不利己、专门利人','一不怕苦、二不怕死'。现在已经进入社会主义时期,有人居然对这些庄严的革命口号进行'批判',而这种荒唐的'批判'不仅没有受到应有的抵制,居然还得到我们队伍中一些人的同情和支持。每一个有党性、有革命性的共产党员,难道能够容忍这种状况继续下去吗?"① 这个论述告诉我们,在社会主义社会如果不能讲共产主义思想和道德,精神文明建设也是搞不好的。

现在有一种流行观点,叫做"要把我们党由革命党变为执政党"。这种观点实际上是"告别革命论"的翻版和历史虚无主义思潮的表现,它的传播很容易使广大党员特别是党的各级领导干部把我们党的执政同资产阶级政党的执政混为一谈,从而丢掉党的革命理想、革命传统、革命作风、革命精神,助长官僚主义、形式主义和脱离群众的歪风邪气。近些年,党的干部队伍和党风中发生的种种问题,与这种观点的散布不无关系。不错,我们党现在是执政党,但它同时也是革命党。准确讲,应当是革命的执政党或执政的革命党。就是说,我们党虽然执政了,但仍然要为最终实现共产主义的远大理想而奋斗,仍然要继续保持和发扬革命精神,仍然要继承革命年代密切联系群众、艰苦奋斗的传统,并且要用共产主义的理想信念去教育和影响下一代。离开了这些,我们党就失去了立足的根本和存在的必要。

革命这个概念具有多种含义,有的指一个阶级推翻另一个阶级的变革,即政治革命;有的指组织和建设新的社会经济制度,如社会主义革命;有的指积极进取、奋发向上的精神状态,如革命精神;有的指某一领域中的重大变革,如产业革命、科技革命等。社会主义革命具有特定含

---

① 《邓小平文选》第二卷,人民出版社1994年版,第367页。

义，它不仅指一个阶级推翻另一个阶级，也指用社会主义制度代替资本主义制度，最后实现共产主义。就是说，无产阶级在取得政权后，并不意味着革命的结束。建立社会主义制度，进行社会主义建设，直至实现共产主义，相对于资本主义来说都是革命，是革命这一概念的深化与延伸。它与"文化大革命"中提出的"无产阶级专政下继续革命"的理论根本不同，因为那种理论的内涵是，无产阶级取得政权后仍然要进行一个阶级推翻另一个阶级。我们否定了那种"左"的"继续革命"理论，并不等于否定了本来意义上的继续革命。

《决议》指出："我们坚决纠正'文化大革命'中所谓一个阶级推翻一个阶级的'无产阶级专政下继续革命'口号的错误，这绝对不是说革命的任务已经完成，不需要坚决继续进行各方面的革命斗争。社会主义不但要消灭一切剥削制度和剥削阶级，而且要大大发展社会生产力，完善和发展社会主义的生产关系和上层建筑，并在这个基础上逐步消灭一切阶级差别，逐步消灭一切主要由于社会生产力发展不足而造成的重大社会差别和社会不平等，直到共产主义的实现。这是人类历史上空前伟大的革命。我们现在为建设社会主义现代化国家而进行的斗争，正是这个伟大革命的一个阶段。这种革命和剥削制度被推翻以前的革命不同，不是通过激烈的阶级对抗和冲突来实现，而是通过社会主义制度本身，有领导、有步骤、有秩序地进行。这个转入和平发展时期的革命比过去的革命更深刻，更艰巨，不但需要很长的历史时期才能完成，而且仍然需要许多代人坚持不懈、严守纪律的艰苦奋斗，英勇牺牲。在这个和平发展的历史时期中，革命的道路决不会是风平浪静的，仍然有公开的和暗藏的敌人以及其他破坏分子在伺机捣乱，我们必须十分注意提高革命警惕，随时准备挺身而出，捍卫革命利益。我们全体中国共产党党员和全国各族人民，在新的历史时期中一定要继续保持崇高的革命理想和旺盛的革命斗志，把伟大的社会主义革命和社会主义建设进行到底。"[①] 党的十八大报告在讲到加强军队全面建设时，仍然把军队的革命化建设包括在内，仍然要求"持续培育当代革命军人核心价值观"。既然如此，怎么能说领导这支军队的党不再是革命

[①] 《三中全会以来重要文献选编》下，人民出版社1982年版，第844—845页。

党了呢？习近平总书记在"1·5"讲话中强调："**革命理想高于天。**"可见，我们说在无产阶级夺取政权后要继续革命，要始终怀抱革命理想，指的就是要继续为共产主义事业而奋斗，为实现共产主义理想而脚踏实地地做好现实工作。只要共产主义没有实现，共产党就永远是革命党，共产党员就要始终继承和保持革命的理想、革命的传统、革命的作风、革命的精神状态。党的十八大后，党中央制定并推行《关于改进工作作风、密切联系群众的八项规定》，就是我们党在新形势下保持革命理想的生动写照。

习近平总书记的"1·5"讲话还指出："**衡量一名共产党员、一名领导干部是否具有共产主义远大理想，是有客观标准的。那就是要看他能否坚持全心全意为人民服务的根本宗旨，能否吃苦在前、享受在后，能否勤奋工作、廉洁奉公，能否为理想而奋不顾身去拼搏、去奋斗、去献出自己的全部精力乃至生命。**"这一论述把共产党员坚定理想信念的要求更加具体化了，与实际结合得更加紧密了，标准也更便于人们把握了。依照这个思路去思考，看一个领导干部是否具有共产主义远大理想，除了要看以上这些标准外，还应当看他在贯彻党的基本纲领时，是否做到了全面、完整、准确；在推进经济、政治、文化等体制改革时，是否坚持了四项基本原则；在领导物质文明建设时，是否同时注意了精神文明建设和党的自身建设。凡是这样做的，说明他具有共产主义的远大理想；反之，则说明他动摇了、忘记了、抛弃了共产主义的远大理想。

习近平总书记的"1·5"讲话通篇贯穿着辩证唯物主义和历史唯物主义的思想，体现了《历史决议》和十一届三中全会以来历次代表大会报告的精神，是对毛泽东思想、邓小平理论、"三个代表"重要思想、科学发展观的继承和发展。我们要像党的十八大要求的那样，不为任何风险所惧，不被任何干扰所惑，在以习近平同志为核心的党中央领导下，继续坚定不移地沿着中国特色社会主义道路前进，为在这条道路上实现中华民族的伟大复兴而不懈奋斗。

用党的十九大精神重新认识新中国历史时期的划分*

习近平总书记在党的十九大报告中指出："经过长期努力，中国特色社会主义进入了新时代，这是我国发展新的历史方位。""中国特色社会主义进入新时代，在中华人民共和国发展史上，中华民族发展史上具有重大意义"。这表明，十九大关于中国特色社会主义进入新时代的论断，不仅是一个重大的政治判断，而且对新中国历史特别是改革开放史的进一步分期也有重要指导意义。

目前，国史学界对于新中国历史和改革开放史的分期，意见并不完全统一，但有几个基本分期是多数人都不否认的，如1949—1956年是新民主主义向社会主义的过渡时期，1956—1978年是社会主义的建设和探索时期，1978年以后是中国特色社会主义时期或改革开放时期；在改革开放史中，1978—1992年是改革开放初期，1992年以后是社会主义市场经济时期。

中国特色社会主义不等于改革开放，因为前者除了改革开放，还有四项基本原则，是二者的有机统一，缺一不可。但如果说到历史时期，则中国特色社会主义和改革开放可以说是完全同步的。因为，党的十一届三中全会启动改革开放之日，也就是中国特色社会主义道路开辟之时。所以，

---

* 这是作者在2017年11月10日中华人民共和国国史学会学习党的十九大精神座谈会上发言的一部分。全文曾发表于《毛泽东邓小平理论研究》2017年第12期，题目为《党的十九大精神与国史研究事业的进一步发展》。

十九大报告指出中国特色社会主义进入了一个新时代，实际上意味着改革开放史相应出现了一个新时期；而且这个新时期不是相对改革开放史中哪一阶段说的，而是相对于整个改革开放时期说的。这一点是显而易见的，不明确的只是这个新时期从什么时候开始。对这个问题，只要搞清楚了新时代开始的时间，也就自然解决了。

中国特色社会主义新时代究竟是从什么时候开始的呢？我认为，开始的时间并非哪一天哪一日，而是一个历时五年的过程。具体说，这个过程起始于十八大之后，完成于十九大召开。理由有以下三点：

第一，习近平总书记2017年7月26日在省部级主要领导干部专题研讨班上的讲话（以下简称"7·26"讲话）和党的十九大报告都表明，中国特色社会主义进入新时代是在十八大到十九大之间。

在"7·26"讲话中，习近平总书记指出："党的十八大以来，在新中国成立特别是改革开放以来我国发展取得的重大成就基础上，党和国家事业发生历史性变革，我国发展站到了新的历史起点上，中国特色社会主义进入了新的发展阶段。"[1] 在十九大报告中，他又指出："十八大以来，国内外形势变化和我国各项事业发展都给我们提出了一个重大时代课题，这就是必须从理论和实践结合上系统回答新时代坚持和发展什么样的中国特色社会主义、怎样坚持和发展中国特色社会主义"。他还说：十八大之后"五年来的成就是全方位的、开创性的，五年来的变革是深层次的、根本性的"。"这些历史性变革，对党和国家事业发展具有重大而深远的影响"。从以上论述可以清楚看出，无论党和国家事业发生的历史性变革，还是中国特色社会主义进入新时代，都是十八大之后的五年内发生的。

第二，我国社会主要矛盾的变化，"我国日益走近世界舞台中央"的进展，这些标志中国特色社会主义进入新时代主要也发生在十八大之后。

从党的八大到十八大的54年里，我们党对于社会主义社会主要矛盾的提法，除了1957年，特别是1962年到1978年那些年之外，都说的是人民日益增长的物质文化需要同社会生产落后的矛盾。历史表明，这么说是符合实际情况的，即使在不这么说的那些年里，实际情况也是如此。但

---

[1] 《人民日报》2017年7月28日。

自从2010年我国国内生产总值超过日本，跃居世界第二位之后，特别是2012年十八大以来的五年，实际情况发生了很大变化。从党的十九大报告看，这些变化主要表现在以下方面：首先，在社会生产力方面，国内生产总值连续七年稳居世界第二，生产能力在很多领域进入世界前列，不仅稳定解决了十几亿人的温饱问题，而且总体实现了小康，不久即将全面建成小康社会。其次，在人民日益增长的需要方面，除了对物质文化生活提出了更高要求外，民主、法治、公平、正义、安全、环境等领域的要求也显著增长。再次，在经济与社会发展方面，生产的质量效益还不高，科技创新能力不够强，实体经济水平不够高，生态环境保护欠账较多，民生领域还有不少短板，城乡区域发展和收入分配差距依然较大，群众在就业、教育、医疗、居住、养老等领域面临不少难题，社会文明水平也有待提高。面对这些实际情况的变化，人民日益增长的需要显然已不能再简单局限于物质和文化两方面，社会生产也不能再笼统说成是落后的了；实事求是地讲，人民日益增长的需要已经由物质和文化两方面变成了对"美好生活的需要"，社会生产的落后也已经变成了"不平衡不充分的发展"。正是社会主要矛盾的这个明显变化，使中国特色社会主义呈现出了新的阶段性特征。

从党的十九大报告还可以看出，我国国际地位随着经济实力、科技实力、国防实力、综合国力进入世界前列而实现的前所未有的提升，也主要发生在十八大之后的五年。尽管我们党和国家无论力量强弱，从来是不信邪、不怕压的，但由于旧中国长期遭受帝国主义、封建主义、官僚资本主义的压迫、剥削，致使新中国的国力有一个逐步恢复、强盛的过程，从而限制了我们在世界舞台上的活动余地。正如邓小平1985年所说："世界上的人在讨论国际局势的大三角。坦率地说，我们这一角力量是单薄的。我们算是一个大国，这个大国又是小国……如果说中国是一个和平力量、制约战争的力量的话，现在这个力量还小。等到中国发展起来了，制约战争的和平力量将会大大增强。"他还说过，到了20世纪末，中国国民生产总值翻两番，"对于世界和平和国际局势的稳定肯定会起比较显著的作用"[①]。从1985年算起，32

[①]《邓小平文选》第三卷，人民出版社1993年版，第105页。

年过去了，我国国民生产总值已经翻了六番多。与此相适应，我国全方位、多层次、立体化的外交布局深入展开，国际影响力、感召力、塑造力逐步提高，对世界和平、国际局势的作用日益显现。特别是十八大以来，我国在坚持走和平发展道路、奉行互利共赢开发战略的同时，树立共同、综合、合作、可持续的新安全观，促进和而不同、兼收并蓄的文明交流，推动经济全球化朝着更加开放、包容、普惠、平衡、共赢的方向发展，倡导"一带一路"国际合作，构建总体稳定、均衡发展的大国关系框架，加大对发展中国家特别是最不发达国家的援助力度，积极参与全球治理体系改革和建设，接连举办北京亚太经合组织领导人非正式会议、20国集团领导人杭州峰会，习近平主席又在达沃斯世界经济论坛上发表重要讲话，从而使越来越多的中国倡议上升为国际共识、越来越多的中国方案汇聚成国际行动，使我国显著增强了在全球治理中的议程设置权、规则制定权和国际话语权，有了开展中国特色大国外交、推动构建新型国际关系、推动构建人类命运共同体的能力，使"我国日益走近世界舞台中央"。这个重大进展，显然也是中国特色社会主义呈现新的阶段性特征的一个重要原因。

说我国社会的主要矛盾已转化也好，我国正在日益走近世界舞台中央也好，当然不是说我国已经不处在社会主义初级阶段了，已经不再是最大的发展中国家了。唯物辩证法的质量互变规律告诉我们，事物在由量变到质变的过程中，会发生部分质变。毛泽东在《矛盾论》中就说过："事物发展过程中的根本矛盾及为此根本矛盾所规定的过程的本质，非到过程完结之日，是不会消灭的；但是事物发展的长过程中的各个发展的阶段，情形又往往互相区别，这是因为事物发展过程的根本矛盾的性质和过程的本质虽然没有变化，但是根本矛盾在长过程中的各个发展阶段上采取了逐渐激化的形式……因此，过程就显出阶段性来。"① 中国特色社会主义在十八大后呈现出新的阶段性特征，正是中国的社会主义由初级阶段到高级阶段，中国由发展中国家到发达国家过程中出现的"部分质变"，是中国特色社会主义的质量有了明显提升的表现。

第三，党的十九大宣布2020年开启全面建设社会主义现代化国家新

---

① 《毛泽东选集》第一卷，人民出版社1991年版，第314页。

征程并对今后30年做出两步走的战略安排，也是中国特色社会主义进入新时代的重要标志。

自孙中山提出"振兴中华"以来，对什么是中华民族实现伟大复兴的标志，始终没有一个明确表述。毛泽东在新中国初期说过，到21世纪初，"中国将变为一个强大的社会主义工业国"，"中国应当对于人类有较大的贡献"[①]；又说，"要赶上和超过世界上最先进的资本主义国家，没有一百多年的时间，我看是不行的。"[②] 这表明，在他看来，用一百多年时间将中国建成强大的社会主义工业国，赶上和超过最先进的资本主义国家，就是中华民族实现了伟大复兴。改革开放初期，邓小平按照毛泽东的设想，提出了"三步走"战略。现在，党的十九大报告明确指出，"解决人民温饱和人民生活总体上达到小康这两个目标已提前实现"，20世纪末提出的到2020年全面建成小康社会的目标眼看也要实现了，剩下的目标就是到本世纪中叶建成社会主义现代化强国。报告又明确指出，十九大到二十大之间的五年，是"'两个一百年'奋斗目标的历史交汇期"，2020年到本世纪中叶先用15年时间基本实现社会主义现代化，再用15年时间建成富强民主文明和谐美丽的社会主义现代化强国；并明确指出，这30年的"总任务是实现社会主义现代化和中华民族伟大复兴"。所有这些等于向世人表明，建成社会主义现代化强国之日，就是中华民族伟大复兴之时。也就是说，从中华人民共和国成立到本世纪中叶的100年里，如果说前30年是为中华民族复兴打基础，中间40年是为实现温饱和小康目标而奋斗的话，那么后30年主要是为中华民族伟大复兴而努力。将即将过去的70年和未来30年做出如此明确的阶段性区分，当然意味着中国特色社会主义进入了一个新时代。

前面已经说过，中国特色社会主义时期就是改革开放时期，因此，说中国特色社会主义从党的十八大之后到十九大之间逐渐进入一个新时代，也就是说改革开放史乃至新中国历史从2012年到2017年之间逐渐开启了一个新时期。这个新时期与此前的历史时期并不是割裂的，而是既有联系

---

① 《毛泽东文集》第八卷，人民出版社1999年版，第302页。
② 《毛泽东文集》第七卷，人民出版社1999年版，第156、157页。

又有区别的。唯物辩证法的否定之否定规律告诉我们，任何事物的发展都是螺旋式上升的运动。新中国的历史发展、改革开放的历史发展，同样是螺旋式上升的。因此，以 2012 年为界给新中国历史划分出的新时期，是经过改革开放前近三十年、改革开放后三十多年、特别是十八大以来五年的接力奋斗，螺旋式上升到了更高层次的时期，是将改革开放前后两个历史时期统一继承、综合发展的时期，是在更高的历史起点上推进改革开放的时期，是人民群众期盼已久和热烈欢迎的时期。

改革开放的基本经验

中国改革开放基本经验的核心[*]

我国改革开放30年来，经济以年均高于世界经济6个百分点的速度持续发展，在世界各国排名中，经济总量从第11位上升到第4位，进出口总额从第32位上升到第3位，外汇储备从第40位上升到第1位，钢铁产量从第6位上升到第一位，高速公路更是由零上升到第二位。与此同时，农村居民纯收入和城市居民可支配收入均提高6倍多；人均居住面积在农村增加了近3倍，在城市增加了4.4倍；人均预期寿命也由68岁提高到73岁，超过世界人均数8年。对于这个变化，世界上绝大多数人都是承认的，有的甚至把这个时期中国的发展道路，称之为"中国模式"或"北京共识"。在改革开放30周年到来之际，人们更是试图通过回顾和总结这段历史，找出中国改革开放的成功经验，揭示中国发展道路的"奥妙"所在。我们虽然并不认为中国的发展道路是其他发展中国家可以照搬的"模式"，但这一发展道路向世界提供了不同于西方"模式"的另一种现代化选择，则是确定无疑的。因此，总结我国改革开放的经验，不仅对中国有益，对广大发展中国家也是有益的。

说起我国改革开放的经验，当然会有很多；即使其中的基本经验，也绝不只一条。但在唯物辩证法看来，决定事物性质的诸多矛盾中必定有一个是最主要的、起核心作用的。总结改革开放30年的经验，也应当尽力找出所有经验中最主要的、起核心作用的经验。因为只有这样，才

---

[*] 这是应邀参加越南社会科学院中国研究所于2008年12月举办的"中国改革开放30年的成就与经验"国际研讨会的论文，曾发表于《马克思主义研究》2009年第5期。

能准确把握改革开放的内在规律，推动我国改革开放继续沿着正确道路发展，并向其他情况类似的发展中国家提供真实可靠、具有借鉴意义的参考。那么，基本经验的核心究竟是什么呢？目前无论国内还是国外，对此都存在许多不同甚至截然相反的见解。我认为，这个核心其实并不神秘，它就是我们常说的：坚持改革开放与坚持社会主义道路、坚持人民民主专政、坚持共产党领导、坚持马克思主义指导这四项基本原则相结合。

一 坚持改革开放与坚持四项基本原则是我们党十一届三中全会路线的核心内容

改革开放是由我们党的十一届三中全会揭开序幕，并在三中全会路线指引下进行的。总结改革开放的经验，首先应当弄清楚什么是三中全会路线。所谓三中全会路线，是指我们党在十一届三中全会上形成并在改革开放过程中不断丰富发展的社会主义初级阶段的基本路线。其核心内容是"以经济建设为中心，坚持四项基本原则，坚持改革开放"，简称"一个中心、两个基本点"。可见，由十一届三中全会开始的改革开放，是与上述四项基本原则结合在一起的改革开放，是社会主义制度的自我完善和发展。我们说改革开放是在三中全会路线或基本路线指引下进行的，就是说它是按照"一个中心、两个基本点"有机统一的要求进行的。所谓中国特色社会主义，最大的特色就在于此。从一定意义上可以讲，它在实践上的展开就是中国特色社会主义道路，在理论上的展开就是中国特色社会主义理论体系。因此，党的十七大号召高举中国特色社会主义伟大旗帜，从根本上讲，就是要我们坚持"一个中心、两个基本点"的有机统一。

从改革开放30年的实践看，改革开放与四项基本原则相结合的主要内容，大体有以下三点。

首先，在经济上要一方面发展个体私营经济，逐步使市场对资源配置起基础性作用；另一方面，坚持以公有制和按劳分配为主体，加强社会主义国家对市场活动的宏观调控。中华人民共和国成立后的20多年，我国实行计划经济体制与生产资料的全民所有和集体所有制，为奠定工业化的初步基础、改善农田水利的基本状况建立了不可磨灭的功绩。可是，由于缺少经验和"左"的思想影响，过早地取消了个体经营和按照市场变化的自由生产。尤其当独立完整的工业体系和国民经济体系基本建立起来、经济规模逐渐扩大后，不仅没有从生产力水平仍然十分低下的实际情况出发，适时调整经济体制，发挥社会主义条件下的个体私营经济和市场调节的作用，相反，在所有制结构上越来越追求"一大二公"，在经济计划上越统越多、越统越死。改革开放后，我们对什么是社会主义进行了再认识，破除了社会主义社会不能有个体私营经济和市场调节的思想禁锢，对原有的所有制结构、分配方式和经济运行体制进行了一系列改革，打破了公有制和按劳分配一统天下的局面，落实了国有企业和农民对企业与土地的经营自主权，发挥了市场对资源配置的基础性作用。但与此同时，我们始终坚持了公有制的主体地位和国有经济的主导地位，不允许搞私有化，更不允许出现私人垄断资本、金融和产业寡头，以及买办集团；不放弃计划手段，更不放弃国家对市场经济的宏观控制。正因为如此，我们的改革开放才可能做到对内没有出现两极分化和阶级压迫，也没有导致经济失控的局面；对外没有成为发达国家的经济附庸，也没有走上某些后起的帝国主义国家靠发动战争掠夺别国资源和市场的老路，从而为我国连续30年的快速发展提供了良好的经济环境和国际环境。

其次，在政治上要一方面加强社会主义民主与法制建设，进行社会主义政治体制改革，推进社会主义民主政治；另一方面，坚持共产党在国家事务中总揽全局、协调各方的核心领导作用，牢牢掌握社会主义政权的专政职能。我们党过去长期处在革命战争和地下斗争的环境，取得政权后未能及时调整自己的领导方式，因此一度存在权力过分集中、以党代政等弊端。另外，由于我们党缺少执政经验，我国又有着较长的封建历史，经济和文化的发展水平也比较低，因此一度存在忽视民主与法制建设的弊病，使社会主义民主政治建设严重滞后。改革开放后，我们党提出改进党的领导和政治体制改革的任务，实行党政职能适当分开的方针，进行干部人事制度、政府机构和司法制度等一系列改革，树立法律面前人人平等、有法必依、违法必究的观念，确立党必须在宪法和法律的范围内活动、对权力要加强制约与监督、尊重和保障人权、维护司法公正等原则，实施依法治国的方略，并积极借鉴人类政治文明的有益经验，有组织有步骤地丰富和完善社会主义民主的实现形式。这一切极大地发展了社会主义的民主政治，使人民群众的民主权利不断得到落实和扩大。但与此同时，我们党始终强调政治体制是社会主义政治制度的自我完善和发展，必须坚持党的领导、人民当家作主、依法治国的有机统一；它虽然要借鉴人类政治文明中的有益成果，但必须结合我国经济文化社会发展的实际情况，不搞西方的多党制和议会民主、三权鼎立。正因为如此，我们的改革开放才可能保留全国一盘棋、集中力量办大事等社会主义的优越性，才没有像一些照搬西方政治制度的发展中国家那样，出现政局动荡、社会混乱、内战连绵的局面，从而为连续30年的快速发展提供了良好的政治环境。

最后，在意识形态上要一方面克服对马克思主义的教条式理解，否定"两个凡是"的方针，承认并认真纠正中华人民共和国成立后所犯的历史错误；另一方面，坚持马克思主义指导不动摇，充分肯定毛泽东同志的历史地位，从总体上正面评价中华人民共和国成立后的历史。中华人民共和国成立后的一段时间，我们党对马克思主义有过一些教条式的理解，对形势的分析和对国情的认识有过主观主义的偏差，在政治上犯过阶级斗争扩大化的错误，在经济上犯过急躁冒进的错误，尤其发生过"文化大革命"那样全局性、长时期的错误。粉碎"四人帮"后的头两年，又在"两个凡是"（即"凡是毛主席作出的决策都要坚决拥护，凡是毛主席的指示，都要始终不渝地遵循"）的错误方针下，拖延和阻碍了对历史错误的清理。改革开放后，我们党否定了"两个凡是"的方针，停止了使用"以阶级斗争为纲"这个不适合于社会主义社会的口号，审查和解决了党的历史上一批重大冤假错案和一些重要领导人的功过是非问题。但同时强调，"毛泽东同志在长期革命斗争中立下的伟大功勋是不可磨灭的……党中央在理论战线上的崇高任务，就是领导、教育全党和全国人民历史地、科学地认识毛泽东同志的伟大功绩，完整地、准确地掌握毛泽东思想的科学体系，把马列主义、毛泽东思想的普遍原理同社会主义现代化建设的具体实践结合起来，并在新的历史条件下加以发展"①。以后，我们党又作出《关于建国以来党的若干历史问题的决议》（以下简称《决议》），对新中国头32年的重大历史事件逐一进行了实事求是的分析，指出："因为毛泽东同志晚年犯了错误，就企图否认毛泽东思想的科学价值，否认毛泽东思想对我国革命和建设的指导作用，这种态度是完全错误的。对毛泽东同志的言论采取教条主义态度，以为凡是毛泽东同志说过的话都是不可移易的真理，只能照抄照搬，甚至不愿实事求是地承认毛泽东同志晚年犯了错误，并且还企图在新的实践中坚持这些错误，这种态度也是完全错误的。这两种态度都是没有把经过长期历史考验形成为科学理论的毛泽东思想，同毛泽东同志晚年所犯的错误区别开来。"②《决议》还指出："三十二年来我们取得的成就还是主要的，忽视或否认我们的成就，忽视或否认取得这些成就的成功经验，同样是严重的错误。我们的成就和成功经验是党和人民创造性地运用马克思列宁主义的结果，是社会主义制度优越性的表现，是全党和全国各族人民继续前进的基础。"③ 在此后的二十多年里，我们党始终一贯地坚持了上述基本评价和估计。正因为如此，我们的改革开放才可能在纠正历史错误的同时，维护全党全国各族人民团结奋斗的共同思想基础，才没有重蹈一些前社会主义国家由于否定革命领袖和社会主义历史而导致信仰危机、政权崩溃的覆辙，从而为我国连续30年快速发展提供了良好的思想和舆论环境。

二 改革开放与四项基本原则相结合是我们党中央对改革开放历次经验总结中的主要结论

对改革开放经验进行专题总结，最早是1992年我们党的十四大。十四大报告在题为"十四年伟大实践的基本总结"一节中指出："十四年伟

---

① 《三中全会以来重要文献选编》上，人民出版社1982年版，第12—13页。
② 《三中全会以来重要文献选编》下，人民出版社1982年版，第836—837页。
③ 同上书，第798页。

大实践的经验，集中到一点，就是要毫不动摇地坚持以建设有中国特色社会主义理论为指导的党的基本路线。这是我们事业能够经受风险考验，顺利达到目标的最可靠的保证。"①

过了五年，我们党的十五大报告又说："在把我们的事业全面推向二十一世纪的历史时刻，必须郑重指出：全党要毫不动摇地坚持党在社会主义初级阶段的基本路线，把以经济建设为中心同四项基本原则、改革开放这两个基本点统一于建设有中国特色社会主义的伟大实践。这是近二十年来我们党最可宝贵的经验，是我们事业胜利前进最可靠的保证。"②

随后，时任我们党中央总书记的江泽民同志在1998年12月纪念十一届三中全会召开二十周年大会的讲话中，将改革开放的实践概括出十一条主要历史经验。其中，坚持改革开放与四项基本原则的结合是紧接着坚持马克思主义思想路线之后的第二条经验。

在我们党的十六大上，江泽民同志又对一九八九年政治风波之后的十三年进行了专门总结，提出了十条基本经验。其中第一条是坚持以邓小平理论为指导，第二、三、四条分别是坚持以经济建设为中心、坚持改革开放、坚持四项基本原则，第五、六、七条依次为坚持物质文明与精神文明两手抓、坚持稳定压倒一切的方针、坚持党对军队的绝对领导等。

在2007年召开的党的十七大上，党中央总书记胡锦涛同志总结了我国改革开放近三十年的实践经验，提出了把坚持马克思主义基本原理同推进马克思主义中国化结合起来，把坚持四项基本原则同坚持改革开放结合起来，把尊重人民首创精神同加强和改善党的领导结合起来等"十个结合"，并指出：这些是"取得了我们这样一个十几亿人口的发展中大国摆脱贫困、加快实现现代化、巩固和发展社会主义的宝贵经验"。不久后，他又对这"十个结合"作了进一步阐述，指出其中"前三条是管总的，揭示了我国改革开放取得成功的关键和根本"。

从以上过程可以清楚地看出，我们党中央在对改革开放进行的历次经

---

① 《十四大以来重要文献选编》上，人民出版社1996年版，第14页。
② 《十五大以来重要文献选编》上，人民出版社2000年版，第18页。

验总结中，四项基本原则与改革开放相结合始终居于最为显著的位置，一直被看做是改革开放经验中"最可宝贵的经验"，是改革开放"最可靠的保证"，是"取得成功的关键和根本"。因此，它无疑是所有经验中的核心和统帅。

三 改革开放与四项基本原则相结合是我国与大多数发展中国家相比较的最大优势所在

有一种观点认为，改革开放之所以成功，根本原因在于实行了改革开放。且不说这种观点在逻辑上的毛病，即使说它逻辑上成立，在事实上也是站不住脚的。因为，所谓改革，主要是以市场为取向；所谓开放，说到底是与国际经济接轨。而世界200多个国家和地区的67亿人口中，除了二十几个发达资本主义国家的8亿人一直在实行市场经济和主导着国际经济之外，余下绝大多数发展中国家和地区的50多亿人口，要么早就在实行市场经济和与国际经济接轨，要么也是在向市场经济和与国际经济接轨的方向过渡。在这么多实行市场经济和与国际经济接轨的国家和地区中，为什么唯独中国改革开放后的发展速度最快，而且持续时间最长呢？如果再考虑到我国人口负担重、经济基础弱、气候条件差、人均耕地和各种资源相对贫乏、区域发展极不平衡等不利因素，能做到这一点就更不容易了。可见，仅仅用实行改革开放这一条来解释改革开放成功的根本原因，是经不起推敲，也是难以令人信服的。

近代以来，中国曾丧失过很多次发展机遇，但有两次机遇被我们抓住了，实现了自身跨越式的发展。一次是在中华人民共和国成立初期，一次是在改革开放以后。如果说第一次的主要原因是由于我们选择了社会主义制度的话，第二次的主要原因则是由于我们在社会主义基本制度的基础上，实行了改革开放的结果。可见，我们与大多数发展中国家和地区之间的最大区别，并不在于是否改革开放，而在于改革开放是脱离本国国情，盲目照搬西方经济、政治制度，还是立足于本国国情，有选择地学习和利用当今世界上一切于己有利的好做法好经验。这才是我们的改革开放之所以成功的关键所在和根本原因。

四 改革开放与四项基本原则的结合是国内外敌对势力对我们进行攻击的焦点

对于中国从本国国情出发，把改革开放与四项基本原则相结合，从而在保持社会基本稳定的前提下实现经济快速发展的这个"奥妙"，许多发展中国家渐渐看明白了，因此，对西方的制度模式产生了越来越大的怀疑，对中国的发展道路产生了越来越大的兴趣。同样，这个"奥妙"，西方敌对势力也很明白。正因为如此，他们以及与他们勾结的国内民族分裂势力、邪教组织、民运分子，为了遏制中国的进一步发展，也为了消除中国的发展道路在发展中国家的吸引力，抓住一切机会，利用各种题目，或在海外制造反华事端，或在国内挑唆群众与党和政府的对立，千方百计对我国进行渗透、分裂、颠覆活动。另一方面，他们把攻击的矛头对准改革开放与四项基本原则的结合。在经济体制上，他们竭力兜售西方的新自由主义，集中攻击我国社会主义市场经济体制，说它不是真正的市场经济，市场经济前面不必加"社会主义"四个字；经济转型"要靠私有化推动"，要把公有制为主体变为"以民营经济为主体"，"只要保证民营经济发展，任何宏观经济措施都可以不要"；政府只要为企业服务就行了，不必管理经济等等。在政治体制上，他们竭力贩卖社会民主主义或民主社会主义，集中攻击中国共产党的领导和人民民主专政，说中国共产党是"独裁的专制的党"，中国是"专制国家"，"是西方自由民主模式最大的潜在对手"，要"更多地支持不同政见者致力于中国的政治开放"；"新一轮政治改革的总目标是宪政"，"思想解放的根本任务是要从国家垄断一切、管制一切、控制一切的旧传统中解放出来"等等。在意识形态上，他们竭力鼓吹历史虚无主义，集中攻击中国革命、中国共产党和中华人民共和国的历史，丑化、妖魔化毛泽东、周恩来、邓小平等领袖人物，把中共党史和中国当代史描绘成一连串错误的集合；并且颠倒黑白，大作历史人物的翻案文章，妄图重写中国近代史、革命史和新中国的历史。

在国内外敌对势力看来，随着我国私营经济和市场经济的发展，政治体制改革的深入，对历史错误揭发批判的持续，中国早晚有一天会放弃社会主义制度、人民民主专政、共产党领导和马克思主义指导。因此，他们往往显得比我们更关心改革开放，一有风吹草动就造谣说我们的改革开放政策要变了。可见，他们并不反对改革开放，而是反对改革开放与四项基本原则的结合。这恰好从反面证明，改革开放与四项基本原则相结合，才是各种敌对势力最为害怕的。正如邓小平早就指出的："某些人所谓的改革，应该换个名字，叫作自由化，即资本主义化。他们'改革'的中心是资本主义化。我们讲的改革与他们不同。"[①]"中国的政策基本上是两个方面，说不变不是一个方面不变，而是两个方面不变。人们忽略的一个方面，就是坚持四项基本原则，坚持社会主义制度，坚持共产党领导。人们只是说中国的开放政策是不是变了，但从来不提社会主义制度是不是变了，这也是不变的嘛！"[②]

新加坡大学东亚研究所所长郑永年教授撰文说："欧洲（实际上整个西方世界）实际上是期望中国的发展会实现西方价值。但现实是，中国的发展不仅没有使得西方价值在中国开花结果；反而，中国的发展经验对发展中国家产生了很大的影响，从而对西方的价值构成了挑战。""在很大程度上，欧洲人对于一个政治中国的担忧和恐惧甚于一个经济中国。并且，这种担忧和恐惧还相当普遍。现实地说，这种担忧甚至恐惧很难在短时间内消除，也很可能随着中国的进一步崛起和外在影响力的提高而强化。"[③]他的话也从一个侧面说明，西方敌对势力最为反对的，正是我们最为成功的地方。

五 改革开放与四项基本原则的脱离是苏共下台、苏联解体的最大教训

对苏共下台、苏联解体的原因虽然也可以说出很多，但最主要的原因是，戈尔巴乔夫搞的改革，"放弃了社会主义道路，放弃了无产阶级专政，

[①] 《邓小平文选》第三卷，人民出版社1995年版，第297页。
[②] 同上书，第217页。
[③] 新加坡《联合早报》2008年5月13日。

放弃了共产党的领导地位，放弃了马克思列宁主义，结果使得已经相当严重的经济、政治、社会、民族矛盾进一步激化，最终酿成了制度剧变、国家解体的历史悲剧"①。他们在经济改革方面错用了新自由主义药方，搞"500 天计划""休克疗法"，推进放任自流的市场经济和私有化，造成生产下降、物价飞涨、少数人暴富、多数人贫困的局面；在政治改革方面错用了"人道的民主的社会主义"药方，搞议会民主、三权分立、多党制那一套，逐渐使苏共失去了对国家的领导权；在意识形态方面错用了多元化、公开性的药方，发动全民对苏共和苏联历史进行清算，由反斯大林发展到反列宁，反十月革命，反马克思主义；相反，把托洛茨基等人奉为英雄，把沙皇当成布尔什维克"暴政"的受害者，从而使苏共威信扫地，使苏联的历史臭不可嗅，使人民对革命领袖的崇敬和对社会主义的信念彻底动摇。试想，在这种形势下，苏共怎么可能不下台，苏联又怎么可能不解体呢？

近些年来，俄罗斯执政者和不少有识之士开始反思，并逐渐调整在苏联解体初期的政策。他们在经济体制上，废止福利货币化的改革方案，打压一些在苏联解体过程中暴富的金融、产业寡头，接连出台一系列重新国有化和旨在加强国家宏观调控政策的措施；在政治体制上，探索"有管理的民主"、"主权民主"和"发展式民主"等适合自身特点的政治道路，试图在多党制的基础上，重建一个能控制议会多数直至整个社会的政党；在意识形态上，开始改变对苏联时期领导人和历史全盘否定的态度，强调要对历史虚无主义、媚外思想进行清算，要把苏联历史看做俄罗斯历史的重要组成部分，并在由政府审定的教科书中，对斯大林和斯大林执政时期的工业化建设与农业集体化的历史作用作出了比较合乎实际的评价。

苏联最后一位部长会议主席雷日科夫曾经到当代中国研究所作关于苏联解体原因的报告，说苏联是靠苏联共产党凝聚的，没有了苏联共产党，苏联是不可能存在的。为了使改革有稳固和强有力的国家权力作保证，千万要坚持共产党的领导；而为了使这个党具有凝聚力，千万不要搞私有

---

① 江泽民：《关于坚持四项基本原则》，载《江泽民文选》第三卷，人民出版社 2006 年版，第 230 页。

化。就连戈尔巴乔夫也对我们的《光明日报》记者说:"改革时期,加强党对国家和改革进程的领导是所有问题的重中之重。……如果党失去对社会和改革的领导,就会出现混乱。""我对中国朋友的忠告是:不要搞什么'民主化',不会有好结果!千万不要让局势混乱,稳定是第一位的。在这些方面,中国领导人的表现是出色的。"[①] 他们的话,在很大程度上代表了当今俄罗斯思想界对20世纪80年代那场改革的新认识。它从反面进一步说明,社会主义国家的改革开放要避免失败,关键在于不能让改革开放与四项基本原则相脱节。

改革开放30年虽然使我国经济总量跃升至世界第四位,但按人均计算,尚处于世界第100位左右。这说明,我国仍处于并将长期处于社会主义初级阶段,不断解放和发展生产力,最终实现工业化和现代化,仍是我国当前乃至今后相当长历史时期的主要任务。要完成这个任务,必须继续保持国家的安全和稳定,这就要求我们必须继续把改革开放与四项基本原则结合在一起。不改革不开放,生产力不可能发展,社会也不可能稳定;改革开放不坚持四项基本原则,生产力不仅要遭受破坏,社会还会分崩离析。这是中国改革开放30年实践得出的最为重要的结论,是改革开放基本经验的核心所在,也是中国现代化道路超越西方资本主义现代化道路的具体体现。如果说中国特色社会主义道路有什么普遍意义的话,意义就在这里。

[①] 摘自人民网2006年9月3日。

坚持党的基本路线一百年不动摇[*]

——重温邓小平1992南方谈话

20年前，邓小平同志在国内国际严峻考验的重大历史关头，以88岁高龄，前往南方视察并发表重要谈话（以下简称南方谈话）。这篇谈话全面总结了改革开放14年的经验教训，完整阐述了党的十一届三中全会以来的路线、方针、政策，深刻回答了长期困扰和束缚人们思想的许多重大认识问题，系统提出了对整个社会主义现代化建设具有现实和长远指导意义的重要思想，为推动我国改革开放和社会主义现代化建设进入新阶段作出了重大贡献。它是坚持党在社会主义初级阶段基本路线、创新中国特色社会主义理论的又一个宣言书，是中华人民共和国史特别是改革开放史中一份十分重要的马克思主义的历史性文献，也是邓小平理论的集大成之作。它的前瞻性和真理性已为20年来我国经济的持续高速增长、综合国力的不断增强，以及国际形势的深刻变化和资本主义世界经济的一再危机所充分验证。常言道：温故而知新。在这篇谈话发表20周年之际，把它拿出来，结合20年的实践重新通读几遍，再次领会其中的精神实质和深刻内涵，不仅是对它的最好纪念，而且有助于我们正确认识和解决当前面临的各种复杂问题，继续把中国特色社会主义事业推向前进。

南方谈话开宗明义地指出："要坚持党的十一届三中全会以来的路线、方针、政策，关键是坚持'一个中心、两个基本点'"；"不坚持社会主义，不改革开放，不发展经济，不改善人民生活，只能是死路一条。基本

---

[*] 本文曾发表于《毛泽东邓小平理论研究》2012年第3期。

路线要管一百年，动摇不得。"① 谈话通篇既强调要抓住时机、加快发展，又要求讲求效益、稳步协调地发展；既强调改革开放胆子要大一些，又阐释改革开放必须坚持四项基本原则的道理。这就清楚地告诉我们，坚持"一个中心、两个基本点"的基本路线一百年不动摇，是南方谈话的核心思想。我们重温这篇谈话，就应当紧紧抓住它的核心思想，深刻领会和继续贯彻党"一个中心、两个基本点"的基本路线，全面理解和准确阐释"不坚持社会主义，不改革开放，不发展经济，不改善人民生活，只能是死路一条"的道理，切实做到坚持党的基本路线一百年不动摇。

南方谈话总共只有八千多字，但内容却十分丰富。它围绕"基本路线一百年不动摇"这个核心思想而展开，对涉及党和国家发展的一系列重要关系问题进行了全面的辩证的分析。其中最重要的是以下八个关系，即不要怕资本主义的东西多了与必须坚持社会主义道路的关系，多搞一些"三资"企业与做强做大国有大中型企业的关系，计划经济不等于社会主义与市场经济不等于资本主义的关系，一部分人先富裕起来与共同富裕的关系，聚精会神抓经济建设与坚持"两手抓"的关系，不搞争论与反对资产阶级自由化的关系，坚持党的基本路线与培养接班人的关系，社会主义道路的长期性、曲折性和社会主义代替资本主义历史总趋势的关系。对这些关系的分析，从始至终贯穿着解放思想、实事求是的精神，体现着马克思主义的立场、观点和方法，直到今天对我们仍然有着重要的启示作用和指导意义。我们重温南方谈话，就要把这些分析作为研读重点，切实做到弄懂弄通。

一 关于不要怕资本主义的东西多了与必须坚持 社会主义道路的关系

改革开放和坚持四项基本原则是党的基本路线中两个不可或缺的统一体，前者是强国之路，是我们党、我们国家发展进步的活力源泉；后者是立国之本，是我们党、我们国家生存发展的政治基石，都关系到国家的兴

---

① 《邓小平文选》第三卷，人民出版社1993年版，第370—371页。

衰成败。但改革开放以来，总有人自觉不自觉地要把这两个基本点割裂甚至对立起来，只讲其中的一个，而无视和否定另一个。被他们常常用作依据的是，邓小平在南方谈话中提出了所谓的"不问姓'社'姓'资'"。其实，只要认真看一下南方谈话的原文就会知道，邓小平讲的是："改革开放迈不开步子，不敢闯，说来说去就是怕资本主义的东西多了，走了资本主义道路。要害是姓'资'还是姓'社'的问题。"① 这里不但没有说"不问姓'社'姓'资'"，相反，就在这句话之后紧接着说："特区姓'社'不姓'资'。从深圳的情况看，公有制是主体"② 可见，所谓的"不问姓'社'姓'资'"，完全是对南方谈话的曲解。自从改革开放以来，邓小平反复提醒我们要坚持社会主义道路、社会主义方向、社会主义原则，绝不能搞资本主义。他指出："我们搞四个现代化，是搞社会主义的四个现代化，不是搞别的现代化。"③ "在改革中坚持社会主义方向，这是一个很重要的问题。"④ "我们大陆坚持社会主义，不走资本主义的邪路。"⑤ "一个公有制占主体，一个共同富裕，这是我们所必须坚持的社会主义的根本原则。"⑥ 就在南方谈话中，他还强调："在整个改革开放的过程中，必须始终注意坚持四项基本原则。"⑦ 他还说过："如果不坚持这四项基本原则，纠正极左就会变成'纠正'马列主义，'纠正'社会主义。"⑧ 这说明，邓小平所说的"要害是姓'资'还是姓'社'"，并非"不问姓'社'姓'资'"，而是要弄清楚什么是资本主义、什么是社会主义，找到正确判断社会主义的标准。在他看来，判断是否是社会主义的主要标准是，看公有制是否占主体，社会有没有两极分化；只要公有制占主体，走共同富裕的道路，就是社会主义。因此，他所说的"不要怕资本主义的东西多了、走了资本主义道路"是有前提的，这个前提就是坚持社会

---

① 《邓小平文选》第三卷，人民出版社1993年版，第372页。
② 同上。
③ 同上书，第110页。
④ 同上书，第138页。
⑤ 同上书，第123页。
⑥ 同上书，第111页。
⑦ 同上书，第379页。
⑧ 同上书，第137页。

主义的方向和原则。而且，即使在这个前提下，也要是有利于发展社会主义社会的生产力、有利于增强社会主义国家的综合国力、有利于提高人民的生活水平的，才能大胆试、大胆闯，并不是有的人所解释的无前提的"不怕"、无条件的"大胆"。

二 关于多搞一些"三资"企业与做强做大国有大中型企业的关系

南方谈话中在谈到不要怕资本主义的东西多了时，特别提出："多搞点'三资'企业，不要怕。"① 为什么不要怕呢？邓小平解释说："只要我们头脑清醒，就不怕。我们有优势，有国有大中型企业，有乡镇企业，更重要的是政权在我们手里。"② 他还以深圳为例，指出："从深圳的情况看，公有制是主体，外商投资只占四分之一。"③ 因此，他指出："'三资'企业受到我国整个政治、经济条件的制约，是社会主义经济的有益补充，归根到底是有利于社会主义的。"④ 从这些论述中不难看出，邓小平之所以认为，多搞一些"三资"企业不是发展资本主义而是社会主义经济的有益补充，除了讲到我国社会主义政权对"三资"企业的制约外，还讲到公有制，特别是我国国有大中型企业对"三资"企业在经济上的制约。我国的国有大中型企业不同于资本主义的国有企业，《宪法》第7条规定："国有经济是社会主义全民所有制经济，是国民经济中的主导力量。"有了这样的国有经济，国民经济的命脉就可以控制在社会主义国家政权的手中，人民民主专政就有了坚实的经济基础，社会主义市场经济就有了强大的主力军，我国参与国际竞争就有了基本力量，"三资"企业唯利是图的消极作用就会被限制在可控的范围，而它有利于我国增加税收、安排就业、扩大海外市场、吸收国际上先进技术和管理经验等有益作用就会得到充分发挥。根据邓小平的这一分析，党中央后来陆续提出："公有制是我国社会

---

① 《邓小平文选》第三卷，人民出版社1993年版，第372—373页。
② 同上书，第373页。
③ 同上书，第372页。
④ 同上书，第373页。

主义经济制度的基础，非公有制经济是我国社会主义市场经济的重要组成部分。"①"进一步深化对公有制为主体、多种所有制经济共同发展这一基本经济制度含义的认识，在实践中不断完善这一制度。"②"毫不动摇地巩固和发展公有制经济，毫不动摇地鼓励、支持、引导非公有制经济发展"。"深化国有企业公司制股份制改革，健全现代企业制度，优化国有经济布局和结构，增强国有经济活力、控制力、影响力。"③这些论述进一步深化了对包括国有大中型企业在内的公有制经济与包括"三资"企业在内的非公有制经济之间关系的认识，为我国国民经济近二十年的飞速发展提供了重要的理论支撑，同时也为今后国有经济、集体经济、私有经济、个体经济以及外资企业等多种经济成分的共同发展，奠定了坚实的理论基础。

三 关于社会主义也有市场与资本主义也有计划的关系

计划与市场的关系问题，是经济学特别是马克思主义经济学中的一对重要范畴。过去很长一段时间里，人们往往把它们与所有制联系在一起，认为市场经济只能建立在资本主义私有制基础之上，而社会主义公有制只能实行计划经济。我们党早在20世纪50年代就对这种认识有所突破，提出过"三个为主、三个为辅"的设想，不过由于种种原因，一直未能实行。改革开放后，我们党逐步摆脱了过去那种传统观念，陆续提出以计划经济为主、市场调节为辅，有计划的商品经济，计划经济与市场调节相结合等经济运行体制。但这些提法都未能从根本上解除把计划经济和市场经济看作属于社会基本经济制度范畴的思想束缚。直到邓小平在南方谈话中指出："计划多一点还是市场多一点，不是社会主义与资本主义的本质区别。计划经济不等于社会主义，资本主义也有计划；市场经济不等于资本主义，社会主义也有市场。计划和市场都是经济手段。"④这才使人们在计划与市场关系问题的认识上有了新的重大突破。根据这一论断，党的十四

---

① 《十五大以来重要文献选编》上，人民出版社2000年版，第685页。
② 《江泽民论中国特色社会主义（专题摘编）》，中央文献出版社2002年版，第52页。
③ 《十七大以来重要文献选编》上，中央文献出版社2009年版，第20页。
④ 《邓小平文选》第三卷，人民出版社1993年版，第373页。

大把社会主义市场经济体制作为了经济体制改革的目标。在这种经济体制中，固然让市场对资源配置起基础性作用，充分发挥市场对各种经济信号反应比较灵敏的优点，促进生产和需求的及时协调；但同时也强调这种作用的发挥一定要置于国家宏观调控的前提之下，运用经济政策、经济法规、计划指导和必要的行政管理，限制市场的弱点和消极方面，引导市场健康发展。可见，这种经济体制并不排斥计划，而是把市场和计划都当成经济手段。江泽民同志在十四大报告中指出："在建立社会主义市场经济体制的过程中，计划与市场两种手段相结合的范围、程度和形式，在不同时期、不同领域和不同地区可以有所不同。"① 他还说："国家计划是宏观调控的重要手段之一。建立社会主义市场经济体制，是要改革过去那种计划经济模式，但不是不要计划，就是西方市场经济国家也都很重视计划的作用。我们是社会主义国家，更有必要和可能正确运用必要的计划手段。"② 胡锦涛总书记也说："发挥国家发展规划、计划、产业政策在宏观调控中的导向作用。"③ 这些论述充分体现了南方谈话中关于计划与市场辩证关系思想的精髓，对我们继续认识和处理好这对关系具有重要的指导意义。近些年，随着资本主义经济危机的深入，许多西方国家的民众和进步人士开始反思资本主义，一些西方政要和经济学家也开始质疑新自由主义，强调国家的作用，主张对市场和金融业加强监管。这从反面说明，社会主义市场经济把市场对资源配置的基础性作用置于国家宏观调控的前提之下，把国家计划作为宏观调控的重要手段之一，是完全符合商品经济条件下经济运行规律的，是计划与市场关系的最佳处理模式。如果说中国改革开放的成功有什么不同于其他转型经济体的秘诀的话，没有照搬西方放任自由的市场经济模式，恐怕是一个重要的秘诀。

四 关于让一部分人先富裕起来与共同富裕的关系

让一部分地区一部分人收入先多一些，生活先好起来，是邓小平在党

---

① 《江泽民文选》第一卷，人民出版社2006年版，第228页。
② 江泽民：《论社会主义市场经济》，中央文献出版社2006年版，第31页。
③ 《十七大以来重要文献选编》上，中央文献出版社2009年版，第21页。

的十一届三中全会上针对过去长期存在的平均主义现象提出的一个大政策。改革开放30年来，人们的积极性、创造性之所以得到充分发挥，创造财富的源泉之所以得到充分涌流，与实行这个大政策有着直接而密切的关联。然而，邓小平在提出这个大政策的同时就指出，提倡一部分人先富起来的目的，是"使整个国民经济不断地波浪式地向前发展，使全国各族人民都能比较快地富裕起来"①。他在南方谈话中也说："共同富裕的构想是这样提出的：一部分地区有条件先发展起来，一部分地区发展慢点，先发展起来的地区带动后发展的地区，最终达到共同富裕。如果富的愈来愈富，穷的愈来愈穷，两极分化就会产生。"②他还具体设想了今后先富带动后富的办法，即"先富起来的地区多交点利税"；并且提出了突出解决这个问题的时间应当在上世纪末"达到小康水平的时候"③。他把共同富裕进一步提高到社会主义本质特征之一的高度，指出："社会主义的本质，是解放生产力，发展生产力，消灭剥削，消除两极分化，最终达到共同富裕。"并说："走社会主义道路，就是要逐步实现共同富裕。"④ 在南方谈话之后，他把共富问题又与分配问题联系起来论述，反复强调这个问题的重要性。他指出："中国发展到一定的程度后，一定要考虑分配问题。……不同地区总会有一定的差距。这种差距太小不行，太大也不行。如果仅仅是少数人富有，那就会落到资本主义去了。……我们的政策应该是既不能鼓励懒汉，又不能造成打'内仗'。"⑤"十二亿人口怎样实现富裕，富裕起来以后财富怎样分配，这都是大问题。……我们讲要防止两极分化，实际上两极分化自然出现。""过去我们讲先发展起来。现在看，发展起来以后的问题不比不发展时少。"⑥近二十年来城乡差别、区域差别、人群收入差别的逐步扩大，充分说明邓小平这些论述是富有远见的，是完全正确的。为了解决这个问题，以胡锦涛同志为总书记的党中央提出了构

---

① 《邓小平文选》第二卷，人民出版社1994年版，第152页。
② 《邓小平文选》第三卷，人民出版社1993年版，第373—374页。
③ 同上书，第374页。
④ 同上书，第373页。
⑤ 《邓小平年谱（1975—1997）》下，中央文献出版社2004年版，第1356—1357页。
⑥ 同上书，第1364页。

建社会主义和谐社会的历史性任务;要求初次分配和再分配时都要处理好效率和公平的关系,再分配时更要注重公平;决定提高居民收入在国民收入分配中的比重、劳动报酬在初次分配中的比重和低收入者的收入,并采取不断提高扶贫标准和最低工资标准的措施。所有这些,都是为了落实共同富裕的目标,已经和正在扭转收入分配差距不断扩大的趋势。

五 关于聚精会神抓经济建设与坚持"两手抓"的关系

自从党的十一届三中全会确立把党的工作重心转移到经济建设上来和实行改革开放总方针之后,邓小平就反复提醒全党要注意"两手抓"。早在1980年他就指出:"我们要建设的社会主义国家,不但要有高度的物质文明,而且要有高度的精神文明。"[①] 以后他又提出要"两手抓",一手抓建设,一手抓法制;一手抓改革开放,一手抓打击各种犯罪、抓惩治腐败、抓反对资产阶级自由化,而且两只手都要硬。为什么要"两手抓""两手硬"呢?用他的话说:"离开了经济建设这个中心,就有丧失物质基础的危险。"[②] "但风气如果坏下去,经济搞成功又有什么意义?会在另一方面变质,反过来影响整个经济变质。"[③] 然而,在实际工作中,物质文明这一手一直比较硬,而精神文明这一手往往比较软。对此,他多次提出批评。1985年,他在党的全国代表会议上说:"社会主义精神文明建设,很早就提出了。中央、地方和军队都做了不少工作,特别是群众中涌现了一大批先进人物,影响很好。不过就全国来看,至今效果还不够理想。主要是全党没有重视。"[④] 1989年政治风波过后,他在接见首都戒严部队军以上干部时又说:"今天回头来看,出现了明显的不足,一手比较硬,一手比较软。一硬一软不相称。"[⑤] 在南方谈话中,他用很大篇幅再次强调了"两手抓"的方针。他说:"开放以后,一些腐朽的东西也跟着进来了,

---

[①] 《邓小平文选》第二卷,人民出版社1994年版,第367页。
[②] 同上书,第250页。
[③] 《邓小平文选》第三卷,人民出版社1993年版,第154页。
[④] 同上书,第143页。
[⑤] 同上书,第306页。

中国的一些地方也出现了丑恶的现象，如吸毒、嫖娼、经济犯罪等。要注意很好地抓，坚决取缔和打击，决不能任其发展。中华人民共和国成立以后，只花了三年时间，这些东西就一扫而光。吸鸦片烟、吃白面，世界上谁能消灭得了？国民党办不到，资本主义办不到。事实证明，共产党能够消灭丑恶的东西。""只要我们的生产力发展，保持一定的经济增长速度，坚持两手抓，社会主义精神文明建设就可以搞上去。"① 可见，抓住机遇、加快发展、发展是硬道理、改革开放胆子要大一些、看准了的要大胆试大胆闯，这些是南方谈话的精神；坚持物质文明建设和精神文明建设"两手抓"、反对腐败、反对资产阶级自由化、反对社会丑恶现象，这些同样是南方谈话的精神。那种仅仅把发展理解为经济发展的观念，或者仅仅把物质文明发展当成硬道理而忽视甚至认为可以牺牲精神文明的观念，都是违背南方谈话精神的，都不是邓小平理论。

六　关于不搞争论与反对资产阶级自由化的关系

邓小平在南方谈话中有一个重要观点，就是不搞争论。但不搞争论指的是什么呢？有人说，邓小平说的不搞争论，就是在意识形态问题上不要争论，在搞社会主义还是搞资本主义的问题上不要争论。果真如此吗？只要认真看看南方谈话原文就清楚了。在南方谈话中，邓小平提出不搞争论，是在讲到证券、股市这些东西究竟好不好，有没有危险，是不是资本主义独有的东西，社会主义能不能用，允许看，但要坚决地试这些话之后。他说："不搞争论，是我的一个发明。"② "对改革开放，一开始就有不同意见，这是正常的。""我们推行三中全会以来的路线、方针、政策，不搞强迫，不搞运动，愿意干就干，干多少是多少，这样慢慢就跟上来了。""不争论，是为了争取时间干。一争论就复杂了，把时间都争掉了，什么也干不成。不争论，大胆地试，大胆地闯。农村改革是如此，城市改

---

① 《邓小平文选》第三卷，人民出版社1993年版，第379页。
② 同上书，第374页。

革也应如此。"① 从这些话中不难看出,邓小平所说的不搞争论,是针对改革开放中一些具体举措而言的,目的在于争取时间,以免事情还没办,先争论不休,结果丧失时机。这个方针对不对呢?完全对。因为它符合人的认识规律,符合马克思主义"实践第一"的观点,符合我们在工作中的经验。但从这些话中能否找出在意识形态问题、在走社会主义还是走资本主义道路问题上也不争论的意思呢?完全找不出,连影子都没有。相反,从南方谈话中却可以看到很多关于改革开放必须坚持四项基本原则和反对资产阶级自由化、反对和平演变的论述。比如:"在整个改革开放的过程中,必须始终坚持四项基本原则。"再如:"十二届六中全会我提出反对资产阶级自由化还要搞二十年,现在看起来还不止二十年。资产阶级自由化泛滥,后果极其严重。特区搞建设,花了十几年时间才有这个样子,垮起来可是一夜之间啊。"② 再如:"帝国主义搞和平演变,把希望寄托在我们以后的几代人身上。"③ 什么叫资产阶级自由化?按照邓小平的解释,资产阶级自由化就是"崇拜西方资本主义国家的'民主'、'自由',否定社会主义"④;"就是要把我们中国现行的政策引导到走资本主义道路"⑤。什么叫和平演变?邓小平也有一个解释,就是西方政治家所说的"打一场无硝烟的世界大战"⑥,"所谓没有硝烟,就是要社会主义国家和平演变"⑦。这说明,资产阶级自由化也好,帝国主义的和平演变也罢,无非妄图从内外两方面夹击社会主义的中国,把中国引导到资本主义道路上去。邓小平一再强调,对资产阶级自由化"不能让步。这个斗争将贯穿在实现四化的整个过程中,不仅本世纪内要进行,下个世纪还要继续进行"⑧。他说:"要搞四个现代化,要实行开放政策,就不能搞资产阶级自由化。自由化的思想前几年有,现在也有,不仅社会上有,我们共产党内也有。自由化思潮一

---

① 《邓小平文选》第三卷,人民出版社 1993 年版,第 374—375 页。
② 同上书,第 379 页。
③ 同上书,第 380 页。
④ 同上书,第 123 页。
⑤ 同上书,第 181 页。
⑥ 同上书,第 325—326 页。
⑦ 同上书,第 344 页。
⑧ 同上书,第 204 页。

发展，我们的事业就会被冲乱"①。他对一些人见到错误观点充耳不闻、听之任之的态度提出尖锐批评，说严重的问题在于对于不正确的观点、错误的思潮，甚至对于一些明目张胆地反对党的领导、反对社会主义的观点，"在报刊上以及党内生活中，都很少有人挺身而出进行严肃的思想斗争"②。可见，他说的不搞争论，不是指在意识形态问题上、改革开放方向问题上不争论。在这些问题上，他不仅主张要坚决斗争，而且直接用过"争论"这个词。在一九八九年风波后，他说："某些人所谓的改革，应该换个名字，叫作自由化，即资本主义化。他们'改革'的中心是资本主义化。我们讲的改革与他们不同，这个问题还要继续争论的。"③ 当然，这里说的争论，与"文化大革命"中的大批判根本不同，是要摆事实、讲道理、以理服人的。但无论如何，不是"不争论""不交火"、高挂"免战牌"。江泽民说："如果面对错误的思想政治观点，不闻不问，不批评，不斗争，听任他们去搞乱人们的思想，搞乱我们的意识形态，那是极其危险的，势必危害整个国家和社会的安定团结。"④ 胡锦涛也说："对错误的思想言论绝不能听之任之，对腐朽没落的思想文化绝不能任其泛滥。"⑤ 可见，那种把南方谈话中关于在改革开放具体举措问题上不搞争论的主张当作意识形态问题上"不争论"的方针，是对邓小平理论的误读，也是违背党中央一贯指示和精神的。

七 关于坚持党的基本路线与培养接班人的关系

"正确的政治路线要靠正确的组织路线来保证"⑥，这是我们党的一条重要经验，也是党的建设的一个基本观点。邓小平在南方谈话中重申了这个观点，并且旗帜鲜明地提出："中国的事情能不能办好，社会主义和改

---

① 《邓小平文选》第三卷，人民出版社1993年版，第124页。
② 《邓小平文选》第二卷，人民出版社1994年版，第365页。
③ 《邓小平文选》第三卷，人民出版社1993年版，第297页。
④ 《江泽民论有中国特色社会主义（专题摘编）》，中央文献出版社2002年版，第411—412页。
⑤ 《十六大以来重要文献选编》下，中央文献出版社2008年版，第686页。
⑥ 《邓小平文选》第三卷，人民出版社1993年版，第380页。

革开放能不能坚持，经济能不能快一点发展起来，国家能不能长治久安，从一定意义上说，关键在人。""中国要出问题，还是出在共产党内部。"① 因此，"关键是我们共产党内部要搞好，不出事"②。他的这一论断，不仅是从共产党实行民主集中制体制的实际出发而作出的，也是从苏东剧变和中国改革开放后两任总书记在"反对资产阶级自由化的问题上栽跟头"③的教训中总结出来的。苏联作为一个成立七十多年的社会主义大国，苏联共产党作为一个拥有八十多年历史和一千多万党员的工人阶级政党，为什么会在一夜之间解体和下台？原因有很多，但不可否认的是，苏共中央特别是主要领导人出问题，是其中最为关键的原因。根据《哥达纲领批判》的分析和社会主义运动的经验，社会主义是一种由资本主义向共产主义过渡形式的社会。因此，在这种社会必然会始终存在向共产主义前进的力量和退回到资本主义的力量。前者力量大，社会主义制度就稳固；后者力量大，社会主义制度就可能被颠覆。在这两种力量较量中起决定作用的，只能是执政的共产党，特别是它的中央。邓小平在一九八九年风波过后不久就说过："中国问题的关键在于共产党要有一个好的政治局，特别是好的政治局常委会。只要这个环节不发生问题，中国就稳如泰山。"④ "如果中央自己乱了阵脚，那就难说了。这是最关键的问题。"正是从这个认识出发，他在南方谈话中提出："要注意培养人，要按照'革命化、年轻化、知识化、专业化'的标准，选拔德才兼备的人进班子。"同时"要把我们的军队教育好，把我们的专政机构教育好，把共产党员教育好，把人民和青年教育好。"⑤ 他告诫我们："党的基本路线要管一百年，要长治久安，就要靠这一条。真正关系到大局的是这个事。"⑥ "十一届三中全会确立的这条中国的发展路线，是否能够坚持得住，要靠大家努力，特别是要教育后代。"⑦ 他的这些论述，抓住了无产阶级政党和社会主义国家立于不败之

---

① 《邓小平文选》第三卷，人民出版社 1993 年版，第 380 页。
② 同上书，第 381 页。
③ 同上书，第 380 页。
④ 同上书，第 365 页。
⑤ 同上书，第 380 页。
⑥ 同上。
⑦ 同上书，第 381 页。

地的根本，对于我们党经受住长期执政、市场经济和对外开放的考验，对于我们国家不改变颜色，都具有至关重要的意义。邓小平等老一代革命家相继辞世后，我们党之所以仍然能够带领人民从容应对一个又一个关系我国主权和安全的国际突发事件，战胜一个又一个政治和经济领域出现的风险，原因固然有很多，但关键原因就在于，党中央的领导权始终牢牢掌握在马克思主义者手里。只要有了这一条，加上把党员、人民、青年教育好，今后无论有什么样的风浪、风浪有多大，我们党都会带领人民不断把中国特色社会主义事业推向前进。

八　关于社会主义道路的长期性、曲折性和社会主义代替资本主义的历史总趋势的关系

南方谈话有一个十分鲜明的特点，就是通篇既对社会主义道路的长期性、曲折性保持清醒，又对这条道路的最后胜利充满自信；不仅强调社会主义国家遭遇挫折是难以完全避免的规律性现象，而且强调社会主义经过曲折必然代替资本主义是人类社会由低级向高级发展的根本规律。邓小平说："我们搞社会主义才几十年，还处在初级阶段。巩固和发展社会主义制度，还需要一个很长的历史阶段，需要我们几代人、十几代人，甚至几十代人坚持不懈地努力奋斗，决不能掉以轻心。"① 为什么需要这么长时间？除了我国人口多、底子薄、经济起点低、相对资源少，以及"搞社会主义才几十年，还处在初级阶段"等特殊原因外，他在这里还提到一个带有普遍性的原因，那就是"刚刚掌握政权的新兴阶级，一般来说，总是弱于敌对阶级的力量"。② 他这里所说的敌对阶级，不仅限于国内，而是把它放在整个国际大背景下来看的。当年列宁在分析无产阶级推翻资产阶级之后很长时期内依然比资产阶级弱一些的原因时就说过，"因为资产阶级有很广泛的国际联系"③，"在于国际资本的力量"，"在于它的各种国际联系

---

① 《邓小平文选》第三卷，人民出版社1993年版，第379—380页。
② 同上书，第379页。
③ 《列宁选集》第4卷，人民出版社1995年版，第179页。

牢固有力"①。邓小平也说，我们平息一九八九年风波之后，巴黎七国首脑会议"决定制裁中国，他们使用经济手段，也使用政治手段，如高级官员不接触"。"建国以后，我们处于被孤立、被封锁、被制裁的地位有几十年之久"②。正是从这个事实出发，邓小平与那种"社会主义速胜论"的观点不同。他认为，社会主义要"经历一个长过程"，要经过"几代人、十几代人，甚至几十代坚持不懈地努力奋斗"③，而且"道路是曲折的"，"某种暂时复辟也是难以完全避免的"④。但另一方面，他与那种"共产主义渺茫论"的观点也不同。首先，他认为正因为敌对阶级的力量在一段时间里比较强大，所以必须"依靠无产阶级专政保卫社会主义制度"⑤。他指出："马克思说过，阶级斗争学说不是他的发明，真正的发明是关于无产阶级专政的理论。"⑥"运用人民民主专政的力量，巩固人民的政权，是正义的事情，没有什么输理的地方。"⑦ 同时，他主张对西方国家的制裁、威胁不能示弱。他说："你越怕，越示弱，人家劲头就越大。并不因为你软了人家就对你好一些，反倒是你软了人家看不起你。"⑧ 其次，他认为"一些国家出现严重曲折，社会主义好像被削弱了，但人民经受锻炼，从中吸取教训，将促使社会主义向着更加健康的方向发展。"⑨ 再次，他认为，"封建社会代替奴隶社会，资本主义代替封建主义，社会主义经历一个长过程发展后必然代替资本主义。这是社会历史发展不可逆转的总趋势"⑩。在谈话临近结尾时，他充满信心地指出，"马克思主义是打不倒的"⑪，"因为马克思主义的真理颠扑不破"⑫。"我坚信，世界上赞成马克

---

① 《列宁选集》第4卷，人民出版社1995年版，第135页。
② 《邓小平文选》第三卷，人民出版社1993年版，第329页。
③ 同上书，第379—380页。
④ 同上书，第383页。
⑤ 同上书，第379页。
⑥ 同上。
⑦ 同上。
⑧ 同上书，第320页。
⑨ 同上书，第383页。
⑩ 同上书，第382—383页。
⑪ 同上书，第382页。
⑫ 同上。

思主义的人会多起来的，因为马克思主义是科学"①。"不要认为马克思主义就消失了，没用了，失败了。哪有这回事"②！读了这些话，让人不禁想起当年苏联解体之后，一些西方资产阶级学者欣喜若狂，马上断言"历史终结了"，"资本主义最终胜利了"。但曾几何时，社会主义中国的经济总量由世界第七位上升到第二位，而资本主义世界的金融危机却一再爆发，并且不断蔓延、日益加深；人们对资本主义制度的质疑声越来越大，而马克思、恩格斯的著作却在资本主义国家不断再版，成为热销书。所有这些，难道不正是对邓小平上述科学预言的最好注脚吗？

南方谈话发表至今，国际形势发生了广泛而深刻的变化，当代中国也发生了广泛而深刻的变革。20年来，以江泽民同志为核心的党的第三代中央领导集体和以胡锦涛同志为总书记的党中央，高举中国特色社会主义的伟大旗帜，面对新的实践，与时俱进，不断创新，在以邓小平同志为核心的党的第二代中央领导集体探索和回答什么是社会主义、怎样建设社会主义等重大理论和实际问题的基础上，又探索和回答了建设什么样的党、怎样建设党，实现什么样的发展、怎样发展等重大问题，相继提出了"三个代表"重要理论和科学发展观，进一步丰富了党的基本理论、基本路线、基本纲领、基本经验。特别是党的十七大以来，党中央对南方谈话的精神在继承的同时又有了许多新的发展。例如，提出坚持发展是硬道理的本质要求就是坚持科学发展；把文化繁荣发展作为坚持发展是硬道理的重要内容；更加注重以人为本，更加注重全面协调可持续发展，更加注重统筹兼顾；坚持稳中求进，保持经济平稳较快发展；把扩大内需的重点更多放在保障和改善民生上来，等等。我们纪念南方谈话发表20周年，也应当在重温南方谈话的同时，深刻领会和认真贯彻党中央从新的实际出发而提出的一系列新方针、制定的一系列新政策、做出的一系列新决策。我以为，这同样是对邓小平南方谈话的最好纪念。

---

① 《邓小平文选》第三卷，人民出版社1993年版，第382页。
② 同上书，第383页。

坚持中国特色社会主义道路需要把握好的三对重要关系[*]

当年，我们党之所以能引导国家走上社会主义道路，后来又领导人民开辟中国特色社会主义道路，都是在成功应对和处理了许多重大理论和实践问题后才做到的。今天，我们要坚持中国特色社会主义道路，同样要面对和处理好各种理论和实践问题。其中，既要深化改革又要防止改革走偏方向，既要调动资本的活力又要防止两极分化，既要加强党的领导又要防止党腐化变质，便是需要正确把握的三对重要关系。如果这些关系处理不好，坚持中国特色社会主义方向就会变成一句空话。

既要深化改革又要坚持改革的社会主义方向

党的十八大报告指出："改革开放是坚持和发展中国特色社会主义的必由之路。要始终把改革创新精神贯彻到治国理政各个环节。"同时，报告要求"不断推进我国社会主义制度自我完善和发展"[①]。就是说，改革是为了完善和发展社会主义制度，而不是要把社会主义改掉，不是要改旗易帜。十八大的这一精神是改革开放以来我们党所一贯坚持的，也是十八大报告所特别强调的。

---

[*] 这是作者在2012年11月北京市区县局级领导干部学习贯彻党的十八大精神专题研讨班上所作辅导报告的第二部分，曾在《新视野》杂志2013年第3期上发表。

[①] 胡锦涛：《坚定不移沿着中国特色社会主义道路前进，为全面建成小康社会而奋斗》，人民出版社2012年版，第14页。

首先，在经济体制改革方面。党的十八大报告一方面强调更加尊重市场规律；另一方面强调更好地发挥政府作用，加强宏观调控目标和政策手段机制化建设。一方面强调毫不动摇地鼓励、支持、引导非公有经济发展，保证各种所有制经济依法平等使用生产要素、公平参与市场竞争、同等受到法律保护；另一方面强调毫不动摇地巩固和发展公有制经济，不断增强国有经济活力、控制力、影响力。一方面强调继续深化国有企业改革；另一方面强调推动国有资本更多投向关系国民经济和国家安全的重要行业和关键领域。

现在有人以反垄断为名，反对公有制为主体和国有经济控制国民经济命脉，指责近些年"国进民退"了，把国有企业对涉及国家安全的重要资源、重要行业、关键领域的控制与某些企业、行业的垄断行为混为一谈，提出国有经济是"计划经济的遗产"，是"官僚资本"，主张"把国有资产量化到民众手中"；还有人把"以人为本"解释成"以民营经济为本"，说"公有制与人的本性相矛盾"、"与市场经济不相容"、"以公有制为主体是错误的"，要求"以民营经济为本""以民营经济为主体""国有经济不与民争利""国有经济做民营经济的补充"，甚至要求把对资本主义工商业改造时已被"和平赎买"的私人"老字号""回归民间"等。这些言论是"新自由主义思潮"的反映，实质在于主张私有化。

对于是否"国进民退"的问题，需要用事实回答。这些年，我国规模以上工业企业中的国有及国有控股企业的主营业务收入在工业企业中的比重一直在下降，2011年已不到30%，而上缴国家的税金却占49%。反过来，私营企业主营业务收入在不断增加，2011年已超过国有及国有控股企业，占比为30.6%，而其上缴金却仅占23%。这说明，民营经济不仅资本在发展，利润也在增加。从《福布斯》和《胡润》财富榜公布的数字看，中国内地投资资金超过千万元的富豪，2007年为14万户，2008年为30万户，2010年为88万户，2011年为100多万户，年均增幅达14%以上；亿万元的超级富豪，2011年比2010年增加3000户，增幅达到6.3%。去年超过10亿美元的富豪有251户，甚至出现了超百亿美元的大富豪。在不到30年时间里，我国超过百亿元的富豪已是印度的4倍。瑞士宝盛银行在《2012年度财富报告》中预测，中国的超级富豪人数在

2015年将达到146万，总资产为9.3万亿美元。我国2011年的GDP相当于7.4万亿美元，即使按年增10%计算，2015年也不过10万亿美元。按照这个预测，那时占人口不到1%的人拥有的财产，将相当于全年国民生产的总值。从以上数字看，说这些年"国进民退"也是不符合事实的。

另外，还应当看到，这些年国有经济在数量上的比重虽然在下降，但影响力、控制力却不断上升，如果把这说成"国进"，那么这种"国进"不但不是什么错误，相反恰恰是国有企业改革要达到的目的。对于包括国有企业改革在内的所有制改革，中央的方针始终是明确的和一贯的。江泽民多次指出：所谓国有经济比重减少一些，"也应有个限度，有个前提，就是不能影响公有制的主体地位和国有经济的主导作用。影响国计民生的重要大中型企业，必须掌握在国家手中。影响当地经济和社会发展的大中型企业，省区市也必须掌握一批"[①]。胡锦涛也强调：深化国有企业改革、健全现代企业制度、优化国有经济布局和结构，都是为了"增强国有经济活力、控制力、影响力"[②]。这些表明，国有企业改革的目的，是为了从总体上增强国有企业的活力和国有经济的控制力，而不是为了削弱甚至取消国有经济。不久前，世界银行抛出的要中国国有经济比重进一步降低到10%的"顶层设计"，与我们党和政府的一贯方针是完全背离的。

关于国有企业的性质、地位和作用，我国《宪法》和党的决议、领导人的讲话中都有过明确规定和论述。《宪法》第六条规定："社会主义经济制度的基础是生产资料的社会主义公有制，即全民所有制和劳动群众集体所有制。"第七条规定："国有经济是社会主义全民所有制经济，是国民经济中的主导力量。国家保障国有经济的巩固和发展。"党的十五届四中全会通过的《关于国有企业改革和发展若干重大问题的决定》中指出："包括国有经济在内的公有制经济，是我国社会主义制度的经济基础，是国家引导、推动、调控经济和社会发展的基本力量，是实现广大人民群众根本利益和共同富裕的重要保证。""国有企业是我国国民经济的支柱。发展社会主义社会的生产力，实现国家的工业化和现代化，始终要依靠和发

---

① 江泽民：《论有中国特色社会主义（专题摘编）》，中央文献出版社2002年版，第52页。
② 《十七大以来重要文献选编》上，中央文献出版社2009年版，第20页。

挥国有企业的重要作用。"① 党的十六大报告强调："发展壮大国有经济，国有经济控制国民经济命脉，对于发挥社会主义制度的优越性，增强我国的经济实力、国防实力和民族凝聚力，具有关键性作用。"② 江泽民说："建立和发展国有企业特别是国有大中型企业，是由我国社会主义的基本政治、经济制度决定的，也是我国社会主义经济的重要标志。""国有大中型企业是发展社会主义市场经济的主力军。""国有大中型企业是我国经济参与国际竞争、合作、分工的基本力量。"③ 习近平总书记在2009年大庆油田发现50周年庆祝大会上也着重指出："国有企业是中国特色社会主义的重要支柱，是我们党执政的重要基础，也是贯彻和实践党的基本理论的重要阵地。"④ 这些规定、决定和论述说明，我国国有经济是社会主义制度的经济基础，是社会主义市场经济的骨干力量，是实行宏观调控、参与国际竞争以及党的执政地位、国家的长治久安、人民的共同富裕的重要保证。可以毫不夸张地说，没有社会主义的国有企业特别是国有大中型企业，便没有中华人民共和国，没有中国特色社会主义，没有共同富裕，没有各民族的大团结，没有巩固的国防，没有人民的一切。指责这些年"国进民退"了，要求国有企业退出"竞争性行业"的言论，既没有事实根据，也不符合我国《宪法》和党中央关于国有企业改革的决定精神。

其次，在政治改革方面。十八大报告一方面要求继续积极稳妥推进经济体制改革，发展更加广泛、更加充分、更加健全的人民民主，另一方面要求必须坚持党的领导、人民当家作主、依法治国的有机统一；一方面要求更加注重改进党的领导方式和执政方式，更加注重健全民主制度、丰富民主形式，更加注重发挥法治在国家治理和社会管理中的重要作用，另一方面要求坚持走中国特色社会主义政治发展道路，充分发挥我国社会主义政治制度优越性，绝不照搬西方政治制度模式。

现在有人说，改革就是改革，无所谓社会主义方向和资本主义方向，

---

① 《十五大以来重要文献选编》中，人民出版社2001年版，第1004页。
② 《十六大以来重要文献选编》上，中央文献出版社2005年版，第19页。
③ 江泽民：《论有中国特色社会主义》（专题摘编），中央文献出版社2002年版，第142—143页。
④ 习近平：《结合新的实际大力弘扬大庆精神铁人精神》，《人民日报》2009年9月23日。

并以邓小平讲过"改革不问姓'资'姓'社'"、"不搞争论"作为依据。其实，只要看看《邓小平文选》，就会发现，邓小平从来没有在改革方向问题上说过不问姓"资"姓"社"，相反，一再提醒我们："在改革中坚持社会主义方向，这是一个很重要的问题"①。在南方谈话中他还强调："在整个改革开放的过程中，必须始终注意坚持四项基本原则。"② 他指出："如果不坚持这四项基本原则，纠正极左就会变成'纠正'马列主义，'纠正'社会主义。"③ 这说明，邓小平所讲的"要害是姓'资'还是姓'社'"，并非要我们不问姓"资"姓"社"，而是要我们弄清楚什么是资本主义、什么是社会主义，找到正确判断社会主义的标准。另外，邓小平也从来没有在改革的方向上说过什么"不搞争论"，相反，在1989年"政治风波"后特别强调指出："某些人所谓的改革，应该换个名字，叫作自由化，即资本主义化。他们'改革'的中心是资本主义化。我们讲的改革与他们不同，这个问题还要继续争论的。"④

在要不要坚持改革正确方向的问题上，江泽民、胡锦涛与邓小平的主张完全一致，而且一以贯之。江泽民在庆祝建党70周年大会上讲："我们的改革，是社会主义制度的自我完善和发展。""不进行改革，就不可能使社会主义制度继续保持蓬勃生机；在改革中不坚持社会主义方向，就会葬送党和人民七十年奋斗的全部成果。要划清两种改革开放观，即坚持四项基本原则的改革开放，同资产阶级自由化主张的实质是资本主义化的'改革开放'的根本界限。"⑤ 胡锦涛在纪念党的十一届三中全会召开30周年大会上讲："必须把坚持四项基本原则同坚持改革开放结合起来，牢牢抓住经济建设这个中心，始终保持改革开放的正确方向。""既以四项基本原则保证改革开放的正确方向，又通过改革开放赋予四项基本原则新的时代内涵，坚持把以经济建设为中心同四项基本原则、改革开放这两个基本点统一于发展中国特色社会主义的伟大实践。""四项基本原则是立国之本，

---

① 《邓小平文选》第三卷，人民出版社1993年版，第138页。
② 同上书，第379页。
③ 同上书，第137页。
④ 同上书，第297页。
⑤ 《十三大以来重要文献选编》下，人民出版社1993年版，第1649页。

是我们党、我们国家生存发展的政治基石；改革开放是强国之路，是我们党、我们国家发展进步的活力源泉。……离开四项基本原则和改革开放，经济建设就会迷失方向和丧失动力。"① 他们的论述说明，党中央历来主张改革必须坚持正确方向，这个方向就是社会主义，就是四项基本原则。否定改革存在方向问题，是完全没有理论根据的，也是完全不符合客观实际的。

现在还有人指责我们的政治体制改革停顿了、滞后了、倒退了。判断政治体制改革究竟是否滞后，应当首先明确改革的目标是什么。如果把政治体制改革的目标设定为西方的政治制度，以此作为判断改革进退成败的标准，那我们的政治体制改革不仅是"停滞"的，而且从来就没有启动过。但是，如果把政治体制改革的目标设定为社会主义政治制度的自我完善与发展，并以此作为判断改革进退成败的标准，那就可以看出，我们的政治体制改革不仅没有滞后，更没有倒退，相反，取得了巨大成就。十八大报告在回顾政治体制改革的成果时明确指出：改革开放以来，我们"不断推进政治体制改革，社会主义民主政治建设取得重大进展，成功开辟和坚持了中国特色社会主义政治发展道路，为实现最广泛的人民民主确立了正确方向"②。可见，指责政治体制改革停顿、滞后、倒退的言论同样是没有理论和事实根据的。

再次，在民主、法制方面。我们现在还存在许多不如人意的地方，需要继续深化改革，也需要认真落实已经改革了的制度和法律。但是，改革的目标只能是社会主义制度的自我完善，原则只能是坚持中国共产党领导、人民当家作主、依法治国的有机统一，前提只能是有利于政局稳定、人民团结、经济发展、生活改善。我们过去没有，今后也不能照搬西方多党轮流执政、三权鼎立的制度。因为这种制度不适合中国国情，如果生搬硬套，不仅不会给中国人民带来真正的民主，无法解决腐败问题，相反，只会引发政局动荡，造成社会混乱、国家分裂、内战爆发、难民成群，使

---

① 《十七大以来重要文献选编》上，中央文献出版社2009年版，第797—798页。
② 胡锦涛：《坚定不移沿着中国特色社会主义道路前进，为全面建成小康社会而奋斗》，人民出版社2012年版，第25页。

已有的发展成果丧失殆尽，最终退回到被外国势力瓜分的时代。

很长时间以来，有人一直在鼓吹所谓"宪政"改革。如果仅从字面上看，这种主张要求按照宪法施政，而我国《宪法》明确规定了共产党的领导地位，因此似乎也是可以接受的。但如果从实质上看，事情就不是那么回事了。所谓"宪政"，最早是英国资产阶级在革命时期为了反对封建王朝的专制而提出的口号，其核心是要求实行多党制、议会制、军队国家化等资本主义政体。把这个口号拿到今天，目的显然不是要求坚持中国共产党的领导，而是要在中国实行西方资本主义的政治制度。这就不是什么改革政治体制的问题了，而是要从根本上改变中国现行的政治制度。

在我国为什么必须实行共产党领导而不能实行多党轮流执政？为什么军队必须由共产党领导而不能搞所谓"国家化"？对这个问题不仅要从历史上、国情上给予回答，也要从理论上给予回答。政党制度是国家政治制度的一部分，属于社会的上层建筑，是建立在经济基础之上的。因此，有什么样的经济制度，就会有什么样的政党制度。资本主义国家实行资产阶级私有制，而资产阶级分为不同利益集团，这决定了在资本主义国家必须实行代表不同利益集团的各个政党的相互竞争、轮流执政，而不能实行一党执政，否则，其他利益集团的利益得不到保障；同时，决定了其军队也必须实行国家化，而不能由哪一个政党单独领导，否则多党制无法实行。我国实行社会主义制度，经济制度的基础是生产资料的社会主义公有制，这决定了人民内部的根本利益是一致的，并且不允许任何势力破坏这种利益的一致性，因此，其政治制度只能是工人阶级领导的以工农联盟为基础的人民民主专政，其政党制度只能是由代表人民根本利益的中国共产党一党执政。在市场经济条件下，人民内部虽然会有不同利益的矛盾，但不允许产生根本的利害冲突。因此，也就不允许有代表与人民利益相对立的利益集团的政党存在，更不允许这样的政党与共产党轮流执政。既然如此，军队当然要由而且只能由中国共产党一党绝对领导，否则共产党的执政就会被架空，人民的根本利益就无法得到维护。这种领导不仅不会妨碍国家政治体制的运行、影响军队的国防军性质，相反，是确保中国特色社会主义制度、坚持人民民主专政、保证人民根本利益不受侵犯、党和人民内部团结统一的不可或缺的必要条件。

这里再说一下"公民社会"的概念。这个概念在至今为止的中央文件中从来没有使用过，因为这个概念的内涵是指不受政府所控制或与政府相对立的完全由公民"自主"的社会。我们党所要建立的基层群众自治制度并不是要脱离党和政府领导的，更不是要同党和政府闹对立的。党的十八大报告指出，要建立由党委领导、政府负责、社会协同、群众参与、法治保障的社会管理体制，可见这种群众自治制度是在党的领导之下。为了建立这种社会管理体制，我们还要进一步发展社会组织。但这种社会组织仍然要在我国《宪法》和法律的范围内活动，仍然要建立党的组织，这与西方的 NGO 不是一回事。而且要看到，即使在西方，有许多 NGO，特别是从事对其他国家进行渗透、分裂活动的，背后仍然是政府，是受政府资助、由政府操纵的。

既要调动资本的活力又要防止两极分化

我国仍然处于并将长期处于社会主义初级阶段，这一国情决定了我们一方面必须从提高效率出发，反对平均主义，让一部分人通过劳动、技术、管理先富起来，并且调动资本的活力，以促进生产力的发展；另一方面必须注意公平、节制资本，防止贫富悬殊、两极分化，走共同富裕的道路，处理好效率与公平、先富与共富、资本与劳动的关系。从改革开放 30 多年的历程可以看出，随着城乡、区域及人群收入差距的变化，党中央在这些关系上的提法也在相应调整。

改革开放之初，城乡差距大约为 2.5∶1。邓小平针对过去在分配上的平均主义、大锅饭现象，提出了"要允许一部分地区、一部分企业、一部分工人农民，由于辛勤努力成绩大而收入先多一些，生活先好起来"的"大政策"，但同时强调：这个政策的目的是为了"使整个国民经济不断地波浪式地向前发展，使全国各族人民都能比较快地富裕起来"。[①] 他指出："如果我们的政策导致两极分化，我们就失败了；如果产生了什么新

[①] 《邓小平文选》第二卷，人民出版社 1994 年版，第 152 页。

的资产阶级，那我们就真是走了邪路了。"①他晚年进一步提出："社会主义制度就应该而且能够避免两极分化。解决的办法之一，就是先富起来的地区多交点利税，支持贫困地区的发展。""可以设想，在20世纪末达到小康水平的时候，就要突出地提出和解决这个问题。"②

20世纪80年代中期，根据邓小平关于允许一部分人先富的思想，在城市改革过程中突破了对私人企业雇工与规模的限制，逐步形成了公有制为主体、多种所有制经济共同发展的所有制结构。同时，公有制经济也进行了所有权与经营权分离的改革，出现了承包制、租赁制和股份制等多种经营方式。至20世纪90年代初，上海、深圳先后成立了证券交易所，开始形成了全国性的资本市场。正是在这个背景下，1992年党的十四大提出："积极培育包括债券、股票等有价证券的金融市场，发展技术、劳务、信息和房地产等市场。"并且在分配制度方面提出："既鼓励先进、促进效率，合理拉开收入差距，又防止两极分化，逐步实现共同富裕。"1997年党的十五大进一步提出"效率优先、兼顾公平"的口号，强调"允许和鼓励资本、技术等生产要素参与收益分配"。这时，城乡差别仍为2.5∶1。

但是，进入21世纪后，城乡差别迅速扩大到了3.1∶1，基尼系数也达到0.4以上。在这个背景下，2002年党的十六大的提法开始发生变化，一方面提出"放手让一切劳动、知识、技术、管理和资本的活力竞相迸发，让一切创造社会财富的源泉充分涌流"；另一方面指出要"兼顾不同方面群众的利益，使全体人民朝着共同富裕的方向稳步前进"。一方面继续坚持"效率优先、兼顾公平"的提法；另一方面提出"初次分配注重效率"，"再分配注重公平"，并强调要"以共同富裕为目标，扩大中等收入者比重，提高低收入者收入水平"。

2007年，城乡差别进一步扩大到3.3∶1，基尼系数从各种统计方法看都超过了4.5∶1这个国际通行的警戒线。在这个背景下，党的十七大报告突出了"共同富裕的道路"，把它放进了科学发展观的四个基本观点中的"坚持以人为本"中；并且不再提"效率优先、兼顾公平"的口号，而是

---

① 《邓小平文选》第三卷，人民出版社1993年版，第111页。
② 同上书，第374页。

指出:"初次分配和再分配都要处理好效率和公平的关系,再分配更加注重公平";还提出要逐步提高居民收入在国民收入分配中的比重和劳动报酬在初次分配中的比重,"保护合法收入,调节过高收入,取缔非法收入,逐步扭转收入差距扩大趋势"。

党的十八大报告在方针上进一步提高了"共同富裕道路"的地位,不仅把"逐步实现全体人民共同富裕"写入了中国特色社会主义道路的定义,还把"必须坚持走共同富裕道路"作为一条,列入夺取中国特色社会主义新胜利必须把握的八个基本要求之中。在分配制度改革中,报告除了重申十七大提出的提高"两个比重"外,又增加了实现"两个同步",即居民收入增长和经济发展同步,劳动报酬增长和劳动生产率提高同步;除了重申保护合法、调节过高、取缔非法收入外,又增添了"增加低收入者收入"。

以上过程说明,我们党不仅随着收入差距的变化不断调整在公平与效率、先富与共富、资本与劳动关系方面的提法,而且一直在探索它们的最佳平衡点,希望既能充分培育和利用资本的力量,又能把它限制在一定范围里,防止出现两极分化。但是,也要看到,摆正这些关系,绝不是一件容易的事情,不可能做到一帆风顺。这是因为,资本的本性决定了它必然要不停地扩张,必然要抗拒任何限制它扩张的举动和意图。例如,现在有人说:"中国的贫富差距还不够大,只有拉大差距,社会才能进步,和谐社会才有希望。""没有贫富差距就相当于吃大锅饭。"还有人指责现在"国富民穷",并把"民穷"说成是政府管理经济和"国有垄断"造成的,提出"民富优先"、"国退民进"等口号。在市场经济的条件下,有些国有企业由于片面理解以利润为中心和按劳分配的原则,也会利用自己的垄断地位制造垄断行为,损害消费者利益;也会在企业内部过分拉大高管与员工之间的工资差距,造成分配不公。但这些问题与国有企业在国民经济所占比重并没有直接关系,只能靠深化国有企业改革、加大对企业领导人的约束和监督的力度来解决。我国是社会主义国家,国家的财政收入从根本上讲是为人民长远利益和全局利益服务的。我们当然要在政府部门中严格预决算制度,厉行节约,精简机构,但不能因为某些政府部门存在浪费现象就反对增加财政收入。我国近些年随着国民经济的发展,财政收入虽有大幅度增长，但占 GDP 的比重，仍然低于发达国家的水平，甚至不如许多发展中国家。我国按照 2011 年制定的年生活费 2300 元的新扶贫标准计算，还有 1.22 亿人生活在贫困线以下（如按联合国贫困人口标准一天 1.25 美元算，估计要超过 2 亿人）。但另一方面，我国已成为全球第二大奢侈品市场，预计很快将成为第一大奢侈品市场。近几年，国家统计局虽然不再公布基尼系数，但国内外研究机构的统计表明，我国基尼系数仍在 0.45 以上。据中国社会科学院学者分析，我国收入分配格局仍在向资本倾斜。所有这些都说明，笼统说"国富民穷"，是站不住脚的。

对于解决贫富差距过大、收入分配不公问题可能会遇到的阻力，国外一些舆论也看出来了。例如，西班牙《中国政策观察》网站的评论指出："避免贫富差距的进一步拉大和防止民众的不满情绪应该是中国官员的主要任务。但是从富人的腰包里掏钱或许会遇到各个利益集团的强烈反对。"其《理智报》的文章也说：贫富差距过大的问题是"中共在十八大即将召开之际面临的最大挑战"。

解决收入分配差距过大的问题，绝不仅仅是分配领域的问题。党的十八大报告指出："共同富裕是中国特色社会主义的根本原则。"[①] 就是说，要不要坚持共同富裕，要不要解决收入差距过大的问题，是是否真正走社会主义道路的问题。邓小平早就说过："社会主义的一个含义就是共同富裕。""只有社会主义，才能有凝聚力，才能解决大家的困难，才能避免两极分化，逐步实现共同富裕。如果中国只有一千万人富裕了，十亿多人还是贫困的，那怎么能解决稳定问题？"[②] 他还说过："要研究提出分配这个问题和它的意义。到本世纪末就应该考虑这个问题了。我们的政策应该是既不能鼓励懒汉，又不能造成打'内仗'。"[③] 近些年来社会群体事件频发，与分配差距过大不能说没有关系。

解决收入分配差距过大问题，当然不能就分配谈分配。根据马克思主义政治经济学的基本原理，分配是由生产资料所有制决定的。有的经济学

[①] 胡锦涛：《坚定不移沿着中国特色社会主义道路前进，为全面建成小康社会而奋斗》，人民出版社 2012 年版，第 15 页。

[②] 《邓小平年谱（1975—1997）》下，中央文献出版社 2004 年版，第 1312 页。

[③] 同上书，第 1357 页。

家指出："在谈到收入差距扩大的原因时，人们一般会想到城乡差距扩大、地区发展不平衡加剧、行业垄断、腐败、公共产品供应不均、再分配调节滞后等等。这些都有道理，也必须一一应对，但不是最主要的原因。按照马克思主义观点，所有制决定分配制；财产关系决定分配关系。财产占有上的差别，才是收入分配差别最大的影响因素。"[1] 正因为如此，我们党在推进所有制改革的过程中，始终强调要以公有制为主体、以国有经济为主导。党的十八大报告再次重申："要坚持社会主义基本经济制度和分配制度，调整国民收入分配格局，加大再分配调节力度，着力解决分配差距较大问题。"[2] 可见，绝不能离开基本经济制度解决分配制度问题。坚持公有制为主体、多种所有制经济共同发展，这是防止两极分化的根本措施。

既要坚持党的领导又要加强党的自身建设

我们国家的政治体制与西方不同，不搞多党竞选。我们党之所以能夺取和执掌全国政权，靠的是用实际行动表明自己是中国最广大人民群众根本利益的代表者和维护者，从而得到人民的真心拥护和支持。这说明，我们党保持执政地位虽然不用通过竞选，但仍然需要得到绝大多数人民的拥护和支持。人民拥护不拥护、支持不支持，始终是我们能否执政，甚至能否生存的决定性因素。

毛泽东在1956年说过："县委以上的干部有几十万，国家的命运就掌握在他们手里。如果搞不好，脱离群众，不是艰苦奋斗，那么，工人、农民、学生就有理由不赞成他们。"[3] 改革开放后，世情、国情、党情发生了深刻变化，形式主义、官僚主义、奢侈浪费，尤其权钱交易的问题日益突出，脱离群众的危险越来越尖锐地摆在全党面前。陈云在改革开放初期曾指出："执政党的党风问题是有关党的生死存亡的问题。"[4] 在党的十二届

---

[1] 刘国光：《深化对公有制经济地位和作用的认识》，《人民日报》2011年6月21日。
[2] 胡锦涛：《坚定不移沿着中国特色社会主义道路前进，为全面建成小康社会而奋斗》，人民出版社2012年版，第15页。
[3] 《毛泽东著作专题摘编》下，中央文献出版社2003年版，第2155页。
[4] 《陈云文选》第三卷，人民出版社1995年版，第273页。

二中全会上他又说过:"党在全国执政后,从中央到基层政权,从企业事业单位到生产队的领导权,都掌握在党员手里了,党员可以利用手中掌握的各种权力为自己谋取私利。……对于利用职权谋私利的人,如果不给予严厉的打击,对这股歪风如果不加制止,或制止不力,就会败坏党的风气,使党丧失民心。"[①] 1989年风波后,邓小平说:"不惩治腐败,特别是党内的高层的腐败现象,确实有失败的危险。"[②] 江泽民在主持中央工作后也说:"党的作风,关系党的形象,关系人心向背,关系党的生命。"[③] 胡锦涛在主持中央工作后一再强调,党的执政地位"过去拥有不等于现在拥有,现在拥有不等于永远拥有"[④]。在党的十八大上,他又说:反对腐败的问题如果"解决不好,就会对党造成致命伤害,甚至亡党亡国"。[⑤] 十八大刚开过,习近平便在新一届中央政治局常委同中外记者见面时强调:"新形势下,我们党面临着许多严峻挑战,党内存在着许多亟待解决的问题。尤其是一些党员干部中发生的贪污腐败、脱离群众、形式主义、官僚主义等问题,必须下大力气解决。全党必须警醒起来。"[⑥] 他们这样说,绝不是危言耸听、言过其实,而是告诉全党一个基本的事实和朴素的道理:我们党的执政资格、执政地位,甚至生死存亡,都取决于人民群众对我们党的态度;而人民群众对我们党的态度,又直接取决于我们党对他们的态度。

中国的近代历史和国情都决定,中华民族要实现伟大复兴,必须走社会主义道路,坚持共产党的领导。但要坚持共产党的领导,党必须保持自身的先进性和纯洁性。而党要保持先进性、纯洁性,必须经受执政的考验、改革开放的考验、市场经济的考验、外部环境的考验。邓小平说过,"开放、搞活,必然带来一些不好的东西","在整个改革开放过程中都要反对腐败"[⑦]。他指出:"腐败现象很严重,这同不坚决反对资产阶级自由

[①] 《陈云文选》第三卷,人民出版社1995年版,第331—332页。
[②] 《邓小平文选》第三卷,人民出版社1993年版,第313页。
[③] 江泽民:《论"三个代表"》,中央文献出版社2001年版,第175页。
[④] 《十七大以来重要文献选编》上,中央文献出版社2009年版,第807页。
[⑤] 《十八大以来重要文献选编》上,中央文献出版社2014年版,第732页。
[⑥] 同上书,第70页。
[⑦] 《邓小平文选》第三卷,人民出版社1993年版,第164、379页。

化有关系。""所谓资产阶级自由化，就是要中国全盘西化，走资本主义道路。"① 江泽民也说过："要看到市场存在自发性、盲目性、滞后性的消极一面。"② 他指出："作为党和国家的各级领导干部，不能看到群众和基层党员中有人先富起来就坐不住了，就想自己也先富起来。""如果领导干部整天都想着自己先富起来……就很容易利用手中掌握的权力去搞以权谋私，权钱交易。"③ 胡锦涛还说过："从根本上说，腐败是私有制的产物。"④ 并指出："维护和实现社会公平，涉及最广大人民的根本利益，是我们党坚持立党为公、执政为民的必然要求，也是我国社会主义制度的本质要求。"⑤ 他们的论述说明，我们要解决一部分党员干部腐败的问题，要坚持从严治党的方针，健全反腐败法律制度，坚决查处大案要案，加强反腐倡廉建设，同时也要分析产生腐败的土壤和温床，限制对外开放和市场经济中的消极因素渗入党内政治生活，做好铲除腐败基础的工作。

为了进一步加强党的自身建设，党的十八大报告提出了更加明确的方针、目标，也制定了许多切实可行的措施。在方针上，报告提出了四个要点。第一，必须增强紧迫感，认识到新形势下党面临的执政考验、改革开放考验、市场经济考验、外部环境考验的长期性、复杂性、严峻性，认识到精神懈怠的危险、能力不足的危险、脱离群众的危险、消极腐败的危险更加尖锐地摆在全党面前。第二，必须坚定理想信念，坚守共产党人的精神追求，把对马克思主义的信仰和对社会主义、共产主义的信念，作为共产党人的政治灵魂和经受住任何考验的精神支柱。第三，必须牢牢把握加强党的执政能力建设、先进性和纯洁性建设这条主线，全面加强党的思想建设、组织建设、作风建设、反腐倡廉建设、制度建设，增强自我净化的能力。第四，必须健全权力运行制约和监督体系，坚持用制度管权管事管人，确保决策权、执行权、监督权既相互制约又相互协调，推进权力运行公开化、规范化，完善党务公开、政务公开、司法公开和各领域办事公开

---

① 《邓小平文选》第三卷，人民出版社1993年版，第325、207页。
② 江泽民：《论社会主义市场经济》，中央文献出版社2006年版，第159页。
③ 《十五大以来重要文献选编》中，人民出版社2001年版，第1113页。
④ 《十六大以来重要文献选编》中，中央文献出版社2006年版，第594页。
⑤ 同上书，第314页。

制度，加强党内监督、民主监督、法律监督、舆论监督，让权力在监督下运行。在目标上，报告提出了两个要点：第一，要抓好思想理论建设这个根本、党性教育这个核心、道德建设这个基础，教育引导党员、干部模范践行社会主义荣辱观，做公平正义的维护者，以实际行动彰显共产党人的人格力量。第二，要求各级领导干部特别是高级干部严格执行领导干部重大事项报告制度，加强对亲属和身边工作人员的教育和约束，决不允许搞特权。在措施上，报告提出了三个要点。第一，要围绕保持党的先进性和纯洁性，在全党深入开展以为民、务实、清廉为主要内容的党的群众路线教育实践活动，着力解决人民群众反映强烈的突出问题，提高做好新形势下群众工作的能力。第二，深化县（市、区）党代会常任制试点，实行党代会代表提案制，完善地方党委讨论决定重大问题和任用重要干部票决制，完善党员定期评议基层党组织领导班子等制度，推行党员旁听基层党委会议、党代会代表列席同级党委有关会议等做法。第三，完善党员干部直接联系群众制度，完善派驻机构统一管理，着力解决发生在群众身边的腐败问题。报告特别强调："不管涉及什么人，不论权力大小、职位高低，只要触及党纪国法，都要严惩不贷。"[1]

习近平在同中外记者见面时的讲话中指出：新一届中央领导机构肩负着对民族、对人民、对党的责任，其中一个责任就是同全党一道，坚持党要管党、从严治党，切实解决自身存在的突出问题，切实改进工作作风，密切联系群众，使我们党始终成为中国特色社会主义事业的坚强领导核心。他的话充分显示了以习近平为总书记的党中央从严治党、改进党风的坚强决心。只要我们党把自身建设好，真正做到干部清正、政府清廉、政治清明，就一定能得到人民群众的真心拥护，巩固自己的执政地位，从而带领人民群众实现全面建成小康社会和中华民族伟大复兴的奋斗目标。

---

[1] 胡锦涛：《坚定不移沿着中国特色社会主义道路前进，为全面建成小康社会而奋斗》，人民出版社2012年版，第55页。

坚持和加强党的领导是中国特色社会主义事业胜利的根本保证[*]

我们党成立至今已整整95年。95年来,我们党的成长壮大无时无刻不伴随敌人的咒骂声。当前,国内外敌对势力为阻挡中国特色社会主义事业前进的步伐,竭力散布诸如历史虚无主义、民主社会主义、普世价值、西方宪政等种种思潮,抹黑我们党的历史,诬蔑我们党的领导是什么"专制"的、"不民主"的、"不合法"的、不符合"普世价值"的,挖空心思为否定、取消和推翻中国共产党的领导制造理论根据。我们要坚持和加强党的领导,就必须针锋相对地批驳它们的这些谬论,进一步讲清楚中国共产党领导的科学性、正义性、合理性、合法性,从理论和实际的结合上说明坚持和加强中国共产党的领导对于维护中国人民根本利益、保证中国特色社会主义彻底胜利、实现中华民族伟大复兴的必要性和重要性。

一 坚持和加强中国共产党的领导是中国人民的历史选择

现在有人说,中国工人阶级在中国共产党成立时人数很少,并没有建立政党的条件,是俄国共产党策划和经费支持的结果。这些说法并非什么新发明,而是早已有之。中共建党时得到过俄共帮助是事实,但这并不表明中共是靠外援建立起来的。第一,当时中国工人阶级人数少,只是相对

---

[*] 本文曾发表于《中国社会科学报》2016年6月28日。

农民阶级而言,就其绝对数量来说并不少,1914年已有100万人以上,五四运动前夕更达到200万人以上。而且,由于外国人在中国直接经营企业比中国民族工业要早,"中国无产阶级的很大一部分较之中国资产阶级的年龄和资格更老些,因而它的社会力量和社会基础也更广大些。"[①] 第二,由于受到本国资产阶级、帝国主义势力和本国封建地主阶级的三重压迫,中国工人阶级反帝反封建的要求最为强烈,斗争性也最为坚定,早在五四运动中就已作为独立的政治力量登上了历史舞台。第三,中国接受马克思主义的先进知识分子在五四期间自觉与工人运动相结合,已意识到建立工人阶级政党的必要性,并已着手建党工作,许多地方事实上也建立了党的早期组织,只是还没有统一罢了。第四,俄共当时不仅资助共产党,也给国民党经费,而且比给中共的多得多。第五,世界近代史上的革命运动得到其他国家资助的情况并不鲜见,如美国独立战争、法国大革命等等。所以,即使没有俄共帮助,中国共产党也是迟早会建立起来的。

中国共产党建立后,把马克思主义与中国实际相结合,正确回答了在一个农民占人口绝大多数、农村占国土绝大面积、农业占国民经济绝大成分的半殖民地半封建国家里,如何取得民族独立和开展工业化建设等一系列理论和实践问题,从而取得了民族民主革命的领导权,并用自己的模范行动,带领人民通过艰苦的斗争,推翻了帝国主义、封建主义、官僚资本主义的反动统治,取得了新民主主义革命的胜利,建立了人民当家作主的新中国,实现了民族独立和人民解放。接着,它又带领人民通过社会主义革命和建设,确立了社会主义的基本制度,建立了独立的比较完整的工业体系和国民经济体系;通过改革开放和社会主义现代化建设,开创了中国特色社会主义道路,大幅度提高了中国的综合国力、人民生活水平和国际地位,从根本上改变了中国人民的前途命运。正是这一切,赢得了人民对它的信任和拥护。所以,中国共产党的领导地位不是自封的,更不是什么人赐予的,而是历史和人民选择的结果。正如习近平总书记所指出的:"没有共产党,就没有新中国;有了共产党,中国的面貌就焕然一新。这

[①] 《毛泽东选集》第二卷,人民出版社1991年版,第627页。

是中国人民从长期奋斗中得出的最重要最基本的结论"①。

二　坚持和加强中国共产党的领导是中国法律的明确规定

现在有人以中国共产党没有进行所谓"政党登记"为借口，指责我们党的领导"不合法"。他们煞有介事地摆出一副法律学家的架势，自以为找到了什么可以致共产党于死地的"法宝"，结果却是搬起石头砸自己的脚，暴露了其反共反华势力"马前卒"的丑恶嘴脸。

凡是对马克思主义国家学说稍有常识的人都知道，社会主义同资本主义是社会制度根本不同的两种国家，它们的重大区别之一就是，前者公开声明自己实行无产阶级专政，由无产阶级政党领导，不允许代表资产阶级利益的政党与自己分享政权；而后者表面上把自己打扮成"全民国家"，搞所谓多党竞选、轮流执政，实际上实行的却是资产阶级专政。根据马克思主义的国家学说，无产阶级革命以及革命胜利后建立的无产阶级政权，都是不受资产阶级法律限制的，因此也不能用资产阶级法律的狭隘眼界来看待政党设置和政党登记一类的问题。

在社会主义国家里不搞政党登记，并不等于无产阶级政党的领导没有法律依据。就拿中国共产党来说，由于中华人民共和国成立前它就在革命力量中确立了领导核心地位，各民主党派、无党派人士纷纷响应关于召开新政治协商会议、成立民主联合政府的号召，并在中国人民政治协商会议第一届全体会议通过的《共同纲领》第一章总纲中明确规定："中华人民共和国为新民主主义即人民民主主义的国家，实行工人阶级领导的，以工农联盟为基础的、团结各民主阶级和国内各民族的人民民主专政。"所以，无论中国共产党的执政地位还是拥护共产党的民主党派和无党派民主人士的参政资格，都是中华人民共和国成立伊始即在具有临时宪法性质的《共同纲领》中得到确立的，根本不存在还要通过什么政党登记来确认的问题。

此后的1954年《宪法》，以及1975年、1978年、1982年历次修改的

---

① 《学习时报》2011年6月27日。

《宪法》序言部分，都明确指出了中华人民共和国是中国共产党领导各族人民经过长期革命斗争后建立的，今后各族人民要继续在共产党的领导下进行社会主义建设，各民主党派和各人民团体参加的爱国统一战线也要继续在共产党的领导下巩固和发展。1982年《宪法》还指出，我国经过生产资料私有制的社会主义改造后，人剥削人的制度已经消灭，剥削阶级作为阶级已被消灭。这些意味着参加政协的民主党派已不再是民族资产阶级利益的代表者了，共产党领导的多党合作、政治协商也已经成为社会主义的基本政治制度了。可见，那种以所谓"没进行政党登记"而妄图否定中共合法性的言论，完全是痴人说梦，真正违法、违宪的恰恰是发表这种言论的人。

三 坚持和加强中国共产党的领导是人民民主的实现形式

民主是相对专制而言的政治制度，但同样实行民主制的国家，对民主的理解和实践却大相径庭。马克思主义导师在谈论民主时，总是把它和阶级问题联系在一起，认为在阶级社会里，民主实质上是统治阶级的民主。而资产阶级为了模糊民主的阶级性质，则把是否进行多党竞选、轮流执政，是否实行三权分立和制衡作为衡量一个国家是否民主的标准。所谓社会主义国家"不民主"、"专制"的说法，就是用这个标准衡量的产物。

选举当然是民主的一种形式，但选举并不等于就是民主，尤其不等于真正的实质的民主。同样是选举，由于对选举权有不同的规定，其广泛性会有很大差别。例如，西方国家在相当长一段时期内就对选举权作过诸如财产、性别、族裔、居住时间等等的限制。正因为如此，二战前的苏联和二战后诞生的社会主义国家曾被世人普遍认为是民主国家，而西方国家则是反民主的国家。只是后来西方国家在国内人民争取民主权利的持续斗争下，逐渐放宽了选举权上的种种限制，这才回过头来以所谓实行"一党专制"为由，攻击社会主义国家"不民主"。

其实，选举也有各种形式。比如在西方国家，选举至今仍分为直接、间接等多种形式。另外，社会主义民主即人民民主，是多数人的真正的民主，是本质上不同于资本主义民主的新型民主。因此，这两种民主在形式上也会有所不同。社会主义民主的实质是使占人口多数的人民群众的利益在国家的法律、制度、政策、决策中得到充分体现和保证，这就决定了要实现这种民主，首先必须使代表多数人利益的政党牢固地执掌政权，而共产党正是这种"为绝大多数人谋利益"的政党（《共产党宣言》）。尤其在近代中国，特殊的历史条件决定了中国共产党从建党之始就既是无产阶级先锋队又是中华民族先锋队。只要站在多数人的立场上看问题就不能不承认，中国共产党的领导不仅是中国社会主义民主得以实现的前提条件、真正体现和重要保障，而且是中国社会主义民主首要的实现形式。除此之外，社会主义民主的实现形式中还包括执政党与各界代表的协商，各级领导人深入调查研究、广泛听取基层群众意见，党和政府接待群众上访的制度等等。然而，无论形式有多少，起决定性作用的还是党的领导。近几年湖南衡阳、四川南充等地发生的拉票贿选案件，都从反面说明，如果削弱或破坏了党的领导作用，由少数人用金钱搞暗箱操作，即使进行选举，照样不会有真正的民主，相反只会使民主变味、走样，成为向社会主义民主制度的挑战。

用金钱操纵选举，是资本主义民主本质决定的。现在越来越多的人已认清了这种民主的虚伪性，就连西方国家一些良知未泯的政治家、学者也开始承认，在他们那里的总统、议会等等选举中，真正起作用的是金钱。例如，美国前总统卡特就说："美国只有寡头政治，无限制的政治贿选成为提名总统候选人或当选总统的主要影响因素。州长、参议员和国会成员的情况也是如此。"[①] 参加2015年美国总统竞选的候选人伯尼·桑德斯也说："有些人认为国会控制着华尔街，然而真相是华尔街控制着国会。"[②] 在这种情况下还硬要把西方选举民主拿来作为评判其他国家是否民主的"普世价值"，岂不让人贻笑大方。

四 坚持和加强中国共产党的领导是社会主义经济基础的必然要求

经济基础决定上层建筑，一个国家实行什么样的政治制度、政党制

[①] 《参考消息》2015年8月12日。
[②] 《中国社会科学报》2015年10月9日。

度，归根结底由这个国家实行的经济制度所决定，这是马克思主义的一个基本原理。中国实行共产党领导的多党合作、政治协商的政党制度而不实行多党轮流执政；军队由共产党绝对领导而不搞"非党化""国家化"，这一切最深刻的根源都在于中国实行的是公有制为主体、多种经济形式共同发展的基本经济制度，在于社会主义全民所有制经济是中国国民经济的主导力量。这种经济制度决定了在我国，人民内部的根本利益是一致的，并且不允许任何势力破坏这种利益的根本一致性。所以，建立在这种经济制度之上并为之服务的政治制度，只能是工人阶级领导的以工农联盟为基础的人民民主专政，其政党制度也只能是由代表最大多数人民根本利益的中国共产党一党执政。

资本主义国家之所以要实行多党竞选、轮流执政的政党制度，同样是由其经济基础决定的。资本主义实行生产资料的资本家私人占有制，在这种制度下，掌握生产资料的资产阶级内部必然分为不同的利益集团。这就决定了资本主义国家必须实行多党制和多党轮流执政，而不能搞一党执政。否则，各个利益集团的利益就会缺少自己的政治代表者，代表不同利益集团的政党就会缺少平等上台的机会。同样，这一制度也决定了其军队只能国家化，而不能由哪一个政党单独领导。否则，多党轮流执政就难以实行。然而，这些不同利益集团毕竟同属于资产阶级，因此，代表不同利益集团的政党归根结底都是资产阶级的政党。西方国家中的资产阶级政党之间虽有利益之争，但在维护资本主义私有制、压制工人阶级和人民大众的反抗、保证西方发达国家始终主导国际经济政治秩序等方面，彼此又是一致的。从这个意义上说，资本主义国家的多党制实际上是资产阶级的一党制。美国哥伦比亚大学一位教授就说："不管是共和党还是民主党掌权，结果几乎没有什么不同。"[1] 因此，资本主义国家军队的所谓"国家化"并没有改变其由资产阶级政党绝对领导和其做为资产阶级专政工具的本质。

在社会主义市场经济条件下，人民内部当然也会有不同利益的矛盾。但社会主义基本制度决定了这种矛盾是受到限制的，就是说，在中国特色

---

[1] 2014年11月6日美国《赫芬顿邮报》网站。

社会主义社会里，人民内部的矛盾仍然不允许发展到根本利害冲突的程度，不允许有与人民根本利益相对立的利益集团存在，不需要有代表特殊利益集团的政党出来和代表最大多数人民整体利益的共产党之间相互竞争、轮流执政。既然如此，军队当然也必须由而且只能由中国共产党一党绝对领导。否则，共产党的执政地位就会被架空，人民的根本利益就无法得到维护。尤其当社会主义国家还处在资本主义国家经济科技军事占据优势的情况下，更需要加强党对军队的绝对领导。邓小平指出："无产阶级作为一个新兴阶级夺取政权，建立社会主义，本身的力量在一个相当长时期内肯定弱于资本主义，不靠专政就抵制不住资本主义的进攻。坚持社会主义就必须坚持无产阶级专政，我们称它为人民民主专政。"① 而要坚持人民民主专政，就要坚持党对军队的领导。这不仅不妨碍国家政治体制的运行、影响军队的国防军性质，相反，是保证最大多数人民整体利益不受侵犯、党和人民内部的团结统一不被破坏、社会主义国家安全和世界和平不遭到威胁的重要条件。国内外敌对势力之所以起劲鼓噪我们的军队、政法机关要"非党化""国家化"，其根本原因也在这里。

五 坚持和加强中国共产党的领导是中华民族伟大复兴的根本保证

中华民族曾经创造过世界最古老灿烂的文明，只是近代落伍了，现在要追赶世界的先进水平，重新自立于世界民族之林，必须有一个能代表民族整体利益，能把蕴藏在包括海外炎黄子孙中的力量最大限度调动出来、集中起来的政党领导。在当代中国，这个党不可能是其他任何政治组织，而只能是中国共产党。

历史已经说明，中国共产党的领导对于中华民族伟大复兴的事业不仅是必要条件，而且是最大的政治优势。习近平同志在2012年省部级主要领导干部专题研讨班结业式上，曾把我们党经过长期奋斗形成的独特优势，概括为理论优势、政治优势、组织优势、制度优势和与人民群众密切

---

① 《邓小平文选》第三卷，人民出版社1993年版，第365页。

联系的优势。这一概括无论对于我们充分认识坚持党的领导的必要性，还是深刻认识珍惜、继承和发扬党的优良传统和宝贵资源，都具有极其重要的意义。

我们当然要看到党内一部分干部的腐败和官僚主义、形式主义问题相当严重，但也要看到绝大多数党员和广大基层干部在为国家为人民积极工作、默默奉献；要看到要求入党的人中的确有很多动机不够端正，但也要看到对于大多数党员来说，入党动机往往要通过入党后的教育和学习、实践才能逐步端正的；要看到的确有一些愿意为人民服务、个人品行也端正的人，由于党内腐败现象而不愿意入党，但也要看到大多数要求入党的人能够把腐败分子、腐败现象与我们党的性质、宗旨、纲领加以区别；要看到中华人民共和国成立前入党的党员在党员比重中越来越少，但也要看到青年人成为党员主体是党保持活力、后继有人、前途光明的象征；要看到群众中存在对党和政府工作的信任危机，但也要看到广大群众对党和政府的满意度、信任度与世界各国的同类民意调查结果相比，都是最高的。

中国共产党现有8800多万党员，其中，35岁以下的人占四分之一。持续了20年的一项高校学生问卷调查显示，对党的执政能力增强和中国特色社会主义事业发展持乐观态度的人分别占89.6%和98.1%。[1] 美国爱德曼公司发布的2009—2010年中美两国民众对政府信任度比较报告表明，2009年分别为74%和46%，2010年分别为88%和40%，中国比美国高一倍左右。[2] 可见，我们党在普通民众中仍然是很受欢迎、很有威信的。另外，前两年英国《金融时报》报道，世界大企业研究会有个统计，说中国的执行能力在世界上排名第三，仅次于跨国公司和各国的中央银行，远远高于美国总统和美国国会。这也说明，我们党和政府机关尽管存在"中间梗阻"的现象和有的方面效率不够高的问题，但从总体看，执行力还是很强的，起码不比发达国家差。

中华民族为了实现伟大复兴，从19世纪中叶的农民起义算起，到现

---

[1] 唐爱军：《坚定对中国特色社会主义道路的自信》，《刊授党校》2013年第1期。
[2] 《法制晚报》2011年1月26日。

在整整奋斗了160多年。如果说过去的奋斗中难免走弯路的话，在剩下的有限时间里则容不得我们再犯大的错误，尤其不能犯全局性、颠覆性的错误。要做到这一点，必须继续有一个用先进的科学的理论武装和有丰富执政经验能保证中华民族始终沿着正确方向前进的政党领导。在当代中国，这个党不可能是其他任何政治组织，也只能是中国共产党。

我们党在过去领导民主革命和后来领导社会主义建设、改革的过程中，都曾经犯过错误，有的还是大错误，今天仍然存在许多缺点、错误，今后也不能保证完全不犯错误。但是，我们党并没有因为这些错误而失去人民的信任和尊重。这是因为，我们党的宗旨始终是全心全意为人民服务。凡是我们党犯过的错误，都是由自己发现、自己纠正的，像我们党这样坦诚揭露和分析自己错误的党，在世界历史上找不出第二个。另外，这些缺点和错误再大，与我们党为中华民族复兴已做出和正在做出的贡献相比，都是第二位的。尤其是，我们党有勇于承认和善于从错误中汲取教训的精神，有极强的自我纠错机制和纠错能力，也有自我整顿、自我清理的传统。改革开放前，我们党搞过不少政治运动，其中有些由于受"左"的思想干扰，简单化倾向严重，打击面过宽，副作用很大。但大多数运动的主旨，都在于防止党脱离群众、腐化变质，而且确实起到了拒腐防变的作用。改革开放后，我们党一方面总结经验教训，纠正了过去整风中"左"的错误和简单方法，着重于制度建设，加强对权力的监督与制约；另一方面，继承和发扬不断整风的优良传统，接二连三地开展党内整顿和教育活动。这些教育活动的主题虽然各有不同，但中心仍然是提醒全体党员特别是党员领导干部牢记"两个务必"，坚持立党为公、执政为民的思想，防止脱离群众，不忘党风问题关系党的生死存亡，警惕帝国主义的"和平演变"；而且在实践中对我们党经受长期执政、市场经济、对外开放的考验，确实起到了和正在起着积极有效的作用。事实反复说明，只要有这样党的领导，中国特色社会主义事业的胜利、中华民族的伟大复兴便是任何势力也阻挡不了的。

自从我们党成立和新中国建立以来，帝国主义、反动派的预言家们就不断鼓吹"中共灭亡论"和"中国崩溃论"。然而，我们党不仅没有被骂倒，相反不断壮大；我们国家不仅没有被唱衰，相反愈益强盛。我们现在正在为实现"两个一百年"的奋斗目标开启新的征程，要战胜前进道路上的风险挑战，最根本的保证仍然是坚持和加强中国共产党的领导。让我们更加紧密地团结在以习近平同志为核心的党中央周围，为在建党一百年时全面建成小康社会，建国一百年时达到中等发达国家水平而继续奋斗吧！最后胜利一定属于伟大的中国共产党和伟大的中国人民！

陈云与改革开放的三个关键性问题[*]

2018年是党的十一届三中全会召开40周年。在那次全会上，陈云重新当选中央政治局委员、常委，中央委员会副主席，成为以邓小平同志为核心的第二代中央领导集体的重要成员。从那时起，他和邓小平、叶剑英、李先念等老一辈无产阶级革命家一起，拨乱反正、开拓创新，殚精竭虑，运筹帷幄，带领全国人民积极推进改革开放，在新中国头29年建立起来的独立完整的工业体系和国民经济体系基础上，使国民生产总值由世界排名第10位，上升到20世纪末的第6位。对此，全国各族人民做出了贡献，全党作出了贡献，老一辈革命家们作出了贡献，陈云也作出了自己的独特贡献。我认为，这个贡献从一定意义上说，主要体现在协助和支持邓小平把握改革开放健康发展的三个关键性问题上。

第一，在改革开放的核心问题上，主张处理好政府与市场的关系，做到在宏观控制下搞活经济。

早在20世纪50年代资本主义工商业改造完成后，陈云就提出了"三个主体、三个补充"的设想。党的十一届三中全会开过不久，他撰写的一份提纲在中央政策研究单位进行了传达，其中指出：计划工作制度中除了"有计划按比例"这一条，还应当有"市场调节"这一条。"在今后经济的调整和体制的改革中，实际上计划与市场这两种经济的比例的调整将占很大的比重。不一定计划经济部分愈增加，市场经济部分所占绝对数额就

---

* 这是作者在2018年第12届"陈云与当代中国"学术研讨会上的开幕词，曾发表于《毛泽东邓小平理论研究》2018年第9期。

愈缩小，可能是都相应地增加。"① 此后，针对一些部门和地方只顾市场不顾计划、导致国民经济重大比例失调的倾向，他又明确提出"计划经济为主、市场调节为辅"、"计划与市场相结合"的原则。

陈云的上述主张虽然和后来确立的社会主义市场经济体制改革目标有所区别，但正如党的十四大报告所说：它对于摆脱在计划与市场关系上的传统观念、形成新的认识，"推动改革和发展起了重要作用"②。江泽民在纪念陈云诞辰90周年座谈会上又指出：陈云在党的十一届三中全会后率先批判过去计划工作中存在的弊端，"对推动全党解放思想、实事求是，进行突破高度集中的计划经济体制的改革，产生过广泛而深刻的影响"③。胡锦涛在纪念陈云诞辰100周年座谈会上也说：陈云同志"明确提出，在社会主义制度下，只有有计划按比例还不行，还必须有市场调节。他的这个重要认识，对我们突破高度集中的计划经济体制的束缚，曾经产生过广泛而深刻的影响"④。习近平总书记在纪念陈云诞辰110周年座谈会上进一步指出：党的十一届三中全会之后，陈云提出"在社会主义市场经济中要有意识地发挥和扩大市场调节作用，支持探索符合实际、充满活力的社会主义经济新体制"⑤。

20世纪80年代，陈云经过长期思考，将搞活经济与计划指导比喻成"鸟与笼子"的关系。他说："鸟不能捏在手里，捏在手里会死，要让它飞，但只能让它在笼子里飞。没有笼子，它就飞跑了。"⑥ 一些别有用心的人故意把这个比喻中所说的"笼子"歪曲为真的像鸟笼那样狭小，并据此把陈云的经济思想污蔑为"鸟笼经济学"。其实，只要稍懂经济学常识和稍动脑筋思考的人都会明白，这个比喻恰恰形象地道出了经济学中微观与宏观关系的真谛。尤其在这个比喻中，陈云特别强调了"笼子"可大可小，可以跨省跨地区，甚至可以跨国跨洲，作为"笼子"的五年计划本身

---

① 《陈云文选》第三卷，人民出版社1995年版，第247页。
② 《十四大以来重要文献选编》上，人民出版社1996年版，第18页。
③ 《人民日报》1995年6月14日。
④ 《人民日报》2005年6月14日。
⑤ 《人民日报》2015年6月13日。
⑥ 《陈云文选》第三卷，人民出版社1995年版，第320页。

也要经常调整。这就不仅揭示了微观搞活与宏观控制的关系,而且大大发展了他关于计划与市场关系的思想,为人们进一步思考市场和政府在搞活经济中的各自作用,开辟了更加广阔的空间。

在过去优先发展重工业和资源短缺、法律不健全、利率调节受制约的年代,政府调控经济的主要手段只能是计划。因此,计划与市场的关系,说到底是政府与市场的关系。陈云在这个比喻中所讲的"笼子",指的虽然是计划,但道出的却是政府在发挥市场机制中应起的作用。正如陈云后来所说:"计划是宏观控制的主要依据。搞好宏观控制,才有利于搞活微观,做到活而不乱。"①"搞活经济是对的,但权力太分散就乱了,搞活也难。"② 可见,这个比喻与人们后来强调的"市场经济是法治经济","'看不见的手'与'看得见的手'都要用好"等观点,在本质上是完全一致的。

很多外国人搞不明白,世界上有那么多发展中国家都在实行市场经济,为什么唯独中国发展得最快最稳。其实,这个问题并不神秘,原因就在于中国的市场经济是和社会主义制度相联系的,是有宏观控制的,是和政府作用相结合的,总而言之,是有"笼子"的。习近平总书记指出:"我们要坚持辩证法、两点论,继续在社会主义基本制度与市场经济的结合上下功夫,把两方面优势都发挥好,既要'有效的市场',也要'有为的政府',努力在实践中破解这道经济学上的世界难题。"③ 不难看出,陈云关于"鸟与笼子"的比喻,正是破解这道经济学世界难题过程中作出的一个重要理论贡献。

第二,在改革开放的方法问题上,倡导先行试点,"摸着石头过河"。

任何事情要成功,不仅要有满腔热情的态度、坚忍不拔的意志,还要有适当稳妥的方法。对于改革开放,陈云一方面持积极支持的态度,另一方面如同在经济建设上主张稳中求进一样,总是不断提醒大家,"既要积极,又要稳妥"④;"要边走边看,走一步看一步"⑤。

---

① 《陈云文选》第三卷,人民出版社 1995 年版,第 350 页
② 同上书,第 366 页。
③ 《习近平关于社会主义经济建设论述摘编》,中央文献出版社 2007 年版,第 64 页。
④ 《陈云文选》第三卷,人民出版社 1995 年版,第 338 页。
⑤ 同上书,第 324 页。

比如，对待经济体制改革的问题。陈云一方面高度赞扬这个改革，指出："现在搞得经济体制改革，打破了'大锅饭'、'铁饭碗'，它的意义不下于私营工商业改造。"[1]"打破这个'大锅饭'，将会大大调动广大工人、农民、知识分子和干部进行社会化建设的积极性，使我国的生产力获得一次新的大解放。"他还说：政企职责分开很有必要，这样"可以给企业比过去大得多的自主权"[2]。但他又强调：扩大企业自主权，推行经济责任制，必须坚持几个前提：一是"定额应该是平均先进定额"；二是"质量只能提高，不能降低"；三是"单位成本只能降低不能提高"；四是要"统筹全局，要算一算，一年增加多少收入，并从全局来合理分配"[3]。

再如，对待试办经济特区和开放沿海城市的问题。陈云一方面肯定特区要办，赞成增加开放沿海城市，但另一方面指出："广东、福建两省的深圳、珠海、汕头、厦门四个市在部分地区试办经济特区……现在只能有这几个，不能增多。""像江苏这样的省不能搞特区。"[4]"既要看到特区的有利方面，也要充分估计到特区带来的副作用。例如：人民币与外币同时流通，对人民币不利，会打击人民币。"[5]"特区第一位的问题是总结经验。"[6] 他提醒有关领导，沿海城市开放后，来料加工产品要有一定比例的内销，但"自己必须发展而且正在发展的东西，不要被外面进口的东西挤掉了"[7]。"要使自己的东西一步一步地进步，达到先进的水平，这还是应当提倡的"[8]。

再如，对待外资外经外贸的问题。陈云一方面积极支持借外债，说这"是打破闭关自守以后的新形势"，"今后在自力更生为主的条件下，还可以借些不吃亏的外债。"[9] 针对一些地方进口国外二手设备不划算的问题，

---

[1]《陈云文集》第三卷，中央文献出版社2005年版，第488页。
[2]《陈云文选》第三卷，人民出版社1995年版，第337页。
[3]《陈云文集》第三卷，中央文献出版社2005年版，第489页。
[4]《陈云文选》第三卷，人民出版社1995年版，第306—307页。
[5] 同上书，第307页。
[6] 同上书，第311页。
[7]《陈云文集》第三卷，中央文献出版社2005年版，第536页。
[8] 同上书，第535页。
[9]《陈云文选》第三卷，人民出版社1995年版，第276页。

他还提出一个大胆设想，即"对外开放不一定都是人家到我们这里来，我们也可以到人家那里去"①，赞成利用有利时机到国外投资办厂，从而成为"走出去"战略的先声。另一方面，他又强调："利用外资和引进新技术，这是我们当前的一项重要政策措施，不过要头脑清醒。"② 因为，第一，外债绝大多数不是自由外汇，而是卖方贷款，国内需要资金配套，涉及财政平衡；第二，自由外汇利息高达15%，借多了还不起；第三，现在国际信贷是买方市场，国际关系除非有大的变化，否则这种有利条件不会失去。他针对外贸体制改革初期，一些工业企业和地方为争夺外贸自主权，不计成本、削价竞销、外方得利的现象指出：外贸改革的最终目的是给国家增加外汇，如果适得其反，可以考虑"走两年老路，略加改良"③，看看哪种办法更好。在外贸部门的报告上他批示："既要调动各方面的积极性，又要坚持统一对外，这是外贸体制改革必须坚持的一条原则"④。

陈云之所以对改革开放的方法采取这种审慎态度，与他对经济工作的一贯指导思想，即不怕慢，就怕站，如果"出现反复，结果反而会慢，'欲速则不达'"，是一致的。⑤ 他说过："开国以来经济建设方面的主要错误是'左'的错误"；⑥ 我们应该探索"在不再折腾的条件下有较快的发展速度"⑦。在回答为什么改革必须经过试点的问题时他明确表示："因为试点而使改革的进度慢了，与为了加快改革的进度而不经过试点，以致改得不好，还要回过头来重新改，这两种损失相比，前一种比后一种要小。"⑧ 他认为，城市改革的步子之所以要稳，重要原因在于城市改革比农村改革复杂，大多数干部对此缺少经验。他说："我们的改革，问题复杂，不能要求过急。改革固然要靠一定的理论研究、经济统计和经济预测，更重要的还是要从试点着手，随时总结经验，也就是要'摸着石头过河'，

---

① 《陈云年谱（1905—1995）》下（修订本），中央文献出版社2015年版，第357页。
② 《陈云文选》第三卷，人民出版社1995年版，第277页。
③ 《陈云年谱（1905—1995）》下（修订本），中央文献出版社2015年版，第340页。
④ 《陈云文集》第三卷，中央文献出版社2005年版，第539页。
⑤ 《陈云文选》第三卷，人民出版社1995年版，第351页。
⑥ 同上书，第281—282页。
⑦ 同上书，第268页。
⑧ 《陈云文集》第三卷，中央文献出版社2005年版，第529页。

开始时步子要小，缓缓而行。"①他又说："这次体制改革涉及范围相当广，广大干部还不很熟悉，在进行中还会出现一些难以预见的问题。因此，必须边实践、边探索、边总结经验。如果用五年实践能够做好改革这件事，那就很好了。"②

改革开放的实践说明，凡事按照先试点、再推广、"摸着石头过河"的方法进行，成功率就高、负作用就少，反之，则挫折多、损失大。党的十八大以来，以习近平总书记为核心的党中央对经济工作提出了稳中求进的总基调。习总书记指出："稳中求进工作总基调是我们治国理政的重要原则，也是做好经济工作的方法论。"③他还说："摸着石头过河，是富有中国智慧的改革方法，也是符合马克思主义认识论和实践论的方法。实践中，对必须取得突破但一时还不那么有把握的改革，就采取试点探索、投石问路的方法，先行试点，尊重实践、尊重创造，鼓励大胆探索、勇于开拓，取得经验、看得很准了再推开……加强顶层设计和摸着石头过河都是推进改革的重要方法。"④他的这些论述是对改革开放成功经验的深刻总结，也是对陈云关于改革开放应当稳步前进主张的充分肯定。

第三，在改革开放的方向问题上，强调不能放松共产主义思想教育，败坏党的作风，损害人民的利益。

改革开放究竟有没有方向？对这个问题，很长时间里一直存在不同看法。党的十八大后，习近平总书记旗帜鲜明地指出："我们的改革开放是有方向、有立场、有原则的。"⑤他强调："不实行改革开放死路一条，搞否定社会主义方向的'改革开放'也是死路一条。在方向问题上，我们头脑必须十分清醒。我们的方向就是不断推动社会主义制度自我完善和发展，而不是对社会主义制度改弦易张。"⑥"一些敌对势力和别有用心的人也在那里摇旗呐喊、制造舆论、混淆视听，把改革定义为往西方政治制度

---

① 《陈云文选》第三卷，人民出版社1995年版，第279页。
② 同上书，第338页。
③ 《习近平关于社会主义经济建设论述摘编》，中央文献出版社2007年版，第332页。
④ 《习近平关于全面深化改革论述摘编》，中央文献出版社2014年版，第43页。
⑤ 同上书，第14页。
⑥ 同上书，第15页。

的方向改，否则就是不改革。他们是醉翁之意不在酒，'项庄舞剑，意在沛公'。对此，我们要洞若观火，保持政治坚定性，明确政治定位"①。

自从改革开放之始，陈云就十分重视改革的方向问题。他主要强调了以下三点：

一是强调共产党员在改革开放中要始终坚定共产主义的理想信念。

早在1983年党的十二届二中全会上，陈云就在大会发言中指出："有些人看见外国的摩天大厦、高速公路等，以为中国就不如外国，社会主义就不如资本主义，马克思主义就不灵了。对于这些人，我们要进行批评教育；对其中做意识形态工作的同志，经过教育不改的，要调动他们的工作。"他说："中国现在还很穷，但我们是社会主义国家，我们的根本制度比资本主义优越得多……资本主义必然要被共产主义所代替，这是不可改变的社会法则。"在发言结束时他还充满信心地高呼："社会主义万岁！共产主义万岁"②！

1985年，他在党的全国代表会议的大会发言中强调："我们是共产党，共产党是搞社会主义的。现在进行的社会主义经济体制改革，是社会主义制度的自我完善和发展。"③"现在有些人，包括一些共产党员，忘记了社会主义和共产主义的理想，丢掉了为人民服务的宗旨。""应当把共产主义思想的教育、四项基本原则的宣传，作为思想政治工作的中心内容。这种宣传教育不能有丝毫减弱，还要大大加强。民主革命时期，我们用共产主义思想教育党员和群众中的先进分子，才使党始终有战斗力，使革命取得了成功。社会主义经济和经济体制改革，更加要有为共产主义事业献身的精神"④。

在随后召开的中纪委第六次全体会议上，他再次指出："对外开放，不可避免地会有资本主义腐朽思想和作风的侵入。这对我们社会主义事业，有直接的危害。如果我们各级党委，我们的党员特别是老干部，对此有清醒的认识，高度的警惕，有针对性地进行以共产主义思想为核心的教

---

① 《习近平关于全面深化改革论述摘编》，中央文献出版社2014年版，第19页。
② 《陈云文选》第三卷，人民出版社1995年版，第332—333页。
③ 同上书，第350页。
④ 同上书，第352—353页。

育,那么资本主义思想的侵入并不可怕。我们相信,马克思主义、共产主义的真理,一定会战胜资本主义腐朽思想和作风的侵蚀。"①

改革开放初期有一种议论,说共产主义遥遥无期,今后只讲社会主义就行了,不必再讲共产主义,甚至提出共产党的名字也应当改。陈云听到后明确表示:"这个观点是不对的,应当说,共产主义遥遥有期,社会主义就是共产主义的第一阶段。"在纪念陈云诞辰110周年座谈会上,习总书记引用了他的这句话,并指出:"我们纪念陈云同志,就要学习他坚守信仰的精神。"②

二是强调在改革开放中要始终加强党风建设,严格党的纪律,惩治以权谋私,打击经济犯罪。

党的十一届三中全会刚刚闭幕,陈云就作出了"执政党的党风问题是有关党的生死存亡的问题"的著名论断,强调:"党风问题必须抓紧搞,永远搞。"③过了几年,随着改革开放的深入,他再次指出:"抓党风的好转,仍是全党的一件大事。这些年来,中央抓了党风问题。但是,要实现党风的根本好转,任务还非常重。现在确有不少党员、党员干部,特别是个别老党员、老干部,不能坚持原则,遇到歪风,跟着干。"④他认为,"一切向钱看"是对党风和社会风气起严重腐蚀作用的资本主义思想。他说:"我们搞社会主义,一定要抵制和清除这些丑恶的思想和行为,要动员和组织全党和社会的力量,以除恶务尽的精神,同这种现象进行坚决的斗争。"⑤他"希望所有党的高级领导人员,在教育好子女的问题上,给全党带个好头。决不允许他们依仗亲属关系,谋私谋利,成为特殊人物。"⑥他要求对于败坏党风、社会风气的歪风邪气,凡是熟视无睹、听之任之的,"除了追究那些为非作歹的个人外,还要追究那个单位、那个地区的党委的责任,包括纪委的责任"⑦。

---

① 《陈云文选》第三卷,人民出版社1995年版,第355页。
② 《人民日报》2015年6月13日。
③ 《陈云文选》第三卷,人民出版社1995年版,第273页。
④ 同上书,第351页。
⑤ 同上书,第356页。
⑥ 同上书,第352页。
⑦ 同上书,第356页。

改革开放初期曾经刮起一股歪风，指责党的纪律束缚了干部的手脚，不利于改革开放。陈云听说后，在一份报告上批示："党性原则和党的纪律不存在'松绑'的问题。没有好的党风，改革是搞不好的。共产党不论在地下工作时期或执政时期，任何时候都必须坚持党的纪律。"①

对于一些党员干部钻改革空子、以权谋私的行为，陈云更是深恶痛绝。他说："对于利用职权谋私利的人，如果不给以严厉的打击，对这股歪风不加制止或制止不力，就会败坏党的风气，使党丧失民心。"② 1982年初，他看到中纪委信访简报，反映南方沿海省份不法之徒内外勾结，大搞走私活动，涉及不少党员干部，群众意见很大，当即批转中央政治局常委，指出："对于严重的经济犯罪分子，我主张要严办几个，判刑几个，以至杀几个罪大恶极的，并且登报，否则党风无法整顿。"邓小平看后加了八个大字："雷厉风行，抓住不放"③。

针对1985年少数党员、党员干部，特别是个别老党员、老干部不能与社会上的歪风作斗争，相反遇到歪风跟着干的现象，陈云又指出："一说对外开放，对内搞活，有些党政军机关、党政军干部和干部子女，就蜂拥经商。仅据十几个省市的调查，从去年第四季度以来一下子就办起了两万多个这样那样的公司。其中相当一部分，同一些违法分子、不法外商互相勾结，互相利用。钻改革的空子，买空卖空，倒买倒卖，行贿受贿，走私贩私，弄虚作假，敲诈勒索，逃避关税，制造和销售假药、假酒，谋财害命。"他指示各级纪委："无论是谁违反党纪、政纪，都要坚决按党纪、政纪处理；违反法律的，要建议依法处理。各级纪委必须按此原则办事，否则就是失职。"④

三是强调改革绝不能以损害民生为代价。

陈云历来主张："搞经济建设的最后目的，是为了改善人民的生活。"⑤ 无论对基本建设还是经济改革，陈云都有一条底线，就是不要破坏

---

① 《陈云文选》第三卷，人民出版社1995年版，第275页。
② 同上书，第331—332页。
③ 同上书，第273—274页。
④ 同上书，第355—356、356页。
⑤ 同上书，第280页。

物价水平的总体稳定，不要损害民生，不要引发社会动荡。1980年，由于用增发票子的办法大搞基本建设，致使通货膨胀，许多商品涨价，严重影响人民生活。陈云指出："这种涨价的形势如果不加制止，人民是很不满意的。"①

对于价格改革，陈云同样坚持这条原则。他认为，减少各种不合理的补贴，使价格尽可能反映价值是对的；但制定价格改革方案时一定要想到低收入群众的承受能力和弱势产业的发展，权衡经济与政治、社会等各方面的利弊得失。1981年，他审阅五届全国人大四次会议政府工作报告稿，建议把其中讲"物价与价值要一致"的话删去，说："这个话写上去，会引起调高价格的猜测，弄得人心不安。价格与价值应当符合，但是现在有相当大的一部分不能不背离。"如果马克思活到现在，"他也会赞成保持一种合理补贴的社会主义，即小的方面不合理，大的方面仍然是合理的"②。

1988年，党中央酝酿更大幅度的价格和工资改革，总体思路是在五年时间里，每年价格上涨10%，人均收入增加11%—14%，以期初步理顺价格关系。陈云对此明确表示不赞成，他对中央有关领导同志说："物价上涨后不拿工资的农民怎么办。"③"理顺价格在你们有生之年理不顺，财政补贴取消不了。"④ 当时的中央主要负责人听不进去这个话，坚持认为"物价这一关非过不可"。中央政治局会议原则通过的改革方案一经公布，果然引起居民恐慌，出现全国性抢购和提款风潮，物价指数猛涨百分之二十多，迫使国务院发出紧急通知进行解释，表示银行将开办保值储蓄。然而这一切都晚了，事情已经闹大，一定程度上成为随之而来的"八九"政治风波的起因之一。风波过后，陈云同刚刚担任党中央总书记的江泽民谈话，再次指出："国家财政补贴取消不了。暗补、明补，都是补贴。在我国，还是低工资、高就业、加补贴的办法好。这是保持社会安定的一项基本国策。即使是发达的资本主义国家，对某些产品也是实行补贴的。当然，通过改善经营管理，提高经济效益，可以逐步减少一些不合理的补

---

① 《陈云文选》第三卷，人民出版社1995年版，第277页。
② 《陈云文集》第三卷，中央文献出版社2005年版，第496页。
③ 《陈云传》下，中央文献出版社2005年版，第1791页。
④ 同上书，第1792页。

贴，例如某些企业的亏损补贴，但要从根本上取消补贴是不可能的"[1]。

习近平总书记在党的十八届三中全会上指出："全面深化改革，必须以促进社会公平正义、增进人民福祉为出发点和落脚点。这是我们党全心全意为人民服务根本宗旨的必然要求……如果不能给老百姓带来实实在在的利益，如果不能创造更加公平的社会环境，甚至导致更多的不公平，改革就失去意义，也不可能持续。"党的十九大报告进一步指出："增进民生福祉是发展的根本目的。"要"让改革发展成果更多更公平惠及全体人民"。可见，陈云关于改革不能以牺牲民生为代价的思想，同样是经受住了实践反复检验的真理，同样应当坚持坚持再坚持。

从党的十一届三中全会至今的四十多年里，有的社会主义大国解体了，有的发展中大国战乱了，但中国无论作为社会主义大国还是发展中大国，始终岿然屹立在世界东方，不仅经济飞速发展，国力不断增强，而且人民生活持续改善，社会大局总体稳定。其中原因固然在于实行了改革开放，但同时也是因为正确解决了改革开放核心、方法、方向等问题的结果。党的十八大以来，以习近平同志为核心的党中央贯通总结改革开放前后两个时期的历史经验，在改革开放的核心、方法、方向等问题上，提出了一系列更加成熟的方针和措施，从而校正了党和国家前进的航向。我们今天研讨陈云与改革开放的关系，就要更加深入地总结这方面的经验，从而为新时代中国特色社会主义事业提供更多更有实践意义和理论价值的智力支持。

---

[1] 《陈云文选》第三卷，人民出版社1995年版，第376页。

陈云的思想与"四个全面"战略布局[*]

党十八大以来，以习近平同志为核心的党中央从坚持和发展中国特色社会主义的全局出发，逐步形成全面建成小康社会、全面深化改革、全面依法治国、全面从严治党的战略布局。它是新一届党中央治国理政的总方略，是对毛泽东思想和中国特色社会主义理论体系的继承与发展。而陈云的经济思想、改革思想、党建思想和思想方法，与"四个全面"战略布局之间有着许多相互契合、高度一致的地方。

一

全面建成小康社会要求经济发展坚持稳中求进的总基调，保持中高速增长，适应经济发展的新常态；更加注重质量和效益的提高，去产能、去库存、去杠杆、降成本、补短板，把自主创新能力摆在国家发展全局的核心位置；致力于人民生活水平的普遍提高，使收入差距逐步缩小，国民素质和社会文明显著提高，生态环境质量总体改善；使各方面制度更加成熟、更加定型，人民民主更加健全，防止出现依靠强力刺激抬高发展速度和粗放型发展方式以及一手硬一手软的局面。

我们只要回顾陈云的思想就会看到，陈云同样主张稳中求进的经济发展方针。他强调，"搞经济建设的最后目的，是为了改善人民的生活"。经济

---

[*] 这是作者在第十届"陈云与当代中国"学术研讨会上的开幕词，曾发表于《当代中国史研究》2016 年第 4 期，收入本书时略有删改。

建设要摆在人民群众"有吃有穿的基础上",解决农业、市场问题等民生问题"应该成为重要的国策"。"一要吃饭,二要建设","建设规模要和国力相适应","先挖潜、革新、改造,后新建"。财政、信贷、物资、外贸等要综合平衡,平衡虽然是紧张的,但"紧张决不能搞到平衡破裂的程度"。"按短线搞综合平衡,才能有真正的综合平衡","按比例是客观规律","按比例发展的法则是必须遵守的","国民经济能做到按比例发展就是最快的速度"。两位数的增长不可能持久,不降下来"难免出现反复,结果反而会慢,'欲速则不达'"。"搞建设,真正脚踏实地、按部就班地搞下去就快,急于求成反而慢,这是多年来的经验教训",要争取"在不再折腾的条件下有较快的发展速度"。调整就是步伐调整,"该踏步的踏步,该下的下,该快马加鞭的快马加鞭",只要做到按比例发展,"百分之四(指速度——笔者注)并不丢脸,并不简单"。他指出,搞经济不能光看产值、产量,重点要放在"质量、品种上,真正把质量、品种搞上去"。"防止污染,必须先搞","要从战略高度来认识水的问题的严重性……把计划用水、节约用水、治理污水和开发新水源放在不次于粮食、能源的重要位置上"。"社会主义建设,包含物质文明建设和精神文明建设,两者是不能分离的","忘记或放松抓社会主义精神文明建设,物质文明建设也不可能搞好"。

二

全面深化改革要求问题倒逼,针对解决前进中出现的问题,例如发展不平衡、不协调、不可持续、科技创新能力不强、产业结构不合理、收入差距较大、群众切身利益受到损害等问题深化改革。问题的实质在于改什么、不改什么,有些不能改的,再过多长时间也不能改。要继续朝着加快完善社会主义市场经济体制的目标努力,着力健全使市场在资源配置中起决定作用和更好发挥政府作用的制度体系。要处理好全局与局部的关系,立足于国家整体利益、根本利益、长远利益,防止出现局部和眼前合理却不利于全局和长远的情况发生。习近平总书记指出:"摸着石头过河,是富有中国特色、符合中国国情的改革方法……和加强顶层设计是辩证统一的。"改革要坚持中国特色社会主义的根本方向,推进国家治理体系和治理能力现代化绝不是西方化、资本主义化，必须以促进社会公平正义、增进人民福祉为出发点和落脚点。

我们只要回顾陈云的思想就会看到，陈云关于改革的指导原则同样是要活而不乱。早在20世纪50年代社会主义改造基本完成、计划经济体制基本建立起来时，他就提出"三为主，三为辅"的改革设想。中共十一届三中全会后，他又和邓小平携手推进改革。由于当时正处在第二次国民经济调整时期，党中央的方针是调整、改革、整顿、提高，调整任务更为紧迫。因此，他反复强调要防止通货膨胀，国家要补贴粮价，说从微观经济看，这样做似乎不合理，但从"大的方面还是按经济规律办事的"。他指出："我们要改革，但是步子要稳。因为我们的改革，问题复杂，不能要求过急。改革固然要靠一定的理论研究、经济统计和经济预测，更重要的还是要从试点着手，随时总结经验，也就是要'摸着石头过河'。开始时步子要小，缓缓而行。这绝对不是不要改革，而是要使改革有利于调整，也有利于改革本身的成功。"为了给改革提供理论根据，他抓住解决计划与市场关系这个改革的核心问题，写出了《计划与市场问题》的提纲，提出计划经济与市场调节相结合的思想，"对推动全党解放思想、实事求是，进行突破高度集中的计划经济体制的改革，产生过广泛而深刻的影响"。

在对待国有企业改革的问题上，陈云一方面持积极的态度，另一方面针对"包字进城、一包就灵"导致的问题指出：推行责任制必须搞平均先进定额，不能降低质量、提高成本，增加的收入要合理分配，等等。在对待宏观经济与微观经济的关系问题上，他一方面提倡微观搞活，另一方面针对重复建设、损公肥私、制造假冒伪劣产品的现象指出，搞活经济"不是离开计划的指导搞活"，"搞好宏观控制，才有利于搞活微观，做到活而不乱"。他把微观搞活和宏观管住比喻为"鸟与笼子"的关系，说"笼子"该多大就多大，可以跨省跨地区，也可以跨国跨洲；而且"笼子"本身也要经常调整，比如对五年计划进行修改，"但无论如何，总得有个笼子"，"鸟不能捏在手里，捏在手里会死，要让它飞，但只能让它在笼子里飞。没有笼子，它就飞跑了"。在对待中央与地方的关系问题上，他一方面主张扩大地方自主权，另一方面针对地方财权越来越大而中央该集中的财力集中不起来的现象指出："中央的政治权威，要有中央的经济权威作基础。""在经济活动中，中央应该集中必须集中的权力。搞活经济是对的，但权力太分散就乱了，搞活也难。"他还针对钻改革空子、搞买空卖空、倒买倒卖和趁改革开放散布"一切向钱看"的资本主义思想等现象指出："经济体制改革，是为了发展生产力，逐步改善人民的生活。""社会主义经济体制改革，是社会主义制度的自我完善和发展。"要使经济体制改革"沿着正确轨道，不断前进"。

三

全面从严治党要求覆盖党的建设的各个领域、各个方面、各个部门，重点是抓住领导干部这个"关键少数"，做到真管真严、敢管敢严。习近平总书记反复强调，要坚定党员干部的理想信念，"革命理想高于天"，"对马克思主义的信仰，对社会主义和共产主义的信念，是共产党人的政治灵魂，是共产党人经受住任何考验的精神支柱"。要把"信念坚定、为民服务、勤政务实、敢于担当、清正廉洁"作为好干部的标准。要促进各级领导干部特别是主要领导干部带头执行民主集中制，发扬党内民主。党的作风关系人心向背，关系党的生死存亡，核心是保持党同人民群众的血肉联系。抓作风建设首先要从中央政治局做起，要求别人做到的自己先做到。要严明政治纪律、组织纪律，有纪必执，有违必查，有责必究。要以零容忍的态度对待腐败现象，做到常抓不懈、警钟长鸣、有腐必反、除恶务尽。

我们只要回顾陈云的思想就会看到，陈云一贯强调治党必须从严，要高度重视党的思想、组织、作风、纪律建设。早在延安时期他就指出："一个愿意献身共产主义事业的共产党员，不仅应该为党在各个时期的具体任务而奋斗，而且应该确定自己为共产主义的实现而奋斗到底的革命的人生观。"在改革开放初期，他针对"共产主义遥遥无期"、"社会主义初级阶段没必要宣传共产主义思想"等错误认识指出："共产主义遥遥有期，社会主义就是共产主义的第一阶段"；"民主革命时期，我们用共产主义思想教育党员和群众中的先进分子，才使党始终保持战斗力，使革命取得了胜利。社会主义经济建设和经济体制改革，更加要有为共产主义事业献身的精神。"

在选用干部的问题上，陈云一向主张把"德才兼备、以德为主"作为选拔原则。他在中共十二大上强调："一方面要大胆提拔，加快提拔中青年干部，一方面又要严格把好政治标准这一关。德才相比，我们要更注重于德，就是说，要确实提拔那些党性强，作风正派，敢于坚持原则的人。"他还说过："提拔中青年干部必须注意德。有才缺德的人，一个也不能提拔。"对于做纪律检查工作的干部，他的要求更高，强调这种干部"应当是有坚强的党性，有一股正气的人；应当是能够坚持原则，敢于同党内各种不正之风和一切违法乱纪行为作坚决斗争的人"。

在对待党的民主集中制、发扬党内民主的问题上，陈云一向强调虚心听取不同意见对于党的建设的重要意义。他常说："在党内不怕有人说错话，就怕大家不说话。""有同志提不同意见，党组织应该允许，这是党的事业兴旺发达的好现象。当然，有了不同意见，要在党内说，在你的那个党支部，或者在你的机关，按照组织程序和组织原则严肃地提出来。"他认为，民主集中制是一种作风，更是一种制度。他在中央会议上曾郑重提出："我们党内要强调一下，要有民主生活制度。常委多少时间开一次会，政治局多少时间开一次会，要立个规矩。常委会议，政治局会议，政治局扩大会议，应该分开来开。这是党内民主生活。民主集中制要坚持。"

在对待党的纪律的问题上，陈云历来主张从严要求。他在延安时期就说："纪律有强制性。不自觉遵守，必须强制执行。明知故犯者，要给以处分；情节严重而不愿改正者，应开除出党。"改革开放后，他仍坚持认为，"无论是谁违反党纪、政纪，都要坚决按党纪、政纪处理；违反法律的，要建议依法处理。"他十分重视党的政治纪律，对于认为社会主义不如资本主义、马克思主义不灵了的人，主张批评教育，"其中做意识形态工作的同志，经过教育不改的，要调动他们的工作"。

在对待党的作风的问题上，陈云始终高度重视。他关于"执政党的党风问题是有关党的生死存亡的问题"、"党风问题必须抓紧搞，永远搞"的论断，早已为全党所熟知。他说："对于利用职权谋私利的人，如果不给以严厉的打击，对这股歪风如果不加制止，或制止不力，就会败坏党的风气，使党丧失民心。"他提出在端正党风问题上，"各级领导干部，特别是高级领导干部要重视。要真正身体力行，做出榜样"。20世纪80年代中期，中央要求北京的党、政、军机关在实现党风根本好转中做表率，对此，他主张"做表率首先从中央政治局、书记处和国务院的各位同志做起"。他还要求党的高级干部"在教育好子女的问题上，给全党带好头。决不允许他们依仗亲属关系，谋权谋利，成为特殊人物"。早在中华人民共和国成立初期，他就提醒大家："现在腐化很容易。我们对于执政以后党内的状况是不能盲目乐观的。"改革开放后，他认为对党员领导干部中带头走私、违法乱纪的现象必须严惩不贷。他说："对于经济犯罪案件必须严办。阻力再大也要必须办。"陈云还比较早地提出问责的主张，他说："对于危害社会主义建设，败坏党风、社会风气的歪风邪气，熟视无睹，听之任之，除了追究那些为非作歹的个人外，还要追究那个单位、那个地区的党委的责任，包括纪委的责任。"

四

"四个全面"战略布局是马克思主义基本原理与我国当前经济社会发展实际问题相结合的产物，其中蕴含着丰富的马克思主义哲学思想。我们要落实好这一战略布局，必须自觉地坚持和运用辩证唯物主义和历史唯物主义的世界观、方法论，增强辩证思维、战略思维的能力。在这方面，陈云的思想对我们同样有很大的启发。

陈云一向高度重视对马克思主义哲学的学习，他提出："在党内，在干部中，在青年中，提倡学哲学，有根本的意义。"他毕生热爱学习哲学，注重领会和掌握马克思主义哲学的精神实质。他说："在延安，毛主席起草的文件、电报，我都看过，最后得出一个结论，就是要实事求是。这里的关键是要把'实事'看全面。"他还说过："从实际出发的关键是，从片面的实际出发，还是从全面的实际出发？"要做到从全面的实际出发，他的体会是十五个字，即不唯上、不唯书、只唯实，交换、比较、反复。他说："我个人的体会是：学习哲学，可以使人开窍。学好哲学，终身受用。"他经常强调，"难者在弄清情况，不在决定政策"，"应该用百分之九十以上的时间去弄清情况，用不到百分之十的时间来决定政策"。20世纪80年代，他对当时的中央负责人说："现在我们在新的形势下，全党仍然面临着学会运用马列主义、毛泽东思想的立场、观点、方法分析和解决问题这项最迫切的任务。"

今天，我们要协调推进"四个全面"战略布局，同样面临学习运用马列主义、毛泽东思想的立场、观点、方法分析和解决问题的迫切任务。我们举办这次研讨会，一个重要目的就是要通过研究陈云的思想，深入理解贯穿于"四个全面"战略布局中的辩证唯物主义和历史唯物主义，从而更准确地把握它的精神实质，更自觉地用它来统一思想，使它得到更好的贯彻落实。

研究陈云对外开放思想的方法[*]

当前，我国经济的对外开放度、依存度、融合度越来越高，全面提高开放型经济水平和抵御国际经济风险能力的紧迫性越来越强。在这个大背景下研究陈云对外开放思想，显得尤其必要，现实意义更为突出。笔者从新中国历史研究和陈云生平思想研究的角度，对此谈几点认识。

一 研究陈云对外开放思想，要放到陈云经济思想的整体中研究

陈云对外开放思想不是孤立存在的，而是陈云经济思想的一个组成部分，或者说是陈云经济思想在对外经济工作方面的展开。要深刻认识陈云对外开放思想，首先要从总体上把握陈云的经济思想。

陈云经济思想有几个要点。第一，经济建设的最终目的是为了要提高人民的生活水平和国家的综合国力。这个思想体现在外贸上，就是要以我为主，注重提高自主创新的能力。第二，经济建设的出发点是我国的基本国情，是各方面的客观实际。这个思想体现在对外经济交往上，就是要知己知彼，互通有无，量力而行。第三，经济建设的理想状态是综合平衡，按比例发展，做到稳步前进。这个思想体现在对外经济关系上，就是要外贸平衡，外汇平衡，外债平衡，引进和国内配套平衡。第四，经济建设的基本原则是既要微观搞活，又要宏观控制，做到活而不乱。这个思想体现

---

[*] 本文曾发表于《党的文献》2013年第3期，原题为《如何研究陈云对外开放思想》。

在对外经济工作中，就是既要调动各方面积极性，又要防止内部打乱仗和对外投资失控。

所以，研究陈云对外开放思想，不能就对外谈对外，而要把他的对外开放思想与他的整个经济思想联系起来研究，否则，会把握不住他的对外开放思想的全貌和真谛。

二 研究陈云对外开放思想，要注重研究形成的背景和特点

陈云从陕甘宁边区到东北解放区，再到中华人民共和国成立，在党中央领导集体中长期分管财经工作，加上他一贯倡导和身体力行"不唯上、不唯书、只唯实，交换、比较、反复"的思想路线和思想方法，因此，他的主要精力从来是放在观察和解决每个时期经济工作中出现的实际问题，尤其是那些带有倾向性的问题和有可能成为倾向性的问题上。正是这个背景，决定了他的对外开放思想具有很强的前瞻性、务实性和稳妥性。比如，当人们不大注意对外开放，甚至有人反对对外开放的时候，他会比较多地强调要打破框框、解放思想，提倡研究世界经济，大胆进行对外经济交流；但当人们已经普遍认识到对外开放的意义，对外开放已经不再成为问题，甚至有人忽略对外开放中出现的负面影响时，他往往会比较多地强调要头脑清醒、处事谨慎，提醒人们注意对外开放中已经出现和可能出现的问题。如果不了解他的思想的这个背景和特点，就可能认为他在对外开放问题上不积极、不热情，思想偏于保守；或者总想在他的讲话中找出强调对外开放的言论，以为只有这些才是他的对外开放思想。所以，研究陈云对外开放思想，首先要了解陈云的经历，了解他的思想特点，了解他的言论的具体背景，把他的思想放在特定的历史条件下来分析。只有这样，才能准确把握他对外开放思想的精髓。

20世纪50年代初，我国开始进行大规模工业化建设。由于当时没有经验，也由于以美国为首的帝国主义国家对我们采取仇视态度和封锁政策，所以我们提出向苏联学习的号召。起初，陈云针对党内在这个问题上认识不足的情况，较多地强调要老老实实地学，虚心听取苏联专家的意

见。但当全国掀起学习苏联的高潮后，他又强调学习一定要结合中国的具体情况，不能照搬照套。比如，他主持的1954年新币发行工作，就和苏联的做法很不一样。毛泽东曾经讲过，苏联关于"财经方面有些建议，陈云不学"①。

20世纪50年代末，国内出现天灾人祸，粮食供应紧张，需要进口一些粮食。但是，一来"大跃进"时期搞浮夸，对外宣布我国粮食过关了；二来我们同西方尚处于冷战状态，宣传"不吃嗟来之食"、"吃进口粮是修正主义"。因此，那时提出从西方国家进口粮食是一个敏感问题，是要冒政治风险的。此前，陈云因为反"反冒进"，已经被划入"右倾保守"一边，在政治上受到冷遇。然而，他不计个人荣辱，于1960年底，通过粮食部向中央提出进口粮食的建议。粮食部很快给分管财贸工作的副总理李先念写报告，李先念又给毛泽东、周恩来等写信，提议进口12亿斤粮食。周恩来批示照办，毛泽东批示进口20亿斤更好。于是，陈云同周恩来商量，确定从加拿大、澳大利亚进口75亿斤。1961年8月，陈云又经当面请示，使毛泽东同意了他从法国转口购买美国小麦的建议。结果，从1961至1965年，平均每年进口了100多亿斤，为缓解粮食困难、保证市场稳定、恢复农业生产发挥了重要作用。后来，陈云鉴于农村粮食征购的压力太大，在很长时间里一直强调要进口粮食，而且主张尽可能多进口一些。直到党的十一届三中全会前的中央工作会议，他尚未恢复中央领导职务，却在小组发言中提出今后三五年内，每年进口2000万吨粮食（合400亿斤）的大胆建议。这个建议的实施，对三中全会以后农业的迅速恢复和市场的初步繁荣，起到了重要作用。

从西方国家进口粮食，需要硬通货，这就涉及向西方国家出口的问题。为此，陈云十分关心外贸工作。他主张，要在国际市场取得竞争胜利，必须使商品有质量和价格的优势，要建立出口商品生产基地，要有严格的质量检验制度，要树立良好信用和信誉。他还指出，外贸要算大账，也要算小账，不能只想大进大出，该大则大，该小则小，打掉"官商"习气。

---

① 转引自中共中央文献研究室编《毛泽东传（1949—1976）》上，中央文献出版社2003年版，第474页。

"文化大革命"后期,周恩来要陈云协助他抓外贸工作。那时,"左"的指导思想占上风,把利用资本主义信贷、"三来一补"、进口国外先进设备等等,统统说成是违背自力更生方针,大批所谓"洋奴哲学";有人还把外贸中利用资本主义国家的交易所说成是参与资本家的投机买卖,把出口工艺品采用中国古代和西方历史文化题材说成是宣扬"四旧"和"封资修"。面对这种"左"的思潮,陈云指出,现在外贸已由过去75%面向苏东,变为75%面向资本主义国家,因此必须研究资本主义;不要把自力更生与利用资本主义信贷对立起来;资本主义的交易所有两重性,我们应当利用;"三来一补"的实质是利用国内丰富的劳动力,为国家创汇;进口设备附带进口零配件是为了减少损失,不是"洋奴";出口工艺品是做生意,要适应客户需要,这与宣传什么无关。

粉碎"四人帮"后,国内"左"的思潮受到批判,但经济上又出现了急于求成的"洋跃进",造成盲目同国外签约,急于进口设备和借贷的状况。对此,陈云反过来强调,对外债要分析,同时要考虑国内的配套能力和偿还能力。他指出,借外债是打破闭关自守以后的新形势,利用外资和引进技术是一项重要政策措施,谁也不反对借外债,但自1970年以来的基本建设战线已经太长,需要调整,如果继续靠贷款上新项目,势必扩大基本建设投资,进一步加剧经济比例的失调。他提醒大家,国际市场现在是买方市场,只要国际关系不发生大变化,这种有利条件不会失掉;外国资本家也是资本家,对他们不要太天真,要在欢迎中有警惕。

20世纪80年代初,外贸实行体制改革试点,工业企业和省市都争外贸自主权,形成多头对外、削价竞销、只顾外汇、不计成本的局面。时任外贸部部长的郑拓彬来向陈云汇报,反映外贸工作内部打乱仗的情况。陈云听后说,改革的最终目的是给国家增加外汇,提出"肥水不落外人田"。后来,他在外贸体制改革的报告上批示:"对外贸易工作既要调动各方面的积极性,又要坚持统一对外,这是外贸体制改革必须坚持的一条原则。"[①]

1980年,中央决定在深圳等四个毗邻港澳台的沿海城市试办经济特区,陈云参与了这项重大决策。但当一些同志忽略了这几个城市的特殊条

[①] 《陈云文集》第三卷,中央文献出版社2005年版,第539页。

件，提出其他城市，甚至整个省都要办经济特区时，陈云又强调，经济特区要办，但第一位的任务是总结经验；特区有有利的方面，也会带来一些副作用，如外币打击人民币等等；其他地方可以搞来料加工、合资经营，但不要再搞特区，尤其不能把整个省都变成特区。后来，中央根据邓小平的建议，考虑开放14个沿海城市。那时，陈云正在杭州休养，谷牧受邓小平委托，到杭州向他汇报，听取他的意见。他表示同意开放这14个沿海城市，同时就特区建设的问题提出两点需要注意的问题。第一，要有"拳头"产品，不能总是来料加工；第二，要掌握好来料加工产品的内销比例。他指出，特区现在还没有"拳头"产品；对来料加工产品，国内市场要让出一些，但一定要保护我们自己必须发展而且正在发展的东西，使自己的东西一步一步地进步，不要被外面进口的挤掉了，比如发电机组。他用家乡话说，"癫痢头的孩子还是自己的好"。

那次谈话，陈云还提到特区货币问题。那时，特区一些同志考虑开发资金不足，强烈要求允许他们自己发行货币，学术界也有人制造这种舆论。对此，陈云说，一个国家不能同时搞两种货币，否则势必扰乱金融秩序；如果一定要发特区货币，发行权必须集中到中央，而且不允许特区货币在内地流通。后来，主张搞特区货币的那些同志又研究了一下，觉得如果发行权在中央，又不能在内地流通，再搞特区货币，意义就不大了，所以撤回了原来的要求。

改革开放后，陈云除了把注意力放在纠正对外开放问题的偏向上，也从正面提出过一些重要的建议。据我所知，"走出去"就是陈云最先提出的。那是1984年夏天，时任国家计委主任宋平、副主任柴树藩来向陈云汇报首钢打算从拉美国家进口美国二手设备建新基地的有关情况。谈话中，陈云表示，开辟新基地要同老基地改建扩建进行比较，旧设备中有些跟水泥粘连在一起的东西不能用了，因此，可以考虑向国外要倒闭的企业投资，搞合营。接着，他指出："对外开放不一定都是人家到我们这里来，我们也可以到人家那里去。"[①] 不久后，他又在外贸部门的一个材料上批示，同意利用美国"加勒比海发展计划"的有利时机，

---

① 《陈云文集》第三卷，中央文献出版社2005年版，第537页。

向该地区投资办厂，以享受那一地区向美国出口免税的政策。他的这些主张，进一步打开了人们对外开放的思路，逐渐形成了后来被称作"走出去"的大战略。

总之，只要了解了陈云对外开放思想的历史背景和陈云思想的特点，就会看到陈云关于对外开放方面的言论，无论是从正面提出的，还是从反面提出的，都是积极的，都是以坚持对外开放为前提的，都是为了搞好对外开放、使对外开放朝着健康方向发展。

三 研究陈云对外开放思想，要善于领会精神实质

前面说了，陈云关于对外开放的论述，在不同时期、不同背景，针对不同问题，会有不同的侧重点。但是，他的论述重点无论怎么变化，都离不开一个核心、一条红线，那就是解放思想、实事求是，就是内外协调、平衡发展，就是稳中求进、活而不乱，就是取长补短、做强自己。这是他对外开放思想的精髓，是最根本的东西。具体讲，陈云对外开放思想的核心、精髓，主要表现在辩证处理以下四个关系上。

第一，既要大胆开放，又要循序渐进。改革开放初期，陈云反复强调引进外资要慎重。之所以如此，一是因为那时面临的主要任务是调整国民经济，在重大比例关系没理顺之前，如果一味引进外资，只会使比例失调的情况进一步加剧；二是我们那时的干部绝大多数没有同外国企业打过交道，缺少世界经济的知识和对外交往的经验，许多人仍然习惯于把来华投资的外国人都当成国际友人，在谈判中头脑不清醒，很容易上当受骗。另外，还有一个原因，就是陈云自己年轻时在旧上海当过店员、从事过地下斗争，对资本主义经济的运作方式比较了解。中华人民共和国成立后，他领导财经工作，又研究了世界资本主义经济，深知市场经济和世界经济的复杂性、周期性、风险性。今天，国内外经济形势，干部队伍状况，与改革开放初期相比都发生了很大变化。但世界经济的风险性仍然存在，国内经济也面临加快转变发展方式的任务，干部队伍也有知识不断更新的问题。在这种情况下，陈云关于"既要大胆开放，又要循序渐进"的思想，显然并没有过时。

第二，既要微观搞活，又要宏观管理。陈云强调外贸工作要统一对外，是在计划经济的背景下，在外贸体制改革与整个经济体制改革尚未同步的情况下讲的。今天，经济体制已经由计划经济体制变为社会主义市场经济体制，对外贸易由外贸部门、外贸企业一统天下的局面，既无可能，也无必要了。但是，现在我们的外汇结算和管理仍然是由国家统一控制，引进外资和对外投资仍然需要经过政府审批，人民币资本项目下的兑换业务仍然没有放开。所有这些，对于保证我国进出口总额的迅速增长，对于人民币地位的不断巩固和提高，对于我国在亚洲和世界金融危机中没有遭受太大损失，都起了至关重要的作用。

20世纪80年代初，陈云针对在搞活经济中出现的摆脱国家计划的倾向，提出"鸟"与"笼子"的著名比喻。这个比喻最先是黄克诚向陈云说的，他认为很有道理。这个比喻的意思是，经济就像鸟一样，捏在手里就死了，要让它飞，但又要让它在笼子里飞，否则就飞跑了。有些人望文生义，以为这里说的"笼子"真像鸟笼一样狭小，于是大批所谓"鸟笼经济"。其实，只要尊重客观实际就会看到，这个比喻是非常积极、非常形象的，这里所说的"笼子"，并不是要限制经济搞活，而是为了把经济搞得更活一些。记得有一次，我按陈云同志的要求起草一个讲话稿，根据他在中央政治局会议上的发言，写了"笼子"大小要适当，也可以大到跨省跨地区，而且"笼子"——五年计划和年度计划本身也要经常调整。送审时，他在"可以跨省跨地区"后面，亲笔加上了"甚至不一定限于国内，也可以跨国跨洲"。今天的情况不正是这样吗？我们的企业、资金已越来越多地走出国门，走到了亚洲、非洲、欧洲、拉丁美洲，甚至走到了北美洲。越是在这种情况下，越要加强有效监管，否则这些企业和资金就有可能像鸟飞出笼子一样，回不来了。那就不叫搞活，而叫搞没。恐怕这在任何一个国家、任何一家跨国公司，都是不能允许的。正因为如此，陈云同志关于"鸟"与"笼子"的比喻，曾引起中外经济学家的广泛兴趣，并在宏观经济工作中发挥着启示作用。

第三，既要使对方有利可图，又要坚持以我为主。陈云一贯强调，在对外贸易中，要给推销商、中间商好处，在价格上使他们有利可图。他还提出"可以冒点风险，准备万一有失。不要一有损失，就不敢做生意，束缚自己的手脚"①。另一方面，他又反复强调，在对外经济交往中，"必须得多失少"②，"肥水不落外人田"；在买设备的同时也要买技术、买专利，而且要重在吸收消化，把人家的技术变成自己的东西；要让出一些国内市场，"但自己必须发展而且正在发展的东西，不要被外面进口的挤掉了"③；要千方百计增加外汇收入的来源，以增强外汇储备和支付能力。用今天的话说，就是要互利双赢。

记得1982年春天，我随陈云同志去苏州。他看到一个材料，说美国的耐克鞋在中国生产，原本是要求全部返销的，但不知为什么，国内市场上也出现了；另外，可口可乐原本只允许在涉外饭店里销售，不知怎么搞的，一般商店和大街上也有卖的了。他让我给时任轻工业部部长的杨波打电话，告诉他，不要让耐克鞋和可口可乐在国内市场上销售，一双一瓶也不要卖。今天，情况已发生很大变化，我们加入了世贸组织，不可能不卖国外的消费品，不仅耐克鞋和可口可乐，其他各种牌子的鞋帽服装、饮料食品、化妆品都能在国内买到。那么，陈云当年的话是否说错了呢？我认为没有错。因为听他的话，要领会其中的精神实质。我理解，他那些话的精神实质在于，对日常生活用的、低端的、技术含量少的国外产品，要尽可能少进口，以保护民族产品，并把有限的外汇用在最需要用的地方。这个精神，即使今天也不能说过时。比如，美加净牙膏、回力球鞋、北冰洋汽水等等，都曾经是我们自己的名牌，很受消费者欢迎。像这样的商品，就应当通过改进质量和营销手段加以保护。否则一旦被冲垮，要重新占领市场就难了。

1983年，陈云听到一种反映，认为我国外汇储备太多了，与其放在国外银行，不如进口商品，回笼货币，而且已经进口了一大批家用电器。对此，他很不赞成。那时，我国外汇只有120亿美元，他说，像我们这么大的国家，有这点外汇不算多，好钢要用在刀刃上，不要手里有一点钱就发烫。我理解，他这个话的精神实质在于，要搞好对外开放，自己必须有实

---

① 《陈云文选》第三卷，人民出版社1995年版，第226页。
② 同上书，第222页。
③ 《陈云文集》第三卷，中央文献出版社2005年版，第536页。

力,包括要有足够的外汇储备。财大气粗,手里钱越多,腰杆子越硬,信誉度越高,人家越愿意贷款给你;相反,存钱越少,借钱越难。至于外汇储备多少合适,只能结合当时实际情况来定。今天,我国外汇储备已达3万多亿美元,如果陈云活到今天,我相信他也一定会有另外的说法。

第四,既要充分利用开放的积极成果,又要重视开放带来的消极影响。任何事都有利有弊,对外开放也一样。正如有人形容的那样,打开了窗户,新鲜空气会进来,苍蝇、蚊子也会进来。对于这个问题,陈云始终保持清醒头脑,一方面关注国外科学技术和经济管理方面的新动向,带头倡导向国外先进的东西学习;另一方面坚决主张严厉打击借开放之机损害国家利益的行为,大力加强思想政治工作,防范和抵制资本主义腐朽思想和作风的渗入。他指出:"对外开放,引进国外先进技术和经营管理经验,为我国社会主义建设所用,是完全正确的,要坚持。但同时要看到,对外开放,不可避免地会有资本主义腐朽思想和作风的侵入。这对我们社会主义事业,是直接的危害。"[1] 在这个问题上,邓小平同陈云的看法是完全一致的。邓小平在改革开放之初,也是一方面反复强调对外开放对我们追赶世界先进水平有重要意义,另一方面也一再反复提醒全党注意:对外开放,资本主义那一套腐朽的东西就会钻进来的,"要注意很好地抓,坚决取缔和打击,决不能任其发展"[2]。

1984年的一天,陈云提出要亲眼看看集成电路和计算机操作,让我给时任电子工业部部长的江泽民打电话。过了几天,江泽民带着几位技术人员到陈云家里,向他现场演示。陈云通过显微镜,仔细观看了集成电路,然后向在场的新闻记者发表谈话。他说:"在工业比较发达的国家,现在计算机的应用非常普遍,使生产、工作和生活方式都发生了变化,有'工厂自动化'、'农业自动化'、'办公室自动化'和'家庭自动化'的说法,对经济发展起的作用很大。这些情况,对我们的国民经济,对我们的电子工业,都是一场新的挑战。"他请报社的同志转告全国财经干部:"在新的

---

[1] 《陈云文选》第三卷,人民出版社1995年版,第355页。
[2] 《邓小平文选》第三卷,人民出版社1993年版,第379页。

技术革命面前，我国财经干部面临着知识更新的繁重任务。"① 同时，他又指出，我国的电子工业虽然起步晚、进步快，但与国际先进水平比，差距还是大的，因此一定要赶上去。

与此同时，陈云对于开放过程中出现的消极腐败现象也毫不放过，毫不手软。20世纪80年代初，广东、福建等沿海省份的不法之徒，内外勾结，大搞走私活动，涉及不少党员干部，群众意见很大。1982年1月5日，陈云同志要我去他办公室，指着中纪委反映广东一些党员干部参与走私、贪污腐化的信访简报，情绪十分激动地说："告诉王鹤寿（时任中纪委副书记——引者注），要重办，要杀掉几个。杀几个，可以挽救一大批。解放初期，贪污几千元就杀。"他停下想了想又说："干脆，我来批一下。"于是，他把这份简报批给了几位中央常委，写道："对严重的经济犯罪分子，我主张要严办几个，判刑几个，以至杀几个罪大恶极的，并且登报，否则党风无法整顿。"② 几位领导人阅后都表示同意，邓小平还特别加了八个字："雷厉风行，抓住不放"。六天后，中央书记处召开会议，研究贯彻中央常委的指示精神，并向全国各地发出紧急通知。一场打击经济领域违法犯罪活动的斗争由此开展起来，保证了对外开放事业的健康发展。

陈云对外开放思想是在当时历史条件下形成的，但历史形成的东西不等于是过时的东西，相反，有些由于反映了客观规律，屡试不爽，颠扑不破，经得住实践反复检验，不仅今天适用，今后也适用，甚至有些我们今天可能还没认识到。所以，对陈云对外开放思想一定要采取分析的态度，从中提炼出那些反映基本国情、世情，符合客观规律，在长时期内起作用的内容，用于指导我们今天乃至今后的工作。

习近平总书记在新进中央委员会的委员、候补委员学习贯彻党的十八大精神研讨班开班式上讲，对改革开放前后两个历史时期要正确看待，它们既不是彼此割裂的，更不是根本对立的；不能用改革开放后的历史时期否定改革开放前的历史时期，也不能用改革开放前的历史时期否定改革开

---

① 《陈云文集》第三卷，中央文献出版社2005年版，第533—534页。
② 中共中央文献研究室编《陈云年谱（1905—1995）》下，中央文献出版社2000年版，第287页。

放后的历史时期。① 这是对待新中国历史的马克思主义的态度。党的十八大报告讲"既不走封闭僵化的老路，也不走改旗易帜的邪路"，这里"封闭僵化的老路"，我理解是指改革开放前在国内政策特别是在对外开放问题上的"左"倾错误，而不是指改革开放前整个历史时期所走的道路。否则，就和党的十八大报告关于改革开放前的历史"为当代中国一切发展进步奠定了根本政治前提和制度基础"，"为新的历史时期开创中国特色社会主义提供了宝贵经验、理论准备、物质基础"的总体评价相矛盾了。如果说到改革开放前历史时期的"封闭"，首先，是帝国主义封锁造成的，是被封闭，而不是自我封闭。其次，那个时期，我们与苏联等社会主义国家的经济交流同样是对外开放，而且同时仍然在千方百计寻求与西方国家做买卖的机会。再次，即使在"文革"时期，在周恩来主持、毛泽东批准下，仍然制定了用43亿美元从西方国家进口成套设备的"四三方案"。所以，把改革开放前都看成是"封闭僵化"，是不符合历史实际的。

总之，陈云对外开放思想是我们党和国家的宝贵精神财富，我们应当继续深入研究，注重吸取其中的精华，使之在经济全球化的新形势下，为我们转变对外经济发展方式、提高开放型经济水平、增强抵御国际经济风险能力，发挥更大的作用。

---

① 参见《人民日报》2013年1月6日。

略论陈云执政党党风建设的思想*

我们党从成立到现在已九十多年，这九十多年的历史可以说基本处于两种状态：一是非执政状态，一是执政状态。在非执政状态下又有两种状态，即地下斗争和武装斗争；在执政状态下也有两种状态，即局部执政和全国执政。这几种状态，陈云都经历过。尤其在局部执政状态下的延安时代，他还担任了七年中央组织部部长；在全国执政状态下的历史新时期，又担任了九年中央纪委第一书记。因此，他对党执政条件下的党风建设问题作过长期和深入的思考，发表过大量有独到见解和独特风格的论述。另外，他自20世纪30年代中期至80年代后期，长期身居党中央领导集体，即使在不分管党务工作而是主持根据地、解放区和全国财经工作的情况下，也每每从端正执政党党风的高度考虑问题，提出对策，作过许多有关论述。这些论述构成陈云执政党党风建设的思想，并成为毛泽东思想、邓小平理论关于党的建设理论的重要组成部分，是我们党进行自身建设的锐利思想武器。在当前全党上下贯彻落实党的十八大精神和以习近平同志为总书记的党中央大力整顿党风的一系列决定、措施的新形势下，在正在开展的以"为民　务实　清廉"为主要内容的群众路线教育实践活动的大背景下，加强对陈云执政党党风建设思想的研究，具有极其重要的现实意义。

"执政党的党风问题是有关党的生死存亡的问题。因此，党风问题必须抓紧搞，永远搞。"[①]陈云的这一著名论断，全党上下几乎都知道，也都

---

* 本文发表于《中共党史研究》2013年第11期。
① 《陈云文选》第三卷，人民出版社1995年版，第273页。

认同。但是，执政党的党风问题究竟指什么，包括哪些内容？党在执政条件下尤其在改革开放时期，为什么要更加重视党风问题？解决执政党党风问题应当抓什么，怎么抓？对于这些更深层的问题，认识可能就不那么明确和统一了。本文试图通过重温陈云在各个历史时期有关执政党党风建设的论述，粗略探讨他在这些问题上的见解和主张，以供研究、总结党的建设经验和执政经验时参考。

一

把陈云从延安时期到中华人民共和国成立再到改革开放时期的论述贯通起来，可以看出他所说的执政党党风，不仅指党的作风，也指党在执政条件下的思想和纪律；他所说的抓紧执政党党风问题，不仅指要办案，更多的是指在党执政条件下要对党员特别是党的各级领导干部从思想上、纪律上、作风上从严要求。

第一，在思想上从严。

党的十八大报告指出："对马克思主义的信仰，对社会主义和共产主义的信念，是共产党人的政治灵魂，是共产党人经受住任何考验的精神支柱。"这就告诉我们，作为一个共产党员，如果丢掉了共产主义的信仰和信念，就等于丢掉了政治灵魂和精神支柱。1939年，陈云在中央党校作题为《怎样做一个共产党员》的报告，其主旨讲的正是这一点。他指出：共产党员的第一个标准就是终身为共产主义事业奋斗，"一个愿意献身共产主义事业的共产党员，不仅应该为党在各个时期的具体任务而奋斗，而且应该确定自己为共产主义的实现而奋斗到底的革命的人生观"。什么叫奋斗到底？据听过他报告的老同志们回忆，他当时用自己的家乡话打比喻，说这个"底"就是"翘辫子"，就是"见棺材板"，意思是到生命终止的时候。那时，正处于抗日战争时期，凡是要求加入中国共产党的人都要首先积极参加抗日战争。对此，陈云特别强调："不是每个积极参加抗日战争的人都可以成为党员的。要求加入共产党为党员，必须是承认党纲，并且愿意献身于解放无产阶级和全人类的共产主义事业的分子。"他说："谁要是放弃了革命的和党的立场，谁就丧失了共产党员的资格。"①

今天,我们国家正处在社会主义初级阶段,我们党在现阶段的主要任务是带领人民进行中国特色社会主义建设,但党的远大理想和最终奋斗目标仍然是实现共产主义。习近平总书记在党的十八大之后的一次讲话中指出:"革命理想高于天。没有远大理想,不是合格的共产党员;离开现实工作而空谈远大理想,也不是合格的共产党员。"② 可见,我们党要搞好执政党的党风,任何时候都要把坚定共产主义的理想信念放在第一位。

思想上是否从严了,这个问题从表面看似乎不大好把握。但只要看过陈云在20世纪80年代初对两件事情的处理意见,便不难发现,思想上从严与否并不是抽象的,而是有具体评判标准的。其中一件事情是这样的:那时一些农村党员参加党员集训,除了伙食补贴之外,还发误工费。陈云知道后,认为这种做法不对。他在党的十二届二中全会大会发言中指出:"身为共产党员,集训时间只有几天,而且是受教育的时间,每天却要拿一二元的误工费,这在党执政以前是不可想象的。解放前,同样在农村,支援战争,运送弹药、伤兵,非但没有误工补贴,而且常常因此而受伤或死亡。相比之下,现在这些误工补贴能算合理吗?拿误工补贴的共产党员应该想一想,这样做是不是合乎一个共产党员的标准?共产党员的标准是不惜牺牲自己的生命为共产主义而奋斗终身。我看一切集训、开会要钱的人,不能成为共产党员。今后,全国不要再给集训时的误工补贴,凡是要求误工补贴的党员应开除党籍。"③ 如果对什么是思想从严不十分清楚的话,看看这段话恐怕就会有所领悟。

另一件事是,那时有的领导干部出国考察回来,对"四项基本原则"产生怀疑,对社会主义、共产主义前途失去信心。针对这种情况,在前面提到的那篇发言中,陈云又指出:"有些人看见外国的摩天大厦、高速公路等,以为中国就不如外国,社会主义就不如资本主义,马克思主义就不灵了。对于这些人,我们要进行批评教育;对其中做意识形态工作的同

---

① 《陈云文选》第一卷,人民出版社1995年版,第137、131、142页。
② 《人民日报》2013年1月6日。
③ 《陈云文选》第三卷,人民出版社1995年版,第332页。

志，经过教育不改的，要调动他们的工作。"① 如果对什么是思想从严还不清楚的话，看看这段话恐怕也会有所领悟。

第二，在纪律上从严。

共产党的组织性和纪律性是无产阶级最重要的武器，因此必须有严格的组织性、纪律性，这是很多人都知道的道理。陈云也说过："中国是一个小资产阶级成分占优势的国家，如果中国共产党没有严格的纪律，将无法防止小资产阶级意识侵入党内。如果党不是有铁的纪律的队伍，就不能去团结最大多数的人民群众。""维护党的统一，不靠刀枪，要靠纪律"。"社会情况复杂，各人看法不同，党内有争论是正常状态。必须用纪律来约束党组织和党员的行动。""如果我们的党没有纪律，大家争论没有一个止境，我们怎么能有政治上组织上行动上的一致，怎么能不亡党亡国呢！"② 那么，什么叫纪律从严呢？从陈云有关论述看，首先，党的纪律不能仅仅对一般党员适用。他说："不管你是中央委员，还是一般党员，不管你是老党员，还是新党员，都要遵守纪律。""不管是中央委员会，还是支部委员会，都要遵守纪律。一句话，党内不准有不遵守纪律的'特殊人物'、'特殊组织'。"③ 其次，遵守党的纪律是无条件的。他说："个人对组织，少数对多数，下级对上级，全党对中央，服从是无条件的。组织、多数、上级、中央的决策正确时，自然要服从；如不正确，或不完全正确，怎么办？在行动上必须服从，同时应该按党章规定的权利，提出建议，或保留自己的意见。""具体地遵守纪律，就一定要服从支部，服从直接的上级，即使上级的人比你弱，你也一定要服从。做不到这一步，我们的党就要垮台，因为假如谁都觉得自己的本领强，自己的意见对，没有一个约束，结果就谁都服从自己，不服从别人，而党的统一就完全没有可能了。"④ 再次，要同一切破坏党的纪律的行为作坚决斗争。他说：党员"不仅应该与一切破坏党纪的倾向作斗争，而且要着重与自己的一切破坏党纪的言论行动作斗争"。"纪律有强制性。不自觉遵守，必须强制执行。

---

① 《陈云文选》第三卷，人民出版社1995年版，第332页。
② 《陈云文选》第一卷，人民出版社1995年版，第127、196、276页。
③ 同上书，第126页。
④ 同上书，第197、277页。

明知故犯者，要给以处分；情节严重而不愿改正者，应开除出党。""不愿意遵守纪律的党员，害怕铁的纪律的新党员，尽可出党"①。

在纪律从严的问题上，陈云不仅这么主张，也是这么做的。这也可以从两件事上看出。一件事是，1939年，延安的党组织决定派一位新党员去华北根据地基层工作，在他拒绝服从后，先后与他谈了七次话，进行耐心的说服教育。最后，他表示可以去，但又提出必须到八路军总司令部工作，否则不去。根据他的表现，由陈云负责的中央党务委员会（代行中央监察委员会职权）决定开除其党籍，并向全党公布。为此，陈云特意撰写了一篇题为《为什么要开除刘力功的党籍》的文章，发表在中共中央机关刊物《解放》上。

另一件事是，1985年，一些党政机关、党政军干部和干部子女蜂拥经商，仅据十几个省市的调查，不到一年时间就办起了两万多个公司，其中相当一部分同违法分子、不法外商相勾结，钻改革的空子，买空卖空，倒买倒卖，行贿受贿，走私贩私，弄虚作假，敲诈勒索，逃避关税，制造和销售假药、假酒，谋财害命，甚至贩卖、放映淫秽录像；引诱妇女卖淫等丑事坏事也都出现了。对此，陈云在中纪委全会上指出："无论是谁违反党纪、政纪，都要坚决按党纪、政纪处理；违反法律的，要建议依法处理。"他总结说，"在抓思想政治工作的同时，严肃党纪、政纪，党风才能根本好转"②。

第三，在作风上从严。

从陈云的一系列论述看，他在党的作风要从严要求方面，讲的最多的有以下几点：

一是维护群众利益。

1939年，陈云同志与华北根据地六个地区党组织的负责人谈话，感到那里党、政、军、民、学各方面最弱的是群众工作。他认为，要做好群众工作，首先要在党的领导下，从维护群众利益出发，发动群众斗争，把群众团体自下而上地建立起来。于是，他在党中央主办的刊物《共产党人》

---

① 《陈云文选》第一卷，人民出版社1995年版，第139、197、196页。
② 《陈云文选》第三卷，人民出版社1995年版，第356、357页。

中撰文指出："历来的经验证明，没有一个脱离群众的党组织是巩固的。一切脱离群众的党部，都是最不巩固的党部。……现在党内发生的各种弱点，不管是党的组织方面的还是党的工作方面的，都是同脱离群众相联系的。"① 在党的陕甘宁边区第二次代表大会上，他进一步指出："当权的党容易只是向群众要东西，而忘记也要给群众很多的东西。"他说："我们要注意群众的切身问题，帮助他们解决困难，这是发动群众的关键。""不仅要帮助群众解决大的问题，也要帮助群众解决小的问题。""我们帮助了群众，群众就会积极、热情地来帮助党和政府的工作。""党脱离了群众，就成了光杆子的党，这样的党也是不能存在的。"②

中华人民共和国成立后，陈云同志虽然长期主持全国财经工作，但总是有意识地把做好民生工作与端正党的作风、巩固党的执政地位联系起来考虑和阐述。例如，1956年，他兼任商业部长，提出做好商业工作一定要加强政治观点和群众观点。他说："商业工作的好坏，直接关系到六万万人民群众的切身利益，关系到广大的城乡人民对我们是否满意。"③ 1957年，他又在13个省、市蔬菜会议上指出："保证蔬菜供应，稳定蔬菜价格，是城市人民的普遍要求。购买力愈低的人，对这个问题就愈关心。""蔬菜和其他副食品的供应问题，其意义绝不在建设工厂之下，应该放在与建设工厂同等重要的地位。如果只注意工业建设，不注意解决职工的生活问题，工人就可能闹事，回过头来还得解决"④。

"人民公社化"运动中，农村政策出现"左"的偏差，把自留地、家庭养猪等看成是"资本主义尾巴"，严重挫伤了农民积极性。1961年，陈云通过在家乡青浦的调查，提出我国集体生产的耕地仍占耕地的90%以上，增加一点自留地比重，不会动摇社会主义经济基础。他在座谈会上说："在当前农民口粮不足的情况下，农民最关心的不是'社会主义还是资本主义'，而是'吃饭还是吃粥'。多分一点自留地，可以使农民多得一点口粮，对巩固工农联盟和社会主义制度有好处，是社会主义经济的必

---

① 《陈云文选》第一卷，人民出版社1995年版，第165页。
② 同上书，第171—173页。
③ 《陈云文选》第三卷，人民出版社1995年版，第44页。
④ 同上书，第64页。

要的补充。"①

三年困难时期,全国粮食紧张,人民营养不良,陈云那时虽然还未恢复中央财经小组组长的职务,但他仍然积极思考和提出解决困难的办法。在1962年3月的中央财经小组会议上,他除了建议动用一些钢材制造机帆船出海捕鱼,使大中城市居民平均每人每月有半斤鱼之外,又建议压缩一部分生猪出口,使大中城市居民每人每月增加半斤肉。他说:"目前,这样的问题,是国家大事。如果六千多万人身体搞得不好,我们不切实想办法解决,群众是会有意见的。人民群众要看共产党对他们到底关心不关心,有没有办法解决生活的问题。这是政治问题。"他还语重心长地对与会者说:"同志们,我们花了几十年的时间把革命搞成功了,千万不要使革命成果在我们手里失掉。现在我们面临着如何把革命成果巩固和发展下去的问题,关键就在于要安排好六亿多人民的生活,真正为人民谋福利"②。

在1978年党的十一届三中全会前的中央工作会议上,陈云虽然还未恢复党中央副主席的职务,但他针对当时粮食供应依然紧张、一些地方的农民还吃不饱的现象,大胆建议今后三五年,每年进口两千万吨粮食。他说:"要先把农民这一头安稳下来。……摆稳这一头,就是摆稳了大多数,七亿多人口稳定了,天下就大定了。""如果老是不解决这个问题,恐怕农民就会造反,支部书记会带队进城要饭。"③

三中全会后,中央同意了陈云关于用两三年时间进行国民经济调整的建议,并任命他为国务院财经委员会主任。但由于党内对调整方针认识不统一,贯彻不得力,致使1979、1980两年基本建设规模不仅没有压下来,相反财政收支出现严重赤字,导致货币大幅增发,物价大幅上涨。对此,陈云在1980年12月中央工作会议上指出:"这种涨价的形势如果不加制止,人民是很不满意的。经济形势的不稳定,可以引起政治形势的不稳定。"就在这次会上,他提出了一个著名论断,即"搞经济建设的最后目

---

① 《陈云年谱(1905—1995)》下,中央文献出版社2000年版,第85—86页。
② 《陈云文选》第三卷,人民出版社1995年版,第210页。
③ 同上书,第236页。

的，是为了改善人民的生活"①。

二是严惩以权谋私。

早在延安时代，陈云就提出要警惕和防止执政党党员以权谋私的问题。他说：执政党的党员损害群众利益，"特别容易引起群众的不满。你有枪，又当权，群众看到了也不敢讲。所以，一定要严格要求我们的党员和干部，并且经常倾听群众的意见，有人做了违背群众利益的事，就要给以严肃的批评，以至纪律处分。对于违法的人，例如贪污分子，还要发动群众去斗争，并绳之以法"②。

党的十一届三中全会后的一段时间，陈云讲端正党风，针对的主要是"文化大革命"对民主集中制的严重破坏，重点是讲要恢复党的民主作风。但随着改革开放的深入，以权谋私、权钱交易的问题突出起来，于是，他再讲端正党风，重点发生了变化。1981年，有一件涉及领导干部在出国招商引资中违反外事纪律、变相索贿受贿的案子，中纪委办理起来阻力很大，他亲自出面找有关领导同志做工作。在给一位中央负责同志打电话时，他说这个案子一定要办，否则党风搞不好，无法向几百万烈士和几千万牺牲的战士交代。他还指示中纪委领导，对这件事一定要顶住，处分决定通不过，就拿到政治局会上，政治局通不过，就拿到中央委员会的会上。他说："开放政策是对的，但越是在开放的地方，越是要加强政治思想工作，干部越是要'金刚钻'的。"后来经过折中，这个处分决定在中央书记处会上通过了，但党内反响很强烈，认为处理太轻。中央只好又重新处理，并在报上公布了进一步处理的决定。③

20世纪80年代初，广东、福建等沿海省份的不法之徒内外勾结，大搞走私活动，涉及不少党员干部，群众意见很大。1982年1月5日，陈云将中纪委反映这一情况的信访简报批给中央政治局常委传阅，并写道："对严重的经济犯罪分子，我主张要严办几个，判刑几个，以至杀几个罪大恶极的，并且登报，否则党风无法整顿。"邓小平看到后在上面加了8

---

① 《陈云文选》第三卷，人民出版社1995年版，第277—278、280页。
② 《陈云文选》第一卷，人民出版社1995年版，第183页。
③ 《陈云百周年纪念——全国陈云生平和思想研讨会论文集》下，中央文献出版社2006年版，第1401页。

个字："雷厉风行，抓住不放"。① 于是，中央书记处召开会议，研究贯彻中央常委关于要打击严重走私贩私、贪污受贿等违法犯罪行为的批示精神，决定立即派中央负责同志前往广东、福建、浙江、云南等沿海沿边省份督察，并就此向全国各地发出紧急通知。一场打击经济领域违法犯罪活动的斗争，由此开展起来。过了一段时间，中纪委在一份材料上反映：有的同志认为，中央抓打击严重经济犯罪很必要，但抓晚了，问题已相当严重，积重难返了。陈云在上面批示："现在抓，时间虽晚了些，但必须抓到底。中纪委必须全力以赴。"② 在打击经济犯罪的斗争中，有的同志思想有顾虑，担心这样大张旗鼓地搞会影响改革开放。陈云知道后说："怕这怕那，就是不怕亡党亡国。"对于这场斗争的艰巨性，陈云做了充分的思想准备。他说："抓这件事是我的责任，我不管谁管？！我准备让人打黑枪，损子折孙。"③ 他还把一份香港报纸上的有关评论批给中纪委负责同志看，指出："对于经济犯罪案件必须严办。阻力再大也必须办。"④

在党中央的领导和督促下，这场斗争取得了很大胜利。仅开展严打的第一年，在纪委系统立案的党员经济犯罪案件就有16万件之多，其中开除党籍的有9000多人，受党纪处分的有1.8万人，两者合计2.7万人。据此，他在1983年10月党的十二届二中全会上指出："我们绝大多数党员是不谋私利的，但因谋私利而犯法、犯错误的党员也不是一个很小的数量。"他说，从打击经济犯罪以来，被开除党籍和受党纪处分的人，"比一九二七年'四一二'以后全国党员总数还要多一倍多"。"对于利用职权谋私利的人，如果不给以严厉的打击，对这股歪风如果不加制止，或制止不力，就会败坏党的风气，使党丧失民心"⑤。

三是切实发扬民主。

党的三大作风中有一条是批评与自我批评，与此相联系的是党内民主

---

① 《陈云百周年纪念——全国陈云生平和思想研讨会论文集》下，中央文献出版社2006年版，第1402页。
② 《陈云年谱（1905—1995）》下，中央文献出版社2000年版，第291页。
③ 《陈云百周年纪念——全国陈云生平和思想研讨会论文集》下，中央文献出版社2006年版，第1402页。
④ 《陈云年谱（1905—1995）》下，中央文献出版社2000年版，第301页。
⑤ 《陈云文选》第三卷，人民出版社1995年版，第331—332页。

的作风。毛泽东同志曾说过:"如果没有充分的民主生活,没有真正实行民主集中制,就不可能实行批评和自我批评这种方法。"① 在陈云看来,开展批评与自我批评和发扬民主作风,都是执政党党风的组成部分。他在延安时期就一再告诫大家:"领导着政权的党、领导着军队的党,自我批评更加重要。因为党掌握了政权以后,犯了错误会更直接更严重地损害群众利益。"② 为此,他对党员领导干部提出了以下三点要求。

首先,要放下架子,少给人扣大帽子。陈云讲:"如果一个领导者架子搭得很大,面孔死板板的像阎王那么可怕,一定没有人去接近他,即使和他讲话,十句话也要忘记八句。""一个人说错了几句话,你就对他来一顿批评,不是说他是'左'倾空谈主义,便是讲他有右倾机会主义的嫌疑。如果随便给人家戴上这类大而无当的帽子,一个人头上戴上三四顶,恐怕就'差不多'了,不能工作了。""如果下级敢说话,有话就讲,这就是好的现象,就证明了你们领导得好,因为他们觉得说错了也不要紧。"③

其次,要正确看待个人的威信和面子。陈云针对某些军队干部怕自我批评丧失威信的问题指出:"威信是建立在正确的军事指挥和平时工作上面的。进行自我批评,克服了工作中的缺点、错误,只会使你的指挥更正确,工作做得更好,因而你的威信就会更高。"在党的七大上,他针对党内一部分干部身上存在骄气的现象指出:"我们要讲真理,不要讲面子。是什么就是什么,应该怎样就怎样。有的时候你愈要面子,将来就愈要丢脸。只有你不怕丢脸,撕破了面皮,诚心诚意地改正错误,那时候也许还有些面子。共产党员参加革命,丢了一切,准备牺牲性命干革命,还计较什么面子?把面子丢开,讲真理,怎样对于老百姓有利,怎样对于革命有利,就怎样办。"④

最后,要提倡讲不同意见。陈云常说:"相同的意见谁也敢讲,容易听得到;不同的意见,常常由于领导人不虚心,人家不敢讲,不容易听

---

① 《毛泽东文集》第八卷,人民出版社1999年版,第293页。
② 《陈云文选》第一卷,人民出版社1995年版,第183页。
③ 同上书,第115页。
④ 同上书,第270、296页。

到。""在党内不怕有人说错话,就怕大家不说话。"① 1962 年,他在七千人大会的陕西省全体干部会上说:"发扬民主,经常开展批评与自我批评,都是我们党的老传统,只是这几年把这个传统丢了,现在要把它恢复起来。同志们!如果共产党不能进行批评与自我批评,大家见面都是哈哈哈,我看人们就不会参加革命了,也不会愿意当这样的共产党员了。"② 1979 年,他在中央纪委成立后的第一次全体会议上讲话,称赞十一届三中全会充分恢复和发扬了党内民主和党的实事求是、群众路线、批评与自我批评的优良作风。他说:"如果鸦雀无声,一点意见也没有,事情就不妙。"③ 1982 年,他在一次中央政治局扩大会议上又说:"讲错话不要紧,要是开起会来,大家都不说话,那就天下不妙。有同志提不同意见,党组织应该允许,这是党的事业兴旺发达的好现象。当然,有了不同意见,要在党内说,在你的那个党支部,或者在你的机关,按照组织程序和组织原则严肃地提出来。"④ 1987 年,他同中央当时的一位负责同志谈话,谈到如何才能做到实事求是的问题时又说:"如果没有不同意见,自己也要假设一个对立面,让大家来批驳。有钱难买反对自己意见的人。有了反对意见,可以引起自己思考问题。常常是,有不同意见的人,他不讲出来。能够听到不同声音,决不是坏事。这和同中央保持一致并不矛盾。"⑤

四是反对言行不一。

陈云特别重视言行一致、表里如一的品格,把它看成是共产党人应有的作风。他指出:"我们共产党是言行一致的政党","我们绝不能像剥削阶级政党那样,党员可以说假话,鬼话连篇,欺骗人民。"他还说:"党不容许任何党员在党的决议面前有'阳奉阴违'的两面派态度。"对于说假话的党员,陈云本着从严治党的一贯立场,主张不留情面,严肃处理。他指出,说假话而经批评教育仍不改正,并且越说越多、越说越大的人,不管口里讲得如何革命,不管过去有多大功劳,"应该立即开除出党,没有

---

① 《陈云文选》第三卷,人民出版社 1995 年版,第 188、187 页。
② 同上书,第 190 页。
③ 同上书,第 240 页。
④ 同上书,第 275 页。
⑤ 同上书,第 361—362 页。

价钱可还"①。陈云对说假话的人也做了分析,认为一种是政治上幼稚,另一种则是混进党内、政治上别有企图的敌对分子,还有一种是通过隐瞒欺骗态度往上爬的投机分子。他指出,对于后两种人更要提高警惕,防止他们破坏党的事业。

二

对于党在执政条件下,特别是在改革开放时期,为什么必须格外重视党风建设,陈云也作过深入思考和分析。从他的分析中,可以归纳为以下四点看法。

第一,剥削阶级意识的影响。

中华人民共和国成立初期,陈云在党的七届四中全会上讲到党执政后为什么仍然会出现张国焘这类人物时说:"我们党是处在有阶级的社会里头,现在阶级没有消灭,就是阶级消灭以后,阶级意识还要长期存在。这种社会情况、阶级意识还会反映到党内来。"②党的十一届三中全会以后,我们党否定了社会主义社会要"以阶级斗争为纲"的错误方针,但同时一再指出:"阶级斗争还将在一定范围内长期存在,在某种条件下还有可能激化。既要反对把阶级斗争扩大化的观点,又要反对认为阶级斗争已经熄灭的观点。"③就是说,中国特色社会主义社会并不是无阶级社会,仍然存在阶级、阶级斗争,存在剥削阶级思想的影响。正是从这个实际出发,陈云在新的历史时期分析党风问题的原因时,同样提醒人们注意剥削阶级思想的影响。在1985年中纪委第六次全会上,他大声呼吁全党严重注意资本主义腐朽思想和作风的渗入。他说:"'一切向钱看'的资本主义腐朽思想,正在严重地腐蚀我们的党风和社会风气。""那种'人不为己、天诛地灭'的资本主义哲学,那种不顾国格人格的奴才思想,就是危害社会主义事业的因素。"④

---

① 《陈云文选》第一卷,人民出版社1995年版,第201、126、201页。
② 《陈云文选》第二卷,人民出版社1995年版,第231页。
③ 《三中全会以来重要文献选编》下,人民出版社1982年版,第841页。
④ 《陈云文选》第三卷,人民出版社1995年版,第356、355页。

第二，党的地位变化的影响。

当我们党还只在抗日根据地执政的时候，陈云就注意到执政与不执政给党风带来的不同考验。他说："当权的大党，领导干部很可能成为官僚。要坚决防止和克服官僚主义。""我们共产党员在政权机关中、民众团体中工作着，他们行为的好坏就立刻影响到人民对共产党的观感。"[①]

中华人民共和国成立后，我们党执掌了全国政权，对保持良好党风提出了新挑战。陈云指出："在胜利了的国家里头，有电影，有照片，开会时热烈鼓掌，阅兵时可威风啦。火车站欢迎的时候，送鲜花，夹道欢呼。物质享受是很具备的，很可以腐化。从前在瑞金、延安时，想腐化也很难。现在腐化很容易。我们对于执政以后党内的状况是不能盲目乐观的。"[②]

进入新的历史时期后，客观环境发生了进一步变化，党风方面也出现了过去未曾有过的问题。面对新情况，陈云在党的十二届二中全会上指出："党在全国执政前和执政后的情况有很大不同。党在全国执政以前，在敌人统治下的地下党，那时做一个党员就有杀头的危险，根本谈不上什么物质享受；在苏区的党和解放区的党，大家忙于打仗和支援战争，另外，也没有什么物质可以享受。党在全国执政以后，从中央到基层政权，从企业事业单位到生产队的领导权，都掌握在党员手里了，党员可以利用手中掌握的各种权力为自己谋取私利。许多贪污犯本人就是党员，即使贪污犯不是党员，他们能够贪污，也是靠某些共产党员的保护。"[③]

第三，经济体制改革和市场竞争的影响。

从20世纪80年代开始的经济体制改革在本质上是以市场为取向的，开始是在计划经济体制中逐渐增加市场调节的因素，后来变为以建立社会主义市场经济体制为目标。市场经济具有充分调动人的积极性、有效配置资源等优点，但也有自身弱点和局限性，例如，助长拜金主义，竞争容易使人不择手段等。所以，陈云提出对改革要既积极、又稳妥，"摸着石头

---

① 《陈云文选》第一卷，人民出版社1995年版，第221、128页。
② 《陈云文选》第二卷，人民出版社1995年版，第231页。
③ 《陈云文选》第三卷，人民出版社1995年版，第331页。

过河"、边实践、边探索、边总结经验的方针,并反复提醒全党要注意和防范改革中可能出现的消极现象。

1984年,党的十二届三中全会审议经济体制改革的决定,陈云指出:"这次体制改革涉及范围相当广,广大干部还不很熟悉,在进行中还会出现一些现在难以预见的问题。"他赞成在"决定"里有一句关于"竞争中可能出现某些消极现象和违法行为"的话。他说:"如果我们不注意这个问题,不进行必要的管理和教育,这些现象就有可能泛滥成灾,败坏我们的党风和社会风气。因此,我们在抓物质文明建设的同时,必须抓精神文明建设,两个文明一起抓。"① 那时,有些地方把遵守党的纪律与改革对立起来,认为纪律束缚了改革的手脚,提出给改革"松绑"的口号。针对这种糊涂认识,陈云旗帜鲜明地指出:"党性原则和党的纪律不存在'松绑'的问题。没有好的党风,改革是搞不好的。共产党不论在地下工作时期或执政时期,任何时候都必须坚持党的纪律。"②

第四,对外开放的影响。

改革开放初期,陈云在分析党风和社会风气存在的严重问题时就说过:"对外开放,引进国外先进技术和经营管理经验,为我国社会主义建设所用,是完全正确的,要坚持。但同时要看到,对外开放,不可避免地会有资本主义腐朽思想和作风的侵入。这对我们社会主义事业,是直接的危害。""值得严重注意的是,目前许多党委和党员干部,对此没有警惕。例如,一说对外开放,对内搞活,有些党政军机关、党政军干部和干部子女,就蜂拥经商。"在列出了这些商贸公司种种不法行为后,他指出:"我们搞社会主义,一定要抵制和清除这些丑恶的思想和行为,要动员和组织全党和社会的力量,以除恶务尽的精神,同这种现象进行坚决的斗争。"③

党的十八大报告在分析为什么提高拒腐防变能力是党巩固执政地位、实现执政使命必须解决好的重大课题时指出:"新形势下,党面临的执政考验、改革开放考验、市场经济考验、外部环境考验是长期的、复杂的、

---

① 《陈云文选》第三卷,人民出版社1995年版,第338页。
② 同上书,第275页。
③ 同上书,第355—356页。

严峻的"。不难看出，这里说的"四个考验"，正是包括陈云在内的老一代革命家们所长期思考的问题。

三

党在执政后出现党风问题既然带有一定的必然性，那是不是就没有解决的办法了呢？当然不是。从陈云的论述中，我们既看到关于要高度警惕、格外重视执政党党风问题的谆谆告诫，也看到关于抓紧抓好执政党党风建设的具体主张。把他的主张集中起来，大体上可以概括出以下五点。

第一，要对广大党员和党的领导干部加强政治教育和党性教育。

陈云一向重视思想政治教育对于党员端正作风的作用。1939年，他在讲解纪律对于党的重要性时说："在党内尤其是新党员中加强纪律的教育，使他们了解为什么要遵守纪律，怎样做才是遵守纪律，什么事是违犯纪律的等一类问题，是非常重要的"①。

1984年以来，一些地方的少数党政军机关和党政干部同不法分子、不法外商相互勾结，钻改革的空子，行贿受贿、走私贩私、贩卖假药假酒，形成一股歪风；其严重性还在于，这些问题就发生在全党开展整顿党风活动期间。对此，陈云在1985年党的全国代表大会上郑重提出："整顿党风这件事，不可掉以轻心。"他指出："这些问题的发生，同我们放松思想政治工作、削弱思想政治工作部门的作用和权威有关，应引为教训。"他强调："应当把共产主义思想的教育、四项基本原则的宣传，作为思想政治工作的中心内容。这种宣传教育不能有丝毫减弱，还要大大加强。"针对"共产主义遥遥无期""社会主义初级阶段没必要宣传共产主义思想"的错误认识，他说："民主革命时期，我们用共产主义思想教育党员和群众中的先进分子，才使党始终有战斗力，使革命取得了胜利。社会主义经济建设和经济体制改革，更加要有为共产主义事业献身的精神。"②

那次党代会闭幕后，陈云又在中纪委全会上的书面讲话中指出："如

---

① 《陈云文选》第一卷，人民出版社1995年版，第128页。
② 《陈云文选》第三卷，人民出版社1995年版，第351、352—353页。

果我们各级党委，我们的党员特别是老干部，对此有清醒的认识，高度的警惕，有针对性地进行以共产主义思想为核心的教育，那么资本主义思想的侵入并不可怕。"他充满信心地讲："我们相信，马克思主义、共产主义的真理，一定会战胜资本主义腐朽思想和作风的侵蚀。"①他还在同中央纪委常委见面时指出："我们党是处于全国执政的地位，再加上目前对外开放、对内搞活经济，客观环境发生了很大变化。因此，纪律检查部门和全党各级党的组织，必须重视执政党条件下党员的政治思想教育和党性教育。"在同中央纪委负责同志谈话时，他再次强调："各级党组织和党的纪律检查部门只是查处违法乱纪的案子不行，更重要的是要加强共产党员的党性教育和自觉遵守党的纪律的教育。"②

为了端正党风，陈云一向倡导学习理论"是每个党员的责任"③。他在中央起草《关于建国以来的若干历史问题的决议》期间指出："延安整风时期，毛泽东同志提倡学马列著作，特别是学哲学，对于全党的思想提高、认识统一，起了很大的作用。""在党内，在干部中，在青年中，提倡学哲学，有根本的意义。"④他还现身说法，把学好哲学与改进党风联系起来。他说："在延安，毛主席起草的文件、电报，我都看过，最后得出一个结论，就是要实事求是。这里的关键是要把'实事'看全面。我过去说过，难者在弄清情况，不在决定政策。因此，要善于听取不同意见。"可见，在陈云同志看来，一些领导干部之所以缺少民主作风，与理论学习特别是马克思主义哲学学习得不够，有很大关系。

第二，要坚持德才兼备、以德为主的干部选拔标准。

新的历史时期，党的纪检部门在办案过程中发现，有严重违法违纪问题的干部，很多是"带病"提拔的。对于选拔官员的标准，古今中外历来都有如何处理德才关系的问题。中国古人的一个提法叫"德才兼备"，就是说不仅要重才，也要重德，二者不可偏废。陈云自从分管党的干部工作以来，除了主张选干部要德才兼备外，还主张把德即政治素质和道德品

---

① 《陈云文选》第三卷，人民出版社1995年版，第355页。
② 《陈云文集》第三卷，中央文献出版社2005年版，第547—548、541页。
③ 《陈云文选》第一卷，人民出版社1995年版，第188页。
④ 《陈云文选》第三卷，人民出版社1995年版，第285页。

质，放在第一位。他在延安时代谈干部工作时就说过：提拔干部的原则是"德才并重，以德为主。""用干部的标准，概括起来有二：政治，能力。两者不能缺一，以政治为主。"① 党的十一届三中全会后，他在力主大胆和加快提拔中青年干部的同时，再次强调德才相比要更加重视德。他针对"文化大革命"中的"三种人"说，对这样的人要特别提高警惕，一个不能提拔。"不要只看他们现在一时表现好。现在这些人大概表现是'蛮好'，他要爬上来，现在只能表现好，因为老家伙还在。但是，到了气候适宜的时候，党内有什么风浪的时候，这些人就会变成为能量很大的兴风作浪的分子。"② 在党的十二大上，他作关于解决好干部队伍交接班问题的大会发言，再次强调："一方面要大胆提拔，加快提拔中青年干部，一方面又要严格把好政治标准这一关。德才相比，我们要更注重于德，就是说，要确实提拔那些党性强，作风正派，敢于坚持原则的人。"在此前后，他还在中央组织部的一份情况反映上批示："提拔中青年干部必须注意德。有才缺德的人，一个也不能提拔。"③ 在同中央一位负责同志谈话中他又说："中央组织部、中央党校、中央纪律检查委员会这三家是管干部的。""选干部，首先要看德，有才缺德的人不能用。德好，才差一些不要紧，放到领导岗位上锻炼几年，才干是可以练出来的。"④ 那时有一种提法，叫做要选拔"开拓型干部"。针对这种提法，陈云指出："开拓型也要，但首先要强调有德，有党性。德才兼备，才干固然要有，但德还是第一。我希望政治局、书记处要注意这样一个问题。"⑤ 总之，选拔干部要德才兼备、以德为主，是陈云的一贯思想。实践说明，要保持执政党的良好党风，把这一思想作为各级领导岗位选人用人的指导原则，是一项治本之策。

第三，要在党内提倡坚持原则、不怕得罪人的精神。

陈云一向认为，要想形成批评的氛围，就不能搞一团和气。在延安时

---

① 《陈云文选》第一卷，人民出版社1995年版，第214、213页。
② 《陈云文选》第三卷，人民出版社1995年版，第301页。
③ 《陈云文集》第三卷，中央文献出版社2005年版，第317、498—499页。
④ 《陈云年谱（1905—1995）》下，中央文献出版社2000年版，第306页。
⑤ 《陈云文选》第三卷，人民出版社1995年版，第359页。

期，他针对党内存在的错误倾向说："只讲团结，没有斗争，这是有普遍性的。……组织部长的责任是，看到一种错误的现象，就要问，就要批评，说这是错误的，值得注意。这项工作应该是主动地去做。"① 在新的历史时期，他针对一些人错误总结"文化大革命"期间的教训，由过分强调斗争哲学、不该斗的也斗变为怕矛盾、怕斗争、怕得罪人的现象，指出："目前在我们的党风中，以至在整个社会风气中，有一个很大的问题，就是是非不分。有些同志在是非面前不敢坚持原则，和稀泥，做老好人，而坚持原则的人受孤立。这种情况，在'文化大革命'以前也有，但现在比那时要严重得多。"他说：对于这个问题，"应该把它提到全党思想建设和组织建设的高度。要提倡坚持原则，提倡是就是是、非就是非的精神。只有我们党内首先形成是非分明的风气，党的团结才有基础，党才有战斗力，整个社会风气才会跟着好转，才会使正气上升，邪气下降"②。

在提倡坚持原则方面，陈云特别要求各级纪律检查机关要带头。他在1982年中央纪委全体会议上指出："做纪律检查工作的干部，应当是有坚强的党性，有一股正气的人；应当是能够坚持原则，敢于同党内各种不正之风和一切违法乱纪行为作坚决斗争的人；而不应当是在原则问题上'和稀泥'，做和事佬、老好人的人。"③ 那时，党、政、军一些领导干部中又刮起一股向下属单位要高级轿车的风，陈云知道后批示："凡是别人（或单位）送的和个人调换的汽车（行政机关配备的不算），不论是谁，一律退回，坐原来配备的车。在这件事上，得罪点人，比不管而让群众在下面骂我们要好。"④

第四，要发挥党的纪律检查部门的作用。

我们党在"文化大革命"时期，取消了纪律检查机构（当时称监察委员会）。党的十一大，鉴于林彪、"四人帮"两个反革命集团严重践踏党规国法而畅行无阻的沉痛教训，在党章中恢复了关于县团以上各级党委设立纪律检查委员会的规定，并明确纪律检查委员会要在同级党委领导下，

---

① 《陈云文选》第一卷，人民出版社1995年版，第271页。
② 《陈云文选》第三卷，人民出版社1995年版，第274页。
③ 《陈云论党的建设》，中央文献出版社1995年版，第279页。
④ 《陈云文集》第三卷，中央文献出版社2005年版，第543—544页。

加强对党员的纪律教育,负责检查党员和党员干部执行纪律的情况,同各种违反党的纪律的行为作斗争。党的十一届三中全会上,选举产生了以陈云为第一书记的首届中央纪委。从那时起直到1987年党的十三大前夕陈云同志离开中央纪委第一书记的岗位,他就纪律检查部门的工作做了许多指示,其主要精神有以下三点。首先,纪律检查部门要把工作中心放在整顿党风、开展党性教育上。他在1979年1月中央纪委第一次全会上就指出:"党的中央纪律检查委员会的基本任务,就是要维护党规党法,整顿党风。"① 20世纪80年代初,党员腐败案件增多,有人主张应把纪检工作重点放在办案上。他又指出:"各级党组织和党的纪律检查部门只是查处违法乱纪的案子不行,更重要的是要加强共产党员的党性教育和自觉遵守党的纪律的教育。"②"各级纪委应在同级党委统一领导之下,始终围绕搞好党风这一中心任务,作艰苦的努力。"③ 其次,纪律检查部门要不怕困难,坚决维护党纪政纪。他指出:只有"在抓思想政治工作的同时,严肃党纪、政纪,党风才能根本好转。"那时,有的案子涉及领导干部,处理难度很大。在党的十二大上,他听到有人提意见,认为中纪委处理历史遗留问题很果断,但在处理现实的案子时软弱。他让人转告中纪委负责同志,说对涉及领导干部的案子要大胆地搞,搞不动就由他提到中央常委会上。针对党政军机关的经商风,他明确指示,"无论是谁违反党纪、政纪,都要坚决按党纪、政纪处理;违反法律的,要建议依法处理。各级纪委必须按此原则办事,否则就是失职。"④ 再次,纪律检查部门办案"必须实事求是,查清事实,核实材料",并且在处理问题时"和本人见面"⑤。

第五,各级领导干部尤其是高级干部要以身作则。

常言道,"正人先正己","其身正,不令而行","喊破嗓子不如做出样子"。在端正执政党党风的问题上,陈云历来主张领导干部特别是高级干部是关键,要先从他们做起,由他们起模范带头作用。例如,说到开展

---

① 《陈云文选》第三卷,人民出版社1995年版,第240页。
② 《陈云文集》第三卷,中央文献出版社2005年版,第541页。
③ 《陈云文选》第三卷,人民出版社1995年版,第35页。
④ 同上书,第357、356页。
⑤ 同上书,第273页。

批评与自我批评，他指出："首先应从领导做起，检查自己有什么缺点，有什么错误。先检查自己，批评自己，不能只说下面不好。如果工作出了毛病，作为领导者，自己应首先承担责任，不能上推下卸，诿过于人。"①说到加强理论学习，他指出："党内的老干部、高级干部首先要努力学习，成为学习的模范。因为你是老干部，因为你常常担负独当一面的领导工作，你就更有责任而且更有必要提高自己的理论水平。"②说到加强纪律性，他指出："领导干部、领导机关必须成为严守党纪的模范。要特别防范高级领导人破坏纪律的行为，如张国焘。"③说到反对错误倾向，他指出："最重要的，是在高级干部身上。只要上面的错误纠正了，下面的文章就好做了。"④说到防止野心家弄乱子，他指出："关键是在几百个高级领导人，就是省（市）委书记以上的干部及军队中的负责干部。""出大乱子出在什么地方呢？就在这几百个人里面，首先是在座诸公，穿黄衣服的，穿黑衣服的，党头、政头、军头这几百个人。如果出了野心人物，能否迅速地把他揭露，不闹成大乱子呢？那也决定于这几百个人。只要这几百个人头脑十分清醒，革命胜利就会有保证。"⑤说到端正党风，他指出："各级领导干部，特别是高级领导干部要重视。要真正身体力行，作出榜样。"⑥他要求退居二线或者离休退休的老干部要关心党风党纪、发挥监督作用。他说：在这方面，"没有退居二线和离休、退休的问题。只要是党员，活着就永远处在第一线"⑦。说到端正党风的措施，他指出："关键是提高党员素质，尤其是提高高中级党员领导干部素质。"⑧说到中央要求北京党政军机关在实现党风和社会风气根本好转中做表率，他建议："做表率首先从中央政治局、书记处和国务院的各位同志做起。"⑨

---

① 《陈云文选》第一卷，人民出版社1995年版，第183页。
② 同上书，第188页。
③ 同上书，第196页。
④ 同上书，第272页。
⑤ 《陈云文选》第二卷，人民出版社1995年版，第233页。
⑥ 《陈云文选》第三卷，人民出版社1995年版，第351—352页。
⑦ 同上书，第352页。
⑧ 同上书，第363页。
⑨ 《陈云文集》第三卷，中央文献出版社2005年版，第543页。

为了使高级干部能够切实做到在各方面以身作则、起模范带头作用，陈云经常提醒他们要增强对人民的责任心。在党的七大上，他语重心长地说："全国人民把希望寄托于我们党的身上，把希望寄托于我们的高级干部身上。如果我们搞得好，便胜利得早，人民解放得早。如果搞得不好，四万万五千万人便不能很快解放，革命胜利会推迟多少年，人要多牺牲很多，那我们就对不起老百姓。我们党的工作好坏，决定着中国革命的命运。……我们要兢兢业业，所有坏的东西，一切应该丢的东西，统统丢掉。"① 改革开放后，他总是要求各级领导干部，要对党风建设负起责任来。他强调，如果哪个单位、哪个地区的歪风邪气大量存在，长期得不到纠正，"除了追究那些为非作歹的个人外，还要追究那个单位、那个地区的党委的责任，包括纪委的责任"②。他还具体点了海南岛汽车案和晋江地区制造、销售假药案，要求追究这两个地区党委的责任。

与领导干部以身作则相关的一个问题，是对干部亲属的教育和约束。陈云在1985年党的全国代表会议上着重提出："希望所有党的高级领导人员，在教育好子女的问题上，给全党带好头。决不允许他们倚仗亲属关系，谋权谋利，成为特殊人物。"③ 1985年，中纪委提出不许领导干部子女及其配偶经商办企业的建议。他在报告上批示，这件事要由中央"作出明确的决定方能制止。不然的话，发展下去，党的肌体、党群关系必将受到损害，有所好转的党风也会受到影响，改革也难以顺利进行"。他提议，将退出经商领域的干部子女范围再扩大一点。④ 那时，一些领导干部的子女出国留学，名为"自费"，实为外商赞助。中央纪委把有关反映送给他看，他也是亲自出面，给这些领导同志写信，指出这样做不好，因为我们"自费"不起，劝他们把孩子叫回来。⑤

陈云要求高级干部管好自己的亲属，也是从自己做起的。早在全国解放前夕，他给家乡老战友的孩子和自己的表弟回信，提醒他们"千万不可

---

① 《陈云文选》第一卷，人民出版社1995年版，第297—298页。
② 《陈云文选》第三卷，人民出版社1995年版，第356页。
③ 同上书，第352页。
④ 《陈云文集》第三卷，中央文献出版社2005年版，第543页。
⑤ 《论陈云》，中央文献出版社2010年版，第65页。

以革命功臣的子弟自居，切不要在家乡人面前有什么架子或者有越轨违法行动，这是决不允许的。你们必须记得共产党人在国家法律面前是与老百姓平等的，而且是守法的模范。革命党人的行动仅仅是为人民服务，决不想有任何酬报，谁要想有酬报，谁就没有当共产党员的资格。我与你父亲既不是功臣，你们更不是功臣子弟。这一点你们要切记切记"。他在信中还写道："你们必须安分守己，束身自爱，丝毫不得有违法行为。我第一次与你通信，就写了这一篇，似乎不客气，但我深觉我有责任告诫你们。"① 改革开放初期，当他得知中小学教员待遇低、师范学校招生困难的情况后，便提出让师范大学毕业后被分配到国家机关工作的二女儿"归队"，去学校当老师②。1983年春节，他会见革命烈士子女，对他们深情地说："你们是革命的后代，是党的儿女。你们应该像自己的父辈那样，处处从党的利益出发，为了维护党的利益，不惜牺牲自己的一切。"③ 可见，陈云认为领导干部对执政党党风好坏具有特殊责任，这个责任包括要管好自己，也包括要管好自己的亲属。

当前，我们党仍然存在一些干部搞形式主义、官僚主义、享乐主义、奢靡之风，甚至贪污腐败等亟待解决的问题。党的十八大闭幕后，习近平总书记在同中外记者见面时说：全党同志的重托、各族人民的期望，是对新一届中央领导机构做好工作的巨大鼓舞，也是他们身上的重大责任。他表示："打铁还需自身硬。我们的责任，就是同全党同志一道，坚持党要管党、从严治党，切实解决自身存在的突出问题，切实改进工作作风，密切联系群众，使我们的党始终成为中国特色社会主义事业的坚强领导核心。"④ 接着，中央政治局会议审议通过了关于改进工作作风、密切联系群众的八项规定，强调指出："领导干部特别是高级干部作风如何，对党风政风乃至整个社会风气具有重要影响。抓作风建设，首先要从中央政治局做起，要求别人做到的自己先要做到，要求别人不做的自己坚决不做。"⑤

---

① 《陈云文选》第一卷，人民出版社1995年版，第396页。
② 《论陈云》，中央文献出版社2010年版，第45—46页。
③ 《陈云文选》第三卷，人民出版社1995年版，第321页。
④ 《人民日报》2012年11月16日。
⑤ 《人民日报》2012年12月5日。

这些表态和举措，使全党全国人民的精神为之一振，也使一些多年积弊有所收敛，有力推动了党风的好转。这说明，只要领导干部特别是高级干部带头，执政党的党风是可以搞好的，群众反映强烈的问题是可以解决的，党和人民的血肉联系是可以保持的。面对当前的党风问题，绝对不能掉以轻心、盲目乐观，但也不能悲观失望、茫然无措。我们要结合贯彻以习近平同志为总书记的党中央关于改进作风的一系列指示和部署，深入研究陈云执政党党风建设的思想，使它为加强党的自身建设、巩固党的执政地位，发挥应有的作用。

研究新中国历史经验应当注意的几个方法问题*

2011年是中国共产党成立90周年，也是《关于建国以来党的若干历史问题的决议》（以下简称《决议》）通过30周年。这两个纪念日对于中华人民共和国史研究（以下简称国史研究）都具有非常重要的意义。中华人民共和国史从本质上说，是中国共产党团结带领人民进行社会主义革命、建设和改革的历史，是党把马克思主义普遍真理同新中国具体实际相结合的历史。《决议》运用马克思主义的辩证唯物论和历史唯物论，科学总结了新中国32年的重大历史事件，开启了国史研究的进程，并为国史研究的发展指明了正确的理论方向。作为国史研究者，对这两个纪念日的最好纪念，莫过于沿着《决议》指明的方向，深入研究以中国共产党的领导为核心内容的新中国历史，特别是加强对这一历史的经验研究。

研究历史经验从来是史学研究的重要内容，也是史学宗旨的具体体现。司马迁说过，他写《史记》的目的，是"究天人之际，通古今之变，成一家之言。"[①] 换成今天的话讲，就是要揭示历史原因，总结历史经验，成为安邦治国的一家之言。朱熹则说："读史当观大伦理、大机会、大治乱得失"。[②] 意思也是讲，研究历史不要纠缠一些琐碎事件，而应关注重大事件，重视对历史经验的总结。

---

* 本文曾发表于《中国社会科学》2011年第4期，原题为《研究中华人民共和国国史经验应当注意的几个方法问题》。

① 《汉书》卷62《司马迁传·报任安书》，中华书局1962年版，第2735页。

② 黎靖德编：《朱子语类》卷11《学问·读书法下》，中华书局1986年版，第196页。

我们党是一个非常重视总结并善于总结历史经验的党。毛泽东早就指出："好的政策都是经验之总结。"①"一切带原则性的军事规律，或军事理论，都是前人或今人做的关于过去战争经验的总结。这些过去的战争所留给我们的血的教训，应该着重地学习它。这是一件事。然而还有一件事，即是从自己经验中考证这些结论，吸收那些用得着的东西，拒绝那些用不着的东西，增加那些自己所特有的东西。这后一件事是十分重要的，不这样做，我们就不能指导战争。"②邓小平在制定《决议》时也指出："我看应当搞学习运动，认真学习马克思、列宁和毛泽东同志的著作。这个学习必须联系中国革命的历史，这样就能了解党是怎样领导革命的，了解毛泽东同志有哪些功绩，使大家知道中国革命是怎样成功的。"③江泽民同志在20世纪90年代中叶谈提高干部队伍素质的问题时强调："以史为鉴，可以知兴替。今天的中国是历史的中国的发展，作为当代中国的领导干部，如果不了解中国的历史，特别是中国的近代史、现代史和我们党的历史，就不可能认识和把握中国社会发展的客观规律，继承和发扬我们党在长期斗争中形成的光荣传统，也就不能胜任领导建设有中国特色社会主义的职责。"④胡锦涛总书记在本世纪主持中央政治局集体学习时进一步指出："中华民族历来就有治史、学史、用史的传统。我们党在领导革命、建设和改革的过程中，一贯重视对历史经验的借鉴和运用。在新形势下，我们要更加重视学习历史知识，更加注重用中国历史特别是中国革命史来教育党员干部和人民。"⑤他们的论述说明，总结历史经验对于我们党的事业、革命的事业、社会主义建设的事业、改革开放的事业的成败，具有多么重要的意义。

　　国史研究是中国史研究的分支学科，也是党的事业的组成部分。国史研究者研究国史，既要继承和发扬中国史学重在研究历史经验的优良传

---

① 《毛泽东文集》第二卷，人民出版社1993年版，第417页。
② 《毛泽东选集》第一卷，人民出版社1991年版，第181页。
③ 《邓小平文选》第二卷，人民出版社1994年版，第381页。
④ 江泽民：《论党的建设》，中央文献出版社2001年版，第224—225页。
⑤ 胡锦涛：《把握社会历史发展规律 增强推进改革发展的自觉性主动性》，《人民日报》2003年11月26日第1版。

统，又要继承和发扬我们党重视总结历史经验的优良传统。当然，国史研究者研究历史经验属于学术范畴，与党的领导机关、领导干部总结历史经验之间不完全一样。党的领导机关、领导干部总结历史经验，一般要从当前面临的全局性和紧迫性的问题入手，总结出的经验也往往会直接用于制定政策、指导工作和教育干部群众。国史研究者虽然也要关注具有全局性和紧迫性的问题，但一般会把研究的视野放得更宽；研究成果一般也不会直接用于制定政策，而是为领导机关、领导干部制定政策提供历史依据，为广大干部群众学习、总结历史经验提供参考，就是人们常说的"资政育人"。然而，无论党的领导机关、领导干部还是国史研究者，总结或研究历史经验，都要站在人民群众根本利益的立场上，都要以马克思主义为指导，都要为中国特色社会主义建设事业服务，在这些方面是没有也不应当有什么区别的。即使在研究的基本方法上，二者大体上也应当是相同或相似的。

下面，谈谈国史研究者在研究国史经验时应当注意掌握的几个基本方法。

一 既要研究新中国不同时期的经验，又要把各个历史时期的经验联系起来研究

中华人民共和国成立距今已有61年历史，其间根据社会历史条件和党的工作重点等等的变化，可以划分为若干不同阶段。例如，以党的十一届三中全会为界，可以分为改革开放前的29年和改革开放后的32年。在改革开放前的29年里，又可以分为1949—1956年由新民主主义向社会主义过渡的7年和1957—1978年进行社会主义道路探索的22年。在改革开放后的32年里，大体也可分为1978—1992年开创中国特色社会主义道路的14年和1992—2003年确立社会主义市场经济体制的11年，以及2003年以来按照科学发展观转变发展方式的8年。这些不同阶段有着各自不同的特点，因此，研究历史经验时需要把它们分为不同时期来研究。例如，研究在市场经济条件下如何发挥宏观指导作用，在土地承包到户的条件下如何发挥集体经济作用、解决农田水利建设和农村环境污染问题，在农村

青壮年劳动力大量涌入城市的情况下如何建设社会主义新农村,在城市化加速推进的条件下如何保护农业用地,在推进互联网发展的同时如何加强对它的监管,在不搞政治运动的条件下如何防止党脱离群众、端正干部作风等等经验,就不大适合笼统地放在61年中研究,而应当主要放在后32年里加以研究。因为,这些问题在前29年基本没有产生的条件,因而也不可能有解决这些问题的经验。

然而,新中国61年的历史无论划分多少阶段,基本国情都没有根本性的改变。除最初的7年外,它们都处在社会主义初级阶段,基本特点都是人口多、耕地少、底子薄、资源缺,主要矛盾都是人民日益增长的物质文化需要同落后的社会生产之间的矛盾。因此,各个阶段虽然有各自的特殊性问题,有的差别还非常大,但都存在不少共性问题。例如,如何把马克思主义基本原理与中国社会主义建设的实际结合好,如何使生产关系和上层建筑更适合生产力和经济基础的实际,如何使国民经济既快速又协调稳定地向前发展,如何处理经济建设与政治、文化、社会领域建设的关系,如何回应人民内部各利益群体的诉求、最大限度地激发社会创造活力,如何保证党不脱离群众、永远同人民保持血肉联系等等。这些问题以及解决这些问题的经验,前30年里有,后30年里也有。研究解决这些问题的经验,就需要把61年里各个阶段的历史联系起来,并通过比较加以考察。这样研究,才会使我们把问题看得更清楚,使研究更加深入。

以"急于求成"为例。这在新中国历史中可以说是带有一定顽固性的问题。如果把改革开放前后大体划分为两个30年的话,应当说它的表现程度和后果在这两个30里是不一样的:前30年发生范围大,持续时间长,损失程度重;而后30年一般来说,范围比较小,持续时间比较短,损失也没那么大。但是,只要把两个30年中"急于求成"的问题放在一起比较,我们就不难发现二者确有很多相同或相似的地方。例如,它们的出发点都是希望尽快改变落后面貌,把建设速度搞得快一点,以便缩小和发达国家的差距,把耽误的时间(无论是由于帝国主义侵略还是由于"文化大革命"造成的)夺回来;而失误都在于把主观愿望与客观可能混淆了,过分夸大了主观能动性和主观意志的作用,忽视了客观经济规律和自然规律;而且,其中或多或少都有不正确的政绩观在作怪。因此,我们在研究如何克服"急于求成"问题的历史经验时，需要重点研究如何把领导干部的思想方法搞正确，如何改进干部的考核、评价办法。这些问题不解决，"急于求成"的毛病今后还会反复出现。

再以生产关系和上层建筑领域的变革为例。这种变革在改革开放前后两个30年里也都存在，只不过前30年往往把变革称为"革命"，如所有制上的社会主义革命，企业里的管理制度革命，意识形态领域的思想革命、文化革命，直至后来搞的"无产阶级文化大革命"等等。且不说这些"革命"的方向是否都正确，是否都合乎客观实际的要求，单就处理"不断革命"与"革命发展阶段"的关系，就有不少值得总结的教训。今天，我们不再搞那些"革命"了，而是要进行经济体制和政治体制的改革，但改革有时也被称为"革命"。邓小平就说过："我们把改革当作一种革命，当然不是'文化大革命'那样的革命。"① "改革是中国的第二次革命。"② "改革也可以叫革命性的变革。"③ 因此，研究当年处理"不断革命"与"革命发展阶段"关系上的教训，对于总结30年改革的经验，也是不无益处的。

改革开放以来，境内外敌对势力一方面以私有化为标尺，攻击我们经济体制改革不彻底；另一方面以西方政治制度为标尺，攻击我们只搞经济体制改革而不搞政治体制改革，诬蔑我们的政治改革"严重滞后"了。对于这种谬论，《人民日报》署名郑青原的文章给予了有力驳斥，强调社会主义民主政治是一个不断发展、不断完善的过程，需要不断改革。④ 这无疑是完全正确的，但要使大家真正弄清楚改革究竟是否滞后的问题，还需要研究"不断改革"与"改革发展阶段"的辩证关系，弄清楚改革在不同阶段的区别和任务。毛泽东说过："一切事物总是有'边'的。事物的发展是一个阶段接着一个阶段不断地进行的，每一个阶段也是有'边'的。不承认'边'，就是否认质变或部分质变。"⑤ 马克思主义者正是遵循

---

① 《邓小平文选》第三卷，人民出版社1993年版，第82页。
② 同上书，第113页。
③ 同上书，第135页。
④ 参见《人民日报》2010年10月27日。
⑤ 《毛泽东文集》第八卷，人民出版社1999年版，第108页。

这一客观规律，把"不断革命论"与"革命发展阶段论"相结合。我们党前30年之所以在上层建筑领域变革中犯了一些严重错误，固然有把革命对象、内容、方法搞错的一面，也与片面强调"不断革命"而忽视"革命发展阶段"有关。而20世纪80年代，邓小平论述政治体制改革时，首先明确："评价一个国家的政治体制、政治结构和政策是否正确，关键看三条：一是看国家的政局是否稳定；二是看能否增进人民的团结，改善人民的生活；三是看生产力能否得到持续发展。"[①] 然后，他一方面指出："我国政治体制改革总的目标有三条：第一，巩固社会主义制度；第二，发展社会主义社会的生产力；第三，发扬社会主义民主，调动广大人民的积极性。"[②] 另一方面指出当时改革的具体任务也是三条：第一，党政要分开，解决党如何领导的问题；第二，权力要下放，解决中央和地方的关系；第三，要精简机构。[③] 他这样讲政治体制改革，既讲明了判断政治体制是否正确的标准，又讲明了政治体制改革的必要性；既明确了改革的总体目标，又明确了改革的阶段性任务，这就把"不断改革"与"改革发展阶段"的辩证关系讲清楚了，也使改革是否滞后的问题有了科学的判断标准。可见，把前后两个30年里生产关系、上层建筑领域变革的历史经验联系起来研究，对于我们更好地从历史中汲取教训，以便牢牢把握改革的正确方向，始终掌握改革的主动权和节奏性，不给敌对势力以可乘之机，都是非常必要的。

二 既要研究新中国各个领域的历史经验，又要从宏观层面对历史经验作综合的研究

人们认识事物总要先从个别再到一般，先从局部再到整体。研究国史经验同样应当遵循这样的认识路线。毛泽东在延安时期论述调查研究工作时曾说过：对于近百年的中国史，"应先作经济史、政治史、军事史、文

[①] 《邓小平文选》第三卷，人民出版社1993年版，第213页。
[②] 同上书，第178页。
[③] 同上书，第177页。

化史几个部门的分析的研究,然后才有可能作综合的研究"①。他的这个意见对我们今天加强国史经验研究,仍然具有指导意义。

当前,国史各领域经验中需要研究的问题有很多。例如,在政治史领域,需要研究完善人民代表大会制度、善于使党的主张通过法定程序成为国家意志的历史经验;坚持共产党领导多党合作的政党制度的历史经验;人民政协履行政治协商、民主监督、参政议政职能的历史经验;完善中国特色社会主义法律体系的历史经验;深化政治体制改革的历史经验;加快行政管理体制改革的历史经验;调整地方行政建制的历史经验;建立健全各种权力既相互制约又相互协调的权力结构及运行机制的历史经验;完善社会管理,健全基层社会管理体制,加强社会组织建设和管理的历史经验;加强反腐倡廉建设的历史经验;加强国防和人民军队建设的历史经验;巩固和发展平等团结互助和谐的社会主义民族关系的历史经验;发挥宗教界人士和信教群众促进经济社会发展积极作用的历史经验等。

在经济史领域,需要研究完善社会主义市场经济体制的历史经验;加快转变经济发展方式的历史经验;推进经济结构调整的历史经验;提高自主创新能力的历史经验;提高经济整体素质和国际竞争力的历史经验;正确处理城乡关系的历史经验;建立合理的收入分配制度,使收入差距维持适当比例的历史经验;物价稳定与社会稳定关系的历史经验;增加粮食生产与经济作物生产的历史经验;提高节能环保水平的历史经验;加强跨行政区域经济协作的历史经验等。

在文化史领域,需要研究坚持和加强马克思主义在意识形态领域指导地位的历史经验;建设社会主义核心价值体系的历史经验;加强和改进思想政治工作的历史经验;加强社会主义精神文明建设的历史经验;全面贯彻党的教育方针的历史经验;贯彻"双百"方针,繁荣发展社会主义文化的历史经验;对祖国传统文化取其精华、去其糟粕的历史经验;批判地汲取世界先进文化的历史经验;深化文化体制改革的历史经验;实施文化"走出去"战略、争取国际交流话语权的历史经验;维护意识形态安全、防范敌对势力渗透的历史经验等。

---

① 《毛泽东选集》第三卷,人民出版社1991年版,第802页。

在社会史领域，需要研究社会综合治理和维护稳定的历史经验；加强与完善党和政府主导的维护群众权益机制的历史经验；建立覆盖城乡居民的社会保障体系的历史经验；建立基本医疗卫生制度的历史经验；加强与完善流动人口和特殊人群管理和服务的历史经验；坚持和完善计划生育政策的历史经验；加强与完善公共安全体系的历史经验；加强与完善非公有制经济组织、社会组织管理的历史经验等。

在外交史领域，需要研究判断时代特征和国际形势，制定国际战略的历史经验；奉行独立自主的和平外交政策的历史经验；坚持在和平共处五项原则基础上发展与不同制度国家关系的历史经验；同发达国家战略对话的历史经验；加强同周边国家睦邻友好和务实合作的历史经验；加强同发展中国家团结合作、提供力所能及援助的历史经验；积极参与多边事务、在国际组织中发挥建设性作用、推动国际秩序向更加公正合理方向发展的历史经验；维护国家主权独立、领土完整的历史经验等。

在祖国统一史的领域，需要研究贯彻"一国两制"方针的历史经验；保护港澳长期繁荣稳定的历史经验；促进海峡两岸和平统一的历史经验；反对和遏制"台独"分裂势力的历史经验；反对和遏制"藏独""疆独"等民族分裂势力的历史经验等。

以上这些需要研究的不同领域的历史经验问题，都是一些很大很重要的问题。但相对于整个国家的全局性、整体性的经验来说，仍然属于局部问题。什么是国家的全局性、整体性经验呢？像《决议》对改革开放前30年历史总结的十条经验，江泽民在党的十六大报告中对十三届四中全会至十六大召开的13年历史总结的十条经验，胡锦涛在纪念党的十一届三中全会召开30周年大会上的讲话中对改革开放30年历史总结的十条经验等等，就属于这种经验。研究国史经验当然要从不同领域的历史经验研究开始，但绝不能忽略对国家全局性、整体性经验的研究。我们说要加强国史经验研究，首先指的就是要加强对这类经验的研究。这是因为，研究各个具体领域经验的目的之一是为着对国家全局性、整体性的经验进行综合研究，因为研究国家全局性、整体性的经验在国史经验研究中更具有决定性意义，因为正确总结国家全局性、整体性的经验会更有利于对具体领域经验的研究。

在国家全局性、整体性历史经验的研究方面，可作的课题也很多。例如，党的基本路线与党的基本经验是什么关系；党的执政历史经验与新中国的历史经验，以及改革开放前后两个 30 年的历史经验之间有哪些相同和不同之处；党的基本经验的依据有哪些，核心是什么等等问题，就都值得研究。如果我们只关注具体领域的历史经验，忽视国家全局性、整体性的历史经验，这不仅对于国史经验研究来说是不全面的，并且可能在事关党和国家方向、方针的问题面前由于失去应有的判断力和辨别力而成为错误"经验总结"的俘虏。

就拿总结"以阶级斗争为纲"的历史经验教训来说。《决议》说，党的十一届三中全会果断地停止使用了这个不适用于社会主义社会的口号，并没有说这个口号不适用于任何时期，也没有说在社会主义社会不存在阶级斗争。党中央从来没有这样总结过经验，相反，总是说在无产阶级进行革命的时期，在社会主义改造完成之前，阶级矛盾是社会的主要矛盾；总是说在剥削阶级作为阶级消灭以后，"由于国内的因素和国际的影响，阶级斗争还在一定范围内长期存在，在某种条件下还有可能激化。"[1] 邓小平在党的十一届三中全会不久后指出："社会主义社会中的阶级斗争是一个客观存在，不应该缩小，也不应该夸大。实践证明，无论缩小或者夸大，两者都要犯严重的错误。"[2] 江泽民同志也曾指出："我们与国内外各种敌对势力在渗透与反渗透、颠覆与反颠覆上的斗争将是长期的复杂的。这是阶级斗争在我国一定范围内仍然并将长期存在的主要表现。我们纠正过去一度发生的'以阶级斗争为纲'的错误是完全正确的。但是这不等于阶级斗争已经不存在了，只要阶级斗争还在一定范围内存在，我们就不能丢弃马克思主义的阶级和阶级分析的观点与方法。这种观点与方法始终是我们观察社会主义与各种敌对势力斗争的复杂政治现象的一把钥匙。在坚持改革开放、加强对外经济文化交流的同时，要十分注意警惕和防范敌对势力的渗透、颠覆活动。"[3] 如果我们不注意研究领会党中央在"阶级斗争为

---

[1] 《中国共产党第十七次全国代表大会文件汇编》，人民出版社 2007 年版，第 60 页。
[2] 《邓小平文选》第二卷，人民出版社 1994 年版，第 182 页。
[3] 江泽民：《论"三个代表"》，中央文献出版社 2001 年版，第 61—62 页。

纲"问题上总结出来的经验,就难以运用这个正确的思想去指导具体领域的研究,更难以识别在这个问题上的种种似是而非的所谓"经验总结"。

与研究阶级斗争问题经验相联系的,还有一个如何总结党内斗争经验的问题。在我们党的历史上,曾发生过滥用"路线""路线斗争""路线错误"这些词,从而伤害大批同志、破坏党内民主的情况,留下了惨痛教训。正是有鉴于此,胡乔木在主持起草《决议》时提出,今后要少用或不用这些术语,更不要把党的历史描绘成党内路线斗争史。但是能不能从中引申出党内从此不再有路线,而且不再有斗争的结论呢?不能。按照胡乔木的看法,"路线"一词从严格的意义上说,是指"总的、根本性的、全局性的方针"。① 只要回顾一下党的历史就不难看到,这种"总的、根本性、全局性"的方针分歧和斗争,并不是没有出现过。总结这方面的经验教训,实质不在于要不要用"路线""路线错误""路线斗争"这些词,而在于用什么样的标准科学界定党内的思想分歧和思想斗争,以及用什么样的态度和方法来对待这些分歧和斗争,包括"总的、根本性、全局性"的方针分歧和斗争。事实上,我们党至今并没有停止使用"路线"一词,党在社会主义初级阶段"一个中心、两个基本点"的基本路线不就是路线吗?有人至今仍然在反对这条路线,这难道不是客观存在的事实吗?邓小平说过:"自由化的思想前几年有,现在也有,不仅社会上有,我们共产党内也有。"②"在整个四个现代化的过程中都存在一个反对资产阶级自由化的问题。"③ 可见,少用或不用"路线""路线错误""路线斗争"这些词,不等于说从此没有错误思想、思潮了,更不等于说有了错误思想、思潮也只能听之任之,不能批评,不能斗争。那样总结历史经验,不仅不会使错误思想、思潮消失,相反,只会使自己的思想麻痹,丧失警惕,任凭错误思潮泛滥成灾。江泽民同志曾指出:"对于违反以经济建设为中心、违反四项基本原则、违反改革开放政策的错误思想政治观点,对于反马克思主义的挑战和攻击,必须进行积极的思想斗争,不能听之任之。如果面

---

① 《胡乔木谈中共党史》,人民出版社1999年版,第140页。
② 《邓小平文选》第三卷,人民出版社1993年版,第124页。
③ 同上书,第208页。

对错误的思想政治观点，不闻不问，不批评，不斗争，听任他们去搞乱人们的思想、搞乱我们的意识形态，那是极其危险的，势必危害整个国家和社会的安定团结。"① 我们在研究以往党内斗争问题的经验教训时，应当牢记这个指导思想，对思想错误和反对错误思潮的斗争既防止"无限上纲"和"扩大化"的倾向，也要做到坚持原则，该批评的批评，该制止的制止，旗帜鲜明，毫不含糊。

三 既要研究新中国历史中的成功经验，又要注意对失误和挫折的经验进行研究

新中国 61 年来取得的进步，是旧中国几千年历史无法比拟的，也是同期发展中国家中最为令人瞩目的，更胜过发达国家相应历史时段的发展。之所以能取得这么大的成就，当然不是偶然的，其中蕴含着丰富的成功经验。例如，在国家基本政治制度的设计上，新中国既没有照搬西方的多党轮流执政制、"三权鼎立"和两院制，也没照搬苏联的联邦制、一党制，而是从自己的国情出发，实行了人民代表大会制，以及共产党领导的多党合作制、民族区域自治制、基层群众自治制。党所制定的政治路线也是从中国的实际情况出发的，如 20 世纪 50 年代初期实行的"一化三改"的向社会主义过渡时期的总路线，20 世纪 70 年代末开始实行的"一个中心、两个基本点"的社会主义初级阶段的基本路线。事实说明，这些基本政治制度和政治路线对于保证我国的政权稳固、国家统一、民族团结、社会安宁和经济建设的高速发展，发挥了至关重要的作用，本身即是新中国 61 年历史的基本成功经验。

新中国 61 年来，在政治、经济、文化、社会等各领域，也积累了不少成功经验。例如，改革开放前提出的社会主义社会存在两类不同性质的矛盾，必须严格区分和正确处理敌我矛盾和人民内部矛盾；解决人民内部矛盾要实行"团结——批评——团结"的方式；在与民主党派的关系上要实行"长期共存、互相监督"的方针；在科学文化工作中要实行"百花

---

① 《江泽民文选》第三卷，人民出版社 2006 年版，第 88 页。

齐放、百家争鸣"的方针；在经济工作中要对城乡各阶层统筹安排，兼顾国家、集体、个人三者的利益；要以农业为基础，工农业同时并举，以农轻重为序安排经济工作；要处理好经济建设与国防建设、大型企业与中小型企业、汉族与少数民族、沿海与内地、中央与地方、自力更生与学习外国等关系；要处理好消费与积累的关系，使基本建设与国力相适应；要调动一切积极因素、化消极因素为积极因素等等。再如改革开放后提出的要把坚持四项基本原则同坚持改革开放结合起来、牢牢抓住经济建设这个中心；要把社会主义基本制度同发展市场经济结合起来、发挥社会主义制度的优越性和市场配置资源的有效性；要把发展社会生产力同提高全民族文化素质结合起来、推动物质文明和精神文明协调发展；要把提高效率同促进社会公平结合起来、推动社会主义和谐社会建设；要把坚持自力更生同参与经济全球化结合起来、统筹好国内国际两个大局；要把促进改革发展同保持社会稳定结合起来，坚持改革力度、发展速度和社会可承受程度相统一；要把推进中国特色社会主义伟大事业同推进党的建设的伟大工程结合起来、提高党的领导水平和执政水平等等。所有这些都在社会主义建设事业中发挥了和发挥着重要作用，都是新中国历史的成功经验。

我们常说，新中国历史的主流是成就，既然如此，在研究国史经验时理所当然地要把成功经验作为研究重点，以揭示这些经验成功的奥秘，使更多的人从中受益，使这些经验发挥更大的作用。同时，我们也应当看到，在过去的61年特别是前29年里，除了成就也有过失误和挫折，有的失误甚至给国家造成了灾难性的后果。尽管这些是国史的支流，但同样应当对其中的经验教训加以研究。毛泽东说过："我们有两种经验，错误的经验和正确的经验。正确的经验鼓励了我们，错误的经验教训了我们。"[①]"错误往往是由于经验不足造成的，马克思主义总共只有一百多年的历史。错误是一定会犯的，各个国家的革命和建设都会发生错误。中国将来也一定会犯错误。认真一些，就会少犯错误，少犯全国性的错误，即使犯了全国性的错误也会及早纠正。不犯错误是不可能的，如果我们相信唯物论的话。人的思维不可能完全确切地反映客观实际。人类只能在认识事物的过

[①] 《毛泽东文集》第八卷，人民出版社1999年版，第338页。

程中逐渐克服认识的不足，这是没有办法的事。事物是十分错综复杂的，又是在发展变化的，人的思维的反映跟不上客观实际，就一定会犯错误，如果我们相信辩证法的话。"① 他还说过："失败是成功之母。失败如果没有什么好处，为什么是成功之母？错误犯得太多了，一定要反过来。这是马克思主义。'物极必反'，错误成了堆，光明就会到来。"② "错误常常是正确的先导。"③ "坏事也算一种经验，也有很大的作用。"④ "犯错误是正确路线形成的必要条件。"⑤ 因此，失误和挫折的经验教训从一定意义上对于我们更可宝贵，更应当引起我们的重视。

现在，人们对于"文化大革命"的经验教训研究得比较多，也比较深入。例如，《决议》从党和国家的工作重点、经济建设的指导思想、所有制结构和经济管理体制、社会主要矛盾、民主与法制、科教文化和知识分子地位、民族与宗教政策等方面，对"文化大革命"总结出了十条教训。正如邓小平所说："过去的成功是我们的财富，过去的错误也是我们的财富。我们根本上否定'文化大革命'，但应该说'文化大革命'也有一'功'，它提供了反面教训。没有'文化大革命'的教训，就不可能制定十一届三中全会以来的思想、政治、组织路线和一系列政策。三中全会确定将工作重点由以阶级斗争为纲转到以发展生产力、建设四个现代化为中心，受到了全党和全国人民的拥护。为什么呢？就是因为有'文化大革命'作比较，'文化大革命'变成了我们的财富。"⑥ 今后，对于"文化大革命"的经验教训我们仍然要继续研究，使后人永远不要重犯这样的错误。不过，与总结"文化大革命"的教训相比较，人们对发生在1989年政治风波的教训却显得不够重视，以至于那场风波虽然比"文化大革命"距离现在更近，但许多这些年走上领导岗位的年轻干部却已经说不清楚那场风波究竟发生了什么事，其中有哪些值得汲取的教训。这说明，在开展

---

① 《毛泽东文集》第七卷，人民出版社1999年版，第65—66页。
② 同上书，第136页。
③ 《毛泽东选集》第三卷，人民出版社1991年版，第803页。
④ 《毛泽东文集》第七卷，人民出版社1999年版，第91页。
⑤ 同上书，第375页。
⑥ 《邓小平文选》第三卷，人民出版社1993年版，第272页。

国史经验研究中，对这场风波经验教训的研究也应当给予足够的重视。

党的十三届四中全会公报指出：一九八九年风波是极少数人利用学潮，在北京和一些地方掀起的"一场有计划、有组织、有预谋的政治动乱，进而在北京发展成了反革命暴乱。"① 它不仅使首都及部分城市的生活和社会秩序受到严重破坏，而且使社会主义政权一度处于危险边缘。邓小平在风波刚刚平息后就说过："这次事件爆发出来，很值得我们思索，促使我们很冷静地考虑一下过去，也考虑一下未来。也许这件坏事会使我们改革开放的步子迈得更稳、更好，甚至于更快，使我们的失误纠正得更快，使我们的长处发扬得更好。"② 此后，他从多方面深刻论述了那场风波带给我们的教训。重温这些论述，对于我们深入研究这一事件的历史经验，使这件坏事也变成财富，是十分必要和重要的。

从《邓小平文选》和《邓小平年谱》中可以看出，他对1989年政治风波的反思，主要集中在坚持四项基本原则，反对资产阶级自由化，惩治腐败，重视维护社会稳定，把国家主权安全放在第一位，贯彻"两手抓、两手都要硬"的方针，防止两极分化，防止党内特别是中央出问题等八个方面。他说："四个坚持本身没有错，如果说有错误的话，就是坚持四项基本原则还不够一贯……四个坚持、思想政治工作、反对资产阶级自由化、反对精神污染，我们不是没有讲，而是缺乏一贯性，没有行动，甚至讲得都很少。"③ 他说："这次出这样的乱子，其中一个原因，是由于腐败现象的滋生，使一部分群众对党和政府丧失了信心。因此，我们首先要清理自己的错误。"④ "不惩治腐败，特别是党内的高层的腐败现象，确实有失败的危险。"⑤ "腐败现象很严重，这同不坚决反对资产阶级自由化有关系。这次动乱后，大家的头脑清醒了。"⑥ "这次动乱还使我们更加认识到稳定的重要性……中国要摆脱贫困，实现四个现代化，最关键的问题是需

---

① 《十三大以来重要文献选编》中，人民出版社1991年版，第543页。
② 《邓小平文选》第三卷，人民出版社1993年版，第304页。
③ 同上书，第305页。
④ 同上书，第300页。
⑤ 同上书，第313页。
⑥ 同上书，第325页。

要稳定。"① "这次动乱从反面教育了我们。国家的主权、国家的安全要始终放在第一位，对这一点我们比过去更清楚了。西方的一些国家拿什么人权、什么社会主义制度不合理不合法等做幌子，实际上是要损害我们的国权。"② 他说："十年最大的失误是教育，这里我主要是讲思想政治教育，不单纯是对学校、青年学生，是泛指对人民的教育。"③ "今天回头来看，出现了明显的不足，一手比较硬，一手比较软。一硬一软不相称，配合得不好。讲这点，可能对我们以后制定方针政策有好处。"④ 他说："我们讲要防止两极分化，实际上两极分化自然出现……少部分人获得那么多财富，大多数人没有，这样发展下去总有一天会出问题……过去我们讲先发展起来。现在看，发展起来以后的问题不比不发展时少。"⑤ 他还说："正确的政治路线要靠正确的组织路线来保证。中国的事情能不能办好……从一定意义上说，关键在人。帝国主义搞和平演变，把希望寄托在我们以后的几代人身上。江泽民同志他们这一代可以算是第三代，还有第四代、第五代。我们这些老一辈的人在，有分量，敌对势力知道变不了。但我们这些老人呜呼哀哉后，谁来保险？所以，要把我们的军队教育好，把我们的专政机构教育好，把共产党员教育好，把人民和青年教育好。中国要出问题，还是出在共产党内部。对这个问题要清醒，要注意培养人，要按照'革命化、年轻化、知识化、专业化'的标准，选拔德才兼备的人进班子。"⑥

邓小平在一九八九年风波之后的反思，并不限于以上八个方面，但这八个方面无疑是那场政治风波给予我们最为深刻的教训。近些年来，国内外敌对势力一方面歪曲这场风波的真相，企图以此攻击共产党的领导和社会主义制度；另一方面，千方百计收集我们党和政府工作中的缺点、不足，企图以此煽动群众把矛头对准共产党的领导和社会主义制度。我们应当高度重视敌对势力的动向，认真研究和记取邓小平对这场风波的反思，

---

① 《邓小平文选》第三卷，人民出版社1993年版，第348页。
② 同上。
③ 同上书，第306页。
④ 同上。
⑤ 《邓小平年谱（1975—1997）》下，中央文献出版社2004年版，第1364页。
⑥ 《邓小平文选》第三卷，人民出版社1993年版，第380页。

使新走上领导岗位的年轻干部也能从那场政治风波中汲取教训，不让敌对势力的企图得逞。

四 既要用今天的眼光研究新中国历史的经验，又要把经验放到特定的历史条件下研究

毛泽东说过："人对事物的认识，总要经过多少次反复，要有一个积累的过程。"[①] 他在1960年讲过一段很著名的话，他说："由必然王国到自由王国的飞跃，是在一个长期认识过程中逐步地完成的。对于我国的社会主义革命和建设，我们已经有了十年的经验了，已经懂得了不少的东西了。但是我们对于社会主义时期的革命和建设，还有一个很大的盲目性，还有一个很大的未被认识的必然王国，我们还未深刻地认识它。"[②] 正因为如此，我们在做任何事情包括研究历史经验时，都要站在最新的认识高度，用最新的思想认识去指导，不能停留在过去的认识水平上。比如，研究计划经济的历史经验，就不能再用计划经济是社会主义本质特征的旧观念，而应当用"计划多一点还是市场多一点，不是社会主义与资本主义的本质区别"、"计划和市场都是经济手段"的新观点作为指导。否则，不仅经验研究不好，还可能得出错误的结论。

但另一方面，研究历史经验也不能用今天的认识去代替当时的客观条件，而要把经验放到特定的历史条件下研究。否则，也不可能正确总结经验，还有可能把本来是成功的经验当成失误而抛弃。同样以计划经济为例。现在有人因为我们国家由计划经济体制转变为社会主义市场经济体制，就把计划经济说得一无是处，指责我们党当年选择计划经济体制、搞统购统销是失误，阻碍了经济发展和人民生活水平的提高。这种观点的毛病，就出在没有把计划经济放在特定历史条件下来分析。江泽民同志曾指出："原有经济体制有它的历史由来，起过重要的积极作用。"[③] "对计划

[①] 《毛泽东文集》第八卷，人民出版社1999年版，第389页。
[②] 同上书，第198页。
[③] 《十四大以来重要文献选编》上，人民出版社1996年版，第3页。

经济体制曾经起过的历史作用，我们是充分肯定的。"① 什么是它的由来？它所起过的积极的历史作用又是什么？要回答这些问题，只能把计划经济体制放到确立它的 20 世纪 50 年代来看。

20 世纪 50 年代中华人民共和国成立之初，以毛泽东为核心的第一代中央领导集体，面对国内经济极其落后的局面和国际上以美国为首的帝国主义武装侵略的严重威胁，抓住苏联答应全面援助我国以重工业为重点的"一五"计划建设的历史机遇，改变了原来作出的先重点发展轻工业和农业、待条件成熟时再重点发展重工业的决策，决定提前向社会主义过渡，实行对农业、手工业和资本主义工商业的社会主义改造，并确立了高度集中的计划经济体制。正是这一决策，使我国将有限的资金、物资、人才等各种资源集中用于了大规模工业化建设，从而使 1952 年至 1978 年的工业发展速度年均递增 11.2%，全民所有制企业的固定资产比旧中国近百年的积累增加了 24 倍。当然，在此期间，人民生活特别是农民的生活水平提高不快，消费物资短缺。其中原因除了由于缺少经验和主观上急于求成导致工作失误外，基本上属于为给工业化打基础而必须付出的代价。凡事有利必有弊。那段时间，我们的生活与旧中国比变化不如后来明显，但我们毕竟只用了二十几年时间就"在旧中国遗留下来的'一穷二白'的基础上，建立了独立的比较完整的工业体系和国民经济体系"②，从而为改革开放时期的经济腾飞打下了坚实的基础。这样分析问题，我们就会看到，当年选择计划经济体制不仅不是什么失误，相反保证了优先发展重工业战略的实施，为我们提供了善于抓住机遇、发展自己的宝贵经验。

肯定当年选择计划经济体制的正确性和它对于我国奠定工业化基础所做出的贡献，不等于说计划经济时期没有缺点、失误和损失，也不等于说当我国工业化基础已经奠定、经济规模成倍扩大后，仍然要坚守高度集中的计划经济体制，更不等于说我们不应当在 20 世纪 90 年代初将计划经济体制转变为社会主义市场经济体制。江泽民同志在党的十四大前夕解释为什么要用"社会主义市场经济体制"这个提法来称呼新经济体制时说：

---

① 江泽民：《论社会主义市场经济》，中央文献出版社 2006 年版，第 203 页。
② 《三中全会以来重要文献选编》上，人民出版社 1982 年版，第 212 页。

"有计划的商品经济，也就是有计划的市场经济。社会主义经济从一开始就是有计划的，这在人们的脑子里和认识上一直是清楚的，不会因为提法中不出现'有计划'三个字，就产生是不是取消了计划性的疑问。"[1] 可见，社会主义市场经济体制也不是要绝对排斥计划。总之，对于历史经验既要用人们今天达到的认识高度来分析，又要按照历史唯物主义的要求，把它放到特定历史条件下来分析。只有这样研究，我们才可能做到实事求是，总结出真正的经验。

研究国史经验的方法还有很多。比如，既要研究本国的历史经验，又要把别国的经验与本国的经验放在一起进行比较研究，等等。上面说的四个方法，只是从一定角度讲的，目的在于引起国史研究者的更大兴趣，提出更多的研究方法，促进国史研究更加深入，拿出更多有价值的研究成果，以便更好地为中国特色社会主义建设事业服务。

---

[1] 江泽民：《论社会主义市场经济》，中央文献出版社2006年版，第6页。

贯通总结改革开放前后两个时期的历史经验与中国特色社会主义进入新阶段[*]

中华人民共和国成立至今已满 68 年，党的十八大也整整走过了 5 年。习近平总书记在今年 7 月 26 日迎接党的十九大专题研讨班讲话中指出："党的十八大以来，在新中国成立特别是改革开放以来我国发展取得的重大成就基础上，党和国家事业发生历史性变革，我国发展站到了新的历史起点上，中国特色社会主义进入了新的发展阶段。"[①] 这一论述不仅清楚地表明，党的十八大以来的五年，中国特色社会主义已进入了新的发展阶段，而且意味着中华人民共和国史（以下简称"国史"）也由此开启了新的一页、开始了新的发展时期。国史研究者要充分理解和把握这一论述精神，深入研究这一新阶段的特征，就要把迄今 68 年国史的各个时期，尤其是改革开放前后两个历史时期统一起来认识，把它们的经验贯通起来总结。

总结历史经验是史学研究的重要目的和主要内容，也是为政者应当重视的一项工作。毛泽东早在领导新民主主义革命时就指出："好的政策都是经验之总结。"[②] 我们不仅要学习前人通过总结经验留下的认识成果，还要"从自己经验中考证这些结论，吸收那些用得着的东西，拒绝那些用不

---

[*] 这是作者在 2017 年 9 月 23 日第 17 届中华人民共和国史学术年会上的讲话，曾发表于《当代中国史研究》2017 年第 6 期。

[①] 《人民日报》2017 年 7 月 28 日。

[②] 《毛泽东文集》第二卷，人民出版社 1993 年版，第 417 页。

着的东西,增加那些自己所特有的东西。"① 习近平总书记于 2007 年到中央工作后,也在题为《领导干部要读点历史》的讲话中指出:"重视对历史的学习和对历史经验的总结与运用,善于从不断认识和把握历史规律中找到前进的正确方向和正确道路,是我们党之所以能够领导中国革命、建设、改革不断取得胜利的一个重要原因。"领导干部要"善于借鉴历史上治理国家和社会的各种有益经验"②。他们的论述说明,总结历史经验无论对史学研究者还是对实际工作者,都具有重要意义。国史研究者肩负着探寻新中国的社会主义建设规律,发挥国史研究资政、育人、护国功能的职责,更应当重视对历史经验的总结。

国史研究者总结迄今 68 年的国史经验,当然要坚持辩证唯物主义和历史唯物主义的方法论,这就要既总结成功的经验,又总结失误及遭受挫折的教训;既用今天的眼光总结经验,又把经验放到一定历史条件下总结;既分别总结各个领域、各个部门、各个行业的经验,又要从国家层面上进行宏观总结。不过,当前最值得我们注意的方法,应当是既总结不同时期的经验,又把各个时期的经验贯通起来总结。

一 贯通总结改革开放前后两个时期的历史经验是中国特色社会主义沿着正确方向发展的重要原因

习近平总书记在 2013 年 1 月 5 日重要讲话(以下简称"1·5"讲话)中指出:"我们党领导人民进行社会主义建设,有改革开放前和改革开放后两个历史时期,这是两个相互联系又有重大区别的时期,本质上都是我们党领导人民进行社会主义建设的实践探索。""虽然这两个历史时期在进行社会主义建设的思想指导、方针政策、实际工作上有很大差别,但两者绝不是彼此割裂的,更不是根本对立的。"③ 从这一论述中可以看到,改革开放前后两个历史时期是有很大差别的,因此,两个时期必然会有一些各

---

① 《毛泽东选集》第一卷,人民出版社 1991 年版,第 181 页。
② 《学习时报》2011 年 9 月 5 日。
③ 《十八大以来重要文献选编》上,中央文献出版社 2014 年版,第 111—112 页。

自不同的问题。例如，如何做好统购统销工作，如何健全党委领导下的厂长（经理）负责制，如何处理村集体与公社间的财产关系等问题，只在改革开放前有；而如何发挥市场经济条件下的宏观调控作用，如何解决土地承包条件下的农田水利建设、农村环境污染问题，如何建设青壮年大量涌入城市情况下的新农村，如何防止权钱交易，如何加强对互联网的监管等问题，则在改革开放后才出现。对于解决上述问题的经验，只要放在各自相应的时期内总结就行了。

但从习总书记以上论述同时可以看到，改革开放前后两个历史时期的社会性质是根本一致的，相互关系也是内在统一的。既然如此，两个时期必然会有相当多的问题具有共性，也可能会有一些问题反复出现。例如，如何把马克思主义普遍真理与中国社会主义建设的实际情况结合好，如何使国民经济既快又稳地向前发展，如何处理经济建设与政治、文化、社会各领域建设的关系，如何回应人民内部各利益群体的诉求、最大限度地激发社会创造力，如何正确区分和处理敌我与人民内部两类不同性质的矛盾，如何保证党特别是党的各级领导干部不脱离群众，像这样的问题，两个历史时期都会存在。又如，急于求成和走极端、"大呼隆""一刀切"这类带普遍性的现象，机关办企业等相对具体一些的情况，前一个时期存在过，后一个时期也不同程度地存在过。因此，完全可以也应当把这些问题置于两个时期的历史长河中观察，把两个时期的经验贯通起来总结。这既有利于把问题看得更清楚，又有利于把经验总结得更加全面，也有利于为今后的发展提供有益的借鉴，或者避免今后再出现类似现象和情况，即使出现了，也有利于较快纠正。

只要稍加回顾就会看到，我们党在改革开放后，对于贯通总结改革开放前后两个历史时期的经验一直是十分注意的。例如，改革开放前，一度存在把社会主义阶段看得过短的现象，提出"跑步进入共产主义"的错误口号。改革开放后，我们总结了教训，认识到中国的社会主义阶段不仅需要很长时间，而且其中还存在一个初级阶段；在这个阶段，必须实行中国特色社会主义政策和社会主义市场经济体制。但与此同时，党内外又出现了资产阶级自由化和新自由主义、民主社会主义等思潮，散布"私有制最符合人性"，"市场经济是永恒的"，"共产主义是乌托邦"，"改革开放不存在社会主义还是资本主义方向"等谬论。对此，历届党中央都表示，社会主义初级阶段虽然要有很长时间，但它并不是我们的终极目标，今后还要向更高阶段发展，最终目的是实现共产主义。早在1979年，邓小平就代表党中央提出，在中国实现四个现代化，必须坚持四项基本原则，并明确指出："这四项基本原则并不是什么新东西，是我们党长期以来所一贯坚持的。"[①] 1982年，党的十二大报告也指出："共产主义作为社会制度，在我国得到完全的实现，还需要经过若干代人的长时期的努力奋斗。但是……社会主义社会是向着未来共产主义高级阶段的目标不断前进的。"[②] 1989年政治风波后，邓小平更用明确语言表示："只有社会主义才能救中国，只有社会主义才能发展中国。"[③] 此后，党中央每当总结改革开放历史经验时，总是把坚持改革开放与坚持四项基本原则相结合，作为"最可宝贵的经验"[④]、"取得成功的关键和根本"[⑤]。可见，把改革开放前后的历史经验贯通起来总结，是顶住各种错误思潮、牢牢把握中国特色社会主义前进方向的重要原因。

比如，讲政治是我们党的优良传统，但改革开放前也出现过"左"的偏差，提出要"以阶级斗争为纲""政治可以冲击一切"等错误口号。改革开放后，我们党否定了这些不适用于社会主义社会的口号，把工作重心转回到了经济建设上。这时，党内外又出现了忽视政治的偏向。有人认为，只要讲阶级斗争仍然存在就是"左"的"遗毒"，对经济领域犯罪看得过重会妨碍改革开放，强调四项基本原则不利于解放思想；还提出要在执行纪律的问题上给干部"松绑"，要允许反革命言论自由发表等等。这种错误倾向，助长了资产阶级自由化的泛滥和权钱交易等歪风邪气的滋长。对此，历届党中央都表示了反对的态度。经过修订的《中国共产党党章》和《中华人民共和国宪法》都明确表示："由于国内的因素和国际的

---

① 《邓小平文选》第二卷，人民出版社1993年版，第164页。
② 《十二大以来重要文献选编》上，中央文献出版社1986年版，第27—28页。
③ 《邓小平文选》第三卷，人民出版社1993年版，第311页。
④ 《十五大以来重要文献选编》上，人民出版社2000年版，第18页。
⑤ 《十七大以来重要文献选编》上，中央文献出版社2009年版，第101页。

影响，阶级斗争还在一定范围内长期存在，在某种条件下还有可能激化。"① "中国人民对敌视和破坏社会主义制度的国内外敌对势力和敌对分子，必须进行斗争。"② 邓小平指出："社会主义社会中的阶级斗争是一个客观存在，不应该缩小，也不应该夸大。实践证明，无论缩小或者夸大，两者都要犯严重的错误。"③ 他在一九八九年政治风波之后的反思，也主要集中在政治方面，说过去十年最大的失误是思想政治教育，指出过去坚持四项基本原则不够一贯、反对资产阶级自由化不够有力、物质文明和精神文明建设一手硬一手软、惩治腐败抓得不紧、防止两极分化缺少措施、对于党内特别是中央出问题警惕不够，等等。为此，20世纪90年代，党内还专门开展过讲学习、讲政治、讲正气的"三讲"教育活动。这说明，坚持政治和经济、物质文明和精神文明两手抓，也是把改革开放前后两个历史时期经验贯通起来总结的结果。

再如，改革开放前，在坚持社会主义公有制和按劳分配制度的问题上出现过偏差，主要表现是对公有制求大求纯，分配领域偏重平均主义，吃"大锅饭"的现象比较普遍。党的十一届三中全会后，进行了所有制和分配制度的改革，允许个体、私营经济的存在和发展，并提出个体、私营经济是中国特色社会主义经济的重要组成部分，公有制为主体、多种所有制经济共同发展是中国特色社会主义社会的基本经济制度，要让一部分人、一部分地区先富起来，效率优先、兼顾公平，允许和鼓励资本参与分配，坚持和完善按劳分配为主体、多种分配方式并存的分配制度等等方针、政策，调动了各方面的积极性，加快了经济、社会的发展。这时，又出现了鼓吹私有化、贬低国有企业、攻击国家宏观调控的舆论，胡说"公有制与市场经济不相容"，提出"要以民营企业为主体""国有企业晚卖不如早卖""要让国有企业量化到个人"，主张"收入分配差距要进一步拉大"，导致一部分国有资产流失，分配不公、收入差距悬殊形势加剧，不仅引起广大群众不满，而且给右的和极"左"两种思潮攻击我们党造成口实，就

---

① 《十二大以来重要文献选编》上，人民出版社1986年版，第65页。
② 同上书，第217页。
③ 《邓小平文选》第二卷，人民出版社1993年版，第182页。

连西方舆论也借机予以嘲讽。对此，邓小平早在改革开放初期就指出："一个公有制占主体，一个共同富裕，这是我们所必须坚持的社会主义的根本原则。"①"中国发展到一定程度后，一定要考虑分配问题。"② 共同富裕"将来总有一天要成为中心课题"③。他还提出过农业改革、发展的"两个飞跃"思想。④ 对所有制和分配制度改革的方针、政策，党的十八大之前也做了一些调整，强调要发展壮大国有经济，增强国有经济的活力、控制力、影响力；把"效率优先、兼顾公平"改为"既重视效率也重视公平、把公平放在更加突出的位置"，把"初次分配注重效率、再分配注重公平"改为"初次分配和再分配都要处理好效率和公平的关系、再分配要更加注重公平"；提出要逐步提高居民收入在国民收入中的比重、劳动报酬在初次分配中的比重，并相应提高了扶贫标准和最低工资标准，从而在一定程度上遏制了国有资产的进一步流失和收入差距的进一步扩大。这些也表明，我们党是注意把改革开放前后两个历史时期经验贯通起来总结的。这是改革开放后，中国特色社会主义事业之所以能始终沿着正确方向发展的一个重要原因。

二 贯通总结改革开放前后两个时期的历史经验对推动中国特色社会主义进入新的发展阶段具有重要作用

任何事物的运动都离不开一定的时间、空间，只有时间长、空间大，问题才会暴露得更充分，总结经验才可能更全面更深入。习近平总书记在"一·五"讲话中阐释中国特色社会主义的本质，就是把社会主义运动放在世界范围和它的全部历史过程中加以考察的。其中包括欧洲空想社会主义的产生和发展，马克思、恩格斯创立科学社会主义理论体系，列宁领导十月革命胜利并实践社会主义，苏联模式逐步形成，中华人民共和国成立后对社会主义的探索和实践，开创和发展中国特色社会主义等六个阶段，

---

① 《邓小平文选》第三卷，人民出版社 1993 年版，第 111 页。
② 《邓小平年谱（1975—1997）》下，中央文献出版社 2004 年版，第 1356 页。
③ 《邓小平文选》第三卷，人民出版社 1993 年版，第 364 页。
④ 《邓小平年谱（1975—1997）》下，中央文献出版社 2004 年版，第 1349 页。

时空跨越500年。① 正是在这个基础上，他才作出"中国特色社会主义是社会主义而不是其他什么主义"②的结论。总结国史经验，同样需要历史本身有一个较长时间的发展。如果改革开放的时间短，还不如改革开放之前的时间长，尽管也可以贯通总结两个历史时期的经验，但由于后者的实践积累还不够深厚，问题暴露也不够充分，总结经验的全面性、深刻性难免受到一定限制。

党的十八大召开时，我国的改革开放已经累积34年，不仅空间上的覆盖面更加广阔，而且时间上也超过了改革开放前的29年。这就为把改革开放前后两个时期的经验贯通起来总结，提供了比以往更加有利的客观条件。特别是党的十八大以来，以习近平同志为核心的党中央旗帜鲜明地提出改革开放前后两个历史时期都是进行社会主义实践探索的科学论断，为把改革开放前后两个时期的经验贯通起来总结提供了充分的理论依据，使我们在这个问题上有了比以往更加清醒的认识和更加有利的主观条件。正因为如此，党的十八大以来的五年，在贯通总结改革开放前后两个历史时期的经验上，才会有比以往更加自觉的行动和更加显著的成效。关于这一点，只要看看前文所举例子的三个方面，便会十分清楚了。

首先，从把握中国特色社会主义社会的前进方向上看。党的十八大以来，党中央一方面坚定不移地坚持社会主义初级阶段理论，反复提醒全党要接受过去的教训，清醒看到资本主义最终消亡、社会主义最终胜利是一个很长的历史过程，深刻认识资本主义社会的自我调节能力，认真做好两种社会制度长期合作和斗争的准备，自觉纠正超越阶段的错误观念，防止再干"跑步进入共产主义"的蠢事；另一方面，比起改革开放后的任何时候都更加强调中国特色社会主义是社会主义而不是其他什么主义，不论怎么改革、怎么开放，科学社会主义的基本原则不能丢；资本主义必然灭亡、社会主义必然胜利是历史发展不可逆转的总趋势，坚守共产主义理想信念是共产党人安身立命的根本，坚持和发展中国特色社会主义就是向共

---

① 《人民日报》2013年1月6日。
② 《十八大以来重要文献选编》上，中央文献出版社2014年版，第109页。

产主义理想进行的实实在在的努力。习近平总书记指出:"改革开放是有方向、有立场、有原则的。"① 他针对"政治体制改革滞后"的责难强调:"不能笼统地说中国改革在某个方面滞后……有些不能改的,再过多长时间也是不改。""不实行改革开放死路一条,搞否定社会主义方向的'改革开放'也是死路一条。"② 从他的系列重要讲话中,我们还可以领悟到,中国特色社会主义制度是否坚持了社会主义的基本原则和共产主义的前进方向,同样是有衡量标准的。比如,可以看推进多种经济成分共同发展的同时,公有制即全民所有制和劳动群众集体所有制是否保持了在中国特色社会主义经济制度中的基础地位,国有经济即全民所有制经济是否做到了增强增优增大;看贯彻依法治国方略、推进国家治理体系和治理能力现代化的同时,共产党的领导地位是否得到了加强,人民民主专政的国家政权是否得到了巩固;看提倡学术界、教育界、新闻界、文化界学习和吸纳资本主义优秀文明成果的同时,马克思主义在意识形态领域的指导地位是否得到了坚持等。

其次,从处理中国特色社会主义社会政治与经济的关系上看。党的十八大以来,党中央一方面牢牢把握经济建设这个党的工作中心;另一方面,反复强调要重视政治思想、坚定政治自信,抓党员特别是领导干部的理想信念和政治纪律教育,严格整顿党风,严厉惩治腐败,提出中国的最大国情、中国特色社会主义的本质特征、中国特色社会主义制度的最大优势都在于党的领导,要求不断推进社会主义政治制度的自我完善和发展。习近平总书记还特别关注党的意识形态工作,接连主持召开全军政治工作会议、文艺工作座谈会、党校工作会议、新闻舆论工作座谈会、哲学社会科学工作座谈会。他指出,坚持正面宣传为主,决不意味着放弃舆论斗争,敌对势力极力宣扬所谓的"普世价值",是挂羊头卖狗肉,目的是同我们争夺阵地、争夺人心、争夺群众,最终推翻中国共产党领导和中国特色社会主义制度。对于敌对势力散布历史虚无主义等思潮,他再三强调要

---

① 《习近平关于协调推进"四个全面"战略布局论述摘编》,中央文献出版社2015年版,第51页。
② 《人民代表大会制度重要文献选编》(四),中国民主法制出版社、中央文献出版社2015年版,第1576—1577页。

敢于亮剑、敢抓敢管，指出在事关坚持还是否定四项基本原则等大是大非和政治原则问题上，"必须增强主动性、掌握主动性、打好主动仗。"① 针对有人明里暗里翻新民主主义革命之案的动向，他强调："新民主主义革命的胜利成果决不能丢失"。② 他说："我们党作为马克思主义政党，讲政治是突出的特点和优势。没有强有力的政治保证，党的团结统一就是一句空话。我国曾经有过政治挂帅、搞'阶级斗争为纲'的时期，那是错误的。但是，我们也不能说政治就不讲了、少讲了，共产党不讲政治还叫共产党吗？"③ 他在2017年省部级主要领导干部学习贯彻十八届六中全会精神专题研讨班上又说："历史经验表明，我们党作为马克思主义政党，必须旗帜鲜明讲政治，严肃认真开展党内政治生活。讲政治，是我们党补钙壮骨、强身健体的根本保证，是我们党培养自我革命勇气、增强自我净化能力、提高排毒杀菌政治免疫力的根本途径。什么时候全党讲政治、党内政治生活正常健康，我们党就风清气正、团结统一，充满生机活力，党的事业就蓬勃发展；反之，就弊病丛生、人心涣散、丧失斗志，各种错误思想得不到及时纠正，给党的事业造成严重损失"④。

再次，从对待中国特色社会主义社会所有制和分配的问题上看。党的十八大刚闭幕，习近平总书记就在第一次会见中外媒体时强调，人民对美好生活的向往，就是我们的奋斗目标；新一届中央领导集体对民族、对人民、对党的一个重要责任，就是努力解决群众生产生活困难，坚定不移走共同富裕道路。接着，他在党的十八届三中全会上又指出："全面深化改革必须以促进社会公平正义、增进人民福祉为出发点和落脚点。这是坚持我们党全心全意为人民服务根本宗旨的必然要求……如果不能给老百姓带来实实在在的利益，如果不能创造更加公平的社会环境，甚至导致更多不公平，改革就失去意义，也不可能持续。""我国社会历来有'不患寡而患不均'的观念。我们要在不断发展的基础上尽量把社会公平正义的事情

---

① 《人民日报》2013年8月21日。
② 同上。
③ 《习近平总书记重要讲话文章选编》，中央文献出版社、党建读物出版社2016年版，第225页。
④ 《人民日报》2017年2月14日。

做好。"① 在党的十八届五中全会上他又说："我们必须坚持发展为了人民、发展依靠人民、发展成果由人民共享，作出更有效的制度安排，使全体人民朝着共同富裕方向稳步前进。"② 在学习贯彻五中全会精神的省部级主要领导干部专题研讨班上，他进一步指出："我们不能做超越阶段的事情，但也不是说逐步实现共同富裕方面就无所作为，而是要根据现有条件把能做的事情尽量做起来，积小胜为大胜，不断朝着全体人民共同富裕的目标前进。"③ 在党中央不懈努力下，我国近几年贫困线以下人口逐年大幅度减少，反映贫富差距的基尼系数也出现逐年下降的趋势。对于要不要坚持公有制主体地位和国有经济主导作用的问题，党中央更是亮出了比以往更加鲜明的态度。习近平总书记多次强调：公有制主体地位不能动摇，国有经济主导地位不能动摇。国企不仅要办好，而且一定要办好，必须坚定不移地做强做优做大。深化国企改革不是要把国有经济改少了，不是去国有化、去主导化，而是要靠改革强身健体，这是国企改革的核心目标和根本落脚点。他在 2016 年两会期间参加民建、工商联界委员联组会上讲："我国是中国共产党领导的社会主义国家，公有制经济是长期以来在国家发展历程中形成的，为国家建设、国防安全、人民生活改善作出了突出贡献，是全体人民的宝贵财富，当然要让它发展好，继续为改革开放和现代化建设作出贡献。"④ 在同年 10 月全国国有企业党的建设工作会议上他进一步指出："国有企业是中国特色社会主义的重要物质基础和政治基础，是我们党执政兴国的重要支柱和依靠力量"⑤。

以上变化说明，党的十八大以来，以习近平同志为核心的党中央在贯通总结改革开放前后两个历史时期经验方面确实取得了一系列重大进展，这些进展对于推动中国特色社会主义进入新的发展阶段确实起到了重要作用。

---

① 《十八大以来重要文献选编》上，中央文献出版社 2014 年版，第 552—553、553 页。
② 《求是》2016 年第 1 期。
③ 《习近平总书记重要讲话文章选编》，中央文献出版社、党建读物出版社 2016 年版，第 402 页。
④ 《人民日报》2016 年 3 月 9 日。
⑤ 《人民日报》2016 年 10 月 12 日。

三 贯通总结改革开放前后两个时期的历史经验才能更好地认识和把握中国特色社会主义新阶段的阶段性特征

对于应当如何认识中国特色社会主义新阶段和当代中国历史新时期的特征问题，习近平总书记在7·26重要讲话中也给出了回答。他指出："认识和把握我国社会发展的阶段性特征，要坚持辩证唯物主义和历史唯物主义的方法论，从历史和现实、理论和实践、国内和国际等的结合上进行思考，从我国社会发展的历史方位上来思考。"① 这就告诉我们，作为国史研究者，要认识和把握这个新阶段、新时期的特征，必须以辩证唯物主义和历史唯物主义为指导，纵览新中国迄今68年的历史，从中思考新阶段是怎么来的，要到哪里去；并把改革开放前29年、改革开放后34年和党的十八大以来5年的历史经验贯通起来总结，从中比较新阶段与其他阶段的共性和差别，研究其未来发展的走势。

唯物辩证法中有一个重要规律，就是否定之否定。恩格斯说："它是自然界、历史和思维的一个极其普遍的、因而极其广泛地起作用的、重要的发展规律。"② 根据这一规律，任何事物的前进都不可能是直线式的，而是螺旋式的上升运动。马克思还借用黑格尔的术语，指出可以将历史前进概括为正题、反题、合题的过程，说这"是否定的否定，是对立面的统一。"③ 从这个意义上观察和思考迄今为止68年的国史，如果把改革开放前29年看成一个"肯定"或一个"正题"，把改革开放后34年看成一个"否定"或一个"反题"的话，那么，党的十八大以来的5年便可以看成"否定"后的"否定"，即新的"肯定"；或者看成"正题"和"反题"后的"合题"。这里说的"否定的否定"也好，"合题"也好，都是哲学的语言。它绝不是要否定改革开放，也不是要回到改革开放前的社会状

---

① 《人民日报》2017年7月28日。
② 《马克思恩格斯选集》第三卷，人民出版社2012年版，第519—520页。
③ 《马克思恩格斯选集》第一卷，人民出版社2012年版，第255—256页。

态，更不是要终结社会主义初级阶段，而是要站在更高的历史起点上推进改革开放，提升社会主义初级阶段的层次。

从以习近平同志为核心的党中央在治国理政方面的新理念新思想新战略中可以清楚地看出，这个站在更高的起点上的改革开放，就是统筹推进"五位一体"总体布局、协调推进"四个全面"战略布局的改革开放，就是围绕解决好人民群众反应强烈的问题、对党的执政基础威胁最大的突出问题而进行的改革开放，就是贯彻以人民为中心的发展理念并使人民有更多获得感、更加坚守科学社会主义原则和坚定共产主义前进方向的改革开放。总之，就是通过贯通总结改革开放前后两个历史时期的经验，吸纳、融合、发扬两个时期的长处而摒弃短处，促使社会主义初级阶段逐步上升到新境界的改革开放。这个进程在党的十八大后已经开始了，党的十九大后必将沿着它的轨迹，推动中国特色社会主义继续螺旋式地向前发展。我理解，这便是中国特色社会主义进入新的发展阶段的要义，也是我国当前社会发展阶段性特征的本质。

中国特色社会主义进入新的发展阶段，是党中央的重大战略判断，也是全党全国人民的由衷心愿。就拿解决住房难的问题来说。改革开放前，住房只租不售，改革开放后又变为只售不租，弄得住房成了压在群众身上的沉重负担。党的十八大后，党中央提出"房子是用来住的，不是用来炒的"，决定今后多盖公租房，受到广大群众热烈拥护。再拿经济工作的稳中求进来说。过去虽然也提过这样的口号，但没有能成为方针，更没有能落到实处。然而，近五年来，它不仅成为经济工作的总基调，而且逐渐深入人心，已经变成人们习以为常的新常态。再拿对社会倾向性问题的判断来说。改革开放前很长一段时间，人们常有"宁左勿右"的心理；改革开放后一度走到另一个极端，出现"宁右勿左"的现象。党的十八大后，习近平总书记批评干部特别是党员领导干部监督管理问题时指出，主要倾向是"失之于宽、失之于松、失之于软"。[①] 这虽然是就具体问题而言的，但却抓住了当前问题的要害，为党内外广大干部群众所认同。所有这些都反映出，贯通总结、综合研究、统一思考改

[①] 《人民日报》2015年3月7日。

革开放前后两个历史时期的经验，不仅有助于把中国特色社会主义推入新的发展阶段，而且有助于深刻认识和把握新的发展阶段的阶段性特征。

我们完全有理由相信，党的十九大将进一步全面、深入地总结改革开放前后两个时期特别是十八大以来的历史经验，从而在共产党执政规律、社会主义建设规律、人类社会发展规律的认识上出现由必然王国向自由王国的新飞跃，产生指导具有许多新的历史特点的伟大斗争的新理论，提出具有全局性、战略性、前瞻性的新行动纲领，引领全党全国人民以更加自信的精神状态进行中国特色社会主义新阶段的建设。作为国史研究者，我们更应当自觉地把新中国各个历史时期的经验贯通起来总结，力求拿出更多有价值的研究成果，为新阶段的进一步发展，提供智力支持，做出更大贡献。

习近平新时代中国特色社会主义思想的鲜明特色[*]

党的十九大通过的《中国共产党章程（修正案）》，把习近平新时代中国特色社会主义思想同马克思列宁主义、毛泽东思想、邓小平理论、"三个代表"重要思想、科学发展观一道确立为党的行动指南，是十九大取得的一项具有重大历史意义的成果。

如果说邓小平理论要回答什么是社会主义、怎么建设社会主义的问题，"三个代表"重要思想要回答新形势下建设什么样的党、怎样建设党的问题，科学发展观要回答新形势下实现什么样的发展、怎样发展的问题，那么，习近平新时代中国特色社会主义思想要着重回答的问题是：新时代坚持和发展什么样的中国特色社会主义、怎样坚持和发展中国特色社会主义。什么是社会主义、怎样建设社会主义同这个问题之间有关联，但不完全是一个问题，不等于弄清楚了前者，就自然而然弄清楚了后者。社会主义是带普遍性的概念，而中国特色社会主义是一个带特殊性的概念，新时代中国特色社会主义更是一个崭新的问题。自从邓小平在党的十二大上提出建设有中国特色的社会主义后，我们党围绕这个问题进行了长期理论探索，取得了许多重大理论创新成果。而新时代中国特色社会主义，是十八大以来国内外形势变化和我国各项事业发展向我们提出的一个新的重大时代课题。对此，习近平总书记带领我们党紧密结合新的时代条件和实践要求，进行艰辛的理论探索，系统回答了这个课题，从而形成了习近平

---

[*] 本文曾发表于《世界社会主义研究》2017年第8期。

新时代中国特色社会主义思想。

从党的十九大报告和十八大以来习近平总书记系列重要讲话中可以看出，习近平新时代中国特色社会主义思想既包括坚持和发展新时代中国特色社会主义的总任务、总体布局、战略布局和发展方向、发展方式、发展动力、战略步骤、外部条件、政治保证等等，也包括由14条原则构成的坚持和发展中国特色社会主义的基本方略；既是中国特色社会主义理论体系的重要组成部分，又和其他组成部分相比具有许多自己的鲜明特色。我认为，其中最大的特色有以下几点。

第一，更加鲜明的人民性。

改革开放前，我们党在领导社会主义建设的过程中，一方面由于客观需要，另一方面由于缺乏经验，实行单一的公有制和计划经济体制，不允许个体私营经济和市场调节存在，也不允许除按劳分配之外的其他分配形式存在。其结果一方面使权钱交易基本失去了滋生土壤，另一方面也抑制了经济的灵活性和群众的积极性，助长了平均主义，束缚了生产力发展。改革开放后，我们党从社会主义初级阶段生产力的实际水平出发，提出允许和发展个体私营经济，让一部分人、一部分地先富起来，并将计划经济体制逐步过渡到社会主义市场经济体制，大大调动了各方面的积极性、创造性。但与此同时，一些同志对市场经济和外部环境可能给我们党带来的危险失去警惕，少数人趁机鼓吹资产阶级自由化，打着改革旗号损害国家和人民群众利益，还散布"为人民服务"是不适应市场经济的"陈旧观念"，提出"共产党也有自己的特殊利益"等错误观点，使党的宗旨意识在一部分同志思想中逐渐淡薄，商品交换原则侵蚀到党内政治生活，以至"四风"问题突出，贪腐现象严重，人群、行业、地区间的收入差距越拉越大，引起广大群众不满，威胁党的执政基础。针对这种情况，习近平总书记自党的十八大以来反复提醒全党要不忘初心，不断强调发展要以人民为中心、改革要给人民获得感。

早在党的十八大刚闭幕，习近平总书记就在会见中外媒体时宣示："人民对美好生活的向往，就是我们的奋斗目标。"① 在同日发表的《全面

---

① 《十八大以来重要文献选编》上，中央文献出版社2014年版，第70页。

贯彻落实党的十八大精神要突出抓好的六个方面工作》一文中他又指出："一定要坚持从维护最广大人民根本利益的高度，多谋民生之利，多解民生之忧，在学有所教、劳有所得、病有所医、老有所养、住有所居上持续取得新进展。"① 在党的十八届三中全会上，他进一步强调："全面深化改革必须以促进社会公平正义、增进人民福祉为出发点和落脚点……如果不能给老百姓带来实实在在的利益，如果不能创造更加公平的社会环境，甚至导致更多不公平，改革就失去意义，也不可能持续。""我国社会历来有'不患寡而患不均'的观念，我们要在不断发展的基础上尽量把社会公平正义的事情做好。"② 在中央全面深化改革领导小组会上他又说："把以人民为中心的发展思想体现在经济社会发展各个环节，做到老百姓关心什么、期盼什么，改革就要抓住什么、推进什么，通过改革给人民群众带来更多获得感。"③ 针对所谓"我们党有自己特殊利益"的言论，他更是旗帜鲜明、斩钉截铁地指出："我们党以全心全意为人民服务为根本宗旨，没有自己的特殊利益。"④

习近平总书记的上述思想，在党的十九大报告上得到了更加集中和充分的阐释。报告从"坚持以人民为中心"到"着力解决人民群众反映最强烈"的问题，从"顺应人民意愿"到不断促进"全体人民共同富裕"，从"坚持人民当家作主"到"保证全体人民在共建共享发展中有更多获得感"，从"以人民安全为宗旨"到"把人民利益始终摆在至高无上的地位"，从"建设人民满意的服务型政府"到"扩大人民有序政治参与、使各级人大成为同人民群众保持密切联系的代表机关"，从"抓住人民最关心最直接最现实的利益问题"到建成"覆盖全民的社会保障体系、为人民提供全方位全周期健康服务"，从"人民群众反对、痛恨什么，我们党就要坚决防范和纠正什么"到"凡是群众反映强烈的问题都要严肃认真对待"等等，可以说处处闪烁着"为人民服务"思想的光芒。报告直到最后一个自然段，仍然借用《礼记》"大道之行，天下为公"的古训，说明

---

① 《求是》2013年第1期。
② 《十八大以来重要文献选编》上，中央文献出版社2014年版，第552—553、553页。
③ 《人民日报》2016年4月19日。
④ 《习近平总书记重要讲话文章选编》，中央文献出版社2016年版，第420页。

中国特色社会主义道路是有深厚历史底蕴的。如果要比哪个词汇在报告中出现频率最高，恐怕非"人民"一词莫属。像这样通篇强调、贯彻党的宗旨的报告，在历次党代会中是不多见的。而这恰恰体现了习近平新时代中国特色社会主义思想的一大特色。

第二，更加显著的革命性。

改革开放前，我们党曾一度急于向共产主义过渡，提出过"破除资产阶级法权"，也考虑过取消工资制；后来，又提出"无产阶级专政下继续革命"的理论，给党和国家的事业造成了严重损失。改革开放后，我们否定了"无产阶级专政下继续革命"的理论，提出社会主义初级阶段的理论。这时，又有少数人以此为借口，反对社会主义社会还要继续进行革命，甚至提出什么"共产主义遥遥无期"、"要给共产党改名"、"要把我们党由革命党转变为执政党"等荒谬观点和主张，使"共产主义理想"、"革命"等词汇一度成为"左"的代名词。常识告诉我们，"革命"并不完全指一个阶级推翻另一个阶级，我们党选择走社会主义道路，坚持为实现共产主义而奋斗，相对于世界资本主义秩序来说也是革命。党中央《关于建国以来党的若干历史问题的决议》在否定"无产阶级专政下继续革命"理论的同时，强调"这绝对不是说革命的任务已经完成，不需要坚决继续进行各方面的革命斗争"[①] 了，指的正是这种意义的革命。党的十八大以来，习近平总书记反复强调"革命理想高于天"，指的也是这种意义的革命。

强调"为共产主义理想而奋斗"，当然不是说共产主义很快就要实现，而是要求共产党人牢记党的最终奋斗目标，不要在实行社会主义初级阶段的政策时迷失大方向。习近平总书记针对"共产主义遥遥无期"的谬论，引用陈云关于"共产主义遥遥有期，社会主义就是共产主义的第一阶段"的话，所要表达的是这个意思。他针对"给共产党改名"的议论指出："国内外敌对势力总是企图让我们党改旗易帜、改名换姓，其要害就是企图让我们丢掉对马克思主义的信仰，丢掉对社会主义、共产主义的信念。

[①] 《三中全会以来重要文献选编》下，人民出版社1982年版，第844—845页。

而我们有些人甚至党内有的同志却没有看清这里面暗藏的玄机",① 所要表达的也是这个意思。他针对一些同志理想信念模糊、动摇的现象强调:"坚持不忘初心、继续前进,就要牢记我们党从成立起就把为共产主义、社会主义而奋斗确定为自己的纲领,坚定共产主义远大理想和中国特色社会主义共同理想,不断把为崇高理想奋斗的远大实践推向前进。革命理想高于天。中国共产党之所以叫共产党,就是因为从成立之日起我们党就把共产主义确立为远大理想",② 所要表达的还是这个意思。他说:"我们现在做的是社会主义初级阶段的事情,但不能忘记初衷,不能忘了我们的最高奋斗目标。在这个问题上,不要含糊其辞,语焉不详。含糊其辞、语焉不详是理想信念模糊甚至动摇的一种表现,好像这个东西太遥远,我们也拿不准,所以就不愿提及了。眼前的事情,我们看得到,所以敢提,社会主义初级阶段敢提,'两个一百年'敢提,全面建成小康社会2020年就能实现了,看得挺准,更敢提……我们要坚定信念,坚信它是具有科学性的。"③ 他指出:"不实行改革开放死路一条,搞否定社会主义方向的'改革开放'也是死路一条。在方向问题上,我们头脑必须十分清醒。"④ "我们不能做超越阶段的事情,但也不是说在逐步实现共同富裕方面就无所作为,而是要根据现有条件把能做的事情尽量做起来,积小胜为大胜,不断朝着全体人民共同富裕的目标前进。"⑤

在十九大报告中,习近平总书记的上述思想体现的也很充分。只要同历次党代会比较一下就不难看出,"共产主义理想"、"革命"等词汇在这个报告中出现的频率同样是相当高的。比如,报告中重申了习近平总书记过去五年一再强调的:"革命理想高于天。共产主义远大理想和中国特色社会主义共同理想,是中国共产党人的精神支柱和政治灵魂,也是保持党的团结统一的思想基础。要把坚持理想信念作为党的思想建设的首要任

---

① 《求是》2016年第11期。
② 《人民日报》2016年7月2日。
③ 习近平:《在中央政治局"三严三实"专题民主生活会上的讲话》,《习近平关于全面从严治党论述摘编》,中央文献出版社2016年版,第66页。
④ 《习近平关于全面深化改革论述摘编》,中央文献出版社2014年版,第15页。
⑤ 《习近平总书记系列重要讲话读本(2016年版)》,学习出版社、人民出版社2016年版,第129页。

务，教育引导全党牢记党的宗旨，挺起共产党人的精神脊梁，解决好世界观、人生观、价值观这个'总开关'问题，自觉做共产主义远大理想和中国特色社会主义共同理想的坚定信仰者和忠实实践者。"在回顾党的历史部分，报告一上来就引用毛泽东"十月革命一声炮响，给中国送来了马克思列宁主义"的著名论断，指出："中国共产党一经成立，就把实现共产主义作为党的最高理想和最终目标"；并高度评价了新民主主义革命、社会主义革命、改革开放新的伟大革命的重要意义。报告除了继续使用历次党代会所使用过的"革命军人"这一概念外，还首次提出"革命文化"的概念，指出"革命文化"与"社会主义先进文化"，都是中国特色社会主义文化的源泉；强调坚持社会主义核心价值观"必须坚持马克思主义，牢固树立共产主义远大理想和中国特色社会主义共同理想"。所有这些，可以说都是习近平新时代中国特色社会主义思想的鲜明特色所在。

第三，更加强烈的斗争性。

改革开放前，我们党一度提出"以阶级斗争为纲"的口号，过分强调斗争哲学，不该斗的也斗。十一届三中全会后，我们党停止了这个不适于社会主义社会的口号，党内外一些人又出现了另一种偏向，即怕矛盾，怕斗争，怕得罪人，甚至一度面对走私猖獗、腐败成风、资产阶级自由化泛滥、宗教极端势力和各种分裂势力的挑衅，也不敢理直气壮地采取处置措施。有人还曲解邓小平理论，用"不争论"为不作为开脱。针对这些情况，习近平总书记自党的十八大以来，一方面大力倡导我们党一贯的原则立场、战斗作风、斗争精神；另一方面以身作则，在从严治党，加强意识形态工作，反对"台独"、"疆独"、"藏独"、"港独"分裂势力等问题上，敢于斗争、善于斗争，为全党做出了表率。他说："我国曾经有政治挂帅、搞'阶级斗争为纲'的时期，那是错误的。但是，我们也不能说政治就不讲了、少讲了，共产党不讲政治还叫共产党吗？"① 他指出："坚持正面宣传为主，决不意味着放弃舆论斗争。"② "要敢抓敢管，敢于亮剑。"③ 对于国内外敌对势力散布的

---

① 《习近平总书记重要讲话文章选编》，中央文献出版社 2016 年版，第 225 页。
② 《习近平关于社会主义文化建设论述摘编》，中央文献出版社 2017 年版，第 27 页。
③ 同上。

政治谣言和奇谈怪论，"我们不能默不作声，要及时反驳，让正确的声音盖过它们。这与韬光养晦或不争论是两码事。"① 他批评"一些单位和党政干部政治敏感性、责任感不强，在重大意识形态问题上含含糊糊、遮遮掩掩，助长了错误思潮的扩散。"② 他告诫"宣传思想战线的同志要当战士、不当绅士，不做'骑墙派'和'看风派'，不能搞爱惜羽毛那一套……以战斗的姿态、战士的担当，积极投身宣传思想领域斗争一线。"③ 他说："党的宣传思想工作者不愿意甚至不敢坚持党性原则，岂非咄咄怪事？"④ 他还引用毛泽东关于"我们必须坚持真理，而真理必须旗帜鲜明"⑤的格言，用以提倡共产党人发扬应有的战斗风格。

党的十九大报告充分体现了习近平总书记的上述思想。报告强调："社会是在矛盾运动中前进的，有矛盾就会有斗争……任何贪图享受、消极懈怠、回避矛盾的思想和行为都是错误的。"报告提出，要"坚决反对一切削弱、歪曲、否定党的领导和我国社会主义制度的言行"，要"坚决反对一切损害人民利益、脱离群众的行为"，要"坚决破除一切顽瘴痼疾"，要"坚决反对一切分裂祖国、破坏民族团结和社会和谐的行为"，并且号召全党要充分认识具有许多新的历史特点的"这场伟大斗争的长期性、复杂性、艰巨性，发扬斗争精神"。报告在加强意识形态工作问题上指出，十八大以来，"马克思主义在意识形态领域的指导地位更加鲜明"，同时强调"意识形态领域斗争依然复杂"；"意识形态决定文化前进方向和发展道路"，要"不断增强意识形态领域主导权和话语权"、"牢牢掌握意识形态工作领导权"、"落实意识形态工作责任制"，要"建设具有强大凝聚力和引领力的社会主义意识形态"，"营造清朗的网络空间"，"旗帜鲜明地反对和抵制各种错误观点"，"引导人们树立正确的历史观、民族观、国家观、文化观"，"抵制腐朽落后文化侵蚀"，"倡导讲品位、讲格调、讲责任，抵制低俗、庸俗、媚俗"。在深化依法治国实践、维护国家

---

① 《习近平总书记重要讲话文章选编》，中央文献出版社2016年版，第228页。
② 《习近平关于社会主义文化建设论述摘编》，中央文献出版社2017年版，第35页。
③ 同上书，第45页。
④ 同上书，第25页。
⑤ 《毛泽东选集》第四卷，人民出版社1991年版，第1322页。

安全和统一的问题上，报告提出，"要加强宪法实施和监督，推进合宪性审查工作，维护宪法权威。"要"坚持总体国家安全观"，"健全国家安全体系，加强国家安全法治保障"，"严密防范和坚决打击各种渗透颠覆破坏活动、暴力恐怖活动、民族分裂活动、宗教极端活动"；要求"把维护中央对香港、澳门特别行政区全面管治权和保障特别行政区高度自治权有机结合起来"，"发展壮大爱国爱港爱澳力量，增强香港、澳门同胞的国家意识和爱国精神"；强调"我们有坚定的意志、充分的信心、足够的能力挫败任何形式的'台独'分裂图谋。"在全面从严治党的问题上，报告肯定了十八大以来"坚决改变管党治党宽松软状况"，"坚持反腐败无禁区、全覆盖、零容忍，坚定不移'打虎'、'拍蝇'、'猎狐'"，要求全党"增强党内政治生活的政治性、时代性、原则性、战斗性，自觉抵制商品交换原则对党内政治生活的侵蚀"，反对"好人主义"，防止和反对"圈子文化、码头文化，坚决反对搞两面派、做两面人"；指出："旗帜鲜明讲政治是我们党作为马克思主义政党的根本要求。党的政治建设是党的根本性建设，决定党的建设方向和效果。""全党要坚决执行党的政治路线，严格遵守政治纪律和政治规矩，在政治立场、政治方向、政治原则、政治道路上同党中央保持高度一致。"报告还在论述正确选人用人导向时指出：要"突出政治标准"，"旗帜鲜明地为那些敢于担当、踏实做事、不谋私利的干部撑腰鼓劲。"像这样理直气壮、大张旗鼓地彰显共产党人的政治性、原则性、斗争性，在历次党代会报告中也是很少见的，无疑也是习近平新时代中国特色社会主义思想的一大特色。

习近平新时代中国特色社会主义思想之所以具有这些突出特色，我认为除了缘于以习近平同志为核心的党中央自从十八大以来，坚持解放思想、实事求是、与时俱进、求真务实，也与明确肯定改革开放前后两个历史时期之间的内在统一性，重视贯通总结两个历史时期的经验教训，因而能够融汇吸收它们的长处、综合借鉴它们的不足有着密切关联。这一思想是中国特色社会主义发展到新阶段的必然产物，也是中国特色社会主义进入新时代的重要标志。有了这一思想作为我们党的行动指南，必将给我们国家带来新的面貌、新的气象，必将保证我们决胜全面建成小康社会、夺取新时代中国特色社会主义的新胜利。

新时代与改革开放航向的校准*

党的十八大以来，中国特色社会主义进入了新时代，改革开放也进入了新时代。如同一艘巨轮行驶在大海上需要不断比对目的地校准航向一样，改革开放在前进道路上也需要不断比对目标、校准航向。习近平总书记在2018年6月29日中央政治局第六次集体学习会上指出：要"推动全党把坚持正确政治方向贯彻到谋划重大战略、制定重大政策、部署重大任务、推进重大工作的实践中去，经常对表对标，及时校准偏差。"① 实践表明，进入新时代的六年，既是改革开放继续深化的六年，也是对改革开放航向不断对表对标、校准偏差的六年。这种校准，既有针对过去工作不足而进行的纠偏和补救，也有根据实际情况变化和形势发展需要而采取的应对措施。

新时代对改革开放航向的校准，我体会最深的有以下六点。

一　关于改革开放的方向和方法论

改革开放有没有方向，方向是什么？要不要先行试点、稳步推进、"摸着石头过河"？在这些问题上，过去不是没有不同意见的争论。对此，习近平总书记明确指出："我们的改革开放是有方向、有立场、有原则的。

---

* 本文曾发表于《马克思主义研究》2018年第11期。
① 《人民日报》2018年7月1日。

我们当然要高举改革旗帜,但我们的改革是在中国特色社会主义道路上不断前进的改革,既不走封闭僵化的老路,也不走改旗易帜的邪路。"① 他还说:"改革开放是一场革命,必须坚持正确方向,沿着正确道路推进。"② "推进改革的目的是要不断推进我国社会主义制度自我完善和发展,赋予社会主义新的生机活力。这里面最核心的是坚持和改善党的领导、坚持和完善中国特色社会主义制度,偏离了这一条,那就南辕北辙了。"③ 在回答推进国家治理体系和治理能力现代化往什么方向走的问题时,他又强调:"考虑这个问题,必须完整理解和把握全面深化改革的总目标,这是两句话组成的一个整体,即完善和发展中国特色社会主义制度、推进国家治理体系和治理能力现代化。这里面有一个前一句和后一句的关系问题。前一句,规定了根本方向,我们的方向就是中国特色社会主义道路,而不是其他什么道路"④。

自从改革开放以来,总有一些人对我们党坚持改革开放正确方向发出种种诘难。例如,看到重申改革要坚持四项基本原则,就说什么"政治体制改革滞后了";听到强调"国有企业要做大做强做优",就说什么"需要重启改革"啦。对于这些声音,习近平总书记不予回避,而是针锋相对、理直气壮地予以驳斥。他指出:"不能笼统地说中国改革在某个方面滞后。在某些方面、某个时期,快一点、慢一点是有的,但总体上不存在中国改革哪些方面改了,哪些方面没有改。问题的实质是改什么、不改什么,有些不能改的,再过多长时间也是不改。我们不能邯郸学步。世界在发展,社会在进步,不实行改革开放死路一条,搞否定社会主义方向的'改革开放'也是死路一条。在方向问题上,我们头脑必须十分清醒。我们的方向就是不断推动社会主义制度自我完善和发展,而不是对社会主义制度改弦易张。我们要坚持四项基本原则这个立国之本,既以四项基本原则保证改革开放的正确方向,又通过改革开放赋予四项基本原则新的时代

---

① 《习近平关于全面深化改革论述摘编》,中央文献出版社 2014 年版,第 14 页。
② 同上。
③ 同上书,第 18 页。
④ 《习近平关于协调推进"四个全面"战略布局论述摘编》,中央文献出版社 2015 年版,第 82 页。

内涵，排除各种干扰，坚定不移走中国特色社会主义道路。"① 他还说："我们不断推进改革，是为了推动党和人民事业更好的发展，而不是为了迎合某些人的'掌声'，不能把西方的理论、观点生搬硬套在自己身上。"② "怎么改、改什么，有我们的政治原则和底线，要有政治定力。"③ 他强调："我们既要有冒的勇气、闯的劲头，又始终坚持以我为主，应该改又能够改的坚决改，不应改的坚决守住；应该改而不具备条件的创造条件改，该快的一定要快、不能快的则循序渐进。对看准了的改革，要下决心推进，争取早日取得成效。"④

习近平总书记不仅据理批驳指责我们不改革的各种言论，而且深刻揭露这类言论的本质和目的。他说："一些敌对势力和别有用心的人也在那里摇旗呐喊、制造舆论、混淆视听，把改革定义为往西方政治制度的方向改，否则就是不改革。他们是醉翁之意不在酒，'项庄舞剑，意在沛公'。对此，我们要洞若观火，保持政治坚定性，明确政治定位。"⑤ "如果我们用西方资本主义价值体系来剪裁我们的实践，用西方资本主义评价体系来衡量我国发展，符合西方标准就行，不符合西方标准就是落后的陈旧的，就要批判、攻击，那后果不堪设想！最后要么就是跟在人家后面亦步亦趋，要么就是只有挨骂的份。"⑥ 他反复提醒大家："要牢牢把握改革正确方向，在涉及道路、理论、制度等根本性问题上，在大是大非面前，必须立场坚定、旗帜鲜明。"⑦ 在改革开放的方向上要有政治定力，"那就是不论怎么改革、怎么开放，我们都始终要坚持中国特色社会主义道路、中国特色社会主义理论体系、中国特色社会主义制度，坚持党的十八大提出的夺取中国特色社会主义新胜利的基本要求"⑧。

---

① 《习近平关于全面深化改革论述摘编》，中央文献出版社2014年版，第15页。
② 《习近平关于协调推进"四个全面"战略布局论述摘编》，中央文献出版社2015年版，第69页。
③ 《习近平关于全面深化改革论述摘编》，中央文献出版社2014年版，第49页。
④ 《习近平关于协调推进"四个全面"战略布局论述摘编》，中央文献出版社2015年版，第69页。
⑤ 《习近平关于全面深化改革论述摘编》，中央文献出版社2014年版，第19页。
⑥ 习近平：《在全国党校工作会议上的讲话》，人民出版社2016年版，第9页。
⑦ 《人民日报》2014年1月24日。
⑧ 《十八大以来重要文献选编》上，中央文献出版社2014年版，第110页。

在改革开放的方法论上,过去有些人对稳步推进、先行试点、"摸着石头过河"等主张也颇有微词。进入新时代,习近平总书记对此同样作出了正面回应,并充分阐明了上述方法的科学性、合理性、必要性。概括起来,要点大体有以下四个。

第一,这种方法符合马克思主义认识论。他说:"摸着石头过河,是富有中国智慧的改革方法,也是符合马克思主义认识论和实践论的方法。实践中,对必须取得突破但一时还不那么有把握的改革,就采取试点探索、投石问路的方法,先行试点,尊重实践、尊重创造,鼓励大胆探索、勇于开拓,取得经验、看得很准了再推开。有些国家搞所谓'休克疗法',结果引起了剧烈政治动荡和社会动乱,教训是很深刻的"①。

第二,这种方法经过了我国改革开放的实践检验。他说:"改革开放是前无古人的崭新事业,必须坚持正确的方法论,在不断实践探索中推进……我国改革开放就是这样走过来的,是先试验、后总结、再推广不断积累的过程,是从农村到城市、从沿海到内地、从局部到整体不断深化的过程。这种渐进式改革,避免了因情况不明、举措不当而引起的社会动荡,为稳步推进改革、顺利实现目标提供了保证。摸着石头过河,符合人们对客观规律的认识过程,符合事物从量变到质变的辩证法。不能说改革开放初期要摸着石头过河,现在再摸着石头过河就不能提了"②。

第三,这种方法可以避免重犯一哄而起、仓促上马的老毛病。他说:"要有序推进改革。该中央统一安排的各地不要抢跑,该尽早推进的不要拖延,该试点的不要仓促推开,该深入研究后再推进的不要急于求成,该先得到法律授权的不要超前推进。要避免在时机尚不成熟、条件尚不具备的情况下一哄而上,欲速而不达。"③

第四,这种方法可以防止改革出现颠覆性错误。他说:"'治大国若烹小鲜。'我国是一个大国,决不能在根本性问题上出现颠覆性错误,一旦出现就无法挽回、无法弥补……现阶段推进改革,必须识得水性、把握大

---

① 《习近平关于全面深化改革论述摘编》,中央文献出版社2014年版,第43页。
② 同上书,第34—35页。
③ 同上书,第49页。

局、稳中求进。实践告诉我们,有的政策经过一段时间后发现有偏差,要扭转回来很不容易。我们的政策举措出台之前必须经过反复论证和科学评估,力求切合实际、行之有效、行之久远,不能随便'翻烧饼'"①。

另外,党的十八届三中全会关于全面深化改革的决定,一定意义上也是对改革开放方法论的校准。习近平总书记指出:所谓全面深化改革,"就是要统筹推进各领域改革,就需要有管总的目标,也要回答推进各领域改革最终是为了什么、要取得什么样的整体结果这个问题"②。他说:"过去,我们也提出过改革目标,但大多是从具体领域提出的。"比如,政治体制改革的总目标、经济体制改革的总目标等,都是这样的目标。而十八届三中全会提出的全面深化改革的总目标,包括了经济体制、政治体制、文化体制、社会体制、生态文明体制和党的建设制度深化改革的分目标,"体现了我们党对改革认识的深化和系统化"③。他还说:"随着改革开放不断深入,改革开放的关联性和互动性明显增强,这就要求我们更加注重各项改革的相互促进、良性互动。"④ "对涉及面广泛的改革,要同时推进配套改革。"⑤ 这些论述表明,在改革开放的方法论上,新时代比较过去也显得更加成熟了。

二 关于改革开放的出发点和落脚点

社会主义是把全社会和人民大众利益放在首位的社会理想和社会制度,其本质在于反对剥削、倡导公平,科学社会主义的本质仍在于此,只不过把这一理想建立在了科学的基础上。中华人民共和国成立后,鉴于生产力水平很低,原本打算先实行一段新民主主义再实行社会主义,但为了抓住优先发展重工业的历史机遇,实行了高度集中的计划经济和生产资料

---

① 《习近平关于全面深化改革论述摘编》,中央文献出版社2014年版,第42页。
② 同上书,第26页。
③ 同上书,第26—27页。
④ 《习近平关于协调推进"四个全面"战略布局论述摘编》,中央文献出版社2015年版,第55—56页。
⑤ 《习近平关于全面深化改革论述摘编》,中央文献出版社2014年版,第43页。

所有制的国有化、公有化及按劳分配制度，提前完成了向社会主义的过渡。后来受"左"的思想影响，所有制上求大求纯、分配上偏重平均主义，以至于小商店、小餐馆、小维修铺都取消了个体经营，"计件工资"、"奖金"等属于按劳分配范畴的激励机制也被取消，连农民的自留地和家庭副业也被当成"资本主义尾巴"。改革开放以来，肯定了按劳分配是社会主义原则，提出了让一部分人一部分地区先富起来的政策，允许和鼓励资本、技术、管理等生产要素参与分配，最终形成了以公有制为主体、多种所有制经济共同发展的基本经济制度和以按劳分配为主体、多种分配方式并存的分配制度，并完成了计划经济体制向社会主义市场经济体制的转变。但与此同时，社会上又出现了另一种偏向，鼓吹所谓"经济人"假设，胡说什么"公有制效率低"、"公有制与市场经济不相容"、"把国有资产量化到个人"、"收入分配差距要进一步拉大"等。这些错误思想一度影响了对公平与效率关系的认识，导致提出"效率优先、兼顾公平"的口号。进入21世纪后，这个口号被改为了"既重视效率也重视公平、把公平放在更加突出的位置"，后来又把"初次分配注重效率、再分配注重公平"改为"初次分配和再分配都要处理好效率和公平的关系、再分配要更加注重公平"，进而提出要"逐步提高居民收入在国民收入中的比重、劳动报酬在初次分配中的比重，着力提高低收入者收入水平，有效调节高收入"，但是，始终没有跳出把效率与公平当成一对矛盾的圈子。进入新时代后，党中央不再并提"效率与公平"，而是把处理这对关系置于了"以人民为中心"、"让改革发展成果更多更公平惠及全体人民"[①] 这一总的指导思想之下。

党的十八大之后不久，习近平总书记就在党的十八届三中全会上指出："全面深化改革必须以促进社会公平正义、增进人民福祉为出发点和落脚点。这是坚持我们党全心全意为人民服务根本宗旨的必然要求……如果不能给老百姓带来实实在在的利益，如果不能创造更加公平的社会环境，甚至导致更多不公平，改革就失去意义，也不可能持续。"[②] 他强调：

---

① 《习近平关于社会主义社会建设论述摘编》，中央文献出版社2017年版，第13页。
② 《十八大以来重要文献选编》上，中央文献出版社2014年版，第552—553页。

要"把以人民为中心的发展思想体现在经济社会发展各个环节,做到老百姓关心什么、期盼什么,改革就要抓住什么、推进什么,通过改革给人民群众带来更多获得感。"① 同时,他也明确反对那种让"分配优先于发展"的主张,说:"这种说法不符合党对社会主义初级阶段和我国社会主要矛盾的判断。"只有更好地推动经济社会发展,才能"为人民群众生活改善不断打下更为雄厚的基础"②。

当前人民群众对于不公平的反映主要有哪些,对改革最关心最期盼的又是什么呢?从习近平总书记的论述中可以看出,问题主要是收入分配不公,是基本需求中有许多还没有能得到满足。他指出:收入分配中存在的突出问题,"主要是收入差距拉大、劳动报酬在初次分配中的比重较低,居民收入在国民收入分配中的比重偏低。"③ 他还具体列举了许多人民群众所关心的问题,比如,食品安不安全、暖气热不热、雾霾能不能少一点、河湖能不能清一点、垃圾焚烧能不能不有损健康、养老服务顺不顺心、能不能租得起或买得起住房,等等。他说:"相对于增长速度高一点还是低一点,这些问题更受人民群众关注。如果只实现了增长目标,而解决好人民群众普遍关心的突出问题没有进展,即使到时候我们宣布全面建成了小康社会,人民群众也不会认同"④。他说:"当前,民生工作面临的宏观环境和内在条件都在发生变化,过去有饭吃、有学上、有房住是基本需求,现在人民群众有收入稳步提升、优质医疗服务、教育公平、住房改善、优美环境和清洁空气等更多层次的需求"⑤。

根据以上分析,习近平总书记认为,端正改革的出发点和落脚点,首先必须抓住公平正义和共同富裕问题作文章,"要把促进社会公平正义、增进人民福祉作为一面镜子,审视我们各方面体制机制和政策规定,哪里有不符合促进社会公平正义的问题,哪里就需要改革;哪个领域哪个环节

---

① 《人民日报》2016年4月19日。
② 《习近平关于社会主义社会建设论述摘编》,中央文献出版社2017年版,第41页。
③ 同上书,第37页。
④ 同上书,第19页。
⑤ 同上书,第17页。

问题突出，哪个领域哪个环节就是改革的重点。"① 他指出："在全面深化改革进程中，遇到关系复杂、难以权衡的利益问题，要认真想一想群众实际情况究竟怎样？群众到底在期待什么？群众利益如何保障？群众对我们的改革是否满意？提高改革决策的科学性，很重要的一条就是要广泛听取群众意见和建议。"② 他强调："'蛋糕'不断做大了，同时还要把'蛋糕'分好。我国社会历来有'不患寡而患不均'的观念。我们要在不断发展的基础上尽量把促进社会公平正义的事情做好，既尽力而为、又量力而行，努力使全体人民在学有所教、劳有所得、病有所医、老有所养、住有所居上持续取得新进展。"③ "经济发展、物质生活改善并不是全部，人心向背也不仅仅决定于这一点。发展了，还有共同富裕问题。物质丰富了，但发展不平衡，贫富悬殊很大，社会不公平，两极分化了，能得人心吗？"④ "我们必须坚持发展为了人民、发展依靠人民、发展成果由人民共享，作出更有效的制度安排，使全体人民朝着共同富裕方向稳步前进，绝不能出现'富者累巨万，而贫者食糟糠'的现象。"⑤ "要坚持社会主义基本经济制度和分配制度，调整收入分配格局，完善以税收、社会保障、转移支付等为主要手段的再分配调节机制，维护社会公平正义，解决好收入差距问题，使发展成果更多更公平惠及全体人民"⑥。

其次，端正改革的出发点和落脚点必须紧紧抓住和解决群众身边的权益问题。习近平总书记对地方的同志说：要促进公共资源向基层延伸、向农村覆盖、向弱势群体倾斜，"多做雪中送炭的事情"，"做那些现实条件下可以做到的事情，让群众得到看得见、摸得着的实惠"⑦。比如，"城镇建设中出现了不少让老百姓诟病的问题，一些地方大拆大建、争盖高楼，整个城市遍地都是工地；城市建设缺乏特色、风格单调；一些城市建设贪

---

① 《习近平关于全面深化改革论述摘编》，中央文献出版社2014年版，第98页。
② 同上书，第41页。
③ 同上书，第97页。
④ 《做焦裕禄式的县委书记》，中央文献出版社2015年版，第35页。
⑤ 《十八大以来重要文献选编》中，中央文献出版社2014年版，第827页。
⑥ 习近平：《在省部级主要领导干部学习贯彻党的十八届五中全会精神专题研讨班上的讲话》，人民出版社2016年版，第25页。
⑦ 《习近平关于全面深化改革论述摘编》，中央文献出版社2014年版，第92页。

大求洋，一些干部追求任期内的视觉效果；一些城市漠视历史文化保护，毁坏城市古迹和历史记忆；一些城市教育、卫生、文化、体育等基本公共服务不配套，给市民带来极大不便。这些问题，既与城市建设经验和能力不足有关，也与一些干部急于求成、确定的定位过高、提出的口号太多有关。"① 他批评党的十八大之前一些地方在农村推行所谓"三集中"、逼农民上楼的做法，说："推进农业转移人口市民化，要坚持自愿、分类、有序。自愿就是要充分尊重农民意愿，让他们自己选择，不能采取强迫的做法，不能强取豪夺，不顾条件拆除民房，逼农民进城，让农民工'被落户'、'被上楼'。"② 他还对政法部门的同志说："要让人民群众切实感受到公平正义就在身边。要重点解决好损害群众权益的突出问题，决不允许对群众的报警求助置之不理，决不允许让普通群众打不起官司，决不允许滥用权力侵犯群众合法权益，决不允许执法犯法造成冤假错案"③。

党的十八大以前，我们党也强调做大做强国有经济，但更多地从国有企业是国民经济支柱，是社会主义制度重要基础，是参与国际竞争、合作、分工基本力量等角度论述。这些当然是正确的。不过，进入新时代以来，习近平总书记把国有企业改革进一步放入以人民为中心、让人民共享改革成果这一指导思想之下分析，指出：公有制主体地位和国有经济主导作用，"是我国各族人民共享发展成果的制度性保证"；④ 国有企业是"保障人民共同利益的重要力量。"⑤ 以上分析，更彰显了国有企业的全民所有制性质，更突出了国有经济与人民根本利益之间的关联。从改革开放的出发点和落脚点角度看，这显然也是一种校准。

三 关于改革开放的核心问题

改革开放以来很长时间，我们一直是把处理计划与市场或市场与宏观

---

① 《十八大以来重要文献选编》上，中央文献出版社2014年版，第602页。
② 同上书，第594页。
③ 《习近平关于社会主义社会建设论述摘编》，中央文献出版社2017年版，第31页。
④ 《习近平关于社会主义经济建设论述摘编》，中央文献出版社2017年版，第63页。
⑤ 同上书，第54页。

调控的关系，作为经济体制改革（很大程度上也包括对外经济交流）的核心问题。改革开放初期，资源配置由过去单一计划手段变为计划手段为主、市场手段为辅。计划经济过渡到社会主义市场经济后，市场成为资源配置的基础，计划手段和价格、金融、税收等经济手段被纳入宏观调控范畴。这时受新自由主义思想影响，经济学界出现了一种舆论，认为宏观调控仍然"残留计划经济的痕迹"，"今后政府只要做好市场服务就行了"，提出所谓"大市场、小政府"的主张。进入新时代，习近平总书记将宏观调控归结为政府作用，把经济体制改革的核心问题概括为"处理好政府与市场关系"，把市场在资源配置中起基础作用的提法改为"起决定性作用"，同时强调要"更好发挥政府作用"[1]，从而在改革开放核心问题的认识和处理上做出了进一步校准。

习近平总书记解释说，之所以要将市场在资源配置中的基础性作用改为决定性作用，是因为"经过二十多年实践，我国社会主义市场经济体制已经初步建立，但仍存在不少问题，主要是市场秩序不规范，以不正当手段谋取经济利益的现象广泛存在；生产要素市场发展滞后，要素闲置和大量有效需求得不到满足并存；市场规则不统一，部门保护主义和地方保护主义大量存在；市场竞争不充分，阻碍优胜劣汰和结构调整，等等。这些问题不解决好，完善的社会主义市场经济体制是难以形成的。"[2] 他还说：作出"'使市场在资源配置中起决定性作用'的定位，有利于在全党全社会树立关于政府和市场关系的正确观念，有利于转变经济发展方式，有利于转变政府职能，有利于抑制消极腐败现象"[3]。

这样定位市场作用，是否等于政府在市场经济中的作用就要被削弱，只要服务无需管理或少管理了呢？对此，习近平总书记斩钉截铁地作出了否定的答复。他指出："市场起决定性作用，是从总体上讲的，不能盲目绝对讲市场起决定性作用，而是既要使市场在资源配置中起决定性作用，又要更好发挥政府作用。"[4] "市场在资源配置中起决定性作用，并不是起

---

[1] 《人民日报》2013年11月16日。

[2] 同上。

[3] 同上。

[4] 《习近平关于社会主义经济建设论述摘编》，中央文献出版社2017年版，第57页。

全部作用。"①"使市场在资源配置中起决定性作用和更好发挥政府作用，两者是有机统一的，不是相互否定的，不能把二者割裂开来、对立起来。"②"在市场作用和政府作用的问题上，要讲辩证法、两点论，'看不见的手'和'看得见的手'都要用好，努力形成市场作用和政府作用有机统一、相互补充、相互协调、相互促进的格局，推动经济社会持续健康发展。"③他还针对政府对市场要少管甚至不管的主张指出："政府要切实履行好服务职能，这是毫无疑义的，但同时也不要忘了政府管理职能也很重要，也要履行好，只讲服务不讲管理也不行，寓管理于服务之中是讲管理的，管理和服务不能偏废，政府该管的不仅要管，而且要切实管好。"④要"加大政府职能转变力度，既积极主动放掉该放的权，又认真负责管好该管的事，从'越位点'退出，把'缺位点'补上"⑤。例如，在国防建设等领域，政府要起决定作用；一些带战略性的能源资源，政府也要牢牢掌控；在解决经济中的结构性矛盾，推进"三去、一降、一补"，增强有效供给能力，加快核心技术自主研发速度等等方面，更要发挥政府的政策指导作用。

尤其值得我们重视的是，习近平总书记不仅强调政府在市场经济中应有的作用，而且把这种作用与社会主义制度优越性联系在一起强调。他说："我国经济发展获得巨大成功的一个关键因素，就是我们既发挥了市场经济的长处，又发挥了社会主义制度的优越性。我们是在中国共产党领导和社会主义制度的大前提下发展市场经济，什么时候都不能忘了'社会主义'这个定语。之所以说是社会主义市场经济，就是要坚持我们的制度优越性，有效防范资本主义市场经济的弊端。我们要坚持辩证法、两点论，继续在社会主义基本制度与市场经济的结合上下功夫，把两方面优势都发挥好，既要'有效的市场'，也要'有为的政府'，努力在实践中破

---

① 《人民日报》2013 年 11 月 16 日。
② 《人民日报》2014 年 5 月 28 日。
③ 同上。
④ 《习近平关于全面深化改革论述摘编》，中央文献出版社 2014 年版，第 54 页。
⑤ 同上书，第 55 页。

解这道经济学上的世界性难题。"① 这一论述进一步突显了在市场经济条件下，社会主义和资本主义两种政府所起作用的本质区别；同时，也使人们进一步认识到在社会主义条件下，如何把政府和市场两方面作用结合好的问题至今仍然未能完全解决，还需要我们继续探索。

四　关于改革开放的立足点

我们党历来主张，把革命、建设、改革的立足点放在自己力量的基础上。早在1956年，毛泽东就说过："中国的革命和中国的建设，都要依靠发挥中国人民自己的力量为主，以争取外国援助为辅。"② 新中国建立后，我们一方面积极争取社会主义阵营国家的援助，千方百计同资本主义国家进行贸易；另一方面，面对美帝国主义经济封锁和赫鲁晓夫集团中断援助，发扬自力更生精神，创造出以"两弹一星"为代表的一大批科研成果，建立了独立完整的工业体系和国民经济体系。"文化大革命"中，极"左"思潮泛滥，把进口国外先进设备也当成"洋奴哲学""卖国主义"。改革开放后，通过拨乱反正，纠正了这种极左错误，又出现了另一种偏向，认为凡是能从国外买到的，就不必自己重走研发的老路。近四十年来，我国经济总量大幅度攀升，科技水平也有长足进步，然而从总体看，科技对经济社会发展支撑能力不足、贡献率远低于发达国家水平，核心技术研发缺乏像微软、英特尔、谷歌、苹果等大公司那样的强强联盟，经济增长很大程度上仍以资源、资本、劳动力等要素投入为主，在国际经济产业链中仍处于中低端，很多关键和核心的技术、材料、零部件、设备都受制于人。这种情况的出现，就与我们的外部条件改善后，自力更生意识反而弱化有很大关系。对此，历届党中央虽然都很重视，提出并实施了科教兴国等战略，逐步加大了国家对科技研发的投入，但情况仍然不容乐观。于是，在十八大以来，党中央进一步提出创新是引领发展的第一动力，实施创新驱动发展战略，推进"中国制造2025"，要求破除一切妨碍科技创

---

① 《习近平关于社会主义经济建设论述摘编》，中央文献出版社2017年版，第64页。
② 《建国以来毛泽东文稿》第6册，中央文献出版社1992年版，第148页。

新的体制机制障碍，最大限度地解放和激发科技蕴藏的巨大潜能。这表明，新时代在改革开放的立足点上，同样作出了校准。

对于自主创新的重要意义和路径，习近平总书记主要从以下三个关系上进行了论述。

首先是大国与强国、经济规模与科技水平的关系。他指出："历史事实表明，经济大国不等于经济强国。一个国家长期落后归根结底是由于技术落后，而不取决于经济规模大小。历史上，我国曾长期位居世界经济大国之列，经济总量一度占到世界的三分之一左右，但由于技术落后和工业化水平低，近代以来屡屡被经济总量远不如我们的国家打败。为什么会这样？我们不是输在经济规模上，而是输在科技落后上。由于技术创新和工业制造落后于人，西方列强才得以用坚船利炮轰开我们的国门。中国近代史上落后挨打的根子就是技术落后。这个教训太深刻了！我们要牢牢记取。"[1] "虽然我国经济总量跃居世界第二，但大而不强、臃肿虚胖体弱问题相当突出，主要体现在创新能力不强，这是我国这个经济大块头的'阿克琉斯之踵'"[2]。

其次是科技创新与经济社会发展的关系。他说："总体上看，我国关键核心技术受制于人的局面尚未根本改变，创造新产业、引领未来发展的科技储备远远不够，产业还处于全球价值链中低端，军事、安全领域高技术方面同发达国家仍有较大差距。我们必须把发展基点放在创新上，通过创新培育发展新动力、塑造更多发挥先发优势的引领型发展。"[3] 他指出："国际经济竞争甚至综合国力竞争，说到底就是创新能力的竞争。谁能在创新上下先手棋，谁就能掌握主动。我们要大力实施创新驱动发展战略，加快完善创新机制，全方位推进科技创新、企业创新、产品创新、市场创新、品牌创新，加快科技成果向现实生产力转化，推动科技和经济紧密结合。"[4] "协调发展、绿色发展、开放发展、共享发展都有利于增强发展动力，但核心在创新。抓住了创新，就抓住了牵动经济社会发展全局的'牛

---

[1] 《习近平关于社会主义经济建设论述摘编》，中央文献出版社2017年版，第126页。
[2] 《十八大以来重要文献选编》下，中央文献出版社2018年版，第159页。
[3] 同上。
[4] 《习近平关于社会主义经济建设论述摘编》，中央文献出版社2017年版，第125页。

鼻子'。"① 自从美国发动贸易战以来，他更是多次强调："自力更生是中华民族自立于世界民族之林的奋斗基点，自主创新是我们攀登世界科技高峰的必由之路。"② 要发扬光大"两弹一星"精神，加强关键技术攻关，推动核心技术突破，把科技发展主动权牢牢掌握在自己手里。

再次是体制机制改革与科技创新的关系。他指出："实施创新驱动发展战略，必须深化改革。"③ "全面深化改革，要围绕使企业成为创新主体、加快推进产学研深度融合来谋划和推进。"④ 要解决科技创新链条上存在的诸多体制机制关卡、创新和转化各环节衔接不紧的症结，"必须深化科技体制改革，破除一切制约科技创新的思想障碍和制度藩篱"⑤。他为此具体提出了一系列政策措施，例如，建立完善的知识产权保护制度，惩治侵权的违法犯罪行为，创造平等竞争的良好环境；完善有利于企业技术创新的税收政策，消除价格、利率、汇率等经济杠杆的扭曲；组建国有资产运营公司或投资公司，设立国有资本风险投资基金，支持包括小微企业在内的创新型企业；加快军民融合式的发展步伐，发挥军民各自优势。他尤其提到要改革和完善人才发展机制，建立更灵活的人才管理机制，完善评价这个指挥棒，打通人才流动、使用、发挥作用的体制机制障碍；深化教育改革，提高人才培养质量，形成有利于创新人才成长的育人环境；制定更积极的国际人才引进计划，吸引更多海外创新人才回国创业或来中国工作。他特别提出：要使优秀的科技人才"名利双收"，"名就是荣誉，利就是现实的物质利益回报，其中拥有产权是最大的激励"⑥。"如果是'造导弹的不如卖茶叶蛋的，拿手术刀的不如拿剃头刀的'，就谈不上创新驱动"⑦。

除了对体制改革的立足点作出上述校准，习近平总书记在科技体制改革的问题上着重强调了党中央顶层设计和社会主义制度优越性的作用。他

---

① 《十八大以来重要文献选编》下，中央文献出版社 2018 年版，第 157 页。
② 《人民日报》2018 年 5 月 29 日。
③ 《习近平关于社会主义经济建设论述摘编》，中央文献出版社 2017 年版，第 140 页。
④ 同上。
⑤ 《十八大以来重要文献选编》中，中央文献出版社 2016 年版，第 25 页。
⑥ 《习近平关于社会主义经济建设论述摘编》，中央文献出版社 2017 年版，第 139 页。
⑦ 《习近平关于社会主义社会建设论述摘编》，中央文献出版社 2017 年版，第 42 页。

说：＂我们要注意一个问题，就是我国社会主义制度能够集中力量办大事是我们成就事业的重要法宝。我国很多重大科技成果都是依靠这个法宝搞出来的，千万不能丢了！要让市场在资源配置中起决定性作用，同时要更好发挥政府作用，加强统筹协调，大力开展协同创新，集中力量办大事，抓重大、抓尖端、抓基本，形成推进自主创新的强大合力。＂① 他指出：＂在核心技术研发上，强强联合比单打独斗效果要好，要在这方面拿出些办法来，彻底摆脱部门利益和门户之见的束缚。抱着宁为鸡头、不为凤尾的想法，抱着自己拥有一亩三分地的想法，形不成合力，是难以成事的。＂② 不难看出，这些论述深刻反映了改革开放前后在自主创新方面的经验教训，确实切中了问题的要害。

五　关于改革开放的自主性

改革开放搞得对不对、好不好，究竟应当以什么为标准？是以西方资产阶级的政治制度和社会主张为标准，还是以中国人民的根本利益和马克思主义的科学理论为标准？这个问题，自改革开放伊始就一直存在。改革开放之初，邓小平就说过：＂中国在粉碎'四人帮'以后出现一股思潮，叫资产阶级自由化，崇拜资本主义国家的'民主'、'自由'，否定社会主义。＂＂自由化的思想不仅前几年有，现在也有，不仅社会上有，我们共产党内也有。＂③ 他指出：＂某些人所谓的改革，应该换个名字，叫做自由化，即资本主义化。他们'改革'的中心是资本主义化。我们讲的改革与他们不同，这个问题还要继续争论的。＂④ 事实说明，这股思潮后来果然不断变换花样，近些年比较突出的有两个表现，一个叫西方＂宪政＂，一个叫＂普世价值＂。受此影响，我们党内也出现应当＂把革命党转变为执政党＂、＂给共产党改名＂、＂取消无产阶级专政＂、＂允许其他政党和共产党竞争＂、＂让共产党组织从各级机关中退出＂、＂实行军队国家化＂等种种

---

① 《十八大以来重要文献选编》中，中央文献出版社2016年版，第26页。
② 习近平：《在网络安全和信息化工作座谈会上的讲话》，人民出版社2016年版，第14页。
③ 《邓小平文选》第三卷，人民出版社1993年版，第123、124页。
④ 同上书，第297页。

论调。有的人还以所谓"不争论"为借口，反对与这些错误主张正面交锋，说什么这样会把它们"炒热"。对此，党中央在新时代给予了一一驳斥，旗帜鲜明地表明了自己的立场。

针对中国能否以西方所谓"宪政"为模板改革社会主义制度、能否取消人民民主专政和共产党领导等问题，习近平总书记明确指出："我国人民民主与西方所谓的'宪政'本质上是不同的。中国共产党领导是中国特色社会主义最本质的特征。"[1] "中国实行工人阶级领导的、以工农联盟为基础的政体，实行中国共产党领导的多党合作和政治协商制度，实行民族区域自治制度，实行基层群众自治制度，具有鲜明的中国特色。"他说，这样一套制度安排，能够有效保证人民享有广泛、充足的权利和自由，有效调节国家政治关系，有效促进生产力发展和人民生活水平不断提高，有效维护国家独立自主。[2]

针对给"中国共产党改名"和把"革命党变为执政党"的种种议论，习近平总书记指出："国内外各种敌对势力，总是企图让我们党改旗易帜、改名换姓，其要害就是企图让我们丢掉对马克思主义的信仰，丢掉对社会主义、共产主义的信念。而我们有些人甚至党内有的同志却没有看清这里面暗藏的玄机，认为西方'普世价值'经过了几百年，为什么不能认同？西方一些政治话语为什么不能借用？接受了我们也不会有什么大的损失，为什么非要拧着来？有的人奉西方理论、西方话语为金科玉律，不知不觉成了西方资本主义意识形态的吹鼓手。"[3] 他反复强调"革命理想高于天"，在党的十九大报告中再次指出："革命理想高于天。共产主义远大理想和中国特色社会主义共同理想，是中国共产党人的精神支柱和政治灵魂，也是保持党的团结统一的思想基础。要把坚定理想信念作为党的思想建设的首要任务，教育引导全党牢记党的宗旨，挺起共产党人的精神脊梁，解决好世界观、人生观、价值观这个'总开关'问题，自觉做共产主义远大理想和中国特色社会主义共同理想的坚定信仰者和忠实实践者。"[4]

---

[1] 《习近平关于社会主义政治建设论述摘编》，中央文献出版社2017年版，第27—28页。
[2] 《十八大以来重要文献选编》中，中央文献出版社2016年版，第61—62页。
[3] 习近平：《在全国党校工作会议上的讲话》，人民出版社2016年版，第8页。
[4] 《中国共产党第十九次全国代表大会文件汇编》，人民出版社2017年版，第51页。

在2018年年初纪念周恩来同志诞辰120周年座谈会上，他又说道："不要忘记我们是共产党人，不要忘记我们是革命者，任何时候都不要丧失理想信念。"①

针对以所谓"不争论"为幌子，放弃意识形态领域斗争，任凭宣扬"普世价值"的言论大行其道的现象，习近平总书记指出："坚持正面宣传为主，决不意味着放弃舆论斗争。敌对势力在那里极力宣扬所谓的'普世价值'。这些人是真的要说什么'普世价值'吗？根本不是，他们是挂羊头卖狗肉，目的就是要同我们争夺阵地、争夺人心、争夺群众，最终推翻中国共产党领导和中国社会主义制度。如果听任这些言论大行其道，指鹿为马，三人成虎，势必搞乱党心民心，危及党的领导和社会主义国家政权安全。"②"对别有用心的人散布的政治谣言和奇谈怪论，我们的党员、干部耳朵根子不要软，不要听风就是雨。同时，我们不能默不作声，要及时反驳，让正确声音盖过它们。这与韬光养晦或不争论是两码事。"③他要求，对一切错误的言行都要"敢抓敢管、敢于亮剑"④；"有的放矢，正面交锋"⑤。

为什么改革不能照搬西方的所谓"宪政"呢？习近平总书记阐述了如下几点理由。

第一，我们对自己的制度要有自信。他说："我们全面深化改革，不是因为中国特色社会主义制度不好，而是要使它更好；我们说坚定制度自信，不是要固步自封，而是要不断革除体制机制弊端，让我们的制度成熟而持久。我们不仅要防止落入'中等收入陷阱'，也要防止落入'西化分化陷阱'。"⑥

第二，一个国家实行什么样的制度取决于这个国家的国情。他说："'橘生淮南则为橘，生于淮北则为枳'。我们需要借鉴国外政治文明有益

---

① 《人民日报》2018年3月2日。
② 《习近平关于社会主义文化建设论述摘编》，中央文献出版社2017年版，第27页。
③ 同上书，第209页。
④ 同上书，第27页。
⑤ 同上书，第34页。
⑥ 《习近平关于全面深化改革论述摘编》，中央文献出版社2014年版，第22页。

成果，但绝不能放弃中国政治制度的根本。中国有九百六十多万平方公里土地、五十六个民族，我们能照谁的模式办？谁又能指手画脚告诉我们该怎么办？对丰富多彩的世界，我们应该秉持兼容并蓄的态度，虚心学习他国的好东西，在独立自主的立场上把他国的好东西加以消化吸收，化成我们国家自己的好东西，但决不能囫囵吞枣、决不能邯郸学步。照抄照搬他国的政治制度行不通，会水土不服，会画虎不成反类犬，甚至会把国家前途命运葬送掉。只有扎根本国土壤、汲取充沛养分的制度，才最可靠、也最管用。"① "百里不同风，千里不同俗。一个国家选择什么样的治理体系，是由这个国家的历史传承、文化传统、经济社会发展水平决定的，是由这个国家的人民决定的。我国今天的国家治理体系，是在我国历史传承、文化传统、经济社会发展的基础上长期发展、渐进改进、内生性演化的结果。我国国家治理体系需要改进和完善，但怎么改、怎么完善，我们要有主张、有定力"②。

第三，评判一个国家政治制度的优劣不可能脱离特定的社会政治条件而归于一尊。他说："在政治制度上，看到别的国家有而我们没有就简单认为有欠缺，要搬过来；或者，看到我们有而别的国家没有就简单认为是多余的，要去除掉。这两种观点都是简单化的、片面的，因而都是不正确的。"③

第四，我国的实践证明治理一个国家并不只有西方制度一种模式。他说："我们用事实宣告了'历史终结论'的破产，宣告了各国最终都要以西方制度模式为归宿的单线式历史观的破产"④。

第五，把西方政治制度当成范本是西方挑动别国动乱的惯用伎俩。他说："西方国家策划'颜色革命'，往往从所针对的国家的政治制度特别是政党制度开始发难，大造舆论，大肆渲染，把不同于他们的政治制度和政党制度打入另类，煽动民众搞街头政治。"⑤ 但是，"搞了西方的那套东

---

① 《十八大以来重要文献选编》中，中央文献出版社 2016 年版，第 60 页。
② 《习近平关于全面深化改革论述摘编》，中央文献出版社 2014 年版，第 21 页。
③ 《十八大以来重要文献选编》中，中央文献出版社 2016 年版，第 59—60 页。
④ 《习近平关于社会主义政治建设论述摘编》，中央文献出版社 2017 年版，第 7 页。
⑤ 同上书，第 18 页。

西就更自由、更民主、更稳定了吗？一些发展中国家照搬西方政治制度和政党制度模式，结果如何呢？很多国家陷入政治动荡、社会动乱，人民流离失所。活生生的例子就在眼前。'往者不可谏，来者犹可追。'我们头脑一定要清醒、一定要坚定"①。"在政治制度模式上，我们就是要咬定青山不放松，任尔东西南北风"②。

为什么对宣扬"普世价值"的言论不能默不作声，必须及时反驳呢？习近平总书记分析道，这是因为宣传思想战线的同志，首先要有政权意识和阵地意识。他说："意识形态关乎旗帜、关乎道路、关乎国家政治安全。"③ "宣传思想阵地，我们不去占领，人家就会去占领。"④ 其次要有敌情观念。他说：各种敌对势力要颠覆中国共产党领导和我国社会主义制度，"选中的一个突破口就是意识形态领域，企图把人们思想搞乱，然后浑水摸鱼、乱中取胜。新形势下，意识形态领域斗争复杂尖锐。历史和现实都警示我们，思想舆论阵地一旦被突破，其他防线就很难守得住。在意识形态领域斗争上，我们没有任何妥协、退让的余地，必须取得全胜"⑤。再次要有责任意识。他说：现在，一方面"境外敌对势力加大渗透和西化力度，境内一些组织和个人不断变换手法，制造思想混乱，与我党争夺人心"；另一方面，"一些单位和党政干部政治敏感性、责任感不强，在重大意识形态问题上含含糊糊、遮遮掩掩，助长了错误思潮的扩散。"他强调："各级党委和宣传思想部门、组织部门、教育部门要加强领导和管理，党报党刊党网、党政干部院校、大专院校要强化政治意识、责任意识，在重大问题上与党中央保持高度一致，绝不允许与中央唱反调，绝不允许吃共产党的饭、砸共产党的锅。"⑥ "宣传思想战线的同志要当战士、不当绅士，不做'骑墙派'和'看风派'，不能搞爱惜羽毛那一套。宣传思想战线的同志要履行好自己的神圣职责和光荣使命，以战斗的姿态、战士的担

---

① 《习近平关于社会主义政治建设论述摘编》，中央文献出版社2017年版，第19页。
② 同上书，第8页。
③ 《习近平关于社会主义文化建设论述摘编》，中央文献出版社2017年版，第35—36页。
④ 同上书，第30页。
⑤ 同上书，第37页。
⑥ 同上书，第35、36页。

当，积极投身宣传思想领域斗争一线。"① 他还要求，对政治性、原则性、导向性问题不仅必须旗帜鲜明、敢抓敢管，对出现偏差和错误的不仅要严肃批评、严肃处理，而且"对发出正义声音而受到围攻的媒体和新闻舆论工作者要坚决力挺"②。

在阐述对于宣扬"普世价值"的言论必须及时反驳的道理时，习近平总书记特别提到重视互联网上斗争的问题。他说："互联网已经成为舆论斗争的主战场。有同志讲，互联网是我们面临的'最大变量'，搞不好会成为我们的'心头之患'。西方反华势力一直妄图利用互联网'扳倒中国'，多年前有西方政要就声称'有了互联网，对付中国就有了办法'，'社会主义国家投入西方怀抱，将从互联网开始'。从美国的'棱镜'、'X—关键得分'等监控计划看，他们的互联网活动能量和规模远远超出了世人想象。在互联网这个战场上，我们能否顶得住、打得赢，直接关系我国意识形态安全和政权安全"③。

党的十八大以来，习近平总书记反复强调："当今世界，意识形态领域看不见硝烟的战争无处不在，政治领域没有枪炮的较量一直未停。"④ 他还在2015年指出："今后五年，可能是我国发展面临的各方面风险不断积累甚至集中显露的时期。我们面临的重大风险，既包括国内的经济、政治、意识形态、社会风险以及来自自然界的风险，也包括国际经济、政治、军事风险等。如果发生重大风险又扛不住，国家安全就可能面临重大威胁，全面建成小康社会进程就可能被迫中断。我们必须把防风险摆在突出位置，'图之于未萌，虑之于未有'，力争不出现重大风险或在出现重大风险时扛得住、过得去。"⑤ 国内国际形势的新变化，既充分证明了当年党中央的风险预判，也充分显示了党中央的抗风险能力。

从以上事实可以清楚地看出，新时代对于改革开放的自主性的强调，对于西方"宪政"、"普世价值"一类思潮的批判，比起以往任何时候都

---

① 《习近平关于社会主义文化建设论述摘编》，中央文献出版社2017年版，第45页。
② 同上书，第49—50页。
③ 同上书，第28—29页。
④ 《习近平关于社会主义政治建设论述摘编》，中央文献出版社2017年版，第18页。
⑤ 《十八大以来重要文献选编》中，中央文献出版社2016年版，第833页。

更为鲜明。这无疑也是新时代对于改革开放航向的校准。

六 关于改革开放中的党风和社会风气

党风和社会风气问题，改革开放前也存在，但改革开放后较之那时确有许多不同表现。比如，在党风中，有的搞权钱交易，拉票贿选，买官卖官，甚至"明码标价、批发官帽"，"一手交钱、一手交货"[1]；有的一个人办好几个身份证、好几本护照、好几本港澳通行证，把老婆孩子送到国外，自己当"裸官"，甚至自己也持有外国绿卡；一部分党员干部中充斥关系学、厚黑学、官场术、潜规则等庸俗腐朽的政治文化等。在社会风气中，一些人价值观缺失，观念中没有善恶，行为缺少底线，什么假食品药品也敢造，什么瘦肉精、孔雀石绿也敢用，什么伤天害理、违法乱纪的事也敢干；黄赌毒现象屡禁不止，黑社会性质组织此起彼伏；网上充斥虚假、诈骗、暴力、色情信息，甚至利用网络制造谣言、教唆犯罪、歪曲历史、污蔑烈士；一些文艺工作者甘当市场奴隶，急于把作品兑换成人民币，把作品当作追逐利益的"摇钱树"、感官刺激的"摇头丸"，搜奇猎艳，一味媚俗，以丑为美。所有这些虽然不是改革开放本身的问题，但确实是在市场经济和对外开放环境下出现的，是一些人把市场规律无限扩大的结果。对此，党中央从一开始就提醒全党要两个文明一起抓、两手都要硬，绝不能让商品经济的原则渗透到党内来，并且出台了许多相关规章、制度、法律，进行了多次整党整风教育活动和打击经济犯罪及黑恶势力斗争。但问题一直没有得到根本解决，有的还愈演愈烈。进入新时代，党中央在这些方面加大了整治力度，取得了显著成效，在一定意义上也体现出对改革开放航向的校准。

早在改革开放之初，邓小平就说过："对外开放，资本主义那一套腐朽的东西就会钻进来；对内搞活经济，活到什么程度，也是有问题的……必须同时还有另外一手，这就是打击经济犯罪活动。"[2] "在整个改革开放

---

[1] 《习近平关于严明党的纪律和规矩论述摘编》，中央文献出版社2016年版，第47、48页。
[2] 《邓小平文选》第二卷，人民出版社1994年版，第408—409页。

过程中都要反对腐败……只要我们的生产力发展，保持一定的经济增长速度，坚持两手抓，社会主义精神文明建设就可以搞上去。"① 后来，经济虽然保持了较高增长速度，但党风、社会风气中的问题没有得到相应解决，有些反而更加严重。对其原因，习近平总书记从两方面做了分析。他认为在客观上，改革"不注意配套和衔接，不注意时序和步骤，也容易产生体制机制上的缝隙和漏洞，为一些人提供寻租、搞腐败的机会。"他说："这些现象改革开放以来我们是见识过的，一些人就是利用新旧制度转换的落差和时差来谋取私利、中饱私囊的。价格双轨制，肥了多少人？国有企业改制又肥了多少人？"② 从主观上看，他认为"一个重要原因是讲'认真'不够"③，"执行纪律失之于宽、失之于松、失之于软"④，"有的领导干部不敢抓不敢管，抱着'鸵鸟心态'，唯恐得罪人、丢选票。"⑤ 他批评有的宣传干部不敢理直气壮地讲党管媒体，说什么"现在是'资本为王'的'资本媒体'、'商业媒体'时代，是'人人都有麦克风'的自媒体时代，再提坚持党管媒体没有意义"⑥，因此没有能牢牢"掌握价值观念领域的主动权、主导权、话语权"⑦。

针对党风方面的问题，党中央自十八大后突出强调了治国必先治党、治党必须从严，出台了"中央八项规定"，惩治了一批严重贪腐、触犯法律的高级干部，开展了党的群众路线教育和"三严三实"专题教育、"两学一做"学习教育等活动，强化了党的组织纪律、巡视监督，集中清理了裸官、档案造假等问题。正如习近平总书记所说，这些措施"总的来讲，都是围绕着解决管党治党、执行纪律失之于宽、失之于松、失之于软这样的问题。"⑧ 他提出：从严治党，必须从严明纪律做起；"严明党的纪律，

---

① 《邓小平文选》第三卷，人民出版社1993年版，第379页。
② 《习近平关于全面深化改革论述摘编》，中央文献出版社2014年版，第81—82页。
③ 《十八大以来重要文献选编》上，中央文献出版社2014年版，第350页。
④ 《习近平关于严明党的纪律和规矩论述摘编》，中央文献出版社2016年版，第67页。
⑤ 同上书，第123页。
⑥ 《习近平关于社会主义文化建设摘编》，中央文献出版社2017年版，第42页。
⑦ 同上书，第107页。
⑧ 《习近平关于严明党的纪律和规矩论述摘编》，中央文献出版社2016年版，第67页。

首要的就是严明政治纪律"[1]；从严治党，"中央政治局首先要做到"[2]，"关键是要抓住领导干部这个'关键少数'"，"关键是从严治吏"[3]；"要把权力关进制度的笼子里"[4]，"坚持制度面前人人平等、执行纪律没有例外"[5]；要"坚持'老虎'、'苍蝇'一起打，既坚决查处领导干部违法违纪案件，又切实解决发生在群众身边的不正之风和腐败问题"[6]；"从严治党，最根本的就是要使全党各级组织和全体党员、干部都按照党内政治生活准则和党的各项规定办事。"[7] 针对一些人关于对党员、干部要求是否过严的质疑，他指出："现在的主要倾向不是严了，而是失之于宽、失之于软，不存在严过头的问题"[8]。

对于社会风气方面的问题，党中央根据问题的不同性质，也提出了一系列有破有立的应对措施。例如，对于社会治理层面的问题，及时开展了专项斗争。习近平总书记指出："对黄赌毒现象、黑社会性质犯罪等，露头就要打，不能让它们形成气候。对危害食品药品安全、环境污染等重点问题……要强化治理和管理。"[9] 要"严把从农田到餐桌、从实验室到医院的每一道防线，着力防范系统性、区域性风险。"[10] 他特别要求一定要管好互联网，说"既要尊重网民交流思想、表达意愿的权利，也要依法构建良好网络秩序"[11]。对于精神层面的问题，党中央提出要大力培育和弘扬社会主义核心价值体系和核心价值观，加快构建充分反映中国特色、民族特性、时代特征的价值体系，努力抢占价值体系的制高点。习近平总书记说："要认真汲取中华优秀传统文化的思想精华和道德精髓，大力弘扬以

---

[1] 《习近平关于严明党的纪律和规矩论述摘编》，中央文献出版社2016年版，第13页。
[2] 同上书，第98页。
[3] 同上书，第110页。
[4] 同上书，第59页。
[5] 同上书，第71页。
[6] 同上。
[7] 同上书，第82页。
[8] 习近平：《在党的群众路线教育实践活动总结大会上的讲话》，人民出版社2014年版，第23页。
[9] 《习近平关于总体国家安全观论述摘编》，中央文献出版社2018年版，第135页。
[10] 同上书，第142页。
[11] 《人民日报》2015年12月16日。

爱国主义为核心的民族精神和以改革创新为核心的时代精神"。① 要 "大力加强社会公德、职业道德、家庭美德、个人品德建设，营造全社会崇德向善的浓厚氛围"。②

对于文艺作品在引领社会风气、建设精神文明中的作用，习近平总书记尤其重视。他说："要通过文艺作品传递真善美，传递向上向善的价值观，引导人们增强道德判断力和道德荣誉感，向往和追求讲道德、尊道德、守道德的生活。"③ "要把文艺队伍建设摆在更加突出的重要位置……在发展社会主义市场经济条件下，还要处理好义利关系，认真严肃地考虑作品的社会效果，讲品位，重艺德，为历史存正气，为世人弘美德，为自身留清名。"④ 他指出，在社会主义市场经济条件下，文化产品不能完全不考虑经济效益。"然而，同社会效益相比，经济效益是第二位的，当两个效益、两种价值发生矛盾时，经济效益要服从社会效益，市场价值要服从社会价值。"⑤ 他就文化体制改革的问题强调，一定要 "把握好意识形态属性和产业属性、社会效益和经济效益的关系，始终坚持社会主义先进文化前进方向，始终把社会效益放在首位。无论改什么、怎么改，导向不能改，阵地不能丢"⑥。

新时代对改革开放航向的校准是全方位的，既包括政治也包括经济、文化、社会、生态，既包括内政也包括外交、国防，以上六点只是其中的几个方面。之所以能作出这些校准，原因一方面是由于新时代较之前些年的改革开放有了更长时间的实践，经验积累得更丰富，问题暴露得也更充分；另一方面，也是更重要的一点在于，以习近平同志为核心的党中央抱着对党和人民高度负责、敢于担当的精神，正确解决了对改革开放前后两个历史时期相互关系的认识问题，从而为贯通总结新中国近 70 年的历史经验，为与改革开放的初心对表对标、发现偏差和不足，提供了更加有利

---

① 《习近平关于社会主义文化建设论述摘编》，中央文献出版社 2017 年版，第 141 页。
② 《人民日报》2015 年 12 月 30 日。
③ 《十八大以来重要文献选编》中，中央文献出版社 2016 年版，第 135 页。
④ 同上书，第 126 页。
⑤ 同上书，第 132 页。
⑥ 《习近平关于社会主义文化建设论述摘编》，中央文献出版社 2017 年版，第 185 页。

的条件。当然，这些问题有的距离根本解决还有很长路要走，有的则刚刚开始着手解决。但无论哪种情况，关键在于坚冰已经打破，航道已经开通，道路已经指明。只要我们沿着习近平新时代中国特色社会主义思想指引的航向继续前进，一如既往地坚持解放思想、实事求是，社会主义改革开放的巨轮就一定能够乘风破浪，胜利抵达光辉的彼岸。